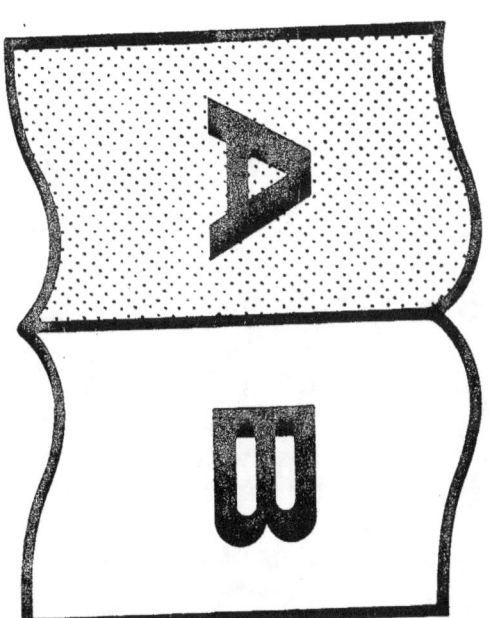

Contraste insuffisant
NF Z 43-120-14

LES

VICTIMES D'AMOUR

Il a été tiré, de cet ouvrage, cinquante exemplaires sur papier de Hollande, tous numérotés.

OUVRAGES DU MÊME AUTEUR

LA PETITE SŒUR

ÉDITION SPÉCIALE POUR LA JEUNESSE

Nombreuses illustrations. — Un volume grand in-8° jésus.

Prix broché **10** fr. ; — relié, tranches dorées, **14** fr.

Cet ouvrage a été honoré d'une souscription pour les distributions de prix de la ville de Paris

---

MICHELINE

Un volume in-18 (22ᵉ mille). — Prix **3** fr. **50**.

LE SANG-BLEU

Un volume in-18 (12ᵉ mille). — Prix **3** fr. **50**.

UNE BONNE AFFAIRE

Un volume in-32, illustré de 2 eaux-fortes (petite Bibliothèque Charpentier).
Prix **4** fr.

PARIS. — IMP. C. MARPON ET E. FLAMMARION, RUE RACINE, 26.

HECTOR MALOT

LES
VICTIMES D'AMOUR

LES AMANTS
LES ÉPOUX — LES ENFANTS

ILLUSTRATIONS

PAR

E. DUEZ, JUNDT, KAUFFMANN, A. LEMAISTRE
MOTTY, RENOUARD, ETC.

PARIS

C. MARPON ET E. FLAMMARION
ÉDITEURS
26, RUE RACINE, PRÈS L'ODÉON

A MA MÈRE

Je te dédie ce tableau de mœurs dans lequel j'ai voulu retracer fidèlement ce que j'avais observé. Je tiens à placer ce livre sous l'invocation de ta bonté, moins pour sa valeur propre que parce qu'il est mon début dans la carrière des lettres. La veille d'un début, comme le matin d'un départ ou d'un combat, cela doit porter bonheur d'embrasser sa mère.

Hector MALOT

Chapitres		Pages
IV.	Jours d'épreuves.	326
V.	Pardonner n'est pas oublier.	344
VI.	Le sacrifice volontaire.	363
VII.	Intervention.	392
VIII.	L'Ami.	418
IX.	Ce que peut un billet de mille francs.	437
X.	Évolution. — Révolution.	455
XI.	Seule.	485
XII.	Journée de printemps.	515

LES ENFANTS

I.	Nouvelle aurore.	525
II.	La cousine pauvre.	557
III.	Haymarket.	580
IV.	Une situation fausse.	610
V.	La Loi.	627
VI.	Le zèle d'une belle âme.	642
VII.	Mademoiselle Moi aussi.	654
VIII.	La Mère.	675
IX.	La Femme.	695
X.	L'ombre.	724
XI.	Ultima ratio.	754
XII.	Julien.	775

TABLE DES MATIÈRES

DÉDICACE. v

LES AMANTS

Chapitres		Pages
I.	Les amis d'un enfant.	1
II.	Marguerite.	14
III.	Au fond des bois.	34
IV.	Initiation.	47
V.	Où conduit l'idéal.	63
VI.	Gratitude filiale.	85
VII.	Désespoir d'un artiste.	103
VIII.	L'ami d'un amant.	130
IX.	Armande.	155
X.	Au bord de la mer.	181
XI.	Armande? Marguerite?	210
XII.	Désespoir d'un homme de cœur.	236

LES ÉPOUX

I.	Jours de promesses.	267
II.	Trop.	295
III.	La Maison ouverte.	314

même qu'Alexandre, roi d'Épire, aborda avec sa flotte en Italie (1).

Les Romains, quoiqu'il ne leur fût pas permis de douter de la défection des alliés et des peuples latins, crurent utile de dissimuler. Eux aussi parurent s'occuper exclusivement de la guerre contre les Samnites. Cependant ils jugèrent à propos d'appeler à Rome dix chefs latins, et notamment les deux préteurs Annius de Sétia et L. Numisius de Circea. Ces deux derniers colons romains étaient signalés pour avoir entraîné les Volsques à la guerre. Ils devinèrent aisément les intentions de ceux qui les mandaient; aussi, avant leur départ, ils assemblèrent le conseil commun pour l'informer de l'ordre qui les appelait à Rome, et pour mettre en délibération les réponses qu'ils feraient aux questions qui leur seraient adressées.

Annius prit la parole. Il rappela aux Latins qu'ils n'étaient pas les alliés mais les esclaves de Rome. Si le même sang coule dans nos veines, dit-il, pourquoi tout n'est-il pas égal entre eux et nous? Il termina son discours par ces mots : « Si la crainte vous empêche de parler, me voici moi-même : à la face du peuple romain, du sénat et même de ce Jupiter qui habite leur Capitole, je m'engage à leur dire que s'ils veulent nous avoir pour amis et alliés il faut qu'ils reçoi-

vent désormais de nous l'un des deux consuls et une partie de leur sénat. » A ces paroles d'Annius, il y eut dans l'assemblée un cri universel d'approbation, et on le chargea de dire et de faire, à Rome, tout ce que lui inspirerait l'intérêt général du nom latin.

ANNIUS SE REND A ROME; SES PROPOSITIONS AU SÉNAT; RÉPONSE DE T. MANLIUS; MORT DU PRÉTEUR LATIN. — Les députés arrivèrent à Rome, et ils furent introduits dans le sénat. Annius ne manqua point à ses promesses : il parla, dit Tite-Live, comme s'il eût été maître du Capitole par droit de conquête. Dans son discours, il insista sur les forces de la confédération latine; et il rappela tout ce que le Latium avait fait pour l'accroissement de la puissance romaine. Il exigeait, au nom de ceux qui l'avaient envoyé, qu'un des deux consuls, à Rome, fût choisi parmi les Latins; que le sénat se composât par égale portion de l'une et l'autre nation; à ce prix les Latins consentaient à placer à Rome le siège du gouvernement, et, perdant leur nationalité, à s'appeler Romains. Manlius avait écouté le discours d'Annius. Il ne put contenir sa colère, et jura que si les sénateurs avaient la lâcheté de recevoir la loi d'un homme de Sétia, il viendrait armé au sénat, et que tout Latin qu'il verrait dans la curie il le poignarderait de sa main. Puis, dit la légende, se tournant vers la statue de Jupiter, il s'écria : « Entends ces blas-
« phèmes, ô Jupiter! entendez-les aussi,
« ô vous, Droit et Justice! Des étran-
« gers pour consuls! Des étrangers pour
« sénateurs! et c'est dans ton temple,
« ô Jupiter, que tu dois en subir la vue!
« Toi-même captif! toi-même opprimé!
« Sont-ce donc là les traités de Tullus,
« roi de Rome, avec les Albains vos
« ancêtres, ô Latins? Sont-ce là ceux
« que fit plus tard avec vous L. Tar-
« quin? Vous ne vous rappelez donc pas
« la bataille du lac Régille? Et vos an-
« ciennes défaites, et nos bienfaits en-
« vers vous, les avez-vous donc à ce
« point oubliés? »

L'indignation des sénateurs était à son comble. Pour Annius, ajoutent les légendes romaines, au moment où il sortait du temple, il tomba; et, roulant jusqu'au bas des degrés qui conduisaient au

(1) Nous lisons dans le commentaire de M. Lebas, résumé de toutes les notes faites sur Tite-Live, la remarque suivante : « Il ne fallait pas l'érudition d'un Dodwell pour voir que la date donnée par Tite-Live ne s'accorde pas avec l'histoire grecque. L'année 337, dans laquelle Tite-Live entre ici, est antérieure même à la mort de Philippe de Macédoine. On ne connaît aucune expédition faite par Alexandre en Italie avant celle dont l'historien parle plus bas, chap. XVII, et qui eut lieu l'an 329. Il se pourrait cependant que le roi d'Épire ait fait antérieurement une tentative que les historiens grecs passèrent sous silence; mais quoi qu'il en soit, les notions fournies par l'histoire ne permettent pas de la placer avant la mort de Philippe, et Tite-Live s'est évidemment trompé. Si on ne peut en dire autant de l'assertion qui suit, *ea œtas rerum magni Alexandri est*, il faut au moins convenir qu'elle n'est pas rigoureusement exacte. Niebuhr a cherché les causes de ces erreurs, t. III, p. 186 et suivantes. » (Comm. sur Tite-Live, p. 852.)

sanctuaire, il expira. D'autres affirment qu'il fut frappé de la foudre.

On eut peine à défendre les autres ambassadeurs latins de la colère du peuple (340).

COMMENCEMENT DE LA GUERRE CONTRE LES LATINS. — Le peuple et le sénat pressèrent la levée des troupes. Les consuls ne tardèrent pas à se trouver à la tête d'une nombreuse armée. Ils prirent leur route à travers le pays des Marses et des Péligniens, et se joignirent aux Samnites. Puis, ils vinrent camper sous les murs de Capoue, où s'étaient déjà réunis les Latins et leurs alliés. Les traditions populaires disaient qu'une nuit, pendant leur sommeil, les deux consuls eurent un songe. Ils virent l'un et l'autre un dieu qui leur annonça qu'il fallait qu'un d'eux se dévouât pour le salut de l'armée. Les réponses des aruspices s'accordèrent avec les impressions qu'avaient reçues les consuls. Il fut décidé que le jour de la bataille Décius ou Manlius, suivant que l'aile droite ou l'aile gauche céderait aux premiers efforts de l'ennemi, se dévouerait pour le peuple romain. Les deux consuls furent aussi du même avis en ce qui concernait la discipline de l'armée. Ils comprenaient combien dans cette guerre, où devaient se combattre des hommes qui jadis avaient servi sous les mêmes enseignes, il importait de procéder avec ordre et sévérité. C'est pourquoi ils essayèrent de prévenir les moindres délits dans leur camp par les mesures les plus rigoureuses. Nous devons signaler ici l'édit des consuls qui défendait expressément d'attaquer l'ennemi hors des rangs.

BRAVOURE DU JEUNE MANLIUS; IL SORT VAINQUEUR D'UN COMBAT SINGULIER; IL EST CONDAMNÉ PAR SON PÈRE; SA MORT. — Parmi les préfets de la cavalerie chargés de faire des reconnaissances dans tous les sens se trouva, un jour, T. Manlius, fils du consul. Il s'était approché des retranchements ennemis, lorsqu'il rencontra une troupe de cavaliers tusculans dont le chef, Geminus Métius, le provoqua au combat. Manlius, nonobstant la défense des consuls, ne put résister à cette provocation, et il accepta le défi. Une lutte à mort s'engagea bientôt entre les deux guerriers. Man-lius, à la fin, renversa son ennemi e le cloua à terre avec sa lance; puis i le dépouilla. Tout fier de son succès, i rentra dans le camp romain, et suivi d ses compagnons il se dirigea vers la tent de son père. Il croyait avoir mérité de éloges et une récompense.

A peine le consul eut-il entendu so fils, dit la tradition romaine, que dé tournant de lui ses regards, il fit son ner la trompette pour convoquer l'ar mée. Quand l'assemblée fut nombreuse il dit : « Puisque sans respect pour l'au
« torité consulaire, tu as, contre notr
« défense et hors des rangs, combatt
« un ennemi; puisque, autant qu'il
« été en toi, tu as enfreint la disciplin
« militaire, qui jusqu'à ce jour a été l
« sauvegarde de Rome, et que tu m'a
« réduit à la nécessité de perdre le sou
« venir et de la république, ou de mo
« même et des miens, portons la pein
« de notre crime, plutôt que de fair
« expier par les plus grands dommage
« nos fautes à la république. C'est u
« exemple à donner, bien triste pou
« nous, mais qui sera salutaire pour l
« jeunesse à venir. Il est vrai que m
« tendresse pour mes enfants, et auss
« cette première marque de ta valeu
« qu'a égarée une vaine image de gloir
« me touchent en ta faveur; mais, comm
« ta mort va sanctionner les ordres co
« sulaires ou ton impunité les abroge
« à jamais, tu ne refuseras pas, je
« pense, pour peu que tu aies de mo
« sang dans les veines, de rétablir pa
« ton supplice la discipline militair
« violée par ta faute. Allons, licteu
« attache-le au poteau. »

Ce jugement jeta l'armée dans u profonde consternation. Tous les so dats restèrent immobiles. Aussi, lors qu'après quelques instants d'un mor silence la vue de la tête qui tombait et d sang qui jaillissait fit sortir la foule d la stupeur, chacun donna un libre cou à ses plaintes et à ses imprécations. cadavre du jeune guerrier fut couve des dépouilles de l'ennemi qu'il ava vaincu, et les soldats le brûlèrent sur u bucher qu'ils avaient élevé hors des r tranchements. « La sentence portée pa « Manlius, » dit Tite-Live, auquel nou avons emprunté le récit qui précèd « ne doit pas être un objet d'horre

« pour son siècle seulement; elle doit « encore laisser une douloureuse im- « pression à la postérité. »

GRANDE BATAILLE LIVRÉE AU PIED DU MONT VÉSUVE, PRÈS DE VÉSÉRIS; ACHARNEMENT DES DEUX ARMÉES; DÉVOUEMENT DE DÉCIUS; LES LATINS SONT VAINCUS. — Dès lors la terreur régna dans le camp. Jour et nuit le soldat se tenait en alerte et obéissait au moindre signe des consuls. Nous l'avons dit, l'armée romaine se trouvait alors dans une position bien difficile, ayant en quelque sorte à combattre dans l'ennemi qui lui était opposé la moitié de ses propres forces. Quand Décius et Manlius eurent pris toutes leurs dispositions, ils se rapprochèrent des Latins, et le combat s'engagea au pied du mont Vésuve, sur le chemin qui menait à Véséris (340).

Les consuls, avant d'en venir aux mains, avaient fait un sacrifice, et ils avaient obtenu des présages favorables. Ils en vinrent donc à l'action avec une grande ardeur. On combattit d'abord, des deux côtés, avec un succès égal; mais bientôt l'aile qui était commandée par Décius recula devant l'ennemi. Le consul se souvint alors du serment qu'il avait fait. Il se dévoua pour le salut de l'armée romaine. Il prononça la formule d'usage, et, après avoir imploré les dieux, il s'élança avec ses armes la tête voilée au milieu des ennemis. Ce fut un moment solennel. Les Latins furent surpris et arrêtés par cette apparition; mais, reprenant courage, après quelques instants d'hésitation, ils continuèrent le combat avec acharnement. Décius, accablé de traits, disparut sous un monceau de cadavres. Déjà même les Latins se croyaient victorieux, lorsque Manlius fit marcher contre leurs troupes fatiguées ses triaires, réserve puissante, qui décida du sort de la journée. Les Samnites contribuèrent aussi au succès des Romains; mais on remarqua qu'ils ne prirent part à l'action qu'au moment où les troupes de la confédération latine commençaient à plier.

Les Latins, après leur déroute, se retirèrent à Minturnes. Leur camp fut emporté. Parmi les prisonniers que l'on fit alors on trouva un grand nombre de Campaniens. Le corps de Décius ne put être retrouvé le jour même de la bataille : ce ne fut que le lendemain qu'on parvint à le découvrir, criblé de traits, au milieu des cadavres ennemis. Manlius lui fit des funérailles dignes de sa mort.

LES LATINS ESSAYENT D'OPPOSER AUX ROMAINS UNE NOUVELLE ARMÉE; FIN DE LA GUERRE. — Toutes les villes du Latium n'avaient point pris part à la guerre : quelques-unes avaient hésité, d'autres ne se décidèrent qu'au dernier instant. Lavinium, par exemple, perdit son temps en vaines délibérations, et elle n'envoya des secours à la confédération que lorsque les Latins étaient déjà vaincus. Ses soldats se mettaient en marche lorsqu'ils rencontrèrent ceux qui fuyaient devant Manlius. Ils rentrèrent dans la ville. Milionius, leur préteur, dit alors : « Il nous faudra payer cher « aux Romains le petit nombre de pas « que nous avons faits. » Cependant tous les débris de l'armée latine se rallièrent peu à peu, et bientôt ils formèrent le noyau d'une nouvelle armée. Les chefs étaient résolus de lutter jusqu'à la dernière extrémité. Ils envoyèrent dans toutes les cités des émissaires chargés de dissimuler leurs pertes et de grossir, par de faux rapports, celles des Romains. Cette tactique réussit. La confédération fit de nouveaux efforts. On leva, à la hâte, des soldats qui eurent ordre de rejoindre le corps principal.

Le consul Torquatus marcha à la rencontre de l'armée latine, et la joignit à Trifane, entre Sinuessa et Minturnes. Les armées furent à peine en présence, qu'elles en vinrent aux mains. Cette bataille termina la guerre. Les Latins avaient éprouvé de si grandes pertes, qu'ils se hâtèrent de se soumettre. Les Campaniens suivirent leur exemple. Le Latium et Capoue furent punis par la perte d'une partie de leur territoire. On excepta de la peine commune les Laurentins et les chevaliers campaniens. On donna le droit de cité à ces chevaliers; et pour conserver le souvenir de ce qu'on faisait alors, cette distinction fut consignée sur une table d'airain qui fut attachée dans le temple de Castor, à Rome.

T. Manlius revint à Rome pour triompher; mais on ne lui fit qu'un froid accueil. Tous avaient encore présent à l'esprit sa cruauté et la mort de son fils.

SUITE DE LA GUERRE CONTRE LES PEUPLADES QUI AVOISINENT ROME; OPPOSITION DE PUBLILIUS PHILO ET D'ÆMILIUS MAMERCINUS AU SÉNAT. — Les Antiates avaient envahi les terres d'Ostie, d'Ardée et de Solone, lorsque le consul Manlius, qui ne pouvait faire la guerre, créa dictateur pour combattre l'ennemi, L. Papirius Crassus, lequel, après avoir campé pendant quelques mois sur le territoire d'Antium, ne fit rien de remarquable. T. Æmilius Mamercinus et Q. Publilius Philo furent les deux consuls de l'année suivante. Le dernier fut chargé de combattre les Latins, irrités d'avoir perdu une partie de leur territoire. Ils furent vaincus dans les plaines de Fenectum.

Æmilius, de son côté, dirigea son armée sur Pedum. Cette ville était défendue par les Tiburtins, les Prénestins et les Véliternes. Lanuvium et Antium lui avaient aussi envoyé du secours. Le consul fut victorieux dans toutes les rencontres qu'il eut en plaine avec l'ennemi; mais il ne put jamais s'emparer de Pedum. Quand il apprit que Publilius avait triomphé à Rome, il se rendit en toute hâte dans la ville, pour obtenir le même honneur. Les sénateurs se montrèrent indignés de sa conduite, et le renvoyèrent à son armée. Dès lors, s'unissant à son collègue, le plébéien Publilius, il ne cessa de faire une vive opposition aux patriciens. Il transforma, comme dit Tite-Live, son consulat en une sorte de tribunat séditieux.

Quand le sénat, désireux de voir finir l'autorité de ces consuls, leur ordonna de créer un dictateur, Æmilius désigna Publilius qui, à son tour, choisit Junius Brutus pour maître de la cavalerie (339). Cette dictature fut populaire, surtout par la promulgation de trois lois favorables au peuple et contraires à l'aristocratie. Nous les avons énumérées plus haut en parlant de la sédition qui avait éclaté dans les garnisons romaines de la Campanie. Rome, suivant l'appréciation de certains historiens, essuya au dedans cette année, de la part des consuls et du dictateur, plus de désastres qu'elle ne reçut, au dehors, d'accroissement par leurs succès militaires. C'était là, du moins, l'opinion de l'aristocratie.

PRISE DE PEDUM; LA RÉPUBLIQUE ROMAINE, SUR LA PROPOSITION DU CONSUL CAMILLE, STATUE SUR LE SORT DES POPULATIONS LATINES. — L'année suivante, pour mieux faire sentir à Æmilius le reproche d'avoir abandonné son expédition, on ordonna aux deux nouveaux consuls Furius Camille et C. Mœnius d'employer tous les moyens pour emporter et raser Pedum. La ville fut en vain secourue par différents peuples, entre lesquels on distinguait les Tiburtins, les Prénestins, les Ariciniens les Véliternes, les habitants d'Antium; la ville fut prise de vive force par les Romains. Les deux consuls parcoururent ensuite tout le Latium: puis ils revinrent triompher. A l'honneur du triomphe ordinaire on ajouta une distinction bien rare en ces temps-là, celle de statues équestres, érigées à chacun d'eux sur le Forum. Ce fut alors que Camille demanda que le sénat voulût bien statuer sur le sort des Latins (338).

C'était là, en effet, une grave affaire. Elle fut discutée et traitée sans retard. « Mais, dit Tite-Live, comme la culpabilité des divers peuples insurgés n'était pas la même, il y eut sur chacun d'eux un rapport séparé. On accorda aux habitants de Lanuvium le droit de cité, et on leur rendit l'usage de leurs fêtes religieuses, à condition toutefois que le temple et le bois sacré de Junon Pospit seraient communs entre les Lanuviens et le peuple romain. Aricia, Nomentum et Pedum reçurent, au même titre que Lanuvium, le droit de cité. Tusculum resta en possession de ce droit, qu'elle possédait déjà. Les chefs seuls de la cité furent rendus responsables de la révolte. Les Véliternes furent traités avec rigueur: leurs murailles furent abattues, leurs sénateurs emmenés et tous forcés d'habiter au delà du Tibre. On envoya sur les terres de ceux que l'on punissait ainsi de nouveaux colons, qui se joignirent aux anciens, et Vélitres recouvra son ancienne population. Antium reçut aussi une nouvelle colonie, avec la permission pour les Antiates de s'inscrire s'ils le voulaient, au nombre des colons. On interdit la mer au peuple d'Antium et, comme une sorte de compensation, on accorda à ses habitants le droit d cité. Les Tiburtins et les Prénestins furent privés d'une partie de leur territoire, en punition non-seulement de leur complicité dans la révolte commune de tous les Latins, mais encore pour avoir autrefois, par mépris de la domination romaine, associé leurs armes à celles des Gaulois. Aux autres peuplades latines on interdit tous mariages, tous rapports, toutes réunions entre elles. Les Campaniens, en considération du secours prêté par leurs cavaliers, qui avaient refusé de partager la révolte des Latins, et les habitants de Formies et de Fundi, furent récompensés par le droit de cité. Toutefois on ne leur accorda pas le droit de suffrage. Les deux villes de Cumes et de Suessula furent soumises aux mêmes conditions que Capoue. Une partie des navires d'Antium fut conduite dans les arsenaux de Rome; l'autre fut brûlée.

LES SIDICINS ET LES AURUNCES; SUPPLICE DE LA VESTALE MINUCIA. — Sous le consulat de C. Sulpicius Longus et de P. Élius Pétus, il s'éleva une guerre entre les Sidicins et les Aurunces. Ceux-ci étaient les alliés des Romains. Ils réclamèrent la protection du sénat. On se préparait à les secourir, lorsque, pressés par leurs ennemis, ils abandonnèrent leur ville et se retirèrent avec leurs femmes et leurs enfants à Suessa. Cette ville dès lors fut surnommée *Aurunca*. Le sénat, irrité contre les consuls, qui n'avaient pas secouru à temps leurs alliés, leur commanda de procéder à la nomination d'un dictateur. Ils choisirent C. Claudius Regillensis, qui prit pour maître de la cavalerie C. Claudius Hortator. Ils ne tardèrent pas à résigner leurs fonctions (337).

Dans la même année la vestale Minucia fut accusée d'avoir violé ses vœux. Elle fut convaincue, à la suite d'un jugement, et enterrée vivante près de la porte Colline, dans le champ du Crime, ainsi appelé, je pense, du crime de cette vestale. La même année, Publilius Philo fut le premier parmi les plébéiens qui fut appelé à la préture.

GUERRE CONTRE LES AUSONES ET LES SIDICINS. — L'année suivante il ne fallut qu'un seul combat pour dissiper l'armée combinée des Ausones et des Sidicins. Cependant le sénat avait résolu de punir ces derniers, qui n'avaient cessé de prendre les armes contre Rome. Il eut assez d'influence pour porter au consulat M. Valérius Corvus et M. Atilius Régulus. Corvus fut chargé de mettre à exécution les projets du sénat. Il s'empara de Calès, le centre de l'insurrection, presque sans combat; le butin fut immense (329). Puis les deux consuls, réunis, marchèrent contre les Sidicins. Avant d'entrer en campagne ils firent un dictateur, OEmilius Mamercinus, qui prit Publilius Philo pour chef de la cavalerie. Ce fut ce dictateur qui tint les comices où furent choisis pour consuls T. Véturius et Sp. Postumius. Ce fut alors que, sous la conduite de triumvirs, on envoya une colonie de deux mille cinq cents hommes dans la ville de Calès.

CHANGEMENT DE MAGISTRATS A ROME; FAUX BRUIT D'UN SOULÈVEMENT DES GAULOIS; ALEXANDRE D'ÉPIRE. — Rome était dans l'inquiétude. Le bruit courait que les Sidicins avaient pris la résolution de lutter jusqu'à la dernière extrémité et que les Samnites faisaient de nouveaux préparatifs de guerre. Plus tard on crut aussi à une invasion des Gaulois. On vit alors tour à tour appelés au gouvernement de la République Cornélius Rufus, M. Antonius, Valérius, Domitius et Papirius Crassus. Mais la guerre d'Alexandre d'Epire attira les Samnites en Lucanie. Le roi fut vainqueur, et fit alliance avec le sénat.

La même année on ajouta deux nouvelles tribus aux anciennes; c'étaient les tribus Mœcia et Scaptia. Les censeurs Q. Publilius Philo et Sp. Posthumius présidèrent à cette adjonction. Les Acerraces furent faits aussi citoyens romains; mais ils n'obtinrent pas le droit de suffrage.

BRUITS D'EMPOISONNEMENT A ROME. — Sous le consulat de M. Claudius Marcellus et de C. Valérius, suivant Tite-Live, un événement étrange produisit à Rome une vive sensation. Beaucoup de citoyens furent frappés d'une maladie dont les symptômes étaient inconnus et qui les emportait en quelques instants. Comme il arrive en de pareilles circonstances, la rumeur publique rattacha ce qui était naturel à des causes extraordinaires. On crut aux empoisonnements. On raconte qu'une esclave alla trouver Q. Fabius Maximus, édile curule, et promit de révéler la cause de ce qu'on regardait comme une calamité publique, s'il lui assurait que sa révélation ne lui attirerait aucun mal. Fabius, à l'instant, s'adresse aux consuls, qui à leur tour se rendent au sénat. On promit protection à l'esclave. Alors elle déclara que les dames romaines seules avaient amené le deuil public; qu'elles avaient préparé les poisons qui avaient emporté tant de bons citoyens; qu'il était donc inutile d'attribuer à une épidémie nouvelle et subite ce qui était uniquement le résultat d'un complot. L'esclave offrit, si on consentait à la suivre, à fournir la preuve de ce qu'elle avançait. On la suivit. On surprit alors un certain nombre de femmes occupées à préparer des poisons. Tout ce qui pouvait servir à constater le délit fut produit, sous les yeux du peuple, dans le Forum. Cornelia et Sergia, qui étaient l'une et l'autre de famille patricienne, soutinrent que les breuvages préparés ne pouvaient donner la mort. Pour arriver à connaître la vérité on leur ordonna d'en faire l'épreuve sur elles-mêmes. Elles hésitèrent quelques instants : puis, s'étant concertées avec les autres femmes qui avaient été arrêtées avec elles, elles burent la liqueur pernicieuse, et, aux yeux de tous, elles ne tardèrent pas à mourir victimes de leur propre perfidie. Les dénonciations arrivèrent alors de toutes parts, et cent soixante-dix matrones environ furent condamnées. La tradition ajoute qu'on crut utile dans cette circonstance de nommer un dictateur, pour faire une cérémonie expiatoire (1).

(1) L'auteur du sommaire de ce livre va plus loin que Tite-Live. Il prétend que de cette époque date la loi sur les empoisonnements : *Lex de veneficio tunc primum constituta est*. Plusieurs auteurs suivent cette opinion. Ils ont pour eux le témoignage de Valère Maxime. On lit en effet chez cet auteur : *Veneficii quæstio, et moribus romanis ignota, complurium matronarum patefacto scelere orta est*. Quelques-uns pensent (et ils ont pour eux de graves autorités, notamment Gaïus et les autres interprètes du droit romain) que les lois des Douze-Tables devaient avoir prévu le crime d'empoisonnement,

GUERRE CONTRE LES HABITANTS DE PRIVERNUM ET DE FUNDI. — L. Papirius Crassus et Plautius Venno étaient consuls, suivant Tite-Live, lorsque les Fabraterniens, qui habitaient le territoire de Falerne et des Lucaniens, vinrent implorer contre les Samnites l'appui du sénat. Ils offraient de se soumettre aux Romains. Le sénat avertit les Samnites : on pouvait employer avec eux le ton de la menace, parce qu'ils n'étaient point préparés à la guerre. Ils obéirent.

Puis la guerre commença contre les Privernates et les Fundaniens qui s'étaient coalisés. L'ennemi avait pris pour chef un Fundanien, Vitruvius Vaccus, homme qui jouissait d'une grande considération, non-seulement dans son pays, mais à Rome même, où il possédait une maison sur l'emplacement qu'on appela depuis Vacciprata, quand la maison eut été rasée et le terrain confisqué (1). Ce fut contre ce chef, qui ravageait les territoires de Sétia, de Norba et de Cora que s'avança L. Papirius. Les deux armées se trouvèrent bientôt en présence. Vitruvius engagea la bataille; mais elle ne fut pas de longue durée. Son irrésolution le perdit. Ses soldats, l'abandonnant, se sauvèrent d'abord dans leur camp, ensuite dans Privernum. Ils avaient plus de confiance dans les murailles d'une ville que dans les palissades d'un camp. Le consul Plautius conduisit ensuite son armée sur le territoire des Fundi. Les sénateurs de cette ville se portèrent à sa rencontre. « Nous ne « sommes point coupables, dirent-ils; « voyez : Vitruvius, qui est notre compa-« triote, ne s'est point réfugié à Fundi, il « s'est jeté dans les murs de Privernum. « Nous sommes disposés à la paix et « amis de Rome. Épargnez un peuple « innocent; d'ailleurs, nous accepterons « toutes les conditions qui nous seront « imposées par les Romains. » Le consul écouta les prières des habitants de

puisqu'il y est question de ceux qui tuaient *ferro, aliave vi aut fraude;* et que d'ailleurs à cette époque on connaissait les sortilèges et les incantations, etc.

(1) In Vacci pratis domus fuit M. Vacci quæ publicata est et eversa. *Cicero*, pro Domo, 38.

LES
VICTIMES D'AMOUR

LES AMANTS

CHAPITRE I
LES AMIS D'UN ENFANT

I

Plaurach est un village, à six lieues de Lannion. La Manche, qui depuis la pointe de Roscoff s'est enfoncée dans les terres pour recevoir cinq ou six petits ruisseaux, remonte assez loin vers le nord. La côte se découpe en anses et en promontoires, pousse une pointe un peu plus accentuée, et revient brusquement sur elle-même, pour s'arrondir en une baie dont l'ouverture est à moitié fermée par une île. C'est au fond de cette baie, à cheval sur une petite rivière, que Plaurach est bâti; une chaîne de collines le protège contre les vents de l'ouest et du nord. Tout ce qui est exposé à ces deux fléaux, et regarde la mer, est lande et falaise; le gazon est ras, maigre, distribué par plaques, et des buissons noueux d'épines noires abritent, à grand'peine, quelques chétives touffes d'osmonde et de statice; à pic et déchiquetée, la falaise trempe sa base dans un flot sans cesse tourmenté, qui, dans les jours de tempête ou de grande marée, la frappe avec violence et en détache d'énormes quartiers de granit, qui roulent au loin dans la mer et servent de refuge aux goëlands, aux mouettes et aux pétrels. Tout ce qui est au levant et au midi offre un contraste absolu : la colline s'abaisse mollement jusqu'aux premières maisons du village, et ses flancs sont couverts d'arbres vigoureux; au bas, dans des prairies, la rivière serpente au milieu de bouquets d'aulnes; plus loin, en montant vers les coteaux, s'étale doucement la plaine avec ses champs de blé, de chanvre et de sarrasin.

De Lannion on se rend à Plaurach par une belle route, qui, avant d'arriver au bourg, passe sur un pont qu'on peut faire dater de la fin du dernier siècle. Après ce pont, c'est Plaurach. D'abord les maisons sont rares, et même ce ne sont guère que des cabanes bâties en argile, avec des toits en chaume; les ouvertures sont étroites et basses, et par-dessus des haies moitié vives, moitié sèches, on voit, sur le fumier, des enfants sales et chevelus jouer pêle-mêle avec les poules et les cochons. Bientôt une rue se forme, les maisons se joignent, quelques-unes ont un premier étage, l'ardoise apparaît et la pierre chasse l'argile. Assises devant les portes, les femmes filent ou raccommodent les habits de leurs hommes; d'autres font du filet, d'autres coupent des seiches et amorcent des lignes. On est bientôt sur la place : et c'est là que Plaurach se montre dans toute sa beauté; c'est sur la place que la mairie dresse le mât où est censé flotter un drapeau, et c'est sur la place que sont les deux cafés, l'un coquet, avec une belle devanture verte, deux lampes et un billard; l'autre, sale, enfumé, où l'on ne boit jamais de vin, mais où il se fait d'effrayantes consommations d'eau-de-vie, cette liqueur terrible aux Bretons, et que, dans leur langue expressive, ils appellent du vin ardent.

Trois rues débouchent sur cette place; l'une est la route de Lannion, l'autre, longeant l'église et le presbytère, gravit la colline du côté d'une grande maison qu'on appelle le château, la troisième, conduit à une sorte de grève déserte, où l'on ne voit que le corps de garde de la douane et quelques tas de pierres pour faire sécher les filets : c'est le port. A cinq cents pas est la plage, les barques échouent sur le sable.

Voilà Plaurach. Pas de commerce, pas d'industrie, pas de débouchés ; une route ne conduisant nulle part et finissant à presque rien ; une population pauvre, composée en partie de paysans, en partie de pêcheurs et de marins qui, embarqués pour les longs voyages, ne reviennent que rarement au pays.

Une après-midi d'avril, on vit s'arrêter sur cette place, devant le bureau de poste, une voiture de laquelle descendirent deux femmes, une jeune et une vieille, accompagnées d'un petit garçon ; la jeune femme était la nouvelle receveuse des postes, qui venait s'installer à Plaurach, la vieille était sa mère, le petit garçon était son fils.

Tout le monde accourut sur sa porte pour voir les arrivants dont on parlait depuis quelques jours en se racontant leur histoire : — Des gens très bien qui avaient eu des malheurs ; la receveuse était fille d'un médecin de Rennes bien connu en Bretagne, le docteur Des Alleux, et veuve d'un artiste, d'un musicien ; elle se nommait Mme Berthauld ; ruinée, elle devait par son travail faire vivre sa mère et élever son fils.

Mme Berthauld arrivait avec une telle résignation, qu'à première vue Plaurach lui parut presque beau, comme lui parut acceptable la maison où l'administration avait installé le bureau si pauvre qu'elle fût. Au rez-de-chaussée il y avait trois pièces : un petit cabinet pour le bureau de poste, une cuisine et une salle assez vaste, éclairée par deux fenêtres au midi. Une allée longeant ces trois pièces communiquait de la rue avec un jardin entouré de murs, planté de quelques tilleuls, et brusquement coupé par la rivière qui le séparait des prairies voisines. Trois chambres composaient le premier étage. Quelques meubles, débris de l'héritage paternel, quelques livres, et par-dessus tout, le goût d'une femme bien élevée, achevèrent de donner à cette demeure une tournure qui disait, mieux que le bavardage des voisins, les mœurs de ses habitants.

Car ce fut dans Plaurach une grande affaire que cette installation. On s'occupa pendant un mois de la nouvelle receveuse, puis comme elle parut ne vouloir voir personne, on la déclara fière et tout fut dit.

Ces caquetages parvinrent jusqu'au château. Son propriétaire, M. Michon, ou mieux, le docteur, comme on disait habituellement, était un vieux médecin de Brest, revenu dans son pays natal dépenser les dix ou douze mille livres de rente qu'il s'était laborieusement amassées. Il avait été le camarade d'école de M. Des Alleux. Quand il apprit que les étrangères étaient sa veuve et sa fille, il leur fit une visite, et quoiqu'il n'exerçât plus depuis longtemps, il mit à leur service son expérience et ses soins. C'était un homme franc, à la figure ouverte, à la tête un peu rougeaude mais belle, sous une forêt de cheveux blancs hérissés, se posant carrément, parlant haut, parlant bien. Il vint souvent et initia M™ Berthauld aux usages du pays, lui de ce que chacun était et ce qu'elle-même devait être. — « Je ne saurais trop vous engager, lui conseilla-t-il, à voir le curé; je ne suis' pas bigot, mais l'abbé Hercoët est un homme de bonne compagnie, dévoué, charitable, aimé autant que craint. S'il n'avait pas son église, il serait parfait. Mais là, il est vraiment par trop despote. Il faut le voir, le dimanche, monter en chaire; chacun tremble; les hommes sont debout contre la balustrade du chœur, ou assis en amphithéâtre sur les marches des deux autels latéraux; les femmes, sans chaises et sans prie-Dieu, sont agenouillées sur les dalles ou accroupies sur leurs talons. Alors il commence; si la semaine a été calme, tout va bien; mais si un paysan a battu sa femme ou bien s'il y a eu quelques scènes d'ivresse, il interpelle les coupables par leur nom, et là, devant toute la paroisse, il vous les sermonne d'importance. »

Il amena le curé; l'esquisse qu'il en avait donnée était exacte. C'était un fils de paysans, petit, trapu, le teint allumé, les yeux noirs, la bouche large, les membres un peu noués. Mais son regard perçant, son air impérieux et bon à la fois, sa démarche hardie et ferme, son geste vif et qui ne manquait pas d'une certaine puissance, rachetaient ce que cet ensemble avait de commun; on devinait qu'un homme de cœur et de volonté, enseveli sous une grossière écorce, s'en était peu à peu dégagé au contact du monde, et que chacune de ses qualités était une conquête.

La visite fut longue; peut-être n'avait-on jamais ni aussi bien ni aussi longtemps causé à Plaurach; l'abbé, qui avait été secrétaire d'un évêque, renaissait à la vie sociale; insensiblement des relations se créèrent; enfin on décida de se réunir souvent.

Dans une maisonnette perdue sous un rideau de vigne vierge et adossée à la falaise vivait seul, avec un domestique, un gentilhomme nommé M. de Trefléan : le docteur l'amena un soir comme il avait déjà amené le curé et alors on put organiser un whist.

C'était un ancien capitaine de frégate qui avait donné sa démission pour se retirer près de son père. Mais le père et le fils n'avaient pas pu vivre longtemps sous le même toit. Le père était un vieux gentillâtre d'autrefois, vigoureux, emporté, taillé comme un athlète, à la figure matérielle, aux mains couturées de muscles et couvertes de poils rudes, grand coureur de gibier et surtout de jolies filles. Ignorant comme le dernier de ses garçons de ferme, il était absolu dans le peu d'idées qu'il avait et ne supportait pas la contradiction. Après avoir un peu tué par son caractère difficile et brutal

Le brouillard, qui nageait sur la mer unie, se vaporisa, et le soleil parut lent et majestueux (p. 7).

la mère du capitaine, — il avait épousé une paysanne qui était morte en lui donnant un fils, nommé Audren comme lui. Il n'y avait pas six mois que le capitaine était à Tréfléan, qu'il avait dû en sortir. L'âge avait insensiblement dégradé le baron; ce qui, chez lui, était défaut à trente ans, à soixante était devenu vice. Vêtu du costume traditionnel, braies, long gilet avec ceinture et habit-veste à la Louis XIV, il courait les foires et les marchés; ou s'il restait au château tombant en ruine et qui n'avait bientôt plus de dépendances, c'était pour boire avec le premier paysan venu, se quereller avec ses fermiers *convenanciers*, insulter les huissiers et les gardes, chercher quelque moyen d'emprunter un millier de francs, caresser les gothons du village et les admettre à sa table, ou même à mieux.

C'avait été pour ne pas mépriser tout à fait ce chef de famille que M. de Tréfléan était venu habiter Plaurach. La solitude, l'âpreté du pays, convenaient à son caractère grave et mélancolique. Il avait quelques milliers de francs de rente qui lui venaient d'un oncle maternel. Il avait acheté cinq ou six arpents de bois, à l'abri de la falaise, et s'était fait construire au milieu un petit cottage à l'anglaise. La chasse, la lecture, le jardinage étaient ses seules occupations.

Tous les soirs M. de Tréfléan arrivait le premier; presque toujours il apportait un panier de fruits ou un bouquet. Il était suivi de près par le docteur, et, en attendant le curé, on causait. Aussitôt qu'on entendait le pas de l'abbé, M#me# Des Alleux et M. Michon préparaient les jeux.

« Dépêchez-vous donc ! criait celui-ci, l'autel est prêt. »

II

A son arrivée à Plaurach, l'enfant était un marmot qui n'avait qu'à se faire aimer, et cela il l'avait réussi sans peine; le docteur, M. de Tréfléan et le curé s'étaient pris pour lui d'une tendresse paternelle : « Maurice et toujours Maurice »; son nom revenait à chaque instant dans tout ce qu'ils disaient.

Mais l'âge venant, il avait fallu s'occuper de son éducation et la tâche s'était présentée pour les trois amis avec un caractère de gravité : bon, affectueux, tendre, sensible, intelligent, l'enfant l'était; mais d'autre part ses impressions, d'une mobilité extrême, imposaient des précautions; pour lui une chose désirée devait être une chose obtenue; colère, il se roulait par terre; heureux, il riait, chantait, courait à travers champ.

La passion était son seul guide, le premier mouvement son souverain maître.

Le docteur démêla parfaitement ce caractère. « Domptons le moral par le physique, dit-il dans une sorte de conseil de famille, ou bien la lame usera le fourreau. L'abbé, dirigez son esprit; capitaine, développez son corps. — Et moi, interrompit Mme Berthauld, que me reste-t-il de mon enfant? — Son cœur! dit M. Michon. »

Les choses s'accomplirent comme il venait d'être décidé, et Maurice grandit au milieu de maîtres qui avaient la tendresse et les soins d'un père.

Persuadé qu'un homme doit presque toujours ses succès à des avantages corporels, et que l'esprit, dans une enveloppe gauche ou maladroite, fait souvent plus souffrir que la bêtise, M. de Trefléan lui enseigna l'escrime, le tir, le fortifia et l'aguerrit par de longues courses dans les environs, en ayant soin de lui aplanir les difficultés, sans le laisser se perdre dans les détours de la routine. Il le menait droit au but, après le lui avoir d'abord montré, employant pour toutes choses le procédé auquel il eut recours, lorsqu'il voulut lui montrer un lever de soleil en pleine mer.

Ils partirent par un soir de juillet, à l'heure où la terre échauffée commence à renvoyer la brise au large; quand la nuit tomba, on ne voyait plus la côte, mais on la devinait encore à quelques nuages blancs; c'était la fumée des tiges de colza qu'on brûle sur le champ même, et que le vent entraînait avec lui. Ils allèrent encore, et quand le phare de Bréhat ne fut plus à l'horizon qu'un point imperceptible et vacillant, M. de Trefléan amena la voile. A son estime, ils devaient être sur un banc où l'on trouverait fond; il mouilla, et l'ancre mordit; puis, étendant son manteau au fond de la barque, il fit coucher Maurice. « Dors, mon enfant, lui dit-il, quand il en sera temps, je t'éveillerai. » Et il s'assit à l'avant, la main sur le cordage, tout prêt à le larguer, si par hasard il était besoin; mais il faisait une nuit splendide, la brise et la vague avaient faibli, et la barque n'était plus soulevée que par un mouvement monotone, presque insensible. Maurice dormait. Quand M. de Trefléan jugea l'heure arrivée, il l'éveilla. Comme à un théâtre où le rideau se lèverait sur une décoration d'une beauté splendide, Maurice se vit au milieu de l'immensité. La nuit n'était déjà plus, et le jour ne paraissait point encore; le ciel, sans nuages, était d'un bleu limpide, et vers l'orient une ligne pourprée se détachait lumineuse; bientôt cette ligne grandit, elle s'éleva, en passant par tous les tons, du rose le plus tendre au rouge le plus vif, et son foyer devint une fournaise. Les étoiles pâlirent, puis ne furent plus que des points, puis rien. Le brouillard, qui nageait sur la mer unie, se vaporisa, et le soleil parut lent et majestueux.

Trois heures après, ils échouaient sous la falaise de Plaurach, et Mme Berthauld, qui, malgré le calme de la nuit et l'expérience de M. de Tréfléan, était remplie d'impatience, embrassait son fils avec les mêmes transports que s'il arrivait d'un voyage autour du monde.

C'est qu'elle l'aimait de toutes les forces d'un cœur jeune; pour elle il était bonheur, consolation, espérance; il était le passé et il était l'avenir; elle ne vivait que par lui, que pour lui. Quelquefois pourtant le matin, lorsqu'en préparant ses dépêches, elle regardait par sa fenêtre le village s'éveiller, elle tombait en de tristes rêveries. A voir tous les jours cette monotonie fatigante par son uniformité même, à voir les femmes peigner sur le seuil de la porte leurs marmots en haillons, les devantures des boutiques s'ouvrir lentement, les pêcheurs revenir de la mer, pieds nus, le pantalon retroussé jusqu'aux genoux, leurs filets mouillés sur les épaules, tandis que l'un d'eux, chargé de grandes mannes, entrait dans les maisons pour offrir du poisson; à entendre sans cesse le bruit cadencé de la forge ou le va-et-vient du métier des tisserands, elle se prenait à penser qu'elle avait eu autrefois des journées plus remplies, et qu'elle était bien jeune pour cette existence plate et régulière. Mais alors Maurice descendait de sa chambre, il venait embrasser sa mère, et aussitôt oubliant rêveries et souvenirs, elle se disait que pour cet enfant tout était bien ainsi, que ce calme et cette tranquillité lui valaient mieux que la vie de collège, où il n'aurait eu ni M. de Tréfléan, ni M. Michon, ni l'abbé.

Celui-ci cependant, quoiqu'il employât la même méthode d'enseignement que le capitaine, et conduisît aussi son élève par la main, au travers des difficultés, n'obtenait point les mêmes résultats. Maurice n'aimait que les lectures d'agrément; quant aux sérieuses, elles le rebutaient : aussi, quand il s'agissait d'un devoir de grammaire ou de mathématiques, avait-il toujours quelque bonne excuse toute prête : tantôt c'était M. de Tréfléan, tantôt le docteur; ou bien il arrivait triomphant avec cent vers de Racine dans la mémoire, et l'on remettait au lendemain; le lendemain c'était à recommencer; d'autant plus faible avec Maurice qu'il était plus ferme avec ses paroissiens, l'abbé Hercoët se plaignait rarement et ne grondait jamais.

Ce que Maurice étudiait avec passion, c'était la musique. Dès qu'il en eut compris et appris les éléments, ses progrès furent si rapides qu'ils annonçaient une véritable vocation. Le sentiment musical était inné en lui. Avec sa mère pour seul maître, ayant pour tout instrument un vieux piano qui lui venait de son père, il fut à seize ans d'une force assez grande pour ne plus trouver de difficultés.

Ainsi il grandit; mais ce système d'éducation, s'il avait du bon, avait

Maurice et Martel (p. 16).

H. MALOT. — VICTIMES D'AMOUR.　　　　　　　　LIV. 2

aussi cela de très mauvais, qu'il ne préparait nullement au sérieux de la vie. Que Maurice eût un chagrin, et aussitôt il accourait près de sa mère ou de sa grand'mère, et c'étaient de douces consolations, de bonnes paroles, d'enfantines caresses ; pour lui épargner une larme, les deux femmes ne reculaient devant rien, et il en était au moral comme il en était au physique ; c'étaient des soins de chaque instant, de méticuleuses prévenances ; tout le monde s'unissait pour lui adoucir les obstacles ; aveuglés par leur amour, guidés par leur seule bonté, ces braves gens oubliaient ce que la difficulté vaincue peut donner d'expérience, de courage et d'utiles enseignements.

Cependant ses facultés musicales se développèrent de plus en plus ; un chant qu'il avait composé en langue bretonne, à l'occasion du naufrage d'une barque et des souffrances d'un pêcheur resté seul pendant trois jours sur un rocher, devint populaire dans tout le Trécorois et le pays de Léon. Quand il avait brillamment exécuté une page difficile, ou trouvé une gracieuse mélodie, il allait s'asseoir sur les genoux de sa mère, et il lui disait à l'oreille : « Êtes-vous content, mon maître ? » Et la pauvre femme pleurait de joie.

Mme Des Alleux, le docteur et l'abbé voyaient avec peine les tendances de Maurice ; ils auraient voulu en faire un médecin, et profiter ainsi des relations du grand-père et de celles de M. Michon lui-même.

« Pouvez-vous être assez faible pour laisser Maurice se bercer de la pensée d'être artiste ? disait le docteur.

— Mais s'il a du talent ? répondait Mme Berthauld.

— Où le talent a-t-il conduit son père ? interrompait Mme Des Alleux.

— Et puis quelles preuves avez-vous de ce talent ? poursuivait M. Michon. Parce qu'il compose des complaintes et des chansons assez gentilles, vous croyez qu'il est musicien ; quand j'étais enfant, moi, je voulais être militaire, ce qui n'empêche pas que je ne sois devenu un assez bon médecin. Toutes ces prétendues vocations ne sont que des caprices. Si vous voulez fermement que Maurice soit médecin, il le sera, et à trente ans il vous en remerciera.

— Enfin, disait M. de Trefléan prenant part à la discussion, pourquoi le contrarier ? La vocation est plus forte que tous les obstacles ; Maurice est artiste, et il le sera malgré vous. Vous aurez beau vouloir en faire un avocat ou un médecin, vous le pousserez à la révolte, voilà tout. Que diable ! pour être artiste, on ne déshonore pas sa famille ; son père l'était bien.

A toutes ces raisons, le docteur secouait la tête et répétait sans cesse : « Les enfants sont ce que nous voulons. »

Il redoutait Paris et son séjour. Son fils y avait été tué sur une barricade, et sa fille y vivait fort malheureuse près d'un mari joueur et débauché, qui, après s'être fait chasser de l'armée, où il occupait un grade supérieur dans l'infanterie de marine, s'était réfugié à Paris, autant pour se cacher que pour être plus libre de donner carrière à des vices et des passions qui avaient besoin de la corruption et surtout du mystère d'une grande ville.

Ces discussions jetaient Mme Berthauld dans des doutes cruels ; car, mère par le cœur, elle n'avait pas la force d'être père par la volonté ; si parfois elle tentait de prendre un air grave, son froncement de sourcils n'était pas sérieux, on sentait que le sourire n'était pas loin, et le baiser se voyait sous les lèvres.

Enfin M. de Trefléan l'emporta, en proposant une mesure provisoire, la plus habile et la plus infaillible de toutes les tactiques.

« Maurice va avoir dix-huit ans, dit-il, pensez-y bien docteur, le séjour de Plaurach peut lui devenir dangereux ; veuillez y songer aussi, monsieur le curé. Il est donc temps de nous en séparer.

— Parfaitement raisonné, interrompit le docteur ; il ne faut pas qu'un gaillard élevé par le curé porte le trouble parmi les brebis, ce qui cependant serait assez drôle ; il en sait maintenant assez pour se faire recevoir bachelier. Envoyons-le à Rennes, puis ensuite à Paris, à l'École de médecine, pour ses dernières années.

— A Paris tout de suite, continua M. de Tréfléan, mais pas à l'École de médecine. Essayons de l'art ; s'il n'a pas de talent, il sera toujours temps de se rabattre sur une profession honnête et libérale, comme disent le docteur et le curé.

— C'est-à-dire, s'écria celui-ci, que si Maurice est un sot, vous en ferez un médecin. Merci !

— Ou un curé, continua l'abbé.

On finit par convenir que Maurice irait à Paris. Son départ fut fixé aux derniers jours de l'automne, et M. de Tréfléan dut l'accompagner.

III

Mme Berthauld était une vraie mère. Cependant ce n'était pas sans souffrir qu'elle voyait s'approcher le moment de la séparation ; et bien des fois elle mouilla de larmes le trousseau de linge qu'elle-même préparait de ses mains. Ce travail était devenu sa joie ; elle mettait son orgueil à ce que son enfant eût toutes ces petites choses indispensables au bien-être, et pût se dire, quand il serait seul et loin : « C'est ma mère qui me l'a donné. »

Pour elle, pour son anxiété chaque jour croissante, l'automne marcha avec une effrayante rapidité et toucha bientôt à sa fin. Le dernier jour que Maurice dut passer à Plaurach réunit tout le monde dans un dîner d'adieu. Le temps, qui avait été beau toute la journée, se mit au froid quand vint le soir; le vent souffla du nord et remplit le jardin de feuilles sèches.

« Tu commences à voir, dit le docteur à Maurice, ce que coûte l'ambition; certes, la gloire est une belle chose, mais elle ne vaut pas la tranquillité de la maison maternelle. La quitter, c'est abandonner le certain pour l'incertain, le bonheur pour le hasard. Enfin, mon ami, tu te souviendras du vieux papa Michon, quand seul, au milieu du monde, entouré de pièges ou de ténèbres, luttant dans la course au succès, tu penseras aux joies de la famille, aux conversations du foyer domestique, qui maintenant te paraissent des radotages.

— Mon enfant, dit l'abbé, si jamais une mauvaise pensée effleure votre âme, songez à votre mère, c'est la plus sûre conscience. »

On se sépara, et Maurice voulut achever ses derniers préparatifs; sa mère vint bientôt le rejoindre et l'aider.

« Allons, dit-elle en s'efforçant de sourire, laisse-moi faire, tu chiffonnerais tout cela; » et elle se mit à plier les vêtements. « Tiens, regarde, voilà comme il faut rabattre le collet et les revers pour ne rien friper. » A chaque chose c'était une recommandation nouvelle, pour le tailleur, pour le linge, pour la blanchisseuse. Puis elle courait dans sa chambre, rapportait un de ses mouchoirs pour compléter une douzaine, plaçait entre deux chemises quelque petit objet fragile, lui venant de son père ou de son mari, rangeait, tassait tout soigneusement, et ne s'arrêtait que devant le trop plein.

Tout était prêt; alors tirant une bourse qu'elle-même avait faite :

« Tu trouveras cinquante louis dans cette bourse; je ne te dirai pas : c'est là toute notre fortune; la vérité est, cependant, qu'il nous en restera bien peu. J'aurais pu te les donner en plusieurs fois; j'ai confiance en toi : prends, travaille de ton mieux; surtout pense à nous. »

Quand, au petit jour, la voiture et le domestique du docteur arrivèrent devant la porte, tout le monde était éveillé. Il fut décidé que l'on conduirait Maurice à pied jusqu'à la côte de Maël. La bonne dame Des Alleux s'offrit pour garder le bureau; mais entraînant Maurice dans le jardin :

« Tiens, dit-elle en lui glissant une petite boîte, voici mes économies et la montre de ton bon papa Des Alleux; n'en dis rien à ta mère. »

On se mit en route, Mme Berthauld s'appuyant sur le bras de son fils; ils se regardaient tristement en s'efforçant tous deux de sourire. Le jour se faisait, et sur la mer, à l'orient, du côté de Paris, le soleil se levait tout rouge. Les coqs du village chantaient en battant des ailes; assis sur leurs chevaux, les garçons de charrue passaient, se rendant au labourage.

A la côte, il fallut se séparer; ce furent de longs souhaits, de longs embrassements.

Maurice écrivit souvent à sa mère; elle était la confidente de ses joies, de ses chagrins, de ses espérances et de ses doutes; elle le suivait dans sa vie; elle était une conscience, suivant la parole de l'abbé Hercoët. Dès qu'il en trouvait le moyen, il se hâtait d'accourir passer quelques semaines à Plaurach.

Mais il vint un jour où ses lettres furent plus courtes, plus rares, puis enfin presque indifférentes; elle n'était plus tout pour son enfant : — il aimait!

CHAPITRE II

MARGUERITE

I

Il aimait, et dans son amour, tout avait été englouti : mère, amis, travail.
Pendant les premières années de son séjour à Paris, travailler, se faire un nom avait été son seul but ; mais insensiblement il avait été mordu au cœur par des convoitises, qui chaque jour étaient devenues plus impatientes ; emportée par des désirs qui ne s'étaient point usés dans des caprices de quelques nuits, par un sang qui ne s'était point rafraîchi dans de faciles plaisirs, son imagination s'était laissée aller à toutes les fantaisies de l'inconnu, et elle avait aspiré avec d'entraînantes cupidités à de belles, de grandes amours.

« Décidément, disait-il un soir à son ami Aristide Martel, — un jeune peintre dont les paysages commençaient à abandonner les hauteurs de Notre-Dame de Lorette pour se glisser aux vitrines aristocratiques des marchands de la rue Laffitte, — décidément, il faut que j'aie une passion.

— Va, mon ami, va, interrompit Martel, démanche sur la corde du sentiment. Il vente au dehors, ta chambre est bien close, nous sommes tranquillement assis, les coudes sur la table, les pieds dans les cendres, la bouilloire chante au milieu des flammes bleues du charbon de terre ; continue tes variations, je t'écoute.

— Tu railles, mais je t'assure que je parle sérieusement. Quand, pour des raisons qui n'étaient pas précisément gastronomiques, nous nous rencontrions tous les jours chez Chabannas, où nous faisions de si beaux dîners pour quatorze sous, je n'avais guère le temps de songer à l'amour ; aujourd'hui, j'ai vingt-quatre ans, je pourrais, si cela me faisait plaisir, exposer mon portrait dans une pose mélancolique chez tous les éditeurs ; je suis un peu connu, je me crois du talent, je veux aimer. Jusqu'à présent, j'ai mené une vie de reclus ; c'en est assez, à la fin ! Je veux aimer et être aimé.

— Aime, ça n'est pas difficile.

— Des caprices de quelques heures qui se nouent le soir dans un bal pour se dénouer le matin sur les dernières marches d'un escalier d'hôtel garni, ne m'inspirent que mépris et dégoût.

— Alors, c'est l'amour d'une grande dame que tu appelles : je connais ce dada ; tu veux du velours et de la soie pour te rouler dessus ; mais, mon pauvre Maurice, c'est toujours la même chose, va.

— Cela peut te paraître bien ridicule, bien naïf, mais je veux une femme que je sois fier d'aimer, une femme qui me grandisse à mes propres yeux, une femme belle, jeune, entourée d'hommages, promettant toutes les joies, flattant toutes les vanités ; je veux une femme qui partage mes triomphes d'artiste, à qui je puisse dire mes pensées, qui soit mon guide, mon soutien, mon inspiration, ma récompense. Voilà mon rêve, mon dada. Enfin, je veux connaître la passion vraie, je veux me sentir vivre, je veux souffrir, je veux jouir, je veux avoir la fièvre.

— Voilà le grand mot lâché : il te faut une passion ? Des phrases. Tu veux vivre ! malheureux, tu ne vivras pas, tu tueras en toi ce qui est bon. Quand tu auras connu les souffrances que tu désires aujourd'hui, seras-tu plus fort comme artiste ? Tu as fait des choses qui viennent du cœur et qui parlent au cœur ; si tu peux faire encore quelque chose, tu ne feras plus que des œuvres cruelles, malsaines, mauvaises pour toi, mauvaises pour tous, de ces œuvres qu'on fait contre soi, malgré soi ; — tu te vengeras.

— Si je suis aimé ?...

— Alors tu ne feras plus rien du tout : pour l'artiste, la première règle, c'est d'être chaste.

— Quand je rentre le soir et que je veux me mettre à travailler, c'est en vain ; mes rêveries d'amour m'entraînent, elles emplissent ma tête ; je tombe dans d'énervantes langueurs qui m'anéantissent. Si je cherche une guérison auprès de vos femmes, à vous autres, le remède est pis que le mal : c'est de l'amour qu'il me faut.

— Enfin, quel amour veux-tu ? L'amour d'une femme de vingt-quatre à trente ans, n'est-ce pas ? ayant un mari, des enfants, une voiture, de la dentelle ; qui vienne ici voilée, tremblante ; qui te reçoive chez elle et dirige sagement sa maison, sa religion, sa passion, son pot-au-feu ? Ces amours-là, ça me répugne. Ce n'est pas au point de vue de la loi que je me place, au point de vue de la morale et de la famille, c'est au point de vue de la délicatesse du cœur et des sens. Les femmes ont toutes de charmantes finesses pour nous persuader que leurs maris ne sont que des bûches retirées de l'amour ; mais il n'en est pas moins vrai que ces bûches s'enflamment quelquefois, et alors la femme que tu tenais tout à l'heure dans tes bras, s'abandonnera parfaitement : le mariage a ses devoirs. Moi, j'aime mieux une fille. J'en ai connu une qui n'a jamais reçu un baiser sur la bouche et n'en a jamais donné : elle avait au moins une certaine conscience.

— Ainsi tu voudrais me voir l'amant d'une fille.

— Je ne dis pas ça; il y a parbleu bien assez de pauvres jeunes filles qui n'ont que la beauté, la vertu, la grâce et l'amour; mais sans le luxe et tous ces prétendus attraits que tu exiges, pour qu'on puisse être encore heureux. Quand tu as commencé à me défiler ton chapelet, j'avais envie de rire, maintenant tu m'as attristé, car je vois un bon garçon que j'aime, qui, de propos délibéré, s'en va défier le sort. Tu ne sais donc pas quelle influence a sur notre vie un premier amour! Les savants prétendent que la fécondation de la femme influe sur tout son avenir, et ils en donnent des preuves ; sont-elles bonnes, je n'en sais rien, et je ne te dirai pas si la jument arabe qui a eu un caprice pour un âne ne peut plus avoir que des petits ânes; mais ce que je t'affirme d'après ma propre expérience, d'après ce que je vois tous les jours, c'est qu'il y a une fécondation intellectuelle et morale de l'homme par la femme beaucoup plus puissante que la fécondation matérielle de la femelle par le mâle. Tout homme est fait par deux femmes, sa mère et sa première maîtresse. Par malheur, la maîtresse détruit presque toujours ce que la mère a eu tant de mal à créer; elle nous féconde en nous appauvrissant; c'est un échange qui s'établit, elle prend ce que nous avons de bon, nous passe ce qu'elle a de mauvais, puis elle nous abandonne quand nous n'avons plus rien à donner, nous laissant meurtris, épuisés, et comme sa morsure est semblable à celle de la chèvre, la plaie qu'elle fait ne guérit jamais, on en meurt durci, rabougri. Tu serais amoureux que je ne te dirais pas tout cela; quand un homme se noie on lui tend la main, on ne lui fait point de discours; mais tu n'es pas encore à l'eau; avant que tu t'y jettes, laisse-moi te sermonner. Qu'on soit pris par la passion, que malgré soi on s'y abandonne, je le comprends, c'est une fatalité à laquelle on ne peut pas plus échapper qu'à la fièvre typhoïde; mais tu n'es pas malade et tu veux l'être; ma parole d'honneur, c'est trop violent.

— Ce que tu me dis là peut être parfaitement vrai, ça ne me retient pas. Que je veuille ou que je ne veuille pas, j'en suis arrivé à un moment où il faut que j'aime: mon cœur déborde; je ne te dis pas que je vais me jeter à la tête de la première femme que je rencontrerai, mais je veux voir, je veux chercher; quand j'aurai rencontré, je veux aimer. Il y a assez de femmes qui sont tourmentées du même mal que moi, va.

— Parfaitement. Il y a beaucoup de femmes qui se disent à cette même heure : « Mon Dieu, comme mon mari est bête, que les enfants sont

Tous les jours il vint attendre son passage dans les Champs-Élysées (p. 24).

H. MALOT. — VICTIMES D'AMOUR.　　　　　　　　　LIV. 2

ennuyeux, si je pouvais donc être aimée !... Tu rencontreras une de ces charmantes créatures : tu es jeune, beau, vos regards se rencontreront, vos cœurs s'accrocheront, tu l'adoreras pendant trois mois, elle cédera avec plus de grimaces que n'en feraient les onze mille vierges, et vous vous mettrez à jouer la comédie du sentiment, de très bonne foi tous les deux, je le veux bien ; mais comme elle aura déjà une revanche à prendre, tu payeras pour le mari ou pour le premier amant : tu deviendras inquiet, fiévreux, insupportable aux autres et à toi-même ; puis, après un certain nombre de mois, — je te laisse libre de les fixer, — ta maîtresse se dira de nouveau : « Mon Dieu, comme mon mari et mon amant sont bêtes, que les enfants sont ennuyeux, si je pouvais donc être aimée ! » et tu resteras tout seul, le cœur mort, l'espérance détruite, le grand ressort de la vie brisé ; tu seras comme j'en connais tant, tu riras, tu railleras en public, et quand tu seras seul, tu pleureras toutes les larmes de tes yeux, si tu peux résister à la tentation de te tuer.

— Tous les amants trompés ne se tuent point.

— Tu ne m'en dis pas plus long ?

— J'ai besoin de toi.

— Pourquoi faire, s'il te plaît ?

— Pour me présenter.

— Tu es véritablement très joli, mon pauvre Maurice. Je n'ai jamais vu de salon qu'au Gymnase ou au Théâtre-Français, les seules grandes dames que je connaisse sont des grandes dames de théâtre, et encore est-ce par-dessus la rampe.

— Tu connais Donézac ?

— Parbleu ! s'il était là, il te dirait même qu'il est mon meilleur ami.

— Sur ta recommandation, il me présentera.

— Où tu voudras : chaussée d'Antin, Marais, faubourg Saint-Germain, à ton choix, il connaît Dieu et le diable, fait de la peinture, de la littérature, de la sculpture, de la musique, et pas trop mal, assez proprement même pour éblouir les bourgeois qui le croient un artiste ; viens me prendre demain, nous irons chez lui. Mais si tu es sage réfléchis, et ne viens pas.

II

Le lundi suivant, à neuf heures du soir, Maurice était assis sur les coussins d'un coupé de remise, à côté de Donézac.

« Cher monsieur, disait celui-ci, je ne vous affirmerai pas que la maison de Mme Baudistel est la première maison de Paris; tout le monde ne voudrait pas y aller, mais tout le monde non plus n'y serait pas reçu. Vous trouverez là une société assez mélangée, dans tous les cas, pas du tout vulgaire : des médecins et des avocats qui veulent devenir des journalistes, des journalistes qui veulent devenir des spéculateurs, beaucoup de gens d'affaires; vous y trouverez aussi quelques hommes qu'il est bon de connaître et qui peuvent vous pousser; si Martel avait voulu venir, il y a longtemps qu'il vendrait ses tableaux. »

Donézac fit à Maurice, dans les plus petits détails, l'histoire et la chronique de la maison Baudistel. Il lui dit comment M. Baudistel, ayant mis sa turbulence provençale en action au lieu de la dépenser en paroles, ainsi que beaucoup de ses compatriotes, était venu à Paris ambitieux et misérable; comment il avait fait une première fortune, comment il l'avait perdue; comment il en avait refait une autre; comment il était sorti, à son plus grand avantage, de deux ou trois faillites ou exécutions à la Bourse; qu'elles avaient été ses spéculations; la part qu'il avait prise dans cinq ou six grandes affaires scandaleuses; les sociétés dont il était le gérant ou l'administrateur caché; les journaux qu'il avait fondés; comment il était arrivé à grouper un chiffre de millions assez formidable et assez éblouissant pour lui donner honneur, considération et crédit. Il lui dit encore comment, à la vente de Gougenheim, le banquier allemand, il avait acheté son bel hôtel de la rue de Varennes; il lui dit comment, au grand étonnement de tous ses amis et ennemis, il avait épousé une jeune fille, Mlle Marguerite de Fargis, pauvre, mais alliée à deux ou trois des bonnes familles de France. Enfin, comme une gazette vivante, il lui apprit tous les faits grands ou petits, tous les bruits, vrais ou faux, qui se rapportaient à la maison dont il se disait l'ami.

Quand, par la porte du salon, un valet cria son nom et celui de Donézac, son cœur battit : il lui sembla qu'il était quelqu'un.

On lui fit force compliments; chose plus rare et plus flatteuse, on eut, sinon des prévenances, au moins de l'attention pour lui. C'était chez Mme Baudistel une habitude invariable de faire aux nouveaux venus les honneurs de la soirée.

Elle paraissait avoir vingt-six ans : brune, grande plutôt que petite, un peu grasse, et dans toutes ses attitudes, soit de mouvement, soit de repos, d'une pureté de lignes et d'une beauté de formes à ravir un artiste.

Vers minuit, elle pria Maurice de prendre le thé avec quelques intimes. Ce fut alors seulement que M. Baudistel parut; c'était un petit homme sec, nerveux, tourmenté d'un asthme et de terribles insomnies; son visage était jaune comme s'il eût été couvert de poussière d'or; les deux époux présentaient un contraste absolu, et un certain ridicule même en rejaillissait sur le mari. Comme à son ordinaire, il avait travaillé toute la soirée. Il salua Maurice négligemment, parla peu et se retira presque aussitôt.

En rentrant chez lui, Maurice ne pensa qu'à Mᵐᵉ Baudistel; jamais une femme ne lui avait révélé aussi complètement la beauté. Huit jours après, il se présenta pour faire sa visite et fut invité aux petites réunions du lundi.

III

Malgré les ardeurs avec lesquelles il voulait un amour, ce ne fut pas sans de longues craintes, sans de douloureuses hésitations, qu'il reconnut en lui-même la toute-puissante passion qu'il avait désirée; car il la sentait si envahissante, qu'il se voyait entraîné, et comprenait que c'était folie de s'abandonner. Cependant, il s'abandonna. Il se dit bien que s'engager dans cette voie, c'était briser à jamais son avenir; cependant, il s'y engagea. La passion était entrée dans son cœur, elle l'avait empli, elle en avait chassé tout le reste; il était l'esclave de l'amour, il n'écoutait plus que lui, il n'aimait plus que lui.

En descendant rapidement vers la rue de Varennes, il avait de terribles angoisses : comment va-t-elle me recevoir? se disait-il; il ralentissait le pas, il s'arrêtait, il avait peur, il aurait voulu retourner en arrière. Dans le salon, c'étaient des frayeurs nouvelles; quels seraient les visiteurs? remarquerait-on sa présence? parlerait-on de son assiduité? c'était en tremblant qu'il entrait. Son embarras recommençait de plus belle; il ne fallait pas attirer l'attention, exciter la jalousie des gens précisément les plus jaloux du monde, et il ne fallait point non plus cependant passer pour un sot auprès de la maîtresse adorée; cruelle alternative qui exigeait toute son application et paralysait sa verve, alors qu'il aurait si bien voulu montrer devant *elle* ce qu'il y avait en lui de cœur, d'esprit et d'enthousiasme. Si Marguerite lui disait une bonne parole en lui tendant la main, ou si dans la conversation elle le regardait pendant un peu plus qu'un instant, c'était à peine si la porte de la rue de Varennes était assez haute pour le laisser sortir. Il répétait *ses* paroles, il frissonnait au souvenir de *son* regard; il était ébloui, transporté; il était quelque chose dans ce vaste Paris qui dormait dans sa tranquille insouciance; il n'avait que de la pitié et du mépris pour ces riches demeures emplissant la rue d'ombres, pour leurs hôtes moins fortunés que lui. Elle lui avait parlé, elle lui avait souri; avait-il un égal sur la terre ? de tout son être partaient des frémissements qui faisaient éclater en son âme un hymne d'allégresse. Elle lui avait souri, elle lui avait parlé; tout espoir ne lui était donc pas interdit, l'hymne devenait plus tendre, il avait toutes les hardiesses, il chantait les joies de l'amour triomphant. Mais il arrivait aussi que Marguerite quelquefois l'oubliait parfaitement pour un nouveau venu, ou pour une illustration naissante ; alors c'étaient des désespoirs qui ne pouvaient se comparer qu'à ses bonheurs passés. Elle ne l'aimerait jamais; déjà peut-être voulait-elle lui montrer qu'il était importun; sans doute bientôt elle le congédierait, si lui-même ne renonçait pas à venir.

Bientôt les soirées du lundi ne suffirent plus à l'exigence de ses désirs. Mais comme il n'avait point accès dans les maisons où allait Marguerite, et ne pouvait songer à s'y faire recevoir, il dut chercher quelque moyen de la rencontrer ailleurs. Elle allait le jeudi aux Italiens, il y alla. Elle arrivait, et en s'asseyant elle distribuait ses saluts et ses minauderies ; lui la regardait, attendant patiemment qu'elle daignât l'apercevoir. Au milieu du dernier acte il sortait et allait se mettre en faction, avec les valets de pied, au bas du grand escalier des loges. Elle passait enveloppée dans sa pelisse; il la suivait sous le péristyle, et pendant que l'on faisait avancer son coupé, il la voyait encore une dernière fois; elle relevait sa robe pour sauter des marches dans la voiture, sa taille se tordait, les chevaux partaient, la vision était évanouie.

Il avait donc deux jours de bonheur sur sept; ce n'était pas assez. Elle suivait les premières représentations, — car elle était de ce *tout Paris* inventé par les feuilletonistes; — Maurice ne manqua point une seule de ces réunions exceptionnelles. Puis, comme plus il la voyait plus il la voulait voir, il sacrifia les heures consacrées à ses leçons, — qui étaient sa vie même, — comme il avait déjà sacrifié les heures de son travail, — qui étaient sa seule chance de gloire, — et tous les jours il vint attendre son passage dans les Champs-Élysées. Lorsqu'il faisait du soleil, il s'asseyait au pied d'un arbre; lorsque le vent soufflait glacial, il arpentait à grands pas l'asphalte du trottoir, les yeux sur la chaussée, épiant les voitures. Il la devinait de loin et ne la perdait pas de vue au milieu des équipages. Nonchalamment étendue, chaudement blottie dans ses fourrures, elle passait indifférente. Quelquefois elle n'était pas seule. Quelquefois on la distinguait à peine derrière la vitre relevée, déjà obscurcie par le froid. C'était trop facilement qu'il pouvait compter les jours où il recueillait un sourire; et cependant il ne s'éloignait jamais qu'il ne l'eût plus ardemment regardée et contemplée, lorsque, vers la nuit tombante, elle revenait de sa banale et indispensable promenade.

Même chez lui, surtout chez lui, dans cette chambre où il avait autrefois si courageusement passé tant de jours et tant de nuits au travail, il ne trouvait plus ni joie ni repos.

Aussi, au lieu de revenir travailler les jours où il ne devait point rencontrer Marguerite, cherchait-il tous les moyens de se distraire et de tuer le temps.

Habituellement il allait chez Martel, non seulement parce que celui-ci était son meilleur ami, mais encore parce qu'avec lui il pouvait parler d'amour. Par une sorte de respect et de pudeur, et non par défiance, il n'avait jamais nommé Marguerite, mais il avait avoué qu'il aimait, mettant une orgueilleuse ostentation à raconter ses joies et ses espérances; pour ses chagrins et ses déceptions, il les cachait ou les atténuait. C'eût été trop tôt donner raison aux lugubres prophéties de Martel.

« Eh bien, disait celui-ci lorsqu'il le voyait entrer, où en sommes-nous aujourd'hui ?

— Ah ! mon cher, je suis le plus heureux des hommes.

— Vraiment, mon ami, est-ce que ?...

— Je m'en vais.

— Ne te fâche pas, et puisque ce sujet est interdit parlons d'autre chose. Fais-moi son portrait. Tu l'aimes, n'est-ce pas ? Comment est-elle ? Comment sont ses cheveux ?

— Noirs.

— Ses yeux ?

— Jaunes avec des petits points foncés.

— Sa peau ?

— Brune et veloutée.

— Tu parles comme un passeport.

— Il faut la voir, et encore !... Figure-toi une tête un peu petite, comme dans les statues grecques; un front haut et bombé, des paupières mobiles et relevées en cintre ; des yeux habituellement ternes et voilés, mais qui, dans de certaines circonstances, concentrent une puissance extraordinaire de vie et de passion; un nez droit d'un tissu aminci et transparent; des lèvres charnues et sanguines; un menton lisse et court; des joues imperceptiblement duvetées, et des cheveux, oh ! des cheveux splendides. Pour porter cette tête, mon ami, un torse admirable; une poitrine large et développée; des épaules pleines, blanches et grasses; des seins fermes et droits, et des bras durs et modelés comme s'ils étaient de marbre. Ce n'est pas tout; elle a une façon de marcher en imprimant à sa robe des plis amples qui enthousiasmeraient un sculpteur, et dans l'art de la toilette, on la copie.

— Si à vingt ans on peut souhaiter une femme pareille, un peu plus tard on doit se contenter de l'admirer, attendu qu'il y a de fortes présomptions pour qu'une telle femme n'aime jamais, et que lors même qu'elle prendrait un amant, ce ne serait pas pour faire de l'égoïsme à deux, mais bien à un, c'est-à-dire pour elle seule.

IV

Son amour, qui avait commencé par l'admiration, en était arrivé à l'adoration. Marguerite était la complète réalisation de son idéal, et mieux, cent fois mieux que cela, condition inappréciable, il la connaissait assez peu pour trouver en elle tout ce qu'il voulait imaginer, pour avancer sans cesse et ne point rencontrer de terme, et se sentir assez haut dans le ciel pour ne craindre pas qu'un horrible désenchantement le précipitât tout à coup sur la terre. Il pouvait à son aise la parer de tous ses désirs, lui donner son enthousiasme, sa chaleur d'âme; il pouvait la créer à son image. C'était une statue commode à laquelle il pouvait appendre, comme des *ex-voto*, les illusions de sa jeunesse; il pouvait lui mettre la robe d'innocence et la couronne de virginité; il pouvait la faire riche de toutes les qualités qu'il tirait de son propre cœur; il pouvait la faire noble de toutes les noblesses, grande de toutes les grandeurs, vertueuse de toutes les vertus; ainsi parée, ainsi placée par lui-même sur le piédestal, il pouvait la reconnaître pour son idole, se prosterner devant elle, l'adorer et dire : « N'es-tu pas la plus belle entre les plus belles; n'es-tu pas la plus pure; n'es-tu pas la plus chaste; n'es-tu pas l'étoile des jours heureux, la source de toute joie, la reine des amours? » Ce n'était plus Marguerite, ce n'était plus une femme : c'était la femme, c'était l'amour. La passion, chez les poètes, a des mensonges spécieux; la femme aimée, ils ne la regardent jamais qu'au travers du miroir grossissant de leur imagination. Ils ont fait l'amour, non tel qu'ils le voyaient, mais tel qu'ils le voulaient : ils en ont exalté les bonheurs et grandi les souffrances; mais lorsqu'ils les éprouvent, ces souffrances ou ces bonheurs, c'est encore plus fortement qu'ils ne l'avaient rêvé; les premiers esclaves d'un tyran qu'ils ont eu l'imprudence d'exalter, ils en sont, ou les plus grandement récompensés, ou les plus grandement punis.

Il n'en était encore qu'à la récompense : heureux de sa passion, il aimait sa passion même et n'osait pas demander davantage. « Ne suis-je pas heureux ainsi? Pourquoi plus? » Il se taisait, il était près d'elle, il la voyait, et durant cet instant rapide rien ne manquait à son bonheur.

Dès la seconde soirée, Marguerite avait deviné cet amour; mais elle ne laissa point paraître qu'elle en fût blessée, et sans encourager Maurice, elle ne le repoussa pas. Elle resta pour lui ce qu'elle était pour tous, aimable et souriante des lèvres, mais des lèvres seulement. Cet amour ressemblait si bien à un culte dégagé de toutes les choses de la terre, qu'une femme seule pouvait le distinguer; or, comme elle était la seule femme de son salon et se trouvait ainsi à l'abri d'une fâcheuse curiosité, elle laissa se développer sans obstacles une passion qui l'intéressait, si elle ne lui plaisait pas encore, et que son imagination aventureuse se promettait de suivre et d'observer. Elle se mit à jouer à l'amour; dédaigneuse aujourd'hui, aimable demain, elle prit plaisir à abuser de son pouvoir pour en éprouver toute la force; toujours soumis, il aima toujours la main qui le frappait ou le caressait, et supporta tout sans se plaindre et sans se trahir. Mais peu à peu et à son insu, elle devint personnage important dans cette pièce dont elle n'avait d'abord voulu jouir que comme simple spectatrice, et l'esprit céda la place au cœur; car pour être insensible à une passion comme celle de Maurice, pour n'être point gagnée par une ardeur comme la sienne, pour rester froide en face de ce foyer d'amour, il fallait aimer déjà, et non seulement elle n'aimait pas, mais encore elle n'avait jamais aimé; elle avait été désirée, elle avait désiré elle-même; les plaisirs des sens, elle les connaissait; des chastes joies de l'amour elle était innocente et vierge; c'étaient ces joies que Maurice lui offrait. Elle commença par être fière de ce sentiment d'adoration qu'elle inspirait, puis elle en fut heureuse; des cordes, jusque-là restées muettes en elle, résonnèrent et frissonnèrent au contact impérieux de cette brûlante passion. Sous cette prestigieuse influence, elle compara Maurice aux hommes qui l'entouraient et le trouva charmant, lui qu'elle avait été longtemps sans remarquer; sa voix la fit tressaillir, elle aima à entendre prononcer son nom; au théâtre elle chercha son regard. Son dévouement, sa fidélité, son enthousiasme, lui parurent remplis de promesses; elle attendit de lui la révélation de jouissances nouvelles; la curiosité, une soif souvent trompée, la poussèrent vers lui. Et lentement elle s'enivra de cet espoir qui pousse les femmes à chercher dans un nouvel amant la rare et merveilleuse fleur d'idéal qu'elles n'ont point rencontrée dans les premiers; fleur qu'elles ont souvent foulée à leurs pieds sans la voir, et que, dans leur infatuation, elles cherchent encore en accusant la fortune, au lieu d'accuser leur propre aveuglement, ou leur propre stérilité. C'était ainsi qu'elle se laissait entraîner vers Maurice; il était jeune, inconnu, perdu dans la foule : quel meilleur sujet pour une dernière expérience? mais surtout, preuve bien évidente qu'il était le Messie attendu, le révélateur espéré, c'est que, quoiqu'il n'eût pas encore parlé, elle était déjà heureuse; elle se délectait dans cette pensée

Maurice et Marguerite en tête-à-tête (p. 29).

H. MALOT. — VICTIMES D'AMOUR.　　　　　　LIV. 4

qu'il était un cœur ne vivant que pour elle, qu'elle était adorée le jour, invoquée la nuit; qu'il lui suffisait d'un geste pour donner le plus grand bonheur ou la plus terrible souffrance, qu'elle inspirait une passion infinie; que pour un homme jeune, intelligent, elle était la seule femme, elle était tout, elle était Dieu!

Et puis, ce qui la poussait encore, c'était son expérience de la vie. Elle avait vingt-sept ans et depuis dix années elle vivait dans la duperie et dans le mensonge, toutes les croyances de sa jeunesse ne lui avaient donné que des déceptions, et maintenant l'amour seul lui paraissait efficace et réel : en lui était son espérance, il était son refuge, la branche vers laquelle elle tendait les bras avant de disparaître engloutie dans le flot qui l'entraînait ; mais ce qu'elle voulait, c'était un amour jeune et exalté, qui eût assez de force pour l'enlever jusqu'à lui, elle déjà lasse et accablée, assez de puissance pour ne se décourager pas, assez d'infini pour les nourrir tous deux et les soutenir toujours. Et Maurice tel qu'elle le voyait, lui paraissait capable d'accomplir cette œuvre de rédemption et d'initiation.

Pour lui, cependant, il était loin de savoir ce qui se passait dans le cœur et dans l'esprit de sa maîtresse car il avait tout l'aveuglement et toute la sainte bêtise du premier amour; il se croyait indigne d'elle: prosterné dans la poussière, il n'osait lever les yeux sur son idole, ne voyant point les signes qu'elle commençait à lui faire.

Sur ces entrefaites, M. Baudistel mourut tout à coup, étouffé par son asthme, et sa femme en éprouva tout juste le chagrin que doit ressentir une brune en se voyant condamnée pour six mois à un deuil de laine. Cependant pour se conformer aux convenances, — sa règle en toutes choses, — elle dut fermer sa maison, renoncer à ses distractions qui faisaient le fond de sa vie même, et s'imposer une contrariété réelle pour feindre une douleur qu'elle ne ressentait pas.

V

L'ennui n'ayant pas tardé à la prendre, le souvenir de Maurice lui revint plus séduisant et plus importun tout à la fois. Elle avait si bien l'habitude de le voir chaque jour qu'il lui manquait : que faisait-il? que devenait-il? Elle voulut le savoir; mais comme la chose était impossible directement, elle fit demander Donézac, sous prétexte d'affaires, et le pria de venir bientôt passer une soirée et d'amener Maurice pour la distraire un peu.

La joie avec laquelle Marguerite l'accueillit aurait éclairé un amant moins jeune, mais lui, ne vit rien, n'entendit rien, et il se perdit dans son propre tourbillon. Puis à mesure que les minutes s'écoulèrent, la tristesse le gagna : il songeait que bientôt il faudrait partir.

Marguerite, qui voyait ce trouble et en jouissait, prit alors pitié de ce pauvre niais ; et comme ils n'étaient pas seuls, elle lui demanda une de ses dernières compositions, pour lui donner une occasion de revenir.

Il revint le lendemain, puis le surlendemain, puis tous les jours ; chaque fois ce fut sous un nouveau prétexte laborieusement cherché, que Marguerite recevait en souriant.

D'une exactitude parfaite, il arrivait tous les soirs l'esprit chargé de nouvelles et d'anecdotes ; car ignorant qu'il était lui-même le bonheur, il cherchait à se rendre agréable en amusant. Il disait les bruits de la journée ; et Marguerite l'écoutait avec une impatience que souvent elle laissait échapper ; était-ce pour parler des autres ? était-ce pour faire de l'esprit qu'elle souhaitait sa présence ?

Et lui s'en allait désespéré, criant du fond de son cœur :

« Elle ne m'aimera jamais ! »

Il avait entouré son astre de tant de rayons qu'il en était maintenant ébloui ; il était victime de la grandeur de son amour ; il en avait fait une chose céleste et ne comprenait plus la réalité : Marguerite était l'ange, lui n'était que l'homme ; par un téméraire orgueil devait-il se faire chasser du ciel ? Cependant lorsqu'il était seul, lorsqu'il n'était plus sous l'influence immédiate de ce regard qui le fascinait, il raisonnait un peu plus froidement : « Elle est femme, se disait-il, elle n'est que femme, et mon cœur est l'égal du sien. » — Alors il se jurait d'être brave, non pas aujourd'hui, ni demain, mais un jour qu'il fixait dans une certaine circonstance ; il préparait ses paroles, il se les répétait, il prévoyait les réponses de Marguerite ; mais s'il venait à penser à son regard, il se sentait perdu. Alors il écrivait, il racontait ses joies, ses espérances, ses tortures ; il se faisait bien humble, bien suppliant, et s'enhardissant dans un projet décisif, il partait. Jusqu'à la rue de Varennes, il osait tout, il imaginait tout ; mais, en levant le lourd marteau, il était déjà moins ferme. La cour, qui était longue, lui paraissait infinie, tant ses artères battaient vite. En montant les marches du perron, ses jambes tremblaient. Lorsqu'il traversait toutes ces vastes pièces qui avaient fait de cet hôtel une des belles demeures de Paris, involontairement il serrait son habit sur sa poitrine ; ayant peur qu'on ne devinât sa lettre. Et il repartait sans avoir dit un mot de son amour. Car ce qui aurait dû faire son espoir était précisément cela même qui faisait son découragement. M. Baudistel vivant, Marguerite aurait été bien certaine qu'on l'aimait pour elle-même; aujourd'hui qu'elle était libre de sa main, aujourd'hui qu'elle possédait une grande fortune personnelle, tout amour n'aurait-il pas l'air d'une spéculation? A cette idée seule, sa force déjà bien hésitante, l'abandonnait. Pourquoi n'avait-il point parlé plus tôt?

Elle ne comprenait rien à toutes ces alternatives de joie et de tristesse, et n'imaginait même pas qu'il pût avoir un seul instant les scrupules qui le tourmentaient. Si, en sa présence, elle subissait quelquefois, et malgré elle, la pudeur du premier amour, et laissait son âme se perdre à ces hauteurs qu'elle n'avait point encore soupçonnées; si elle n'était plus maîtresse d'elle-même, si son esprit ne trouvait rien à dire pendant que son cœur s'unissait au cœur de son amant, elle était trop femme pour rester longtemps dans les nuages.

La situation lui paraissait clairement indiquée, et, voyant que les choses en resteraient encore longtemps à ce point si elle n'en prenait pas la direction, elle descendit deux ou trois marches de son piédestal et se décida à intervenir activement dans leur destinée à tous deux. Il lui en coûtait bien de se dépouiller ainsi elle-même de quelques-uns des rayons de sa couronne, mais il en est de la religion de l'amour comme de toutes les autres religions où la foi qui *n'agit point* paraît tiède et peu sincère.

VI

Jusqu'à ce jour Maurice avait été très sobre de détails sur sa vie; elle la lui fit raconter. Pour les malheurs de sa jeunesse, elle eut des compassions touchantes; elle plaignit Mme Berthauld, elle l'admira; elle voulut qu'il la peignît avec précision, comme un portraitiste de la vieille école allemande, ou avec la recherche et la minutie du procédé de Balzac. Elle l'aima, elle aima aussi M. de Trefléan, dont le nom de pure noblesse lui était bien connu, et aussi le vieux Michon, et aussi l'abbé Hercoët. Tout cela c'était avec des caresses pleines de grâce et de chatterie. Elle lui prenait la main pour mieux le plaindre; elle le regardait avec des yeux mouillés pour mieux le consoler. Il en vint à son séjour à Paris; il parla de ses luttes, de ses souffrances, de son élan vers la gloire, de son ambition d'amour. Il dit avec une voix tremblante les bonheurs qu'il avait éprouvés à être admis chez elle. Puis il s'arrêta.

Marguerite, à son tour, raconta l'histoire de sa vie. Son père, après avoir dissipé une assez belle fortune, avait épousé la fille naturelle d'un petit prince allemand, le duc d'Allmahl-Regnitz. L'amour et l'intérêt avaient fait ce singulier mariage. Mais la jeune fille ne s'était pas montrée très tendre ; et le duc, malgré ses promesses, était mort sans rien laisser à son gendre. M. de Fargis avait plaidé et avait perdu. De ce mariage il n'avait eu qu'une centaine de mille francs en diamants, qui lui avaient été donnés avant le contrat, et une femme qui était loin de s'appliquer à lui rendre la vie agréable. Aussi n'avait-il point tardé à quitter Paris et à s'enfuir en Russie, où il avait de hautes amitiés qui probablement lui auraient refait une fortune, s'il n'était pas mort presque aussitôt son arrivée à Saint-Pétersbourg. Restée sans la moindre fortune avec trois petites filles, au lieu de chercher à se rapprocher de la famille de son mari, qui serait venue à son secours, Mme de Fargis l'avait fâchée et éloignée par ses exigences. Sa beauté détruite et ses enfants ne lui permettant pas un nouveau mariage, elle avait eu recours à un moyen héroïque : protestante, elle s'était convertie et elle avait commencé à vivre au dépens du clergé et des quelques personnes pieuses qui avaient eu les honneurs de son abjuration. Son plan était assez habile et montrait qu'elle avait étudié la vie comme il appartenait à une Allemande. Deux de ses filles seraient religieuses ; Marguerite, qui était la plus jolie, gagnerait avec sa beauté un riche mari.

A cet endroit de sa confession, vraie dans le fond, habilement arrangée dans la forme, Marguerite se cacha le visage entre ses doigts, puis regardant Maurice et le voyant ému, elle continua :

« Ah ! mon ami, vous ne savez pas, vous, si tendrement élevé, ce que c'est qu'être reçue par charité dans un couvent. A huit ans, grâce à de puissantes influences, j'entrai au Sacré-Cœur et j'y restai jusqu'à dix-sept. Alors je revins près de ma mère, et j'appris le rôle que je devais jouer. Tous les matins nous allions à la messe, presque tous les soirs dans quelques salons respectables, où nos amis nous avaient fait recevoir. J'étais presque parée ; mais, dans notre intérieur, nous payions chèrement ce luxe. Oui, mon ami, ces mains, que vous voyez aujourd'hui si blanches, ont souvent balayé et épousseté. »

Et, par un mouvement de coquetterie, elle montra deux mains longues et étroites où, dans une chair d'une pâleur lactée, les veines se dessinaient légèrement fines et bleuâtres, des mains admirables qui, par le velouté, la transparence du tissu, faisaient délicieusement songer.

Puis reprenant :

« A mesure que le temps s'écoulait, nos ressources diminuaient, car nos protecteurs commençaient à se lasser ; plus d'une fois nous avons déjeuné avec un seul œuf, ma mère et moi, et nous faisions même si peu de feu, que ma plus jeune sœur retrouva à Pâques, dans la cheminée, un papier illustré de bonshommes au fusain qu'elle avait mis sous l'attisée de bois pendant ses vacances du jour de l'an. Cependant je ne me mariais pas. L'hiver nous habitions Paris, l'été nous allions à Luchon, à Dieppe, à Ems, à Bade, à Spa, dans tous ces lieux de réunion que fréquentent les mères en peine de filles à marier. Je voudrais dire tout ce que j'ai souffert dans mon orgueil et dans ma pudeur pendant ces longues années que je ne le pourrais pas : plus d'une fois j'ai sérieusement pensé à mourir. Enfin, M. Baudistel fit sa demande : nous en étions arrivées à un tel degré de misère, que j'acceptai. Ce mariage qui me faisait riche et enviée, me fit la plus malheureuse des créatures. La pauvre femme qui vous paraissait peut-être insoucieuse et frivole, au milieu de son salon, jouait une comédie qui la brisait. Ma vie de femme a surpassé en douleurs ma vie de jeune fille; aujourd'hui, arrivée à vingt-quatre ans, je n'ai pas connu une seule joie du cœur; je n'ai été aimée de personne, je n'ai jamais aimé. »

Cela fut dit avec un naturel admirable. Elle exagérait, mais elle exagérait de bonne foi; c'était son cœur plus que son esprit qui parlait, seulement c'était un cœur de femme : elle avait des regards et des intonations qui tiraient des larmes; plus d'une fois, pendant ce récit, Maurice avait été pour l'interrompre en criant son amour, en disant que désormais elle avait un ami et un amant; mais elle s'était faite si immaculée, si immatérielle, qu'à chaque parole elle était devenue plus grande dans son cœur.

Ce n'était pas une femme. Il ne l'aimait pas encore autant qu'elle le méritait. Jamais il ne serait digne d'un tel ange. En arrivant chez lui, il trouva une lettre de sa mère; elle était malade, et le rappelait près d'elle. Il fut aussitôt décidé. Là-bas, pensa-t-il, loin de sa présence, au milieu de mes amis, peut-être retrouverai-je le calme et le travail.

VII

Il vint chez Marguerite, décidé à lui annoncer son départ. Précisément, elle était plus charmante qu'elle ne l'avait jamais été; lui, était et triste silencieux, il la regardait pour emporter son image et la mettre en son cœur solide et palpable : chacun de ces coups d'œil avides valait une étreinte. L'entretien ne tarda pas à devenir pénible; enfin, ne pouvant pas se contenir plus longtemps :

« Je dois vous faire mes adieux, dit-il d'une voix tremblante.

— Vos adieux!

— Ma mère est malade, et elle désire ma présence.
— Vous partez!
— Il le faut.
— Ah! »
Sur ce ah! bien sec, Marguerite détourna les yeux. Il se fit un long silence.
« Quand partez-vous? fit tout à coup Marguerite.
— Dans deux jours.
— C'est d'un bon fils... Mais pourquoi ne partez-vous pas demain?
— C'est que demain, dit Maurice en se levant, je voulais... j'espérais venir une dernière fois. »
Les paupières gonflées, les dents serrées, il attendit une réponse.
« Venez demain, » dit-elle.
Elle se leva à son tour. Mais alors elle rencontra les yeux de Maurice, elle les vit suppliants.
« Venez de bonne heure, ajouta-t-elle, nous dînerons ensemble. »
Et elle lui tendit la main.
Il saisit cette main, et tombant à genoux, il l'embrassa à plusieurs reprises, puis se relevant, il s'enfuit sans même oser se retourner.
Toute la nuit il se demanda comment elle le recevrait.
Elle le reçut le sourire aux lèvres : sa première parole fut une parole de politesse, son premier regard fut un regard de bonheur.
« Vous voyez, dit-elle en se levant, je n'ai point fait de cérémonies. »
C'était un gros mensonge; elle s'était faite irrésistible. Ce n'était ni une toilette de ville, ni une toilette de soirée, ni une toilette d'intérieur; c'était à la fois quelque chose de tout cela, quelque chose de frais et de jeune, de provoquant et de familier. Ses cheveux, rejetés en arrière, découvraient ses tempes; sa robe, d'une mousseline blanche légère, laissait ses bras nus; pas un bijou, pas un diamant, pas une fleur dans la coiffure; la beauté dans ce qu'elle avait de plus simple.
Elle fut pleine d'attentions et de séductions pendant le dîner. Maurice retrouva un peu de calme et de liberté d'esprit; il sut presque jouir de son bonheur.
Au salon son embarras et ses craintes le reprirent. Et il avait peur. Il ne pouvait pas toujours se taire. Mais de quoi parler, à moins de parler d'amour? Que dire, à moins de tout dire? Il n'osait même regarder Marguerite; de ses yeux partaient des éclairs plus éloquents que des paroles.
On était alors aux premiers jours de l'été; il avait fait une grande chaleur; l'air était lourd : il fallut, pour respirer un peu, ouvrir les fenêtres qui donnaient sur un jardin allant jusqu'aux arbres du boulevard; puis comme les

lumières attiraient une nuée de petits papillons nocturnes, Marguerite les fit enlever.

Assis loin l'un de l'autre, ils restèrent longtemps silencieux.

Maurice se leva, et allant s'asseoir au piano, il se mit à jouer fiévreusement ce qui lui vint à l'esprit de plus gai, de plus riant, de plus fou; il voulait réagir contre son cœur, s'étourdir lui-même.

Cette verve factice ne dura guère; bientôt il oublia la promesse qu'il s'était faite de rester calme, il ne songea plus qu'à sa passion, à ses espérances déçues, à ses joies anéanties, à son départ prochain, et il sentit sourdre dans son âme une étrange symphonie. Sans affronter le regard de Marguerite, sans parler lui-même, il lui sembla qu'il pouvait avouer son amour, le laisser enfin éclater dans tout son emportement, et que, si elle l'aimait, elle le saurait bien comprendre.

Il se mit à chanter ses désirs, son bonheur, ses souffrances, toutes les phases de sa vie d'amant; il les traduisit une à une, celle-ci avec ravissement, celle-là avec désespoir; quand il en arriva à l'heure présente, à cette heure où il allait s'éloigner peut-être pour jamais, abandonnant l'improvisation pour rappeler une mélodie que Marguerite aimait, il chanta :

> La mort est une amie
> Qui rend la liberté,
> Adieu donc pour la vie
> Et pour l'éternité.

Jusqu'à ce moment, elle était restée accoudée sur l'appui de la fenêtre; elle quitta la fenêtre pour s'approcher du piano :

« Assez, » dit-elle faiblement.

Et elle posa sa main sur l'épaule de Maurice qui s'était levé.

Ils demeurèrent les yeux dans les yeux; puis, attirés l'un vers l'autre, ils se rapprochèrent encore, et sans un seul mot de refus ou de prière, tous deux frissonnants, ils s'enlacèrent.

Bientôt la lune parut, et sa lumière, tamisée par les déchiquetures du feuillage, cribla l'étang de paillettes argentées (p. 37).

H. MALOT. — VICTIMES D'AMOUR.   LIV. 5

CHAPITRE III

AU FOND DES BOIS

I

Il ne partit pas.

Pour mieux jouir de leur bonheur, pour être plus longtemps seuls ensemble, loin des regards curieux et jaloux, ils décidèrent, dès le lendemain, de quitter Paris et de s'enfuir à la campagne. N'est-ce pas là seulement qu'on peut aimer?

Ils n'allèrent pas bien loin et choisirent dans les bois de Montmorency, un peu vers la forêt de l'Isle-Adam, une petite vallée étroite et profonde qu'on appelle l'Entonnoir.

Maurice la connaissait pour y être venu un jour dîner avec des amis, il la proposa, et sa proposition fut acceptée avec enthousiasme. Que leur importait le pays, pourvu qu'ils eussent le silence et la solitude? Que leur importaient le bien-être, les distractions, quand ils ne vivaient que pour eux-mêmes et par eux-mêmes?

C'est un nid perdu au fond des bois et qui n'a pas même d'horizon, car de tous les côtés montent assez rapidement des collines qui se réunissent pour former le plateau séparant la Seine de l'Oise. A leur sommet, on ne rencontre qu'une chétive végétation, le sol est caillouteux, la bruyère est brûlée par le soleil, les bouleaux sont maigres, les buissons de châtaigniers, rabougris; mais à mesure que le terrain s'abaisse, les arbres sont plus forts, leur écorce est plus lisse, leur feuillage plus touffu; la terre ne résonne plus sous le pied, elle devient molle, humide, spongieuse; les charmes montent hauts et droits, les trembles agitent dans l'air leurs feuilles bruissantes. On marche dans les laîches et dans les roseaux; une eau rouillée emplit les trous que font les pas. Entraînée par la pente, mais retenue par les herbes, cette eau s'écoule lentement et par petits filets souvent interrompus. Enfin, deux ou trois ruisseaux se forment et vont presque aussitôt se perdre dans un étang qui occupe tout le fond de cette vallée, d'où ils ressortent réunis en un seul cours pour aller se joindre à la Seine. Rien n'est plus frais, plus ombreux que les bords de cet étang : de gros chênes branchus s'inclinent pour lui faire un dôme de verdure, les clématites et les viornes retombent en cascades, les renoncules montrent leurs clochettes au milieu des fléchières, et les iris dressent en faisceaux leurs sabres menaçants.

Sur une petite langue de terre formant promontoire s'élève une construction assez étrange; c'est un parallélogramme flanqué de quatre tours, bâti en grès et en blocage. Les tours sont démantelées et recouvertes, au milieu à peu près de leur hauteur première, d'un toit en tuiles moussues, les fenêtres sont étroites, à ogives géminées, et çà et là on aperçoit encore de longues meurtrières maintenant remplies de plâtre. C'était autrefois un lieu de refuge bâti, vers le XIIe siècle, par les sires de Montmorency. Aujourd'hui, c'est la maison d'un garde. Là où était le préau, des poules gloussent et picorent. Le pont-levis est remplacé par une solide chaussée ; sur l'esplanade, on voit une balançoire entre deux poteaux peints en vert, quelques tables sur quatre pieux non dégrossis, et des bancs dont les barreaux de châtaignier sont faits avec des bâtons tout simplement fendus et posés à plat. Pendant la semaine, le silence n'est troublé que par le bruit de l'eau qui s'écoule de barrages en barrages ; les bassets aux longues oreilles dorment sur le seuil ; la barque reste immobile, la chaîne pendante, au milieu des herbes et de ces petits insectes aux pattes immenses que les paysans appellent des patineurs. Mais le dimanche et le lundi l'aspect est tout autre. Dès le matin, les bourgeois en partie de campagne arrivent les uns après les autres ; il en vient de Montmorency avec des ânes portant des paniers pleins de provisions ; il en vient de Paris par les stations d'Ermont et de Franconville. Sur l'esplanade, on mange, on boit, on crie, on s'embrasse ; les femmes se font balancer par les maris de leurs amies ; celles qui sont plus sentimentales se promènent dans la barque en laissant leurs mains tremper dans l'eau, comme on voit dans les lithographies en tête des romances ; les hommes, en chemise, les bretelles tombant sur les hanches, jouent au bouchon, dorment sur l'herbe, ou, saisis d'un accès bucolique, parlent d'acheter une campagne, mais moins sauvage, avec un petit jardin clos de murs, des persiennes vertes aux fenêtres et des statues de plâtre sur les gazons.

Ce fut le soir que Maurice et Marguerite arrivèrent. On leur donna la plus belle chambre, celle qui regarde le midi.

II

Ils y restèrent deux jours sans sortir, et cependant le soleil, glissant par-dessus la cime des arbres, s'allongeait en deux grands rayons sur leur lit, les oiseaux chantaient dans les branches, les arbres faisaient entendre leurs puissantes voix, et pendant la forte chaleur l'eau qui clapotait sur les cailloux de la muraille versait dans l'air une fraîcheur engageante ; mais ils étaient tout à leur amour, et cela seul les séduisait qui venait de leur amour.

Le matin de la troisième journée ils descendirent. Marguerite, pour être plus libre et plus à son aise, avait abandonné ses vêtements de femme : elle avait des bottines montantes, un large pantalon et une petite blouse de toile ; son col de chemise à la Colin était rabattu sur une cravate noire, un chapeau de feutre mou, à grands rebords, lui couvrait la tête. Elle était délicieuse ainsi, et le père Michel, qui ne l'avait vue que le soir, ne la reconnut pas ; mais Mme Michel, qui les avait servis dans leur chambre, poussa des cris de joie et d'admiration : « Comment, c'est vous, madame ! Regarde donc, Michel ! regarde donc ! »

Ils étaient déjà loin qu'ils entendaient encore les exclamations de leur hôtesse. Ils se tenaient par la main et ils allaient en courant ; bientôt ils s'arrêtèrent. Le soleil n'avait point encore frappé sur la vallée, et les feuilles des grands arbres laissaient tomber goutte à goutte la rosée de la nuit. Les chemins étaient glissants. Marguerite prit le bras de Maurice. Ils marchèrent doucement, l'un à l'autre enlacés ; de temps en temps elle s'appuyait la tête sur la poitrine de son amant, et, se haussant sur la pointe des pieds, elle lui donnait un baiser.

Tout leur était nouveau ; ils respiraient un air plus pur, plus léger, plus enivrant ; ils n'avaient jamais vu les feuilles si vertes, ni les fleurs si brillantes ; les ronces et les digitales exhalaient des parfums inconnus ; sous les chênes la mousse s'était faite épaisse et moelleuse exprès pour les recevoir ; de chaque buisson, de chaque arbre, de chaque plante sortaient des voix mystérieuses qu'ils n'avaient point encore entendues.

« Que je t'aime ! » disait Maurice en la pressant dans ses bras.

Ils se regardaient ; ils s'embrassaient et reprenaient leur route.

« Pourquoi ne nous sommes-nous point aimés plus tôt ? » s'écria tout d'un coup Marguerite.

— Comment as-tu pu m'aimer jamais ? répondit Maurice.

— Enfant, je t'ai aimé pour ton amour.

— Moi, je t'ai aimée pour ta beauté, pour ta grâce, pour ton esprit ; je t'ai aimée sans réfléchir, sans le vouloir, au premier regard.

— La première fois que je soupçonnai ton amour, ce fut au Théâtre-Italien ; je tournais le dos à la scène et je lorgnais dans la salle ; tu vins au balcon ; il me sembla que quelque chose de magnétique m'attirait ; je me retournai, nos yeux se rencontrèrent, je fus inondée d'un rayon de chaleur ; t'en souviens-tu ?

— Et toi, te rappelles-tu mes joies quand tu me tendais la main ? Si tu savais comme je tremblais, comme j'attendais ce terrible moment avec impatience, avec inquiétude.

Ils continuèrent longtemps ainsi, refaisant l'histoire de leurs amours, remontant pas à pas dans leur vie, s'embrassant pour un chagrin, s'embrassant pour un bonheur.

Ils dînèrent sous un sureau en fleur. Leurs jambes s'enlaçaient sous la table ; ils buvaient au même verre et se querellaient en riant à qui jetterait le plus adroitement des morceaux de pain à un chien qui s'étranglait à tirer sur sa chaîne. Souvent les morceaux lancés par Marguerite n'arrivaient point au but ; les poules s'en emparaient aussitôt et se sauvaient de çà et là en caquetant fièrement.

« Nous dînerons ici toujours. »

La nuit vint. Ils allèrent s'asseoir sous un chêne. Il ne faisait pas un souffle de vent, les feuilles des peupliers même demeuraient immobiles. Bientôt la lune parut, et sa lumière, tamisée par les déchiquetures du feuillage, cribla l'étang de paillettes argentées ; sur le chemin les arbres projetaient des ombres immenses ; les vers luisants étincelaient dans les buissons. Tout était silence ; on n'entendait que le bruit de l'eau glissant par-dessus la vanne ; quelquefois un gland, se détachant de lui-même, tombait de branche en branche jusque dans l'herbe ; quelquefois aussi, tout au loin, les rainettes chantaient dans leurs ornières. Les deux amants se tenaient étroitement serrés, et ils se laissaient enivrer par les pénétrantes senteurs que dégage le châtaignier. Tout à coup ils tressaillirent, une note éclatante avait déchiré l'air : le rossignol chantait.

« Ah ! s'écria Maurice, la nature est tout, il n'y a pas d'art : on n'apprend pas, on reçoit. »

Ils revinrent en frissonnant. Ils n'étaient plus eux-mêmes ; quelque chose de subtil les avait envahis ; ils voyaient plus loin qu'avec leur raison ; l'air leur semblait habité ; ils entendaient tout un monde immatériel, étrange, qui leur parlait d'infini.

Le matin, ils étaient éveillés par les merles et les fauvettes, et ils allaient sur le plateau de Bouffémont voir le soleil se lever derrière les collines de Mareil et de Champlatreux. Ils eurent bientôt une tradition ; il était des arbres qui rappelaient de chers souvenirs : là ils s'étaient embrassés ; plus loin, Maurice, pour donner orgueilleusement à Marguerite une idée de sa force, était tombé au beau milieu des roseaux en voulant franchir un fossé.

Un jour qu'ils regardaient leur vieux chêne démantelé, Maurice se mit à lui imaginer une histoire.

« Il était une fois, dit-il, un page amoureux de sa dame. Le page était pauvre, timide ; la dame était belle, puissante, adorée de tous ; de hauts et de grands seigneurs s'empressaient autour d'elle, et le page mourait d'amour.

— La dame, continua Marguerite, eut pitié de son page, elle devina son désespoir et son amour ; elle fut touchée au cœur, et, lui tendant les bras, elle dit : « Et moi aussi je t'aime, enfant. »

— Grand fut leur bonheur, et, pour le cacher aux jaloux, abandonnant la ville, ils s'en vinrent au fond des bois. Leurs jours furent de beaux jours ; leurs nuits furent de belles nuits ; ils s'aimaient.

— Ils s'aimaient ; mais, après plusieurs mois, le son du cor retentit un soir dans le lointain. Le page pensa à la guerre, aux combats, à la gloire, et, disant qu'il reviendrait bientôt, il partit ; mais, hélas ! il ne revint pas, et jamais plus elle ne le vit.

— Ce ne fut point le page qui partit, s'écria Maurice, ce fut la dame ; elle regretta la ville ; sans rien dire, un matin, elle s'enfuit. Le page l'attendit longtemps, bien longtemps ; puis, désespéré, il mourut ; sa tombe est là-bas sous ce gros chêne.

— Ce ne furent ni le page ni la dame qui partirent, reprit Marguerite ; ils restèrent tous deux à s'aimer ; ils moururent tous deux le même jour, leur tombe à tous deux est là-bas, sous ce gros chêne. »

Quand ils eurent bien parcouru les alentours, Sainte-Radegonde, la Fontaine-aux-Mères, ils firent des courses un peu plus lointaines. Marguerite était infatigable. Ils partaient de bonne heure. Maurice emportait le déjeuner dans une gibecière au père Michel, et presque toujours ils s'en revenaient, le soir, par les hauteurs d'Andilly. Ils s'asseyaient : c'était une halte obligée, et, sans être jamais fatigués, ils admiraient encore ce qu'ils avaient admiré la veille. La campagne s'étalait jaunissante à leurs pieds, le lac d'Enghien faisait une petite tache blanche au milieu, et tout au loin, par-dessus Saint-Denis, on apercevait Montmartre, Paris sous son éternel nuage de brouillard et de fumée, et les deux clochers de Belleville qui, comme les deux mâts d'un brick à la voile, semblent glisser à l'horizon. Ils restaient là longtemps couchés, à voir le soleil disparaître, et regardaient avec plaisir un spectacle toujours le même et cependant toujours nouveau, toujours splendide. Maurice parlait de Rousseau, qui avait dû venir bien des fois s'asseoir en cet endroit même avec sa chère comtesse ; et, marchant dans les sentiers incertains, écartant les branches qui leur fouettaient le visage, il racontait quelque histoire d'amoureux illustres ; les ornières devenaient moins distinctes, et c'était avec la nuit qu'ils descendaient dans leur tranquille vallée.

III

Marguerite aimait ces promenades pour les enthousiasmes de son amant ; car, pour le cœur de Maurice, tout était motif d'amour ; un souvenir, un arbre, une fleur, un oiseau, lui donnaient le ton, et aussitôt il exécutait à grand orchestre la symphonie du bonheur ; il y avait en lui des trésors de passion ; toujours inspiré, il recommençait toujours un éternel chant lyrique ; et Marguerite se laissait docilement conduire au travers de ce monde inconnu. Mais cette nature qui les environnait, et que naguère elle avait trouvée si pleine de charmes et d'inspirations, commençait à lui paraître bien pauvre et tout à fait indigne de l'amour grandiose qu'elle croyait sentir en son cœur. Les fleurs, naguère si brillantes, étaient ternes et décolorées ; les arbres étaient chétifs, les vallons brûlants, les ombres maigres, les ronces n'avaient plus que des épines. Ce qui tant de fois l'avait transportée, ne savait plus l'émouvoir et la laissait désenchantée. Et cependant en elle rien n'était changé ; sa passion toujours croissante était devenue plus complète, plus absolue, plus impérieuse ; c'était sa grandeur même qui la faisait étouffer dans un cadre trop étroit.

Ces lieux, ces arbres, ces collines, ces paysages toujours les mêmes, avaient pu lui plaire par leur nouveauté, mais n'étaient-ils pas réellement bien mesquins et bien monotones ? L'amour, le véritable amour, est-il possible à trois lieues de Paris, dans des plaines peuplées comme un village, dans des bois sillonnés de chemins où les bruits et la fumée de la grande ville arrivent avec le vent ? A des désirs infinis ne faut-il pas l'infini pour horizon ?

Et puis ce nom même de Montmorency n'était-il pas bien vulgaire et bien bourgeois ? Ce nom ne traîne-t-il pas partout : les amants de Montmorency, les cerises de Montmorency, les ânes de Montmorency ? N'est-ce pas à Montmorency que tous les vaudevillistes ont fait promener leurs héros ?

Les commis, les grisettes n'arrivent-ils pas de Paris les dimanches pour cavalcader dans cette plate forêt et y dîner sur l'herbe? Est-il au monde rien de plus romance, de plus troubadour? Et cependant c'est là que Maurice l'a amenée, elle qui aime l'imprévu. La connaissait-il donc si peu!

Elle ne tarda pas à trouver les promenades fatigantes ; les sentiers furent rocailleux, les montées furent trop rudes, les descentes trop rapides, les plateaux trop réguliers; le soleil fut toujours de feu, la brise ne souffla plus, le vent fut une bourrasque, le jour eut des clartés aveuglantes, la nuit n'eut pas assez d'étoiles ; sous chaque brin de mousse il y eut une fourmi ; dans chaque cépée il y eut une vipère ; — pour la première fois elle sentit que la rosée lui mouillait les pieds.

Maurice fut longtemps sans remarquer ces symptômes; puis, quand il les eut remarqués, il fut plus longtemps encore sans les comprendre. Son premier mouvement fut de voir si par quelques-unes de ses actions, par quelques-unes de ses paroles, il n'avait pas involontairement blessé sa maîtresse ; à toutes ses demandes sa conscience resta muette ; malgré sa bonne volonté, il ne put rien se reprocher. Plein d'inquiétude et de crainte, il interrogea Marguerite ; il lui montra combien les derniers jours qui venaient de s'écouler étaient autres que les premiers temps de leur bonheur ; il la supplia de ne rien lui cacher, de dire franchement ce qui se passait en elle, et s'il l'avait offensée, d'avoir assez de générosité pour expliquer sincèrement ses griefs et ses douleurs. Mais Marguerite, — trop femme et trop habile pour avouer que l'ennui qu'elle sentait en elle venait d'elle même, ignorant encore d'ailleurs les causes de son désenchantement, et n'ayant aucun reproche précis à formuler, soit contre son amant, soit contre ce pays toujours le même et où elle avait tant de fois promis de rester toujours, — Marguerite ne fit à toutes ces demandes que des réponses vagues ; elle s'excusa sur la mobilité de ses nerfs, sur la faiblesse de sa santé. Elle était heureuse ; jamais elle n'avait été plus heureuse... De quoi pouvait-elle se plaindre? N'était-il pas le plus tendre, le plus dévoué des amants?... Mais si le cœur est puissant, le corps, ce pauvre corps, est bien faible pour résister au bonheur.

Il accepta ces paroles en homme qui demande une explication bien plutôt pour être rassuré que pour être éclairé; et plus que jamais il l'entoura de soins et d'amour.

Elle avait parlé de fatigue, il la força de renoncer aux longues courses dans la forêt, et ne voulut plus faire que de courtes promenades aux environs. Lui-même choisit les heures et le temps, évitant l'humidité ou la trop grande chaleur. Il marchait près d'elle, la soutenait de son bras, et lorsque les ornières étaient trop profondes ou la montée trop

Marguerite dormait encore. Il alla doucement s'asseoir sur son lit... (p. 45).

H. MALOT. — VICTIMES D'AMOUR.   LIV. **6**.

rapide, il la soulevait comme une enfant délicate. Les repos étaient fréquents, il fallait que la terre fût bien sèche, que l'herbe fût épaisse, que sous les feuilles l'ombrage fût frais et aéré ; il prenait la tête de Marguerite sur ses genoux, par de douces paroles il tâchait de la bercer ou de la distraire ; si, lorsqu'elle s'était endormie, un rayon de soleil perçant à travers les branches venait la menacer, il se levait, roulait un de ses vêtements, le lui passait comme un coussin sous la tête, et se plaçant immobile devant elle, il lui faisait ombre de son corps. Il restait à la regarder dormir. A la voir belle et tranquille, il lui venait de vagues inquiétudes. Les explications de Marguerite avaient ébranlé sa croyance au bonheur éternel ; il n'avait interrogé que pour obtenir un démenti à l'évidence, et elle avait répondu par des plaintes. Elle souffrait !... Son corps était malade !... Alors pourquoi ces tourments et cet ennui pendant la veille? pourquoi ce calme si parfait, cette sérénité si complète pendant le sommeil? Il cherchait à comprendre, et par de cruels doutes son esprit tourmentait son cœur. Mais Marguerite, en s'éveillant, l'arrachait bientôt à ces douloureuses réflexions. Il s'efforçait de sourire, il se mettait à genoux près d'elle, il la prenait dans ses bras, et jaloux de son premier regard, il plongeait ses yeux dans ses yeux. Puis, autant pour échapper à ses propres pensées que pour distraire celles de sa maîtresse, il essayait de lui dire combien elle était belle au milieu de cette nature paisible et douce ; se laissant entraîner par son inspiration, il oubliait ses peines, il célébrait l'amour et parlait d'un éternel bonheur dans une campagne toujours verte, sous un soleil toujours radieux. C'était le sourire aux lèvres que Marguerite écoutait ses chants ; si son esprit les trouvait d'une poésie un peu trop éthérée, elle ne se révoltait pas, et dissimulait ce que son sourire pouvait avoir d'incrédule.

Tout cela ne parvenait ni à la distraire ni à la réconcilier avec la forêt ; plus Maurice redoublait de soin et d'amour, plus elle se sentait envahir par l'ennui. Souvent même c'était avec une impatience mal déguisée qu'elle recevait ses caresses. Elle se désespérait de voir ses plaintes si faussement interprétées, ses désirs si peu compris, elle se demandait si ces jours monotones allaient ainsi se suivre et se ressembler, si Maurice était aveugle ou bien s'il était sot.

Ni sot ni aveugle ; ignorant et maladroit, au lieu d'interroger le cœur de sa maîtresse, il s'obstinait à s'interroger lui-même, à chercher en lui ce qui se passait en elle. Cependant, comme malgré ses efforts il ne trouvait rien, il fallait bien qu'il en vînt à la fin à voir ce qui depuis si longtemps lui crevait les yeux : Marguerite s'ennuyait !

C'était beaucoup que d'en être arrivé à cette conclusion ; ce n'était pas tout, il lui restait à faire une découverte non moins importante et tout aussi difficile, c'était de connaître les causes de cet ennui. Car elle l'aimait, chaque jour il en avait la preuve ; et ce qui pour lui valait mieux que des preuves, chaque jour il en avait sa parole. Alors, de souvenirs en souvenirs, de circonstances en circonstances, il lui devint évident qu'il ne devait accuser que lui-même, ou ce pays peut-être bien triste et bien prosaïque.

Pour lui-même, il fit le serment de redoubler d'amour.

Pour le pays, il résolut de le quitter le lendemain ; et quoiqu'il lui en coûtât d'abandonner cette forêt où il avait été si heureux, il n'hésita pas un instant : — Elle s'y ennuyait!

Fier de cette merveilleuse découverte, il courut la dire à Marguerite. Mais ce n'était point ainsi que celle-ci l'entendait. Sans doute elle était heureuse de partir enfin, mais c'était à condition qu'elle paraîtrait suivre et non commander ; elle était heureuse de se voir comprise enfin, mais c'était à condition qu'elle ne serait pas forcée de convenir qu'il avait rencontré juste et qu'elle s'ennuyait ; elle ne voulait pas, dans sa longue prévoyance, avouer que cette idée de départ venait d'elle, car c'était avouer en même temps qu'elle seule avait changé, que son esprit dévorait son cœur, qu'il lui fallait des assouvissances sans cesse nouvelles, que ses serments n'étaient que des paroles, que ses *toujours* n'étaient même pas des *longtemps*. Elle voyait l'avenir, et elle voulait se ménager, — à elle-même l'excuse, — à Maurice la faute.

Cependant comme elle ne voulait pas le désespérer, elle avoua, — tout en repoussant très vivement l'accusation d'ennui, — que peut-être il avait raison quant à ce pays, et que maintenant qu'il venait de le lui faire comprendre, elle le trouvait bien peu digne de leurs amours. Puisqu'ils aimaient les bois, il devait en être dans le Morvan, ou même à Fontainebleau, de plus vastes, de plus sombres et de plus déserts.

Ce fut avec empressement que Maurice accueillit cette idée qui paraissait due au hasard, et il fut aussitôt convenu qu'on abandonnerait Montmorency pour Fontainebleau.

IV

Grande fut la joie de Marguerite, mais plus grande encore fut celle de Maurice ; lui qui, tout à l'heure, trouvait ce pays si beau, lui qui voulait y passer tous ses jours, ne pensa plus qu'à le quitter, et mit son bonheur dans l'inconnu. Il fit une querelle à Marguerite de ne pas s'être plainte ; il l'aurait volontiers accusée de mauvais goût. Écho de la voix qui le faisait résouner, il s'enthousiasma pour ce que naguère il méprisait, et méprisa ce qu'il avait tant aimé; les arbres ne furent plus que des broussailles, l'étang ne fut même plus qu'une mare; il renia son passé, se moqua de lui-même et déshonora ses souvenirs; le tout de la meilleure foi du monde, à la grande joie de Marguerite qui applaudissait ou enchérissait encore.

Mais cette exaltation tomba. Dès le lendemain, jour fixé pour le départ, il expia son sacrilège. Étant sorti le matin, pendant que Marguerite dormait encore, il prit, plutôt par habitude que par volonté, un chemin qui s'offrit à lui; le milieu, défoncé par le pied des chevaux, était raboteux ou glissant, et de chaque côté on ne voyait que des ronces, des épines salies par de larges plaques de boue et de grandes herbes mortes. Après quelques pas, ce chemin rencontre l'étang, fait un brusque détour et se perd sous le bois, en gravissant la colline. Cela forme une sorte de petite clairière où trois ou quatre chênes, plongés dans un sol trop humide, végètent assez pauvrement; le gazon est mou et clairsemé, les cépées sont couvertes de lichen, dans l'eau qui croupit, l'ombrage ne laisse pousser que quelques touffes de jonc et de renoncule aquatique. Cela est parfaitement prosaïque et vulgaire, cela se rencontre partout, cela ne parle ni aux yeux ni à l'imagination, et justifie de point en point tout ce que Maurice avait pu, la veille, en dire de désagréable et d'insultant. Cependant, à la vue de ce petit coin si banal, il se sentit pénétré d'une émotion profonde, car si, pour tout le monde, c'était chétif et muet, c'était pour lui plein d'éloquentes beautés. C'était par là que, le premier jour de leur arrivée, ils avaient commencé leurs promenades; c'était là que depuis ils étaient venus tant de fois s'asseoir et se dire leur amour. Chaque arbre, chaque branche, chaque brin d'herbe, étaient des témoins du bonheur passé : tous avaient une histoire, tous avaient un heureux souvenir. Ce fut alors qu'il paya son crime de la veille et regretta ses paroles; devant lui se dressaient ses joies flétries et son amour déshonoré, et il commença de sentir la cruelle blessure que lui-même s'était faite. Mais il était trop tard. Que n'eût-il donné pour effacer ou tout au moins pour oublier des paroles qui maintenant lui paraissaient des mensonges; car ce petit paysage, qu'il avait injurié, se transfigurait en ce moment sous les rayons du soleil levant. Il n'y avait plus là rien de commun, tout était splendeur et vie. La lumière, glissant sous les feuilles, transformait chaque goutte de rosée en une perle étincelante. Les branches jaunes ou rouges des osiers miroitaient comme de l'or; et par derrière l'étang, les saules bleuâtres, encore noyés dans une légère vapeur, reculaient indéfiniment l'horizon. Les oiseaux commençaient leurs chansons dans les arbres; au bord de l'eau tranquille et noire, les renoncules et les trèfles ouvraient leurs fleurs nouvelles.

C'en était trop que cette poésie du matin s'unissant à la poésie du passé ; il jeta un regard d'adieu à la vallée, cueillit deux ou trois de ces petites clochettes de renoncules roses et blanches qui nagent sur l'eau, reprit le chemin de la montée et la gravit à grands pas ; regrettant une faute qu'il ne pouvait racheter, il voulait au moins faire à tous les anciens pèlerinages de leur amour une station expiatoire et emporter un dernier souvenir qui, en résumant ses impressions de bonheur, les rendît à jamais solides et lumineuses.

Le soleil frappait déjà presque d'aplomb sur les arbres lorsqu'il rentra, tenant à la main un bouquet qui, par sa taille, montrait que ces pèlerinages étaient en nombre respectable, et cependant il n'avait pris à chacun que ce qui le caractérisait : à l'un une petite branche de fraisier, à un autre une feuille de fougère, à un autre une tige de digitale ; cela formait un mélange sombre et vulgaire, image assez fidèle de ce pays, mais qui, comme ce pays lui-même, en disait au cœur de Maurice plus que toutes les splendeurs des tropiques.

Marguerite dormait encore. Il alla doucement s'asseoir sur son lit, et lorsqu'elle ouvrit les yeux, la prenant dans ses bras :

« Pardonne-moi, dit-il, de t'avoir abandonnée ce matin : j'ai voulu, avant de partir, revoir les lieux où nous avons été si heureux et t'y cueillir ce bouquet. Garde-le, ô ma bien-aimée ! ce sont les fleurs de nos amours. »

Puis, pour ne point céder à l'émotion qui rendait sa voix tremblante, il se leva, fit quelques tours dans la chambre, se mit à la fenêtre, et regarda machinalement sur l'eau les libellules qui décrivaient, en bourdonnant, des cercles rapides.

Ils devaient partir le soir ; la journée fut pénible à passer ; tous deux ils étaient embarrassés ; elle ne voulait pas laisser voir sa joie ; il cachait son chagrin. Leur contrainte redoubla dans une courte promenade qu'ils firent en passant sous le gros chêne, où, suivant l'histoire qu'ils avaient composée, se trouvait la tombe de leurs amants modèles.

« Cependant, dit Maurice, répondant à leur commune pensée, ils devaient rester tous deux à s'aimer, ils devaient mourir tous deux le même jour, et leur tombe à tous deux devait être sous ce gros chêne.

— Pourvu que l'on aime, interrompit Marguerite, qu'importe le pays ! ce n'est pas ce qui nous environne qui fait notre joie, c'est notre propre cœur. »

Un amant moins amant que Maurice eût tristement réfléchi en entendant ces paroles qui donnaient un démenti à toutes les plaintes qu'on lui faisait depuis longtemps, il n'y vit qu'une promesse pour l'avenir, et la remercia par un baiser.

Tandis que le père Michel attelait la carriole qui devait porter Marguerite à la station la plus prochaine, — Maurice ne partant qu'une heure plus tard, de peur de quelque rencontre indiscrète, — ils prirent les devants par un petit sentier qui, au travers des bois, allait joindre la grande route.

Le soleil avait disparu depuis quelques instants derrière les coteaux d'Andilly, l'ombre devenait épaisse sous les taillis, et dans la forêt commençait le silence de la nuit troublé seulement, à de longs intervalles, par la chanson d'un ouvrier qui, sa journée finie, regagnait son village. Les deux amants marchaient lentement, recueillis en eux-mêmes, ressentant alors, plus qu'ils ne l'avaient jamais ressentie, l'ineffable mélancolie du soir. Plus d'une fois ils essayèrent d'échanger quelques paroles, ce fut en vain; Maurice retenait ses larmes, Marguerite était plus émue qu'elle ne l'eût voulu.

Ce fut ainsi qu'ils gagnèrent la route; il fallut se séparer. Alors cédant à l'émotion qui les étreignait, ils se jetèrent dans les bras l'un de l'autre et s'embrassèrent à plusieurs reprises. Hélas! ce n'était point le même sentiment qui les inspirait; dans les baisers de Marguerite il y avait plus d'espérance que de regrets, dans ceux de Maurice plus de regrets que d'espérance.

La voiture partit; Maurice revint sur ses pas.

En entrant dans leur ancienne chambre, la première chose qui attira ses regards fut, sur le lit, le bouquet flétri et à moitié écrasé que le matin même il avait donné à Marguerite, avec de si tendres et de si pressantes recommandations.

Elle l'avait oublié!

Jusqu'à ce moment, tout en souffrant de leur départ, il n'avait pas élevé contre Marguerite la plus légère accusation. Alors, il prit ce bouquet, le dénoua lentement, déchira une à une toutes les fleurs, et par la fenêtre ouverte jeta dans l'étang ces chers et précieux souvenirs des beaux jours de son bonheur.

Deux heures après il était à Paris. Le lendemain soir ils arrivaient à Fontainebleau. Marguerite était rayonnante.

CHAPITRE IV

INITIATION

I

A leur première sortie dans la forêt, ils retrouvèrent les émotions des premiers temps de leurs amours. La réalisation de ses désirs, le voyage, l'imprévu d'une vie nouvelle, l'idée préconçue, la volonté bien arrêtée d'avance de trouver tout charmant, avaient transformé Marguerite; sa tristesse s'était changée en une verve fiévreuse, son apathie en une activité dévorante; elle avait pour Maurice des mots pleins de tendresse, elle l'aimait pour son sacrifice, et elle l'en eût remercié, si montrer trop de joie ou de reconnaissance n'eût point été avouer les ennuis de Montmorency et insulter plus cruellement que jamais les plaisirs qu'on y avait trouvés.

Pour échapper aux rencontres importunes, ils avaient cherché un de ces jolis villages isolés sur la lisière de la forêt et qui, par des coteaux couverts de cerisiers, descendent jusqu'aux prairies que bordent et avivent la Seine et le Loing; c'était Brévannes qu'ils avaient choisi.

C'était de là qu'ils partaient chaque matin pour leurs courses dans la forêt. Marguerite dirigeait elle-même les promenades, et comme avec sa gaieté étaient revenues sa force et son intrépidité d'autrefois, elle choisissait les plus longues; toujours avide d'émotions nouvelles, elle les cherchait n'importe à quel prix, et bien souvent elle était servie à souhait.

Car, malgré ses nouvelles plantations alignées à la charrue, malgré ses sentiers battus et encombrés de poteaux indicateurs, malgré l'absence de précipices, de montagnes, de torrents, de sites imposants ou sauvages, cette vieille forêt a des beautés encore assez originales pour satisfaire l'imagination la plus difficile. Son étendue, ses solitudes, ses entassements de grès noirâtres, ses collines dénudées, l'étouffante chaleur de ses vallons de sable blanc, ses masses de rochers éboulés où croissent à grand'peine quelques genêts ou quelques bouleaux; les points de vue qui, du sommet de ses hauteurs, se déroulent en s'étageant; dans certaines parties, les bois ombreux et frais, dans d'autres, les landes arides, le calme et la majesté des futaies, le silence et la tristesse des gorges, le soleil du matin sur les bruyères fumantes, le vent dans les vastes plaines de sapins, tout cela forme un ensemble attrayant et divers, qui, dans son heurtement, vous donne et vous laisse une impression de grandeur et de poésie.

C'était cette poésie qui transportait Marguerite et la rendait rayonnante. Heureux de la voir heureuse, Maurice oubliait ses inquiétudes.

Il se rassurait, lorsque, après une longue marche, elle venait se reposer près de lui, et que, loin de se plaindre de la fatigue et de la chaleur, elle n'avait que de douces et joyeuses paroles; il ne croyait plus qu'au bonheur, lorsque le soir après leur dîner, plein de jeux, de cris et de rires, elle s'appuyait sur son bras, et voulait encore, à la douce clarté du jour finissant, se perdre dans les chemins creux, ou bien, frileuse, blottie contre lui, regarder du haut des collines le brouillard s'élever sur la rivière et noyer dans ses brumes les prairies, les saules et les clochers de la plaine. Les anciens temps n'étaient plus; loin d'eux les tristesses, loin d'eux les contraintes, plus de malaises comme autrefois; mais toutes journées uniformément remplies et uniformément radieuses.

Il s'était donc trompé à Montmorency : c'était une fatigue momentanée qui avait changé Marguerite; les marques qu'il avait cru surprendre de son indifférence, ses paroles, ses railleries auxquelles il avait attaché une importance décisive, l'avaient donc égaré; ce bouquet même, qui lui avait si bien déchiré le cœur, ne parlait plus contre elle avec la même force. Pour quelques nuages noirs qui avait menacé, le ciel n'en serait à l'avenir ni moins pur ni moins chaud.

II

Ainsi il raisonnait; mais s'il ne s'était pas trompé autrefois, il se trompait maintenant, et si les signes d'ennui chez Marguerite avaient causé sa première erreur, les signes de sa gaieté aujourd'hui en causaient une nouvelle.

Ce qu'elle aimait, c'étaient les joies toutes poétiques de la solitude et de la liberté; c'était de courir dans les fougères, de sauter de rocher en rocher, de dormir dans quelque crevasse pleine de mousse, ou sous l'ombrage des vieux hêtres qui ont vu les galanteries du roi Henri. Ce qu'elle voulait, c'étaient les gorges désolées de Franchard, avec leurs éboulements de grès qui se lèvent, s'abaissent, se roulent comme des vagues solides; c'étaient les bouleaux du mont Chauvet, les grands arbres de la Tillaie, les chênes

Elle s'appuyait sur son bras, et voulait encore, à la douce clarté du jour,
se perdre dans les chemins creux (p. 48).

H. MALOT. — VICTIMES D'AMOUR. LIV. 7

de la Mare-aux-Fées ; c'étaient les genêts couleur d'or se détachant sur la sombre verdure des sapins et des genévriers ; c'était, le matin, le chant des oiseaux aux premiers rayons du soleil levant, et le cri des écureuils qui s'élancent de branche en branche, sans oser descendre dans la rosée ; c'était, le soir, après une journée brûlante, quand tout fait silence, quand il n'y a pas un souffle dans l'air, pas un bruissement de feuilles, pas un murmure vivant, d'entendre au loin les cerfs bramer, et par les collines que la lune éclaire, de voir les biches descendre rapidement, s'arrêter inquiètes, écouter quelques instants, puis bondir vers la voix qui les appelle. Ce qu'elle aimait, c'était l'églogue, la pastorale, l'idylle, la poésie ; ce n'était plus l'amour. A Montmorency, elle s'était enivrée des jouissances du cœur, maintenant elle s'enivre des jouissances des yeux et de l'imagination : d'amante elle est devenue artiste, et Maurice est resté toujours amant. Elle s'enthousiasmait pour ces riens qui sont tout dans l'amour, pour un mot, un geste, un regard, un silence, et elle ne s'enthousiasme plus que pour un aspect joyeux ou mélancolique, pour un paysage, un arbre, un oiseau ; et comme à toute admiration, comme à tout plaisir de la pensée il faut un confident, c'est avec bonheur qu'elle traduit ses impressions à Maurice, toujours prêt et toujours attentif. Les rôles sont changés : autrefois c'était lui qui parlait, maintenant il écoute.

Cependant telle est la puissance du plaisir, et quelle que soit sa source, telle est son heureuse influence que Maurice put se tromper assez longtemps ; mais bientôt et insensiblement il lui fallut une fois encore reconnaître la vérité, car bientôt Marguerite, ayant tout vu, tout épuisé, fut lasse d'une contrée qui ne lui offrait plus rien de provoquant, et comme ses excitations avaient été purement extérieures, dès qu'elle ne trouva plus d'aliments pour ses insatiables exigences, elle retomba dans ses dégoûts et son apathie d'autrefois.

Tout autre à sa place eût perdu courage et désespéré de l'amour ou de cette femme ; il voulut lutter encore.

Cette fois, il croyait la bien connaître. Les tristes expériences de Montmorency lui avaient révélé une nature dévorante, inconstante, avide d'émotions fortes et de sensations excessives, qui toujours voulait jouir et ne se reposer jamais, car pour elle le repos était l'ennui. Il se voyait en présence d'un gouffre, et pour n'y être pas précipité, pour résister au courant qui l'entraînait en le submergeant, il comprenait qu'il lui fallait donner sans cesse une nouvelle pâture à l'âme de Marguerite ; il fallait échauffer son cœur, distraire son esprit, lasser son corps. Après l'avoir enlevée de hauteurs en hauteurs en montant toujours, il devait l'enlever encore plus loin ; condamné à une perpétuelle ascension, il n'y avait pas pour lui de sommets ; le jour où il voudrait non pas redescendre, mais s'arrêter, il serait perdu :

plus loin, encore plus loin, toujours plus loin. Cette tâche, que l'ingénieuse symbolique des anciens a personnifiée dans Sisyphe, était pour lui plus difficile et plus laborieuse encore que pour le damné de la fable : car, à celui-ci, un effort énergique et toujours le même, suffisait; tandis que, pour soutenir Marguerite, il fallait joindre à une prodigieuse volonté de résistance une fertilité d'invention plus prodigieuse encore, et, par malheur, c'était précisément cette fertilité qui lui manquait dans cette décisive occasion. Son esprit s'était fatigué aux dernières luttes qu'il avait dû entreprendre, déjà il avait tout épuisé, et quand, pauvre de son propre fonds, il avait voulu recourir aux livres, qui sont les grands excitateurs de l'amour, comme le personnage de Shakespeare, Marguerite avait répondu : « Des mots, des mots, des mots! »

Il ne lui restait qu'un refuge, — refuge certain, parce qu'il est changeant, — appeler à son aide une nature plus séductrice et plus grandiose : la forêt Noire, les Alpes, l'Italie.

Mais, avant d'en venir là, il rencontrait des difficultés que les circonstances rendaient insurmontables. Depuis qu'il aimait Marguerite, il était tombé dans une détresse d'argent qui, s'augmentant chaque jour, en était arrivée à ce qu'il faut bien nommer par son nom laid et vrai, — la misère. Il devait à tous ses amis et à ceux qui l'avaient bien voulu pour débiteur : à celui-ci cinq cents francs, à un autre cinq francs. Le séjour à Montmorency l'avait forcé de vendre ou d'engager ce qui, pour le fripier, le bouquiniste ou le mont-de-piété, avait la moindre valeur. Pour venir à Fontainebleau, il était retourné chez ceux de ses amis les moins exploités, et accueilli par l'un, repoussé par l'autre, il avait ramassé pièce par pièce une somme à peu près suffisante. Mais aujourd'hui de cette somme il restait peu de chose, et toutes les portes lui étaient fermées, même celle de Martel, qui pour lui s'était mis à sec; il n'avait plus rien à vendre; trouver cent francs était une de ces impossibilités devant lesquelles il faut s'arrêter vaincu, et cependant devant lui se dressait l'Italie, avec le repos, la joie, le bonheur, l'espérance, mais aussi avec le terrible accompagnement du voyage : les chemins de fer, les paquebots, les hôtels, les guides, les voiturins, les mendiants, les moines, les palais, les églises.

Il faut avoir aimé pour comprendre à quels vertiges peut entraîner la misère. Cependant pour que ce voyage se fît, il n'avait qu'un mot à dire : Marguerite était riche; mais ce mot il ne le disait pas. Les questions d'argent ne sont rien pour ceux qui ont été élevés et qui ont vécu dans l'aisance; pour le pauvre, elles deviennent une honte; la susceptibilité est d'autant plus grande que la misère est elle-même plus profonde : on ne reçoit sans rougir que lorsqu'on est certain de pouvoir rendre un jour.

Aussi, tout en se désespérant, Maurice se taisait, et pour tous deux le temps s'écoulait péniblement; chacun avait son secret, et ce secret, toujours à la veille de s'échapper, ne laissait à aucun des deux ni abandon ni liberté. Les plus mauvais moments de Montmorency étaient revenus, et ils s'étaient aggravés non seulement des anciennes souffrances, mais encore du sombre aspect avec lequel se présentait l'avenir.

Enfin, ce fut Marguerite qui prit les devants. Un jour que, par une chaleur accablante, ils marchaient tristement au milieu du désert d'Arbonne, mornes, silencieux, enfonçant dans le sable qui manquait sous le pied, aveuglés par l'éblouissante réverbération des grès en poussière, étouffés par l'air embrasé, — ils furent croisés par un élégant équipage. Mollement renversée en arrière, une femme jeune, belle, à demi-cachée dans les bouffements d'une fraîche toilette d'été, s'appuyait contre l'épaule d'un homme jeune aussi; sur ses genoux elle avait des véroniques, des roses sauvages, des campanules; et les deux amants, — ils ne pouvaient être que des amants, — les deux amants en tressaient une couronne pour de jolis cheveux blonds qui flottaient au vent, et quand leurs mains se rencontraient, elles s'étreignaient. Entraînée par deux chevaux ruisselants de sueur, la voiture disparut rapidement.

« Eh bien? dit Marguerite en s'arrêtant.

— Eh bien? fit Maurice qui ne comprenait point cette interrogation.

— Eh bien, cher enfant, voilà des gens qui sont plus heureux que nous.

— Ils ne s'aiment pas plus que nous ne nous aimons.

— Non, mais ils s'aiment en voiture, et c'est moins fatigant; ils s'aiment en toilette, et c'est plus gracieux.

— Des plaintes.

— Crois-tu qu'elles ne sont pas justes, et veux-tu que je me taise quand, brûlée par le soleil, aveuglée par le sable, je vois deux amants se promener doucement, sans ennui et sans fatigue? La belle figure que j'aurais faite, avec ma blouse déchirée, si, par hasard, ces gens-là m'avaient connue!

— Quand tu aurais été en voiture, la rencontre, il me semble, n'en eût point été pour cela moins fâcheuse.

— Elle n'eût point été ridicule.

— Ridicule?

— Ridicule, car il est ridicule à une femme comme moi de courir les bois en costume de carnaval.

— Tu ne trouvais point cela ridicule à Montmorency.

— Peut-être : mais, maintenant, je trouve que c'en est assez comme ça de pastorale et de poésie, et que, si la liberté a ses plaisirs, elle a aussi ses gênes et ses ennuis. Voyons, viens t'asseoir là et causons un peu raison, si cela est possible. »

Sans rien dire, sans lever les yeux, Maurice s'assit. A la tournure que prenait l'entretien, il croyait bien prévoir ce qu'il allait être.

Marguerite reprit :

« Tu conviendras, n'est-ce pas? que cette vie d'artistes et de bohêmes nous a donné tout ce que nous en pouvions attendre, et tu conviendras aussi qu'à ceux qui se promènent en voiture le ciel n'est pas moins bleu, et que l'amour au milieu du luxe a bien ses douceurs. Eh bien, je voudrais que nous nous missions à les goûter enfin, ces douceurs. Jusqu'à ce moment, je t'ai laissé le soin de choisir et de préparer notre bonheur; ne te fâche pas si, à mon tour, je demande ma part de cette direction.

— Que veux-tu donc? interrompit Maurice, et qu'ai-je négligé?

— Rien, cher enfant; mais si j'ai été heureuse par toi, je te supplie d'être heureux par moi, à chacun sa tâche : tu as eu la première, je veux la seconde. Certes, je n'aurai jamais assez de paroles de reconnaissance pour les félicités que tu m'as données; Montmorency laissera dans mon cœur des souvenirs qui seront éternels; mais les temps ne sont point encore venus où nous ne devons vivre exclusivement que de souvenirs : il est d'autres pays, d'autres plaisirs que ceux que nous avons connus.

— Tu veux partir?

— Je veux quitter ce pays et cette vie; je veux faire pour toi ce que tu as fait pour moi. Par amour tu m'as sacrifié Rome, tes études et ton avenir d'artiste. Je veux te rendre tout cela, je veux aller à Rome. Tu n'y seras pas envoyé par des juges qui t'auront choisi parmi tes rivaux, tu y seras près d'une femme qui t'aime, qui t'a choisi parmi ce que Paris offre de plus illustre, et dont les caresses vaudront bien, peut-être, le triste séjour de la villa Médicis. »

Pour répondre à ces paroles qui traduisaient si bien ses secrets désirs, pour répondre à cette habileté, à cette délicatesse, Maurice qui s'attendait à des plaintes et à des reproches, ne trouva que des baisers : son orgueil se tut : ce fut son cœur qui dit sa reconnaissance.

III

Ils partirent et, sans s'arrêter à Milan, ils gagnèrent Venise.

Ce fut un changement de bonheur, mais s'il changea, ce fut sans s'interrompre, car si le temps et la guerre ont enlevé à Venise doge, artistes, noblesse, sénat, marine de commerce et de conquête, malgré tout, elle a conservé sa joyeuse hospitalité, ses danses, ses canaux, ses gondoles, ses palais, son ciel splendide, son Adriatique qui fut si longtemps son épouse soumise, et c'en est assez pour que de tous les points du monde y viennent toujours ceux qui veulent aimer et vivre.

Maurice cependant aurait préféré au luxe, à la foule et aux palais de marbre, les bois de Montmorency, où, seul avec sa maîtresse et son amour, il aurait eu Marguerite tout entière. Mais puisqu'elle aimait cette foule et ces palais, il les aima aussi; puisqu'elle était heureuse, il fut heureux.

Et vraiment elle était heureuse, et même un mois après son arrivée à Venise, e le n'avait encore éprouvé ni fatigue ni déception. Il est vrai que toutes leurs paroles n'étaient plus, comme autrefois, des paroles d'amour ou sur l'amour; mais quand, le soir venu, ils se faisaient conduire en pleine mer, quand la nuit était resplendissante d'étoiles, quand l'Adriatique n'avait pas une vague, pas un pli, quand la brise insensible apportait les parfums de la terre, elle s'asseyait sur les genoux de Maurice, lui passait les bras autour du cou, se haussait jusqu'à ses lèvres, et le corps renversé en arrière, les yeux au ciel, les sens ravis, l'esprit en extase, elle ne se demandait pas si c'était amour, érotisme ou poésie : elle était heureuse !

Au reste, s'ils parlaient moins souvent d'eux-mêmes, il n'y avait toutefois entre eux jamais de ces silences involontaires où, soit par fatigue, soit par embarras de trouver quoi dire, chacun suit sa propre pensée et ramène tout à soi; leurs deux esprits, sinon leurs deux cœurs, étaient toujours à l'unisson, l'art, la poésie ou la nature étaient le lien qui les maintenait en contact; ils parlaient du Titien, du Giorgione, du Tintoret, de Véronèse, des Foscari, de Dandolo, de Byron, d'Othello, de Desdémone, et le bruit de ces grands noms retentissait en eux assez profondément pour empêcher Maurice d'entendre les plaintes de son amour, et pour cacher à Marguerite le vide de son propre cœur.

Ces conversations, toutes de cerveau, avaient d'abord été assez rares, puis elles étaient insensiblement devenues plus fréquentes; Padoue, Florence, la galerie Pitti, Santa-Maria del Fiore, le palais Riccardi, le Baptistère, les rendirent presque continuelles; quand les deux amants arrivèrent à Rome, ils étaient dans les meilleures conditions morales pour visiter ses chefs-d'œuvre et pour en parler convenablement.

Rome était le but du voyage. C'était à Rome que l'on devait habiter. Marguerite n'y était venue que pour permettre à Maurice de travailler; mais Maurice ne travailla point. Les premières semaines furent prises par l'installation dans une villa près d'Albano. Maurice était indispensable; il fallait ses avis, ses idées, son goût; puis on visita les palais, les musées, les églises. Naturellement Maurice fit les honneurs de toutes ces promenades, et on en eut pour longtemps ; puis, quand Marguerite fut lasse de tableaux, de statues, de colonnes, de ruines, et qu'elle voulut se reposer dans cette douce oisiveté que favorisent si bien le climat et les mœurs de l'Italie, il se reposa près d'elle, lisant ou parlant lorsqu'elle désirait des distractions, chantant ou se mettant au piano lorsqu'elle désirait de la musique, lui souriant lorsqu'elle souriait, l'accompagnant lorsqu'elle sortait, et lorsqu'elle voulait dormir, la contemplant tendrement ou s'endormant près d'elle. Les jours suivaient les jours, les semaines s'ajoutaient aux semaines et il ne trouvait pas une heure pour l'étude. Tantôt Marguerite était joyeuse, et le temps s'écoulait rapidement sans qu'on s'en aperçût ; on se promenait, on riait, on s'embrassait, on jouait comme des enfants, on se disait de bonnes et douces paroles, on rappelait le passé, on interrogeait l'avenir, et tout à son amour, Maurice ne pensait qu'à l'amour, méprisait le travail et la gloire, et les trouvait bien peu dignes de lui faire perdre une minute d'un bonheur tel que le sien. Tantôt, au contraire, elle était triste, des reproches, des mots de regrets ou d'injures avaient été mutuellement lancés ; dans la mémoire de tous deux la colère grondait longtemps, et Maurice, la tête en feu, les larmes aux joues, le cœur brisé, s'abandonnait à sa douleur, tournait et retournait de sa propre main le couteau dans sa chair, se redisait à lui-même les mots irréparables qui lui avaient échappé, se rappelait une à une les circonstances de la querelle, croyait tout à jamais perdu, pleurait son bonheur anéanti, et se sentait, à cette pensée, si abattu et si épouvanté, qu'il ne songeait plus qu'à rentrer en grâce et n'en cherchait plus que les moyens et les occasions.

Comment travailler au milieu de ces alternatives de joies et de chagrins, d'énervantes ardeurs ou de fatigues plus énervantes encore ? Si par hasard, dans un moment de trêve, il s'enfermait courageusement, c'était tout, il ne pouvait aller plus loin, sa volonté ne lui répondait pas, il ne pouvait s'absorber en lui-même, et si les idées se pressaient nombreuses et éblouissantes dans sa tête, quand il était pour les saisir, elles devenaient ternes et rares ; car depuis longtemps, la concentration de la vitalité ne se faisait plus au profit du cerveau, et s'il sentait, s'il concevait, s'il imaginait encore, il avait perdu la douloureuse habitude de l'exécution, toujours si lente, si laborieuse, et qui exige tant de patience et tant d'énergie. Alors il se voulait contraindre, il cherchait ; mais, d'efforts en efforts, il en arrivait promptement à toucher, à gratter en quelque sorte le tuf de son cerveau, à se donner le sentiment désespérant et désespéré de son impuissance. La rêverie, cette consolatrice menteuse des artistes stériles, s'emparait de lui, l'absorbait, et, des hauteurs de son art où il s'était un instant élevé et où il n'avait pu se maintenir, il redescendait mollement à Marguerite, et malgré lui, à cette seule pensée, il avait des espérances qui l'enivraient, des souvenirs qui lui donnaient de longs frémissements; c'était en vain qu'il se roidissait pour y échapper, il y revenait sans cesse, et trop faible pour lutter et vaincre, il courait près d'elle lui demander des consolations et des inspirations. Mais Marguerite ne savait ni consoler ni inspirer, et il ne trouvait près d'elle que l'oubli ou la distraction.

Encore étaient-elles mortelles, ces distractions, car elle ramenait tout si bien à soi, elle dirigeait tout si bien pour elle seule, que, de jour en jour, elle le laissait et plus anéanti et plus épuisé.

Peu à peu il le sentit vaguement, et il commença de comprendre qu'il lui aurait fallu le calme continu, les libertés de la solitude, les excitations de l'ennui, les économies du silence; mais il comprit aussi qu'on ne peut être à la fois amant et poète, que l'art, comme la religion, a ses rigoureuses exigences, qu'il lui faut la chasteté et le détachement des choses de ce monde; — et à l'art et à la gloire, il préféra son amour.

Mais ce ne fut pas sans souffrir, et les comparaisons que chaque jour il put faire, en rencontrant ses anciens camarades de Paris, aujourd'hui à Rome, entretenus par l'État, tandis que lui-même l'était par une femme, avivèrent ses souffrances et les rendirent plus incessantes et plus cruelles. Eux, ils pouvaient travailler, ils étaient joyeux, ils avaient de faciles amours avec les belles madones du Transtevère, ils étaient pleins de confiance dans l'avenir, et pour le présent, la France leur avait donné un titre qui les rendait fiers et tranquilles; — tandis que lui, à la suite d'une maîtresse, amoindri dans sa propre estime, humilié dans son orgueil, morose, tourmenté, plein de doute, ayant tout sacrifié à l'amour, il se voyait trahi par l'amour.

IV

En même temps qu'il s'était interrogé lui-même, Marguerite, de son côté, plus calme et plus expérimentée, avait aussi commencé de juger froidement la situation qu'ils s'étaient faite, et chacune de ses questions avait été une accusation contre l'amour. Depuis son arrivée en Italie, elle avait marché de déceptions en déceptions, et si son enthousiasme poétique avait pu l'étourdir quelque temps, si les ruines de la ville des Empereurs, si les richesses de la ville des Papes, si le Vatican, Saint-Pierre, le Colisée sous les rayons de la lune, avait impressionné son esprit, son imagination ou ses

Marguerite et Maurice à Naples (p. 60).

H. MALOT. — VICTIMES D'AMOUR.　　　　　　LIV. 8

souvenirs, elle n'avait, en face de ces créations de l'art, éprouvé aucune des sensations qui l'avaient enivrée dans les bois de Montmorency. Sans comprendre qu'à cet heureux instant qui avait traversé sa vie comme un éblouissant éclair, elle avait été entraînée par un sentiment inconnu qui l'avait faite jeune, qui, malgré sa coquetterie, son éducation, ses préjugés, malgré sa corruption d'esprit, malgré son âge, lui avait donné quinze ans, l'avait vaincue par une irrésistible puissance, et l'arrachant aux habitudes du monde, avait remplacé dans son âme le savoir et la triste expérience de la femme par la candeur et l'ingénuité de la jeune fille; sans s'avouer à elle-même qu'elle avait été saisie par cet amour naïf, qui tôt ou tard nous dompte tous, honnêtes ou vicieux, pour nous rendre à l'exaltation, au dévouement, à la poésie, à la jeunesse; sans songer seulement à regarder en soi, sans interroger son cœur, sans rien demander aux choses, aux faits ou au temps, elle accusait Maurice et elle accusait l'amour. Elle se disait que la passion était bien mesquine, bien étroite; que ses joies étaient bien courtes, ses bonheurs bien limités; qu'elle n'était pas ce que les poètes la faisaient, mais plutôt illusion et mensonge, et que si pour un jour elle pouvait nous enlever à des hauteurs infinies, elle nous laissait retomber bientôt, d'autant plus malheureux et plus découragés, qu'elle nous avait montré des splendeurs auxquelles on ne pouvait atteindre, et que nous ne pourrions même jamais revoir.

Et c'étaient des désolations, des regrets, des chagrins qui la tourmentaient chaque jour davantage. Elle ne se rendit pas d'abord un compte bien clair de toutes ces idées qui sommeillèrent longtemps dans son esprit, mais peu à peu elle en eut conscience, petit à petit elles s'éveillèrent; les réflexions s'ajoutèrent aux réflexions; la logique des faits se révéla avec une évidence implacable, et trop faible ou trop orgueilleuse, Marguerite s'arrêta aux effets sans pénétrer les causes. La vie commune empêchant de juger à distance et obscurcissant le bien pour ne laisser voir que le mal, elle en vint à comprendre la possibilité d'une rupture, puis bientôt à la regarder comme un bonheur. Les mille précautions qu'il lui fallait prendre sans cesse lui faisaient désirer la liberté. Elle songeait à Paris, au monde qu'elle avait abandonné, aux plaisirs qu'elle avait sacrifiés; et si ces sacrifices avaient pu lui paraître légers au commencement d'une liaison qui promettait toutes les joies, maintenant que cette liaison n'avait plus à offrir que des chagrins et des luttes, ils lui paraissaient bien grands et bien durs; sans doute Maurice était un charmant esprit, un excellent cœur, elle avait pour lui la plus vive affection, elle l'aimait sincèrement, mais enfin les plus belles choses ont leur terme, il est des exigences plus fortes que notre volonté, et elle ne pouvait pas se sacrifier toujours.

Cependant à la pensée d'abandonner celui qu'elle avait tant aimé et qui, lui, l'aimait encore avec une tendresse absolue, elle avait des frémissements qui gonflaient son cœur; loin de lui elle s'affermissait dans son projet; quand il la regardait avec ses yeux suppliants, quand il la prenait dans ses bras et se couchait sur son sein en lui disant de joyeuses paroles d'avenir, elle était prise d'une tendre pitié, elle se sentait faible, irrésolue, et si elle ne l'aimait plus avec passion, elle l'aimait encore avec compassion.

Mais cette compassion diminuait à mesure que les difficultés de situation devenaient plus fréquentes, et chaque soir elle s'affermissait davantage dans la pensée d'en finir, non pas brusquement, mais d'après son procédé habituel en toutes choses, adroitement et progressivement.

Bien des fois déjà en des jours de tristesse et de lassitude, ils avaient tous deux parlé d'abandonner Rome : elle proposa de continuer le voyage et d'aller à Naples. Après quelques semaines de séjour à Naples, comme ils n'auraient plus rien à visiter en Italie, elle trouverait un moyen tout naturel pour revenir en France, et dès qu'elle serait à Paris, le monde et ses exigences lui seraient de solides prétextes pour rompre la vie commune, écarter insensiblement Maurice, et recouvrer enfin l'indépendance.

V

Mais à Naples il arriva précisément le contraire de ce qu'elle avait projeté, et elle dut reconnaître qu'elle n'était pas encore, comme elle l'avait cru, détachée de Maurice et de sa passion.

A Montmorency, elle avait aimé l'amour; à Fontainebleau, elle avait aimé la nature; à Naples, ce fut un regain, mais un regain plus riche que ne l'avait été la première moisson.

Sous ce climat, ses sens et son esprit s'exaltèrent; la fougue de ses désirs, qu'elle croyait bien apaisée, se réveilla plus tyrannique.

A la veille d'une séparation, son cœur fut touché de regrets et de pitié.

Et ces deux influences la poussant, elle se retrouva aux bras de Maurice plus étroitement que jamais. Elle voulut jouir, sans perdre une minute, de ses derniers jours de bonheur; et comme elle savait que si les excès conduisent sûrement à la lassitude et au dégoût, elle savait aussi qu'alors on est décidé à une rupture ils aident à faire passer les derniers moments et empêchent de la regretter; elle ne chercha point à résister, et elle s'abandonna pleinement à ses nouvelles aspirations, à ses nouvelles espérances.

Ce qui s'était déjà produit chaque fois qu'un changement s'était fait dans sa vie se reproduisit encore ; elle redevint ce qu'elle avait été à son arrivée à Montmorency, à Fontainebleau, mais avec cette différence, cependant, que ces mêmes choses qui avaient excité son enthousiasme : l'éloquence de deux regards confondus, le bruit des feuilles sous les arbres, le soleil sur la rosée, ne la touchaient plus aussi vivement. Maintenant, lorsqu'on se promenait sur la plage du Pausilippe par une de ces belles nuits du Midi, on ne se laissait plus émouvoir seulement par la poésie de la mer ; en marchant au milieu de ces ruines, on se demandait curieusement quels avaient dû être les plaisirs et les amours de ceux qui se montraient si grands encore dans le plus mince de ces débris. Au tombeau de Virgile, Maurice, oubliait Didon et parlait de Catulle et de Martial ; à Caprée, on laissait le soleil se lever derrière les oliviers du mont Solaro, quand naguère, pour le voir sur les plaines de l'Ile-de-France, on avait fait tant de courses matinales ; et se tournant vers les ruines du temple de Tibère, on pensait aux nuits de Quartilla, aux fêtes de Trimalcion.

Quelquefois et pendant des journées entières ils s'enfermaient dans leur villa de Sorrente, sans se laisser séduire ni par l'ombrage des orangers, ni par l'humide verdure des ravins qui descendent à la mer ; et nattes et tapis étendus sur le carreau, au milieu d'une atmosphère chargée de parfums, sans cesse rafraîchie par de nombreux bucaros qui versaient le froid par leurs pores, ils restaient dans les bras l'un de l'autre. Marguerite, oubliant ses idées de séparation, jouissait de l'heure présente sans vouloir songer à l'avenir ; Maurice, oubliant ses chagrins et ses inquiétudes, s'enivrait d'espérance ; et c'étaient des rages de caresses, de longues extases. Ils s'encourageaient, ils s'applaudissaient, ils se juraient un amour absolu, une éternelle reconnaissance, une inaltérable fidélité. Jamais bonheur n'avait été aussi grand ; ils étaient les plus heureux du monde ; ils se le disaient, ils le croyaient. Et pour quelques heures ils l'étaient en effet, mais à la condition de se concentrer en eux-mêmes ; car s'ils venaient à retrouver leur raison dans un peu de repos ; si, après une de ces crises, ils venaient à sortir, alors que, sous les premiers rayons du soleil, la terre encore fumante se montre splendide de jeunesse et de limpidité, alors que l'air souffle pur et rafraîchissant, alors que de toute la nature s'élève le concert de joie et de vie, en face de cette ineffable poésie du matin ils se sentaient bien las et bien tristes.

Plusieurs semaines se passèrent ; puis, quand Maurice, toujours aux aguets, crut remarquer en Marguerite quelques symptômes de fatigue, ne voulant pas les laisser se développer et amener des malaises et des luttes qu'il connaissait trop bien, il proposa lui-même d'abandonner l'Italie et de revenir en France. Il ne lui était plus possible de se faire illusion, et il n'avait plus d'espérance que dans les ressources infinies de Paris ; ce n'était plus la poésie, les voyages, les distractions qu'il devait appeler à son secours, mais tout le savoir, toutes les expériences, tous les raffinements de l'extrême civilisation. Sans doute il savait qu'il viendrait un jour où, n'étant plus rien qu'ils n'eussent épuisé, Paris lui-même serait impuissant ; mais tout en ne pensant qu'avec effroi à ce dénoûment, tout en ayant la douloureuse conviction qu'il était inévitable, comme le naufragé en face de la mort, il voulait au moins lutter jusqu'au bout, et tant qu'il lui resterait un souffle de force, lui disputer les défaites une à une et le retarder pas à pas.

Marguerite accueillit avec empressement la proposition de retour, et aussitôt elle s'attacha à préparer Maurice aux nouvelles dispositions qu'elle entendait prendre dès qu'ils seraient arrivés à Paris. Les heures de la traversée servirent à souhait ses desseins, en lui donnant le temps de l'accoutumer, par de savantes gradations, à la pensée qu'il faudrait renoncer à la vie commune. Elle lui expliqua qu'elle se devait à elle-même et au monde de reparaître chez elle avec ses habitudes et ses obligations d'autrefois ; — que son absence n'avait dû être déjà que trop remarquée, et qu'elle aurait besoin de toute son habileté, et même de l'appui de sa mère, pour l'expliquer d'une façon satisfaisante ; — que, malgré ce qu'elle pourrait faire, les soupçons devaient être trop éveillés pour leur permettre à tous deux la plus petite imprudence ; — que c'en serait une fort grande à lui, Maurice, de se montrer dans les soirées qu'elle serait forcée de reprendre ; — qu'un mot, un regard, pouvaient les perdre ; — que, s'aimant comme ils s'aimaient, ils ne pourraient pas être maîtres de cacher leur amour, et que c'était au nom même de cet amour, pour en assurer l'éternelle durée, qu'ils devaient savoir supporter des privations. Elle lui jura qu'elle ne serait pas la moins à plaindre ; — qu'elle penserait toujours à lui ; — qu'elle serait toujours près de lui de cœur et de souvenir ; — que le temps consacré à ses devoirs de société serait un enfer ; — qu'elle l'abrégerait autant que possible, et que toutes les fois qu'elle en verrait le moyen, elle se hâterait de revenir dans ses bras pour lui payer en tendresses et en caresses longuement amassées les chagrins du sacrifice et de l'absence.

Il souffrit, pleura, résista à chacune de ces exigences ; mais il en fut encore ce qu'il en avait toujours été : il se résigna la rage dans le cœur ; ce qu'elle voulut lui faire comprendre, il le comprit ou il l'accepta ; moins que jamais il savait lui résister, et si, lorsqu'il était loin d'elle, il raisonnait, il s'emportait, il la maudissait, près d'elle, il était sous le charme ; à sa vue, au son de sa voix, il perdait sa volonté et sa personnalité, l'émotion trop vive l'empêchait de répondre ; il devenait *elle-même*, triste si elle était triste, riante si elle était riante; la puissance qu'elle exerçait sur lui était celle que donne le magnétisme : elle l'attirait, le repoussait, l'exaltait, lui faisait toucher ce qui n'existait pas, trouver chaud ce qui était glacé, charmant ce qui était horrible, éblouissant ce qui était sombre ; pourvu qu'il la vît, pourvu qu'il l'entendît, il obéissait, il ne se révoltait pas, ne pensait qu'à elle seule, ne cherchait qu'à lui plaire; pour qu'elle daignât rire, il riait le premier des blessures qu'il se portait à lui-même; entre ses mains, il était devenu une chose souple et molle, un jouet, un écho, un miroir.

CHAPITRE V

OU CONDUIT L'IDÉAL

I

Son premier soin, dès qu'ils arrivèrent à Paris, fut de choisir un logement où Marguerite pût venir à toute heure et sans danger.

Il le prit rue de la Sourdière. C'est une de ces rues à double aspect comme le sont presque toutes celles de ce quartier, demi-fille, demi-honnête ; vers les Tuileries elle est bruyante et obscure ; vers la rue de la Corderie elle est calme et l'on n'y rencontre que de braves gens parfaitement vulgaires ; les maisons, comme leurs habitants, prennent un air discret et vertueux. Ce fut une de ces maisons ayant une seconde entrée rue Saint-Roch, que Maurice choisit, et presque toutes les conditions imposées par les convenances s'y trouvèrent heureusement réunies : — bijoutier au premier étage, ce qui donnait une satisfaisante réponse à Marguerite, en cas de rencontre fâcheuse ; — double sortie, ce qui lui permettait de dépister les recherches ; — enfin, voisinage des Tuileries, de l'église Saint-Roch, ce qui lui permettait d'accourir à toute heure avec une justification naturelle pour l'esprit le plus incrédule ou le plus malveillant.

Lorsqu'elle eut vu par elle-même, — car en ces sortes d'affaires elle ne s'en rapportait qu'à son examen, — elle daigna se déclarer satisfaite ; mais comme il fallait à ses amours un nid élégant, et qu'elle savait la détresse de son amant, elle voulut seule se charger des dépenses, et Maurice, dont la fierté eût autrefois si cruellement pleuré, se laissa sans trop rougir donner l'argent nécessaire ; l'habitude avait émoussé sa dignité personnelle, et en acceptant avec une crédulité voulue cette attention de Marguerite, c'est à une preuve d'amour qu'il croyait croire. On meubla ce petit appartement avec un luxe et une coquetterie que Maurice n'avait jamais vus que chez quelques femmes. La porte d'entrée fut matelassée pour étouffer les bruits, on cloua sur le carreau d'épais tapis ; dans la chambre à coucher, de doubles rideaux de mousseline et de soie jaune ne laissèrent pénétrer qu'une tranquille lumière; les meubles, fauteuils et ottomane, furent larges et moelleux; il y eut des glaces aux trois côtés et au plafond de l'alcôve; on réserva une armoire pour quelques porcelaines et une cave richement fournie; sur la cheminée et les consoles se dressèrent des bronzes et des plâtres, réductions savantes des originaux qu'on avait admirés à Naples. C'était la chambre d'une fille plutôt que celle d'un homme; mais Marguerite l'avait voulue ainsi, Maurice s'y installa presque avec bonheur.

Les premiers jours y furent pénibles à passer; car, de toutes nos habitudes, les plus douloureuses à rompre sont celles que forme l'accord de deux volontés, et qui, brisées par l'isolement, nous laissent sans initiative et sans but. Lui qui depuis si longtemps ne vivait que par Marguerite, n'agissant que pour elle, n'ayant d'autres désirs que ses désirs, d'autre bonheur que son bonheur, d'autre conscience que sa conscience, se trouva sans force et sans direction lorsqu'il fut seul; tout d'un coup la nuit s'était faite, et de la clarté la plus limpide il était tombé dans les ténèbres. Blessé, meurtri, déchiré par tout ce qui l'environnait, il s'efforça de vivre dans le passé ou dans l'avenir, mais il eut beau faire, le présent vint le ressaisir, et le contraste de sa solitude avec ses espérances ou ses souvenirs l'accabla encore plus péniblement. Les heures lui étaient éternelles, il ne pouvait ni lire, ni travailler, ni même penser à autre chose qu'à son amour; son cœur avait paralysé sa tête, et il restait des journées entières immobile de corps, fiévreux d'esprit, incapable de former une idée précise et de la suivre, mais lourdement perdu dans des songes inconsistants où Marguerite revenait toujours. Ces hallucinations le brisaient, mais il ne voulait rien faire pour s'en arracher; au lieu de demander des distractions à ses amis ou au travail, au lieu d'aller chez Martel, qu'autrefois il visitait tous les jours, il se plongeait dans sa douleur, il s'y plaisait, il en était heureux. Plus ses tortures seraient grandes, plus grandes aussi seraient les obligations de Marguerite, plus grande serait sa reconnaissance, plus grand serait son amour.

Mais elle était loin de payer ces sacrifices aussi chèrement qu'il l'espérait. D'abord elle était venue presque tous les jours, puis petit à petit ses visites s'étaient faites de plus en plus rares, de plus en plus irrégulières, et Maurice avait passé de longues journées à sa fenêtre, la poitrine incrustée dans l'appui, brûlé par l'attente, épiant chaque voiture qui passait, tressaillant pour un chapeau, une robe, pour une démarche qu'il croyait reconnaître, éperdu lorsque le frou frou d'une jupe bruissait dans l'escalier, se consolant de chaque déception par une espérance nouvelle, attendant le soir ce que le matin ne lui avait pas donné. Mais, bien souvent, le soir et le matin s'écoulaient sans amener Marguerite, car elle se laissait retenir non seule-

« Ohé! chiffonnier, t'as donc enlevé une princesse? » (p. 68).

H. MALOT. — VICTIMES D'AMOUR.

ment par ses nouveaux devoirs, mais encore par son propre égoïsme ; rassasiée, blasée, elle s'inquiétait peu de Maurice, et elle attendait patiemment que le repos eût donné à ses désirs la puissance qu'il leur fallait maintenant pour l'entraîner malgré elle.

Alors elle partait, marchait vite le long des maisons, sans se retourner, sans se laisser distraire ; légère et hautaine, elle passait devant le concierge, et gravissait l'escalier sans respirer. Avec sa clef elle ouvrait doucement la première porte, et retenant son haleine, elle ôtait châle et chapeau, puis poussant rapidement la porte de la chambre, d'un seul bond elle s'élançait sur lui.

Ils oubliaient tout : leurs chairs s'aimaient et leur vie se concentrait dans une étreinte : les baisers empêchaient les paroles.

II

Maurice, qui naguère s'était montré si naïf et si facile dans son amour, la devançait maintenant en inquiétude et en impatience. Il commençait à la bien connaître, et il n'avait pas plutôt essayé d'un plaisir qu'il songeait à un nouveau : en le goûtant il interrogeait anxieusement sa solidité, se demandant quels autres, celui-là épuisé, pourraient la passionner et ainsi la retenir.

Comme il savait qu'elle le suivrait fidèlement tant qu'il pourrait offrir à sa curiosité quelque chose d'inconnu qui tînt son esprit éveillé et lui donnât des émotions nouvelles, tous les moyens lui étaient bons pour provoquer ces émotions.

Quand elle lui promettait une soirée, il ne se faisait plus fête de la passer au coin du feu, parlant doucement de leur amour, regardant le bois flamber, restant de longs moments silencieux à écouter leurs cœurs ; mais il cherchait laborieusement comment il remplirait ces heures, pour lui trop courtes, pour elle trop longues, et par quels plaisirs il pourrait l'entraîner à revenir le lendemain.

Ce fut ainsi qu'un jour qu'elle était venue dîner avec lui, il lui proposa d'aller au bal masqué. La soirée s'annonçait mauvaise, des paroles orageuses avaient été échangées, une querelle, une rupture peut-être, étaient imminentes.

« Le carnaval commence ce soir, dit Maurice.

— Hé bien ?

— Si nous allions à l'Opéra.

— Masqués?

— Dans une loge ou dans la salle, comme tu voudras.

— Dans une loge, non; s'ennuyer au milieu de ceux qui s'amusent, j'aime mieux m'ennuyer seule. »

Il la respectait encore assez pour croire qu'elle avait peur de descendre sur le plancher, où Chicard et Caoutchouc ont conquis leur réputation; il se tut.

« Si nous allions à la barrière, dit-elle, c'est peut-être plus drôle. »

Cette idée ne lui fût pas venue, mais l'idée ne lui vint pas davantage de s'étonner ou de refuser.

On fit apporter des costumes : Marguerite prit celui d'une laitière, et comme Maurice hésitait entre un pierrot et un sorcier :

« Pourquoi pas en prince charmant? dit-elle; voilà ce qu'il te faut. »

Elle montra les guenilles d'un chiffonnier qu'un comédien venait de mettre à la mode dans une pièce populaire.

Ils se firent conduire à Belleville.

« Allons, mon homme, donne-moi la main, dit-elle, en descendant de voiture sur le pavé gras et fangeux du boulevard extérieur. »

Et elle se mit à rire aux éclats, ses yeux étincelaient.

Dans la rue de Paris, la lumière des illuminations s'abattait en nappes aveuglantes sur la foule qui encombrait les trottoirs et la chaussée : des restaurants, des cafés, des guinguettes sortaient des cris, des chansons, une confusion de voix et de bruits, qui dominaient par instants les éclats du trombone et du cornet à piston.

« Où entrons-nous? demanda Maurice.

— Ici, » dit-elle en montrant la porte, où la cohue se pressait plus compacte et d'où sortait le plus formidable vacarme.

Malgré sa résolution, elle eut cependant un frémissement en franchissant cette porte, et il sentit qu'elle affermissait son masque. Mais ce ne fut qu'un éclair, elle ne montra ni embarras ni dégoût à se frayer un passage au milieu de la foule, pour gagner une galerie d'où l'on dominait la salle de danse.

Ils s'assirent devant une table de bois étroite et humide. Dans un brouillard de tabac les quinquets filaient et fumaient; une odeur de vin, de rhum chaud, de sueur, de plancher constamment arrosé, picotait la gorge et soulevait le cœur. Auprès d'eux, on buvait du vin cuit dans des saladiers ébréchés.

Le garçon vint pour les servir.

« Ça, dit-elle, en montrant ce mélange bleuâtre, dont elle ne savait ni le nom ni la composition. »

Non seulement elle trempa ses lèvres dans son verre, mais encore elle le vida.

Au-dessous d'eux la foule passait et repassait ; l'orchestre faisait rage comme s'il eût joué pour son propre plaisir ; la salle tremblait sous le pas cadencé des danseurs ; on sautait, on gesticulait, on se déhanchait, on criait, on hurlait, on applaudissait ; à leurs côtés, des buveurs à moitié ivres se racontaient leurs chagrins ou leurs exploits, des couples aux traits hâves et plombés se parlaient d'amour et concluaient leurs fiançailles en choquant leurs verres ; une jeune fille qui n'avait pas quinze ans, habillée en débardeur, était seule accoudée sur une table, la tête entre ses mains, elle pleurait dans son bol et répétait par instants : « Maman ! maman ! »

Dans la foule circulaient des hommes qui paraissaient connaître presque toutes les femmes ; leurs costumes étaient prétentieux, choisis pour faire valoir leurs avantages, des mousquetaires, des gardes-françaises ; quelques-uns n'étaient pas déguisés, ils portaient une redingote courte, serrée à la taille et une casquette rabattue sur l'oreille.

On avait déjà plusieurs fois tourné autour d'eux : cette femme masquée, quand si peu l'étaient, intriguait.

L'un de ces hommes s'arrêta devant leur table :

« Ohé ! chiffonnier, t'a donc enlevé une princesse ? »

Avant que Maurice eût pu répondre, Marguerite d'un mouvement rapide se démasqua ; devant son regard l'homme baissa les yeux, et machinalement, involontairement, il porta la main à sa casquette ; puis leur tournant le dos, il descendit dans la salle.

« Viendras-tu ce soir, demanda Maurice, lorsque le matin ils se séparèrent.

— De bonne heure pour dîner ! »

Depuis Montmorency, il ne lui avait pas vu pareille égalité de bonne humeur et de joie.

« Dînons vite, dit Maurice, lorsqu'elle arriva.

— Parce que ?

— Une surprise ; veux-tu te fier à moi ? Seulement pressons-nous, le coiffeur va venir. »

Sur le divan étaient préparés ses vêtements d'homme ; elle reprit son petit paletot flottant à la taille, et sur ses cheveux roulés elle enfonça son feutre noir ; puis bras dessus bras dessous, gaiement comme deux étudiants en débauche, ils descendirent ; bien fin eût été celui qui, dans ce gros garçon de dix-sept ans, eût reconnu Marguerite de Fargis, la veuve du banquier Baudistel. A sept heures ils prenaient place à la queue du théâtre de l'Ambigu, et à sept heures et demie, ils se penchaient la tête sous la barre de fer de l'amphithéâtre.

Elle prit goût à ce jeu. Ce n'était pas le mélodrame vertueux ou le vaudeville grivois qui l'attirait, mais le contact de la foule émue, les cris des gamins, les galanteries des filles et de leurs amants, les exclamations, les joies, les applaudissements, les pleurs, les réflexions du public des galeries supérieures. Elle se faisait fête de se perdre au milieu de cette foule, d'être foule elle-même, d'en avoir les passions, les naïvetés, les vices, les appétits, de s'oublier, d'être inconnue, de se sentir poussée, coudoyée, entraînée; de pousser, de coudoyer elle-même; à une grossièreté de répondre hardiment et promptement.

Par le contraste, elle aviva encore ces étranges émotions. Depuis leur retour à Paris, elle n'avait pas voulu recevoir Maurice chez elle. Un matin, en se séparant à la halle, où ils étaient venus achever leur nuit, elle lui donna rendez-vous pour le soir même à l'hôtel. Et là dans son salon de réception, les lustres allumés, les domestiques dans l'antichambre, ils se jouèrent l'un à l'autre la comédie de l'amour; lui comme s'il la pressait, elle, comme si elle cédait pour la première fois. Puis poussant leurs rôles jusqu'au bout, elle voulut qu'il revînt le lendemain, mais cette fois au milieu de la nuit ; elle l'attendit à la porte qui fait communiquer le jardin avec le boulevard des Invalides, le guida au travers des charmilles, et le matin le renvoya au petit jour, en se donnant sérieusement la scène du balcon de *Roméo* : « C'est le jour, c'est le jour! Fuis vite, pars, va-t'en. »

Tout Paris s'occupait alors d'une femme qui avait été condamnée à mort pour avoir assassiné son mari dans des conditions romanesques et dramatiques. On attendait son exécution d'un jour à l'autre.

Le soir où Marguerite reparut pour la première fois aux Italiens, Maurice, pendant l'entr'acte, vint lui faire visite dans sa loge et lui annonça que cette exécution aurait lieu le lendemain. Elle lui fit le signe convenu, qui voulait dire qu'après le théâtre elle se ferait reconduire à l'hôtel, mais qu'à une heure elle serait chez lui.

A minuit et demi elle arriva.

« Vite, mon paletot, mon feutre.

— Où allons-nous ?

— Place de la Roquette. »

Bien qu'il tombât une petite pluie fine, continue, les rues avoisinantes étaient déjà encombrées; ils purent cependant se faufiler assez haut pour apercevoir la porte de la prison et la lugubre machine. Ils restèrent là sur leurs jambes, depuis deux heures jusqu'à sept. Autour d'eux on hurlait, on riait, on imitait les cris de tous les animaux connus. Il y avait des femmes en toilette de théâtre. Il y avait des gens attentifs et soigneux, qui avaient apporté de la charcuterie, du pain et du vin dans des litres : on mangeait, on buvait à la santé des femmes avec toutes sortes de propos cyniques. Jusqu'au matin la foule augmenta, se tassa petit à petit ; les pelotons de sergents de ville, de soldats, de gendarmes, de gardes municipaux, en se développant, refoulèrent en arrière les curieux les plus avancés, et la masse humaine se comprima encore. A sept heures, il se fit un grand mouvement ; un formidable mugissement se leva ; puis un terrible silence s'établit.

« Soulève-moi, dit Marguerite. »

Il la prit dans ses bras, et la soutint malgré les cris, malgré les bourrades ; il ne voyait rien ; un coup sourd qui lui retentit dans le cœur lui fit lâcher prise.

Ils revinrent portés par la foule ; ils se tenaient par la main ; mais ils ne se regardaient ni l'un ni l'autre.

III

Il vint enfin un jour où, malgré tout, aucun attrait, aucune illusion ne la poussa plus vers son amant. Elle en savait trop pour être émue ou surprise ; elle en savait trop pour désirer encore. Quels désirs d'ailleurs ? N'avait-elle pas tout essayé, usé, épuisé ?

Aussi les rares journées qu'elle se décida à lui donner encore, furent-elles pour elle, pour son ennui, pour sa fatigue, plus longues et plus mortelles chaque fois ; à de délicieux souvenirs elles n'ajoutaient plus que des souvenirs fastidieux, elles creusaient l'abîme, elles augmentaient la distance, elles accomplissaient insensiblement la séparation.

Rien de ce qui était passion ne la touchait plus, et enveloppant dans un même dédain l'amour et l'amant, chaque fois maintenant qu'elle se séparait de Maurice, elle s'en allait plus injuste, plus irritée envers lui. Car tout naturellement c'était lui qu'elle accusait, c'était lui le seul coupable, lui qui l'avait entraînée sans avoir la force de la soutenir, lui qui n'avait jamais su résister au moindre caprice, lui en qui elle s'était confiée et qui n'avait jamais été qu'un guide sans expérience, sans initiative, sans volonté, sans énergie.

Alors, elle le jugea avec une impitoyable sévérité ; elle avait, jusqu'à cette heure, regardé ses qualités par le petit bout de la lorgnette et ses défauts par le gros bout; elle fit tout le contraire; le point de vue étant ainsi changé, la vision changea aussi.

Elle l'avait vu jeune et gracieux, le regard parlant et perçant, la bouche fraîche, le front large, les sourcils épais et soyeux, les cheveux noirs, longs et légèrement bouclés, la peau fine et blanche, la démarche naturelle et facile; — elle le vit mal peigné, dégingandé, le nez trop gros, les doigts trop maigres, les ongles trop courts; — il était franc, naïf, original; il n'avait pas deux caractères, un de parade, l'autre intime, un pour ses amis, un pour le monde; il disait tout ce qu'il pensait et comme il le pensait; il se laissait aller à toutes ses impressions et les traduisait crûment; — elle le trouva trop grossier, manquant de cette politesse que la société met au-dessus du cœur et de l'esprit; elle rougit d'enfantillages et d'étonnements dans les choses de la vie qui, autrefois, l'avaient amusée et qui lui parurent bourgeois, et elle accusa de petitesse et de pauvreté des sentiments qui souvent l'avaient ravie par leur gentillesse et leur fraîcheur. — Il était bon, il fut bête; il était emporté, il fut brutal; il était faible, il fut lâche; il était exalté, il fut ridicule.

Elle fit si bien qu'elle en vint à rougir de son amour; elle le trouva banal, ses platitudes et ses mesquineries lui soulevèrent le cœur, et comparant Maurice aux hommes qu'elle voyait chaque jour, elle le renia, se demandant naïvement comment elle avait pu l'aller choisir entre tant d'hommes distingués pour l'élever jusqu'à elle. — Qu'avait-il donc de si entraînant? — Que lui avait-il donné, que lui donnait-il encore en échange de tous ses sacrifices? — A quelles hontes, à quelles railleries ne s'exposait-elle pas? — Le monde, si indulgent pour les fautes qu'il partage, aurait-il jamais assez de colère, assez de mépris pour une liaison aussi vulgaire? Et à cette pensée, elle s'irritait et se dévorait intérieurement.

Ces dispositions malveillantes étaient encore éperonnées et envenimées par sa mère, qui apportait dans cette tâche un empressement et une amertume dignes de la plus haute moralité.

C'était une femme sèche et osseuse, de haute taille, le nez fort et aquilin, le visage en lame de couteau, la gorge nulle, les hanches à peine indiquées, — se balançant comme un saule pleureur, penchant la tête à droite, à gauche, en avant, en arrière, mais plus souvent en arrière; — parlant mielleusement, et au milieu d'un soupir vous décochant une épigramme cruelle, vénéneuse comme la langue qui l'avait lancée; — avec cela un air doucereux quand elle se le donnait, haineux quand elle s'oubliait, et une physionomie générale où éclataient l'intrigue et l'esprit.

Marguerite, qui avait vécu près d'elle de seize à vingt-deux ans, et qui avait eu le temps de la connaître et de l'apprécier, s'était hâtée, aussitôt son mariage, de la reléguer dans une terre que M. Baudistel possédait en Sologne, et où elle pouvait à son aise commander, quereller, chicaner les paysans, blesser, humilier, diviser les voisins, qui tout d'abord avaient été ses amis. A la mort de M. Baudistel, un rapprochement avait été tenté de part et d'autre; après quinze jours, la mère et la fille avaient eu trente querelles, une par repas, et elle était repartie pour la province. Au retour d'Italie, Marguerite, voulant reprendre ses réceptions, et ayant en outre besoin de sa mère pour expliquer son absence, lui avait écrit une lettre presque affectueuse, dans laquelle elle l'engageait à revenir, et Mme de Fargis, heureuse de cette remise en activité, était arrivée pleine d'interrogations, de projets et de conseils.

Aux interrogations, Marguerite avait refusé de répondre, et l'avait priée seulement de laisser dire et croire qu'elles avaient fait ensemble un voyage en Italie : par la pension qu'elle faisait à sa mère, Marguerite était maîtresse : ni l'une ni l'autre ne l'oubliaient.

Aux projets et aux conseils, elle fut plus patiente. Ces projets, c'était tout simplement la reprise ou plutôt la continuation des anciens, c'est-à-dire un mariage. M. Baudistel n'était pas au Père-Lachaise que déjà madame de Fargis songeait à un nouveau gendre. Toutes deux n'étaient plus au temps où, pour se montrer le soir au bal du salon de Spa ou de Dieppe, il leur fallait elles-mêmes dans la journée, laver, sécher, repasser leurs mouchoirs et leurs jupons. Grâce au banquier, Marguerite était riche : de la dot qui, dans une sage et habile prévoyance, lui avait été faussement reconnue au contrat, elle avait un million et l'hôtel de la rue de Varennes ; de sa part dans la société d'acquêts et donation au plus vivant, 15 ou 1,800,000 fr., sans compter le domaine de la Sologne. C'était un revenu d'au moins 250,000 livres, qui pouvait faire un bel appât, et lui donner enfin dans le vrai monde une position supérieure à celle que M. Baudistel occupait dans la banque et les affaires.

Quand, le soir de l'enterrement, elle avait exposé à sa fille ce beau plan, Marguerite, trop heureuse de sa nouvelle liberté et tout entière d'ailleurs, à Maurice, l'avait nettement interrompue; mais plus tard, quand, rassasiée d'amour, dégoûtée de son amant, fatiguée de la passion qu'elle avait reconnue impuissante et qu'elle croyait morte à jamais dans son cœur, elle avait entendu les mêmes idées reprises et caressées avec une inaltérable persistance, elle les avait écoutées plus favorablement.

« Dans la position que tu t'es faite, disait Mme de Fargis, un mariage est indispensable ; lui seul peut faire taire bien des bruits, et te rendre la considération que ton voyage en Italie t'a fait perdre.

— Ma mère...

Elle le plaignait, elle s'approchait de lui, s'asseyait sur ses genoux... (p. 73.)

H. MALOT. — VICTIMES D'AMOUR.   LIV. **10**

— Ma fille, je ne vous fais pas de reproches ; je vous avertis amicalement. Tu comprends bien, n'est-ce pas, qu'on ne trompe pas une femme comme moi ? Tu es la maîtresse d'un petit monsieur, un artiste qui doit se nommer Berthauld, ou quelque chose comme ça. Les médisances de tes amis ne me l'auraient point dit que tu me l'apprendrais toi-même par tes imprudences, tes sorties éternelles, et tes précautions de dire à tes gens que tu viens passer la journée ou la nuit chez moi, tandis qu'en réalité tu vas les passer chez lui. Eh bien ! ma fille, tout cela est enfantin, maladroit et ridicule. Tu es veuve, je le veux bien, mais tu n'es pas libre comme tu le crois. Mariée avec le monde, ton amour, pour un homme qui ne lui appartient pas, est un adultère, c'est une faute qui te perdrait à jamais. Il t'a plu, il est charmant, spirituel, adorable, tu l'as aimé, c'est bien ; mais vous n'êtes pas unis pour l'éternité. Ces gens-là, ma chère, sont sans conséquence : on les prend, on les quitte au gré de son caprice. Ils le savent ; et plus d'une fois je leur ai entendu dire à eux-mêmes que leur rôle était d'avoir les femmes sans en garder une seule ; on les choisit pour leur esprit, leurs drôleries, leur originalité ; on les sait habiles et savants dans l'art d'aimer ; c'est cette habileté et cette science qu'on leur demande : rien de plus !... Leurs leçons servent plus tard pour la vie réelle, et préparent le bonheur dans un amour honorable et sérieux. »

Marguerite écoutait et ne répondait pas.

IV

Pendant ce temps, Maurice attendait des visites de plus en plus rares, et, au fond du cœur, il était plein de colères et de désespoirs, tandis que Marguerite était pleine de lassitude et d'hésitations. De là naissaient des querelles irréparables.

Souvent elle arrivait rue de la Sourdière des heures, des journées après l'instant promis. Pour Maurice, le temps s'était lentement écoulé en impatiences fiévreuses. Tout ce qu'un esprit sagace peut prévoir de malheurs, vingt fois il l'avait prévu : toutes les probabilités, il les avait essayées et pesées ; toutes les impossibilités, il les avait admises : — Marguerite malade, — Marguerite retenue par sa mère, — Marguerite empêchée par ses devoirs, — Marguerite blessée, écrasée par une voiture, — Marguerite oubliant l'heure fixée, — Marguerite fâchée, — Marguerite infidèle, — Marguerite l'abandonnant, l'oubliant, le repoussant. Mais les deux idées qui revenaient sans cesse, c'étaient les plus probables, celles de maladie ou d'oubli, car pour les obligations et les nécessités sociales, il ne les acceptait pas. — Malade ! malade loin de lui, sans qu'il pût la voir, sans qu'il pût la soigner, la veiller, l'endormir, sans pouvoir même apprendre quelle était cette maladie ! — Mais était-elle bien réellement malade?

Elle arrivait.

« Te voilà !.... qu'as-tu donc fait? d'où viens-tu ? »

A ces interrogations où se mêlaient la colère et la joie, Marguerite, qui souvent accourait pleine de cette bienveillance que nous donne le sentiment de notre propre faute, Marguerite rentrait le sourire qui était sur ses lèvres, laissait retomber les bras qu'elle ouvrait déjà pour l'embrasser, et prenant un air calme, répondait froidement qu'il lui avait été impossible de venir plus tôt.

— « Toujours la même réponse ! tout, maintenant, est impossible pour toi ; autrefois, rien ne l'était.

— Voyons, Maurice, ne nous querellons pas ; tu as souffert de mon retard, j'en ai souffert aussi ; par tes propres douleurs, juge des miennes ; tous deux malheureux, soyons sages tous deux, ne nous fâchons point. »

Et levant sur lui ses yeux que jusqu'alors elle avait baissés, et l'inondant de lumière et de chaleur, elle reprenait plus doucement :

« N'en parlons plus, n'est-ce pas? et viens m'embrasser... le veux-tu?... »

Mais il ne pouvait point ainsi se calmer en quelques minutes : au milieu des caresses, sa colère, lentement amassée, étreignait son cœur et y soulevait encore d'irrésistibles éclats.

« Que tu m'as fait souffrir ! Au moins ne pouvais-tu pas me prévenir ?

— Tu m'en veux donc encore ? Nous allons recommencer ?....

— Non, mais tu m'aimes, n'est-ce pas? tu ne m'as pas oublié? tu ne m'as pas trahi? tu ne veux pas rompre ? tu m'aimes, n'est-ce pas? tu m'aimes? Jure-moi que tu m'aimes toujours. »

Toutes les promesses, tous les serments qu'il voulait, elle les lui faisait d'un air recueilli et solennel.

C'était un de ses moyens de séduction les plus efficaces. Elle s'était toujours si hautement posée dans sa dignité, et au milieu de ses railleries et de son mépris pour toutes choses, elle avait si habilement su faire croire à sa religion pour la parole jurée, qu'elle avait persuadé Maurice de la sincérité de cette parole, en même temps qu'elle l'avait encore persuadé qu'on ne trompait pas, sans qu'il s'en aperçut, un homme aussi habile et aussi rusé que lui.

Et, sur ces serments, Maurice s'efforçait d'avoir la foi et de ne plus douter; mais à certains moments la tentation était trop forte; un mot, un rien, réveillaient ses soupçons; alors c'était Marguerite qui s'emportait.

D'abord ils essayaient de se contenir, et parlaient sans se regarder; puis, ils s'excitaient, la prudence leur échappait, leurs yeux se relevaient en se cherchant, et tandis que, par leurs paroles, ils entassaient outrages sur outrages, ils se poignardaient du regard.

Ce qu'ils avaient fait l'un pour l'autre, ils se le reprochaient mutuellement.

« Oui, disait Marguerite, je t'ai sacrifié mon honneur et ma réputation.

— Moi, mon avenir, ma jeunesse, mon talent, ma santé. Depuis que nous avons quitté Montmorency, je vis dans la fièvre et n'ai point eu une seule minute de bonheur parfait : j'ai senti que tu m'entraînais dans un gouffre et je t'y ai suivie ; j'ai senti que j'étais perdu, et cependant j'ai lutté, non pour moi, mais pour toi, pour toi qui m'abandonnes aujourd'hui. »

Ils continuaient ainsi, cherchant tous deux les paroles les plus acérées, les plus amères; ils se déchiraient, ils se calomniaient sans relâche; comme deux ennemis, ils s'admiraient dans leurs attaques et dans leurs ripostes; irrésistiblement poussés par l'ardeur de la lutte, ils en venaient, dans leur furie, à se lancer des injures qu'ils savaient fausses, que la haine seule pouvait inventer et qu'ils s'acharnaient à dire et à redire, pour la seule satisfaction de répondre à une seule blessure par une plus cruelle blessure.

Sur quelques paroles trop brutales, Marguerite, sans répliquer, se levait, prenait son châle, mettait son chapeau et s'enfuyait en tirant fortement la porte.

A ce bruit, Maurice devenait lâche, le cœur lui manquait; il courait après elle, et, dans l'escalier, prières, supplications, humiliations, il employait tout pour la retenir et la rappeler. Quelquefois elle cédait; le plus souvent elle se dégageait sans pitié, lui décochait un dernier regard chargé de menaces, descendait sans se retourner, et, sur le trottoir, elle marchait droite, légère, ne lui faisait point son signe d'adieu, si plein de caresses et de promesses.

Alors, éperdu, il se jetait sur son lit et éclatait en sanglots. Il se rappelait ses paroles les plus dures et les plus injustes; il les maudissait, se maudissait lui-même, et, tombant dans un douloureux abattement, il pleurait toutes les larmes de son cœur. En cette extrémité, sa seule consolation était de lui écrire; dans des lettres interminables, il se mettait à genoux, la face dans la poussière, et, se frappant la poitrine, demandait grâce : dans chaque page, le mot pardon se trouvait plus de dix fois.

Sa lettre envoyée, il retrouvait un peu de calme, et attendait. Un jour s'écoulait, elle ne venait pas. Un second jour s'écoulait, puis un troisième, puis un quatrième. Il écrivait de nouveau, plus humble, plus pressant, plus suppliant, et il attendait encore. Il n'avait plus conscience de lui-même. Ses artères ne battaient plus. Dans sa tête, les idées se mêlaient confuses, assourdissantes. Sa raison lui échappait avec les minutes qui s'enfuyaient. — Il voulait courir chez elle. — Il ne voulait plus la revoir. — Il se fixait un jour où il se tuerait, si elle n'était point venue. Il était stupide ; il était fou ; il tournait en courant dans sa chambre ; il restait immobile, couché sur le tapis ; puis, à bout de patience et de force, il avalait un verre d'eau, avec quelques gouttes d'opium ; et, se jetant sur son lit, il s'endormait enfin : c'étaient quelques heures de trêve pendant lesquelles, supprimant le temps et détruisant la réalité, il s'était transporté dans un monde où il trouvait repos et bonheur.

Lorsqu'enfin elle se décidait à revenir, c'étaient des joies, des transports, des débordements, où la douleur disparaissait comme une goutte d'eau dans la mer.

Loin de les séparer, ces querelles et ces rapprochements les rejetaient plus étroitement dans les bras l'un de l'autre. Marguerite y trouvait des émotions qui la réveillaient, et son orgueil jouissait délicieusement à se sentir aimée avec cette frénésie. Mais ce n'est point impunément que l'on prononce de certaines paroles ; et si, dans l'amitié, les querelles sont sans conséquence, c'est que les qualités que l'on nie sont des qualités réelles qui, la colère passée, réapparaissent lumineuses et sereines ; mais en amour, où presque tout est illusion et imagination, où l'objet aimé est aimable surtout par les dons que l'on a groupés autour de lui, par les charmes, les grandeurs, les enthousiasmes, les poésies qu'on lui a attribuées, le jour où l'on touche à ces dons, à ces charmes, à ces grandeurs, à ces enthousiasmes, à ces poésies, ce jour-là, comme la neige, ils nous fondent dans la main, ils disparaissent à jamais, et plus jamais nous ne les retrouvons.

Aussi, ces rapprochements factices et fouettés les laissaient-ils retomber plus affaissés, et les visites de Marguerite devenaient de plus en plus irrégulières.

En même temps, elle s'affermissaient chaque jour dans ses idées de rupture, et n'attendait plus qu'une occasion favorable. Car elle avait cette sorte de bonté nerveuse qui, attentive à nous épargner la moindre souffrance, nous empêche de faire souffrir ceux qui nous entourent et voudrait les éloigner pour ne point entendre leurs plaintes. Elle avait cherché mille moyens ; elle avait tâché de faire naître les occasions ; projets de voyage pour lui ; excitation à la gloire ; conseil d'aller quelques jours en Bretagne ;

railleries de leur amour qui ne serait point éternel; bouderies, brusqueries, colères, absences ; — tout avait été inutile : les querelles s'étaient toujours terminées par des rapprochements.

Lorsqu'elle était fatiguée ou mal disposée, cette constance et cette résignation ne faisaient que la pousser à bout. Elle s'irritait, se montait la tête, et partait de chez elle avec la volonté bien arrêtée de s'affranchir enfin de cet indigne esclavage. En chemin elle préparait ses paroles, elle s'encourageait et s'affermissait. Provoquer Maurice à l'injure ne lui était pas difficile, et alors, ce qu'elle savait de plus cruel, de plus mortifiant, elle le disait; elle frappait à coups serrés sur son caractère, sur son cœur, sur son esprit ; puis, quand elle le voyait désespéré, elle redoublait; pendant des heures entières, elle prenait plaisir à éperonner cette douleur, puis à la retenir, à l'accélérer, à la mater brusquement, à la précipiter à toutes brides; mais, malgré sa volonté et ses projets, elle se laissait prendre à ce jeu, elle s'attendrissait à voir ces larmes : il était si accablé, si malheureux, qu'elle revenait à une sorte de justice; elle sentait ses torts, elle accusait sa dureté, elle faisait de douces avances, elle le plaignait, elle s'approchait de lui, s'asseyait sur ses genoux, le prenait dans ses bras, l'embrassait sur les yeux, et leurs larmes se confondaient.

Ils recommençaient à s'aimer et ils retrouvaient encore des plaisirs; mais le paisible bonheur, le calme, la continuité, la confiance, ils ne les retrouvaient plus.

En ces jours de trêve cependant, Marguerite s'excitait à l'amour. Elle se demandait si, après quelques mois d'affranchissement, elle ne se prendrait pas à regretter cette passion que tant de fois elle avait maudite ; elle se demandait quelles joies seraient assez puissantes pour combler le vide qu'elle allait faire dans sa vie ; elle se demandait encore s'il était un regain pour l'amour, et s'il pourrait donner une seconde moisson de fleurs aussi belle et aussi parfumée que la première. Alors elle voulait résister au désastre ; elle évoquait ses souvenirs : Montmorency, Fontainebleau, l'Italie; elle lisait les grands poètes de l'amour; elle y cherchait des refuges, même des armes pour lutter; elle se cramponnait aux branches; elles soufflait sur des charbons éteints de son cœur; mais ils ne pouvaient plus donner ni chaleur ni lumière, et il lui fallait reconnaître que c'en était à jamais fini, car elle ne pouvait pas toujours combattre; au point où ils en étaient venus, sa passion se heurtait à chaque instant à son orgueil, à son ambition, à ses désirs, à sa volonté, à son caractère ; c'était une bataille de tous les jours, sans victoire possible, où tous deux ne pouvaient que souffrir. Sans doute elle avait été heureuse de se laisser promener par un guide aimable dans un pays plein de charmes et de mystères; mais maintenant qu'il fallait venir au secours de ce guide épuisé, maintenant qu'il fallait partager ses labeurs, devant cette tâche elle reculait et se disait que, bien évidemment, elle n'était pas faite pour l'amour, qu'elle voulait rester belle, et que la passion déflore la pureté des traits, argente la chevelure, entoure les yeux d'un cercle marbré, voue ses victimes à toutes les souffrances et à tous les sacrifices, au doute, à l'inquiétude, à la jalousie, à l'abnégation. Pour s'être donnée une fois, fallait-il qu'elle se donnât toujours ? Et très sincèrement elle plaignait ce pauvre Maurice ; mais, lui aussi, n'était-il pas coupable ? s'il s'était montré plus habile et plus prévoyant, s'il n'avait pas toujours abdiqué force et vouloir, s'il avait su inspirer cette tendresse respectueuse qui fait voir dans l'homme aimé un homme supérieur, s'il ne s'était pas mis à genoux devant tous ses caprices ou toutes ses colères, peut-être seraient-ils encore heureux, et pour aujourd'hui et de longues années ?

C'était ainsi et fatalement qu'elle en revenait à accuser Maurice, et à s'éloigner de lui par des routes même qu'elle prenait pour s'en rapprocher. Tous ses efforts arriveraient-ils donc au même résultat, et par une passion qui n'était pas plus qu'une habitude, se laisserait-elle ainsi toujours vaincre et tourmenter ? Et comme elle se sentait trop faible pour rompre en face, elle se promettait de le voir de moins en moins, et d'en finir lentement.

Pendant ces absences préméditées, Maurice attendait. Puis à l'heure où elle ne pouvait venir, emporté par le besoin de la voir, il allait au Bois guetter son passage. Confondu dans la foule, il la regardait passer, distribuant ses sourires à ceux de ses amis qui la croisaient, se penchant pour échanger quelques paroles avec d'élégants cavaliers qui couraient à ses côtés ; lui sur le trottoir, les pieds dans la boue, poussé, coudoyé, dérangé, elle ne le voyait même pas. Il rentrait plein d'angoisses. Lui aussi il voulait rompre. Il méprisait cette femme, il la jugeait, il voulait la tuer et se tuer ensuite ; il voulait se distraire, s'amuser, se guérir ; mais chaque pas qu'il faisait pour s'éloigner d'elle lui arrachait un lambeau de chair, et la maladie dont il se sentait mourir lui paraissait encore moins douloureuse que la guérison.

V

Pendant que chaque jour apportait sa pierre à la muraille qui s'élevait entre eux, il survenait d'heureuses fortunes, qui rouvraient de l'un à l'autre des échappées de lumière et de confiance. Parfois, Marguerite arrivait pleine d'ardeurs ; malgré ses résolutions d'indifférence et de calme, elle avait été mordue par une vague réminiscence, et quoiqu'elle en rougît, quoiqu'elle s'en révoltât, elle avait succombé à cette mémoire des sens, si violente, si tyrannique.

Dans leur chambre, c'étaient des cris de joie, des délires, des extases, comme c'était bien rare qu'elle en vît maintenant. Marguerite appelait les souvenirs à son aide, elle évoquait les anniversaires, et demandait au passé ce que la lassitude ne pouvait plus lui offrir: les paroles de feu qui, jadis, lui avaient échappé, elle les cherchait dans sa tête pour les redire encore, elle cherchait aussi les baisers et les étreintes d'autrefois. Mais elle avait beau, de toutes ses forces, se ruer dans le plaisir, elle n'y trouvait plus rien de neuf ni de spontané; elle avait fait aux souvenirs un appel désespéré, et pour la satisfaire, ce n'étaient que des souvenirs qui avaient répondu ; ce qu'ils pouvaient avoir de vivace et de puissant, la comparaison venait aussitôt l'amoindrir et le déflorer.

Après une semaine, où les choses en étaient venues à un tel point, qu'ils avaient tous deux pensé à la rupture avec un égal bonheur, elle voulut faire une dernière tentative, et, arrivant un soir chez Maurice :

« Me voici, dit-elle, et je reste jusqu'à demain soir ; si tu le veux, nous irons à Montmorency.

— Est-ce donc pour un dernier adieu?

— Non, mais pour un pèlerinage. Pourquoi de l'amertume, quand je viens à toi pleine de tendresse ? Dis, veux-tu que nous partions demain ? Va retenir une voiture, et qu'elle soit à notre porte à six heures, pour que nous arrivions là-bas avec le jour. »

A l'heure dite, ils partirent, et, pendant tout le chemin, serrés l'un contre l'autre, bien cachés derrière les vitres que leur haleine couvrait de buée, ils causèrent délicieusement du passé.

Ils laissèrent leur voiture à Saint-Prix, et à pied ils se mirent en route.

Elle aussi, au premier aspect, elle était tristement changée, la forêt.

On était au commencement de février, et toute la nuit il avait tombé une petite pluie, qui, vers le matin, s'était prise en glace ; l'herbe, cristalisée, craquait sous les pas; la boue s'était séchée en croûtes jaunâtres, sur l'eau des ornières il y avait çà et là des treillis de glaçons. Le ciel était gris et le vent soufflait faiblement, mais continûment, piquant et froid. Ils arrivèrent. Tout était triste et morne. Les arbres n'avaient plus de feuilles ; l'étang n'avait plus de fleurs, l'eau qui descendait des ravins s'amoncelait sale et bourbeuse, et, par la vanne ouverte, entraînait dans de rapides tourbillons des mousses, des roseaux et des branches. La balançoire où tant

Les arbres étendaient en l'air leurs grands bras nus (p. 82).

H. MALOT. — VICTIMES D'AMOUR.

de fois elle s'était balancée, n'était plus sur l'esplanade ; la table, où tant de fois ils avaient dîné, n'était plus sous le sureau ; le chien n'était plus dans sa niche, et les poules, qui tant de fois avaient picoré autour d'eux, s'étaient réfugiées sur le fumier pour trouver un peu de chaleur. Dépouillé de sa parure de rosiers et de chèvrefeuilles, le vieux donjon montrait ses deux tours sombres, et, sous son enveloppe de lierres et de lichen, il attristait comme un tombeau.

La porte était fermée ; ils la poussèrent. Près de la cheminée où brûlait un petit feu de feuilles, Mᵐᵉ Michel ravaudait des bas. Au bruit, elle leva la tête, et se mit à pousser des cris ; puis, sa surprise étant un peu calmée, elle jeta dans l'âtre deux ou trois brassées de brindilles qui s'enflammèrent, et répandirent dans la cuisine la chaleur et la gaieté. Ce feu et les paroles affectueuses de la brave femme leur firent du bien ; le contraste de ce qu'ils venaient de voir avec ce qu'ils se rappelaient, leur avait étreint et comme étranglé le cœur ; leurs yeux étaient pleins de larmes, ils n'avaient point encore osé échanger un seul mot.

Ils voulurent déjeuner dans leur ancienne chambre.

Ils la retrouvèrent telle qu'ils l'avaient laissée, avec sa grande cheminée, son grand lit d'indienne, ses chaises de noyer et ses cadres en bois blanc où se lisaient les aventures d'un officier français en Afrique. Mais le soleil ne glissait plus par la fenêtre, les hirondelles ne tournoyaient plus à la vitre, les fauvettes ne chantaient plus dans les branches, et l'on respirait une nauséabonde odeur de linge, de pommes et de renfermé.

Ils n'étaient point entrés, qu'ils eurent hâte de s'enfuir ; ce n'était point là leur chambre. Ils descendirent promptement et commencèrent leur pèlerinage de la forêt.

Comme autrefois elle s'appuya sur son bras, comme autrefois il la serra doucement, comme autrefois encore ils se parlèrent bas, lui penché vers elle, elle plongeant ses yeux dans ses yeux, et de temps en temps se haussant sur la pointe des pieds pour lui donner un baiser.

« C'est là, disait Maurice.

— C'est là, t'en souviens-tu ? » répondait Marguerite.

Et leur phrase, ils l'achevaient dans un regard ou dans un baiser.

A chaque pas il leur semblait qu'un de leurs chagrins les abandonnait et s'envolait au travers des bois ; à chaque pas ils étaient plus légers, plus calmes, plus confiants, ils se sentaient devenir heureux et jouissaient de cette nature qui les enivrait et les berçait.

Cependant elle était bien peu splendide, cette nature. Le ciel était toujours morne et le vent soufflait toujours. Les arbres étendaient en l'air leurs grands bras nus, les feuilles mortes tournoyaient et s'amoncelaient aux cépées, les herbes sèches et veules s'inclinaient sur le chemin ; dans cette vallée, qu'ils avaient vue si fraîche et si fleurie, il n'y avait plus ni verdure, ni chansons d'oiseau, ni parfums, ni lumière, ni chaleur ; le gazon où tant de fois ils étaient venus s'asseoir avait disparu sous une épaisse couche de sable et de vase qu'avaient apportée les grandes pluies. Mais cette désolation, ils ne la voyaient pas, c'étaient les yeux du cœur et du souvenir qui regardaient, et les feuilles bruissaient dans la lumière, les fraises rougissaient le bord des sentiers, sous les chênes ombreux les digitales dressaient leurs longs épis aux fleurs pourpres, la brise apportait une pénétrante senteur de muguet et de bouleau, tout au loin les merles et les fauvettes chantaient leurs joies et leurs amours. La poésie du passé les avait enlevés sur ses ailes : ils étaient aux derniers jours de mai, au temps où, pour la première fois, ils avaient parcouru ces sentiers, où leur cœur débordait d'amour, où un mot, un geste, un regard, un silence les ravissait à la terre, où, perdus en eux-mêmes, ils n'aimaient que ce qui venait d'eux-mêmes, où leurs désirs ne connaissaient ni les longues préparations, ni les longues excitations, où leurs lèvres n'avaient encore prononcé que des paroles d'amour, où leurs yeux n'avaient encore que souri, où leurs mains n'avaient encore que caressé ; au temps des joyeux rires dans les courses au soleil, au temps des langoureuses étreintes sous les nuits étoilées.

Ce fut ainsi qu'ils parcoururent successivement les diverses stations de leurs anciens pèlerinages, et jamais ils n'avaient ressenti une aussi profonde félicité. Il leur semblait qu'ils étaient arrivés flétris, épuisés, abattus, et qu'à mesure qu'ils marchaient l'espérance et la vie leur revenaient ; ils étaient, comme cette nature, endormis sous le linceul de l'hiver, mais où cependant rien n'était mort ; déjà la sève bouillonnait dans les rameaux, les feuilles et les fleurs éclataient en bourgeons, et sous un souffle plus doux, bientôt allait éclore un nouveau printemps plus jeune, plus frais, plus riche.

Marguerite était folle de bonheur, Maurice plus discret et plus recueilli. Elle allait, elle courait, elle revenait à lui, elle l'entourait de ses bras, elle se pendait à ses lèvres, et doucement elle murmurait de douces paroles.

Pendant qu'ils étaient assis sur un des coteaux qui regardent le pays de France, elle s'éloigna quelques instants. Au pied d'une cépée, un bois-joli commençait à fleurir, elle en détacha quelques rameaux, y joignit deux ou trois petites branches de houx aux baies rouges, les entoura de chatons de saule, et revenant vers Maurice qui la contemplait, elle se mit à genoux devant lui :

« Cher Maurice, dit-elle de sa voix la plus séduisante, quand nous avons quitté ce pays, tu m'as donné un bouquet, moi je l'ai oublié, et depuis je t'ai fait bien souffrir. Veux-tu me pardonner et prendre ces fleurs que je t'offre à mon tour ? Si à l'avenir je suis injuste et cruelle, tu me les montreras, elles me diront que mon bonheur est près de toi, que c'est toi seul que j'aime et que je t'aimerai toujours. »

Elle se jeta dans ses bras ; ils se tinrent longtemps embrassés, longtemps ils se dirent et se redirent leurs promesses, leurs projets, leurs espoirs.

CHAPITRE VI

GRATITUDE FILIALE

I

Leur joie eut une courte durée : le lendemain de son retour à Paris, Maurice reçut une lettre de M. de Tréfléan, qui contenait les lignes suivantes :

« Mon cher enfant, il y a trois semaines que ta mère garde la chambre ;
« le docteur est rempli d'inquiétude. Depuis ton dernier voyage, elle a été
« sans cesse s'affaiblissant. Aujourd'hui, elle ne peut être sauvée que par
« toi ; tu sais comme elle t'aime, comme elle sera heureuse de t'avoir près
« d'elle, hâte-toi d'accourir.

« Si depuis dix-huit mois tu as eu des excuses pour ne point venir, tu
« n'en peux plus avoir.

« Ton vieil ami,
« J. DE TRÉFLÉAN. »

Depuis longtemps, absorbé dans sa passion, s'il pensait encore à sa mère, il se hâtait aussitôt de chasser une pensée qui ne lui apportait qu'inquiétude et tourment ; en lisant cette lettre, le passé lui revint, le remords l'étreignit, sa conscience se révolta ; quoiqu'il eût été convenu avec Marguerite qu'il n'irait pas chez elle, il se hâta d'y courir.

C'était jour de réception. On le fit monter au premier étage par le grand escalier et on l'introduisit.

A l'angle d'une haute cheminée, Marguerite, en toilette, était étendue dans un fauteuil.

Lorsqu'elle entendit annoncer Maurice, malgré l'empire qu'elle avait sur elle-même, elle eut un moment de surprise ; mais elle se remit aussitôt, salua calme et polie, et reprit tranquillement, avec la personne placée à l'autre angle du foyer, l'entretien interrompu.

Ce fut alors seulement que Maurice, qui osait à peine lever les yeux, put regarder cette personne. C'était un homme de quarante-cinq ans, frais, rosé, frisé et pommadé, portant à sa boutonnière, une rosette bariolée de toutes les couleurs héraldiques, parlant haut en grassayant un peu, appelant Marguerite « chère madame, » tandis qu'elle lui répondait « cher comte, » et paraissant au mieux avec elle.

Après quelques minutes de banale conversation, il se leva, serra la main de Marguerite, salua à peine Maurice, et sortit en sautillant.

La porte n'était pas refermée, que Marguerite se tournant vers son amant :

« Qu'y a-t-il donc ?

Sans répondre, Maurice lui tendit la lettre de M. de Tréfléan.

Elle la lut d'un seul coup d'œil :

« Quand pars-tu ? dit-elle plus doucement.

— Ah ! merci, s'écria-t-il avec effusion, et je n'attendais pas moins de toi.

— Oui, mon ami, pars, c'est à nous de nous sacrifier.

— Tu m'écriras ?

— Aussi souvent que tu voudras.

— Et moi je pourrai t'écrire ?

— Je ne te laisse partir que si tu me promets de m'écrire tous les deux jours ; tu m'adresseras tes lettres chez toi. Tu diras à ton concierge de les monter, je les prendrai sur ton bureau ; en me retrouvant chez nous, je penserai à toi.

— Tu es un ange.

— Je t'aime, voilà tout.

— Tu ne m'oublieras point, n'est-ce pas ? Si tu sentais comme je souffre, à te savoir au milieu de ces gens qui te parlent, te regardent et te serrent la main, comme ce monsieur qui vient de sortir.

— Rassure-toi, sauvage ; ce monsieur, comme tu dis, est le comte de Lannilis, tu devrais le connaître, car sa gentilhommière est précisément aux environs de Plaurach ; il se prétend amoureux de moi, et me fait la cour ; tu vois qu'il n'est pas bien dangereux.

— Tu me le jures ?

— Je fais mieux, va regarder cette jardinière dans l'embrasure de la fenêtre.

— Pourquoi ?

— Pour que je puisse me trouver auprès de vous, pauvre sot, avec une raison toute prête, si, par hasard, on ouvre la porte. »

Il fit ce qu'on lui disait, et alors Marguerite, se levant, lui prit la tête entre les deux mains, et elle l'embrassa sur les lèvres.

« Maintenant, pars, dit-elle.

Deux heures après, il montait en wagon, se demandant avec anxiété dans quel état il allait trouver sa mère, et si la lettre de M. de Tréfléan cachait une partie de la vérité, ou bien si elle ne l'exagérait pas pour hâter son retour.

II

Elle l'atténuait plutôt qu'elle ne la grossissait ; Mme Berthauld était réellement fort malade, et cela depuis longtemps déjà.

Ç'avait été pour elle un profond chagrin que les lettres sèches que son fils lui avait écrites, lorsqu'il avait commencé à aimer ; mais quand ces lettres avaient cessé tout à fait, elle avait été frappée au cœur ; et, après avoir mis tant de confiance et tant d'espoir dans cet enfant, elle avait senti sa vie brisée une seconde fois, et plus irréparablement que la première ; car tout amour est égoïste, et, quel que soit son dévouement, il y a toujours en lui de l'intérêt.

Son intérêt et son égoïsme, à elle, étaient bien excusables ; elle voulait simplement se consacrer, comme autrefois, à son fils, et elle espérait qu'il la ferait venir à Paris, où ils pourraient vivre toujours ensemble. Et souvent, le soir, après une journée de fatigue, elle bâtissait tout un avenir — de joies et de triomphes pour lui, — pour elle de soin et d'amour. Le silence de Maurice avait fait s'écrouler ces riants projets, elle s'était vue séparée de lui et pour toujours exilée à Plaurach. Elle avait alors enduré de cruelles souffrances, mais en vraie mère, sans se plaindre, et poussant jusqu'au bout son courageux sacrifice, elle avait, à toutes les questions de Mme Des Alleux, de M. Michon, de l'abbé, de M. de Tréfléan, inventé de satisfaisantes réponses, comme si la correspondance eût toujours été active et régulière. A cette contrainte de chaque instant, ses forces s'étaient usées, et bientôt une affection nerveuse avait inquiété tous ses amis. « Il faut écrire à Maurice de venir, » avait dit le docteur. Elle avait écrit. Maurice n'était pas venu. Deux mois après cette lettre, la bonne dame Des Alleux avait sensiblement baissé, et Mme Berthauld avait eu la douleur de la voir mourir. Ç'avait été une nouvelle et cruelle douleur à ajouter à celles qui la minaient. On avait encore écrit à Maurice ; Maurice, alors en Italie, avait répondu par une longue lettre pleine d'excuses habilement groupées, qui n'avait trompé que M. Michon et l'abbé Hercoët.

« Mᵐᵉ Berthaud se meurt, dit un soir M. de Tréfléan à M. Michon ; ne la sauverez-vous pas ?

— L'âme est plus malade que le corps, je ne peux rien sur le physique tant que le moral ne sera pas guéri. J'échoue sans cesse contre une disposition morale qui trouble la nutrition et qui paraît avoir sans cesse des causes nouvelles. Maintenant l'affection se complique de symptômes alarmants ; il faudrait du repos et un calme absolu. »

Trois semaines s'écoulèrent, le mieux ne se prononça pas.

« Il faut écrire à Maurice, dit le docteur, il y a du danger ; moi, je vais faire venir de Morlaix MM. Guillou et Baulant ; à trois, nous prononcerons plus sûrement ; je crains une infiltration de la cavité de la poitrine, et par suite une hydropisie. »

Ce fut dans ces circonstances que M. de Tréfléan écrivit la lettre qui décida Maurice à partir.

Jusqu'à Lannion, il fit la route assez rapidement ; mais, arrivé là, il dut parcourir à pied la distance qui le séparait de Plaurach. Il marchait à grands pas, et son esprit inquiet le devançait près de sa mère. Il cherchait à prévoir comment elle allait l'accueillir, qu'elles seraient ses reproches, quelles seraient les accusations de ses amis. Lui-même était le premier à s'accuser, et, pensant à Marguerite, il se sentait encore plein de doutes et de tourments de ce côté. Leur brusque séparation, malgré ses douces promesses et ses caresses, avait jeté son cœur dans une tristesse défiante ; présent, il croyait pouvoir faire face à tous les périls ; absent, il avait peur, et derrière lui comme devant lui il n'avait qu'un effrayant incertain. Tout ce que rencontraient ses regards semblait aussi sympathiser avec ses lugubres pensées. Il faisait une journée grise et froide. La terre du chemin se levait par lourdes plaques sous le pied qui glissait ; la plaine s'étalait triste et nue ; quelques ajoncs d'un vert noirâtre apparaissaient seuls çà et là ; au loin, de place en place, à l'horizon, montaient par-dessus les arbres d'épaisses et jaunes colonnes de fumée qui s'élevaient d'un chétif feu de lande ou de bouses de vaches pétries avec des feuilles et du gazon. Le vent soufflait humide ; le silence était morne, et l'on n'entendait dans la campagne que les corbeaux qui passaient en troupes et criaient la faim.

Maurice n'avait plus qu'une lieue à faire lorsqu'il croisa une voiture. Il crut reconnaître un médecin de Morlaix. Pensant qu'il venait sans doute de chez sa mère, il fit arrêter. Il ne se trompait pas.

L'état de madame votre mère est grave, dit le médecin, répondant à

Il s'abandonnait quelquefois à un demi-sommeil, mais son oreille restait attentive (p. 93).

ses interrogations, attendez-vous à la trouver changée. Votre présence produira peut-être une crise, mais elle eût été encore plus décisive il y a deux mois. Hâtez-vous, ou plutôt hâtons-nous, je vais retourner sur mes pas. Montez près de moi. »

Aux premières maisons du village, le docteur fit arrêter.

« On peut entrer chez madame votre mère par le jardin, dit-il, prenez par là, moi je vais annoncer votre retour ; nous avons beaucoup à craindre d'une émotion trop vive.

Maurice s'engagea dans les prairies ; elles étaient détrempées par les grandes eaux, et il avançait péniblement ; autour de lui tout était vide, et les têtards de saule se penchaient, raides et bourgeonnants, au bord de la rivière, qui coulait rapide et bourbeuse, entraînant avec elles de longues herbes vertes, tortueuses comme des couleuvres. Un murmure vague, mêlé de cris et de hennissements, passait par-dessus les maisons ; il écouta tremblant ; mais il fut bientôt rassuré ; plus forte que ce bruit confus, s'élevait une voix traînante et rhythmée, c'était celle du père Gouriou, qui chantait ses chansons ; on était au samedi, c'était jour de marché. Il se remit et entra.

M. Michon l'attendait au bas de l'escalier.

« Montons, dit-il, ta mère est prévenue ; sois calme, ce n'est pas ma faute si tu la trouves changée. »

Elle le tint longtemps serré sur son cœur ; elle embrassait son front, elle embrassait ses cheveux, elle le regardait avec amour et l'embrassait encore.

Lui aussi la regardait ; mais, le docteur avait dit vrai, elle était bien changée. Pâle, maigrie, les joues creuses, les lèvres blanches, la peau décolorée et ayant pris une teinte mate de cire, les yeux languissants et abattus dans des paupières bouffies, elle n'était plus que l'ombre d'elle-même. Elle devina la douleur de Maurice aux efforts mêmes qu'il fit pour la cacher.

« Oui, dit-elle faiblement, je suis malade ; mais te voilà, tu vas me guérir. »

Un baiser termina cette scène de reproches maternels et Maurice serra la main de ses vieux amis. Alors seulement il aperçut, assise à l'écart, une jeune fille, au maintien modeste, aux cheveux blonds comme des épis mûrissants.

« Ma petite-fille Armande, dit le docteur Michon.

— Mon ange gardien depuis un mois, » continua Mᵐᵉ Berthauld.

Armande s'inclina sans lever les yeux.

« Nous reviendrons ce soir, interrompit le docteur, sortant avec M. Guillou pour laisser seuls la mère et le fils, mais du calme, et ne parlez pas trop.

III

Maurice prit place au chevet de sa mère, résolu à ne plus l'abandonner.

Ils restèrent longtemps silencieux à se regarder, et tous deux firent d'attristantes observations; car il s'était fait aussi en Maurice de profonds changements. Il était jaune, fatigué, les pommettes de ses joues étaient saillantes, ses narines dilatées, ses yeux étaient brûlants dans des paupières enflammées, et ses sourcils, en se rapprochant souvent, avaient creusé sur son front des rides transversales, qui s'étendaient jusqu'aux tempes; on voyait dans toute sa personne les traces de la passion, — du plaisir et de la douleur. Sous les fenêtres passaient les paysans qui revenaient du marché, et la forge retentissait toujours, et toujours les métiers à tisser se balançaient en cadence. Ces bruits, les mêmes qu'autrefois, rappelèrent à Maurice les souvenirs des heureux jours, et les larmes emplirent ses yeux.

« Tu vois, dit Mme Berthauld pour échapper à cette situation, Plaurach est toujours le même. Hors d'ici tu trouveras peu de changements. Nos vieux amis sont parfaits pour moi, et peut-être meilleurs encore, si cela est possible. M. de Trefléan a perdu son père, et il a pris chez lui son frère, M. Audren, qui restait absolument sans fortune par suite des dernières folies du vieux baron. Tu voudras bien être aimable pour lui; il est un peu fantasque, un peu sauvage, mais plein de droiture et de dévouement; tâche de le traiter en camarade. Ce que je te recommande surtout, c'est d'avoir pour Armande toute la reconnaissance qu'elle mérite. Depuis six semaines, elle a passé toutes ses journées auprès de moi, et je n'ai jamais souhaité des soins plus attentifs et plus intelligents; on voit bien que la pauvre fille a connu la souffrance. Elle était fort malheureuse à Paris, et quand sa mère est morte, il y a deux ans, son misérable père, ne voulant plus la garder près de lui, l'a envoyée ici, toute seule, en écrivant une lettre indigne au docteur.

Quand le docteur revint le soir avec Armande, il trouva Mme Berthauld les joues légèrement empourprées et les yeux brillants :

« Nous aurons trop parlé, dit-il, et Maurice n'a pas été prudent; — à l'avenir, Armande passera la journée près de notre malade, et pour la nuit on fera venir une garde.

— Si vous le voulez, interrompit Maurice, je serai moi-même cette garde, et ne ferai que ce que vous ordonnerez. »

Le mal avait fait de trop sérieux progrès, pour qu'elle pût revenir à la santé ; chaque jour amena un nouvel affaiblissement. Cependant il était des heures où sa force morale reprenait quelque énergie ; alors, elle voyait sa position, elle voyait la mort qui s'emparait d'elle lentement ; et, si le docteur arrivait dans un de ces moments, c'était avec désespoir qu'elle s'écriait : « Ah ! sauvez-moi, guérissez-moi ; il va rester seul, mon bon ami, seul, et il souffre. »

Il était depuis trois semaines à Plaurach, et, malgré les serments de Marguerite, il n'avait pas encore reçu une seule lettre. Le courrier de Lannion, c'est-à-dire de Paris, arrivait à six heures du matin ; dès cinq heures, Maurice descendait lui-même au bureau ; il s'asseyait, il se promenait fiévreusement, il tâchait de lire, il pensait à elle, il se disait que, bien certainement, il aurait une lettre ; que, sans doute, elle avait été retardée, égarée ; mais, enfin, il l'attendait avec confiance ; d'avance, il la voyait dans son enveloppe oblongue, avec son adresse fine et courue ; il respirait son parfum dont le souvenir l'enivrait. Et les uns après les autres, les facteurs arrivaient en secouant leurs chapeaux de cuir bouilli et en frappant des pieds sur le trottoir ; ils s'informaient de leur directrice, et, causant des nouvelles de la journée, ils se mettaient devant le feu ; leurs blouses à collet rouge fumaient sans sécher ; et, sur le parquet, leurs gros souliers faisaient des taches d'eau et de boue. Des grelots retentissaient dans le lointain, on entendait un bruit de ferraille sur le pavé, les chiens aboyaient dans les cours, une batterie de coups de fouet déchirait l'air : — c'était le courrier.

Maurice saisissait le paquet ficelé dans son panier jaunâtre, et d'un coup de ciseaux, l'éventrait rapidement ; sur la table glissaient les lettres, les journaux et les imprimés. Les facteurs s'avançaient pour faire le tri. Lui, plus rapide, éparpillait le tout d'un seul mouvement de bras, et ses yeux cherchaient la bienheureuse enveloppe. Impassibles, tout à leur besogne, les facteurs se jetaient les lettres les uns aux autres, puis ils allaient chercher leurs sacs, rangés dans un coin, emportaient un charbon pour allumer leur pipe dans le corridor, et se mettaient enfin en route, chacun de son côté. Maurice restait seul, anéanti. Pourquoi ce silence ? Que faisait-elle ? Les angoisses de l'incertitude et de l'anxiété le prenaient à la gorge.

Le soir seulement, il retrouvait un peu de calme ; après avoir passé la journée entière à se tourmenter, il sentait l'espérance renaître à mesure que les heures s'écoulaient, et il attendait tout du courrier qui devait venir le matin suivant. Et, un peu plus tranquille, il reprenait sa place auprès de sa mère ; Armande préparait les choses nécessaires à la nuit, le docteur venait faire une dernière visite, donnait de nouvelles instructions, et l'on se séparait. Une lampe, la mèche à moitié baissée, éclairait la chambre, et Maurice s'asseyait dans un grand fauteuil, avec une ample provision de bois sous la main, pour alimenter le feu. Tout devenait silencieux, dans la maison et dans le village. Assoupie, Mme Berthauld sommeillait, et parfois, d'un mouvement subit et nerveux, elle agitait ses rideaux qui criaient dans l'ombre. Maurice lisait, en tournant les feuillets avec une craintive précaution ; brisé par les fatigues, par ses cruelles insomnies du jour, il s'abandonnait quelquefois à un demi-sommeil, ses sens et son corps s'engourdissaient, mais son oreille restait toujours attentive. Alors, ramené malgré lui à l'éternel sujet de ses pensées, il revenait à Marguerite, à son silence ; tantôt il la voyait malade aussi, mourante, morte ; tantôt, au contraire, il la voyait souriante et belle, au milieu d'une fête, et il se réveillait en sursaut, honteux d'avoir pu oublier sa mère pour une autre. Tremblant, il écoutait, et il ne se rassurait qu'après avoir entendu la respiration lente et oppressée de la malade, ou alors que le souffle était trop faible, après s'être penché sur son lit, pour la voir dans cette terrible immobilité qui ressemble si effroyablement à la mort.

Ces inquiétudes brûlaient son sang ; autour de lui il ne voyait plus qu'abandon : abandon par la mort de sa mère, abandon par l'oubli de sa maîtresse. Car il avait beau se révolter contre cette pensée, il avait beau s'exciter à la foi, il avait des heures où il la sentait vaguement perdue. Il ne savait pas comment il était trahi ; mais il était certain de la trahison. Que n'eût-il point donné pour courir à Paris !

L'hydropisie de poitrine avait été heureusement prévenue ; mais la maladie première avait été toujours s'augmentant. Maintenant Mme Berthauld ne pouvait plus ni se mouvoir ni se mettre dans une position verticale sans être frappée de syncope. Un froid vif la faisait sans cesse souffrir ; elle se plaignait d'étourdissements, de vertiges, et l'abattement moral était arrivé à un tel point qu'il allait parfois jusqu'à la stupeur.

Il fallut, pour ne pas la fatiguer, renoncer aux soirées amicales qui tout d'abord lui avaient fait grand bien.

Persuadé, comme il l'avait dit à M. de Tréfléan, que l'esprit était au moins aussi dangereusement attaqué que le corps, le docteur, aussitôt que Maurice était arrivé, avait organisé de petites réunions qui, en multipliant les soins autour d'elle, en lui faisant une atmosphère de tendresse, devaient apporter quelque distraction dans cette vie depuis longtemps si désolée. Après le dîner, les amis se réunissaient en silence. M. de Tréfléan et l'abbé jouaient à l'écarté ; auprès de la table, Armande brodait ou faisait de la tapisserie, Audren s'asseyait près d'elle, le docteur se plaçait au pied du lit, et Maurice, au piano, jouait de temps en temps ces airs simples et doux des vieux maîtres qui berçaient sa mère sans la fatiguer. Dans les intervalles, on causait doucement des nouvelles de la journée, tandis qu'Audren essayait d'entamer une conversation particulière avec Armande et d'attirer son attention. Et quand, au moment de se séparer, le docteur prenait la main de sa malade, il trouvait la pulsation artérielle un peu plus forte et moins diffuse. Le sang paraissait vouloir revenir dans ses veines superficielles, et les yeux étaient presque brillants.

Mais lorsque la faiblesse, au lieu de diminuer, eut marché toujours en se développant, lorsque les vertiges furent devenus presque continuels, on dut interrompre ces réunions, et les amis ne vinrent plus que séparément à des intervalles éloignés ; elle leur tendait la main en souriant, et c'était tout. Maurice disait l'état de la nuit, Armande celui de la journée. Comme elle ne pouvait plus se lever, lorsque se montrait un rayon de soleil, on roulait son lit jusqu'à sa fenêtre, et elle restait là une heure à regarder les prairies reverdir ; au loin, les coteaux prenaient des tons veloutés, les crocus et les perce-neige émaillaient le jardin, et sur le chaperon du vieux mur, les ravenelles sauvages s'épanouissaient aux premiers souffles du printemps.

Armande et Maurice, depuis qu'ils la gardaient, s'étaient toujours attachés à tenir sa chambre dans un état d'ordre et de propreté trop rare auprès des malades ; mais bientôt encore, il fallut éviter tout bruit, tout mouvement inutile, les longues fioles et les tasses encombrèrent les tables et le marbre de la commode, tandis que la poussière s'y entassait tranquillement. Ce fut avec tristesse qu'elle vit ce désordre, car cette chambre lui était chère, et elle parlait à chaque pas de fidélité ; tout ce qui avait appartenu à M. Berthauld le père avait été mis en évidence ; son violon, ses livres, sa musique, étaient religieusement exposés ; à côté se montraient, non moins bien placés, des débris de joujoux, des exemples d'écriture, des dessins naïfs, comme des bons-hommes en pain d'épice ; c'étaient des souvenirs de l'enfance de Maurice. Depuis quelques années, toutes ses joies avaient été enfermées entre ces murs ; souvent elle était venue y pleurer son chagrin, et reprendre un peu courage ; maintenant, ces objets qu'elle avait si pieusement entourés de soins et de tendresse, elle les voyait abandonnés.

Son danger devint plus imminent, et des signes trop certains annoncèrent sa fin prochaine. Cependant elle s'efforçait toujours de sourire, et voyant la douleur inquiète de ceux qui l'entouraient, elle faisait à leurs demandes les réponses les plus rassurantes ; sans se tromper elle-même, elle cherchait à les tromper jusqu'au dernier moment. Mais malgré l'aveuglement que donne l'amitié, le docteur ne put pas se faire illusion plus longtemps ; sa science était à bout, elle ne pouvait plus lutter contre la mort.

Ce fut l'abbé qui se chargea de lui annoncer cette terrible condamnation. Elle le reçut avec calme et voulut se confesser aussitôt.

Puis, après s'être confessée, elle demanda à rester seule avec Maurice, et alors, lui faisant signe de s'asseoir près d'elle, elle le regarda longtemps avec amour, l'embrassa plusieurs fois de toute son âme de mère, puis lui prenant la main :

« Mon fils chéri, dit-elle d'une voix lente, toute espérance est perdue, et dans quelques jours tu vas rester seul, et c'est là ce qui me désespère, car tu es malheureux.

— Je t'assure...

— Ne cherche pas à me tromper; tu aimes, je le sais, et c'est horrible pour moi de t'abandonner quand tu aurais tant besoin de consolations.

— Mais je te jure...

— Peux-tu me jurer que tu es heureux? Non, n'est-ce pas? et pour que tu ne m'aies pas avoué tes souffrances, il faut que tu en rougisses; eh bien! mon pauvre enfant, ces amours-là ne peuvent apporter que la honte et le malheur; je ne suis pas bien expérimentée dans les choses du monde, mais une passion comme celle que tu ressens tue un homme quand elle ne le déshonore pas : vois ce que déjà tu es devenu. Si tu as de la pitié et de la reconnaissance pour ta mère, il faut que tu lui fasse une promesse.

— Oh! parle.

— Tu vas bientôt rester seul, accablé, désespéré : jure-moi de te jeter dans le travail; tôt ou tard, cette femme que tu aimes et qui ne sait pas te donner le bonheur, t'abandonnera; il faut que tu aies un refuge; ce n'est pas pour ta fortune que je te le demande, c'est pour ton repos. Promets-moi de reprendre la vie d'étude que tu avais commencée. »

Il l'étreignit en pleurant.

IV

Après ce long effort, Mme Berthauld se trouva plus faible, et le soir, faisant un signe à l'abbé Hercoët, qui vint aussitôt près de son lit, elle lui parla quelques minutes à l'oreille, il parut vouloir la rassurer, mais comme elle insistait :

« Mes amis, dit-il d'une voix grave et émue, notre chère malade désirant recevoir le sacrement de l'extrême-onction, vous voudrez bien vous trouver ici demain à neuf heures, pour unir vos prières aux nôtres. »

Le lendemain, après sa messe, l'abbé revêtit une étole violette pardessus son rochet, puis, précédé du sacristain qui portait la lanterne aux sacrements, d'un enfant de chœur qui tenait la croix, et encore d'un autre enfant de chœur qui agitait, à de longs intervalles, la lugubre sonnette, il se mit en marche, tantôt récitant à voix haute, tantôt à voix basse, le psaume *Miserere mei, Deus.*

Dans la chambre, auprès du lit de la malade, on avait dressé une table couverte d'une nappe blanche; il y avait dessus un crucifix entre deux cierges, et, de chaque côté, un vase plein d'eau bénite avec les buis des Rameaux, et une assiette dans laquelle on voyait sept petites boules de coton.

Le bruit de la sonnette retentit dans la rue, puis il s'approcha rapidement, et, malgré sa résignation, M™* Bertauld jeta à son fils un regard triste et éloquent.

La sonnette retentit de nouveau, mais cette fois dans l'escalier même. Le prêtre entra, et allant déposer sur la table le phylactère qu'il tenait suspendu à son cou, et dans lequel est l'huile bénite des infirmes, il prit le rameau de buis, et aspergea la malade et les fidèles.

Une frisson agita tous les assistants, et Maurice ne put retenir un sanglot. Rassemblant toutes ses forces, la mourante voulut se mettre sur son séant, mais elle fut presque aussitôt obligée de se laisser retomber sur son oreiller ; Armande l'y arrangea le mieux qu'elle put, en lui tenant la tête un peu haute.

Cependant la cérémonie continuait; la mourante avait reçu l'absolution, et on avait récité les litanies des saints et les sept psaumes de la pénitence.

Lorsque le prêtre fit l'onction sur la bouche, elle serra instinctivement les lèvres en frémissant, et ne ne les rouvrit que pour baiser le crucifix qu'on lui présentait.

Alors elle se souleva un peu, et remercia ceux qui étaient venus, l'abbé, le docteur, M. de Tréfléan et surtout Armande, qu'elle voulut embrasser ; puis, prenant Maurice par la main, elle l'attira vers elle, et le tint longtemps sur son cœur.

La journée s'écoula assez paisiblement, mais le soir la faiblesse augmenta: « Elle n'a pas quarante-huit heures à vivre, dit M. Michon à M. de Tréfléan. Il ne faut pas que Maurice reste seul. » M. de Tréfléan s'offrit à passer la nuit, et s'installa dans une des pièces du rez-de-chaussée.

Maurice, comme tous les soirs, prit place auprès de sa mère. La

... Suivant l'usage breton, six femmes vinrent se placer autour de la bière (p. 100)

H. MALOT. — VICTIMES D'AMOUR. LIV. 13

chambre était plongée dans l'obscurité ; car, de peur d'une trop vive clarté, il avait mis un grand in-folio devant la veilleuse, et c'était seulement après s'être réfléchie dans les angles opposés au lit, que la lumière retombait dans l'appartement. Au dehors, il faisait une de ces bourrasques si fréquentes en cette saison ; le vent soufflait avec force ; fouettait la pluie contre les volets et sifflait d'une façon lugubre ; dans les intervalles de repos, on entendait le bruit de la mer poussée par la tempête. M⁽ᵐᵉ⁾ Berthauld respirait péniblement, et lorsqu'un courant d'air, s'engouffrant dans la cheminée, venait raviver l'activité du feu, en emplissant la chambre de lueurs rougeâtres, elle tressaillait, et soupirait un peu plus fortement. Vers le milieu de la nuit, le vent s'apaisa, et le calme qui se fit la rendit moins oppressée ; mais elle étouffait encore, et, d'instants en instants, son souffle était plus rapide et plus court. Au matin, elle pria son fils d'ouvrir une fenêtre.

L'air parut la soulager un peu, et Maurice eut une pensée d'espérance, ses craintes perdirent de leur vivacité ; il douta des présages qui s'étaient accumulés depuis quelques jours, et de la science qui avait condamné sa mère ; tant il est difficile de croire que ceux que nous aimons peuvent mourir.

Mais cette lueur ne tarda pas à s'évanouir ; au moment où l'*Angelus* commença à tinter, elle fit un mouvement comme pour se soulever ; ses forces faillirent, elle retomba : « Maurice... dit-elle. Ses lèvres s'agitèrent sans former des paroles ; ses mains se crispèrent en se promenant sur les draps, comme pour saisir quelque chose ; un soupir plus puissant sortit de sa poitrine, la respiration cessa.

Sentant la main qu'il avait prise devenir inerte et lourde, un cri s'échappa de son cœur, et, saisissant sa mère dans ses bras, il se jeta sur le lit en sanglotant.

V

M. Michon et l'abbé arrivèrent et l'on voulut emmener Maurice, mais ce fut en vain.

« Laissons-le, dit M. de Tréfléan, il la verra trop peu de temps encore. N'est-il pas plus naturel de rester près de ceux que nous aimons, que de les fuir aussitôt qu'ils sont morts ?

— Après ma messe, continua l'abbé Hercoët, je viendrai réciter les prières avec vous. »

La journée fut d'une longueur éternelle, et les minutes étaient des heures. Souvent Maurice se levait, et s'approchant du lit, il restait là longtemps à regarder sa mère ; dans sa mémoire fidèle arrivaient une à une les mille petites circonstances de leur ancienne vie ; et à chacune des preuves de tendresse qui lui revenaient, c'étaient des regrets immenses, désespérés. Pourquoi n'était-elle plus là pour qu'il pût lui dire toute sa reconnaissance ?

Le soir, une voiture s'arrêta à la porte, et un étranger se présenta. C'était Martel, que Maurice avait appelé pour faire le portrait de la mourante, quand il l'avait sue condamnée.

« Il est trop tard ! » s'écria Maurice, en le voyant.

Les larmes lui coupèrent la parole. Mais bientôt il releva la tête, et, prenant Martel par la main, il l'amena devant le lit.

« Peux-tu peindre à la lueur des cierges ?
— Oui.
— Eh bien ! mets-toi là. »

Alors celui-ci, allant chercher une toile qu'il avait apportée et sa boîte, disposa les cierges d'un seul côté ; et, inclinant le corps de la morte qui avait déjà toute la rigidité du cadavre, de façon à ce que la lumière tombât en plein sur le visage, il commença.

Maurice allait fiévreusement par la chambre, se haussant souvent par-dessus l'épaule de son ami, pour voir si le travail avançait, et si bientôt il retrouvait sur la toile une ressemblance qui lui montrât toujours cette tête aimée, que dans quelques heures on allait lui enlever pour jamais. Martel, debout, la palette à la main, peignait avec ardeur ; les cierges fumaient en jetant des rayons jaunes ; la cire coulait lentement, et les gouttelettes, s'ajoutant sans cesse aux gouttelettes, faisaient des taches larges et blanchâtres sur le parquet ; de temps en temps, la garde ouvrait une fenêtre, emplissait la cheminée d'une grande brassée de sapins et l'air devenait un peu moins lourd.

Brisé par la fatigue, Maurice s'endormit dans un fauteuil ; bientôt il se réveilla haletant ; ses larmes, qui ne coulaient plus, le suffoquaient.

L'enterrement était fixé à dix heures ; à neuf heures et demie ; en bas, les invités de la cérémonie se montraient déjà sur leurs portes.

La salle s'emplit peu à peu de monde ; ceux qui vinrent les derniers restèrent dans la rue, Maurice allait de groupe en groupe, donnant des poignées de main, et tachant de ne pas rester sans réponse aux banales consolations qu'il n'écoutait pas.

On partit pour l'église.

On monta dans le chœur, et l'office commença. Près du lutrin, le cercueil était placé sur des chevalets, et recouvert d'un drap noir à larmes d'argent. Immédiatement derrière, sur un grand chandelier en triangle, brûlaient dix cierges. Après le premier nocturne, il se fit un silence, et le bedeau, s'avançant gravement, en souffla trois ; après le second nocturne, il en souffla trois autres ; puis trois autres encore, après le dernier nocturne ; un seul restait allumé ; le prêtre dit l'oraison, et alors on le souffla comme on avait soufflé tous les autres.

A cette puissante évocation de la nuit éternelle, Maurice s'affaissa dans sa stalle, un nuage voilait ses yeux, il se crut mort aussi.

Enfin le prêtre descendit de l'autel, et alors, suivant l'usage breton, six femmes, vêtues de noir, vinrent se placer autour de la bière, trois de chaque côté ; elles la soulevèrent avec des bâtons, et l'on se mit en marche.

De temps en temps l'on s'arrêtait ; les porteuses fatiguées cédaient leurs places à d'autres, et l'on repartait ; le clergé recommençait à psalmodier, et la croix s'inclinait au caprice des branches qui tombaient sur le chemin. Dans les champs, les paysans quittaient leurs charrues et, venant s'agenouiller au bord du fossé, ôtaient leurs larges chapeaux, joignaient les mains et disaient une prière.

La fosse était au milieu du cimetière, dans une allée de pommiers. Les chantres entonnèrent le psaume *Benedictus Deus Israël*. Le fossoyeur et ses aides prirent le cercueil ; le prêtre jeta l'eau bénite, puis il tendit le goupillon à Maurice. Celui-ci s'avança, regarda le trou béant à ses pieds avec une horrible curiosité, se pencha tout entier pour mieux voir, puis, il se sauva à quelques pas de là.

On revint lentement, seul, le clergé, regagna à grands pas le village ; en avant couraient les enfants de chœur, puis venaient les chantres et les sacristains, la soutane retroussée dans la ceinture, les chandeliers sous le bras, la croix sur l'épaule. Pour la première fois, depuis vingt ans, l'abbé Hercoët resta en arrière, et au grand étonnement de ses paroissiens, surpris d'une telle marque d'amitié, il vint prendre le bras de Maurice, et le passa sous le sien :

« Allons, mon cher enfant, lui dit-il, de la résignation. » Et d'une voix douce, il se mit à vouloir le consoler ; mais peu à peu sa parole émue céda à la force de l'habitude, elle devint abondante et prêcheuse, l'ami ne pleurait plus, le prêtre parlait.

Aux premières maisons de Plaurach, le docteur que sa longue familiarité avec la mort rendait moins sensible, arrêta M. de Tréfléan qui marchait près de lui, absorbé dans ses tristes pensées :

« Interrompez donc l'abbé dans son prêche, et prévenez Maurice qu'on se réunit chez moi ; je vais inviter ces braves gens à venir prendre leur part du festin d'usage. »

Le cortège abandonna la grande route pour suivre le chemin du château. De longues tables avaient été préparées dans la salle et dans le vestibule, Armande, à la porte d'entrée, accueillait chacun par son nom en l'engageant à prendre une place.

La vue de ces préparatifs, souleva le cœur de Maurice en même temps qu'elle lui causa un désappointement, car, pendant la nuit, il avait formé le projet de retourner immédiatement à Paris; aussi s'approchant du docteur :

« Pardonnez-moi, dit-il, de vous abandonner, il faut que je parte. »

Et comme M. Michon, surpris, voulait lui démontrer que c'était impossible, M. de Tréfléan intervint dans le débat.

« N'insistez pas, dit-il, Maurice a des motifs irrésistibles; laissez-le partir, excusez-le auprès des invités; pour moi, je vais le conduire jusqu'à la côte. »

Les préparatifs ne furent pas longs. Les adieux se firent. Maurice embrassa M. Michon et l'abbé, donna une poignée de main à Audren, puis, quand il fut devant Armande :

« Mademoiselle, dit-il, d'une voix tremblante, je n'oublierai jamais les soins que vous avez eus pour ma mère... j'en emporte une reconnaissance éternelle... »

VI

On se remit en route; Martel, qui sentait que Maurice et M. de Tréfléan avaient besoin d'être seuls, prit bientôt les devants.

Mais ce que M. de Tréfléan avait à dire était si délicat, qu'il marcha longtemps en silence; enfin, au bas de la côte de Maël, il ralentit le pas, et de cet accent profond et grave qui donnait tant de puissance à sa voix :

« Tout à l'heure, dit-il, pour décider ton départ, j'ai prétendu que je savais la raison qui te faisait agir, en réalité, je la savais... Je me connais, par malheur, assez en amour, pour avoir deviné le tien. Tu es malade d'amour; si tu n'y prends garde, cette maladie te sera bientôt mortelle. Vois ce que déjà elle a fait de toi; depuis deux ans, ton talent, s'il t'en reste encore, sommeille et s'éteint, ton cœur est si complètement envahi, que tu as laissé mourir, — et il faut le dire, — que tu as tué ta mère. »

A cette double accusation, Maurice fit un geste pour répondre; mais M. de Tréfléan continuant avec autorité :

« Oui, tué, et je ne fais que répéter ici ce que ta conscience t'a crié déjà bien des fois. Tu as été entraîné, sans réfléchir, je le veux bien; maintenant tu vois où tu as été conduit. Avec ton tempéramment, si tu ne prends pas un parti héroïque, tu es perdu; le suicide seul te reste. Dans un mois, j'irai à Paris et je ne t'abandonnerai pas : si tu la quittes, je serai près de toi pour te soutenir; si tu persistes, j'y serai pour te le reprocher. Embrasse-moi. »

Ils s'embrassèrent, et M. de Tréfléan redescendit tristement la colline.

Pour Maurice, il ressentit du soulagement à cette séparation. Les dernières paroles de M. de Tréfléan l'avaient blessé; ces paroles, les mêmes à peu de chose près que celles que sa mère lui avait dites avant de mourir, accusaient Marguerite, et si, au fond de son cœur, il pouvait en reconnaître la justesse, il ne les supportait qu'avec peine, avec colère, lorsqu'elles étaient directement articulées. Et puis cet indulgent ami de ses jeunes années, aujourd'hui le reproche vivant de sa conduite, qui allait disparaître au tournant de la route, était le dernier lien, la dernière attache de cœur et de raison qui le retenait loin de Marguerite.

Maintenant il était libre : quelques pas le séparaient encore du point où la pente allait descendre du côté de Lannion, c'est-à-dire du côté de Paris. Il les fit rapidement. Rien ne le retenait plus, ni devoir, ni mère, ni amis; l'irréparable était accompli, il était libre, il était seul au monde, il était tout entier à Marguerite. A elle désormais toute sa vie, en elle tous ses espoirs, d'elle toutes ses joies, tout son bonheur.

CHAPITRE VII

LE DÉSESPOIR D'UN ARTISTE

I

En arrivant rue Saint-Lazare, Maurice se sépara de Martel en lui disant simplement qu'il avait besoin d'être seul, et celui-ci, qui ne voulait point paraître provoquer une confidence qu'on ne lui offrait pas, s'éloigna de son côté.

Maurice courut chez lui : là, au moins, il espérait trouver une lettre de Marguerite; femme et Parisienne, elle avait pu ne pas se rappeler le nom d'un obscur village de Bretagne, mais elle connaissait trop bien cette chère demeure, où elle avait été si heureuse, pour l'avoir oubliée; d'ailleurs, n'avait-elle pas promis, n'avait-elle pas juré d'y venir?

« J'ai reçu des lettres pour monsieur, répondit le concierge à ses questions précipitées, je les ai montées comme monsieur me l'avait recommandé. »

Sur son bureau, il aperçut un paquet de lettres; il sauta dessus; mais, singulière ironie des circonstances, ces lettres étaient toutes de lui, c'étaient celles mêmes qu'il avait écrites de Plaurach; non seulement il n'y en avait pas de Marguerite, mais encore elle n'était point venue chercher celles qui lui étaient destinées.

« Allons chez elle, » se dit-il.

Prêt à partir, il hésita, il eut peur d'apprendre la vérité, il eut même peur de se préciser sa propre pensée.

Alors il se décida pour un de ces moyens qui, tout en ne brusquant rien, pouvaient cependant l'éclairer, et il résolut d'aller chez Donézac.

« Pourvu que je ne me trahisse pas, » se disait-il en faisant sa toilette, et il se préparait un thème de conversation.

Ces habiles préparations furent perdues, Donézac n'était pas chez lui.

C'était un contre-temps auquel il n'avait même pas songé : aussi, en se retrouvant sur le trottoir, ne sut-il de quel côté tourner ses pas. Il alla durant quelques minutes droit devant lui, tâchant de réfléchir et de se reconnaître; puis, exaspéré par les gens qui le choquaient et le dérangeaient, il entra dans un café. Dans la situation où il était avec Marguerite, une démarche imprudente pouvait avoir les suites les plus graves, et d'ailleurs, des personnes qu'il avait connues près d'elle, Donézac était la seule qu'il pût interroger; pour les autres, il n'avait eu avec elles que des relations de simple politesse, et lors même qu'il eût su leur demeure, il n'avait pas le plus léger motif pour s'y présenter. Plus il chercha, moins il trouva; cependant les heures marchaient et la soirée s'écoulait; il se décida à aller chez elle; il n'était pas revenu à Paris pour rester dans l'anxiété; quoi qu'il dût apprendre, il voulait l'apprendre.

Il rentra chez lui, et s'étant habillé, il se mit en route pour le faubourg Saint-Germain. C'était un soir de mi-carême, et la foule, qui débouchait des rues, marchait sur place en se coudoyant, tandis que sur la chaussée du boulevard des centaines de voitures entre-croisaient leurs lanternes, et que çà et là apparaissait un char de blanchisseuses avec son orchestre formidable et ses branches de sapin enguirlandées de rubans tricolores. Ces cris et ces éclats bruyants faisaient un étrange contraste avec ce qu'il avait vu deux jours auparavant. Au milieu de cet éblouissant pêle-mêle, de cet assourdissant tumulte, il lui sembla presque qu'un malheur était impossible, et le drap mortuaire qu'il avait toujours devant les yeux s'en alla lambeau par lambeau à mesure qu'il s'enfonça dans le tourbillon de la fête. Au pont de la Concorde, il fut arrêté par cinq ou six fiacres qui défilaient; c'étaient des étudiants et des femmes du quartier Latin, qui s'en allaient aux bals de Montmartre et de Batignolles; tous criaient, chantaient, et trouvaient dans leur propre gaieté un bonheur qu'ils ne demandaient qu'à leurs amours faciles.

« Tout le monde est heureux! » se dit-il. Il gagna la rue de Bourgogne. De nombreux équipages étaient alignés le long du trottoir. Il suivit cette file de voitures qui se continuait jusqu'au boulevard des Invalides, et il arriva ainsi devant l'hôtel de Marguerite. La grande porte était ouverte à deux battants, la cour était pleine d'animation et de mouvement; toutes les fenêtres jetaient des flots de lumière.

Il s'arrêta : là où il s'attendait à trouver le silence, il trouvait une fête. On entendait un prélude de contredanse.

Il écouta pendant quelques secondes et voulut se recueillir; mais irrité et décidé aussi par cette musique, il franchit la porte de l'hôtel.

Marguerite, la taille souple, appuyait sa poitrine sur la poitrine de son valseur (p. 107).

II

En donnant son pardessus à un domestique, il remarqua que la livrée était changée, de bleue elle était devenue amarante ; mais, sans chercher à s'expliquer cette anomalie, il monta le grand escalier rempli de camélias et d'arbustes verts, et, comme le domestique, placé dans la première antichambre lui demandait son nom : « N'annoncez pas, » dit-il.

Un souffle brûlant et parfumé le saisit à la gorge ; par-dessus des groupes d'hommes qui se pressaient aux portes, il aperçut une enfilade de pièces illuminées. De la foule s'élevaient des bruits confus de paroles, de bruissements de soie, de pieds glissant sur le parquet ; tout cela dominé par les sons clairs et aigus du violon et de la flûte.

Sa détermination commença à fléchir ; la fièvre du coup de tête se calmait, il entrevoyait les difficultés de son entreprise. Cependant il ne recula pas et se glissa dans le grand salon. La contredanse venait de finir ; il n'osa s'aventurer au milieu du parquet, et, s'effaçant derrière un groupe, il chercha des yeux Marguerite. Il ne la vit pas ; mais, en poursuivant son examen, il fut frappé d'une remarque analogue à celle qu'il avait faite à propos de la livrée : il n'apercevait que des figures inconnues. Les appartements aussi étaient en harmonie avec ce changement : les peintures avaient été refaites, les tentures avaient été remplacées, l'or flambant neuf des corniches laissait tomber ses rayons sur l'or des parures et des bijoux.

Il se demandait ce que pouvaient signifier ces métamorphoses, lorsque Marguerite parut, belle et fière ; elle s'avançait au bras d'un homme qu'il reconnut pour le comte de Lannillis, et, toute à son manège de maîtresse de maison, elle distribuait à droite et à gauche de gracieux sourires.

Lorsqu'elle eut fait quelques pas de plus, leurs regards se rencontrèrent. Elle tressaillit et pâlit.

Sans baisser les yeux, il la regarda en face ; il croyait qu'elle allait s'approcher et lui adresser la parole : elle passa et lui tourna le dos.

Elle paraissait calme, elle était tremblante ; les yeux de cet amant étaient si effrayants, son visage était si bouleversé, elle s'attendait si peu à le trouver là devant elle, qu'elle avait peur ; devait-elle craindre un éclat et une explication, elle jugea que l'unique moyen d'y échapper, était de ne pas être seule une minute de toute la soirée et de le tenir à distance, assurément, il n'oserait pas l'aborder.

En une minute, son plan fut bâti ; et comme le moment était venu d'accorder une valse qu'elle avait promise, elle l'accorda ; la main dans la main de son valseur, elle s'avança au milieu du salon.

Quand il l'avait vue s'éloigner, Maurice avait été frappé d'un stupide étonnement, quand il la vit revenir et s'élancer aux premières mesures de l'orchestre, il fut saisi d'une colère désespérée.

D'abord, ils allèrent lentement ; puis, ils repassèrent en tournoyant plus vite ; puis, ils repassèrent encore : chacun des tours qu'ils avaient faits, les avait plus étroitement unis. Marguerite, la taille souple, la tête renversée en arrière, appuyait sa poitrine sur la poitrine de son valseur.

Dix fois, pendant cette valse, Maurice, les yeux hagards et les nerfs crispés, fut prêt à s'élancer sur Marguerite : la crainte qu'elle lui inspirait toujours, bien plus que sa raison qui lui échappait, l'avait heureusement retenu.

Mais comme, aux tortures qu'il endurait, il comprenait que d'un moment à l'autre, il pouvait se laisser emporter, il voulut retourner en arrière. Pour cela il lui fallait retraverser le grand salon dans toute sa longueur, déranger les groupes, affronter ces regards qui déjà l'avaient, croyait-il, observé ; et l'espace était à peine suffisant pour se mouvoir, les danses continuaient, — cette tâche lui parut au-dessus de son courage, une réaction de timidité et de faiblesse le paralysait tout entier.

Il songea à descendre par un escalier qui conduisait aux appartements du rez-de-chaussée. Au bas de cet escalier était une serre, puis une bibliothèque, puis la chambre de Marguerite. Connaissant les issues et les passages comme il les connaissait, rien ne lui serait plus facile, en cette nuit de désordre, que de s'échapper soit par la cour soit par le jardin.

III

Il descendit.

La serre était déserte, tout y était à peu de chose près tel qu'il l'avait vu si souvent autrefois ; quand auprès de Marguerite, étendue dans un hamac à l'abri des fougères et des lataniers, il avait passé tant d'heures joyeuses.

Il entra dans la bibliothèque. Des joueurs s'y était retirés loin du bruit et des curieux. Personne ne parlait ; de temps en temps on entendait le flic-flac des cartes, et le bruit clair et sonore des louis qu'on poussait et qu'on ramassait.

Il n'avait pas prévu cette complication, il demeura embarrassé ; mais tandis que d'un air qu'il s'efforçait de rendre indifférent il réfléchissait et s'ingéniait à trouver un moyen d'ouvrir la porte qui, de la bibliothèque communiquait avec le vestibule, il aperçut, par une portière à demi relevée, la chambre de Marguerite obscure et silencieuse ; un nouveau projet germa dans son esprit, et saisissant un moment où les regards étaient enchaînés par un coup décisif, il se glissa dans cette chambre.

Une lampe lui permit de se guider sans renverser aucun meuble ; et comme il savait parfaitement qu'il ne trouverait pas le moindre recoin ou le moindre cabinet pour lui servir de cachette, il alla se blottir derrière les rideaux d'une fenêtre. La moire en était épaisse ; ils se rejoignaient, et l'espace qu'ils laissaient libre entre eux et les volets était plus que suffisant pour qu'il pût s'y tenir à son aise. Il se blottit dans cet espace : et sûr de voir Marguerite, sûr de la tenir en sa puissance et de l'interroger comme il le voudrait, tant qu'il le voudrait, il attendit.

Longtemps encore le tumulte du bal retentit au-dessus de sa tête ; enfin il s'éteignit graduellement. Les joueurs abandonnèrent la bibliothèque ; les voitures l'une après l'autre défilèrent dans la cour ; la grande porte roula sourdement sur ses gonds.

Autant il avait eu de faiblesse dans l'attente, autant il eut de résolution : il savait qu'elle allait venir.

Elle arriva ; elle n'était pas seule. De son abri il ne pouvait rien voir, mais il entendait ; à la voix, il reconnut un homme.

Un fauteuil fut traîné sur le tapis ; sans doute on s'asseyait.

« Qu'aviez-vous donc ce soir ? dit la voix continuant une conversation, vous paraissiez tourmentée.

— Un peu brisée, voilà tout ; demain, ma fatigue dissipée, nous pourrons parfaitement partir.

— Vous savez que je suis à vos ordres ; à demain donc, je ne veux pas plus longtemps abuser de votre hospitalité.

— Ah ! reprit Marguerite, soyez donc assez aimable pour m'envoyer Sophie. »

Pourquoi ce départ quand elle le savait à Paris ? Quel était cet homme dont il reconnaissait la voix, mais dont il ne pouvait retrouver le nom dans sa mémoire troublée ?

Sophie resta longtemps auprès de sa maîtresse ; mais la camériste alla enfin mettre les verrous, et sortit en marchant discrètement sur la pointe des pieds.

Il était seul avec elle, il attendit quelques instants, puis le silence s'étant établi, il écarta doucement les rideaux et s'avança dans la chambre.

A demi couchée sur une chauffeuse, Marguerite, devant la cheminée, paraissait absorbée dans une accablante préoccupation, et regardait les bûches du foyer.

Elle tournait le dos à la fenêtre par laquelle Maurice entrait; au bruit de la soie qui cria, elle se souleva et apercevant un homme qui marchait vers elle, sans prendre le temps de regarder quel était cet homme, elle se leva brusquement, et poussa un cri étouffé.

« Ne crie pas, dit-il, à voix basse, c'est moi.

— Toi ! murmura-t-elle avec stupéfaction.

— Maintenant je te tiens et tu vas me répondre. »

Il se fit un silence. Que savait-il ? tout était là.

« Eh bien, fit-elle avec une assurance qu'elle eut la force de feindre, que voulez-vous ? et que faut-il que je réponde ?

— Quel est l'homme qui était là tout à l'heure dans ta chambre ? pourquoi veux-tu partir quand je reviens à Paris ? Sans phrases, sans détours, réponds à ces questions : après, si tu le peux, tu répondras encore à celles qui me restent à te faire. »

Ces paroles éclairèrent Marguerite : du premier coup il était tombé dans le piège qu'elle lui tendait : il ne savait rien, il arrivait à l'instant même, et ses plaintes étaient celles d'un amant jaloux, qui, pour connaître la vérité, la demande. Pourvu qu'il ne lui échappât point quelque mot maladroit, la victoire était à elle, il fallait seulement gagner du temps.

« Voyons, dit-elle d'une voix plus douce, et en se replaçant dans son fauteuil, comme si elle continuait une explication amicale, pourquoi cet emportement ? N'ai-je pas toujours répondu à toutes tes demandes, quelque insensées qu'elles aient été ?

— Il ne s'agit pas du passé, mais du présent, et si j'ai pu me laisser tromper autrefois, je ne me laisserai pas tromper aujourd'hui.

— Mais je ne veux pas te tromper, Maurice, et pour que je parle tu n'as pas besoin d'employer la violence. »

Elle essaya de dégager son bras, que machinalement il avait pris et qu'il serrait.

Honteux, il le laissa échapper.

C'était un premier avantage ; elle continua :

« Avant de me condamner, tu aurais dû m'entendre.

— Quel est cet homme ? quel est ce voyage ? »

La douceur lui réussissait assez mal.

« Ah ! dit-elle avec fermeté, encore des doutes ! Moi aussi la colère me gagne.

— Prends garde à toi !

— Tu dis que tu me tiens : nous allons voir ce que tu vas faire ; tu me menaces, je me tais. Tu ne me feras pas parler malgré moi, sans doute ? »

Elle épia l'effet de ces dernières paroles, en qui elle avait confiance, et qui, autrefois, eussent jeté Maurice à ses pieds ; le résultat fut tout autre que celui qu'elle attendait ; elle avait manqué de patience et lâché trop tôt cette explosion de dignité qui, un peu plus tard et mieux préparée, eût probablement réussi.

« Ah ! tu ne veux pas parler ; eh bien ! oui, nous allons voir. Je t'ai épargnée tantôt au milieu du monde ; je te jure bien que maintenant, de force ou de bonne volonté, tu parleras ! Regarde-moi. »

Lui saisissant les deux poignets avec violence, il la tira vers lui, et penché sur elle, il lui montra sa face blême.

« Tu vois dans quel état je suis ? N'essaye pas de mentir et de lutter, ou je ne réponds pas de moi ; je n'ai plus rien à ménager, ma mère est morte...

— Morte !

— Oui, tuée par moi, tuée par nous ; fais donc bien attention à ce que tu vas dire ; si tu me trompes, je t'étrangle moi-même de mes mains. Ne regarde pas le cordon de ta sonnette, car si tu fais un mouvement pour appeler, je crie la vérité à ceux qui entreront. Je ne suis plus le jouet que tu excitais et que tu calmais au gré de ton caprice ; j'arrive avec une colère que, chaque jour, j'ai comprimée depuis six semaines, comprends bien que tu ne peux ni me tromper ni m'échapper. Malgré tes serments, tu ne m'écris pas, tu me tournes le dos quand je reviens, je trouve un homme dans ta chambre, tu veux partir quand tu me vois, tu fais de la pudeur et de la dignité, et tu ne veux pas répondre !

— Puisque tu ne me crois pas !

— Parce que tu cherches des phrases et que tu veux mentir. Voyons, oui ou non, veux-tu répondre ? »

Il se mit à la secouer avec fureur, comme si, avec ses mains il espérait lui arracher son secret.

« Mais parle donc ! Qui t'arrête ? Est-ce la peur de me faire souffrir ? Tu ne vois donc pas que je te hais et te méprise ! Tu as brisé mon cœur, dépravé mon esprit, tué mon avenir et ma jeunesse, et tu crois que tu vas m'abandonner maintenant, sans que je me venge ! »

Pour ne pas céder au vertige qui le prenait de l'étouffer, il la repoussa et se jeta sur un fauteuil : il tressautait de rage ; il laissait échapper des sanglots et des paroles sans suite.

Elle le regardait sans oser faire un mouvement : il y avait en elle et de l'étonnement, et de la crainte, et de la colère, et de l'émotion, et de la pitié. Cette violence, ces injures d'un amant qu'elle avait toujours dominé, la stupéfiaient : mais cette douleur et ce désespoir la touchaient aussi. Il était beau ainsi. Par malheur, dans l'état d'emportement où il était, elle avait tout à redouter de lui, un éclat aussi bien qu'un crime : à tout prix il fallait donc qu'elle cherchât à le faire partir calme et rassuré : il y allait de son honneur et de sa vie ; car si, par un miracle heureux, il avait jusqu'à ce moment parlé d'une voix contenue, il pouvait s'oublier, on pouvait entendre le bruit de leur querelle, on pouvait venir. Elle se leva et s'approcha de lui : elle avait trouvé sa justification. Doucement, elle lui passa le bras autour du cou, et l'embrassa sur les cheveux.

Il se redressa et la repoussa avec tant de force, que la tête, allant frapper contre le marbre de la cheminée, rendit un bruit sourd.

Sans jeter un cri, sans faire un mouvement, elle s'affaissa sur elle-même et demeura immobile, étendue sur le tapis.

Il se pencha sur elle, et, durant quelques secondes, il la regarda. Effrayé de ce silence, honteux de sa brutalité, il lui prit le bras. Elle ne bougea pas.

« Marguerite, dit-il, Marguerite ! »

Elle demeura toujours inerte et comme évanouie.

Avec précaution, il la replaça sur la chauffeuse.

Elle ne remuait toujours pas, et il était fort embarrassé. Était-ce un évanouissement ? était-ce une rouerie ?

Au bout de quelques minutes, elle s'agita faiblement, ouvrit à demi les yeux, porta la main à sa tête, poussa un cri plaintif, et, cachant son visage dans ses mains, parut fondre en larmes.

Pour garder une contenance, il se mit à marcher dans la chambre, mais à chaque tour, il regardait un peu plus longtemps du côté de la chauffeuse. Enfin, s'approchant :

« Je te demande pardon, » continua-t-il.

Elle se retourna un peu et le regardant avec un visage baigné de pleurs :

« Vous m'avez fait bien mal, dit-elle.

— Oui, je le comprends, mais...

— Quand je venais t'embrasser !

— Je te demande pardon, je le répète. Mais aussi, quand j'arrive irrité et à moitié fou, pourquoi me pousser à bout ? Tu ne veux pas me répondre, tu me braves.

— Mais je t'aurais vu, moi, s'écria-t-elle, me trahissant, que j'aurais récusé mes yeux, et toi, tu en viens jusqu'à me battre.

— Tu ne comprends donc pas que ton silence, que la mort de ma mère, que ton accueil, que cet homme, que ce voyage, que tout cela m'a rendu fou ? Si tu avais attendu comme moi une lettre pendant cinquante jours ! Tu vois l'horreur de ma situation, n'est-ce pas ? veux-tu me répondre ? veux-tu te justifier ?

— Oui, je le veux.

— Eh bien, alors, parle : pourquoi ne m'as-tu pas écrit ?

— J'ai été malade.

— Malade !

— Si tu ne me crois pas, pourquoi veux-tu que je parle ? Regarde-moi et tu verras bien à mon visage que je ne te trompe pas. »

Disant cela, elle plongea ses yeux, encore mouillés de larmes, dans les yeux de Maurice.

Il frissonna tout entier, mais continuant :

« Tu as été malade, c'est bien : mais tu ne l'as pas été jusqu'à aujourd'hui ? Pourquoi hier, pourquoi avant-hier, pourquoi, quand tu as été guérie, n'es-tu point allée chercher mes lettres ?

— Parce que, pendant ma maladie, on m'a perdu ta clef, et parce que, depuis que je me lève, ma mère ne m'a pas quittée un instant.

— N'espère point me faire croire ces excuses invraisemblables.

— Mais c'est là, malheureux enfant, ce qui justement prouve qu'elles sont vraies ; si je voulais te faire des mensonges, je serais bien assez adroite, peut-être, pour te les faire vraisemblables.

— Écoute, j'ai la tête tellement troublée, que je ne sais pas bien distinguer si tu me trompes ou si tu me dis la vérité ; mais les réponses qui te restent à faire vont me l'apprendre. Quel est l'homme qui est entré ici avec toi ?

Sans tout de suite répondre, elle le regarda en face d'une manière étrange et indéfinissable.

Il crut qu'elle hésitait.

« C'est ton amant, n'est-ce pas ?

— Non, Maurice, non.

— Ce n'est pas ton amant ?

— Je te jure, tu entends, je te jure, sur ta tête, sur la mienne, je te jure que non.

— Alors, quel est-il ?

— Tu ne vas pas me croire encore si je te dis la vérité.

— Mais parle, parle donc.

— Eh bien ! cet homme, comme tu dis, était là pour toi.

— Pour moi !

Maurice, sous les grands arbres du boulevard, marchait rapide et joyeux (p. 117).

H. MALOT. — VICTIMES D'AMOUR   LIV. 15

— Tu vois bien que tu ne me crois pas; faut-il donc que je mente pour te convaincre? Que veux-tu que je fasse si tu doutes de toutes mes paroles?

— Allons, dis, quel est cet homme?

— M. de Lannilis.

— Ah! j'aurais dû le reconnaître. »

Sans se laisser interrompre, Marguerite continua d'une voix rapide :

« M. de Lannilis avec qui je devais partir pour la Bretagne, car son château touche à Plaurach, et sans quitter ta mère tu aurais pu me voir tous les jours.

— Ah! Marguerite!

— Oui, pendant que tu m'accusais, je pensais à te rejoindre. Pendant ma maladie, tout ce que tu souffrais de mon silence, je le souffrais du tien, tourmentée en plus de ta propre inquiétude et de ta propre jalousie. Et quand je me suis relevée, au lieu de t'écrire comme j'aurais pu le faire, j'ai voulu courir près de toi, car je savais que tu douterais de mes lettres; alors, sans éveiller ses soupçons, je me suis fait inviter par M. de Lannilis; si cette fête n'avait pas été fixée depuis deux mois, il y a huit jours que je serais près de toi, près de vous, monsieur, qui malgré toutes les preuves que je vous avais données de mon amour, m'avez soupçonnée, m'avez injuriée.

Tout à coup, comme si un éclair de vérité lui avait traversé le cerveau :

« Puisque c'était pour me rejoindre, s'écria-t-il, pourquoi ce soir, après m'avoir revu, voulais-tu donc partir encore?

— Toujours des soupçons! ainsi tu doutes encore? Ah! malheureux! malheureux! Mais puisqu'il faut que je me défende jusqu'à la fin, je me défends. Je voulais partir ce soir encore, parce que tout à coup je ne pouvais changer d'avis; mais déjà, malgré ma joie, j'avais eu soin de paraître souffrante, ce matin j'aurais été malade. »

Il la saisit dans ses bras, et se mit à fondre en larmes. Il embrassait ses mains, il embrassait ses bras, il embrassait ses cheveux.

« Ainsi tu m'aimes encore? disait-il.

— Ah! Maurice! tu m'as fait des blessures qui ne guériront jamais. Qu'aurais-tu donc dit si j'avais été coupable?

— Je t'aurais tuée, et après je me serais tué moi-même, car maintenant plus que jamais ma vie tout entière est en toi; et si tu me manquais, je n'aurais plus qu'à mourir. Mais tu m'aimes, n'est-ce pas? et tu me pardonnes? Tiens, si tu as pitié de ce j'ai souffert, si tu veux me rendre le plus heureux des hommes, si tu veux me prouver que ce que tu as dit est vrai...

— Tu veux des preuves...

— Non, non, ce ne sont pas des preuves que je veux dire, c'est une consécration. »

Elle baissa les yeux et voulut se dégager. Troublée par cette parole qui sonnait toujours la même comme la plainte dolente d'un enfant, privée aussi d'une partie de sa force parce que la défaillance physique commençait à se joindre à l'inquiétude, elle était cependant bien éloignée de céder. Son expérience de la vie ne lui permettait pas la plus légère illusion sur les suites que pourrait avoir un moment de faiblesse; elle se disait que, vaincue aujourd'hui, l'habitude, avec ses lâchetés et ses servitudes quotidiennes, les reprendrait tous les deux, et qu'il faudrait alors pour s'affranchir un bien autre effort que celui qu'elle allait tenter. Enfin, elle ne pouvait se dissimuler qu'elle était trop complètement dans son tort avec Maurice pour se laisser dominer par lui; elle ne pouvait pas, l'eût-elle désiré, le trahir à moitié.

Elle se leva, et repoussant doucement Maurice, toujours penché sur elle :

« Non, dit-elle, tu ne m'estimerais pas. »

Il la regarda; ne comprenant rien à ces paroles, il attendit qu'elle s'expliquât davantage.

Elle reprit d'une voix lente et vibrante :

« Écoute, Maurice, écoute-moi bien ; si j'étais la malheureuse et la coupable que tu soupçonnes, si j'étais ce que tu me fais la honte de me supposer, j'aurais raison de toi. Que m'importerait si je ne t'aimais pas, que m'importerait d'être à toi, cette nuit, sans témoins, assez sûre de ta loyauté pour savoir que tu ne dirais rien, et qu'à mon premier geste, tu me quitterais? La colère gonfle ton front, pâlit tes lèvres, étreint ta gorge et te brise le cœur; eh bien! si je voulais, je pourrais te verser une telle coupe d'oubli, que, dans l'excès de ton bonheur, tu te demanderais si tu as souffert. Cela serait, si je le voulais; mais demain, rendu à toi-même, ressaisissant dans la pureté du matin un peu de la pureté de ton âme, tu dirais : Cette femme m'a joué ! »

Il pouvait tout attendre de sa maîtresse, tout, excepté un tel langage. Ces raisons lui semblaient sans réplique. Quel droit pouvait-il se sentir sur une pareille femme? S'il l'aimait tout à l'heure, il l'adorait maintenant. Puis comme, dans cette âme d'artiste, les impressions se succédaient avec mobilité : il ne voulait pas rester au-dessous d'elle. D'ailleurs, sur lui aussi la fatigue pesait d'une main de plomb; lassé par le voyage, accablé par les veilles, brisé par l'émotion, il en était arrivé à cette crise d'atonie et de sommeil qui terrasse les plus forts, qui couche la sentinelle perdue aux avant-postes, l'officier sur le banc de quart, le savant sur son livre ou sur son fourneau : étourdi du bruit qu'il avait fait, du mouvement qu'il s'était donné, de la colère qu'il avait dépensée, il en était arrivé d'ailleurs à ne plus savoir trop précisément ce qu'il voulait. Instinctivement, une dernière inspiration surnageait : ne pas s'éloigner, ne pas la perdre de vue.

Marguerite contemplant d'un œil fixe son amant fasciné et démêlant à travers les cloisons de son cerveau ce qui s'y débattait et tourbillonnait, était sûre de son triomphe, quand Maurice se relevant lui adressa la parole, elle savait d'avance ce qu'il allait lui dire.

« Ne crains rien, murmura-t-il. Agis comme si tu étais seule ici, je suis ton enfant, ton frère, moins que cela si tu veux, un chien, un immeuble. Tu es seule. Le rideau le plus épais ne te voilerait pas mieux que ma volonté bien arrêtée. Mais il y a six semaines que je ne t'ai vue, j'ai besoin de te voir, de te sentir dans la même atmosphère que moi, d'entendre, si tu es éveillée, ta voix caressante ou ton pas léger, si tu dors, le chant de ta respiration égale. Je ne te quitterai pas.

— Comment passerais-tu la nuit? interrompit-elle. Tiens, regarde ton visage. »

Elle le conduisit devant une glace.

Au fond, elle avait obtenu ce qu'elle voulait; elle sentait que demander plus serait risquer de tout perdre, et qu'elle se heurterait contre une de ces résistances passives que rien n'ébranle; elle se décida donc à ne pas insister : « C'est une heure à passer, se dit-elle, dans une heure il fera jour. »

« Tu veux bien? dit Maurice d'une voix calme; mais, puisque tu es si bonne, laisse-moi t'adresser encore une prière : ce que tu n'a pas voulu donner à une surprise, cet assentiment que tu as refusé à l'amant irrité et jaloux, promets-moi de le donner demain librement, de venir demain, sans que rien t'y contraigne, sinon ton amour, dans notre chère petite chambre : tu me le promets, n'est-ce pas? »

Maurice ayant cessé de parler, elle se souleva un peu :

« Oui, dit-elle, j'y serai. A demain, Maurice, à demain. Mais, pour l'heure présente, j'ai la tête perdue, le corps brisé. Laisse-moi me remettre un peu; ta colère et tes violences m'ont anéantie. »

Elle avait fermé les yeux et elle restait immobile; mais tout à coup et par un mouvement purement naturel, qui trahissait un corps courbaturé, elle appuya fortement sa joue sur le dos du fauteuil et soupira faiblement. Elle dormait. Tout d'abord elle avait voulu observer et se remettre, mais l'assoupissement l'avait envahie; maintenant elle dormait.

Il s'approcha, mais il ne fit que passer; il se tenait à lui-même sa parole.

Pour ne pas se laisser tenter, il alla s'asseoir sur le fauteuil qui se trouvait le plus distant de celui de Marguerite et voulut réfléchir. Durant quelques minutes, il resta la tête entre ses mains, cherchant à ressaisir sa pensée qui s'en allait; mais bientôt aussi il se renversa en arrière. Ce fut dans cette attitude que le prit et le cloua le sommeil. La fatigue avait vaincu.

IV

Il y avait à peine une demi-heure qu'il s'était endormi, que tout à coup il se réveilla. Il étouffait sous le poids d'une oppression nerveuse, sur ses joues coulaient des larmes âcres et brûlantes : c'était un de ces réveils comme il en avait eu si souvent. Il se redressa en sursaut et regarda autour de lui.

Marguerite dormait toujours. Il semblait qu'elle n'avait pas fait un seul mouvement.

Par les fenêtres, une lumière blanche filtrait, élargissant les étroites fentes des volets. Le jour allait paraître. Maurice comprit qu'il n'avait pas une minute à perdre.

Un premier élan cependant, plus fort que sa volonté, l'entraîna vers Marguerite; il voulait lui mettre au front un baiser d'adieu.

A deux pas de son fauteuil il s'arrêta :

« Non, se dit-il, rien ici. »

Et de peur de manquer encore de résolution il se dirigea vers la fenêtre, l'ouvrit doucement, l'enjamba avec précaution et descendit dans le jardin.

Par la fenêtre entr'ouverte une bouffée d'air frais pénétra dans la chambre : Marguerite frissonna ; elle se redressa brusquement : il n'était plus là. Elle n'eut pas besoin d'explication pour comprendre ; sur la pointe du pied elle alla à la fenêtre : immobile dans le jardin, Maurice regardait, tourné vers la maison. Cela ne dura qu'un instant; il se glissa à pas de loup par un chemin qu'il avait déjà parcouru plus d'une fois, le long de la charmille, atteignit la terrasse, franchit la balustrade et se laissa tomber sur la terre molle de la contre-allée.

Au moment où elle le vit disparaître, Marguerite, rayonnante, ne put retenir un cri : « Enfin ! » dit-elle. Et fermant la fenêtre, elle gagna son lit.

Pour Maurice, sous les grands arbres du boulevard, il marchait rapide et joyeux; le crépuscule se faisait et sur les hauteurs de Belleville le ciel se colorait en feu. Il n'était plus seul au monde. Une vie nouvelle commençait; il ne songeait plus au passé, il défiait l'avenir. Et, par les rues désertes, il allait fièrement, la tête dans le ciel. Il était aimé! Ses lèvres étaient encore humides des baisers de Marguerite, il respirait encore en frémissant les émanations de l'énervante senteur qu'il emportait avec lui.

Sa chambre lui parut bien froide et bien nue pour servir de temple à ses amours, et il voulut la faire digne de Marguerite; il courut au marché aux fleurs et en rapporta toute une voiture de plantes; il en mit partout, sur la cheminée, sur le rebord des fenêtres, sur le piano; il enleva soigneusement la poussière, il mit tout en ordre, et ayant rempli la cheminée de bois, il attendit.

Il n'était pas encore dix heures; elle ne viendrait probablement que vers le milieu de la journée; mais que lui importait un peu plus ou un peu moins de temps, il avait la certitude qu'elle viendrait, et en attendant, il avait le souvenir et l'espérance.

Cependant les heures de l'après-midi s'écoulèrent sans qu'elle arrivât. A chaque minute il écoutait, il se levait, il allait à la fenêtre, il regardait dans la rue, il se penchait dans l'escalier, revenait s'asseoir, entretenait le feu pour qu'elle n'eût pas froid lorsqu'elle entrerait, et, pour tâcher de tromper son impatience, il comptait les raies de la tenture ou les fleurs du tapis.

Quand le soir tomba, elle n'était point encore venue.

« Ah! se dit-il presque joyeux, ce sera pour cette nuit. »

Pendant une heure ou deux il fut calme; mais lentement les bruits s'éteignirent, les dernières voitures qui revenaient des théâtres roulèrent sur le pavé, et dans la rue silencieuse on n'entendait plus que le clapotement des ruisseaux et le pas régulier des sergents de ville qui faisaient leurs rondes.

Cependant elle ne venait pas. Il se répétait la justification de Marguerite, et chaque fois il y trouvait des contradictions qui d'abord ne l'avaient pas frappé : mais si elle ne l'aimait plus, pourquoi ces caresses et pourquoi ces promesses ?

Le jour parut, la matinée s'écoula et avec elle une grande partie de la journée. Marguerite ne vint pas.

Il se dévorait d'inquiétude; à la fin, n'y tenant plus, il résolut d'aller chez elle. Il saurait quelque chose.

Avant de partir, et de peur qu'elle ne vînt en son absence, il prit toutes les précautions possibles. Au beau milieu de son bureau, il laissa une lettre pour dire où il allait, au cordon de sa sonnette il attacha un papier pour avertir que la clef était chez le concierge; à ce concierge il donna les instructions pour faire monter la dame qui peut-être viendrait. Tout cela fait, il courut rue de Varennes.

Contre la porte de l'hôtel, deux domestiques, en petite livrée, causaient en fumant.

« Madame Baudistel ? dit Maurice entrant dans la cour.

— Madame la comtesse est partie hier matin avec M. le comte.

— C'est madame Baudistel que je vous demande.

— J'ai bien entendu ; mais j'ai déjà dit à monsieur que madame était partie en voyage avec monsieur.

— Vous êtes sourd ?

— Que monsieur me pardonne, dit le second domestique en intervenant ; mais je vois que monsieur ignore sans doute que madame a épousé M. le comte de Lannilis. »

Il se dirigea vers la porte ; mais ses yeux étaient tellement troublés qu'il ne put trouver la poignée.

A ce moment, un facteur entra, et jetant les lettres dans la loge du concierge :

« Madame la comtesse de Lannilis ! » cria-t-il.

Par la porte entr'ouverte, Maurice sortit.

« Voilà un particulier qui est fou, dit un des domestiques.

— Vieille bête ! répondit l'autre, c'est un amoureux que madame aura oublié de prévenir. »

Maurice marchait sans avoir conscience de ce qui se passait dans sa tête. Il lui semblait que ses jambes fléchissaient. Arrivé sur le boulevard, il aperçut un banc et s'y assit : le sang battait contre la voûte de son crâne comme s'il allait la briser. Tout à coup, et au grand étonnement de deux ou trois invalides qui passaient là, il se prit la tête entre les deux mains et poussa un cri étouffé. La vérité lui apparaissait éblouissante dans sa clarté sinistre ; il comprenait tout : le silence pendant les deux mois de séjour à Plaurach, — l'empressement à le fuir pendant le bal, — la présence de M. de Lannilis dans la chambre, — l'effroi de Marguerite, sa ruse, sa perfidie, sa fuite.

Il se mit à marcher à grands pas ; il gesticulait avec véhémence et parlait haut comme s'il eût été tout seul. Parfois un engourdissement le prenait, et il était obligé de s'appuyer contre un orme pour ne pas tomber ; puis il se remettait en marche, et cherchait à rassembler ses idées pour prendre un parti.

Le suicide lui apparut comme un refuge, comme un terme à ses souffrances. Il avait voulu un de ces amours infinis qui nous plongent dans l'isolement, et nous détachent des joies et des espérances de ce monde ; maintenant que cet amour lui manquait, que lui restait-il ?

« Oui, oui, se répétait-il, M. de Tréfléan avait raison : il faut mourir ! »

Au lieu de continuer son chemin, il revint sur ses pas; il montait vers Vaugirard, il descendit vers la rivière.

Relativement il était presque tranquille; il avait un but. Il arriva au bord de la Seine et se mit à suivre le quai. Il regardait sans cesse autour de lui, en avant, en arrière, sur l'autre rive, sur le fleuve même : il cherchait un endroit favorable à l'exécution de son projet.

Il parvint ainsi jusqu'au pont d'Iéna. Un brouillard assez épais commençait à tomber. Il se pencha par-dessus le parapet et regarda la rivière : elle coulait sale et jaunâtre comme après plusieurs jours de grande pluie, et donnait froid rien qu'à la voir rapide et bouillonnante dans son lit de pierres.

« Allons! » se dit-il,

Mais, prêt à s'élancer, il s'arrêta. Un frisson lui parcourut le corps; il avait peur. En même temps une voiture parut du côté du Champ de Mars. Il s'enfuit en courant.

« Serais-je donc lâche? » se demandait-il en gravissant la montée du Trocadéro; mais aussitôt il pensa à des pistolets qui lui avaient été donnés par M. de Tréfléan, et dès lors sa résolution fut arrêtée. Et se dirigeant vers sa demeure, il fortifia par le raisonnement le projet qu'avaient fait naître sa colère et son désespoir.

« La dame que monsieur attendait n'est pas encore venue, » lui dit le concierge lorsqu'il entra pour prendre sa clef.

Il ne répondit pas et monta l'escalier.

La chambre était pleine de parfums, et les rosiers et les camélias avaient laissé tomber sur le tapis leurs fleurs flétries par une chaleur trop grande. Les pistolets étaient à leur place; il les prit et en fit jouer les batteries; une des cheminées était obstruée par la rouille, il chercha une épingle pour la déboucher. Celle qu'il trouva avait appartenu à Marguerite; c'était un de ces fils de laiton longs et recourbés en compas qui servent à retenir les cheveux; il la regarda avec une expression de haine et de fureur, et allant à un petit coffret qui renfermait des roses fanées et un mouchoir, — reliques d'amour, — il jeta les roses à terre et déchira le mouchoir en deux.

« Ah! oui, par elle jusqu'au bout, » dit-il; et avec l'épingle il déboucha la lumière, et avec les morceaux de la batiste il fit des bourres pour la poudre et pour les balles.

Puis il fit son testament, et écrivit à Martel :

« Mon cher ami, tu trouveras ci-joint :

... Tu vas les armer, te les poser tous deux sur le front?... (p. 124).

H. MALOT. — VICTIMES D'AMOUR. LIV. **16**

« Mon testament, par lequel je t'institue mon légataire, à charge cependant
« de délivrer quelques dons faits à mes amis de Plaurach.

« J'ai ri de toi, quand, il y a dix-huit mois, tu as voulu me mettre en
« garde contre l'amour, aujourd'hui, j'en meurs.

« Ne me plains pas; depuis un an je suis si horriblement malheureux,
« que le suicide m'est une délivrance.

« Je te prie d'écrire à mes amis et aux journaux pour arranger ma mort.

« Adieu, sois heureux; moi, je vais voir où est le bonheur, si bonheur
« il y a.

« Ton ami,

« Maurice Berthauld. »

Il fit un paquet de cette lettre et de son testament, y mit l'adresse de
Martel, et la plaça en vue, au milieu de son bureau.

Tout étant ainsi bien préparé, tenant les pistolets sous sa main, il tomba
dans un morne recueillement. Prêt à quitter la vie, il jetait un regard
en arrière, et s'apitoyait sur lui-même.

Il pensait à son enfance, à sa mère, à ses amis, à son élan vers la gloire,
à son amour. Il revoyait leurs chères forêts, Montmorency, Fontainebleau.
Il revoyait Marguerite, souriante, passionnée, qui, palpitante contre lui,
les lèvres sur ses lèvres, les yeux dans ses yeux, se mourait de bonheur,
et murmurait : « Je t'aime, je t'aime, je t'aime! »

V

Tout à coup, le bruit de la sonnette retentit à sa porte. Il se dressa pour
écouter. On sonna de nouveau. Il courut ouvrir; un espoir venait de lui
traverser l'esprit : si le domestique l'avait trompé... si c'était....

C'était Martel.

« Tu laisses bien longtemps tes amis à la porte? dit celui-ci en entrant;
tu dormais?

— Non.

— Alors, tu n'avais guère envie d'ouvrir.

A ce moment les yeux de Martel tombèrent sur la lettre qui portait son
nom.

— Tiens, tu m'écrivais?

Et il prit la lettre.

— Ne lis pas! s'écria Maurice.

Martel le regarda tout surpris.

Alors Maurice eut un geste d'abandon désespéré :

— Au surplus qu'importe, dit-il, lis si tu veux, tu verras que je pensais à toi.

D'un coup d'œil, Martel lut la lettre.

— Je compte assez sur ton amitié, dit Maurice, pour espérer que tu m'épargneras des observations inutiles; ma résolution est bien prise et raisonnée.

— Raisonnée?...

— Oui, et si tu m'aimes, tu ne feras rien pour amollir mon courage: d'ailleurs, ce serait peine perdue.

— Enfin, que t'arrive-t-il?

— Il m'arrive que, malgré tes avertissements, j'ai voulu tâter de l'amour, que j'ai été trompé et que, comme tu me le prédisais, il ne me reste plus qu'à mourir.

— Pour une femme!

— Ce n'est pas pour une femme, c'est pour moi, pour ma dignité. J'avais tout mis en elle, elle a tout sali et détruit; elle m'a si bien abaissé dans ma conscience, que, plutôt que de vivre déshonoré à mes propres yeux, j'aime mieux mourir. Ce n'est pas par faiblesse, comme tu pourrais le croire, que je me tue, c'est par fierté. »

Ah! ah! se dit Martel en lui-même, tout n'est pas encore perdu, puisque la vanité surnage; — et il eut un peu d'espoir. Il avait cédé à un premier mouvement du cœur; dans cette situation critique, ce n'était point au cœur qu'il devait avoir recours. La vie de son ami était entre ses mains, tout aussi fatalement que si, dans un combat, il l'eût tenu au bout de son épée : c'était un combat qu'il avait à livrer; il lui fallait lutter et contre les séductions du suicide et contre celui-là même dont il était le champion. Habile, il pouvait gagner la bataille; maladroit, il devait la perdre; et il n'avait pas une minute pour se préparer, il lui fallait triompher de son émotion, de ses craintes et de son amitié. Par où commencer l'attaque? par le désespoir, la douleur ou l'orgueil? Quelles armes employer? la tendresse, la raillerie ou la raison?

Il restait ainsi perplexe, lorsque Maurice, qui, par son argument de fierté, croyait l'avoir cloué au mur et réduit au silence, lui offrit lui-même une occasion d'engager le fer.

« Je peux compter sur toi, n'est-ce pas? Je n'ai pas un nom bien fameux, mais enfin on s'occupera de ma mort; je te prie d'écrire aux journaux et de dire que je me suis tué, parce que ni dans la vie, ni dans l'art, je ne rencontrais l'idéal que je m'étais proposé. Il n'y a là, je crois, rien de déshonorant pour un artiste.

— Prends garde, s'écria Martel. Quand à la loterie de la gloire on joue sur un seul billet, et que ce billet est notre mort, il faut y faire attention : au lieu de la célébrité posthume, tu pourrais bien n'avoir que le ridicule posthume. Puisque tu es bien décidé, puisque tu crois accomplir un devoir, mes objections ne t'ébranleront point, n'est-ce pas? Eh bien, laisse-moi aussi accomplir ce que je crois le mien. Si tu étais à ma place, et que je fusse à la tienne, tu voudrais m'arrêter, hein?

— Comme je ne saurais pas ce que tu as souffert, je me tairais.

— Tu parlerais, car tu m'aimes, ton cœur crierait et supplierait : on ne voit point son ami, son camarade, courir à la mort sans se jeter au-devant de lui. Mais il ne s'agit pas de l'ami maintenant; notre vie est à nous seuls, à nous seuls le droit d'en disposer comme nous l'entendons, je le veux bien; mais encore faut-il que nous sachions ce que nous faisons.

— Crois-tu que je ne le sache pas?

— Puisque tu le sais, examinons-le à nous deux; que t'importe? Puisque tu as raisonné, raisonnons encore. Dix minutes de plus ou de moins sont bien peu de chose, il me semble. Tu vas, n'est-ce pas, prendre ces beaux pistolets, qui sont là sur ton bureau, tu vas les armer, te les poser tous deux sur le front?...

— Non, sur le cœur.

— Enfin, sur le front ou sur le cœur, peu importe; puis quand ils seront bien posés, tu presseras la détente. »

En disant ces mots, Martel exécutait la pantomime qu'il traduisait.

« Prends garde.

— N'aie pas peur, je ne veux pas me tuer; je l'ai voulu autrefois, mais ça s'est heureusement passé tout seul. Donc tu presses la détente, et tu te tues ou tu te manques.

— Je me tue, dit Maurice.

— Tu te manques; laisse-moi supposer un moment que tu te manques, je supposerai après que tu t'es tué : nous sommes deux philosophes discutant sur le suicide. Donc tu as tiré et tu t'es manqué, tu n'es qu'à moitié mort. Au bruit de la détonation, ton concierge monte; les voisins accourent; on enfonce ta porte, on te trouve renversé là, sur le tapis, baigné dans ton sang, horrible, défiguré; les sergents de ville arrivent; le médecin du quartier s'empresse; on te porte sur ton lit, on te panse, on te martyrise; enfin M. le commissaire paraît, exactement comme au théâtre de Guignol, et comme tu n'es qu'à moitié évanoui, il t'interroge et t'adresse son discours : le suicide est une lâcheté; que t'a fait cette société au sein de laquelle tu ne veux plus vivre? elle t'a nourri, elle t'a élevé, elle t'a préservé de cet acte flétrissant, honteux, que tu voulais accomplir en te suicidant; il te parle de la loi, de la morale, de l'église, du poste où Dieu, faisant les fonctions de caporal, t'a mis en sentinelle, enfin il est d'un pathétique aquatique, et il faut que tu lui promettes, à lui commissaire de police, de ne jamais recommencer. Aussitôt que tu le peux, c'est-à-dire après deux ou trois mois d'horribles souffrances, tu recommence, ou bien tu ne recommence pas, car il paraît qu'une saignée change beaucoup le caractère, et dans ce cas, tu reste ridicule et défiguré. J'ai vu un Werther qui s'était manqué, et outre que de beau garçon il était devenu fort laid, tout le monde riait de lui. — Maintenant, si tu le veux bien, nous allons supposer que tu t'es tué.

— J'espère que ce sera un peu moins ridicule, la mort a sa poésie.

— Ah! mon Dieu, ce ne le sera guère moins. D'abord, nous avons le même début, concierge, voisins, etc., moins la seule chose drôle, à savoir le discours; mais en place nous avons les commentaires dont je te fais grâce, et qui cependant ne seraient pas tous précisément lyriques; de plus, nous avons les articles de journaux. Sans doute je ferai ce que je pourrai, mais je ne peux pas grand'chose. Ton commencement de réputation t'a fait des envieux, ils auront beau jeu; vois donc un peu d'avance l'effet d'un méchant petit article du *Panurge* ou du *Furet :* « La chambre était pleine de fleurs; le lit avait de beaux draps blancs avec une taie d'oreiller garnie de dentelles. C'était complet; il y avait même la lettre à l'ami, et on assure que cet ami existe. » — Là-dessus coup de griffe pour moi; mais, comme je suis vivant, on me ménagerait et on se rattraperait sur la conclusion : « Ce suicide nous convainc d'une vérité que nous avons souvent émise, c'est qu'il était plus facile à ce monsieur de se défaire de la vie que de sa musique. »

— Eh bien! ils ne diraient que la vérité, après tout; si je voulais vivre et travailler, je ne ferais plus rien de bon, je suis impuissant.

— Toi! tu n'as jamais été plus fort. La première douleur passée, tu verras ce que tu as gagné en expérience. Nos chevrons, à nous autres, ce sont nos blessures; nous n'avons d'avancement qu'à la condition de souffrir. Pour un artiste, il n'y a pas de joies ou de chagrins, il n'y a que des excitations qui tournent au profit de son art. Tu verras à combien de secrets tu te trouveras initié. »

Maurice resta un moment sans répondre, ces railleries l'avaient blessé et humilié dans son orgueil. Ce dernier argument le touchait dans ses plus chères croyances; c'était comme une fêlure qui se serait faite sous les coups qu'il avait reçus; mais il n'était point encore ébranlé :

« Quand tu aurais raison, dit-il, quand l'artiste grandirait dans son malheur, qu'est-ce que ça me fait ? est-ce que je suis un artiste maintenant ? Et quand j'en serais un, quand j'accepterais ce que tu dis là, est-ce que je n'ai pas encore mille motifs pour mourir ? J'ai tué ma mère, et à tous mes chagrins s'ajoute le remords. Plutôt que de vivre torturé, j'aime mieux m'offrir en sacrifice. Ah ! la digne femme ! si j'ai eu l'infamie de la délaisser, je veux avoir au moins le courage d'aller la rejoindre et lui demander pardon.

— Crois-tu pas vraiment que le suicide est une expiation ? Voyons : je ne me place plus au point de vue de l'art, mais au point de vue de ta mère. Tu vas le rejoindre, n'est-ce pas ? tu parais devant elle et tu lui dis : « Je t'ai rendue malheureuse, c'est vrai, j'ai causé ta mort, c'est vrai, mais sais-tu ce que j'ai fait pour réparer cela ? Au lieu de rester sur la terre à me repentir activement, au lieu de travailler pour que mon travail monte vers toi comme une prière, j'ai abandonné les autres, je me suis abandonné moi-même ; je n'étais qu'un faible et ingrat enfant, je suis un damné ; » car, pour elle, bonne chrétienne, tu ne pourras jamais être qu'un damné. Mais si elle était là à nous écouter, tu verrais...

— Ah ! si elle était là, je ne me tuerais pas, j'irais me jeter dans son sein et pleurer avec elle. Mais je suis seul, tout m'abandonne à la fois, je n'ai pas la force de supporter mon malheur. Je t'ai dit que je me tuais par dignité : ce n'est pas vrai, c'est par lâcheté, c'est parce que je souffre trop, c'est parce que je l'aime encore. Oui, cela est honteux ; oui, elle m'a trompé, elle s'est jouée de moi, elle est infâme, elle me tue, cependant je l'aime, je l'aime, entends-tu bien, je l'aime ! Ses mensonges, sa lâcheté, sa trahison, je les oublierais, tandis que ce que je ne pourrais jamais oublier, c'est son regard, c'est elle tout entière ; et quelle autre aurait son sourire ! Quand je pense à ses baisers et à ses caresses, je suis fou... Tiens, prends mes mains, vois comme je tremble, vois toi-même ; pourtant je sais aujourd'hui qu'elle me trompait ; et, malgré tout, si elle était là, devant moi, me regardant comme elle sait regarder, je tomberais à ses pieds, je baisserais les yeux devant elle, je lui demanderais pardon de ses propres fautes, tout ce qu'elle voudrait je le croirais !... Tu vois donc bien qu'il faut que je meure. »

Il se jeta sur son lit. Martel, appuyé sur le bureau, demeura immobile, presque heureux de cette crise qui ne pouvait conduire qu'à une prostration et favoriser la dernière attaque qui lui restait à tenter. Il laissa donc Maurice pleurer tout à son aise, puis, quand il le vit bien accablé, bien amolli :

« J'ai tout épuisé pour te retenir, dit-il en lui prenant la main, ce n'est donc pas l'amitié que j'invoquerai après les appels décisifs que je t'ai faits. Si tu as résisté à ton art et à ta mère, c'est que, comme tu le dis, ta résolution est bien prise ; je n'ai donc qu'à la respecter, car je comprends le suicide. Mais encore faut-il cependant qu'il s'accomplisse dans de certaines conditions. Tu persistes toujours à te tuer, c'est bien, je te le permets, je t'approuve ; mais si tu te tuais aujourd'hui, dans un moment d'excitation nerveuse, tu serais ridicule pour les autres, et dois-je te dire toute ma pensée, tu le serais même pour moi. Je ne verrai dans cet acte religieux qu'un désordre purement physique, qu'un coup de tête sans signification. Ce n'est point ainsi qu'un homme de ta portée et de ton courage doit mourir. Mais si dans quelques mois, loin de cette chambre pleine de souvenirs, de cette ville où tu l'as aimée, seul dans une lande déserte, sous le vaste ciel, calme, résolu, réfléchi, dans la possession de toi-même, tu dis encore : je veux me tuer! et si tu exécutes cette résolution, tu accompliras une chose grande ; et cette chose, je crois que tu es homme à la faire. Jusque dans la mort, sois artiste. »

Maurice, qui jusqu'alors avait toujours répondu coup pour coup, ne trouva rien cette fois à riposter ; toutes ses défenses avaient été ruinées les unes après les autres ; il était maintenant si bien enveloppé, que non seulement il ne pouvait plus se cacher sa défaite à lui-même, mais qu'il allait être encore forcé de la reconnaître. Car dans son esprit se posait avec d'éblouissantes clartés ce dilemme impitoyable : — ou la passion m'a rendu un grand artiste, et alors je trouverai la force de vivre et deviendrai célèbre ; ou retardant l'exécution de mon projet, je me tuerai comme un stoïque de la vieille Rome, et alors, au lieu d'être ridicule, je serai grand et deviendrai un exemple. Dans l'un comme dans l'autre cas, Martel a donc raison ; il ne faut pas mourir. — Mais la forfanterie de la résolution l'empêcha de s'avouer vaincu et il essaya de lutter encore.

Martel répliqua sans se décourager ; seulement, comme ils étaient à bout de démonstrations, ils revinrent tous deux à leurs premiers arguments ; mais comme ceux de Martel étaient les plus solides et les plus forts, ils reçurent de leur répétition une puissance qui accablait Maurice plus lourdement encore que la première fois ; cependant, quoique convaincu, il ne cessait de répondre : « Je ne le veux pas, » et quoique décidé à ne plus se tuer tout de suite, il répétait encore : « Je le veux toujours. »

Enfin, Martel se dépitant malgré lui de cette mauvaise foi et de cette obstination d'enfant malade :

« Si ce n'est par dignité, attends au moins par intérêt. Qui sait si elle ne t'aime pas encore?

— Allons donc! » s'écria Maurice, et il se mit à raconter comment, malgré ses promesses, elle ne lui avait pas écrit, comment elle l'avait reçu dans le bal ; enfin la scène de la nuit, et celle où il avait appris le mariage et le départ.

« Eh bien, qu'est-ce que cela prouve ?

— Ça n'est pas assez clair ?

— Pas du tout : ça prouve qu'elle t'a trompé, ça ne prouve pas qu'elle ne t'aime plus.

— Crois-tu ?

— Dame, je ne garantis rien ; mais, à ta place, je voudrais voir, j'attendrais ; les femmes sont si prodigieuses !

— Attendre, ce serait mourir tous les jours.

— Si je t'offrais un moyen d'attendre sans trop souffrir, en te distrayant, en usant ta douleur par l'agitation et la fatigue ? Voilà le printemps, rien ne me retient à Paris, partons en voyage.

— A quoi bon ?

— A ne pas rester ici ; et puis, on peut la chercher, tu peux la retrouver.

— C'est impossible, c'est insensé.

— Avec les femmes, c'est l'insensé qui est le possible. Voyons, il y a bien une valise ici.

— Mais il est au moins deux heures du matin.

— Tu vas venir coucher chez moi, et demain nous conviendrons de nos faits et gestes. »

En parlant ainsi, il jetait dans une petite malle quelques habits et un peu de linge. Maurice, honteux et irrésolu, le regardait faire sans rien dire ; puis, comme Martel allait fermer sa malle :

« Prends les pistolets, dit-il.

— Allons donc ! fit celui-ci ; mais se ravisant aussitôt : c'est inutile, va, s'il faut en venir là, tu trouveras bien toujours, sur ton chemin, une jolie petite mare profonde, avec des grenouilles et de grands saules, et quoique la noyade, à mon gré, soit une chose fatale, le tombeau sera si coquet, que ça vaudra toujours mieux que des pistolets. Allons, partons. »

Maurice voulait résister, mais il le prit par le bras et l'entraîna presque de force.

Ils avaient déjà descendu quelques marches, quand Maurice s'arrêta :

« Eh bien ? fit Martel.

— Attends un peu ; il faut que je remonte, donne la bougie.

Il remonta en courant, alla droit à la cheminée, prit les lambeaux du mouchoir qu'il avait déchiré, les baisa, puis, les ayant cachés sur son cœur, il jeta un regard d'adieu à cette chambre où tout conservait encore la magie des félicités évanouies, et rejoignit Martel, qui déjà s'impatientait.

Sur la route, ils marchèrent à grands pas (p. 130).

H. MALOT. — VICTIMES D'AMOUR. LIV. **17**

CHAPITRE VIII

L'AMI D'UN AMANT

I

Sur la route, qui, depuis les dernières pluies d'hiver, n'avait eu le temps encore ni de sécher, ni de durcir, ils marchaient à grands pas.

L'air était tiède, le soleil radieux : c'était le printemps; parmi les herbes tendres des fossés, violettes et fraisiers commençaient à fleurir.

Les lilas laissaient pendre leurs thyrses rougissants par-dessus les murs des jardins, et les ravenelles faisaient de leurs pétales, qui déjà se détachaient, une épaisse jonchée tout le long des trottoirs.

Les bourgeons, dans les bois, se gonflaient et crevaient de sève, les bouleaux balançaient leurs chevelures déliées, les chèvrefeuilles festonnaient de verdure les tiges qu'ils pouvaient enlacer; de toutes les plantes, depuis l'arbre jusqu'à la mousse, s'exhalait une senteur fortifiante; les oiseaux chantaient : au loin, dans les jeunes ventes, le coucou, à des intervalles rapprochés, répétait son cri railleur.

Eux, cependant, ils marchaient toujours sans s'arrêter et sans parler.

Pruniers, pêchers et cerisiers neigeaient sur leurs têtes des tourbillons de fleurs parfumées. La plaine résonnait de mille bruits; les seigles et les blés, déjà longs, se couchaient et se relevaient sous le vent, les sillons de trèfle s'étalaient ondoyants; sur la terre, que la charrue et la herse retournaient et émiettaient, les laboureurs faisaient leurs dernières semailles.

Ces joyeux tableaux qui, sans interruption, se succédaient sur la route, ne parvenaient ni à retarder Maurice, ni à le distraire : « Forçons le pas, » disait-il souvent.

En se hâtant ainsi, il croyait revoir bientôt Marguerite; car des paroles les plus graves, des raisonnements les plus solides de Martel, c'était cette espérance, mise en avant comme moyen désespéré, qui, après réflexion, lui avait laissé l'impression la plus durable. Cette idée de la retrouver avait pris dans son cerveau malade une indestructible solidité; ce qu'il lui dirait, il ne l'imaginait guère ; ce qu'il apprendrait, il ne le prévoyait pas trop bien ; mais, cependant, il voulait la voir, lui parler, l'entendre, la voir, enfin ; qui sait, peut-être le regrettait-elle déjà ?

Martel avait été rue de Varennes ; il avait interrogé le concierge, et il avait eu une réponse parfaitement claire et précise ; mais, loin de transmettre cette réponse à Maurice, il lui avait rapporté que Marguerite était partie pour visiter ses domaines de Machault, en Sologne, et de Fauriac, en Auvergne, sans qu'on pût préciser par lequel elle avait dû commencer.

Maurice avait voulu se mettre en route. Martel était encore intervenu : il avait représenté que deux ou trois jours de retard permettraient de se préparer ; que le temps était beau, que le voyage pouvait se faire à pied, et que cela lui donnerait occasion de visiter les plaines de la Beauce, qu'il avait besoin de revoir. Maurice avait discuté et disputé ; enfin, il avait fini par céder, et il avait été décidé qu'on partirait le sac sur le dos. Et, quand les derniers achats avaient été terminés, — par la barrière d'Enfer, d'un pas rapide, ils étaient partis.

Le matin, lorsqu'à l'abri d'une haie ou sur un tas de cailloux, on s'asseyait pour déjeuner, sans rien dire, Maurice prenait son pain, en mangeant à petites dents, deux ou trois bouchées, et machinalement, l'œil fixe et ne regardant pas, il jetait le reste à Badaud, le chien de Martel.

Quand la Loire fut passée, et qu'ils traversèrent les plaines plates et incultes qui commencent la Sologne, Maurice ne fut plus maître d'observer la contrainte que, par un reste de dignité, il avait voulu s'imposer. Un à un, il comptait tous les kilomètres.

« Encore cinquante, encore trente, » disait-il.

Et il se faisait répéter par Martel les paroles du concierge de la rue de Varennes.

Martel, pour le préparer à une déception qu'il savait certaine, lui répétait à satiété qu'il y avait autant de chances pour Fauriac que pour Machault, et qu'elle pouvait tout aussi bien avoir commencé par l'Auvergne que par la Sologne.

A force de marcher, ils approchèrent, et au bout d'une route droite et plane qui coupait à travers des sables arides, ils aperçurent juste en face d'eux un petit clocher à l'horizon. C'était Machault.

Ils arrivèrent. Entre des bouquets d'ormes tout couverts de petites fleurs roses serrées et massées comme des feuilles, s'élevait une maison carrée bâtie dans le style Louis XIV, avec un perron et des colonnes lourdes et solides ; une pelouse, sans une seule corbeille d'arbustes, s'étalait tout autour, et allait finir d'un côté aux taillis d'un parc, de l'autre aux premières maisons du village.

« Maintenant, dit Martel, que veux-tu faire?
— Aller jusqu'au village, prendre une chambre à l'auberge, m'habiller et revenir ici.
— Que lui veux-tu enfin? Qu'as-tu à lui dire? Qu'a-t-elle à te répondre?
— Voilà justement; qu'a-t-elle à me répondre? C'est ce que je veux savoir et c'est ce que je saurai. »

Ils traversèrent le village. Derrière des nuages rouges nuancés de jaune, le soleil se couchait; par groupes de deux ou trois, les paysans rentraient de la plaine; les bœufs se dandinaient lentement en meuglant, et sur le seuil des portes les femmes causaient accroupies, leurs enfants dans les bras. Sur la place du marché, à l'enseigne du *Soleil d'or*, ils trouvèrent une auberge.

« Avant tout, dit Martel, sachons si elle est ici. »

On interrogea l'aubergiste; naturellement la réponse fut négative. Maurice insista, recommença sa demande, l'expliqua, la rendit claire, précise; ce fut en vain. Ni Mme de Fargis, ni Mme de Lannilis n'étaient au pays.

Maurice fut atterré, puis, après quelques instants, il eut l'air de se rendre, et Martel se félicitait déjà de sa ruse, lorsque, voulant se mettre à table et le cherchant pour souper, il ne le trouva plus. Pendant une heure il l'attendit, s'accusant lui-même de sottise et d'imprudence. Enfin, comme il allait courir à sa recherche, il le vit revenir le visage en feu, les yeux étincelants.

« J'en viens! j'ai fait parler le jardinier : elle n'y est point et on ne l'attend point. Nous partirons demain pour Fauriac. »

Le lendemain ils ne partirent pas. Pendant la nuit, Maurice fut pris du délire. Martel s'approcha de son lit, et le vit la face fortement colorée; il parlait à mi-voix et gesticulait vivement; ses paroles étaient rapides, brèves, incohérentes, le nom de Marguerite y revenait à chaque instant, il le prononçait tantôt avec prière, tantôt avec amour, tantôt avec fureur. Il s'exaltait, il s'exaspérait, il s'asseyait sur son lit, il voulait se lever, partir pour Fauriac, il parlait, parlait sans cesse.

Quand le jour parut, Martel, qui avait épuisé ses raisonnements et ses connaissances médicales pour calmer Maurice, descendit demander s'il y avait un médecin dans le pays.

« Il y a M. Papigny, » dit l'aubergiste.

On l'alla chercher. Il vint quatre heures après, exhalant le vin blanc à pleine bouche. Habitué aux miasmes de la Sologne, y ramenant toutes les maladies, il écouta à peine Martel, examina Maurice d'un air entendu, tira de sa poche un énorme couteau à plusieurs lames, ouvrit une lancette, et comme un homme sûr de lui et voulant montrer son savoir et sa dextérité, il piqua rapidement le bras de Maurice qu'il avait découvert jusqu'à l'épaule.

« Là, dit-il quand il eut empli de sang la moitié d'une cuvette, une bonne saignée et quelques pilules de quinine, après que l'accès sera passé, nous couperons la fièvre; ça ne manque jamais son effet. Je reviendrai demain. »

Pendant quatorze jours, malgré les saignées et le sulfate de quinine, malgré même le soin et le dévouement de Martel, Maurice resta dans un état d'exaltation extraordinaire. Parfois le bruit le plus léger lui répondait dans la tête avec des élancements atroces; il entendait des tambours, des tintements de cloches, des canons, des explosions qui le soulevaient comme des décharges électriques. Il lui semblait que ses artères battaient comme un métronome; puis, tout à coup, l'ouïe cessait d'être douloureuse et il fallait parler à haute voix pour qu'il l'entendît; alors le plus petit rayon de soleil, la moindre lueur, lui faisaient pousser des cris déchirant; les yeux étaient rouges, couverts d'un lacis de veines gonflées de sang, les prunelles étaient dilatées et phosphorescentes ; il se roulait sur son lit, il s'enfonçait la tête dans les oreillers pour échapper à la clarté qui le brûlait, il voyait des étincelles, des éclairs, des torrents de lave qui le dévoraient. Et toujours, il répétait le nom de Marguerite, il parlait de Montmorency, de Fontainebleau, de Naples; il rappelait en paroles ardentes ses souvenirs d'amour ou de volupté; il croyait la voir, il lui tendait la main, il lui parlait, il voulait se lever pour la prendre dans ses bras; si Martel tentait de l'arrêter, il devenait furieux, il se débattait, il le repoussait, il rugissait, il écumait; puis, anéanti, épuisé, il retombait sur sa couche. Alors il restait des heures entières dans le marasme; d'une voix faible il disait ne plus souffrir; mais son regard était mort, sa bouche entr'ouverte, sa langue pendante; il n'avait plus conscience ni de ses sensations ni de ses perceptions, il restait ainsi dans une prostration absolue jusqu'à ce qu'une nouvelle crise vînt le ressaisir.

La violence des accès diminua peu à peu, les intervalles de raison devinrent de plus en plus longs, l'inflammation tomba et le délire se changea en hallucinations presque calmes; alors, M. Papigny, qui commençait à perdre la tête, et avait plus d'une fois avoué n'y rien comprendre, et parlé de folie et de tétanos, déclara naïvement qu'il avait sauvé son malade. Le lendemain, Maurice put prendre un bouillon, huit jours après, il descendit dans le jardin de l'auberge.

Sa première parole sensée fut pour Marguerite.

« Dépêchons-nous de me guérir tout à fait, dit-il, pour courir à Fauriac. »

Dans ce but, il s'excita lui-même à sortir. Mais vraiment c'était pitié de le voir se traîner au bras de Martel. Pâle, décharné, les pommettes saillantes, les yeux caves, il marchait lentement le long des maisons, à l'abri du soleil.

Leur promenade était le parc du château. Pendant les longs jours qu'il était resté au lit, le printemps avait accompli son œuvre. Tous les arbres, hormis les chênes bourgeonnants, avaient maintenant leurs feuilles ; un grand nombre avaient déjà leurs fleurs, les bois étaient pleins d'une odeur vivifiante. Sur l'herbe épaisse et douce, il s'asseyait de place en place ; mais ni le riant spectacle qu'il avait sous les yeux, ni les excitations de la nature, ne pouvaient vaincre son abattement, et, pendant des heures entières, il demeurait morne, sans daigner voir les caprices de la lumière dans le feuillage encore tout plissé, sans écouter les chansons des oiseaux, qui, sur sa tête, parlaient d'amour.

Ses forces revinrent, il put faire des courses plus longues. Alors il recommença à presser le départ.

Tant que cela fut possible, Martel résista ; mais lorsqu'il vit des marques d'impatience et de colère, il résolut d'aborder franchement la question. Car d'aller à Fauriac pour éprouver une déception comme celle de Machault, c'en était assez pour tuer Maurice ; — ne point y aller et lui dire ce que lui, Martel, avait appris rue de Varennes, c'était risquer un entrevue qui, pour un des amants, sinon pour les deux, aurait les plus funestes conséquences ; — il fallait donc lui avouer qu'il avait été trompé, et en même temps le tromper de nouveau en lui enlevant toute espérance de retrouver Marguerite. Un jour que Maurice insistait pour partir, plus vivement qu'il ne l'avait encore fait : « Écoute-moi, dit-il, je t'en prie, avec le plus de calme et le plus de raison que tu pourras.

— Si tu ne veux pas venir à Fauriac, je pars seul.

— Au moins écoute-moi. Quand, la nuit où tu voulais mourir, je te parlais de revoir Mme Baudistel, c'était une idée insensée et irréalisable. Précisément ce fut la seule qui te décida à essayer encore de la vie. Elle t'envahit et t'absorba tout entier ; et alors, dans ton ardeur à la retrouver, tu m'envoyas rue de Varennes.

— Tu n'y est point allé ?

— Si, mais je ne t'ai point rapporté ce que j'avais appris.

— Qu'avais-tu appris ?

— Je n'avais rien appris, car ni le concierge, ni les domestiques que j'ai interrogés, ne savaient pour quel pays Mme Baudistel était partie.

— On ne quitte pas sa maison sans dire où l'on va.

— Si tu pouvais raisonner un peu, tu verrais que cela est très possible et même très vraisemblable. Elle te fuyait, n'est-ce pas ! eh bien, devait-elle te laisser son adresse ? Savait-elle comment tu prendrais cet abandon, si tu ne voudrais pas te venger ?

— Ne te joue pas de moi.

— Mais...

— Elle est à Fauriac, n'est-ce pas ?

— Je t'assure que je n'en sais rien.

— Elle est peut-être à Lannilis ; enfin elle est quelque part. Elle doit être à Lannilis.

— Elle n'aura pas été précisément choisir ton pays.

— Décidément où est-elle ?

— Je n'en sais rien. »

Maurice resta un moment atterré, puis il fondit en larmes.

En le voyant ainsi, Martel se rassura presque ; il aimait mieux un excès de faiblesse qu'un excès de résolution, et il craignait moins les accablements du chagrin que les violences du désespoir.

Ce fut donc à lutter contre ce chagrin qu'il employa son intelligence et son dévouement.

Son premier soin fut de quitter Machault où toutes choses parlaient encore trop souvent de Marguerite.

Et ils revinrent sur leurs pas, mais à Orléans, laissant à droite la route de Paris, ils prirent celle de Chartres et d'Évreux.

Ils allaient lentement, souvent ils s'arrêtaient ; Martel, pour user la douleur de Maurice en la fatiguant, faisait chaque jour l'étape un peu plus longue ; sans se plaindre, sans même s'en apercevoir, Maurice le suivait, marchant lorsqu'il marchait, s'arrêtant lorsqu'il s'arrêtait, indifférent à toutes choses, sans que rien pût distraire cette tristesse qui se complaisait en elle-même, ni les accidents du chemin, ni l'imprévu du voyage, ni les efforts, ni les excitations de Martel.

Tout ce qu'il était possible de faire, celui-ci le faisait. D'un caractère gai, il avait, pendant les premiers jours, marché sans prononcer un seul mot, puis, par des paroles douces et affectueuses, il avait cherché à vaincre cette immuable apathie ; puis, les jours s'écoulant sans amener de résultat, il avait changé de système, et était revenu à son caractère.

Maurice ne répondait rien, ou les quelques paroles qu'il prononçait du bout des lèvres étaient des rebuffades, des récriminations, des plaintes ; toujours il en revenait à ses idées de délivrance et de suicide.

Cependant, comme il ne pouvait pas fermer ses oreilles à ce flot de paroles joyeuses, malgré lui il les écouta, malgré lui elles l'empêchèrent d'entendre ses propres plaintes, bientôt elles lui furent nécessaires, et bientôt aussi il fut forcé d'en rire.

Et alors, il commença à voir et à sentir ce qui l'entourait. Pendant les repos, quand Martel, dans un chemin creux entre deux levées de terre, faisait un croquis, il ne resta plus toujours inattentif; parfois il se pencha par-dessous son épaule, et il le regarda. Pendant les longues marches, il n'alla plus toujours la tête baissée, quelquefois il parla, souvent il répondit. Bientôt même, de plaintes en plaintes, il se mit à raconter ses amours; et, à se reporter dans le passé, il trouva des charmes inespérés; à s'entretenir de ses joies, il lui sembla qu'il les goûtait encore : les douleurs des mauvais jours s'affaiblirent à être racontées, et comme le soleil qui, longtemps après qu'il a disparu, laisse encore au ciel des rayons pleins de chaleur et de lumière, les souvenirs des jours heureux laissèrent aussi dans sa mémoire des traces lumineuses.

Avec patience, Martel écoutait ces épanchements; loin de vouloir les tarir, il cherchait au contraire à les provoquer, il les nourrissait, il les prolongeait, mais toujours sans laisser échapper une seule parole d'espérance ou de consolation; car il connaissait les susceptibilités de la douleur et savait comme elle tient superbement à se croire éternelle.

« Qu'aurais-tu donc à apprendre? disait-il quand Maurice revenait à sa pensée de retrouver Marguerite; que lui demanderais-tu? que saurais-tu?

— Au moins je saurais où elle est, ce qu'elle fait, je la verrais.

— Près de son mari, où près d'un nouvel amant peut-être!

— Ne dis pas cela.

— Hé! mon ami, ta douleur est sainte et je la respecte; mais veux-tu pas par hasard que je respecte aussi Mme Baudistel? Que tu l'aimes, je le comprends; que tu l'estimes et que tu la défendes, ce serait trop. Que lui dois-tu? que t'a-t-elle donné? Elle t'a pris, parce qu'elle t'a vu plein d'amour; tu lui promettais une nouvelle jeunesse; et, quand elle a eu épuisé ce qu'il y avait en toi, elle t'a jeté au rebut. Pleure tes illusions de vingt ans, pleure tes croyances, ta foi, ton ardeur, ta générosité, ton dévouement, ta poésie, à jamais disparus; pleure l'amour, mais ne pleure pas la maîtresse.

— Tu n'as jamais aimé.

— Je ne te dirai pas : J'ai aimé autant que toi; et j'ai été trompé aussi cruellement que toi, car seules elles sont infinies, les joies et les souffrances que nous avons éprouvées; cependant, j'ai aimé assez pour parler de l'amour et pour juger les femmes. L'amour, je l'aime, et l'aimerai jusqu'à la mort; les femmes, c'est une autre histoire. Les poètes en ont fait des créatures idéales et séraphiques, des anges, des fleurs, des fleurs surtout, avec toutes les beautés, toutes les grâces, tous les parfums de la création; les poètes

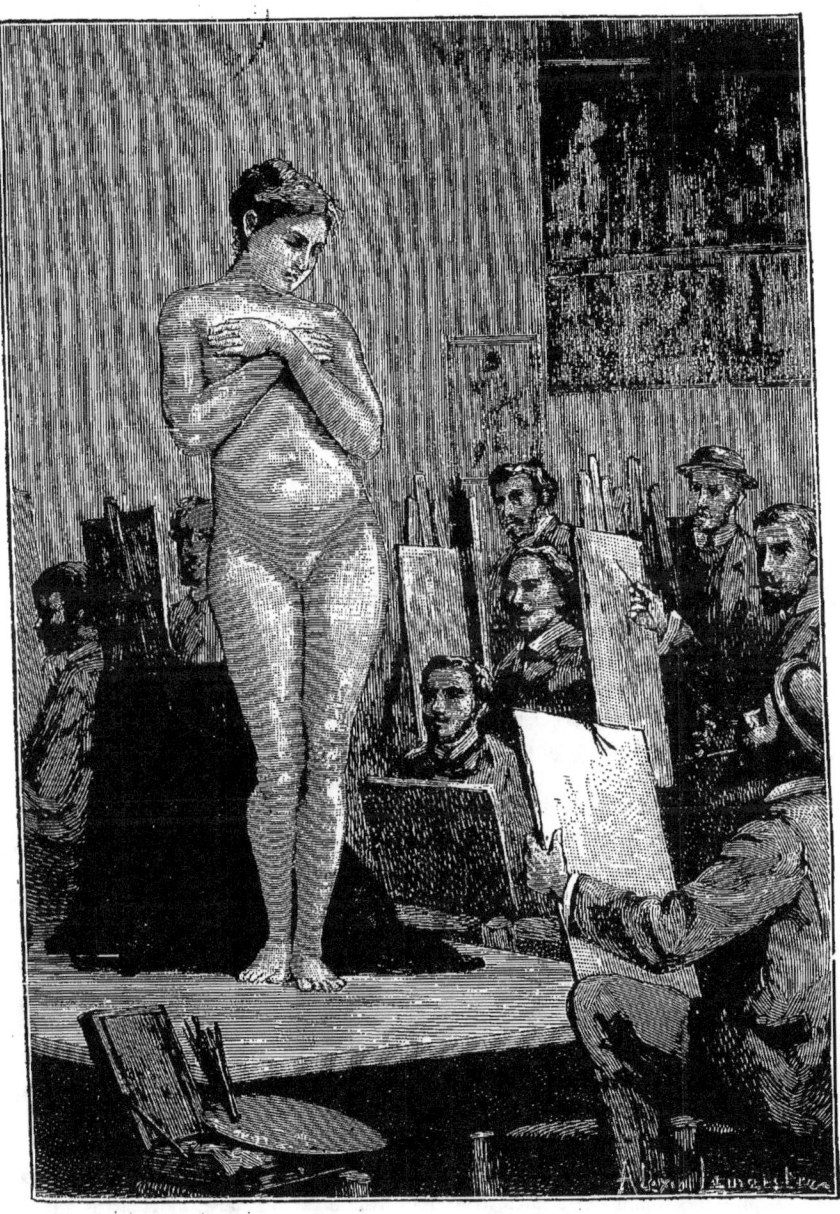

Les bras croisés sur ses seins, la tête baissée, elle resta debout au milieu
de trente regards qui l'étudiaient et la critiquaient (p. 140).

H. MALOT. — VICTIMES D'AMOUR.

ont eu raison. Mais, tiens, là, sur la crête de ce fossé, il y a, parmi les herbes, une myriade de fleurs plus gracieuses les unes que les autres ; rien n'est plus doux à voir, ton esprit en est réjoui et tu voudrais toujours en jouir, n'est-ce pas? Eh bien ! fais-en un bouquet, prends au hasard ou choisis, porte-les dans ta chambre, pose-les délicatement sur le plus précieux de tes meubles, et dors tranquille, leurs parfums embaumeront ton sommeil, et, le matin, leurs corolles devront éblouir tes yeux ; mais, pendant la nuit, elles t'auront si bien embaumé, ces fleurs pleines de grâces, que, ni le matin ni jamais, tu ne te réveilleras plus. Voilà les femmes. Moi, qui te parle, j'ai été empoisonné de cette manière ; cependant j'avais choisi une triste petite fleur, poussée sur le haut d'une muraille parisienne, une pauvre giroflée chétive et humble ; heureusement pour moi, j'avais la vie plus dure que la fleur, c'est ce qui m'a sauvé ; c'est égal, je m'endormais et il était temps de casser le carreau. Si je te la contais, l'histoire de la giroflée des murailles, tu verrais qu'elle est la même que celle de la belladone et de la pomme épineuse ; toutes, le plus magnifiquement du monde, versent le poison dans la nature : c'est leur mission.

— Pourquoi toi, que je n'ai jamais vu sérieusement amoureux, ne parles-tu de l'amour qu'avec amertume et des femmes qu'avec mépris? Que t'ont-elles fait?

— Ce qu'elles t'ont fait à toi-même ; à moitié tué, elles m'ont fait incrédule, quand j'aurais pu rester simple et bon ; je vais te le dire, ce qu'elles m'ont fait, et si l'exemple d'autrui peut servir à quelque chose, tu verras comment on se console, et ce que coûte un peu de talent. Allons jusque là-bas, à la croisée des deux routes, nous nous coucherons à l'abri des pommiers en fleur.

III

Lorsque j'entrai à l'atelier Glorient, j'avais dix-sept ans, et je venais de perdre mon père. Tu sais que je ne suis pas le fils d'un prince, je ne te parlerai pas de ma haute naissance. Mon père avait commencé la vie comme ouvrier mécanicien ; après de dures années il s'était établi, sa maison n'avait point prospéré, et il était redevenu ouvrier. Pour toute fortune, il me laissa une éducation faite aux écoles de la ville, un petit mobilier et un capital de trois mille francs, qui nous venait de ma mère, morte sans que je l'aie jamais connue. Trois mille francs pour attendre la gloire pendant huit ou dix ans, c'était peu ! J'avais bien un oncle fermier en Picardie, qui m'offrait de me prendre chez lui, et de me traiter comme ses autres garçons, mais je refusai ; je voulais être peintre. Ce caprice ou cette vocation, le mot est à ton choix, m'avait été inspiré par un brave homme de voisin, peintre de portraits, qui, me voyant jouer souvent dans la cour commune, m'avait pris une fois pour lui poser un petit tambour de la République, dans un fameux tableau de bataille auquel il travaillait depuis dix ans, et dont il parlait depuis vingt. Je lui avais plu, j'étais retourné souvent le voir, lavant ses brosses, nettoyant sa palette, faisant ses commissions dans le quartier, et il avait fini par m'apprendre un peu de dessin, très peu d'italien et beaucoup de calembours. Lorsqu'il me vit bien décidé, après la mort de mon père, à essayer de la peinture, il eut pitié de moi : « Je vais te donner une lettre pour Glorient, me dit-il, il s'occupe de ses élèves, et j'espère qu'à ma demande il voudra bien te recevoir sans exiger de contribution. » La recommandation de mon vieil ami fut bien accueillie, et Glorient me dit, assez gracieusement, que je pourrais travailler avec lui tout le temps que je voudrais, sans rien payer.

Son atelier était alors dans toute sa splendeur, il n'y avait pas moins de soixante élèves inscrits ; cinq ou six travaillaient sérieusement, les autres étaient de beaux fils de famille, qui se donnaient le luxe de la peinture pour passer quelques années à Paris, et cacher leur nullité sous le nom d'artiste. J'entrai à l'atelier, comme on va au feu pour la première fois, c'est-à-dire avec un mélange de joie, de peur et d'orgueil. J'étais gauche, et bêtement vêtu, on se moqua de moi ; bientôt on sut, par le massier, que je ne payais rien, et l'on me méprisa : ces messieurs n'avaient point oublié leur collège et les boursiers. Je devins leur bête noire ; on me fit toutes les charges connues, on réédita les anciennes, on en inventa de nouvelles. Pendant un an, j'ai passé plus de nuits à pleurer qu'à dormir ; à la fin, je me consolai en me répétant sans cesse qu'un jour j'aurais plus de talent qu'eux tous, et je piochai ferme. Quand le modèle était parti, j'allais travailler au Louvre ou aux Estampes, et le soir, de six à dix heures, à la bibliothèque Sainte-Geneviève. Cela dura ainsi pendant quatre ans.

Pendant ces quatre années, je n'avais dépensé que deux mille francs, aussi n'étais-je pas précisément gras ; mais, chose plus importante, j'étais un des préférés du patron, et presque toutes les semaines, outre mon étude, je lui montrais une esquisse, peinte dans sa manière, que j'avais assez bien attrapée. J'étais aussi devenu un des anciens, car, pour ce qu'on voulait apprendre chez nous, on ne restait pas longtemps ; je commençais enfin à me trouver assez heureux ; je croyais à l'avenir.

Un jour du mois de mars, — c'est ici que tu dois redoubler d'attention, — un jour du mois de mars, nous étions tous à travailler, chantant, fumant, disant des niaiseries ; le modèle était sur la table, et le poêle, rouge jusqu'à moitié du tuyau, ronflait; au dehors, il faisait un vent froid. Une jeune fille entra.

« Qui demandez-vous ? » dit celui d'entre nous qui se trouvait le plus près de la porte.

Tous, nous levâmes les yeux, croyant que c'était une maîtresse qui venait chercher son amant, et curieux de savoir à qui elle allait s'adresser.

La jeune fille balbutia quelques mots que nous n'entendîmes pas, et celui qui l'avait arrêtée lui répondit en désignant le massier.

Elle s'avança timidement au milieu des chevalets et des chaises.

« Messieurs, dit le massier, mademoiselle demande à poser ici.

— Faut la voir, » dirent quelques voix.

La jeune fille parut ne pas comprendre.

« Vous n'avez pas encore posé ; continua le massier.

— Non, monsieur.

— Ça se devine ; avant de vous accepter, ces messieurs demandent à vous voir. »

Elle ne répondit rien.

« Est-ce que vous ne comprenez pas ?

— Mais... monsieur...

— Mon enfant, on ne peut pas vous prendre sans vous connaître ; vous avez une tête très jolie, c'est vrai ; mais, enfin, rien ne nous dit que le reste... que diable ! Ici nous ne sommes pas des hommes ; si vous voulez poser, il faut vous déshabiller et monter sur la table. Ohé ! Maria, fais place à mademoiselle, et chauffe-toi un peu. »

Le modèle descendit, mais la jeune fille ne bougea pas : de pâle qu'elle était en entrant, elle était devenue d'un rouge coquelicot ; enfin, elle fit quelques pas en arrière comme pour s'en aller, hésita quelques instants, puis, revenant, elle ôta son châle, dégrafa lentement sa robe, et un à un, les yeux à terre, elle défit tous ses vêtements. Par hasard, j'étais près d'elle ; pour l'aider à monter sur la table, je lui donnai la main ; et, les bras croisés sur ses seins, la tête baissée, les lèvres frémissantes, elle resta debout au milieu de trente regards qui l'étudiaient et la critiquaient.

« Rien d'arrêté, disaient les uns, — pas de méplats, disaient les autres, — les bras trop courts, — la tête trop grosse. »

Pour moi, je la trouvais ravissante. Elle avait seize ans à peine ; ses cheveux étaient d'un blond paille, ses yeux bleus avaient des cils longs et épais ; la forme de la tête était d'un ovale parfait, le corps jeune, frais, ferme et rose comme je n'en avais jamais vu.

Elle descendit

« Comment vous appelez-vous ? dit le massier.

— Pascaline.

— Eh bien, mademoiselle Pascaline, vous pourrez venir la semaine prochaine, lundi, à huit heures. »

Elle se rhabilla ; sa toilette ne fut pas longue : une petite robe d'indienne, un châle et un seul jupon ; mais, chose à laquelle nous n'étions guère habitués, du linge blanc. Elle sortit en nous remerciant.

« En voilà une qui faisait sa tête pour se déshabiller, dit le modèle en reprenant la pose, j'ai cru qu'elle avait une maladie ou une peau d'animal sur le corps.

— Tu n'as donc jamais eu de pudeur, toi ? dit un des anciens.

Le lundi suivant, pour choisir une bonne place, j'arrivai le premier. J'étais en train d'écrire mon nom sur le tableau quand Pascaline entra.

Elle alla au poêle, et sécha ses pieds mouillés. Je m'approchai d'elle, et quoique je n'en eusse pas besoin, je me chauffai aussi.

Alors levant les yeux sur moi :

— Monsieur, me dit-elle d'une voix fraîche et douce, est-ce que vous voudriez bien être assez bon pour me dire ce que je vais avoir à faire ?

— C'est assez simple, mademoiselle ; il faudra vous tenir immobile dans la pose qu'on vous donnera.

— Comme l'autre jour ?

— Ne vous effrayez pas, » lui dis-je le plus doucement possible ; et je me mis à lui débiter que l'art était chaste, que nous ne la verrions qu'au travers de l'art, enfin toutes les blagues de l'esthétique la plus pure et la plus transcendante.

On entra, je me tus aussitôt et me mis à préparer ma toile. Petit à petit on arriva ; quand tout le monde eut choisi sa place, on commença à travailler. J'étais sur le premier rang, juste en face de Pascaline. On lui avait la poitrine bombée, donné une pose gracieuse, mais atroce : debout, le corps un peu cambré, les bras croisés par-dessus la tête ; la pauvre enfant avait accepté, mais il n'y avait pas dix minutes qu'elle était en place, qu'elle avait déjà remué vingt fois, et de tous les côtés ç'avait été un concert de cris et de rappels plus ou moins doucement accentués :

« Vous perdez la pose ; — ne remuez donc pas ; — levez un peu la tête ; — ne laissez pas tomber votre bras. »

La pauvre petite tâchait d'obéir à tout le monde, mais elle commençait à ne plus savoir à qui répondre, ses yeux étaient gros de larmes retenues. J'en eus pitié :

« La pose est impossible, dis-je avec assez de douceur, mais en même temps avec fermeté.

— Martel est amoureux du modèle, — Martel veut faire le modèle : — à bas Martel ! »

Sans me déconcerter :

« Voyons, voulez-vous perdre la séance, oui ou non ? si vous ne le voulez pas, laissez-moi la poser.

— Non, non, — oui, oui, — mon esquisse et à moitié faite, » etc.

Deux ou trois anciens vinrent à mon secours : je lui donnai une pose facile à garder, assise sur un tabouret que j'avais recouvert de ma blouse, les membres dans une position appuyée, la tête tournée vers ma place. En lui prenant les bras nus, je les sentais froids et tremblants, tout le sang s'était arrêté au cœur, elle ne savait ce qu'elle faisait.

On recommença. Elle ne me quittait pas des yeux ; suppliante et reconnaissante à la fois, elle me demandait conseil et appui ; je l'encourageais, je la soutenais, et sans qu'elle osât me sourire je voyais un doux merci dans son regard. Cela marcha à peu près bien.

Au déjeuner, il y eut un plus long repos ; les uns s'en allèrent au restaurant, les autres, et j'étais de ces autres, restèrent à manger leur pain autour du poêle. Pascaline, entortillée dans son châle, était au milieu de nous. Deux ou trois élèves lui parlaient, et, doucement, elle répondait. Comme elle ne mangeait pas, et que je ne voyais point qu'elle eut rien apporté, je lui offris la moitié de mon pain ; elle refusa d'abord, puis elle finit par accepter.

A midi, le patron arriva. Pascaline lui plut ; il la trouva jolie, et lui fit quelques compliments.

Il y eut une réaction dans tout l'atelier ; mes beaux camarades, qui l'avaient négligée parce qu'elle n'avait pas de chic, se mirent à la déclarer charmante et à l'entourer, — le patron avait parlé.

Cet empressement subit me flatta peu, mais, comme en partant ce fut à moi qu'elle donna son dernier sourire, je me consolai vite, et tout en m'en allant au Louvre, j'étais si heureux que je bousculais tout le monde dans le ruisseau. — A nous regarder ainsi, les yeux dans les yeux, l'amour m'était descendu au cœur.

Le lendemain, elle n'était plus la triste abandonnée de la veille ; on lui offrait des pastilles, de la pâtisserie, enfin toutes les séductions en usage dans l'atelier ; mais toujours ses yeux étaient sur mes yeux, et il me semblait qu'une douce chaleur passait de l'un à l'autre. Au déjeuner, malgré le cercle qui l'entourait, malgré les gâteaux qu'on lui offrait, elle vint à moi, et de sa voix presque caressante :

« Monsieur Martel, est-ce que vous n'avez pas trop de pain aujourd'hui. »

Jamais je n'avais ressenti pareille émotion ; ces simples paroles me bouleversèrent. Je partageais mon pain avec elle, et elle le grignota gentîment. Voilà les femmes, mon cher Maurice : qu'elles nous aiment, elles partagent joyeusement notre pain sec; qu'elles ne nous aiment plus, elles refusent notre pâtisserie pour aller demander un morceau de pain sec à notre voisin.

Je fus pris tout entier et je ne pensai plus qu'à Pascaline ; mais je n'étais pas pleinement heureux, car je ne savais comment lui dire mon amour, comment elle l'accueillerait, et j'avais encore la crainte de bientôt la perdre, puisque le lundi suivant, comme à l'ordinaire, devait venir un autre modèle. Avec une hardiesse dont je m'étonne encore, je trouvai moyen de parer à ce danger : c'était de commencer, d'après elle, un sujet, et de la prier de venir poser chez moi.

Timidement je fis ma demande, naïvement elle l'accepta.

Quand on le sut dans l'atelier, ce fut une explosion générale ; je fus unanimement accusé d'attentat à la morale publique, et quelques camarades, qui avaient eu la même intention que moi, et que j'avais prévenus, déclarèrent mon procédé ignoble ; et, en cachette, ils la demandèrent pour la semaine suivante.

Elle vint chez moi. Tu comprends que là il ne pouvait être question d'une pose d'atelier, je l'aimais.

Je commençai donc une étude de tête; mais, en réalité, je ne travaillai guère, et mes yeux furent plus souvent sur le modèle que sur la toile. Je m'arrêtais à chaque minute, et c'était elle-même qui me rappelait à l'ordre.

Elle me conta son histoire: abandonnée par son mari, sa mère était devenue la maîtresse d'un tailleur, qui bientôt les avait battues toutes les deux. Quand elle avait eu seize ans, il avait voulu la vendre à un de leurs voisins; elle s'était sauvée chez une de ses amies plus âgée qu'elle, qui posait chez les photographes, et qui souvent lui avait offert son lit et sa chambre, si jamais elle avait besoin d'un asile. Bientôt il lui avait fallu se sauver encore pour des raisons qu'elle ne me dit pas, mais que je devinai facilement à sa rougeur. C'était alors qu'elle était venue à notre atelier comme dernier refuge.

Toute la journée nous restions ensemble, nous dînions et nous déjeunions ensemble, et le soir je la reconduisais au garni qu'elle avait loué dans une maison borgne de la barrière Blanche. Chaque jour je voulais parler, chaque soir je la quittais sans avoir osé lui rien dire.

Le dimanche arriva, et la pensée qu'elle allait me quitter et que d'autres l'attendaient me donna du courage, je parlai; et, ce soir-là, ni les autres soirs, elle ne retourna plus à la barrière Blanche.

Tu as été aimé; juge de mon bonheur par le tien; il était le même, puisque alors je n'en imaginais pas, et que depuis, je n'en ai point rêvé d'autre qui fût aussi grand, aussi profond ; — d'ailleurs, ce n'est pas pour te parler de mes joies, mais pour te dire ce qu'il en advint, que je te fais ce récit.

Pascaline était l'enfance même, naïve et joyeuse : tout lui causait étonnement ou plaisir. Mon logement était misérable ; elle voulut le ranger, l'épousseter, le nettoyer, et elle joua au ménage comme une petite fille. Un rien la mettait en fête ; une boîte d'épingles la ravissait, quand je lui apportai son premier chapeau, un chapeau qui coûtait dix francs, ce fut une explosion de contentement et de reconnaissance. Ah ! mon ami, qu'elle était charmante avec ce petit chapeau, et sa couronne de bleuets se mariant à ses cheveux blonds !

Depuis mes amours, je ne paraissais presque plus à l'atelier, j'y courais seulement une heure, pendant que Pascaline restait encore couchée, et vite je revenais la rejoindre pour déjeuner avec elle sur notre lit.

Quand il faisait beau, nous partions pour la campagne. Nous allions à Chaville ou dans le bois de Meudon ; comme une biche échappée, Pascaline courait et sautait au milieu des herbes ; c'étaient de longues chasses après les papillons, de rudes escalades pour les nids des oiseaux. Je n'avais pas encore vu la nature ; je la vis alors pour la première fois, à travers mon amour. Souvent aussi, nous nous en allions à pied jusqu'à Puteaux. Je connaissais dans l'île un pêcheur et sa femme, je les hélais du rivage, ils venaient nous chercher dans leur bachot, et nous passions la journée avec eux. Ils nous avaient fait des lignes, à Pascaline et à moi ; et à l'abri du soleil, sous de grands saules argentés qui tombaient dans la Seine, nous essayions de pêcher ; bientôt l'impatience nous gagnait, nous nous asseyions sur le gazon feutré de longues herbes, elle venait sur mes genoux, nous nous embrassions, nous causions tendrement, et nous nous embrassions encore ; puis, je tirais un livre de ma poche, et lui lisais quelques pages. Je lui refaisais, ou plutôt, je lui faisais une petite éducation ; je ne la voulais pas savante, mais je lui parlais des maîtres du cœur et de l'esprit, je lui apprenais tout doucement à ne pas dire : des yeux de sphinx, des attitudes de lynx, une voix de centaure, un chaircuitier, et je m'en rappelle pour je m'en souviens ; je lui apprenais aussi à ne pas découper les huîtres à la fourchette et au couteau, comme un beefsteack ou une aile de poulet ; et je réussissais assez bien : la femme, je t'assure, est très facile à vernir. Ça n'est pas solide, mais ça brille presque tout de suite.

Cela dura cinq mois, cinq mois de bonheur sans un nuage ; mais un jour, en fouillant dans le tiroir à l'argent, je le trouvai presque vide ; de mes derniers mille francs, il ne restait plus que quelques louis ; en cinq mois, à

Quand je revins à la raison, j'étais dans une des grandes salles de la Charit.... (p. 147

H. MALOT. — VICTIMES D'AMOUR.   LIV. 19

nous deux, nous avions autant dépensé que moi seul en deux ans. C'était assez désagréable ; dans ma présomption, je crus que ce n'était point irrémédiable ; hélas ! que je me trompais ! J'en savais assez pour ne pas mourir de faim, je trouvai à moitié prix quelques bois d'illustration et des petits modèles pour les fondeurs. Pascaline, aussi, voulut travailler : elle savait un peu coudre, elle était proprement vêtue, elle entra chez une couturière.

Nous ne nous voyions plus que le soir, et pour aller à la campagne nous n'avions que le dimanche, mais nous étions encore heureux, puisque nous nous aimions.

La grande préoccupation de Pascaline avait toujours été la toilette ; mais, depuis que nous ne pouvions plus satisfaire ses désirs, cette préoccupation était devenue de plus en plus vive ; quand, maintenant, nous sortions le soir, c'étaient des stations et des admirations éternelles devant les magasins, et le matin, quand elle s'habillait, c'étaient des plaintes et des soupirs mal étouffés ; elle se fâchait contre sa robe qui s'éraillait, contre son chapeau qui se défraîchissait ; elle se dépitait contre notre glace qui était trop petite ; montant sur une chaise, elle s'attifait et se ballonnait avec des chatteries et des mines qui m'auraient fait bien rire, si elles ne m'avaient pas affligé ; car je souffrais de la voir ainsi, et plus encore de ne pouvoir pas la contenter. Hélas ! c'était bien impossible, et même c'était difficilement qu'à nous deux nous gagnions assez pour manger. Cependant, comme je ne voyais dans ces symptômes que les mauvaises influences de ses camarades, je me rassurais et me consolais.

Il y avait un mois que ces tiraillements m'inquiétaient, quand tout à coup ils cessèrent ; je retrouvai ma Pascaline d'autrefois, la Pascaline toujours rieuse, toujours tranquille, toujours contente. En même temps, je remarquai un peu plus de recherche dans sa toilette. Elle s'acheta une robe, et comme elle me voyait surpris, elle m'expliqua que, grâce à ses progrès, grâce surtout à son activité, elle gagnait davantage ; et que, d'ailleurs, c'était une occasion qui lui avait été procurée par sa maîtresse. J'avais confiance, je la crus.

Un samedi, c'était, autant que je me le rappelle, trois semaines après cet entretien, elle me quitta plus tendrement que de coutume, elle m'embrassa à plusieurs reprises, revint pour m'embrasser encore, et me dit de n'être point inquiet si elle ne rentrait pas le soir, qu'ayant beaucoup à travailler elle passerait peut-être la nuit, comme cela lui était déjà arrivé : je n'eus pas le plus petit soupçon ; je savais qu'elle rentrerait le dimanche, dans la matinée.

Toute la journée du dimanche s'écoula sans que je la visse. N'y pouvant plus tenir, j'allai le soir à son magasin. Il était fermé. Où était-elle? Le lendemain matin, dès six heures, j'y retournai ; à huit heures seulement, je pus parler à la maîtresse. Depuis un mois, Pascaline ne travaillait plus chez elle, et aucune des ouvrières ne savait ce qu'elle était devenue.

Je revins chez moi ; il me semblait que ma tête était ouverte, et que ma raison s'en allait. Chez moi, il n'y avait personne ; machinalement, je me dirigeai vers l'atelier ; je m'assis à ma place, j'ouvris ma boîte, je pris mes brosses, puis, quand je voulus me mettre à travailler, je poussai un cri et tombai raide à la renverse.

J'ai su, depuis, qu'on m'avait porté chez moi et que j'y étais resté trois jours dans le délire.

Quand je revins à la raison, j'étais dans une des grandes salle de la Charité. J'avais une fièvre cérébrale ; j'y demeurai quarante-cinq jours.

Enfin, je pus rentrer chez moi, j'étais guéri de corps, mais le cœur...

Peu à peu je repris mon travail, mais je n'étais plus ce que j'avais été autrefois ; avec le bonheur s'en étaient allées la pureté, la bonté ; j'étais un homme.

Mon premier soin avait été de chercher Pascaline, et je n'avais pu rien apprendre. Alors, j'étais tombé dans un morne chagrin qui, à la longue, m'avait rendu à moitié stupide et tout à fait indifférent à ce qui m'entourait. J'étais ainsi perdu dans mes regrets, lorsqu'un matin, à l'atelier, je trouvai la femme qui posait quand Pascaline était venue pour la première fois ; ce fut par elle que j'appris comment j'avais été trompé ; voici ce qui s'était passé ;

Pendant le dernier mois de nos amours, au lieu d'aller chez sa maîtresse, comme elle me le disait, Pascaline, entraînée par son besoin de gagner de l'argent pour sa toilette, avait été poser chez un photographe où l'on fabrique ces groupes pour le stéréoscope que la police saisit quand elle les trouve, mais que, le plus souvent, les étrangers, payent très cher et recherchent avidement. Elle avait été amenée là par une de ses camarades d'atelier ; on lui avait bientôt fait les propositions les plus tentantes pour la vanité d'une pauvre fille, et, gagnée par le luxe, elle était partie pour l'Italie, avec un jeune Anglais.

Je la croyais à jamais perdue, et, sans m'en consoler, je trouvais dans cette pensée, que je ne la reverrais plus, un certain soulagement : il me semblait presque que j'étais guéri. Je fus trop tôt détrompé.

Je reçus une lettre de Pascaline, elle était à Paris et demandait à me voir.

En lisant cette lettre, je compris seulement combien je l'aimais encore ; ce fut précisément cet amour et la certitude où j'étais qu'il me serait impossible de la revoir sans la reprendre, et de faire ainsi notre malheur à tous deux, qui me donna la force de ne pas lui répondre.

Elle m'écrivit de nouveau, me demanda pardon, et me dit que, si je ne voulais point aller à son rendez-vous, ce serait elle qui viendrait chez moi.

Pendant quinze jours je ne rentrai pas, et, par ce sacrifice, qui peut-être me fut plus cruel que ne me l'avait été son abandon, je me crus sauvé; mais, un matin, je la trouvai à l'atelier. Elle venait poser.

Te dire ce que j'éprouvai à sa vue est impossible; il me sembla que j'étais repris de ma fièvre.

Je la regardai le plus bravement que je pus; mais elle n'était plus celle que j'avais aimée : ses yeux étaient plus hardis, sa démarche était plus facile, son geste plus gracieux; elle tordait ses cheveux d'une façon provocante, ses épaules s'étaient arrondies, son sein était plus large et plus gonflé, sa voix était moins pure et moins fraîche.

On voulut la placer.

« Oh! c'est inutile, » dit-elle.

En un tour de main elle défit ses vêtements, qui étaient d'une richesse insolente; sans aide, elle monta sur la table, et nous regardant tous :

« Est-ce bien ainsi? » dit-elle.

C'était la même pose que la première fois : ses yeux dans mes yeux.

Était-ce un défi ou une prière? J'eus l'amour-propre de ne pas reculer, et je me fis le serment de ne point rencontrer son regard; mais ce fut impossible, il me brûlait, il m'attirait, il relevait ma paupière; nos yeux se rencontraient et mon cœur bondissait.

Je me sentis trop faible; au repos, je changeai de place : si elle avait commencé par la prière, ce fut dès lors et bien décidément un défi.

Tu sais combien nous sommes libres entre nous; elle dépassa encore cette liberté : plus charmante qu'elle n'avait jamais été, on s'empressait autour d'elle, et à tous elle répondait; je la voyais causant, riant, se laissant prendre dans les bras, s'asseyant sur les genoux de ceux qui l'attiraient.

Quand elle sortit, je la vis monter dans une petite voiture qui l'attendait à la porte. Ce n'était donc pas le besoin qui l'avait ramenée à l'atelier; c'était l'amour ou la vengeance.

Pendant la semaine entière, ce fut ainsi; je souffrais toutes les douleurs de la jalousie; cependant j'allais chaque jour à l'atelier, je trouvais un cruel plaisir à la voir; mais je te le répète, ce fut atroce, et je n'imagine pas qu'il puisse y avoir des tortures aussi horribles que celles que, pendant ces huit jours, j'endurai.

Enfin, elle partit sans que nous eussions échangé un seul mot, et je retombai dans mon abattement; je tremblais à chaque instant de la trouver chez moi, mais elle ne vint pas, et, pendant six mois, je n'entendis point parler d'elle; je croyais que c'était bien fini, et cependant ça ne l'était pas.

Un soir, en rentrant, j'aperçus une femme sur mon carré : c'était Pascaline; je voulus descendre, elle m'arrêta :

« Si tu m'as aimée, dit-elle, aie pitié de moi. »

Sa voix faible et à peine distincte m'effraya.

J'entrai, elle me suivit. Elle était pâle, maigre, ses yeux étaient caves, ses pommettes saillantes; sa robe de soie noire était déchirée et tachée.

« Je viens à toi, dit-elle en s'asseyant, parce qu'il n'y a que toi qui m'as aimée et parce que tu es le seul aussi que j'ai aimé. Il paraît que je suis malade de la poitrine et que je n'en ai plus que pour peu de temps ; alors, quand je l'ai su, j'ai voulu te revoir une dernière fois et te demander un service : c'est que tu me promettes de venir réclamer mon corps. On dit qu'on coupe ceux qui ne sont point réclamés, et j'ai peur de ça; — peut-être bien que c'est bête, enfin j'en ai peur, et si tu voulais me le promettre, je serais plus tranquille. »

Je me détournai pour cacher mes larmes, car en la voyant, et plus encore en l'écoutant, j'avais été pris d'une immense pitié.

« Allons, ma pauvre enfant, lui dis-je, en essayant de rendre ma voix calme, tu n'es pas aussi malade que tu crois.

— Si, je ne peux plus monter les escaliers, je tousse toutes les nuits, et puis j'ai le fond des mains et la plante des pieds qui me brûlent toujours, et ça, on dit que c'est très mauvais signe.

— Alors il ne faut pas t'en aller, reste ici, on te soignera.

— Ça c'est impossible; je te remercie bien tout de même, mais je ne peux pas. Si je ne t'avais pas quitté, ce serait bon, mais maintenant... Et puis tu ne pourrais pas, vois-tu; ça durera peut-être encore longtemps, tu ne travaillerais plus, enfin ça coûte cher... »

J'insistai; elle se défendit longtemps; elle finit par céder.

« Couche-toi, lui dis-je.

— Et toi?

— Moi, je serai bien pour cette nuit dans mon fauteuil.

— Oh! non, je ne veux pas; je sais bien que nous ne pouvons plus être ensemble comme autrefois. Au moins prends un matelas. »

Malgré moi, elle me fit un lit.

Quand le jour parut, j'allai chercher un médecin; elle avait réellement une phtisie confirmée; mais à force de soins, entourée de bien-être et de tranquillité, elle éprouva rapidement un peu de mieux; la toux diminua, la respiration devint plus facile.

Elle était pour moi pleine de douceur et de reconnaissance, et nous vivions presque comme aux premiers jours, avec cette différence cependant que tous deux nous évitions ce qui pouvait rappeler le passé et nous reporter au temps de notre bonheur.

Après un mois de soins, le mal paraissait enrayé; elle allait, elle rangeait, et redevenait fraîche; ses yeux seuls conservaient un éclat brûlant; mais si physiquement elle ne souffrait plus, moralement nous souffrions tous les deux, car tous les deux nous nous aimions encore, et tous les deux nous vivions dans une gêne perpétuelle, elle par crainte, moi par un reste d'orgueil.

Une nuit que je dormais, je fus éveillé par une haleine chaude qui courait sur mon front. J'ouvris les yeux, je vis Pascaline penchée sur moi.

« Qu'as-tu? lui dis-je en sursaut.

— Oh! rien, répondit-elle en se relevant, je voulais voir si tu dormais. »

Mais bientôt revenant vers moi : « Eh bien! continua-t-elle, ce n'est pas la vérité : je venais t'embrasser et te remercier pendant que tu dormais. Toutes les nuits je viens comme ça : je me mets à genoux près de toi, je prie le bon Dieu que tu me pardonnes avant que je meure, et je t'embrasse tout doucement. »

Je la pris dans mes bras ; tout fut oublié.

Le matin elle voulut acheter une petite robe pareille à celle qu'elle mettait autrefois; elle se coiffa comme elle se coiffait autrefois; elle prit un petit chapeau avec des bleuets, et comme autrefois encore nous retournâmes à la campagne.

Ce ne fut pas pour longtemps. Un soir, elle gagna froid! le lendemain, tous les symptômes de sa maladie reparurent plus violents, et huit jours après elle était morte, morte dans mes bras en me bénissant et en me demandant encore pardon. »

A cet endroit de son récit, Martel s'arrêta; puis se levant, il se mit à marcher à grands pas sous les pommiers qui, doucement agités par la brise, jonchaient la terre de leurs fleurs odorantes. Enfin un peu plus calme, il revint vers Maurice :

« Je restai tout seul à la veiller, et tout seul aussi je la conduisis au cimetière, car, par orgueil, pour ne pas avouer que j'avais pardonné, je n'invitai aucun de mes camarades.

En rentrant chez moi, en me retrouvant dans ma chambre déserte, en revoyant le lit où ma chère petite morte avait laissé son empreinte moulée, je me jetai sur ce lit, et, éclatant en sanglots, je baisai la place où se voyait encore la forme de sa tête bien-aimée.

Bientôt je me mis à boire. J'entrais chez un marchand de vin, et d'un seul coup j'avalais un grand verre tout plein d'absinthe. Alors seulement je pouvais dormir.

Après six mois de cette vie, j'étais moins guéri que le premier jour; je sentais que ma tête se creusait, et il ne me fallait plus qu'un seul petit verre. Alors je ne sais comment cela se fit, mais je pensai à mon oncle; je vendis le peu que j'avais, et j'allai chez lui.

Pendant une année, je travaillai à la terre comme le plus dur des paysans; j'étais infatigable, je devins habile : je fendais un sillon aussi droit que le meilleur charretier, et je mettais quatre cent bottes de foin sur une voiture avec une solidité et une régularité qui me valaient d'unanimes compliments. « J'étais un fameux gas. »

Au bout de cette longue année, je n'étais pas consolé, mais j'étais calmé. Je pus reprendre mes brosses et mes toiles. J'avais vu la nature au travers du bonheur, je l'avais vue au travers de la peine; elle m'avait parlé; j'avais entendu et compris sa grande voix, je connaissais ses joies, ses douleurs, ses mystères, je tâchai de les traduire; elle devait être désormais ma seule maîtresse, je l'aimais de tout mon cœur. J'y travaillai pendant trois ans. Alors, croyant être quelqu'un, je revins à Paris. Je présentai six tableaux à l'exposition, on en reçut deux. Un seul critique me fit l'honneur de s'occuper de moi, et se donna la peine de me comprendre; il était inconnu, et comme lui aussi je fus inconnu. Je persévérai. A la seconde exposition, on ne me reçut qu'une toile; il y avait progrès. A la troisième, on me les refusa toutes. Mais alors mon critique s'était fait un nom avec un superbe roman, il se fâcha, me consacra deux articles, et ses confrères et le public apprirent qu'il y avait un nommé Martel. Maintenant, c'est assez généralement connu; et, quoiqu'on discute beaucoup mes tableaux, on continue à les acheter assez peu; on attend que je sois mort pour les payer; aussi comprendrais-je que tu te tuasses si tu étais à ma place, ton œuvre y gagnerait; mais puisque tu n'as pas d'œuvre, à quoi ça te servirait-il? Attends un peu. »

IV

Pendant plusieurs jours, les deux amis ne parlèrent que de Pascaline; on la compara à Marguerite; on rechercha celle qui avait été la plus coupable, celui qui avait été le plus malheureux.

« Enfin, tu t'es consolé, disait Maurice.

— Tu te consoleras, » répondait Martel.

L'histoire de Martel lui avait fait du bien, elle avait donné un aliment à son esprit, fourni matière à leurs entretiens; et même, dans la pensée qu'un autre avait souffert comme lui, il trouvait presque une sorte de consolation.

Mais ce qui était véritablement incurable, c'était son idée fixe de revoir Marguerite.

« Il y a dans *David Copperfield*, répondait Martel à bout d'arguments, un brave homme de pêcheur à qui on a enlevé sa nièce, et qui tout bonnement, sans savoir où elle est, s'en va à sa poursuite, en France, en Allemagne, en Italie, et qui finit par la retrouver; c'est très poétique; mais je te ferai remarquer : 1° que cette idée ne peut être acceptée que par les Anglais, qui, considérant le monde entier comme la banlieue de Londres, s'en vont à Pékin comme nous allons à Ville-d'Avray ; 2° que, pour entreprendre un pareil voyage, il nous faudrait beaucoup d'argent; or, ce n'est pas notre côté le plus brillant. Si tu crois pouvoir gagner la nourriture et le foyer en chantant tes ballades sur le grand chemin, partons au pourchas de ta belle, je ne demande pas mieux, ça aura même une couleur moyen âge, d'un ragoût crânement artistique; mais si tu ne le crois pas, allons tout doucement. »

Un soir que, dans une grande auberge du pays d'Auge, ils attendaient leur dîner, Maurice, qui machinalement avait pris un journal, poussa tout à coup un cri de surprise, et, tendant le journal à Martel : — « Tiens, dit-il, là, lis, lis ça. »

« On nous mande de Lannilis : A l'heure où je vous écris, le feu brûle
« encore sous les décombres, et, comme je vous le disais hier, plus de la
« moitié du village est détruite. C'est pour nous une perte à jamais irrépa-
« rable; mais il faut espérer que la Providence et la charité publique ne
« nous abandonneront pas. Déjà, avant son départ, M. le sous-préfet a
« laissé une somme de mille francs pour les premiers besoins, et M. le
« comte de Lannilis, qu'on est certain de rencontrer quand il y a du bien à
« faire, a généreusement offert un asile aux malheureux qui, sans son
« dévouement, n'auraient point aujourd'hui de toit pour s'abriter. Mme la
« comtesse, arrivée seulement depuis quelques jours, s'est elle-même
« empressée de seconder les efforts de son époux; et nous l'avons vue
« nous-même porter des secours et des consolations. A peine connue dans
« le pays, elle est déjà une bienfaitrice et une mère.

« *P. S.* Outre la perte matérielle, on a déplorer la mort de deux habi-
« tants : une femme et son enfant. Trente-quatre têtes de vaches ont aussi
« été brûlées. »

« Eh bien? dit Martel.

— Nous partons. Tu vois, elle est à Lannilis. »

Le père Gourion, le vieux *barz*, l'amusait par ses récits... (p. 156).

Martel voulut recommencer ses observations, il lui fallut céder; en une minute son œuvre fut détruite; le danger qu'il avait écarté avec tant de mal et de soins, menaça de nouveau.

Ils arrivèrent promptement à Saint-Brieuc, où ils trouvèrent une correspondance pour Lannion.

Ils n'avaient pas fait une lieue que dans la voiture on commença à parler de l'incendie.

« On dit que Mme de Lannilis s'est montrée pleine de dévouement? essaya Maurice.

— Elle vient même de retourner à Paris pour organiser une loterie; on prétend qu'avant un mois elle reviendra avec plus de quinze mille francs. »

Maurice resta stupide; puis, quand on descendit de voiture à Lannion :

« Nous allons à Plaurach, dit-il, nous attendrons son retour chez M. Michon. »

En apprenant que Maurice venait passer un mois avec lui, M. Michon l'embrassa de tout son cœur, et comme Armande et Audren entraient en ce moment même :

« Bonne nouvelle, mes enfants! s'écria-t-il; Maurice nous arrive pour un mois; embrassez-le pour le remercier.

— Mademoiselle, dit Maurice en souriant, on n'arrive qu'une fois. »

Et des lèvres il effleura le front de la jeune fille, rouge et confuse; puis, assez embarrassé lui-même, il se retourna vers Audren.

Celui-ci le regardait d'une façon si étrange, hautaine et curieuse à la fois, qu'il s'arrêta.

« Pendant un mois, dit Audren d'un ton cérémonieux, nous aurons le temps, M. Berthauld et moi, de nous connaître; je l'embrasserai plus sincèrement à son départ que je ne pourrais le faire aujourd'hui. »

Et il toucha à peine du bout des doigts la main que Maurice lui tendait.

Il y eut un moment d'étonnement et de silence.

Mais le docteur reprenant presque aussitôt :

« Va donc chercher ton frère, dit-il à Audren, et reviens avec lui; je vais faire prévenir l'abbé, nous dînerons tous ensemble. »

Puis, quand Audren fut sorti :

« Il ne faut pas lui en vouloir, continua-t-il; il est un peu ours, mais, au fond, c'est un excellent cœur.

— Dans tous les cas, dit Martel, c'est un type superbe; il porte écrits sur son visage tous les nobles instincts. »

CHAPITRE IX

ARMANDE

I

Maurice n'était pas à Plaurach depuis huit jours qu'il éprouva un calme depuis longtemps étranger à son âme et qu'il fut tout surpris de ressentir encore.

En se retrouvant dans cette maison où s'était écoulé le meilleur temps de son enfance, son cœur se desserra et s'attendrit.

En sortant dans le village où tout le monde le connaissait, où il ne s'arrêtait pas sans entendre quelque parole d'amitié, où il ne rencontrait pas un paysan sans échanger un salut affectueux, il se sentit moins seul.

A table, ayant à ses côtés Armande et le docteur, et en face de lui Martel, il lui sembla qu'il avait une famille, il comprit pour la première fois les douceurs de la paix et de l'habitude qu'il avait si souvent, lorsqu'il voulait partir pour Paris, raillées et insultées.

Comme autrefois, le soir réunissait les vieux amis pour le whist inévitable et traditionnel. Armande disposait les fiches, allumait la lampe, avançait les trois fauteuils et présentait les cartes aux joueurs ; puis, lorsqu'ils étaient en place, elle venait rejoindre les jeunes gens, et dans un coin du salon, autour d'une petite table à ouvrage, on causait joyeusement à mi-voix ; dans les moments de silence on entendait les bruits bien connus du village, et au loin le mugissement de la mer.

Au milieu de cette vie uniformément heureuse, l'engourdissement se faisait dans le cœur de Maurice ; autour de lui, il ne voyait que des visages toujours calmes et souriants, et lui-même, insensiblement, il s'habituait aussi au calme et au sourire.

De tous ceux qui l'entouraient, le seul avec lequel il ne se sentait pas entièrement à son aise, c'était Audren ; il y avait dans ce jeune homme quelque chose de hautain et d'interrogateur qui, chez les autres, arrêtait l'abandon, et, malgré ses efforts et ses avances, Maurice n'avait encore rencontré en lui qu'une froideur et une contrainte qui, tout d'abord, l'avaient surpris, bientôt l'avaient blessé, bientôt aussi l'avaient refroidi lui-même.

Cependant la nature du jeune Breton était droite et franche, mais son éducation, en exagérant ces qualités, en avait fait presque des défauts. Élevé jusqu'à seize ans près de son père, il n'avait point eu de guide, point de règle, point d'exemple. Car en vertu de certaines idées de rang et de dignité, le baron, qui cependant pratiquait fort peu ces idées pour lui-même, n'avait pas voulu que son fils fît amitié ou camaraderie avec un seul des enfants du village, et en vertu aussi de son mépris pour l'instruction, il n'avait pas daigné l'envoyer, soit au collège de Vannes, soit au séminaire de Sainte-Anne d'Auray. Le seul maître d'Audren avait été un vieux *Kloer* qui lui avait appris à lire et un peu à écrire, et l'enfant s'était formé comme il avait voulu, passant son temps dans le désœuvrement, regardant les petits paysans rire, s'amuser et se quereller entre eux, et quand son père était absent du château, s'échappant pour aller courir la campagne et tuer des mouettes sur la falaise. A la mort du baron, quand son frère, lui expliquant qu'il était sans fortune, lui avait demandé ce qu'il voulait faire, il avait répondu : « Être soldat ou marin. » M. de Tréfléan l'avait conduit au collège de Saint-Brieuc. Il s'en était échappé huit jours après. On l'y avait reconduit; il s'en était échappé une seconde fois. « Monsieur, avait-il dit à son frère, je suis trop grand pour me soumettre maintenant à la vie de collège, et je n'ai rien fait pour qu'on me mette en prison; puisque vous dites qu'il faut que je travaille, je vous prie de m'apprendre ce que je dois savoir, je vous promets de vous écouter et de vous obéir avec reconnaissance. » Pour ne pas le pousser à quelque coup de tête, M. de Tréfléan l'avait gardé près de lui. « A vingt ans, nous l'embarquerons, avait-il dit au docteur; avec ce que je lui aurai appris, il tâchera de faire son chemin. »

Malgré ses promesses d'attention et d'obéissance, Audren avait eu bien de la peine à se plier à la vie nouvelle de travail et de discipline que son frère lui avait imposée; mais ce que, même après plusieurs mois d'efforts, il n'avait pu vaincre, c'étaient son embarras devant le monde et sa saugerie. La gravité des trois amis l'intimidait; leurs habitudes sérieuses le mettaient mal à l'aise, leurs entretiens l'étonnaient et le plus souvent l'humiliaient quand il ne les comprenait pas, et au lieu de répondre à leurs avances, il se rejetait en arrière et s'éloignait d'eux le plus qu'il lui était possible. Mme Berthauld elle-même n'avait pas trouvé grâce devant lui. Tout le temps qu'il avait de libre, il le passait soit avec le père Gouriou, le vieux *barz*, qui l'amusait par ses récits et ses chansons, soit avec le lieutenant de la douane, qui l'emmenait sur la patache faire de longues courses en mer. Cela avait duré ainsi jusqu'à l'arrivée d'Armande. « Nous n'en ferons rien, avaient dit les vieux amis; c'est un trop digne fi s du baron. » Mais alors un changement s'était produit en lui. La bonté de la jeune fille l'avait apprivoisé; avec elle il s'était senti moins gauche et moins timide; elle l'avait fait parler, ils avaient joué ensemble comme deux enfants qu'ils étaient; elle lui avait révélé ce qu'il y a de bon dans le monde : le rire, la confiance, l'amitié, et il l'en avait aimée avec l'exaltation d'un cœur qui, pour la première fois, s'ouvrait à la reconnaissance. Pour lui plaire, il avait fait ce qu'il la voyait faire, et la prenant pour maître, se réglant sur elle, il s'était efforcé de dompter sa paresse pour les choses de l'esprit. « Mon sauvage commence à parler, dit un jour M. de Tréfléan; il travaille, il m'a même demandé combien il faudrait de temps de service en mer pour devenir officier. — Son père l'avait abruti, » dit le docteur. Encouragé par Armande, récompensé par une bonne parole, il était le plus heureux de la terre; mais la maladie de Mme Berthauld, en supprimant les soirées de jeu, avait brusquement interrompu ce bonheur. En ne voyant plus Armande, en la sachant près d'un autre, il avait compris la nature du sentiment que jusqu'à ce jour il avait cru une amitié ardente, et c'était la jalousie qui lui avait révélé à lui-même son amour. Avec l'enfance, l'amitié fraternelle s'en était allée; il avait alors un peu plus de dix-huit ans, et Armande en avait seize. Pendant le temps que Maurice avait passé à Plaurach près de sa mère, il était retombé dans une tristesse plus douloureuse que ne l'avait jamais été son isolement d'autrefois, et il avait fallu le départ de Maurice pour calmer le désordre de ses idées et dissiper son découragement. Mais lorsqu'il l'avait vu revenir une seconde fois avec Martel, lorsqu'il avait entendu le docteur annoncer un séjour d'un mois, il n'avait point été maître de sa colère; et c'était alors qu'il avait fait aux deux amis l'accueil qui les avait si étrangement surpris; car il avait tout de suite pressenti que ces étrangers allaient lui déranger sa vie, et il n'avait pu cacher son mécontentement; puis se comparant à eux et leur prêtant des avantages et des séductions qu'il redoutait plutôt qu'il ne les leur voyait réellement, il avait souffert dans son amour-propre. Ses craintes ne s'étaient point arrêtées là : au milieu de ces deux hommes qui le dominaient par l'âge, la parole et le savoir-vivre, il lui avait semblé qu'il ne serait plus rien; effrayé d'un voyage dont il ignorait le but et dont les vrais motifs lui échappaient, il avait cru Armande perdue pour lui; malheureux dans son orgueil, inquiet dans son amour, il n'avait pu, malgré sa volonté de vivre amicalement avec celui qu'il savait l'ami de son frère, dompter sa jalousie. De là ses manières hautaines, presque insolentes.

II

Chaque jour, d'ailleurs, lui avait donné de nouveaux motifs de chagrin et de tourment, car chaque jour avait rendu l'intimité entre Armande et les deux étrangers plus vive et plus complète.

Maurice, qui était arrivé plein de sympathie pour la jeune fille, n'avait pas tardé à sentir cette sympathie s'accroître.

Il n'avait eu d'ailleurs qu'à ouvrir les yeux pour voir son heureuse influence, non seulement sur le docteur, sur l'abbé, sur M. de Tréfléan, mais même encore dans les plus petites choses de la vie. Ainsi, la maison n'était plus dans ce désordre, et ce pêle-mêle d'un intérieur sans femme; il y avait des rideaux aux fenêtres, les araignées avaient été abattues, le bonnet de Marie-Ange ne traînait plus dans le salon, les habits de monsieur avaient abandonné la salle à manger; tout était en ordre, propre, luisant, coquet; et quand il faisait de l'orage, le docteur ne parcourait plus toutes ses chambres en criant à tue-tête : « Marie-Ange, Louise, Jeannette, fermez les fenêtres, ça claque, mes filles, ça claque. » Le docteur lui-même n'allait plus par les rues du village avec son grand paletot déchiré; à table, il ne se mettait plus en colère pour se faire servir suivant ses manies. En face de lui, Armande épiait ses désirs, et ce n'était que quand son rôle de maîtresse de maison était fini, qu'elle redevenait la petite fille de seize ans et se sauvait dans le jardin.

Martel aussi faisait sa partie dans ce concert de louanges, et, un soir que, parlant d'elle avec Maurice, il s'était écrié : « Quelle charmante fille! s'il ne fallait pas l'épouser, on l'aimerait de tout son cœur, » celui-ci l'interrompit assez brusquement :

« Rappelle-toi, je t'en prie, chez qui nous sommes. Mon emploi n'est pas celui des séducteurs, et tu voudras bien, s'il te plaît, me faire l'amitié de croire que je suis incapable de tromper une jeune fille; quant à l'épouser, tu peux avoir la même confiance; au surplus, il faudrait qu'elle voulût de moi et dans ce cas son grand-père n'en voudrait pas, il a sur les artistes des idées...

— Que je partage; les artistes ne sont pas faits pour se marier. J'ai là-dessus des opinions qui, si tu les connaissais, pourraient te rassurer. Qu'on fasse la cour à une femme, qu'elle vous repousse ou vous encourage, se défende ou s'abandonne, c'est parfait : dans tous les cas elle est prévenue et sait à merveille ce qu'on lui demande quand on lui dit :

« Madame, je vous adore et je vous conjure de permettre à mon âme d'adorer votre âme... » Avec une jeune fille, c'est autre chose : Mlle Armande peut donc être bien tranquille, ou plutôt tu peux l'être pour elle. D'ailleurs, je te le répète, j'ai une théorie sur le mariage comme j'en ai une sur l'amour. La veux-tu, ma théorie?

— Donne toujours, ça me fera peut-être rire.

— Nous allons voir. — Un arbre, c'est l'homme, s'élève jeune et fort, à son pied rampe un lierre; ce lierre, c'est la femme. Un jour l'arbre dit au lierre : « Appuie-toi sur moi, je te soutiendrai. » Le lierre accepte; c'est le mariage. Les premières années sont charmantes : le lierre enlace le tronc de l'arbre et lui fait une parure de son propre feuillage : l'arbre reçoit de cette union une nouvelle beauté. Petit à petit, le lierre monte, il gagne les branches, il gagne les feuilles, il gagne les fleurs, il gagne les fruits, il les enserre, il les recouvre, il les étouffe. L'arbre a disparu complètement; cependant il veut lutter, il pousse encore de longues et faibles branches; aussitôt le lierre les atteint et les tue. Alors l'arbre sèche en commençant par la tête; puis la mort pénètre au cœur, et il ne tarderait pas à tomber en pourriture si le lierre qui, en réalité, a besoin d'un appui pour vivre et pour briller, ne le soutenait en lui donnant un aspect riant et jeune et en lui prêtant à son tour sa force et sa vie. Cette fable montre qu'il ne faut pas devenir un échalas; j'espère que maintenant tu me laisseras tranquille avec tes observations. Fais-moi le serment de te détacher un jour de Mme Baudistel de Lannilis et peut-être d'autres pays déjà, et je te le fais moi-même de ne m'attacher jamais à Armande autrement que d'amitié. Jures-tu?

— Si je pouvais! J'aurai beau faire, je ne l'oublierai jamais. Si j'avais bien fait, je me serais tué, au moins je me serais vengé en lui laissant le remords.

— Une nouvelle illusion à mettre avec les autres; crois-m'en, elle est trop forte pour avoir des remords; tu lui aurais laissé un joli sujet de plaintes et un éternel motif à élégies; voilà tout.

— Enfin, je ne souffrirais plus; crois-tu que je ne me dévore pas à l'attendre? La raison me dit que c'est insensé de chercher à la voir, et quand elle sera revenue, je risquerai tout pour une heure d'entretien.

— C'est une monomanie. Moi, j'aime mieux voir et regarder à mon aise la chère enfant qui est la joie de cette maison. Je ne connais pas Mme Baudistel, et tout de suite je t'affirme que je n'ai pas la plus petite envie de faire sa connaissance; mais je doute fort qu'au temps même où elle t'aimait, elle pût avoir cette gentillesse et cette bonté. Si tu étais sage, tu ferais comme moi, tu aimerais Armande seulement des yeux, et comme nous sommes à l'abri de toute autre espèce d'amour, toi par les souvenirs, moi par mes opinions matrimoniales, nous serions les plus heureux du monde.

— Il n'y a plus de bonheur pour moi, dit Maurice, car il n'y aura jamais pour moi d'autre femme que Marguerite. »

III

Il était sincère en parlant ainsi, cependant il trompait Martel et se trompait lui-même ; car, non seulement il commençait à voir une femme dans Armande, mais encore à la voir jeune et jolie, c'est-à-dire telle qu'elle était réellement.

Petite, plutôt que grande, elle était de cette taille gracieuse qui permet de faire, de la femme aimée, un joug facile à soutenir et à porter ; bien prise cependant, bien modelée, mais avec une apparence mignonne. Sa tête ronde était couverte d'une épaisse chevelure blonde ; elle avait coutume de la relever en une torsade unique ; mais cette coiffure si simple recevait d'elle grâce et gentillesse à la fois, car, trop fins et trop fournis, les cheveux ne pouvaient tous s'enrouler autour du peigne ; s'échappant en de petites boucles crêpées, ils frémissaient au plus faible souffle, et, toujours exposés à la lumière qui les traversait en les dorant, ils prenaient une nuance encore plus vive. Sous ces flocons légers, le front était haut et large. Les paupières s'ouvraient sur de grands yeux humides et veloutés. Le nez était petit, à narines mobiles et retroussées sur les bords. La bouche, bien fendue et arquée dans les coins, laissait voir, entre des lèvres où le sang abondait, deux rangées de petites dents blanches, teintées de bleu. Le cou soutenait bien la tête, et, par des lignes molles et arrondies, la joignait à un corsage où il n'y avait encore que des promesses, mais des promesses à qui la fraîcheur et la solidité du tissu, la finesse de la taille, la largeur des épaules, le développement des hanches et l'harmonie générale assuraient une réalisation prochaine.

Ainsi faite, elle pouvait passer pour jolie et même pour belle, elle n'était cependant pas irréprochable ; les contours du profil manquaient de pureté ; le nez paraissait un peu court, la tête trop volumineuse. Mais, telle qu'elle était, on ne pouvait plus l'oublier lorsqu'une seule fois on l'avait vue ; et, lorsqu'on était en face d'elle, il fallait faire effort pour en détourner les yeux. Qu'elle fût triste ou qu'elle fût joyeuse, il était toujours bon de la regarder ; elle avait une de ces beautés qui gagnent le cœur et le réjouissent.

Prêt à se perdre dans les flots, le soleil transperçait ces brumes épaisses (p. 163).

Sur son visage se peignaient les mouvements de son âme et de son esprit; mieux que des paroles, sa physionomie franche et mobile disait clairement ses sentiments, ses chagrins, ses émotions. Ses yeux, limpides et profonds, laissaient lire jusque dans son cœur; lorsqu'ils étaient animés par la joie ou par le désir, ils paraissaient comme doublés d'un miroir qui réfléchissait la lumière et inondait, de ses rayons, le regard ébloui. L'expression générale de sa physionomie était la douceur et la gaieté. Dès le premier coup d'œil, on se sentait attiré vers elle et sympathiquement touché; mais ce qui faisait son charme le plus puissant, sa grâce la plus séduisante, c'était son sourire; il était si bon, si sincère, si irrésistible, que, dix fois par jour, son grand-père se mettait en peine d'esprit pour le voir s'épanouir sur le frais visage de sa fille, et, lorsqu'il avait obtenu ce résultat, ce qui n'était pas difficile, il déclarait qu'il ne connaissait pas de plus délicieux plaisir que de la regarder cligner à demi les paupières, gonfler ses petites joues rougissantes, et mordiller entre ses dents sa lèvre rose, qui se frangeait de carmin.

Maurice avait été longtemps à voir Armande ainsi, mais, par un concours assez naturel, à peine s'était-il mis à l'observer, que chacune des beautés matérielles qu'il lui avait reconnues s'était présentée accompagnée d'une beauté morale : la trouvant jolie, il l'avait en même temps trouvée bonne; sa chevelure était dorée et soyeuse, son cœur avait été généreux et passionné; ses yeux étant grands, limpides, lumineux, son esprit avait été vif et enjoué; sa bouche appelant le regard, son caractère avait été doux et facile; sa peau étant mince, transparente, d'une blancheur lactée, ses lèvres fraîches et charnues, ses joues veloutées de vermillon, sa démarche aisée, son air simple et franc, elle avait eu tous les charmes de l'âme, toutes les grâces, toutes les puretés, toutes les tendresses, tous les dévouements. Lorsqu'on est une fois sur ce chemin, on va vite, — car chacune des découvertes que l'on fait vient grossir le verre avec lequel on regarde, — et Maurice ne s'était pas arrêté; de la curiosité il avait passé à l'intérêt, de l'intérêt à l'amitié, de l'amitié à un sentiment qu'il ne s'expliquait pas bien lui-même, mais qui chaque jour le rapprochait davantage d'Armande.

Maintenant il ne s'éloignait presque plus du château, et refusant courses, promenades, parties de chasse et de pêche, il demeurait près du docteur, qui bientôt, et de lui-même, lui offrit une excellente raison pour justifier cette fausse nonchalance, et rester ainsi près d'Armande sans manquer aux convenances.

C'était un soir après dîner; tous trois, assis sous une tonnelle où de vigoureux rosiers de banks cachaient leurs fleurs dans de vertes guirlandes de houblon, ils regardaient le soleil se coucher sur la mer. L'horizon était fermé par une ligne violette qui, montant dans le ciel, se divisait en un essaim de petits flocons blancs, rosés sur leurs contours. Au milieu d'un amas de nuages, le soleil, sans rayons, lançait des lueurs rouges et sanguinolentes. Prêt à se perdre dans les flots, il transperçait ces brumes épaisses, et coupé en haut par un rideau presque noir, en bas par le vert sombre de la mer, il éblouissait les yeux et les brûlait. Le vent soufflait doucement, les nuages s'entassaient, se séparaient et se déchiraient comme des tourbillons de fumée ; au loin, la mer moutonnait çà et là, et au pied des falaises, à perte de vue, s'étendait un long cordon d'écume qui couvrait la grève d'une mousse blanche comme la neige.

« Voilà ce qui m'a fait habiter le bord de la mer, dit le docteur, les couchers de soleil : c'était un des plaisirs de ma jeunesse, et même c'en était peut-être le plus doux. Lorsque ma journée était finie, que mes visites étaient faites, que nous avions dîné, ma bonne Louise et moi, nous nous mettions à notre fenêtre, et nous regardions le soleil disparaître dans la mer. Nous restions là longtemps, appuyés l'un sur l'autre ; elle avait vingt ans, moi j'en avais trente. Quand le jour était tombé, elle s'asseyait à son piano, je m'allongeais dans un fauteuil, et elle me jouait les airs que nous aimions tous deux. Aujourd'hui, j'ai soixante-dix ans, il y en a trente-huit que ma pauvre petite femme est morte, je suis vieux, triste, endurci, égoïste ; cependant le soir m'émeut et m'attendrit toujours. A ce moment-là, je redeviens vivant, j'ai la santé, la gaieté, la jeunesse, j'ai ma femme, et pour que je me retrouve le plus heureux homme du monde, il ne me manque que mes vieux airs, qui, en prolongeant mes souvenirs, redoubleraient leur netteté et leur émotion.

— Eh ! interrompit Maurice, que ne m'avez-vous dit cela plutôt ! Si j'ai un peu de talent...

— Tu en as beaucoup trop, voilà justement, mon garçon, pourquoi je ne t'ai jamais demandé ce que tu m'offres aujourd'hui. Je suis trop perruque pour toi ; votre musique m'étonne, mais je ne la sens pas ; elle force mon esprit à l'applaudir, elle laisse mon cœur indifférent. J'en suis resté à Grétry, à Boieldieu ; *Guillaume Tell* et les *Huguenots* sont peut-être de grandes choses, mais je donnerais toutes leurs beautés pour la chanson de Blondel ; *Arrachons Guillaume à ses fers*, me paraît superbe, mais *Robert disait à Claire* me fait pleurer. Tu me diras que mes opinions musicales ne sont que des souvenirs d'amour ; eh bien, j'aime mieux ressentir une fois encore ces impressions que de devenir dilettante. Je te remercie de ta bonne proposition, mais depuis longtemps j'ai renoncé à la musique ; votre beau n'est plus mon beau. Cependant, il a été un moment où j'ai presque espéré retrouver mes soirées d'autrefois ; c'est quand Armande est arrivée.

Espérance bientôt déçue ! Grâce à l'éducation tronquée que lui avait fait donner monsieur son père, elle en était restée aux quadrilles de pension; et ce que je voulais d'elle était dès lors impossible. Ici, nous étions tous des ânes : il aurait fallu faire venir de Morlaix ou de Lannion quelque bon professeur, et, comme un mauvais croque-notes aurait pu seul consentir à faire douze lieues pour donner une leçon, je renonçai tout de suite à mon projet, et me rejetai sur mes couchers de soleil ; toujours à la mode et du même beau aujourd'hui qu'il était il y a trente ans, il a pu me contenter ; maintenant, mon seul désir est qu'il ne fasse pas de grises journées, pluie ou brouillard. »

Dès le soir même, Maurice demanda à Martel une feuille de papier à dessin, et réglant cette feuille, il y traça un certain nombre de croches et de doubles croches.

« Tu travailles, bravo ! Mme Baudistel est en baisse ; je crois qu'elle commence à s'estomper dans un lointain brumeux. »

Maurice ne travaillait point encore, seulement il pensait à Armande ; et le lendemain, profitant d'un moment où il était seul avec elle dans le salon, il déplia son papier et la pria d'essayer de le lire. Elle le déchiffra à peu près ; il la pria d'essayer de le jouer. Elle se mit au piano, et s'arrêtant, recommençant, se corrigeant, elle joua tant bien que mal.

« Si vous voulez me permettre de vous donner quelques conseils, dit-il, bientôt, je l'espère, vous pourrez rendre votre bon papa heureux, et lui chanter les chansons qu'il regrettait hier soir. »

Comme le docteur entrait en ce moment, surpris d'avoir entendu le piano :

« C'est Mlle Armande, continua Maurice, et si vous voulez que pendant mon séjour ici je sois le maître que vous auriez été chercher à Morlaix, peut-être le projet dont vous nous parliez pourra-t-il se réaliser.

— Armande jouerait du Grétry ?

— Et du Méhul, et du Paër, et du Boieldieu, et de l'Adam. »

Aussitôt qu'il eut obtenu cette permission, il visita le piano, et lorsqu'il eut remis à neuf le vieil instrument, ils commencèrent à étudier.

IV

Il n'avait voulu que se ménager une occasion d'être souvent avec Armande, près de laquelle il oubliait ses chagrins et ses souvenirs ; mais bientôt il se vit entraîné plus loin qu'il ne l'avait prévu et même qu'il ne l'aurait voulu, car la condition la plus favorable à une dangereuse intimité, c'est le travail à deux. D'élève à maître, le danger n'est guère à craindre, l'orgueil ou la haine empêche cette intimité; mais Maurice n'était pas un maître pour Armande, ils étaient deux amis qui étudiaient ensemble, un jeune homme de vingt-quatre ans et une jeune fille de dix-sept, l'un enseignant avec indulgence et plaisir, l'autre écoutant avec une soumission curieuse et reconnaissante.

C'était dans le grand salon qu'ils travaillaient; souvent M. Michon restait près d'eux, souvent aussi il les abandonnait pendant des heures entières. Dans les premières leçons, Maurice avait eu besoin de toute son attention pour suivre et pour guider Armande qui, ayant abandonné la musique depuis longtemps, avait grand'peine à se reconnaître; mais en peu de temps, grâce à une constante volonté, elle avait regagné ce que trois années d'interruption lui avaient fait perdre. Alors n'étant plus obligé de la suivre pas à pas, il s'était parfois oublié en d'étranges distractions. Près d'elle, pensant à elle, il l'étudiait avec un plaisir auquel il ne donnait pas encore de nom, mais que déjà il ne se cachait plus à lui-même.

Tandis qu'elle se mettait l'esprit et les doigts à la torture, il n'écoutait guère ce qu'elle exécutait et songeait à tout autre chose qu'à l'encourager ou à la reprendre. Les yeux fixés sur les touches, il suivait complaisamment les doigts qui les frappaient, et absorbé dans une muette contemplation, il regardait amoureusement ces mains, qu'un homme, esclave de la mode, eût sans doute dédaignées comme trop grosses et trop rouges, mais qu'il était assez artiste pour estimer à leur valeur, et trouver d'une beauté aussi réelle que peu commune. Ce qui eût choqué un esprit moins rompu aux distinctions du joli et du beau était précisément ce qui le séduisait; c'était cette teinte rosée et cette transparence qui n'appartiennent qu'à la jeunesse. C'étaient des doigts légèrement charnus, s'amincissant en fuseau, où l'on pouvait compter toutes les veines, où, sur chaque articulation, se creusaient de mignonnes fossettes, où les ongles n'étaient point allongés et taillés en amande, mais courts, carrément coupés, et s'incarnant dans la chair qui leur faisait une fine bordure comme dans les belles mains antiques.

A regarder ces mains, — que Martel avait trois ou quatre fois déjà dessinées, pour les offrir, disait-il, à la Vénus de Milo, — il oubliait son rôle de professeur, il s'oubliait lui-même, et pour le ramener dans le vrai de la situation, il fallait qu'Armande, étonnée de son silence, se retournât vers lui.

Alors il reprenait Armande, lui faisait de longues explications et s'étourdissait de son propre bavardage. Mais bientôt, au lieu d'aller jusqu'au pupitre, son attention s'arrêtait en chemin. Assis près d'elle, se penchant sur elle, au point qu'avec son haleine il faisait trembler les petites mèches du duvet qui frisaient sur le cou d'Armande, ses yeux étaient attirés par la blancheur de ce cou, ils s'y attachaient et ne pouvaient plus s'en détourner. Il regardait ses cheveux tordus et enroulés comme un long serpent doré autour du peigne qui s'y enfonçait. Il les regardait, soigneusement retroussés, se relever jusqu'au chignon et laisser à nu, entre leurs dernières racines et le col de toile qui rabattait sur la robe, une large ligne de chair où, sous la peau blanche, fine et lisse, on voyait le sang courir. Il regardait ses épaules qui s'arrondissaient déjà, il regardait sa taille ondoyante et flexible dans son corset, et jusqu'aux plis que sa jupe faisait en tombant à terre, il les contemplait, il les admirait, il les *regardait* avec bonheur.

Cependant, ce n'était pas la première fois qu'il voyait une femme à un piano et qu'il restait à ses côtés seul avec elle ; si toutes ces femmes l'avaient laissé indifférent et froid, pourquoi donc Armande le troublait-elle si profondément ? N'était-elle pas une simple amie, une camarade, une sœur ?

Sœur ! Elle l'avait peut-être été dans les premières semaines ; mais, il fallait bien l'avouer, avec le temps chaque jour elle l'avait été un peu moins, maintenant elle ne l'était plus. Aux influences matérielles qu'il avait ressenties en la contemplant, s'en étaient jointes d'autres plus puissantes, qui avaient commencé à éclairer sa tendresse. De leur échange continu de paroles, de leur contact habituel, était sortie une communauté d'idées et de pensées plus dominatrices que toutes les excitations physiques, et qui, aux heures où elle était loin de lui, le forçait à penser à elle, à s'interroger sur ses désirs, à se demander si le sentiment de joie qu'il éprouvait lorsqu'elle était présente, de chagrin lorsqu'elle était absente, ne dépassait pas les bornes d'une simple amitié, aussi grande qu'elle fût, et si ce n'était pas de l'amour.

Mais pour cet examen, il n'était et ne pouvait être que bien peu impartial, car la douleur comme la joie a l'orgueil de la constance éternelle, et ne croit aux consolations que longtemps après qu'elle est déjà consolée. Comment aurait-il admis l'amour pour un autre, lorsque son cœur saignait encore ? Comment aurait-il aimé Armande, lorsqu'il se persuadait de très bonne foi ne vivre que pour Marguerite ? Une souffrance aussi terrible que la sienne pouvait-elle se guérir ? Une passion aussi violente pouvait-elle s'évanouir ?

Ce qu'il éprouvait pour Armande, c'était tendresse, c'était amitié, c'était sympathie, ce n'était point amour.

L'amour, c'était l'abattement qui le brisait lorsqu'il se rappelait son abandon, c'était la fièvre qui le brûlait lorsqu'il se rappelait son bonheur, c'étaient les joies de Montmorency, les ivresses de Naples, les voluptés de Paris ; l'amour, c'était Marguerite.

La douce voix qui, depuis son arrivée à Plaurach, avait endormi sa douleur, le sourire qui lui avait rendu le sourire, les tendres soins qui l'avaient attendri, les promenades dans le jardin, les longs entretiens, les tête-à-tête au piano, ce n'était point l'amour ; Armande avec sa jeunesse, sa gaieté, sa grâce, son esprit, sa bonté, non, ce n'était point, ce ne devait point être de l'amour.

Près d'elle, il n'avait jamais eu de ces élans qui autrefois lui avaient fait serrer Marguerite à l'étouffer dans ses bras, et loin d'elle il n'avait pas ces prostrations, ces accablements qui autrefois l'avaient si souvent anéanti.

Et fâché contre lui-même de ces doutes et de ces interrogations, qui amoindrissaient sa passion pour Marguerite en le forçant à la discuter, il tâchait de se dire qu'Armande n'était rien pour lui ; que près d'elle et pour se mettre à l'abri des surprises, il ne devait penser qu'à Marguerite, et qu'il ne devait plus s'abandonner à des joies qui, en réalité, n'étaient que mensonges et illusions.

Mais c'était en vain qu'il jurait de se contenir et de s'observer : s'il voulait lui parler froidement, dans sa voix on sentait la tendresse, dans son geste l'embarras ; s'il essayait de la regarder indifféremment, dans ses yeux on voyait l'émotion et le plaisir ; s'il disait des choses banales, l'intonation les rendait douces et intimes ; s'il se taisait en fixant la terre, il s'échappait de ses paupières, qui se relevaient malgré lui, de chauds rayons plus éloquents que les paroles. Cependant il se contenait jusqu'au moment où Armande lui souriait, lui parlait d'une certaine manière, et alors il était vaincu, car si sa volonté pouvait commander à ses yeux et à ses lèvres, elle était sans puissance sur son regard et sur son cœur.

V

Jamais il n'eut mieux conscience de ces sentiments, qui s'agitaient en lui, qu'un jour qu'Audren avait été retenu à dîner.

Ce n'était pas l'habitude que celui-ci, hors les jours de cérémonie, dînât au château ; aussi lorsque Maurice rentrant aperçut cinq couverts sur la table fut-il assez surpris, et, se tournant vers Armande :

« Est-ce que nous avons M. le curé aujourd'hui? demanda-t-il.
— Non, c'est Audren.
— En l'honneur de quelle fête?
— Il a apporté un panier de crevettes qu'il a pêchées, et grand-père l'a invité à en manger sa part.
— Ah! c'est différent. »

Sans bien comprendre pourquoi, Maurice fut dépité de cette invitation.

Bientôt le docteur arriva avec Audren, et l'on se mit à table.

Mais ce sentiment de surprise de voir Audren était si naturel, que Martel lui-même le partagea.

« Tiens, dit-il, vous êtes donc des nôtres, jeune Armoricain? »

Audren était souriant, l'invitation du docteur l'avait rendu heureux, comme il ne l'avait point été depuis longtemps; ces simples mots : « Vous êtes donc des nôtres, » le frappèrent douloureusement. — Des nôtres, se dit-il, suis-je donc devenu si vite un étranger dans cette maison? Et relevant les yeux, il s'aperçut, — ce qu'il n'avait pas vu tout d'abord, tant sa joie l'absorbait, — qu'il y avait un changement dans les arrangements ordinaires : Maurice occupait la place de M. de Trefléan et Martel la sienne. Alors regardant celui-ci et répondant à ses paroles qui déjà étaient presque oubliées :

« Est-ce que je vous dérange? »

Martel resta stupéfait; mais le docteur intervenant :

« Comment dérangerais-tu quelqu'un ici? N'es-tu pas de la famille?
— De quelle famille? de l'ancienne ou de la nouvelle!
— Que veux-tu dire?
— Mon Dieu! on cesse si vite d'être d'une famille, on est si vite remplacé! et le lendemain du jour où l'on a quitté une maison, quelquefois on y retrouve des visages nouveaux qui sont plus de la famille que vous.
— Si tu le prends comme ça, interrompit le docteur, fais-moi le plaisir de te taire; c'est ce que le chef de la famille te demande. »

Audren se tut et se plongea dans son assiette; mais, tout en mangeant, il reportait les torts de Maurice et les siens propres sur Armande; car, si cette querelle avait eu plus que de la vivacité, c'était à cause d'elle, parce qu'elle était en jeu, parce qu'elle était présente; c'était donc à elle, avec la déraison logique de la passion, qu'il en voulait, et en proie à une sourde colère, il cherchait comment il lui ferait sentir tout le déplaisir qu'elle lui avait causé.

Au dessert, cette occasion se présenta.

Un rien suffit quand tout le monde est mal disposé; or, tout le monde, même Martel, était mal disposé pour Audren; Armande seule voulait lui

C'était sur lui qu'elle laissait tomber son premier regard et son premier sourire (p. 172).

H. MALOT. — VICTIMES D'AMOUR.

ménager un moyen de se montrer aimable en lui donnant elle-même une marque de sympathie.

Il y avait dans le buffet de certaines confitures qu'elle avait faites et qu'elle avait si bien réussies, que le docteur les avait surnommées par excellence « les confitures d'Armande. » Aussi les ménageait-on.

Elle se leva et les atteignit, puis, plaçant le petit pot en verre devant elle, elle dit coquettement :

« Voici mes confitures, qui m'aime en prenne. »

Et la première personne à qui elle en offrit, ce fut Audren.

Celui-ci resta un instant indécis, trouvant là l'occasion qu'il cherchait, mais comme il tenait son assiette à la main :

« Merci, mon garçon, » lui dit le docteur qui s'y trompa.

Armande pâlit imperceptiblement, mais croyant à un malentendu ou à une distraction, elle lui offrit encore la seconde assiette.

Cette fois il la passa résolûment à Martel.

Elle comprit et le regarda ; et d'une voix brève :

« Vous n'en voulez pas ? » dit-elle.

Et elle tendit l'assiette à Maurice.

« Eh bien, tu n'es pas à moitié dégoûté, mon sauvage, dit le docteur, il fait bon t'inviter à dîner. »

Le reste du dîner s'acheva sous cette impression, et le soir, lorsque Audren fut parti, Martel ne fit que traduire le sentiment général en disant :

« Je ne sais pas s'il est dégoûté, ce beau garçon-là ; dans tous les cas, il n'est guère aimable. »

— Non, certes, il n'est point aimable, se répétait Maurice, mais pourquoi est-il ainsi ? que lui ai-je donc fait ? car c'est bien évidemment à moi qu'il en voulait. Et il cherchait à se remémorer les sujets de plainte, les griefs qu'il avait donnés à Audren, et avec la meilleure volonté du monde, ceux qu'il rencontrait étaient si minimes, qu'ils ne pouvaient ni légitimer ni expliquer cette mauvaise humeur. Un seul point demeurait obscur au fond de son âme, et ce point, il n'osait y porter la lumière. Une rivalité d'amour, une commune prétention au cœur d'Armande pouvait être, devait être, il le sentait, le véritable mot de cette énigme ; mais il ne voulait pas que ce pressentiment devînt certitude, il faisait taire sa raison, il se refusait à l'évidence, et préférait une obscurité pleine de trouble et d'inquiétude à une clarté éblouissante et douloureuse. Pour arriver au fin fond de son cœur, il n'avait plus qu'un degré à descendre, mais, comme un enfant peureux, il s'y tenait assis et cramponné, n'osant aller plus loin.

VI

Il fallut en venir là, mais ce ne fut pas sans humiliation qu'il s'avoua à lui-même ce qu'il ne pouvait plus méconnaître : il aimait Armande. Plus d'une fois, il rougit de sa défaite ; plus d'une fois, il se méprisa de ressentir un nouvel amour, après avoir cru son malheur si grand qu'il en devait mourir ; plus d'une fois, il se jugea faible, inconstant et lâche, mais toujours il fut ramené à la vérité, et cette vérité c'était que, sans pouvoir oublier Marguerite, il aimait, il adorait Armande.

Cependant telle est l'hypocrite habileté de l'orgueil, qu'il sut bientôt trouver des excuses pour justifier cet aveu.

Il se dit que c'était duperie à lui de s'enterrer dans sa douleur, sans essayer de s'en guérir, et que la vengeance la plus cruelle à tirer de Marguerite, ce n'était pas de mourir en lui laissant des remords plus ou moins terribles, mais de vivre en se consolant et en se réjouissant dans un nouvel amour.

Dès lors, il s'y consola et s'y réjouit ; presque sans transition, il passa de la contrainte à l'abandon ; et toutes ces petites joies si séduisantes lorsqu'on aime, ces innocents plaisirs que, par un mélange de délicatesse et de fausse honte, il s'était toujours refusés, il les accueillit et les rechercha ; il aimait, il se l'avouait, il s'en réjouissait ; il fit, sans scrupules, toutes les charmantes niaiseries qui rendent les amants si heureux.

Devant le regard d'Armande, il ne détourna plus les yeux ; au piano, il ne les ferma plus pour ne la point voir ; au lieu de s'éloigner d'elle, il s'en approcha, saisissant toutes les occasions de frôler sa robe ou d'effleurer ses mains ; à table, il inventa mille ruses pour ne prendre que ce qu'elle avait touché ; et, pour rencontrer ses doigts sous une assiette, il risqua de ridicules hardiesses qui lui donnaient des battements de cœur. Partagé entre un amour naissant et ce qu'il considérait comme un devoir, il avait toujours redouté les promenades au bord de la plage, où le hasard amène si souvent des tête-à-tête, où tout parle d'amour et de poésie, et le bruit de la vague, et le calme de la mer, et le bleu du ciel et l'infini de l'horizon ; — ce fut lui le premier qui, désormais, les proposa. Le matin, longtemps avant qu'elle descendît, armé d'un livre, il alla se poster sur un banc du jardin, juste en face de sa chambre ; l'endroit était triste et nu, il y en avait cent autres plus ombreux ; mais c'était de là seulement qu'il pouvait bien l'apercevoir lorsque, s'éveillant et à moitié vêtue, elle poussait ses jalousies, s'accoudait sur l'appui de la fenêtre, ouvrait ses yeux encore lourds à la lumière du soleil levant : ainsi placé, il était le premier à lui envoyer, de la main, une affectueuse caresse, et c'était sur lui qu'elle laissait tomber son premier regard et son premier sourire. Le soir, il prit l'habitude de revenir sur ce même banc; aux ombres indécises qui couraient sur les rideaux, il put, à travers les vitres, la deviner dans sa chambre, la voir allant et venant jusqu'au moment où s'éteignait la lumière; lorsqu'il traversait les corridors, au lieu d'étouffer le bruit de ses pas, il le rendait plus fort et plus distinct : en lui-même, il rougissait de cet enfantillage, mais il y avait dans sa honte trop de bonheur pour qu'il y renonçât : « Elle m'entend, se dit-il, elle pense à moi. »

Ces enfantillages étaient les grands bonheurs de sa nouvelle vie; mais tout n'était point enfantillage dans ce bonheur; depuis qu'il aimait Armande, il se faisait en lui des changements qui le remplissaient d'espoir. Sa passion pour Marguerite l'avait rendu impatient, susceptible, égoïste, brutal dans ses pensées, cynique dans ses convoitises, inquiet et tourmenté même dans ses plaisirs; sa trahison lui avait fait tout prendre en dégoût et en haine; il était tombé, pour ce qui l'entourait, dans une morne indifférence, et pour lui-même dans un implacable mépris. Insensiblement, ce mépris et cette indifférence avaient disparu devant son amour naissant; il était redevenu jeune, passionné, dévoué à ceux qui l'aimaient, compatissant à ceux qui souffraient; il avait espéré, il avait cru en lui, il était parvenu à s'aimer et à s'estimer encore; et, maintenant, en son âme, il s'enorgueillissait d'un amour qui, en l'épurant, le grandissait à ses yeux.

C'était surtout le sentiment de pureté de cet amour qui l'enthousiasmait et lorsqu'il le compara aux ardeurs, aux entraînements, à l'érotisme qu'il avait naguère ressenti près de Marguerite, il mesura pour la première fois la distance qui sépare la jeune fille de la femme, l'innocence du savoir, la jeunesse de la beauté. Dans Armande, dans sa chair comme dans son esprit, tout avait le charme indicible des choses qui commencent, le charme de l'enfant, celui de la fleur qui s'entr'ouvre, celui de la belle et chaude matinée qui, la première annonce le printemps. Marguerite l'avait entraîné par sa splendide beauté, par ses riches toilettes, par ses savantes poses, par ses hautaines manières, par son élégante originalité, par son esprit; Armande le ravissait par sa gentillesse spontanée et naïve, par sa fraîcheur, par sa grâce, par sa franchise, par sa simplicité, par la pudeur qui se trahissait dans chacun de ses gestes, dans chacun de ses regards, et même dans ses attitudes de repos. Marguerite, au temps de leurs folies et au milieu des splendeurs du luxe, traînant après elle une longue robe lamée d'argent, les épaules nues, les seins découverts, la chevelure constellée de diamants, les bras entourés de pierreries, les lèvres rouges, la bouche provocante, les narines gonflées, les yeux étincelants, venant à lui, l'enlaçant de ses deux bras et s'abattant contre sa poitrine, le pâmait de désirs : Armande, pour le pénétrer d'une joie ineffable, n'avait qu'à paraître vêtue d'une petite robe de toile chastement montante, et pleine de grâce dans sa simplicité, si elle le regardait en souriant, pour la journée entière il gardait une indicible émotion. Près de Marguerite il avait toujours été fiévreux et tourmenté; près d'Armande, il était toujours calme dans sa joie, doucement et pleinement heureux dans son bonheur; et si parfois en étant seul avec elle il avait encore d'irritantes pensées, les coupables étaient ses souvenirs et les leçons de Marguerite; car, sans ces leçons, il n'eût jamais regardé si chaudement cette jeune fille; sans ses souvenirs de volupté, il n'eût jamais recherché des furtifs serrements de mains qui, malgré lui, l'enflammaient, et des contemplations qui lui troublaient la tête et lui brûlaient les veines.

A mesure que son amour grandit, ce fut à éteindre ces désirs, dont il rougissait pour Armande, qu'il appliqua ses efforts. Rassasié de jouissances et de volupté matérielles, il voulut connaître enfin les chastes délices d'un amour idéal, faire de la poésie en action, et jouer sérieusement, au milieu de nos mœurs positives et de nos habitudes de satisfaction immédiate, le rôle d'amant désintéressé. D'ailleurs, cet amour n'était-il pas le seul qui lui fût permis? Armande, lors même qu'il le voudrait, l'aimerait-elle jamais? Ne serait-ce point à lui la plus basse des lâchetés que de séduire cette enfant, la joie et l'orgueil d'un vieillard qui, pour lui, avait été un père? Tout lui ordonnait, son cœur et son devoir, de dégager sa passion d'espérances irréalisables, d'aimer Armande sans lui laisser comprendre qu'il l'aimait, et quand serait venu le jour de la séparation, de partir sans avoir trahi son secret, emportant dans son âme un pur souvenir qui le soutînt dans la vie, et lui rappelât qu'il y avait en ce monde autre chose que mensonge, hypocrisie et corruption.

VII

Sans la rivalité qui s'était engagée entre Audren et lui, il eût peut-être obéi à ce devoir. Mais s'éloigner, n'était-ce pas paraître reculer devant ses dédains, et aussi s'amoindrir dans l'esprit d'Armande?

S'il n'y avait pas là un motif pour le retenir à Plaurach, il y avait au moins un prétexte.

Il voulait bien sacrifier son amour naissant à l'honneur et au devoir, il ne lui convenait pas de sacrifier son orgueil et sa dignité à un grossier paysan : la passion a de spécieuses raisons au service de ses hypocrisies : déterminé à partir, il devait, avant de fixer ce départ, donner une bonne leçon à Audren.

Il le devait et pour sa jalousie et pour sa vanité, car la lutte sourde qui, dès son arrivée, s'était engagée entre eux, se renouvelait maintenant chaque jour à propos de tout.

Battu dans les choses de l'esprit, humilié dans sa timidité, atteint jusqu'au vif dans son ignorance, Audren s'en était vengé en faisant naître des incidents où il pouvait l'emporter à son tour et montrer sa supériorité, et ces incidents, grâce au genre de vie qu'on menait, se présentaient très souvent.

Presque tous les jours, on faisait des promenades le long des falaises, et chacun emportait un fusil pour abattre les fraos et les goélands qui, sur ces côtes rocheuses, se rencontrent par troupes : comme on va au tir pour montrer sa sûreté de coup d'œil et son habileté de main, ils allaient à la chasse des oiseaux de mer. Entre le docteur et M. de Tréfléan il n'y avait qu'une assez tiède rivalité, entre Maurice et Audren il en était autrement ; c'était à qui tirerait le premier, ou bien Audren, étant devancé, attendait que Maurice eût manqué une pièce, et quand la distance était devenue assez grande, quand on s'était bien assuré que l'oiseau n'avait point été atteint, il épaulait son fusil, et rapidement, sûr de lui-même, comme un maître donnant une leçon, il pressait la détente, et ordinairement la pauvre bête bondissait aussitôt, vacillait quelques secondes et tombait à la mer ; les ailes étendues elle flottait sur la lame, et autour d'elle, ses camarades venaient tournoyer en criant. Audren ne savait pas cacher sa joie, et il priait Armande, chargée de marquer les coups, de ne pas oublier cette victoire à son compte.

Souvent aussi on se réunissait pour prendre des bains tous ensemble. Quand la mer était calme, l'infériorité de Maurice n'éclatait point trop, et s'il le cédait en légèreté, en force et en rapidité, il l'emportait dans ces drôleries qui font l'admiration des écoles parisiennes et que dédaignent les ageurs habitués aux colères de l'Océan ; mais lorsque le vent soufflait du nord, lorsque la vague arrivait menaçante et rapide, lorsque avant de se briser sur la plage elle se creusait, haute et écumeuse, et s'abattait avec fracas sur les galets qu'elle attirait et rejetait avec elle, Audren triomphait de toute la puissance que donne la témérité unie à une longue habitude.

Avec une jeunesse inconnue de ses vieux amis, Maurice eût tout simplement avoué son ignorance ; mais quand tout le monde savait que ces exercices lui étaient familiers, et qu'autrefois même il y mettait une certaine prétention, il ne pouvait reculer ; forcé d'accepter le combat, il souffrait d'être vaincu devant Armande.

Pour échapper à ces luttes qui l'humiliaient, il proposa à celle-ci de consacrer plus de temps aux leçons de piano : la fête de M. Michon approchait ; en travaillant bien, on pourrait lui faire une surprise : pour le travail, il n'y avait qu'à doubler les heures qu'elle lui donnait ; pour la surprise, il n'y avait qu'à s'enfermer et à n'admettre personne qui pût révéler ses progrès.

Elle accepta avec joie, inquiète seulement de trouver un moyen pour éloigner Audren qui presque toujours s'arrangeait pour assister à ces leçons.

La première fois, elle l'envoya au village, sous le prétexte d'une commission à faire ; mais le lendemain, lorsqu'elle le vit, à l'heure de la leçon, s'installer dans le salon, elle demeura embarrassée ; comment lui dire d'une manière convenable : « Allez-vous-en, vous me gênez ? »

Il avait pris un livre, et, sans lever les yeux, il tournait les feuillets toujours régulièrement.

Cependant approchait le moment où Maurice allait venir ; elle le savait, elle le sentait, elle ne trouvait rien.

Enfin, comme s'il eût assez joui de cet embarras, il ferma son livre :

« Pourquoi donc, dit-il, n'êtes-vous pas franche avec moi ? »

Elle fit un geste d'étonnement.

« Pourquoi n'avez-vous pas le courage de me dire de m'en aller, puisque vous en avez le désir ? — Vous attendez M. Berthauld, et je vous gêne. »

— Ce n'est pas parce que j'attends M. Berthauld, répliqua-t-elle assez sèchement, que vous me gênez, c'est parce que j'ai à travailler.

— Est-ce donc aussi parce que vous avez à travailler que vous me fuyez, et que vous ne me parlez plus ?

— Que voulez-vous dire ?

— Je veux dire que, depuis que ce monsieur est ici, je n'y suis plus rien, moi.

— Ce n'est pas votre cœur qui parle, c'est l'envie.

— Peut-être... Mais si l'envie, chez ceux qui ont toujours été heureux, ne mérite que la haine, elle devrait bien, à moi, ne me mériter que la pitié ; cependant, vous êtes sans pitié pour moi. Ah ! Armande, vous êtes bien changée ! »

Il releva les yeux sur elle ; elle ne le regardait pas, elle regardait la pendule.

« Ah ! s'écria-t-il, vous ne m'écoutez même pas. »

Et il courut vers la porte : au même instant, Maurice la poussait pour entrer ; il se trouvèrent en face l'un de l'autre.

Audren s'arrêta, quelques secondes immobile, barrant le passage. Puis, tout à coup, se reculant :

« Ah ! ah ! dit-il, vous êtes bien exact, on voit que vous avez couru le cachet.

Armande s'élança vers Maurice.

« M. Berthauld ! » dit-elle.

Maurice, l'ayant regardée, alla au piano et l'ouvrit ; elle vint s'asseoir près de lui.

Audren les enveloppa d'un regard terrible, resta indécis un moment ; puis, faisant un geste désespéré, il sortit.

Sans dire un mot, ils se mirent au travail, et ce jour-là, il n'y eut entre eux ni rires, ni contemplations, ni distractions.

Pour Audren, ce mois de travail fut un mois de tortures ; en voyant les craintes qu'il avait conçues se réaliser si promptement, en voyant surtout ce mystère qui annonçait une complicité qu'il ne croyait que trop bien comprendre, il tomba dans une tristesse morne ; et après avoir plusieurs fois, mais toujours inutilement, tenté de rompre ces éternels tête-à-tête, il cessa de venir ; on ne le vit plus que les soirs, plus triste et plus sombre qu'il ne l'avait jamais été.

Pour Maurice, ce mois de travail fut un mois de bonheur : délivré d'Audren, oubliant Marguerite, il voyait Armande ! Il ne lui parlait pas d'amour, mais il la regardait, et, dans son cœur, il sentait descendre la joie et le ravissement ; il croyait sa passion sans espoir ; mais en écoutant cette voix adorée, en rencontrant ce regard chaste et tendre, il était si pleinement heureux qu'il ne voulait rien au delà, et qu'il prenait en mépris ses plaisirs d'autrefois. Le travail avait créé entre eux une douce intimité, le mystère avait aussi créé une sorte d'entente involontaire, et d'un mot, d'un geste, d'un regard, ils se comprenaient comme deux coupables : leurs cœurs avaient trouvé une langue, leurs yeux savaient se parler.

VIII

La fête arriva. On déploya au château une activité inaccoutumée ; il y eut quelques jours avant de mystérieuses confidences ; on cueillit des fleurs en se cachant, et dans la cuisine, Marie Ange, Louise et Jeannette couru-

Il la prit dans ses bras et se dirigea vers la maison (p. 179).

rent çà et là avec un empressement qui, chez des Bretonnes, en disait plus que de longues explications : les fourneaux rougissaient sans cesse, et dans les buffets on entassa des crèmes et des pièces froides montées et moulées à l'avance. Au milieu de ces préparatifs, le docteur allait et venait, avec un air qu'il tâchait de rendre innocent, et faisait tous ses efforts pour paraître n'avoir rien deviné.

La veille, on dîna comme à l'ordinaire, et à peine était-on au dessert que les amis commencèrent à arriver ; l'abbé avait endossé sa belle soutane, et M. de Tréfléan portait, à sa boutonnière, sa brochette de décorations.

A sept heures, tout le monde était réuni dans la salle à manger ; et, par les fenêtres ouvertes, on apercevait sur la mer le soleil qui descendait à l'horizon. On causa quelques instants avec assez d'embarras, puis, quand le soleil ne fut plus qu'un globe sans rayons, immergeant déjà dans les flots, M. de Tréfléan et l'abbé se levèrent, et s'approchant du docteur, qui s'efforçait de garder encore son air narquois :

« Mon vieil ami, dit l'abbé, nous vous souhaitons une bonne fête. »

Puis ce fut le tour d'Audren, puis celui de Martel.

Comme le docteur, assez étonné de ne pas voir Armande, la cherchait des yeux, on entendit le piano résonner dans le salon, et une voix s'éleva, une voix douce, émue et un peu tremblante, qui chantait :

> Robert disait à Claire :
> Je t'aime avec ardeur,

Aux premières mesures de cet air, qui lui rappelait tant de souvenirs, le vieillard fut pris d'un tremblement nerveux, puis les larmes commencèrent à couler le long de ses joues, et quand la voix eut répété le refrain, ne pouvant plus se contenir, et sans attendre le second couplet :

« Armande ! » s'écria-t-il.

Elle accourut et se jeta dans ses bras ; il la tint longtemps serrée ; puis, tendant la main à Maurice, il l'attira aussi sur sa poitrine, et, les réunissant dans une même étreinte, il les embrassa tous deux.

« Oh ! mes enfants ! disait-il, que vous êtes bons pour votre vieux père et quelle joie vous lui donnez ! »

Il les remercia encore et les embrassa tendrement ; leurs joues étaient baignées de ses larmes.

Quand ce premier moment de joie fut un peu calmé, M. de Tréfléan proposa de sortir ; car lui aussi avait préparé son coup de théâtre. On vit bientôt des flammes de bengale qui s'allumèrent dans tout le jardin et l'emplirent de lueurs rouges et vertes qui éblouissaient les yeux ; c'était sa surprise.

La soirée était splendide : la lune ne se montrait pas encore, mais le ciel, sans nuages, laissait tomber une clarté bleuâtre et transparente, la mer battait doucement au pied des falaises et la faible brise qui soufflait de la plaine apportait une nourrissante odeur de blé mûri.

Par les allées du jardin on se mit à se promener, et lorsqu'on fut arrivé dans le bois où des pièces d'artifice brûlaient encore, Armande resta de quelques pas en arrière, auprès de Maurice ; elle voulait aussi le remercier et lui dire sa reconnaissance.

Demeurée seule avec lui, elle ne put trouver une parole ; l'émotion lui gonflait le cœur, et comme Maurice, non moins ému qu'elle, n'osait rien dire de peur d'en trop dire, ils marchèrent quelques instants côte à côte et en silence ; puis, comme s'ils eussent tous deux en même temps compris les dangers d'un tête à tête dans l'état d'exaltation où ils étaient, ils se mirent à courir pour rejoindre le groupe des promeneurs.

Aux dernières clartés des flammes de bengale agonisant dans les massifs ils allaient rapidement ; tout à coup celle de ces flammes qui les éclairait s'étant brusquement éteinte, Armande, qui courait la première, disparut aux yeux de Maurice.

Il entendit un cri et la chute d'un corps dans l'eau : elle venait de tomber dans un bassin creusé à fleur de terre, et où le docteur cultivait une collection de plantes aquatiques.

Aussitôt s'élançant après elle, il la chercha un peu à tâtons, car il avait les yeux éblouis. Comme le bassin n'avait que deux ou trois pieds de profondeur, il la trouva facilement ; et, la déposant sur le bord, sortant lui-même de l'eau tant bien que mal, il la prit dans ses bras et se dirigea vers la maison.

A toutes ses paroles, elle restait sans répondre. Cependant, la tenant serrée contre sa poitrine, il lui sentait le cœur qui battait faiblement.

Il arriva à la maison. Dès avant la porte, il appela ; personne ne répondit ; les domestiques étaient à regarder le feu d'artifice : alors, s'approchant d'une lampe qui brûlait dans le vestibule, il mit la tête d'Armande sous le foyer de la lumière ; elle était pâle, ses yeux étaient fermés, ses lèvres à demi ouvertes, ses cheveux ruisselaient.

Il lui mit la main sur le cœur, il battait un peu plus fortement ; il s'approcha de sa bouche, et il sentit le souffle de la respiration.

Ne sachant que faire, et la tenant toujours sur ses bras, il résolut de la porter dans sa chambre.

Avec précaution pour ne pas lui heurter la tête, il monta l'escalier ; en tâtonnant, il trouva la porte ; et, guidé par la blancheur des rideaux, il aperçut le lit.

Mais, prêt à la déposer sur ce lit, il s'arrêta, ce corps qu'il avait serré sur sa poitrine, sa course haletante, ses émotions de la journée, sa jeunesse, ses désirs, son amour, lui avaient enflammé le sang ; penché sur elle, sentant son haleine qui lui caressait le visage, il appuya ses lèvres brûlantes sur les lèvres glacées de la jeune fille et il la laissa aller sur le lit.

Alors, ces lèvres, qu'il croyait inanimées, s'ouvrirent aussi, et faiblement elles murmurèrent :

« Oh ! Maurice... Maurice !... »

En entendant cette voix qui prononçait son nom, plutôt avec amour qu'avec colère, il hésita; il était seul, personne ne viendrait, il l'aimait ; il fit quelques pas en avant, mais, prêt à la reprendre dans ses bras, il se releva, et fermant brusquement les rideaux, il sortit de la chambre en courant.

Au bas de l'escalier, il trouva Audren qui les cherchait.

« Où est M. Michon ? cria-t-il, Armande est tombée dans le bassin. »

Audren le regarda un instant, mais ce n'était pas le moment d'une explication, il fallait trouver le docteur.

Trois minutes après, il arriva. Pour qu'il pût monter l'escalier, M. de Tréléan fut obligé de le soutenir.

Mais, bientôt, il redescendit un peu plus calme, et il annonça aux amis effrayés qu'il n'y avait aucun danger, que l'eau avait amorti la chute, que la défaillance était passée et que la circulation se rétablissait.

CHAPITRE X

AU BORD DE LA MER

I

Maurice ne songea guère à se coucher, les événements de la soirée, lui avaient donné à réfléchir, il avait besoin de retrouver sa raison.

Mais il était bien peu calme pour se rappeler ces événements et froidement les juger; son baiser le brûlait toujours, et les paroles d'Armande lui emplissaient toujours la tête et lui étreignaient le cœur.

Les lèvres d Armandes s'étaient-elles ouvertes ou fermées lorsqu'il lui avait donné ce baiser? et ces paroles avaient-elles été des paroles de prière ou d'amour, de résistance ou d'abandon?

Était-il aimé, ne l'était-il pas? Armande, seule, pouvait le lui dire, et c'était avec impatience qu'il attendait le matin; le premier regard de leur rencontre déciderait leur vie à tous deux.

Une partie de la nuit se passa dans ces perplexités, et il dormait depuis quelques heures seulement, quand le docteur entra dans sa chambre.

« Armande? s'écria-t-il en ouvrant les yeux.

— Elle va bien; mais toi-même, mon garçon, comment te trouves-tu?

— Moi, ce n'est rien, mais elle?

— Elle va bien; cependant nous ne la verrons point ce matin, car il reste encore un peu de fièvre; mais elle m'a promis de venir dîner avec nous. j'espère qu'alors il n'y paraîtra plus. »

L'heure du dîner arriva, et, quand tout le monde fut réuni, Armande parut.

Elle était encore très pâle, ses paupières étaient bordées d'un large cercle bistré, et une nonchalance générale abattait son corps; cependant, par convenance pour ce jour de fête, elle s'était mise en toilette, mais l'éclat même de cette coquetterie rendait sa langueur plus apparente.

Qu'allait dire son premier regard?

Quoiqu'il cherchât ce regard, il ne le rencontra pas. Elle s'avança les yeux baissés, et, embrassant M. de Tréfléan et l'abbé, faisant aux trois jeunes gens une simple inclinaison de tête, elle prit place à côté de son grand-père.

L'accident de la veille défraya presque tout le dîner; mais ce fut en vain que Maurice essaya d'attirer l'attention d'Armande : elle évita constamment ses yeux, et, quand le dessert fut servi, elle quitta la table.

Que devait-il penser de ce silence? devait-il craindre? devait-il espérer? Était-ce mépris, était-ce pudeur? Dans tous les cas, il était bien certain qu'elle l'évitait, et que, s'il ne la surprenait pas, ce parti pris pouvait durer longtemps.

Le lendemain, au déjeuner, où Armande ne parut pas, il annonça devant le docteur et devant les domestiques l'intention de faire une longue promenade, et au lieu de sortir comme il l'avait dit, il alla se mettre en sentinelle dans le jardin.

Il s'était placé derrière un large laurier-tin qui trempait ses branches dans le bassin où Armande était tombée; c'était assez loin de la maison pour qu'on ne le vît pas, et point assez, cependant, pour que quelqu'un pût en sortir sans qu'il l'aperçût; pensant qu'Armande voudrait assurément revoir ce fameux bassin, il attendit.

Il attendit trois heures; puis, ce qu'il avait prévu se réalisa ; Armande parut sur le perron, et après avoir tourné autour de la pelouse, elle se dirigea de son côté.

Elle marchait lentement, la tête inclinée vers la terre, éclairée en plein par le soleil, et laissant flotter au vent les larges brides de son chapeau de paille qui se détachaient sur le fond blanchâtre de sa robe lilas. Bientôt elle arriva près de lui; mais il ne quitta pas encore son abri, car elle n'aurait eu qu'à faire un pas en arrière pour lui échapper et il voulait la laisser s'engager dans le bois. Elle s'y engagea, et allant s'asseoir sur un banc, elle ouvrit un livre qu'elle portait à la main, puis elle le referma, et parut se perdre dans une profonde méditation.

Il sortit de derrière son arbre, et avec précaution il s'avança. Lorsqu'elle entendit le bruit de ses pas et qu'elle voulut regarder qui venait ainsi, il était devant elle.

Elle se leva brusquement, son front se couvrit de rougeur, et ses mains commencèrent à trembler. Non moins ému, Maurice demeura immobile; quoique bien ferme dans sa résolution, il tremblait aussi.

Ils restèrent longtemps la tête baissée, ne disant rien, ne voyant rien; puis en même temps ils relevèrent la tête, leurs yeux se rencontrèrent, et fixes, béants, gonflés, ils s'arrêtèrent l'un sur l'autre. Quelques secondes s'écoulèrent dans cette muette contemplation; leurs âmes étaient passées dans leurs regards, et par de rapides éclairs elles s'attiraient et se confondaient.

« Armande! s'écria Maurice.

— Maurice! » dit-elle faiblement, et elle cacha son visage entre ses mains.

Il se fit un long silence; puis Maurice, d'une voix suppliante :

« Ah! vous m'aimiez, n'est-ce pas? vous m'aimiez, dites, Armande. »

Elle ne répondit pas encore; mais écartant ses doigts, elle le regarda, et dans ce regard plein de franchise et de candeur, il y avait un aveu plus doux et plus éloquent que toutes les paroles.

Il saisit la main qu'elle avait laissé tomber, la prit dans les siennes, et la couvrit de baisers. Des mots sans suite s'échappaient de ses lèvres.

Effrayée de cet emportement, elle voulut dégager sa main.

« Si j'ai pu avoir un moment d'oubli, c'est que ma tête était perdue; aujourd'hui, j'ai toute ma raison : je sais qui vous êtes, Armande, et je vous adore à genoux. Depuis deux mois que je vous aime, je n'ai jamais dit un mot, je n'ai jamais fait un geste pour vous apprendre mon amour. Ce que j'ai toujours été, je le suis encore; seulement, au lieu du doute et de l'incertitude qui me torturaient, vos douces paroles de l'autre soir et votre regard de tout à l'heure ont mis dans mon âme une joie qui me transporte. »

Il lui pressa la main; leurs doigts s'enlacèrent, et une fois encore leurs regards s'unirent.

Elle était honteuse de se sentir ainsi regardée, elle était confuse d'entendre ces brûlantes paroles, mais elle en était heureuse en même temps : l'émotion était plus forte que sa volonté, et tout ce qu'elle savait dire, c'était de répéter faiblement :

« Oh! c'est mal!... Maurice, je vous en prie... »

Elle le regardait au travers de ses larmes; mais dans sa voix et dans ses yeux il y avait plus de joie que de tristesse, plus d'amour que de reproches.

Avec des paroles que la passion rendait persuasives, il s'efforçait de la rassurer. Moins chaste, moins ingénue, elle eût été moins confiante, mais son esprit candide n'avait jamais soupçonné le mal; il était près d'elle, il lui tenait la main, et la brûlait de son regard, il était jeune, beau, éloquent, il parlait d'amour : elle écoutait de toute son âme.

Il disait ses espoirs, combien le docteur était bon, combien il les aimait tous deux, combien il serait facile de le décider au mariage; il se démontrait à lui-même et il démontrait à Armande qu'ils ne rencontreraient pas d'obstacle, qu'ils n'avaient rien à craindre ; que, pour être pleinement heureux, ils n'avaient qu'à attendre un jour où, comme le soir de sa fête, le docteur n'aurait rien à leur refuser ; qu'il n'y avait qu'à faire naître une occasion, et que jusqu'à ce moment ils devaient s'abandonner à leur joie, et s'aimer de tout cœur.

Il trouvait des gestes, des accents, des ardeurs, des transports, des enthousiasmes qui fascinaient Armande ; suspendue à ses lèvres, les yeux dans ses yeux, elle avait tout oublié et n'était plus qu'amour.

Ils avaient abandonné les bords du bassin, et par la grande allée, ils marchaient lentement, côte à côte. De temps en temps ils s'arrêtaient, ils se tournaient l'un vers l'autre, ils se regardaient dans une longue extase, puis ils se remettaient en marche.

Les grands arbres laissaient tomber sur leurs têtes l'ombre et la fraîcheur, et par des percées ouvertes çà et là on voyait la mer d'un beau bleu d'azur sous un soleil de feu.

Il fallut se séparer. Déjà bien des fois ils étaient venus jusqu'au bassin, et toujours ils étaient retournés sur leurs pas, en se disant : « Encore une minute, rien qu'une minute. »

II

Lorsqu'il rentra, elle était assise près de son grand-père.

« Eh bien, dit le docteur, ta promenade ?

— Superbe.

— Tu ne t'ennuies pas trop avec nous ?

— Mon plus grand bonheur, je vous le jure, serait d'y passer ma vie.

— Mon garçon, reste tout le temps que tu voudras ; tu sais que je t'aimais déjà comme un fils ; mais après ce que tu as fait pour Armande et pour moi, c'est un nouveau lien que tu as formé entre nous, plus solide encore ; je suis ton obligé, tu verras que je ne suis pas un ingrat. »

Armande et Maurice s'interrogèrent mutuellement du regard ; celui-ci s'avança comme pour parler, prit la main du docteur, et hésita quelques secondes.

Pendant qu'il réfléchissait et se gourmandait, Marie-Ange vint annoncer que le dîner était servi : l'occasion était perdue.

Ils se retrouvèrent le lendemain à l'endroit où ils s'étaient quittés la veille ; mais, pendant la nuit et à leur insu, de grands changements s'étaient accomplis en eux.

Vous ne me répondez pas?.. (p. 192).

H. MALOT. — VICTIMES D'AMOUR. LIV. 24

Pour Armande, cet entretien de la journée avait été la révélation de la vie et du bonheur, et, comme la première pluie chaude du printemps tombant sur une branche y fait éclore les boutons gonflés de sève, la parole de Maurice avait fait éclore en son âme un monde de poésie, d'enthousiasme et d'amour.

Pour Maurice, cet entretien avait été aussi la révélation d'une vie nouvelle qui allait commencer et où tout serait oubli pour le passé, certitude pour le présent, espérance pour l'avenir. Il prononçait le nom d'Armande, il pensait à elle, et il retrouvait sa jeunesse; il serait heureux, il serait fort, il serait grand.

Ils s'abordèrent, les joues pâles d'émotion, les yeux brillants de plaisir.

« J'ai rêvé de vous, chère Armande, et vingt fois je vous ai dit en dormant combien je vous aimais; mais l'autre nuit, quand je craignais de vous avoir offensée, quand je me demandais si vous voudriez me revoir, si nous aurions encore nos entretiens, notre travail, nos promenades, combien j'ai souffert!

— Et moi! interrompit-elle.

— Vous?

— Je m'accusais moi-même.

— Et de quoi?

— Je vous en prie, ne m'interrogez pas et ne me forcez point à rougir devant vous; je ne suis qu'une enfant qui vous aime et ne saurait vous résister; ayez pitié de ma faiblesse et de mon ignorance. »

Il insista en la pressant.

« Eh bien, reprit-elle alors en baissant les paupières, lorsque grand-père fut sorti de ma chambre, je me mis à pleurer; je me rappelais les paroles qui m'étaient échappées, et j'avais honte de moi. Il me semblait que je n'oserais vous revoir, il me semblait que vous deviez me mépriser et me juger bien faible. »

Maurice, que les confessions de cette âme naïve et franche remplissaient de joie et d'orgueil, loin de vouloir les arrêter, voulut les prolonger; et, docile à son inspiration, se défendant, rougissant, s'arrêtant, ne reprenant qu'après de douces prières, elle dit comment elle l'avait aimé; comment le voyant près de sa mère malade, elle avait été prise de sympathie et de compassion; comment, lorsqu'il était revenu, elle avait été elle-même affligée de sa douleur. Elle dit encore comme elle avait été heureuse lorsqu'il avait parlé de leçons. Puis, coquettement et en souriant finement, elle rappela les distractions qui avaient accompagné ces leçons, et qui, bien des fois, l'avaient laissée libre de passer plus de la moitié du morceau : elle rappela ces refrains chantés à mi-voix, en passant devant sa chambre;

les longues promenades qu'on faisait devant ses fenêtres dès le petit matin : mais, avec sincérité, elle avoua que souvent aussi elle-même avait été matineuse, et que, cachée derrière sa jalousie, elle l'avait maintes fois regardé, tandis que, se croyant bien seul, il se dépitait de ne point la voir paraître.

Et, dans la grande allée où ils marchaient l'un près de l'autre, c'étaient des rires, des contemplations, des silences, des explosions de reconnaissance pour le passé, d'espérance pour l'avenir, qui les transportaient de joie, et les ravissaient à eux-mêmes.

Mais cette allée ombreuse, entourée de bois sombres, et où des sentiers débouchaient à chaque pas, offrait bien des chances de surprise et bien des dangers pour un pareil entretien. Maurice proposa de gagner la campagne.

Ils sortirent, et par un chemin encaissé entre deux berges argileuses, bordées d'argousiers au feuillage argenté, ils montèrent vers la falaise; bientôt les argousiers furent plus maigres, le chemin moins creux, le sentier battu moins large, le vent de la mer souffla frais et salé, ils arrivèrent dans la lande.

Une steppe s'étalait à perte de vue; çà et là, le gazon avait été enlevé par larges plaques, et on l'avait mis sécher en petits tas pour s'en chauffer quand l'hiver serait venu : le chemin s'en allait en zigzag, coupant les espaces couverts d'ajoncs : ni le meuglement d'une vache, ni le bêlement d'un mouton, ni le cri d'un oiseau ne venait troubler le morne silence de ce paysage désolé.

Essoufflés de leur ascension, ils s'assirent sur l'herbe, les yeux tournés vers la mer.

« Quelle tristesse, dit Armande, et quelle solitude !

— Quel contraste, dit Maurice, avec la joie de notre cœur, et comme on est bien seuls, ici !

— Nous y reviendrons tous les jours.

— Tous les jours, jusqu'à notre départ pour Paris. »

Ces simples mots, départ et Paris, prononcés sans intention bien précise, les émurent tous deux; il y eut un moment de silence rêveur et recueilli.

Puis Maurice reprenant :

« Que la pensée de quitter ce pays ne vous effraye pas, chère Armande, nous n'y épuiserons point notre bonheur, et nous en aurons encore pour Paris, je vous le promets.

— C'est ici que nous nous sommes aimés, nous y reviendrons.

— Tous les étés.

— Ce pauvre grand-père qui va rester isolé, il faudra bien venir le revoir.

— Nous tâcherons de le décider à passer chaque année quelques mois avec nous.

— Comment cela sera-t-il chez nous?

— Ce sera petit et simple; vous le savez, je ne suis pas riche.

— Oh! qu'importe?

— Je travaillerai.

— Donc, cela sera petit?

— Tout petit, et même à un étage un peu élevé.

— Aussi élevé que vous le voudrez, je ne vous demande que du soleil; dans une rue sombre, il me semble que je mourrais.

— Nous habiterons une rue large, et nous aurons du soleil.

— Et une terrasse?

— Une terrasse.

— Pas bien grande, mais assez cependant pour y mettre des caisses avec de la terre.

— Moi, je planterai.

— Moi, j'arroserai.

— Nous aurons des vignes vierges et des volubilis.

— Quand nous serons riches, nous prendrons la moitié de notre terrasse pour en faire une petite serre.

— On y mettra des oiseaux?

— Et un bassin avec des rocailles. Il y aura un jet d'eau avec des menthes et des nymphæa bleus, et en le voyant, on se souviendra d'un autre bassin plus large et plus profond, et on s'embrassera.

— Nos meubles seront en bois blanc, du bouleau ou du merisier verni.

— Ils seront recouverts en perse.

— Quand nous serons riches, nous remplacerons la perse par de la soie.

— Nous ne verrons personne, n'est-ce pas?

— Personne... excepté Martel, toutefois.

— Vous l'aimez, je l'aime.

— Nous passerons tout notre temps ensemble : le matin, je me lèverai de bonne heure pour travailler, nous déjeunerons, je travaillerai encore un peu, pendant que vous vous habillerez, puis nous sortirons tous les deux pour nous promener.

— Vous me ferez connaître Paris? »

Sur leurs têtes, le ciel était radieux, et le soleil versait à flots une lumière vivifiante. Au loin, des navires aux blanches voiles se découpaient sur le bleu de l'horizon, et paraissaient immobiles au milieu de la mer. L'air était calme, et le silence était partout; seulement, de temps en temps, dans l'herbe où ils étaient assis, ils entendaient le bourdonnement d'un insecte qui voletait d'une bruyère à une soldanelle, d'une pâquerette à un ajonc; de temps en temps, un souffle arrivait du large, qui courbait, en les balançant, les tiges écourtées des flouves et des fougères.

Pour eux, en ce calme et en ce silence, tout était amour; et quand leur parole restait muette, c'est que leurs cœurs savaient se parler et s'entendre.

Assis près d'elle, serrant sa main qui tremblait dans les siennes, subissant les influences de la solitude et les langueurs d'une tiède atmosphère, il sentait ses artères gonflées battre avec violence, le sang lui montait à la tête, ses yeux se troublaient; et, parfois, il était prêt à saisir Armande dans ses bras.

Il se leva, et prenant Armande par la main, il la fit lever aussi; alors, par les chemins gazonnés, il l'entraîna; comme deux poulains échappés, comme deux enfants, ils se mirent à galoper. Ils allaient, franchissant les buissons, roulant sur les cailloux, glissant sur l'herbe sèche, se soutenant l'un l'autre, riant, causant, s'excitant; une sorte de délire joyeux les avait saisis, leur passion contenue s'échappait en une gaieté nerveuse.

III

Ils revinrent presque tous les jours dans la lande ; ils aimaient cette solitude où ils pouvaient se parler librement, se contempler sans témoins. Mais ces promenades délicieuses pour leur amour n'avançaient en rien leurs affaires ; l'occasion de s'ouvrir à M. Michon ne se présentait pas.

Et pendant ce temps les journées s'écoulaient; Audren devenait de plus en plus gênant par sa jalousie et sa surveillance, tandis que Martel lui-même compliquait la situation d'un nouvel embarras. Chaque fois qu'il revenait d'une excursion dans les environs, — car autant par discrétion que par besoin de travail il restait peu à Plaurach, — il parlait en riant de départ, et demandait quand on fixerait le jour. Las de ne recevoir que des réponses évasives, il s'en expliqua plus sérieusement.

« Or çà, dit-il un soir, est-ce que nous allons rester ici, et attendrons-nous Mme Baudistel toute notre vie?

— Mme Baudistel ne viendra pas, je ne l'attends plus.

— Elle viendra, au contraire, on m'a même assuré qu'elle arrivait prochainement.

— Que nous importe?

— Il m'importe peu à moi, cependant je crois que c'est le moment de nous en aller.

— A quoi bon? je ne la verrai pas.

— Alors, à quoi bon rester? il y a assez longtemps que nous sommes ici.

— Ah! chez des amis.

— Chez *tes amis*. Ils t'ont élevé, tu es leur enfant, c'est bien; moi, je ne suis l'enfant de personne ici, et je commence à en avoir assez de mes voyages dans le Finistère; or, je te propose, ou de nous remettre tous deux en route, ou de m'y remettre tout seul; que veux-tu?

— Rester encore ici, et que tu y restes toi-même.

— A piquer les assiettes, merci.

— Non, mais en payant ton hospitalité.

— Faut-il que je donne des leçons de peinture?

— Il faut que tu fasses un tableau pour le docteur.

— A quoi bon un tableau, quand on a tous les jours sous les yeux le soleil, la mer et des arbres, et qu'on sait les voir?

— Si tu lui faisais un coucher du soleil en pleine mer?

— Me prends-tu pour un membre de l'Institut?

— Veux-tu me rendre le service de peindre un coucher de soleil? Tu sais combien le docteur a été heureux de ma vieille romance qui lui a rappelé sa jeunesse; ce que je te demande, c'est précisément un tableau qui la lui rappelle aussi : un jeune homme et une jeune femme assis l'un près de l'autre, se tenant par la main et regardant le soleil se coucher dans la mer. Il y a ici un portrait de Mme Michon; tu feras tes personnages tout petits, la ressemblance ne sera pas bien difficile.

— S'il faut que je te brosse ça dans le genre de ta romance, je ne pourrai jamais.

— Fais à ta manière; le docteur sera content de toi.

— Tu me flattes, misérable; tu as donc bien envie de ton tableau?

— Franchement, oui.

— Je le ferai; mais aussi franchement que tu viens de me dire oui, dis-moi quel est ton but?

— Tu as vu la joie du docteur, je veux que nous lui en donnions encore une semblable, et comme j'ai une demande à lui faire, je profiterai de ce moment.

— Une demande!

— Une demande que je t'expliquerai plus tard. Quand penses-tu commencer?

— Déjà!

— Ça presse, mon bon, ça presse.

— Alors demain ; mais c'est à une condition : tu comprends qu'avec la mer et le soleil pour fond, j'ai besoin d'un premier plan très soigné, et comme il y a dans l'Ile-aux-Moines un éboulement qui m'a séduit, tu demanderas à M. de Tréfléan la permission de prendre son grand canot, et tu m'y conduiras. »

Quand Maurice parla de ce projet à Armande, elle en fut attristée, la pensée d'un voyage en mer, de deux ou trois heures au moins tous les jours, et la certitude qu'il lui faudrait, en restant seule, accepter une explication avec Audren, l'émurent et l'effrayèrent ; mais lorsqu'elle eut compris que, par ce moyen, leur bonheur serait bientôt assuré, elle se résigna, et ce fut même presque avec un sentiment de joie qu'elle les vit s'embarquer sur l'*Albatros* et mettre à la voile.

IV

L'Ile-aux-Moines, la plus grande d'un petit archipel que les flots ont divisé et déchiqueté, est à deux lieues de Plaurach, et, du haut des falaises, on la voit au large, noire et ardue, au milieu d'une mer blanchissante. Pour être plus longtemps avec Maurice, Armande, le jour de leur départ, alla s'asseoir dans la lande, à la place même où ils avaient si souvent parlé d'amour, et elle put encore voir leur canot qui, poussé par une bonne brise, doublait la passe de l'est, tournait l'île qui est à l'entrée de Plaurach, revenait vers la passe de l'ouest et gagnait la pleine mer.

Il y avait déjà de longues heures qu'elle rêvait, lorsque, tournant les yeux vers le village, elle aperçut Audren qui s'avançait vers elle. Son premier mouvement fut de s'enfuir ; mais une nouvelle fuite ne décidait rien, et, dans les conditions présentes, elle était impossible : il fallait affronter l'entretien.

Audren s'approcha lentement ; il était encore plus pâle qu'à l'ordinaire, et ses yeux avaient un éclat brûlant.

Arrivé devant elle, il la regarda quelques secondes en silence, puis, sans lui tendre la main, sans même lui faire un signe de tête, avec un accent plein de tristesse et d'amertume :

« Eh bien, dit-il, vous ne me fuyez donc pas, aujourd'hui ?

— Pourquoi vous fuirais-je ? interrompit-elle faiblement.

— Parlez-vous sérieusement, Armande ? et faut-il que je vous réponde ? ou bien voulez-vous dire que vous ne me fuyez pas ? »

Elle ne répondit pas, car elle ne pouvait le faire sans avouer la vérité, ou sans recourir au mensonge ; la loyauté lui défendait une tromperie, la crainte un aveu ; une femme se serait sauvée en déplaçant habilement la question ; elle n'était qu'une jeune fille, elle se tut.

« Oui, reprit-il, dites clairement que vous ne me fuyez pas, dites que depuis l'arrivée de M. Berthauld à Plaurach, vous êtes encore pour moi ce que vous étiez autrefois.

— Je ne suis point changée à votre égard, et j'ai toujours pour vous l'amitié la plus sincère.

— Vous l'affirmez?

— Je le jure! »

Ce fut au tour d'Audren de rester silencieux, mais presque aussitôt reprenant :

« Affirmez-vous aussi que vous ne me fuyez pas?... Vous ne me répondez pas?... Tenez, je vous en supplie, expliquons-nous. Je suis malhabile aux choses de l'esprit, il ne vous serait pas bien difficile de m'embarrasser avec d'adroites paroles, mais vous ne le voudriez point, n'est-ce pas? Répondez donc franchement à ce que je vais vous demander franchement, et je croirai que vous avez encore un peu d'amitié pour votre pauvre Audren.

— En vérité je ne vous comprends pas.

— De quel droit, n'est-ce pas? pourquoi je vous parle ainsi? — De quel droit? Du droit de l'amitié! — Pourquoi? Pour mon repos et pour mon bonheur. Car, depuis trois mois, je ne vis plus, j'ai une fièvre qui me brûle, et vous le savez bien, Armande, je l'ai souvent lu dans vos regards qui, peut-être, m'auraient rendu heureux, s'il y avait eu moins de pitié ; mais cette pitié, qui me blessait il y a encore quelques semaines, aujourd'hui je l'implore : au nom de cette pitié, au nom de mes souffrances, au nom de votre bon cœur, au nom de ce qui peut vous toucher, Armande, répondez-moi : aimez-vous M. Berthauld? »

Et comme elle s'était levée.

« Ah! restez, c'est pour ma vie que je parle, ayez franchise, répondez-moi : aimez-vous M. Berthauld? Ah! n'ayez pas honte, ne cherchez pas à me tromper, pas de phrases, pas de détours : l'aimez-vous? »

La question ainsi posée était des plus graves, elle le comprenait. — Ne pas se contenter des raisons invoquées par Andren et demander de quel droit il interrogeait ainsi, c'était provoquer une déclaration qui devenait inévitable, et que cependant il fallait éviter. — Ne rien dire et s'échapper, c'était tout dire, c'était exaspérer Audren. — Répondre qu'elle n'aimait pas, c'était tromper un homme qui avait été son frère, lorsqu'il venait à elle

L'*Albatros* en tempête (p. 200).

brutalement peut-être, mais à coup sûr loyalement ; c'était le tromper avec la certitude que sa fourbe serait bientôt découverte ; c'était s'exposer au mépris, à la haine, à la vengeance de cet homme, et y exposer aussi Maurice. — Répondre qu'elle aimait, c'était manquer à sa promesse, c'était désespérer Audren, le pousser peut-être à quelque extrémité, à une provocation, à une dénonciation, et puis c'était encore pour elle se résigner à l'aveu le plus pénible, c'était déflorer son amour, le confesser à celui-là qui, le dernier, aurait dû l'apprendre.

Cependant elle s'y résigna ; la pensée que c'était elle seule qui braverait le premier danger, la décida :

« Eh bien ! oui, » dit-elle faiblement.

Et, le regardant, elle ajouta presque avec résolution :

« Oui... je l'aime. »

Il pâlit, et, quoiqu'il s'attendît presque à cette réponse, son cœur cessa de battre, et, haletant, éperdu, hébété, il la regarda sans trouver un seul mot.

Le voyant ainsi et touchée de pitié, elle se leva et lui prit la main ; longtemps, sans rien dire, ils se regardèrent ; puis, Audren, détournant ses yeux où roulaient des larmes contenues :

« C'est donc plus fort que vous ! » dit-il.

Comme, sans répondre, elle lui avait abandonné la main :

« Oh ! je n'ai pas voulu vous faire de la peine, ajouta-t-il, craignant de l'avoir blessée, je vous ai dit cela parce que je le sens ; je sais que vous êtes bonne et que, si vous pouviez faire autrement, vous le feriez. »

Comme elle ne répondait point encore :

« Mais que vous a-t-il donc fait pour que vous l'aimiez ? » s'écria-t-il avec explosion.

A ces mots, elle eut peur que cette colère, qui se dominait à peine, n'éclatât et ne tombât sur Maurice, et sentant que ce qui toucherait son amant la blesserait plus que ce qui la toucherait elle-même, comprenant aussi qu'Audren l'aimait assez pour ne pas la frapper sans pitié, elle voulut détourner les coups et les attirer sur elle seule.

« Audren, dit-elle, que votre chagrin ne vous rende ni injuste ni blessant ! S'il y a une faute, elle n'est pas à lui, elle est toute à moi. »

Furieux de cette générosité, et ne voulant pas que son idole s'outrageât elle-même :

« A vous ! reprit-il, c'est votre faute s'il est venu et revenu ici ! c'est votre faute si, pour se distraire, il vous a regardée ! c'est votre faute s'il vous a séduite ! »

Armande, les joues empourprées, se leva sans dire un seul mot, et déjà elle avait fait quelques pas pour s'enfuir, lorsque Audren, la saisissant par le bras :

« Oui, reprit-il d'une voix brève, séduite..., ensorcelée ; je vous dit qu'il doit être sorcier pour vous avoir fait oublier vos amis et cette maison où vous avez grandi ; car enfin vous ne pouvez être heureuse qu'ici. Que ferez-vous dans cette vie d'artiste? Quand même cet homme aurait toutes les qualités que vous lui attribuez et que je ne lui reconnais pas, moi, — mais, enfin, la haine peut m'aveugler, — quand cela serait, vous ne vivrez pas un an de cette vie, vous n'êtes pas faite pour y vivre ; plante de ce pays, vous êtes faite pour y fleurir, vous vous fanerez ailleurs ! Armande, rappelez-vous votre mère ! Il vous a donc fait aussi oublier votre mère ? Oui, c'est votre mauvais génie, et si vous partez, je le sens, vous êtes perdue.

— Qui parle de partir ? interrompit-elle. Pourquoi me parlez-vous de Paris ? Que savez-vous ? que voulez-vous dire ?

— Ah ! pas de ruse, Armande.

— Je vous aime comme un frère, je ne puis pas vous aimer autrement ; pourquoi voulez-vous m'en faire dire plus, puisque vous savez la vérité ? pourquoi m'attaquez-vous dans mon amour ? pourquoi voulez-vous que je vous blesse, et que je me blesse moi-même ? C'est vous qui êtes cruel, c'est vous qui êtes imprudent.

— Vous avez raison, Armande, nous sommes fous tous les deux ; mais moi, de plus, je suis horriblement malheureux ; je sens que ma vie était attachée à la vôtre, que vous vous perdez, et que je me perds avec vous ; je souffre moins de mon malheur que du vôtre. J'ai commencé cette conversation comme un amoureux, je la finis comme un frère ! Il ne s'agit plus de moi, Armande, oubliez-moi ; je suis mort, mais je ne veux pas que vous mouriez ; je peux parler de moi comme en parlerait ma mémoire, comme en parleraient mes amis, si j'en avais. J'étais votre amant, Armande... »

A ce mot, Armande, jusque-là foudroyée, eut un léger tressaillement ; Audren le vit, et tendant la main comme pour la rassurer :

« J'aurais été votre mari, reprit-il. Regardez-moi ; vous n'aurez peut-être pas, désormais, l'occasion de me voir, et il faut que vous vous souveniez de moi ; regardez-moi : j'étais le bonheur, j'étais l'honneur, et lui... »

Sa figure prit une expression sauvage, en se tournant vers l'île aux Moines :

« Lui... »

Elle fit encore un geste ; mais Audren, cette fois, d'autorité et comme la repoussant :

« Je ne l'insulte pas, je le maudis. Lui ! c'est la paresse, c'est l'amour frivole, c'est l'abandon, c'est le malheur, c'est la honte ! Je sais que vous allez me haïr après de telles paroles, mais j'ai tout dit, je dirai tout, le bien comme le mal, l'amour comme la haine ; retenez bien une chose, Armande, vous vous la répéterez plus tard à vous-même : vous n'avez été aimée, vraiment aimée, que pendant un jour, pendant une heure, par un homme ; ce jour, c'était aujourd'hui ; cette heure, c'était celle où nous sommes ; cet homme, c'était moi. — L'amour ! vous le cherchiez là-bas, il est ici. »

A ces paroles, il eut peur de lui-même, il eut peur de s'attendrir, et il ne le voulait pas ; toutes les pensées lui traversèrent tumultueusement l'esprit : se jeter aux genoux d'Armande, lui demander pardon, lui demander merci, ou bien la saisir dans ses bras, et se lancer avec elle du haut de la falaise. Il la regardait fixement avec des yeux terribles, mais il ne la voyait plus ; elle était auprès de lui, il la cherchait. C'est qu'il la voyait plus loin ; il la voyait dans l'avenir, il la voyait dans sa maison, malgré tous ses pronostics de malheur, amante adorée, femme heureuse, mère chérie.

Aussi put-elle croire réellement que son esprit était égaré, quand elle lui entendit proférer ces paroles :

« Ah ! ils seront bien beaux vos enfants, Armande, et ils vous aimeront bien. Je vais vous demander une dernière grâce, ne me la refusez pas : quand ils seront déjà un peu grands, et que le soir vous leur ferez faire leur prière, quand vous leur aurez dit : « Prie pour ta mère, prie... »

Ici il eut comme un étranglement.

« Prie pour ton père, » vous leur direz : « Prie pour ton ami Audren, que tu n'as pas connu, et qui m'aimait bien ; il en a bien besoin, va, car il a cruellement souffert en ce monde, et Dieu sait s'il ne souffre pas encore plus dans l'autre. »

En disant ces mots, il s'enfuit en pleurant, en hurlant.

Elle éprouva un sentiment de délivrance en le voyant s'éloigner : au moral comme au physique, elle était affaissée ; la rapidité avec laquelle les paroles d'Audren s'étaient succédé, ne lui avait laissé que le temps de recevoir les coups sans songer à les parer ; quoiqu'il se fût rapidement éloigné, et que déjà on ne le vît plus, elle n'osait lever les yeux, elle frissonnait, elle se sentait en quelque sorte encore enveloppée de cette colère et de ce désespoir ; et il lui fallut presque un effort de volonté, pour évoquer ce nom si aimé de Maurice. Mais, ayant jeté les yeux sur l'île aux Moines, cette vue lui fut un cordial : elle se leva tout allégée, et reprit lentement le chemin de la maison. Il lui semblait qu'elle avait fait une grande maladie, son cœur battait avec violence, elle sentait des plaques de rouge sur les joues, ses jambes ne la portaient plus ; plusieurs fois elle fut obligée de s'arrêter ; mais elle ne voulut point s'asseoir, il lui semblait qu'elle ne pourrait plus se relever. Les sinistres prédictions d'Audren lui revenaient à la mémoire, elle en était assiégée. « Si c'était vrai tout ce qu'il m'a dit, si cela devait m'arriver ainsi? » Puis, elle éprouvait une violente commotion dans la tête, son esprit s'engourdissait et devenait trouble, et machinalement elle répétait : « Si cela était ainsi? » Alors, apercevant les arbres qui entouraient la maison, elle voulut chasser cette idée. Dans son égoïsme naïf, elle n'avait songé tout d'abord qu'à elle et au présage de malheur jeté sur Maurice, mais le fond de sa nature c'était la bonté : dès qu'elle cessa de se voir elle-même et celui qu'elle aimait, la figure pâle et désespérée d'Audren lui apparut, elle souffrit de l'avoir tant fait souffrir, se reprocha de ne pas l'aimer, et en arriva à se poser cette question terrible : « Est-il donc vrai qu'on ne peut faire le bonheur de l'un sans faire le malheur de l'autre? » Cette première idée en apportait avec elle une seconde, qu'elle ne se formulait pas avec précision, mais que son amour lui présentait avec persistance : « Pourquoi nous plutôt que lui? » De là à se dire que la douleur d'Audren était peut-être moins profonde qu'il ne le croyait, plus guérissable, qu'il était jeune, qu'il était fort, qu'il ne se dégoûterait pas de la vie parce qu'elle ne lui avait point tenu ses promesses; de cette première pensée complaisante à ces dernières pensées lâches il n'y avait pas loin : à mesure qu'elle s'approcha de la maison, le bruit que faisaient dans son âme les paroles d'Audren alla s'atténuant, et de ses yeux son image alla s'effaçant; ce fut le souvenir de Maurice qui rentra en triomphateur dans cette âme d'où il avait été un instant expulsé, ce fut Maurice qu'elle entendit et qu'elle vit désormais, et ce fut lui, à coup sûr, qui, lorsqu'elle mit le pied sur le seuil, se pencha vers elle, et lui répéta ce mot que ses lèvres répétèrent docilement, sans que son esprit s'y prêtât, sans que son cœur y consentît : « Il se consolera? »

V

Le lendemain, elle ne remonta pas sur la falaise pour assister au départ de Maurice, car l'aspect de ce lieu était désormais pour elle inséparable de la scène qu'elle y avait eue avec Audren; son image attristée lui défendait d'y entrer, — et il lui semblait qu'elle n'y remonterait jamais.

Cependant, vers le milieu de la journée, la chaleur étant devenue étouffante, de gros nuages s'amoncelant à l'horizon, les feuilles frissonnant toutes seules dans les buissons, les vaches meuglant plaintivement dans la prairie, elle se décida à y aller, elle voulait se rassurer sur Maurice; son amour fut plus puissant que ses craintes et que ses remords.

En chemin elle rencontra M. de Tréfléan.

« Sais-tu à qu'elle heure ils doivent rentrer? demanda celui-ci.

— Pas avant ce soir, je pense.

— Le temps se charge; il y a dans le ciel des tons jaunes et verts qui n'annoncent rien de bon, les nuages s'entassent, ils courent contre le vent, si le vent tourne, nous aurons un orage.

— Montons sur la falaise, peut-être les verrons-nous venir.

— Monte devant, je vais aller chercher une longue-vue, je te rejoins. »

Armande arriva rapidement sur la falaise. Ce fut en vain qu'elle interrogea l'horizon, on ne voyait au loin que les îles noires au milieu de la mer calme. L'air était lourd. De temps en temps soufflait de la terre une rafale chaude, et presque aussitôt tout redevenait immobile, même les herbes les plus flexibles.

« Eh bien? dit M. de Tréfléan, qui arrivait suivi d'Audren.

— Je ne les vois pas, répondit Armande, sans oser tourner les yeux vers Audren, qui lui-même regardait la mer.

— A quoi pensent-ils donc? continua M. de Tréfléan, les oiseaux devraient leur dire qu'il faut rentrer. »

Des mouettes et des pétrels arrivaient du large en bandes nombreuses pour se blottir dans les trous de la falaise; le ciel devenait de plus en plus noir, les nuages s'amoncelaient en masses compactes et confuses.

« Regardez? » dit tout à coup Audren.

De derrière l'île on vit sortir le canot toutes voiles dehors; sur l'horizon noirâtre, sa silhouette blanche se détacha vivement.

Presque en même temps, la mer, qui jusqu'alors avait été sans une ride, frémit comme sous une pluie battante, elle se souleva en deux ou trois grands sillons qui, prolongeant leur mouvement onduleux, vinrent s'abattre sur le rivage; de petites vagues, courtes et clapoteuses s'agitèrent en se choquant, leurs crêtes verdies se couvrirent d'écume.

Le vent avait fait une saute, et s'était mis avec l'orage; les nuages commencèrent à courir, dans le lointain on entendit le roulement du tonnerre.

Le canot aussi commença à courir, bientôt on le vit plus grand et plus distinct. Avec la longue-vue on les aperçut sans peine : Maurice était au gouvernail, Martel tenait l'écoute de la voile.

« Eh bien! reprit Armande, croyez-vous pas qu'avant une heure ils seront ici?

— Ils y seraient bien avant une heure, répondit M. de Tréfléan, s'ils pouvaient venir en ligne droite; comme il faut qu'ils aillent doubler l'île

Goë, ils vont remonter vers l'est, bientôt nous ne les verrons plus. »

Deux routes s'offraient pour rentrer à Plaurach, l'une par la passe de l'est, l'autre par la passe de l'ouest. La passe de l'est est large, ouverte, bordée d'une côte plate et d'un rivage sablonneux ; c'est celle par laquelle entrent les navires ; la passe de l'ouest, ayant la forme d'un entonnoir dont le petit bout serait tourné vers le village, et bordée d'un côté par l'île de Goë et de l'autre par la falaise ; son fond est parsemé d'énormes quartiers de roc, son rivage à pic est couvert de galets, les vents du nord et de l'ouest, qui s'y abattent librement, y rendent les vagues terribles. Quand le petit détroit tortueux séparant l'île de la terre, et qu'à marée basse on peut traverser à pied sec, commence à s'emplir d'eau, le courant de la mer montante s'y engouffre avec un bruit et une rapidité si formidable, que les pêcheurs l'ont baptisé l'Enfer de Goë. C'était en face de cet entonnoir que courait *l'Albatros*.

« Ils sentent déjà la marée, dit Audren, au lieu de remonter, ils dérivent vers nous.

— Crois-tu ? s'écria M. de Tréfléan.

— Voyez.

— Le vent fraîchit toujours, il va les soutenir. Maurice connaît trop bien le danger pour s'y laisser acculer ; il n'y aura pas d'eau avant deux heures dans l'Enfer, il faudrait un autre marin que lui pour s'en tirer.

— La marée augmente de force, et s'ils ne mettent pas le cap au nord, ils ne la refouleront jamais. »

Ils regardèrent pleins de crainte et d'émotion.

Sous le vent, de plus en plus fort, *l'Albatros* se couchait sur la vague, et son entrave s'enfonçant dans l'écume laissait sur son passage une longue traînée blanche. Il allait, rapide, bondissant devant la tempête.

Mais celle-ci s'avançait encore plus rapide ; de minute en minute les roulements du tonnerre se rapprochaient, les éclairs se succédaient sans interruption, les rafales s'abattaient sur la côte plus violentes, les lames s'élançaient les unes par-dessus les autres ; elles se brisaient avec fracas sur la grève, et les galets, agités en de puissants tourbillons, faisaient entendre des bruits rauques. Dans la lande, les ajoncs sifflaient et craquaient ; les fleurs arrachées de leurs tiges passaient dans l'air, emportées par le vent.

L'Albatros fuyait toujours, tellement incliné sur la vague, qu'on pouvait croire à chaque instant qu'il allait chavirer ; mais plus il se rapprochait, plus il devenait évident, même pour l'œil le moins exercé, qu'il déviait de la ligne droite, et qu'au lieu de s'avancer vers la pointe de l'île, il dérivait vers la passe où le poussait la marée montante.

« Ils dérivent toujours, dit Audren.

— S'il ne court pas une bordée dans le nord, continua M. de Tréfléan, ils ne doubleront jamais la pointe. »

Le canot, que jusqu'à ce moment on avait toujours vu par le travers, n'apparut plus que comme un petit point, il piquait droit vers la pleine mer et ne se présentait plus qu'en longueur, rudement secoué par le tangage ; mais il ne garda pas longtemps cette direction : bientôt il reprit sa première allure et gouverna vers l'extrémité de l'île.

« Ils pouvaient se sauver, ils se perdent, s'écria M. de Tréfléan.

— Ils auront eu peur des vagues qui embarquent, dit Audren.

— L'*Albatros* est insubmersible, mais il n'est pas de fer, s'ils sont acculés contre les récifs, il sera brisé comme une paille.

— Les voilà maintenant qui mettent le cap sur terre.

— Descendons, ils auront perdu la tête.

En courant, ils descendirent le sentier de la falaise. L'angoisse étouffait Armande.

Quand ils arrivèrent sur la grève, l'orage avait redoublé d'intensité, et les vagues accouraient en roulant et déferlaient avec fracas sur le sable, le vent soufflait sans relâche, les roulements de la foudre avaient été remplacés par des déchirements et des claquements aigus et précipités.

Le canot n'avait plus qu'une faible distance à parcourir, mais tout autour de lui s'élevait une infranchissable barrière de récifs qu'on devinait à des pics noirâtres qui, sortant de la vague et la déchirant sans cesse, faisaient à toute la plage une blanche ceinture d'écume. Il n'y avait pas un seul passage pour gagner la terre, et la marée, qui, deux heures plus tard, devait donner six ou huit mètres d'eau dans la passe, avait pour le moment rendu le danger encore plus terrible, en permettant aux lames d'atteindre les bas-fonds et de s'y briser avec fureur.

La situation était des plus critiques, ceux du canot la comprenaient, et ceux du rivage étaient dans l'impossibilité de leur porter secours ; ils auraient voulu leur crier de tenir tête à la mer, mais la bourrasque soufflait si fortement, que c'était à peine si, l'un contre l'autre, ils s'entendaient parler ; ils ne pouvaient que des bras leur faire des signaux pour les repousser au loin. Soit que ces signaux fussent compris, soit que Maurice ne sût comment trouver sa route au milieu du dédale de rochers qui lui fermaient le passage, tout à coup les deux voiles glissèrent le long du mât et de la draille, l'ancre fut mouillée, et l'*Albatros*, trouvant un point d'appui, vira sur lui-même et s'arrêta brusquement.

Armande, qui jusqu'à ce moment était restée les yeux sur le canot, s'at-

Les pêcheurs apportèrent dans leurs bras Martel qui, pris du mal de mer se serait laissé noyer... (p. 206).

tendant, à chaque minute, à le voir se jeter contre les rochers et s'y ouvrir en pièces, laissa échapper un soupir.

Le bruit s'étant répandu au village qu'une embarcation s'était laissé affaler au milieu de la passe de l'Enfer, chacun était descendu sur la grève et M. Michon, plein d'inquiétude, arrivait aussi vite que lui permettaient ses soixante-dix années.

Du premier coup d'œil il vit le danger : la proue tournée vers la pleine mer, à cent cinquante mètres à peine du rivage, l'*Albatros* recevait en plein toutes les lames, et il y faisait d'effroyables plongeons ; s'il n'eût pas été, au raz du plat-bord, recouvert d'un pont qui se creusait seulement au centre pour permettre aux passagers de s'asseoir, il n'eût pas tardé à couler bas : Martel et Maurice écopaient, sans se reposer, l'eau qui embarquait à chaque instant.

« Eh quoi ! s'écria le docteur, n'y a-t-il rien à faire ! »

Personne ne répondit.

Quoiqu'il ne fût pas encore cinq heures, il faisait déjà presque nuit, tant les nuages étaient sombres ; mais quand l'éclair déchirait ces nuages, le ciel paraissait s'ouvrir : on ne voyait que des lueurs sinistres et des flammes éblouissantes. La vague, qui s'abattait sur la grève, lançait des galets, des flots d'écume que le vent balayait, et d'énormes paquets de varechs et de goëmons.

Dans les groupes on se communiquait ses craintes et ses impressions : « Faut que le câble de l'ancre soit fameusement bon. — Il ne tiendra pas toujours ; jamais il ne sera assez solide pour résister à un pareil tirage. — Si le canot s'élevait sur la lame, ça serait possible ; mais il se coiffe, il sera arraché dans un plongeon.—Si on allait chercher des cordes, des planches, des barriques ? — Ah ! des planches et des barriques, elles n'arriveraient jamais jusqu'à eux, le vent et la marée les rejetteraient tout de suite dans l'Enfer. — Savent-ils nager ?— Le Parisien, je ne crois pas.—Nager de ce temps-là, ils seraient brisés sur les roches ! — Chacun se taisait, et quand un coup de tonnerre éclatait, on se signait dévotement, on secouait la tête, et l'on regardait la mer.

Armande, M. Michon et Audren faisaient un groupe à part. Personne n'osait les approcher. M. de Trefléan arpentait le sable à grand pas, examinait le ciel, la mer et l'horizon ; le docteur s'était laisser tomber sur un quartier de granit ; Audren, sombre et immobile, suivait des yeux Armande, pâle, oppressée, se levant en sursaut, regardant la mer, regardant la barque, regardant tout le monde comme pour implorer du secours, se rasseyant, se levant encore, allant de l'un à l'autre, joignant les mains, ne pensant même plus à cacher ses pleurs.

A chaque instant le péril augmentait; par moments la proue de *l'Albatros* disparaissait entièrement, et sa poupe, soulevée par la vague, laissait voir en retombant sa carène luisante et plus de la moitié de la quille.

Enfin, M. de Tréfléan, qui depuis longtemps déjà ne répondait plus aux questions que lui adressaient Armande et le docteur, revint vers eux, et ayant fait un signe à trois ou quatre marins, un petit cercle se forma autour de lui.

« Le moment est arrivé, dit-il d'une voix brève, l'ancre ne tiendra pas longtemps, la mer grossit, l'ouragan redouble, ils vont être jetés à la côte.

— C'est vrai, dirent les marins.

— Il n'y a qu'un moyen de les sauver, maintenant qu'il y a de l'eau sur les récifs, c'est qu'un de nous se jette à la mer, gagne le canot et coure quelques bordées; dans une demi-heure, il y aura vingt pieds de fond dans l'Enfer. Ne tenterons-nous rien pour les sauver ?

Les marins s'examinèrent en silence, il y eut un moment d'hésitation

« Mais, s'écria Armande, la distance est si petite !

— Ce n'est pas la distance, brave demoiselle, dit un des marins, c'est les roches qui nous effrayent. »

Ce qu'elle avait dans l'âme de dévouement et d'amour passant dans ses yeux, elle regarda tour à tour les marins, M. de Tréfléan, Audren.

Celui-ci était plein d'incertitudes; s'il ne s'élançait pas à leur secours, ce n'était point la peur qui le retenait, mais la pensée qu'un de ces hommes était son rival, son ennemi, et que, lui mort, Armande était libre.

Sous le regard désespéré de la jeune fille, sous ce regard qui l'implorait après l'avoir si cruellement blessé, il baissa les paupières rougissant de lui, mais presque aussitôt il les releva, et fit un pas en avant.

« J'y vais, s'écria-t-il.

— Vous ! fit Armande.

— Qui vient avec moi?

— Moi, dit un marin.

— Ma foi, tant pis, dit un autre, moi aussi.

— C'est assez de deux; interrompit M. de Tréfléan; merci, Lecornec; venez, Gloaguen, vous n'avez pas d'enfants. »

S'adressant à son frère :

« Arrivé dans le canot, tu hisseras le petit foc et tu courras des bordées d'est en ouest et d'ouest en est, en tâchant de t'élever dans le vent; tu feras parer le grand foc pour remplacer le petit, si la bourrasque vous l'enlève; si vous ne pouvez pas doubler la pointe de l'île, nous vous tirerons des coups de fusil aussitôt qu'il y aura assez d'eau dans la passe; si vous ne nous entendez pas, vous verrez la lumière. Embrassons-nous, que Dieu soit avec toi.

— Embrasse-moi aussi, mon garçon, » s'écria le docteur.

Il allait passer devant Armande.

« Sauvez-les, dit-elle, sauvez-le ! »

Il s'avança sur le sable ; Gloaguen y était déjà tout nu.

En une minute Audren se débarrassa de ses vêtements jusqu'à la ceinture.

Et, tous deux, ils restèrent immobiles, attentifs, prêts à saisir le moment où se briserait une vague plus faible que les autres.

Ce moment venu, ils firent un signe de croix, et s'élancèrent.

Les respirations s'arrêtèrent dans les poitrines ; on les suivait du regard.

Ils nageaient vigoureusement, tantôt sur la vague, tantôt dans une véritable vallée, tantôt plongeant la tête en avant, sous une crête écumeuse. Ils avaient franchi les premières lames sans se faire rouler, mais entre eux et l'*Albatros* se dressait encore le plus sérieux obstacle : c'était la ceinture de rochers ; la mer y accourait menaçante, s'y brisait avec force, retombait moitié du côté du large, moitié du côté de la falaise, faisait un tourbillon d'herbe, de sable et d'écume, et laissait à sec des aiguilles verdâtres qui, deux secondes après, disparaissaient sous vingt pieds d'eau.

Ils arrivèrent au pied de ces récifs ; longtemps ils luttèrent pour s'en approcher, et ce ne fut qu'en profitant habilement d'un intervalle de repos qu'ils y purent monter. A peine y étaient-ils qu'une vague les enveloppa et les engloutit : quand elle s'abaissa, Gloaguen avait disparu ; Audren, toujours sur sa roche, à moitié caché dans l'écume et dans les goëmons, se cramponnait à une pointe de granit ; il se dégagea vivement, courut à un autre rocher, et l'embrassant de ses bras et de ses jambes, il attendit... La vague passa sur lui, et, comme la première fois, elle le submergea ; puis, quand elle se fut séparée en deux, on le vit solide comme le rocher lui-même. Il fit un signe de tête à ceux du rivage, rejeta ses longs cheveux en arrière, et quand la troisième vague eut passé et se fut retirée, on ne le vit plus. Il y eut un moment d'anxiété. Bientôt il reparut au large, tandis que, du côté du rivage, Gloaguen reparaissait aussi, pâle, défait, s'agitant en désespéré. Deux hommes s'élancèrent à son secours, et la ramenèrent sur la plage ; les récifs lui avaient déchiré la poitrine et les mains, il était couvert de sang.

Audren nageait toujours, mais il avançait peu ; il y avait des instants où on ne le voyait plus du tout, d'autres où il semblait revenir en arrière.

Enfin, il approcha du canot, et à l'aide des cordages que Maurice et Martel lui lancèrent, il y grimpa.

L'angoisse avait été si poignante, qu'Audren sur *l'Albatros*, on les crut sauvés.

Ils ne l'étaient pas, car, loin de se calmer, la tempête suivait une marche ascendante.

A peine à bord, Audren, aidé de Maurice et de Martel, hissa le foc, l'ancre fut filée, et la barque, si rudement secouée tout à l'heure, recommença à bondir sur les vagues. Avec sa petite voile triangulaire, elle allait comme une flèche; quelquefois elle disparaissait, corps et voilure, entre deux vagues, quelquefois aussi, soulevée brusquement, elle montrait toute sa carène.

« Ah! mon Dieu! disait la foule, ils vont chavirer. — Les voilà qui se rapprochent. — Non, ils viennent prendre le vent pour courir dans l'ouest. — Ah! quelle lame! — S'ils faisaient bien, ils promettraient un cierge à saint Jouan. — Et un aussi à la bonne Vierge. — Ah! quel éclair! » — Et les moins braves couraient se mettre à l'abri dans les anfractuosités de la roche.

Les lames étaient devenues des masses tumultueuses qui s'écroulaient avec un épouvantable fracas et jetaient sur la plage des cailloux, des fucus et des débris de toute sorte. Le ciel et la mer se confondaient dans un étroit horizon, qui, déchiré sans cesse par les éclairs, lançait des lueurs rapides et blafardes. Le tonnerre éclatait sans relâche, et le vent soufflait tantôt avec un bruit sourd, tantôt avec de sinistres sifflements.

Tout le village était arrivé sur la grève, et l'abbé Hercoët, ayant appris qu'une barque était en danger, et que cette barque portait Maurice et Martel, était venu rejoindre ses amis. Mais c'était en vain qu'il cherchait à entraîner Armande; mouillée par les paquets de mer et par les rafales d'écume qui lui soufflaient à la figure, elle ne voulait pas quitter la plage; les yeux sur la mer, elle n'abandonnait pas *l'Albatros* une seule minute, parfois son regard se troublait et elle sentait les forces qui lui manquaient, mais alors elle s'asseyait sur le sable et regardait toujours.

La lutte dura longtemps; pendant plus d'une demi-heure *l'Albatros* résista à la tempête, au milieu d'une mer furieuse, où les lames, repoussées par les rochers, revenaient les unes sur les autres, se heurtaient et s'éparpillaient en une blanche poussière que les rafales emportaient au loin; ni la sombre horreur du ciel, ni la violence des vagues, ni l'impétuosité des grains, ni les éclats du tonnerre ne paraissaient émouvoir celui qui tenait le gouvernail. Mais, enfin, tout espoir de franchir la pointe de l'île étant perdu, on les vit une nouvelle fois virer de bord et se diriger vers la terre.

« Y a-t-il de l'eau dans la passe? cria M. de Tréféan d'une voix de commandement qui saisit tout le monde au cœur.

— Oui, capitaine, répondit un pêcheur.

— Alors, feu! »

Les douaniers, les uns après les autres déchargèrent leurs carabines, et on se mit à courir vers la passe. Armande n'avançait point aussi vite qu'elle l'eût voulu, car elle regardait toujours la mer et ses pieds s'embarrassaient dans le varech : sans M. de Tréfléan, qui la soutenait, elle serait tombée à chaque pas.

L'Albatros allait d'une rapidité effrayante; mais avec le terrible courant qui l'entraînait, il gouvernait assez mal : souvent son arrière ne plongeait pas dans l'eau, et alors, sans direction, porté par la vague, il s'abattait, tantôt à droite, tantôt à gauche, souvent on eût dit que la poupe allait passer devant la proue. Et cependant approchait le moment critique où il fallait qu'il obéît docilement à la main qui le conduisait : ils arrivaient dans la passe.

Personne ne parlait plus, tout le monde regardait. Sans en avoir conscience, Armande enfonçait ses doigts dans le bras de M. de Tréfléan.

Entre deux lignes blanches d'écume courait tortueusement une petite bande d'eau noire, large à peine de quelques mètres; c'était le sentier qu'ils devaient parcourir : une déviation d'un côté ou de l'autre, un faux coup de barre, une embardée imprévue, c'en était fait d'eux, ils se brisaient sur les rochers.

Lorsque le beaupré parut entre les brisants, il y eut une horrible anxiété, même chez ces marins habitués à la mort; l'on n'entendit plus que les hurlements de la mer et de la bourrasque.

Le canot passa au milieu des premières aiguilles, courut en droite ligne, obliqua d'un côté, revint d'un autre, rasa un énorme quartier de roc qui obstruait presque tout le chenal et, tournant à droite, il vint s'élonger sur une plage de sable, où la mer, après l'avoir soulevé deux ou trois fois, le déposa sur la grève.

Ils étaient sauvés.

Cinq ou six pêcheurs s'élancèrent dans l'eau jusqu'aux épaules, et apportèrent en triomphe Audren et Maurice, et dans leurs bras Martel, qui, pris du mal de mer, se serait laissé noyer sans faire un mouvement.

Sur le rivage se tenaient les amis groupés; Armande, la tête troublée par l'angoisse, oublia où elle était et ceux qui pouvaient la voir, courut au devant de Maurice, et sans dire un seul mot, se jeta dans ses bras.

« Armande! murmura Maurice à son oreille, que faites-vous? »

Elle comprit, revint à elle, et, se relevant, elle chercha Audren des yeux; elle ne le trouva pas : ayant vu que le premier regard n'avait point été pour lui il s'était enfui suffoqué; déjà on pouvait l'apercevoir qui gravissait la falaise sans se retourner.

VI

On revint tous ensemble au château; prêt à entrer, M. Michon s'approcha de Maurice :

« Va changer de vêtements, lui dit-il, et viens me rejoindre dans la bibliothèque, j'ai à te parler. »

Maurice plus ému qu'il ne l'avait été pendant l'orage, revint promptement.

Le docteur se promenait à grands pas dans la bibliothèque. Quand Maurice fut entré, il alla pousser le verrou :

« Assieds-toi, lui dit-il, et réponds-moi. Pourquoi Armande s'est-elle jetée dans tes bras ? »

Il y eut un moment de silence ; Maurice tremblait.

« Nous nous aimons, dit-il.

— Je croyais que tu aimais une grande dame parisienne.

— Mais...

— Réponds.

— Je ne l'aime plus.

— Et tu aimes Armande ?

— De toute mon âme.

— Allons, raconte-moi comment cet amour a remplacé l'autre, et si tu as quelque respect pour ma vieille amitié, dis la vérité : parle. »

Maurice raconta en quelques mots ses amours avec Marguerite. Il dit son abandon, sa souffrance, sa maladie ; puis il dit comment il était arrivé désespéré, comment Armande l'avait consolé, comment ils s'étaient aimés, comment ils s'étaient avoué leur amour.

Le docteur, de temps en temps, le regardait dans les yeux, puis il lui faisait signe de continuer.

« Eh bien ! fit-il quand Maurice fut arrivé à la fin, quelle était ton intention ?

— De vous la demander pour femme.

— Pourquoi n'as-tu point parlé plus tôt ?

— J'avais peur que vous ne me crussiez quelque pensée d'intérêt.

— Écoute-moi bien, je vais te répondre aussi avec franchise : tu me l'aurais demandée il y a deux mois, probablement je te l'aurais refusée, non à cause de toi, mais parce que tu n'as pas de position ; aujourd'hui les conditions ne sont plus les mêmes ; tu es toujours sans position, c'est vrai, mais tu t'es fait aimer d'Armande, je t'aime moi-même, je te crois bon, sincère; tu as eu une passion, c'est vrai, mais comme tu es sanguin, ton chagrin se sera envolé et tu auras gardé l'expérience; je ne veux point faire votre malheur à tous deux..., je te la donne. »

Ils redescendirent. Auprès d'un grand feu, M. de Tréfléan, l'abbé et Armande étaient assis pour se sécher; Armande voulait faire bonne contenance, mais elle ne savait trop ce qu'elle disait et se sentait défaillir.

« Mes amis, dit le docteur en entrant, je vous présente mon gendre. »

Armande se leva, resta quelques instants immobile comme pour s'assurer qu'elle avait bien entendu, puis elle poussa un cri et sauta dans les bras de son grand-père.

M. de Tréfléan et l'abbé embrassèrent Maurice.

« Mon cher enfant, dit l'abbé, j'ai une demande à te faire, et je me flatte que ton bonheur va te rendre généreux. Pendant que tu étais à la mer, le curé de Lannilis est venu; il y a, de mardi en huit, grand *pardon* à la chapelle de Saint-Guin ; le comte de Lannilis vient de lui donner un bel orgue, et le curé te prie de le toucher. Il y aura une cérémonie superbe : Monseigneur y sera, le comte et la comtesse quêteront eux-mêmes, le produit sera pour les pauvres incendiés. J'ai promis en ton nom, ai-je bien fait ? »

Maurice hésita avant de répondre; le souvenir de Marguerite, rappelé en ce moment, lui avait serré le cœur, la pensée de la revoir l'effrayait; mais en regardant Armande, en songeant à son bonheur et à son amour, il se crut invulnérable.

« Je vous remercie d'avoir promis pour moi, dit-il. »

Appuyant ses deux mains sur la gouttière, elle avançait le menton et regardait passer la foule sur le boulevard Saint-Denis (p. 215).

H. MALOT. — VICTIMES D'AMOUR.

CHAPITRE XI

ARMANDE ? — MARGUERITE ?

I

La tempête souffla pendant toute la nuit; les nuages avaient crevé et la pluie s'était mise à tomber à flots, parfois un coup de tonnerre paraissait arrêter ces torrents d'eau, durant quelques secondes on n'entendait plus que les déchirements et les roulements de la foudre, puis les ondées, presque aussitôt, reprenaient plus fortes, plus précipitées, plus battantes; les girouettes criaient sur leurs tiges de fer; des branches et des feuilles, arrachées des arbres, venaient frapper contre les volets; la vieille maison, secouée par la bourrasque qui se ruait sur elle, tremblait jusque dans ses fondations, et fenêtres, cheminées et portes craquaient avec des bruits sinistres; entré dans les corridors, le vent les parcourait dans tous les sens, sifflant dans les fentes, hurlant dans les chambranles, glissant le long des murailles, rampant sur les dalles, se heurtant au plafond, s'engouffrant dans les escaliers, courant, serpentant, tourbillonnant; au loin, sans interruption et par-dessus tous les autres, on entendait le grand bruit de la mer.

Cependant Maurice, couché dans son lit, éprouvait un calme plein de douceur, et bercé par la tempête, il pensait à Armande; parfois s'endormant à demi, il se retrouvait au milieu de la passe de Goë, il entendait les rafales, il sentait le tangage, il voyait les récifs, puis, réveillé en sursautant par un coup de tonnerre, il revenait à la réalité.

Quelques heures avant que le soleil parût, le vent se calma, et quand une lueur blanche commença à glisser à travers les fenêtres, la pluie, qui n'était déjà plus qu'une légère bruine, cessa tout à fait.

Alors, Maurice, qu'agitaient cette fièvre et cette impatience que donne une trop grande joie, se leva, et quoiqu'il fît à peine jour, il passa dans la chambre de Martel.

« Qu'est-ce qu'il y a? fit celui-ci en entendant ouvrir sa porte, nous chavirons?

— C'est moi qui viens voir comment tu vas, répondit Maurice en riant.

— Pas trop mal; seulement, tout en dormant, il me semblait que mon lit roulait, et quand j'ouvrais les yeux, que le plafond se haussait et se baissait au-dessus de ma tête. Est-ce que tu viens me chercher?

— Non, mon ami.

— A la bonne heure, car je te préviens que je n'y retourne pas; si tu tiens toujours à ton coucher de soleil, nous verrons sur la terre ferme.

— Je te remercie, je n'y tiens plus.

— Tu renonces à ton projet?

— Au contraire, mais j'ai réussi sans tableau.

— Alors, laisse-moi dormir. Adieu.

— Tu dois comprendre que je ne suis pas venu t'éveiller à quatre heures du matin pour le plaisir de troubler ton sommeil; j'ai à te parler.

— Tout de suite?

— Tout de suite.

— Je t'écoute, parle.

— Eh bien! mon ami, continua Maurice avec un certain embarras, tu te souviens peut-être que j'avais une demande à faire au docteur?

— Parfaitement.

— Cette demande est faite.

— Tant mieux. »

Il y eut un moment de silence, Martel ne voulait point interroger directement, et Maurice n'osait se livrer; enfin, il reprit:

« Et comme je suis le plus heureux homme de la terre, je veux que tu sois le premier à qui j'annoncerai mon bonheur. J'épouse Armande.

— Et Marguerite?

— Je ne l'aime plus, il y a longtemps.

— Ah! »

Il fallut que Maurice se contentât de ces félicitations un peu courtes, Martel ne paraissait pas être dans une heure d'expansion.

« Tu as sommeil, dit-il, je te laisse.

— C'est bien au sommeil que je pense, c'est à toi, c'est à cette charmante enfant qui va être ta femme. Sais-tu ce que je ferais, si j'étais toi? Une fois marié, je dirais adieu à la gloire, et, au lieu de retourner à Paris, je resterais ici avec mes amis, au fond de ce pays superbe, dans cette maison où tout est réuni pour le bonheur. Il y a en toi assez d'activité intérieure pour que tu ne t'ennuies pas, et il y a en elle assez de simplicité et de bon sens pour qu'elle ne désire pas d'autre plaisir que celui de t'aimer et d'élever vos enfants. Est-il au monde rien de plus beau, quand le sort y consent, que deux époux qui s'aiment et qui passent leur vie dans la paix? Tu n'aurais pas connu les passions, que je ne parlerais pas ainsi; mais Mme Beaudistel a dû te donner de l'expérience. Que viendrais-tu faire à Paris? Conquérir une réputation. Tu l'obtiendrais, je le veux bien, mais à quel prix? »

Comme Maurice fit un geste de surprise, Martel continua avec vivacité :

« L'art et l'amour, vois-tu, sont deux maîtres qu'on ne peut servir à la fois : les poursuivre l'un et l'autre, c'est brûler sa vie par les deux bouts. Qu'un épicier soit ensemble et bon épicier et bon époux, je le veux bien, son idéal de passion sera à la hauteur de son idéal de commerce; mais qu'un artiste soit poète et amant, non; un des deux l'emportera, et l'autre en souffrira; si c'est le poète qui triomphe, il fera le malheur de sa femme; si c'est l'amant, il fera son propre malheur.

— Je te remercie de ces conseils, par malheur ils viennent un peu tard.

— Voyons, soyons francs. Tu es bon, honnête et loyal, c'est vrai; mais il est vrai, aussi, que tu es faible et changeant. Armande est jeune, jolie; elle t'aime et tu l'aimes; mais dans deux ans, dans trois ans...

— Ah! oublier Armande.

— Ah! oublier Marguerite, me disais-tu aussi avec la même conviction, il y a trois mois à peine; cependant, tu l'as oubliée. Eh bien, cette mobilité de sentiments me fait peur. Reste ici, tu n'auras pas d'occasions d'y regretter ta liberté; tu ne seras pas exposé à des séductions qui t'émeuvent trop facilement, et tu n'y exposeras pas non plus Armande. Qui sait quelles douleurs une trahison de toi pourrait causer dans cette âme si confiante? Reste ici à chasser, à pêcher, à te promener, à cultiver ton jardin : et, si tu veux, à toute force travailler, prends ta femme pour public et pour juge : une caresse vaut bien un bravo.

— A t'entendre parler, on croirait que je n'ai qu'à vouloir. Le docteur me donne sa fille, mais rien n'est décidé sur notre position de fortune.

— Eh bien, alors, tant mieux, tu n'en auras que plus facile à la décider dans ce sens; il sera enchanté de vous garder auprès de lui. A quand la noce?

— A bientôt; mais avant j'ai à subir une épreuve qui me contrarie : je dois revoir Marguerite.

— Es-tu fou?

— Elle doit se trouver au *pardon* de Saint-Guin, où j'ai promis de tenir l'orgue.

— Pourquoi as-tu promis?

— Vraiment, dit Maurice piqué, tu me prends pour un enfant : tout à l'heure tu me parlais d'inconstance à propos d'Armande, maintenant tu as l'air de me parler de constance à propos de Marguerite, tu n'es pas logique. Que crains-tu ?

— Je crains tout d'une ancienne maîtresse ; je sais quelles sont les irrésistibles séductions d'une femme qu'on a aimée : Pascaline m'avait trompé, je la méprisais, cependant je l'ai reprise.

— Tu n'aimais point une femme plus jeune. »

II

Matineux comme à l'ordinaire, le docteur descendit peu de temps après Maurice, et aussitôt il le fit appeler dans sa bibliothèque.

« Mon cher enfant, lui dit-il, hier, quand tu nous a eu quittés, nous avons parlé de toi, et M. de Tréfléan, comme un ami loyal qu'il est, a cru devoir m'avertir que tu avais eu une grande passion ; je lui ait dit que tu me l'avais avoué, et que tu m'avais, en même temps, donné ta parole d'honneur que tu en étais guéri ; mais le souvenir de ces paroles m'a tourmenté toute la nuit, car je sais ce que c'est qu'une passion, quels désordres elle apporte, quels germes elle laisse dans le cœur ; je n'ai pas été impunément médecin pendant quarante années ; aussi parle-moi franchement, il en est temps encore : hier, j'ai été peut-être un peu vite ; j'étais si heureux de faire votre bonheur, que j'ai agi comme un jeune homme ; cependant, si ce que j'ai cru n'avoir été qu'un simple amour avait été une de ces passions qui brisent la vie et épuisent l'âme, dis-le loyalement, ne fais pas le malheur d'Armande et le tien ; rien n'est encore décidé, tu peux te retirer. Vous en souffririez tous les deux, je le sais ; mais, enfin, nous pourrions bien trouver des distractions, je me ferais jeune, je la promènerais, et, dans tous les cas, mieux vaut une souffrance, quelque grande qu'elle soit, pendant qu'on est jeune, qu'une existence entière perdue et désespérée. Tu me comprends, n'est-ce pas ? tu vois quelle est mon inquiétude, quel est aussi mon amour pour elle et pour toi, parle, quelle que soit ta réponse, tu auras toujours en moi un ami et un père.

— Ce que je vous ai dit hier, je vous le répète aujourd'hui, répondit Maurice : la femme que j'ai aimée, je ne l'aime plus ; j'aime Armande, et il y a en moi assez de tendresse pour faire le bonheur de sa vie.

— Réfléchis à tes paroles, vois bien si un regret ou un retour n'est pas possible.

— J'ai réfléchi : j'aime Armande.
— Songe à l'engagement que tu prends.
— Je suis certain de le tenir.
— Alors, Armande est à toi. Je devais tenter cette dernière épreuve, je suis heureux qu'elle ait réussi; mais rappelle-toi toujours que tu tiens entre tes mains notre vie à tous deux, et surtout qu'Armande doit ignorer que tu en as aimé une autre avant elle; ne fais point la sottise de la prendre pour confidente de tes bonheurs et de tes chagrins de jeunesse; on souffre toujours de ces confessions qui blessent et outragent; la femme qui console n'est plus la femme qui aime; elle tourne trop à la garde-malade et à la sœur de charité : moi, je suis pour l'amour dans le mariage. Tu me le promets?
— Je vous en donne ma parole.
— Je compte sur toi. Maintenant, parlons d'affaires; et, d'abord, dis-moi si tu as autre chose que ce que t'a laissé ta mère?
— Presque rien.
— C'est peu pour entrer en ménage.
— Je travaillerai.
— Le travail des artistes, je connais ça... Voilà donc ce que je te propose. Je ne te donne pas de dot, toujours parce que tu es artiste, et que je n'ai pas une confiance fort grande dans ton habileté financière, mais, comme donner après sa mort n'est vraiment point donner, sur les douze mille francs de rente que j'ai, je prends l'obligation de vous en servir trois mille, de plus je ferai tous les ans un cadeau de mille francs à Armande pour sa toilette. »

Maurice voulut interrompre.

« Ne me remercie pas encore, poursuivit M. Michon, tu ne sais pas ce que je vais te demander en échange. Tu comprends, n'est-ce pas? que ce ne sera point sans souffrir que je me séparerai d'Armande; je suis vieux, je n'ai plus qu'elle et j'avais presque espéré pouvoir la garder près de moi, mais enfin je sais qu'il ne faut pas aimer les enfants pour soi-même, je la laisserai donc partir, seulement c'est à la condition que vous viendrez passer tous les ans cinq mois à Plaurach, du 1er juin au 1er novembre. Le reste de l'année, vous vivrez à Paris, où je vous servirai votre rente. Cela te va-t-il?

— Je n'avais pas espéré un tel bonheur.

— Tu es content! tant mieux; mais songe bien, n'est-ce pas? que c'est une obligation formelle que tu prends et que je n'admettrai point d'excuses ni pour Armande ni pour toi, car je t'aime aussi, mon garçon, et je veux vous avoir ici tous les deux pour me rajeunir un peu et me faire vivre.

Voilà nos petites affaires arrangées, n'est-ce pas? Il faut maintenant nous occuper de la principale. Jusqu'à présent, j'ai parlé comme si j'étais le seul maître d'Armande; il nous faut cependant le consentement de son père.

— Oh! présenté par vous.

— Justement cela ne signifie rien du tout; peut-être vaudrait-il même mieux que tu fusses présenté par un autre, car tu ne connais pas mon gendre, et s'il croit pouvoir m'être désagréable en refusant, il refusera; si je voulais te dire toutes les infamies qu'il m'a faites, ce serait trop long. Crois-tu que ce brigand-là, quand il a eu tué ma pauvre fille, a retiré Armande d'une petite pension de Gonesse où on l'élevait pour trois cents francs, — je ne t'ai jamais parlé de ça, mais maintenant que tu es de la famille, il faut que tu le saches; — qu'il l'a prise chez lui, lui a donné pour toute maîtresse une ouvrière en fleurs, et lorsque la malheureuse enfant, qui n'avait point encore onze ans, a su un peu travailler, il l'a tenue enfermée dans un mauvais grenier du boulevard Saint-Denis? Il fallait qu'elle lui livrât tous les soirs une certaine quantité de sureau, de lilas, je ne sais pas trop, enfin de ces fleurs communes dont il faut faire des milliers pour gagner trente sous. Pendant dix-huit mois, elle n'a pas mis le pied dans la rue; elle se levait à sept heures, se couchait à minuit, faisait le ménage de son père, travaillait toute la journée sans feu, se chauffant seulement au petit réchaud qui servait à ses fers, et n'avait pour toute distraction, quand elle se savait seule, que de se mettre à la fenêtre; comme cette fenêtre était une sorte de tabatière, il fallait qu'elle se laissât glisser à demi sur le toit; alors, appuyant ses deux mains sur la gouttière, elle avançait le menton et regardait la foule passer sur le boulevard. Voilà ce qu'elle connaît de Paris, voilà quels ont été les plaisirs de son enfance. Il a fallu qu'en ma qualité de subrogé tuteur je commençasse un procès, pour la faire remettre entre mes mains. Tu comprends qu'avec un tel homme on ne peut rien prévoir, et cependant ç'a été bien élevé, ça porte un des bons noms de la Bretagne, ç'a été chef de bataillon, aujourd'hui c'est peut-être l'âme la plus vile de tout Paris. Enfin, nous allons tous les trois lui écrire chacun une lettre et essayer les moyens de conciliation. Je vais faire appeler Armande, puis nous nous mettrons à l'œuvre. »

Armande descendit bientôt, et, suivant son habitude, elle alla embrasser son grand-père sur les deux joues, puis, s'avançant vers Maurice, elle s'arrêta interdite, n'osant ni lui parler, ni lui tendre la main, et baissant les yeux.

Alors le docteur souriant.

« Allons, mes enfants, leur dit-il, embrassez-vous comme si je n'étais point là; mais, quand je n'y serai pas, embrassez-vous comme si j'y étais. »

La réponse de Paris ne se fit pas longtemps attendre.

Un matin, tout le monde étant réuni pour le déjeuner, on apporta une lettre; et, comme le docteur tendait la main pour la prendre :

« C'est pour M. Maurice, dit le facteur.

— De qui? s'écrièrent à la fois M. Michon et Armande.

— De M. de Keïrgomar. »

Le facteur sortit, et Martel voulut se retirer, mais le docteur l'arrêtant :

« Restez, vous êtes le frère de Maurice. »

Puis se tournant vers celui-ci :

« Allons, lis vite, vite.

— C'est que... — balbutia Maurice qui, d'un coup d'œil, avait parcouru la première page, — je ne sais trop si... » :

Et il regarda Armande.

« Eh bien ! quoi? fit le docteur, quelle que soit cette réponse, Armande doit la connaître, lis. »

« En même temps que je recevais votre lettre, monsieur, j'en recevais
« encore deux : une de ma fille, l'autre de M. Michon, mon beau-père;
« comme toutes les trois avaient un même objet, je n'y fais qu'une seule
« et même réponse, et c'est à vous que je l'adresse.

« J'ai l'habitude de traiter les affaires franchement et en peu de mots;
« or, comme ce dont vous m'entretenez ne peut être, malgré les sentiments
« dont vous l'enveloppez, qu'une simple affaire entre deux hommes qui
« ne se connaissent pas et ne se sont jamais vus, j'y réponds comme à mon
« ordinaire.

« Vous me demandez mon consentement pour épouser ma fille, je ne
« vous l'accorde pas; ou, dans tous les cas, je ne vous l'accorderai que si
« vous acceptez mes conditions.

— Les conditions? interrompit le docteur.

« Vous déposerez chez un notaire de Paris une somme de vingt mille
« francs, et, en échange du consentement que je signerai chez ce même
« notaire, on me remettra cette somme.

« Ce n'est pas un chantage que je veux pratiquer sur vous, c'est une
« simple précaution que je veux prendre.

« Je ne suis plus jeune, monsieur, bientôt peut-être j'en serai réduit à
« demander une pension alimentaire : pourriez-vous me faire cette pen-
« sion? Je ne sais si vous avez de la fortune, mais par votre lettre, je vois
« que vous êtes artiste; et, vous en conviendrez, c'est une mauvaise
« recommandation pour le présent, une mauvaise assurance pour l'avenir.

« Voilà pourquoi je vous demande ces vingt mille francs; c'est un capital

UN PARDON EN BRETAGNE.

« qui, bien placé, me fournira le strict nécessaire et nous dispensera, une
« fois payé, vous de me servir une pension, moi de vous tendre la main.

« Considérez encore qu'en exigeant cette somme, je ne fais pas une
« spéculation; car M. Michon, à l'âge auquel il est arrivé, peut mourir d'un
« jour à l'autre, et...

— Voyez-vous ce coquin ! s'écria le docteur.

« Et dans ce cas, je serais l'administrateur de la fortune de ma fille, au
« moins jusqu'à sa majorité; cela, vous le comprendrez facilement, me
« vaudrait bien ces vingt mille francs.

« J'espère que vous ne verrez dans cette lettre que ce qu'il y a réelle-
« ment, une mesure de sagesse, et que, si vous aimez ma fille, vous
« n'hésiterez pas, soit à prendre sur votre fortune personnelle, soit à
« emprunter sur la dot, pour obtenir mon consentement en satisfaisant
« mes justes précautions.

« Agréez, monsieur, l'assurance de ma considération.

« Donan de Keirgomar. »

Après cette lecture, personne n'osait se regarder.

Enfin le docteur s'adressant à Maurice :

« Tu m'accusais d'exagération, n'est-ce pas? Eh bien ! maintenant, tu vois.

— Si j'avais ces vingt mille francs, dit Maurice, je les donnerais tout de suite... »

Sans achever, il regarda Armande; celle-ci, confuse, fixait ses yeux à terre, elle se serrait les lèvres entre les dents, et de grosses larmes perlaient au bout de ses cils.

Le docteur, appuyé sur la table, demeurait silencieux, mais bientôt :

« Allons, dit-il, ne vous désespérez pas; je vous ai promis de vous marier, je vous marierai : comme le dit très justement mon cher gendre, ce n'est qu'une affaire, et les affaires, ça me regarde... Je me charge de payer ces vingt mille francs.

— Ah ! mon bon père ! »

III

Ce n'était pas sans un certain effroi que Maurice voyait arriver le jour où il se trouverait en face de Marguerite, et si, près d'Armande, en la regardant, en l'écoutant parler, il chassait facilement ce souci loin d'elle il en était inquiété.

Il se demandait s'il n'avait pas eu tort de promettre : les paroles de Martel lui revenaient, et quoiqu'il rejetât bien loin la pensée d'un retour à Marguerite, l'idée de la revoir le troublait. Comment le regarderait-elle? Comment lui-même la regarderait-il? Que se diraient leurs lèvres s'ils se trouvaient en présence? Ah! si dans un coup d'œil il pouvait lui jeter au visage tout ce qu'il se sentait maintenant pour elle de mépris! S'il pouvait se venger et lui faire payer en un jour toutes les souffrances qu'il avait endurées! Et alors il se promettait de redoubler auprès d'Armande de soins et de tendresse afin que son amour éclatât bien à tous les yeux, et allât blesser et humilier Marguerite, en lui montrant combien sa rivale l'emportait sur elle en grâce, en jeunesse, en beauté. Il l'eût voulue, pour cette journée, encore plus ravissante et plus parfaite : aussi lui parlait-il sans cesse de sa toilette. Elle ne comprenait guère le véritable motif de cette insistance, mais elle était heureuse, car elle y voyait une preuve d'amour, et elle promettait ce que son amant demandait.

Le jour du *pardon* arriva, et quand Armande, prête à partir, parut au bas de l'escalier, Maurice put être content : elle avait une beauté si éclatante et en même temps si suave qu'elle réjouissait les yeux. Heureuse de faire plaisir à Maurice et de le voir pour la première fois dans sa gloire, — car elle se disait naïvement qu'il serait avec l'évêque le héros de la fête, — son visage s'était transfiguré, et son regard, reflétant la joie de son âme, avait pris un rayonnement qui lui faisait au front comme une auréole; sa toilette aussi venait ajouter à sa séduction : elle avait une robe de mousseline blanche tout unie, un mantelet de même étoffe à volants légèrement ruchés, des bottines d'une soie grise, souple et lustrée, et un petit chapeau de paille de riz, avec de larges brides d'un bleu pâle; ces brides, après avoir encadré le bas de la figure, s'étalaient sur le corsage serré à la taille par un large ruban de même couleur.

Elle vit dans les yeux de Maurice le plaisir qu'elle lui donnait; pour la première fois elle se crut jolie et fut orgueilleuse de sa beauté.

On monta en char-à-bancs : M. Michon, l'abbé Hercoët et Martel se placèrent sur le premier banc, et pour ne point défraîchir la toilette d'Armande, on lui permit de se mettre sur le dernier, seule avec Maurice.

« Tout le monde est en place, n'est-ce pas? cria le docteur le fouet à la main; en route! »

Sur le chemin s'allongeaient des bandes de paysans endimanchés qui se rendaient à la fête. Ils allaient par groupe : les uns entassés dans des charrettes, assis sur des gerbes ou debout le dos contre les ridelles; les autres à deux sur un bidet qui trottait dur; le plus grand nombre à pied, frappant la terre de leurs penbas; les hommes portaient des braies blanches retenues par une large ceinture de laine, la veste à poche, le grand gilet et le chapeau aux larges bords entouré d'une double ganse d'argent ou de chenille bigarrée ; les femmes, pour cette cérémonie, avaient revêtu le corsage orné de velours noir, les jupes courtes qui s'échelonnent les unes sur les autres, les bas de coton rouge ou bleu et la petite coiffe relevée de chaque côté de la tête. C'était un long cordon qui ondulait dans la plaine et la faisait bruyante et bariolée.

M. Michon dépassait facilement carrioles et marcheurs ; les paysans le saluaient; il leur répondait en les appelant par leur nom, et, sans se laisser distraire, il expliquait à Martel comment M. de Lannilis, qui s'était engraissé de la fortune de M. Baudistel, pour se rendre populaire dans le pays employait tous les moyens, la loterie en faveur des incendiés, l'orgue donné à Saint-Guin, et même la présence de l'évêque, qu'on avait invité, pour qu'il laissât au château un peu de son influence et de sa bonne réputation.

Dans le fond de la voiture on n'écoutait guère ; on se tenait la main, on se regardait; de temps en temps Armande, toute fière, montrait à Maurice des paysans qui le désignaient du doigt en ayant l'air de se dire entre eux : « Voilà le musicien de Paris. »

Ainsi ils allaient traversant les groupes et courant au milieu de la campagne couverte de javelles et de gerbes de blé mises en dizeau ; des bouffées de vent, passant par-dessus la falaise, apportaient un air plus frais et soulevaient sur la route des flots de poussière qui tourbillonnaient en montant pour aller se disperser au loin.

En une demi-heure on arriva. Maurice n'avait pas pensé à Marguerite et à leur entrevue.

On descendit au presbytère, et pendant que l'abbé se rendait à l'église, d'où devait partir le cortège, on se dirigea vers le lieu du *pardon*.

Le pardon de saint Guin se célèbre tous les ans le 19 août, autour d'une chapelle vouée à ce bienheureux saint et bâtie au milieu de la lande de Lannilis, sur une pointe de falaise qui baigne son pied dans la mer. Quand on sort du village et en allant vers l'est, on la voit, au haut d'une montée assez douce, se détacher sur le bleu du ciel, à l'extérieur elle est peinte en blanc pour servir d'*amers* aux marins, à l'intérieur elle est remplie de petits bateaux, suspendus aux voûtes, et de plaques de marbre, incrustées dans la muraille, naïfs ex-voto qui sont là pour dire la puissance et la miraculeuse intercession du saint.

Le jour du pardon, la plate-forme où s'élève la chapelle est ornée de deux ou trois baraques en toile, où l'on vend des pains d'épice, des bâtons à poignée de cuir, des croix et des boucles d'oreilles en or, des bagues en argent, des casseroles et des tasses peintes en couleurs éclatantes ; dédaignant tout luxe, un cabaretier ouvre sa boutique en plein vent, un tonneau lui sert de table, et dans sa charrette, en équilibre sur deux chambrières, il met en perce une barrique de cidre de Saint-Malo et un fût d'eau-de-vie ; pour les estomacs plus difficiles, il y a une tente avec des bancs et des tables, où l'on trouve à manger des harengs saurs, du poisson frit ; les quartiers de porc frais, étagés les uns au-dessus des autres, cuisent en plein air devant un brasier qui, recevant d'aplomb le soleil, fume toujours sans jamais flamber ; en face de la tente, et de l'autre côté du chemin, est un espace bien nettoyé de broussailles, deux tonneaux sont placés à l'extrémité : c'est la salle de danse. Sur le chemin qui conduit du village à la chapelle, se tiennent les entrepreneurs de loteries et les chanteurs.

Ce fut par ce chemin que montèrent M. Michon, Armande, Maurice et Martel ; déjà la foule arrivait.

« Vous voyez, disait le docteur, montrant cette foule à Martel, chez nous, tout est renversé, et le proverbe qui dit qu'il vaut mieux avoir affaire au bon Dieu qu'à ses saints, en Bretagne n'est plus vrai ; ici, on aime mieux les saints que le bon Dieu. »

Sur la plate-forme, ils trouvèrent M. de Tréfléan.

« Où donc est Audren ? demanda le docteur surpris de ne pas le voir.

— Il n'est pas revenu de Brest, répondit M. de Tréfléan, et j'en suis un peu tourmenté. »

Les cloches de l'église commencèrent à sonner à toute volée, c'était la procession qui se mettait en marche. Aussitôt, la cloche de la chapelle leur répondit joyeusement.

Bientôt on entendit les sons de l'ophicléide et du serpent, puis des versets de psaumes chantés par deux ou trois cents voix.

La foule s'écarta de chaque côté du chemin, on aperçut la procession : c'était, au loin, un gracieux ensemble de bannières, de banderoles et de voiles blancs qui flottaient au vent.

A mesure que la procession gravit la montée, on distingua mieux sa pompe et son ordre.

En avant marchait le garde champêtre, le sabre à la main, puis venaient les gendarmes du chef-lieu de canton et les douaniers ;

Ensuite, s'avançait, à quelques pas d'intervalle, le suisse, qui, se balançant avec une nonchalance superbe, appuyait sa hallebarde sur son épaule et tenait à la main sa longue canne à pomme d'argent ;

Puis venaient les croix de chaque paroisse au bout de leurs hampes, le bedeau et les enfants de chœur avec les chandeliers et les encensoirs ;

Puis les jeunes filles en blanc qui portaient la bannière de la Vierge, et l'assuraient contre le vent avec de longues banderoles qu'elles raidissaient tantôt en avant, tantôt en arrière ;

Puis les jeunes garçons qui, sur une sorte de brancard posé sur leurs épaules, portaient la statue de saint Guin ;

Puis les serpents et les chantres en surplis bien plissés ;

Puis huit ou dix curés des environs ;

Puis le secrétaire particulier de Monseigneur ;

Puis enfin, sous un dais en velours orné de panaches blancs, l'évêque lui-même, qui s'appuyait d'une main sur sa crosse et de l'autre donnait sa bénédiction à la foule qui se prosternait.

Immédiatement derrière marchaient le comte et la comtesse de Lannilis, suivis de toute l'assistance.

Les chantres chantaient à pleine voix, les serpents soufflaient, les enfants de chœurs criaient, les croix se balançaient, les bannières voltigeaient, et sur le passage du cortège tout le monde se courbait religieusement.

« La voilà, dit tout bas Maurice à Martel.

— Je comprends tout maintenant. »

Lorsque Marguerite s'approcha, Maurice baissa malgré lui les yeux vers la terre ; lorsqu'il les releva, le suisse arrivait à la chapelle.

La procession commença à disparaître sous le porche, et ceux qui avaient des places réservées la suivirent. Le docteur et ses amis étant au nombre de ces privilégiés, ils entrèrent aussi. Le curé de Lannilis, qui faisait l'office de maître des cérémonies, courait de l'un à l'autre pour tâcher de mettre un peu d'ordre. Apercevant Maurice, il alla vers lui et le pria de monter aux orgues ; celui-ci fit à Armande un signe amical, échangea un coup d'œil avec Martel pour lui montrer qu'il était ferme, et suivit le prêtre qui frayait le passage.

Presque aussitôt la messe commença.

L'église n'avait pas reçu la vingtième partie des fidèles, mais ceux qui n'avaient point pu entrer ne s'étaient pas découragés : ils s'étaient étagés dans la lande, et par les portes grandes ouvertes, on les apercevait accroupis sur leurs talons ; — les longs cheveux noirs des hommes se mélangeaient aux coiffes blanches qu'agitait le vent ; çà et là quelques crânes dénudés miroitaient sous les rayons du soleil.

C'était l'évêque lui-même qui pontifiait, avec l'abbé Hercoët pour archidiacre, et pour assistant son secrétaire.

Du haut des orgues, Maurice dominait l'assemblée, et au premier rang de la nef il apercevait Armande, placée entre son grand-père et M. de Tréfléan, puis dans le chœur, au banc seigneurial, Marguerite à côté de M. de Lannilis ; elle était de profil, et il la voyait assez mal.

Cependant, quoique leurs regards ne se fussent pas encore rencontrés, il se sentait une oppression gênante.

Après l'évangile, le secrétaire particulier de l'évêque descendit pour prêcher, et tous ceux qui étaient du côté du chœur se retournèrent vers la chaire.

Maurice comprit que le moment décisif était arrivé ; mais avant et comme pour s'assurer contre lui-même, il contempla quelques minutes Armande, qui était toute à l'office ; puis, se sentant réconforté, il regarda Marguerite.

Par un étrange hasard, elle avait la même toilette qu'Armande, mais avec ces différences qui séparent la femme de la jeune fille, l'élégance de la simplicité : sa robe était aussi en mousseline blanche, mais à trois volants chargés de broderies qui se drapaient sur une large jupe en moire d'un bleu clair ; le mantelet aussi était blanc et léger, mais il était en une admirable dentelle, et il l'enveloppait presque jusqu'aux pieds ; le chapeau aussi était en paille, mais splendidement orné par la plus habile faiseuse à la mode. Ainsi parée, renversée à demi dans son fauteuil, la tête éclairée en plein par un rayon de soleil qui se réchauffait encore dans les vitraux, elle était vraiment belle.

De sa place, Maurice pouvait la voir sans qu'elle-même le vît : elle paraissait écouter le prédicateur, mais de temps en temps ses yeux glissaient jusqu'au porche ; remontaient à l'orgue, s'y arrêtaient en cherchant, puis, ils revenaient à la chaire : il la regarda longtemps, perdu dans un monde de souvenirs, tantôt colère, tantôt attendri, tantôt haineux, mais ému, bouleversé.

Et pendant ce temps, du haut de sa tribune, le jeune prêtre, d'une voix douce, et avec un geste élégant, disait les inénarrables consolations de la charité ; il disait comment cette vertu, si éloquemment prêchée par le divin Maître, ne laissait jamais les malheureux dans la détresse et l'abandon, — et se tournant vers le prélat, — il disait comment les ministres des autels étaient les premiers à obéir à sa voix ; — puis, se tournant vers le comte et la comtesse, — il disait encore comment les grands du monde étaient aussi touchés par elle, comment, sous sa pieuse inspiration, ils ne considéraient la fortune qu'ils avaient reçue du ciel que comme un dépôt destiné à secourir, aider et consoler ceux qui, frappés sur la terre, pleuraient et gémissaient en implorant le Seigneur.

Sans bien comprendre ces allusions, et sans comprendre surtout que l'incendie de leur village était une preuve de la bonté de Dieu, les paysans écoutaient immobiles, bouche béante, émerveillés de la rapidité avec laquelle coulaient ces paroles fleuries, pompeuses et rhythmées ; mais Maurice, lui, n'écoutait point, et son regard allait d'Armande à Marguerite, de Marguerite à Armande ; enfin, faisant un effort pour chasser les pensées qui, malgré lui, l'entraînaient dans le passé, il l'arrêta impérieusement sur celle-ci, et jusqu'à la fin du discours, il ne détourna plus les yeux de dessus elle.

Au *Credo*, Marguerite se leva, et précédée du comte, elle commença à parcourir les rangs une bourse à la main, arrivée au bas de la chapelle, elle n'alla pas plus loin, elle laissa le comte achever la quête auprès de ceux qui étaient restés dehors, et elle revint à sa place, ramenée par le suisse et par le curé.

On chantait l'*Agnus Dei*, c'était le moment où Maurice devait jouer un morceau de quelque étendue ; ému et tremblant comme il l'était, il avait peu de liberté d'esprit pour accomplir cette tâche : il le comprit et il comprit en même temps qu'il succomberait s'il essayait de vaincre l'homme par l'artiste, et que le seul moyen de sortir vainqueur de cette lutte, c'était d'en faire une chose humaine et personnelle.

Alors reprenant le troisième verset de l'*Agnus*, il entonna presque aussitôt un motif doux et tendre, c'étaient les *Adieux*, et le répétant sans l'abandonner, il l'étendit en des modulations pleines de tristesse dans leur monotonie ; puis, le thème devint progressivement plus sombre, plus lugubre, plus déchirant, — il pensait à sa trahison, à son désespoir ; puis, dans une série d'accords, presque toujours les mêmes, l'orgue gémit et pleura longtemps, — c'étaient les jours de l'abandon et de la douleur ; — puis la mélodie se fit moins plaintive, moins heurtée, — c'étaient les jours de consolation ; — puis elle fut plus douce, plus calme, plus joyeuse ; — c'étaient les jours d'espérance ; — puis, par une transition habile, la phrase de *Robert disait à Claire* fut amenée, et alors éclata un hymne de triomphe et de joie ; les voûtes de la chapelle furent ébranlées, les vitraux frémirent ; l'orgue lançait à flots, en notes bruyantes, un chant d'allégresse où toujours revenait, rapidement rappelée, la phrase du début, — c'étaient les jours de bonheur, les rêves d'avenir, le *Te Deum* de l'amour.

La messe finie, le cortège se remit en ordre pour regagner l'église en procession ; mais en ce moment, le curé de Lannilis s'avança vers Maurice, et le pria de lui faire l'honneur de venir jusqu'au presbytère, où Monseigneur voulait le remercier.

Maurice se serait dispensé de ce triomphe, mais comme le docteur s'empressa d'accepter, il ne put que se résigner.

La procession en ordre de marche, croix et bannières en tête, redescendit au village.

La chambre dans laquelle Maurice entra était sombre, et, de plus, encombrée de ces mille choses qui sont le luxe et le goût modernes.... (p. 229)

H. MALOT. — LES VICTIMES D'AMOUR

M. Michon, M. de Trefléan, Armande, Maurice et Martel, n'ayant rien à faire à l'église, arrivèrent les premiers au presbytère; bientôt ils virent paraître l'évêque, accompagné du comte, de la comtesse et de tous les curés.

Tout le monde entra au salon, et quand on se fut un peu reconnu et salué, l'abbé Hercoët vint prendre Maurice par la main et l'amena devant l'évêque.

« Monsieur, dit le prélat d'une voix gracieuse, permettez-moi de vous féliciter; vous avez joué comme si sainte Cécile vous eût inspiré; en vous écoutant, j'ai cru entendre des anges chanter. »

Puis, se tournant vers Marguerite :

« N'est-il pas vrai, madame, que c'était merveilleux? »

— Oh! Monseigneur, répondit Marguerite sans se troubler, il y a longtemps que j'ai pu apprécier le talent de M. Berthauld; moi aussi, en l'écoutant aujourd'hui, j'ai cru retrouver mes plus délicieux plaisirs de Paris.

Elle souligna des yeux ces paroles d'une façon si précise qu'il en fut stupéfait; mais il n'eut pas le temps de ressaisir son calme, car l'abbé Hercoët, ayant pris Armande par la main, s'approchait de nouveau de l'évêque.

« Que Monseigneur me permette de lui présenter mademoiselle de Keïrgomar, disait-il, elle est aussi mon élève, et, grâce à elle, nous pourrons avoir quelquefois M. Berthauld, qui va devenir mon paroissien. »

Marguerite comprit : elle tressaillit; ce fut à son tour de demeurer surprise; elle enveloppait Maurice et Armande d'un regard interrogateur; puis, elle alla vers un prêtre qui était dans un des coins opposés, et parut s'engager avec lui dans une vive conversation.

Heureusement pour elle et pour Maurice, le curé de Lannilis les secourut à propos; il avait préparé une collation dans le jardin et il priait qu'on voulût bien y faire honneur.

L'évêque donna le signal, et Marguerite, se retournant vers Maurice, lui prit le bras, au moment même où il s'approchait d'Armande.

« Mademoiselle, dit-elle, laissez-moi vous prendre votre fiancé, car maintenant j'ai à le féliciter doublement. »

Pendant qu'Armande, confuse, ne savait que répondre, elle passa devant elle avec assurance et s'engagea sur les pas de l'évêque.

Puis, au moment où il y avait un peu de distance entre elle et ceux qui la suivaient, elle serra le bras de Maurice, qui tremblait, et s'approchant de son oreille :

« Ne te marie pas sans me voir, dit-elle d'une voix basse; demain soir, je serai seule au château. »

La collation se passa sans incident : l'évêque fut parfait d'affabilité pour le docteur et pour Armande, qu'il appela plusieurs fois « ma belle enfant! » Marguerite s'entretint gaiement avec tout le monde, et Maurice, assis près d'Armande, fit tous ses efforts pour paraître calme; il ne leva pas les yeux sur Marguerite.

On se sépara bientôt; l'évêque, le comte, la comtesse et les curés, pour se rendre au château ; M. Michon et ses amis, pour revenir à Plaurach.

La route ne fut point au retour ce qu'elle avait été le matin; quoi qu'il tentât, Maurice ne pouvait chasser la pensée de Marguerite et le souvenir de ses paroles. Armande était instinctivement inquiète; Martel, tourmenté, aurait voulut interroger Maurice; seul, le docteur avait gardé sa bonhomie.

« Savez-vous, disait-il à Martel, que Mme de Lannilis est superbe? Puis à Maurice : — Tu la connaissais donc, toi?

— Oh! répondit Maurice, je l'ai vue deux ou trois fois.

— C'est une de ces femmes, interrompit Martel pour faire une diversion, qui sont familières avec les artistes, par orgueil et par vanité.

— Comment ça? dit le docteur.

— C'est bien simple : par orgueil, en traitant sans gêne ceux qu'elles paraissent élever jusqu'à elles; par vanité, en affectant aux yeux du public une communauté d'idées avec des hommes qui, à un titre quelconque, passent pour supérieurs. »

Armande ne disait rien; la préoccupation qu'elle voyait dans les yeux de Maurice l'effrayait.

« Eh bien? dit Martel, quand il se trouva seul avec Maurice.

— Eh bien, tout s'est assez bien passé; décidément, je suis bien guéri : cette expérience en est une bonne preuve.

— Elle ne t'a rien dit?

— Elle m'a félicité de mon mariage.

— Ainsi, tu ne crains rien?

— Rien; j'aime Armande et l'aimerai toujours. »

IV

Il était sincère, car il se promettait bien de ne point aller au rendez-vous de Marguerite; et s'il ne parlait pas à son ami de ce rendez-vous, c'était par une sorte de pudeur pour celle qu'il avait aimée, puis aussi, pour ne point avouer que Martel avait eu raison; mais, quant au danger, il le croyait passé, et il se sentait encore troublé, son amour pour Armande n'en était ni moins grand ni moins exclusif.

Toute la nuit et toute la matinée du lendemain, il se répéta : « Non, non, je n'irai pas; » la pensée même de ce rendez-vous révoltait son amour; mais quand le docteur lui proposa pour le soir une promenade en mer, il refusa sans trop savoir pourquoi, et prétexta le besoin d'écrire des lettres.

Cependant, plus le moment approchait, moins il se sentait résolu. « Après tout, se disait-il, qu'ai-je à craindre? est-ce que je n'aime pas Armande? et pourquoi ne me vengerais-je pas en le répétant moi-même à Marguerite, et en lui faisant endurer quelques-unes des souffrances qu'elle m'a causées? »

Après le dîner, Maurice, bien décidé à écrire ses lettres, laissa partir l'Albatros; mais, quand il se trouva seul dans sa chambre, il ne put pas rester en place, il voulut sortir pour se calmer, il fit quelques tours dans le jardin, revint dans sa chambre, s'assit devant sa table, trempa dix fois sa plume dans son encrier, n'écrivit pas une seule ligne, et enfin n'y tenant plus, il se mit en route pour Lannilis, se répétant encore : « Il faut voir. »

Le chemin, par la lande, abrège la distance des deux tiers, il le prit et marcha rapidement; mais, en approchant, il ralentit le pas, même il se demanda s'il ne reviendrait point en arrière. Cependant il continua, et bientôt il arriva au parc qui, abrité par la colline, étale ses bois jusqu'au fond de la vallée; tout au haut de cette colline s'élève le château avec ses pignons élancés et ses deux ailes flanquées de tours.

Maurice, enfant, était souvent venu jouer dans ce parc, alors abandonné, et qu'il retrouva bien entretenu, coupé de larges chemins sablés.

Le château aussi, qui datait de deux ou trois siècles différents, François I*r*, Henri IV et Louis XIII, avait été repris en sous-œuvre, gratté et réparé.

Maurice, la tête haute, monta les marches du perron et entra dans un large vestibule. Quand il se fut nommé et eut demandé la comtesse, le valet de service hésita quelques secondes, puis il sonna le valet de chambre, et bientôt celui-ci arriva :

« Je ne crois pas que madame puisse recevoir, dit-il, car elle garde la chambre; cependant, si monsieur le désire, je vais aller m'en informer. »

Resté seul, Maurice retomba dans ses irrésolutions et regretta d'être venu; tout à coup, il se sentit lécher les mains, c'étaient deux grands lévriers qu'il avait souvent flattés à Paris, et qui s'étaient levés de la natte où ils étaient couchés pour venir le flairer. Ce souvenir du passé l'attendrit; mais, comme il leur faisait fête et les flattait, il remarqua qu'ils portaient, estampillée sur la cuisse, une large couronne de comte :

le nom qu'il lui avait fallu prononcer, en entrant, lui avait déchiré les lèvres ; cette remarque le blessa ; il sentit la colère le gagner, et il désira presque n'être pas reçu.

Le valet rentra, lui fit un signe respectueux pour l'engager à le suivre, et, lui ayant fait monter l'escalier, traverser trois ou quatre longues pièces, il ouvrit une porte.

La chambre dans laquelle Maurice entra était sombre, et, de plus, encombrée de ces mille choses qui sont le luxe et le goût modernes ; aussi fut-il quelques secondes sans bien savoir où il était ; grâce à de larges fenêtres qui ouvraient sur la mer, il se reconnut bientôt, et, au fond de l'appartement, étendue sur un canapé, au milieu d'un amas de coussins, à moitié cachée sous les bouffements d'une robe blanche, il aperçut Marguerite.

« Eh quoi, s'écria-t-il en s'avançant, êtes-vous souffrante ? »

Elle ne répondit pas, mais, presque souriante, elle le regarda en face hardiment, durant quelques secondes ; puis, d'une voix caressante :

« Ai-je donc l'air souffrant ? » dit-elle en se soulevant à demi, comme pour lui présenter son visage, et le regarder encore plus hardiment.

Il la retrouvait telle qu'il l'avait vue autrefois, audacieuse, provoquante ; il retrouva ses émotions d'autrefois.

Alors Marguerite, lisant clairement dans cette âme qu'elle avait si souvent éprouvée :

« Je ne suis point souffrante, dit-elle. »

Elle l'enveloppa d'un regard chaud et fascinant.

« Ma maladie n'était qu'une ruse, pour me retrouver seule et libre... avec toi. »

Elle lui souffla ces derniers mots à l'oreille, et, avant qu'il pût s'en défendre, elle l'attira et le fit asseoir près d'elle.

« Ce n'est point ainsi que nous devons nous revoir, que nous devons nous parler.

— Oui, toi peut-être ; tu dois être dur et froid, car tu peux m'en vouloir : mais moi ? »

Elle n'acheva pas, mais elle releva sur lui ses yeux, où une larme paraissait arrêtée entre les paupières.

« N'oublions pas, vous, qui vous êtes maintenant, moi, ce que je serai demain.

— Mariés ! s'écria-t-elle ; ah ! je ne l'oublie pas, et c'est justement pour cela que j'ai voulu te voir... Écoute-moi, et tu comprendras que je ne l'oublie point ; mais, avant, laisse-moi te remercier d'être venu. »

Elle se pencha sur lui, lui prit la main, et l'embrassa à pleines lèvres.

Il voulait dire qu'il n'était point venu pour écouter, mais pour parler, pour accuser lui-même ; cette caresse le confondit.

« Ah ! tu veux te marier, grand enfant ; eh bien ! écoute. Moi aussi, j'ai voulu me marier ; ma mère me pressait, ce nom exécré de Baudistel me faisait honte, nos voyages avaient compromis ma réputation, et je sentais que le mariage seul pouvait me permettre de rentrer dans le monde, la tête haute. Je te trompai et me mariai. Je te dirais aujourd'hui qu'en agissant ainsi je voulais assurer notre amour, que tu ne me croirais peut-être pas ; cependant, rien ne me serait plus facile que de te le prouver.

— Oh ! s'écria Maurice.

— Oui, facile..., mais c'est pour t'éclairer et non pour me disculper que je t'ai donné ce rendez-vous. Je me mariai donc ; mon châtiment ne se fit point longtemps attendre. Quand, au milieu de mon bal, je te vis apparaître, je payai ma faute ; mais je me sentais si coupable, je me faisais tellement horreur à moi-même, que je n'osai rien t'avouer et te laissai partir en te trompant encore.

— Lâchement.

— Oui, lâchement ; jamais tes injures, jamais tes colères n'égaleront les miennes, car, depuis, mon existence n'a été qu'une expiation. Partout j'ai porté ton souvenir, partout je t'ai demandé, regretté, désiré, car tu es ma joie, mon bonheur, ma vie ; un amour comme celui que nous avons connu envahit le cœur tout entier et n'y laisse plus de place ; voilà pourquoi j'ai voulu te voir avant que tu te maries ; que mon exemple te serve ; ne te perds pas comme je me suis perdue.

— Vous n'aimiez pas, quand vous vous êtes mariée, moi, j'aime. »

Lorsqu'elle entendit cet aveu brutal, elle laissa tomber la main de Maurice. Jusqu'à ce moment, ses paroles n'avaient guère été qu'une leçon préparée et habilement récitée, qui devait lui livrer Maurice sans qu'il pût se reconnaître ; en recevant cette blessure, son orgueil bondit, le sarcasme et l'injure lui vinrent aux lèvres ; cependant elle eut la puissance de se contenir et de se rappeler son but : ce ne serait point par l'emportement, mais par l'habileté et la douceur qu'elle l'amènerait à ses pieds car c'était là ce qu'elle voulait ; il lui était nécessaire, ses sens se souvenaient ; maintenant qu'elle était mariée, elle n'aurait plus de luttes à subir ; enfin, elle ressentait ce sentiment raffiné qu'éprouve le Don Juan de Molière, à la vue d'une fiancée conduite par celui même qu'elle doit épouser, qui fait qu'il en est ému et que, ne pouvant souffrir de les voir si bien ensemble, il se figure un plaisir extrême à troubler leur intelligence et rompre un attachement dont la délicatesse de son cœur se tient offensée.

Pour elle, c'était une question d'amour et une question d'amour-propre ;

elle fit taire son émotion, et après s'être si bien immolée elle-même tout d'abord, que Maurice ne pouvait rien lui reprocher dont elle ne se fût accusée, elle changea de terrain, et s'adressa au vrai nœud de la difficulté, c'est-à-dire à Armande, qu'il fallait frapper de telle sorte que Maurice ne pût ni la défendre, ni la sauver.

« Ah! tu aimes, dit-elle, tu aimes..., mais, c'est moi..., c'est moi que tu aimes; ce que tu ressens pour cette jeune fille, et que tu crois amour, c'est vengeance; tu ne l'aimes point, tu ne peux pas l'aimer, car tu es à moi, à moi seule.

— Je vous répète que je l'aime.

— Tu crois l'aimer; mais, près d'elle, tu n'auras pas une joie, pas une sensation sans penser à moi; tous les plaisirs, nous les avons connus ensemble, plus complets et plus grands que tu ne les retrouveras jamais; tu n'iras pas avec elle dans un bois sans te rappeler Montmorency et Fontainebleau; tu n'iras pas au théâtre sans te rappeler que nous y sommes allés ensemble; elle ne criera pas une parole d'amour qui ne m'ait échappé; elle ne te fera pas une caresse que je ne t'aie faite; tout cela, je puis te le dire, car je l'éprouve; depuis que je t'ai abandonné, Maurice, je n'ai plus eu ni joies, ni plaisirs; partout tu m'as manqué, partout j'ai pensé à toi et je t'ai appelé : ton avenir sera pareil au mien.

— Non, s'écria-t-il en faisant un effort pour échapper à cette parole qui l'attirait et l'enveloppait, car ce que vous prédisez, je l'ai déjà essayé; me promenant ici, dans votre parc, ce n'est pas à vous que j'ai pensé, mais à celle que j'aime.

— C'était dépit, tu ne savais pas que toujours je t'aimais; d'ailleurs, qu'a-t-elle pour te retenir, cette jeune fille? »

Et comme Maurice faisait un geste de confiance :

« Elle est jolie, je le veux bien; mais elle est gauche, elle est maladroite, elle est rousse, elle est maigre. Voyons! a-t-elle mes cheveux? — et elle enfonça ses mains blanches dans ses beaux cheveux noirs; — a-t-elle mes yeux? — et elle lui darda un regard passionné; — a-t-elle mes bras? » — et relevant son peignoir de baptiste, elle montra ses bras fermes et blancs.

Il avait jusqu'alors assez bien résisté; ces paroles l'avaient ému, elles ne l'avaient point vaincu; mais l'éloquence d'une femme n'est pas dans ce qu'elle dit, elle est dans la manière dont elle le dit; ce qui entraîne, c'est un mouvement de lèvres; ce qui touche, c'est la blancheur des dents; ce qui persuade, c'est l'accent de la voix, c'est le feu de l'œil, c'est la fraîcheur de la chair, c'est la grâce des attitudes; quand c'est un ancien amant qui écoute, ce qui le dompte, c'est le souvenir : en la regardant, il se rappelait que ce mouvement de tête, elle l'avait eu dans un certain jour de bonheur, que ce pli de lèvres annonçait autrefois une caresse, que ce coup d'œil précédait un élan d'amour.

Elle vit l'avantage qu'elle obtenait, et se hâta de poursuivre.

« Et quand elle serait, dit-elle vivement, plus belle que moi, a-t-elle mon expérience? Ah! Maurice, ce n'est pas de dire une fois « j'aime! » qui est difficile, c'est de le répéter tous les jours sans se répéter jamais. Et puis, soyons francs : lorsqu'elle me serait supérieure par ces côtés, — et elle se souleva pour lui jeter d'une voix basse ces mots dans l'oreille, — a-t-elle eu notre passé, a-t-elle notre corruption? »

Il la regarda en face, mais elle sans baisser les yeux :

« Ah! ne gardons pas d'hypocrites ménagements; nous avons fait une assez cruelle épreuve de la vie pour qu'elle nous serve, et nous sommes descendus assez bas dans la réalité pour ne plus remonter sur les sommets éthérés. Elle est innocente, n'est-ce pas? ta jeune fille : la façonneras-tu à ton image, ou bien reviendras-tu ce qu'elle est elle-même? Nous nous appartenons bien, va, et demander le bonheur à d'autres qu'à nous-mêmes est niaiserie et témérité; ne fais pas le malheur de cette jeune fille, si tu l'aimes; n'essaie pas du mariage pour me revenir dans un an, comme moi-même je suis revenue à toi. »

Il était haletant sous cette parole brûlante, sous ces regards passionnés; il voulait se défendre, les paroles se pressaient dans sa tête; il était venu pour accuser, pour humilier, pour se venger, il en avait plein le cœur à jeter à la figure de Marguerite, il sentait qu'elle le trompait, il rougissait de sa faiblesse, il cherchait à défendre Armande, cependant il ne pouvait placer un seul mot; il voulait ne point écouter, ne point regarder; mais il voyait trouble, et Marguerite lui murmurait à l'oreille :

« Ah! tu crois à mes remords, n'est-ce pas? à mon repentir, à ma douleur, à mon amour, cher Maurice? Vois comme je t'aime. »

Dans ses mains elle lui prit les mains.

« Vois comme je tremble. »

Elle se serra contre lui.

« Vois comme mon cœur bat. »

Elle le pressa contre sa poitrine qui se soulevait.

Il oublia sa vengeance, son amour, son mariage, Armande; il ne vit plus que Marguerite.

« Nous sommes fous, dit-il faiblement. »

Habituée à juger par l'accent de Maurice des vraies dispositions de son âme, elle devina. Aussi ne fut-elle ni surprise ni troublée de se trouver sur sa poitrine au moment même où il lui disait : « Nous sommes fous. »

Il aperçut, à une courte distance, l'*Albatros* immobile sur la mer calme et argentée (p. 234).

Autour d'eux, la nuit se faisait, ils étaient seuls, ils étaient dans les bras l'un de l'autre.

Quelle influence efficace pourrait désormais arracher Maurice à cette séduction victorieuse? qui pourrait désormais l'arracher à Marguerite? Mais nul secours, nul auxiliaire! Tout à coup, s'éleva sur la mer une voix qui chantait :

>Robert disait à Claire:
>Je t'aime avec ardeur.

Maurice se dégagea.

« Qu'as-tu? s'écria Marguerite.

>Fais-moi, je t'en supplie,
>Par tes douces vertus...

« Parle, reprit-elle, tu me fais peur... Ne me crois-tu pas quand je te dis que je t'aime et que je t'ai toujours aimé! Quels serments veux-tu? » Puis tout à coup en souriant comme si elle eût compris : « Ah! je devine, mon mari : mais il a pris ma fortune, moi j'ai pris son nom, voilà tout, grand enfant. »

Il restait toujours immobile; elle lui passa les bras autour du cou, et d'une voix pleine de câlinerie :

« Tu m'aimes, n'est-ce pas? » demanda-t-elle.

Il la regarda avec des yeux terribles. Elle se haussa jusqu'à lui et chercha ses lèvres. Mais il la repoussa brusquement et l'éloignant au bout de son bras :

« Celle que j'aime, s'écria-t-il, ce n'est pas toi, c'est celle qui chante là-bas, c'est Armande! »

Et, la repoussant, il s'enfuit.

En quelques secondes, il fut dans le jardin, et laissant le parc sur sa gauche, il alla vers la lande; bientôt il y arriva et il aperçut à une courte distance, éclairé en plein par la lune qui se levait, *l'Albatros*, immobile, sur la mer calme et argentée.

Il s'approcha à la limite extrême de la falaise, et il chanta le second couplet de la romance qu'avait chantée Armande :

>Robert, aux pieds de Claire,
>Lui dit : Reçois ma foi.

Quand il fut arrivé sur la grève, *l'Albatros* s'était rapproché, et l'on apercevait distinctement le groupe des amis.

« Reste là, dit le docteur, on va te prendre.

V

On revint lentement à la rame sur une mer unie comme un miroir, sous un ciel constellé d'étoiles; Martel fit tous les frais de l'entretien.

« Monsieur, dit Marie-Ange quand on fut rentré, il y a une lettre pour vous.

— De Paris! s'écria le docteur l'ayant prise. — De M° Blanchet. »

Il ouvrit une feuille de papier timbré pliée en quatre, et lut fort joyeusement :

« Par devant M° Blanchet et son collègue, notaires à Paris,

« A comparu :

« M. Pierre Donan de Keïrgomar, ancien chef de bataillon, demeurant à Paris, cité Fénelon,

« Lequel a, par ces présentes, déclaré consentir au mariage que se propose de contracter

« M¹¹° Charlotte-Armande de Keïrgomar, sa fille, demeurant à Plaurach, chez son grand-père,

« Avec

« M. Maurice Berthauld, compositeur, demeurant à Paris. »

Puis se tournant vers Maurice et Armande :

« C'est aujourd'hui mercredi; il faut deux dimanches pour les publications, la noce se fera dans trois semaines. Embrassez-vous, mes enfants.

— Martel, dit Maurice, tu me feras l'amitié d'être mon garçon d'honneur.

— Quand Audren sera revenu, poursuivit M. Michon, j'irai l'inviter à être celui d'Armande. »

CHAPITRE XII

LE DÉSESPOIR D'UN HOMME DE COEUR

I

Les trois semaines fixées par le docteur étaient suffisantes pour les formalités légales à Paris et à Plaurach, mais elles ne l'étaient guère pour tous les préparatifs de toilette, de trousseau et de cérémonie.

Dès le lendemain, on s'occupa de ces préparatifs.

Au petit jour, le docteur envoya éveiller Armande et Maurice; le soleil n'était pas levé depuis deux heures qu'on était en route pour Morlaix.

« Allons déjeuner, dit le docteur en arrivant, après nous commencerons nos achats : l'œil est plus clair et le jugement plus solide quand l'estomac est plein. »

On se mit à visiter les magasins. Le docteur avait pris le bras d'Armande; entre elle et Maurice, il marchait empressé; de temps en temps il s'arrêtait pour les regarder tous deux, puis serrant tendrement la main de sa petite-fille :

« Je n'ai pas vingt-cinq ans, disait-il; quel fameux médecin que la joie! »

Avant d'entrer dans le premier magasin :

« Ah çà, tu sais, mon garçon, dit-il à Maurice, que toute marque d'approbation ou d'improbation est sévèrement interdite : c'est Armande qui choisit, nous ne parlerons qu'après elle. »

Malgré cette recommandation, il fut lui-même le premier à parler.

« Madame, disait-il à la marchande, qu'est-ce que c'est que ça? voulez-vous l'essayer à mademoiselle? Je le prends.

— Mais, grand-père, voulait-elle interrompre.

— Ça ne te plaît pas?

— Si... mais je n'en ai pas besoin.

— Alors c'est un cadeau que je te fais. »

Il lui semblait que plus il serait généreux, plus il prouverait son amour.

« Comme ça doit être triste pour un pauvre vieux, disait-il, de n'avoir pas d'argent ! »

On parcourut ainsi les boutiques de la ville : quand on rentra le soir à l'hôtel, on vit arriver, les uns après les autres, des commis chargés de ballots et de cartons ; cependant, on n'avait acheté que les choses indispensables ; à Paris seul il appartenait de fournir les bijoux et les robes de ville.

Ce fut, dans la vieille maison, un désordre général : les repasseuses s'étaient emparées du vestibule, les couturières du salon ; dans la salle à manger les ouvrières ourlaient les serviettes, brodaient les mouchoirs, montaient les cols, piquaient les chemises.

Au milieu de ce bouleversement, les deux amants ne pouvaient guère être seuls ensemble ; et Maurice, pour se trouver plus longtemps avec Armande, passait presque tout son temps dans l'atelier. Souvent le docteur venait les y rejoindre. Il prenait plaisir à faire causer et rire cette bande de jeunes filles, il les agaçait, et alors elles s'en donnaient à cœur-joie, remuant les doigts moins vite que la langue. Souvent aussi, il interrompait ces conversations et se précipitant sur une couturière qui, de son sein, faisait une pelote à aiguilles, il leur racontait quelque épouvantable histoire chirurgicale, où il avait fallu abattre un sein pour une aiguille ainsi imprudemment fichée.

II

Un soir le docteur annonça qu'Audren étant revenu de Brest, il se proposait d'aller lui-même, dès le lendemain, l'inviter, comme cela était convenu.

Armande et Maurice furent également frappés en entendant cette communication, quoiqu'ils dussent s'y attendre.

— Il ne faut pas que ce soit votre grand-père qui aille inviter Audren, dit Maurice.

— Pourquoi donc ?

— Parce que, si l'invitation vient de M. Michon, Audren refusera.

— Alors ?

— Alors le monde croira qu'il a eu de trop bonnes raisons pour refuser ; on affectera de dire, et peut-être ne sera-t-on pas beaucoup dans l'erreur, qu'Audren vous aime, et que le désespoir d'être témoin de notre union peut seul le pousser à une telle impolitesse.

— Si grand-père n'y va pas, qui donc ira?
— Vous.
— Cela le fera trop souffrir.
— Les souffrances de M. Audren m'importent moins que votre réputation. Il faut donc que vous y alliez et que vous le décidiez. »

Ces paroles la blessèrent sans la convaincre : elle ne pouvait se rendre aux raisons de Maurice; pour la première fois, elle voyait en lui de la dureté. Aussi, elle ne céda point d'abord; elle espérait le ramener par ses raisonnements et sa résistance. Soutenu par son amour-propre, Maurice fut inflexible, il fallut que, vaincue et navrée, elle se résignât.

Dans la tâche qui lui était imposée, il y avait à la fois pour elle ennui et douleur : ennui, à prévenir son grand-père qu'elle prenait l'initiative de cette démarche; douleur, à venir torturer de nouveau celui qu'elle avait déjà fait tant souffrir.

Elle s'adressa d'abord à M. Michon, qui ne lui fit aucune objection sérieuse et se rendit très volontiers à son désir dès qu'il le lui entendit exprimer.

Le lendemain, comme on finissait de déjeuner dans la bibliothèque, la seule pièce où il n'y eût point d'ouvrières, Audren arriva :

« C'est moi qui t'ai fait prier de venir, dit le docteur, mais c'est Armande qui a besoin de te parler, nous vous laissons. Viens-tu, Maurice? venez-vous, Martel? nous allons rire un peu et confesser les ouvrières de Mme Penazen. »

Puis, s'approchant d'Audren :

« Elle a voulu te faire sa demande elle-même, continua-t-il; quand tu sauras de quoi il est question, j'espère que tu me remercieras de lui avoir cédé mon rôle de chef de famille... Allons, venez-vous? »

Depuis qu'Audren était entré, Armande le regardait, et rien qu'à le voir, elle se sentait gagnée par les pleurs : il avait les yeux caves et brûlants, le teint était jaune, les joues étaient creuses, les narines frémissantes, les lèvres amincies; sur son visage et dans son attitude tout accusait la fièvre.

Ils restèrent quelques secondes sans parler; puis, enfin, d'une voix sourde :

« Eh bien! dit-il, ne vouliez-vous pas me parler?
— Oui, mais avant je voudrais vous remercier...
— Me remercier!
— Je voudrais vous dire combien je vous suis reconnaissante de vous être exposé à la tempête...
— Aujourd'hui! s'écria-t-il, en faisant un pas vers la porte.

— Audren!

— Parlez-moi de votre demande, c'est tout ce qui doit nous occuper; le passé est mort, je vous prie de n'y pas revenir. Que voulez-vous? »

En se résignant à inviter Audren elle-même, Armande avait cédé à cette pensée que venant de sa bouche la demande serait moins cruelle, et que, par des marques de reconnaissance et de tendresse, elle saurait adoucir ce qu'elle avait d'horrible; mais alors elle ne l'avait pas encore revu, elle ne connaissait pas les changements qui s'étaient faits en lui, et elle avait été loin de prévoir la tournure que prendrait l'entretien. Cependant il fallait parler : M. Michon et Maurice étaient là qui attendaient, Audren lui-même l'interrogeait du regard.

« Nous sommes victimes tous les deux d'une écrasante fatalité, dit-elle d'une voix tremblante; il faut que je souffre pour vous faire ma demande; il faut que vous souffriez pour me l'accorder, et il faut que je souffre encore si vous ne me l'accordez pas.

— Si je dois être le seul à souffrir, je ne vous refuserai pas; car, maintenant, je ne puis plus souffrir.

— Vous pouvez m'accuser et c'est ce que je ne veux pas.

— Ne craignez rien : je vous aimais pour faire votre bonheur, je vous aime toujours; ce que vous demanderez, je le ferai.

— Eh bien, continua-t-elle d'une voix presque inintelligible, vous savez que le jour... de mon mariage... est fixé...

— Oui, je le sais, — et s'approchant d'Armande comme pour lui présenter son visage, — vous voyez bien que je le sais, dit-il... je sais que vous aller être sa femme, eh bien! après, après, que voulez-vous?

— On veut que vous soyez... mon garçon d'honneur.

— Moi! »

Il se mit à marcher à grands pas, regardant Armande avec désespoir : mais il était de ces âmes qui mettent leur orgueil dans le sacrifice; la surprise l'avait vaincu : peu à peu il ressaisit sa volonté; puis, d'une voix brève et étranglée :

« Qui le veut? dit-il.

— Grand-père, répondit Armande en tremblant.

— Mais lui? » reprit-il.

Elle baissa les yeux et ne répondit pas.

« Eh bien! je le serai, » dit-il.

Il tomba sur une chaise : longtemps il resta sans rien dire, ses lèvres étaient pâles, ses dents claquaient.

Cependant, relevant bientôt les yeux et regardant Armande :

« Moi qui croyais ne plus pouvoir souffrir! » s'écria-t-il.

Puis, comme elle semblait vouloir se défendre :

« Ah! je ne vous en veux pas; vous m'aimez autant que vous le pouvez, nous sommes bien malheureux tous les deux; mais vous, au moins, vous avez votre grand-père, vous avez, — et sa voix s'altéra, — vous avez votre mari, moi, je suis seul, et je vais partir.

— Partir?

— Vous pensez bien, n'est-ce pas, que, vous mariée, je ne resterai pas ici? Quand mon frère m'a annoncé votre mariage, j'ai voulu me tuer.

— Audren!

— Mon Dieu! qu'est-ce que vous voulez que je fasse? ce n'est pas la douleur que je crains, c'est l'abandon : je voulais me tuer, j'ai eu peur d'attrister votre joie et j'ai résisté à ma tentation; je suis parti pour Brest, j'ai trouvé une corvette en armement pour les mers du Sud; dans trois mois, je serai au milieu de l'Océanie. »

Sur ces derniers mots, le docteur entra, et allant vers Audren :

« Eh bien, es-tu invité? » lui dit-il, avec un affectueux sourire.

III

Grâce au mouvement qui, chaque jour, se faisait autour d'elle, grâce à Maurice, grâce aussi à cet égoïsme de l'amour qui envahit même le cœur le plus charitable, Armande ne pensa pas trop à Audren et à sa douleur. Sur le premier moment, l'annonce de ce départ l'avait bouleversée; en y songeant bien, elle en vint presque à s'en réjouir; elle se dit qu'au retour il serait sans doute consolé, et qu'alors, pouvant se voir librement, ils recommenceraient ensemble une vie d'amitié. Cette idée la rassura, et s'y accoutumant, attendant de l'avenir le calme et l'oubli, elle s'habitua à trouver Audren moins pâle et moins sombre.

Il venait presque chaque jour. Quand elle était avec Maurice, il s'en allait. Quand elle était seule, il s'asseyait près d'elle, lui parlait de leur enfance et lui rappelait leurs jeux et leurs bonheurs d'autrefois.

« Comme c'est loin! disait-elle en souriant.

— Comme c'est près! disait-il; c'était hier. »

Pour lui, ces jours s'écoulèrent rapidement.

Ils s'écoulèrent plus rapidement encore pour tout le monde; car plus on avançait, plus il fallait redoubler d'activité; chacun avait sa part de soins et de travail.

Nous sommes accourus du fond de notre village
Afin de vous souhaiter bonheur en mariage (p. 248).

H. MALOT. — VICTIMES D'AMOUR.

Le docteur commençait à ne plus trop savoir où donner de la tête ; il s'était réservé l'ordonnance de la fête, et, comme il voulait tout faire par lui-même, il était sans cesse sur pied. A cause du deuil encore récent de Maurice, il avait été décidé qu'on ne danserait pas officiellement, mais qu'on élèverait, dans la cour, une tente où danseraient et se régaleraient les invités du village ; et quand il abandonnait ses charpentiers, c'était pour courir à la cuisine, où un pâtissier et un cuisinier confectionnaient le festin.

Ces soins matériels n'étaient pas les seuls qui l'occupassent, et comme il ne croyait pas que tout son devoir serait accompli pour avoir donné une belle noce, il avait encore avec Maurice de fréquents entretiens :

« Mon cher enfant, lui disait-il, de tous les actes de ce monde, le mariage est à mes yeux le plus grave, et je voudrais que tu y arrivasses dignement préparé. Car, il faut bien que je te l'avoue, tu y arriveras tout seul ; ce n'est pas une femme que je te donne, c'est un enfant. Et, de ce côté, je m'en accuse, j'ai des reproches à me faire. Je m'étais promis de la préparer, et je n'ai pas osé : un père, un homme, quelque vieux qu'il soit, est mal à l'aise pour parler de ces choses-là ; et si avec mes malades j'y allais carrément, avec elle j'ai peur ; elle est la maîtresse, vois-tu, et c'est moi qui suis l'élève. Eh bien ! mon bon Maurice, ce que je n'ai point eu la force de faire, c'est toi qui le feras. Songe que je te livre une petite fille de dix-sept ans. Elle t'aime et tu l'aimes, c'est vrai, mais enfin elle n'a que dix-sept ans. Gagne tout d'abord son âme, et tu gagneras ta femme pour la vie entière. Moi, je me charge de lui épargner l'embarras de la cérémonie : le mariage civil se fera ici même, le maire me l'a promis ; elle n'aura donc pas à rougir devant une foule curieuse en prononçant le oui juridique. A table, j'aurai soin d'empêcher les allusions plus ou moins spirituelles ; et, le lendemain, vous serez seuls, mes enfants. Pour ne pas la rendre confuse, je ne la regarderai même pas lorsqu'elle viendra m'embrasser. Ainsi, tu me comprends, n'est-ce pas ? Je veux que votre mariage soit une chose grande, je veux qu'il soit chaste dans la cérémonie, spontané dans le dernier consentement. Moi, je le ferai chaste, à toi de le faire spontané. Que ton amour, en domptant tes désirs, assure votre amour. »

La veille du jour solennel arriva ; et quand le contrat fut lu et signé, quand le docteur, dans une dernière inspection, se fut bien assuré que les préparatifs s'achevaient ; quand on eut constaté, en l'essayant, que la robe de noce allait à merveille ; quand Armande, tremblante, eut embrassé son grand-père non moins tremblant qu'elle ; quand elle eut, en rougissant, tendu la main à Maurice, chacun gagna sa chambre.

Mais, cette nuit-là, chacun n'eut pas un même sommeil également calme et solide.

Maurice, si heureux que tout éveillé il croyait rêver, s'endormit en continuant ses rêves.

Le docteur, l'âme contente, la conscience satisfaite, se serait aussi doucement endormi, s'il eût pu ne pas penser que ce mariage allait lui enlever sa fille, qu'il avait soixante-dix ans, et qu'une vieillesse solitaire était bien chagrine.

Armande, seule dans sa chambre de jeune fille, se sentit inquiète. Elle se dit que c'était pour la dernière fois qu'elle se couchait dans ses rideaux blancs, la tête sur cet oreiller qui avait déjà reçu tant de confidences, et elle fut prise d'une tristesse infinie. Elle aimait Maurice cependant, elle avait appelé et désiré ce moment avec impatience, mais prête à franchir ce seuil derrière lequel tout était inconnu, elle s'arrêtait effrayée ; quoiqu'elle se sentît entraînée par une main chérie, elle tournait la tête et regardait en arrière : elle voyait son grand-père qui restait seul, elle voyait cette maison qu'elle abandonnait, elle voyait Audren... mais en même temps elle voyait Maurice ; elle se voyait elle-même près de lui, échangeant de tendres regards, écoutant de douces paroles, et, bercée par cette musique d'amour, son agitation s'apaisait, son souffle devenait plus faible, sa poitrine ne se soulevait plus haletante, et tandis que ses paupières se fermaient, ses lèvres, répétant la dernière pensée de son cœur, murmuraient faiblement : « Maurice, Maurice ! » Elle dormait enfin et rêvait d'amour.

Mais pendant cette nuit, celui qui ne dormit pas du tout, ce fut Audren : à grands pas il marchait dans sa chambre ; quand il se croyait un peu plus calme, il se couchait, s'entortillait dans les draps, se couvrait la tête, et, immobile, sans respirer, il tâchait de s'endormir ; c'était en vain, la douleur et le désespoir ne le lâchaient pas, les larmes qu'il avait amassées devant Armande, lui montaient aux yeux, et coulaient grosses et brûlantes ; pris d'un accès de rage, il se remettait à parcourir sa chambre ; puis quand il avait longtemps marché, il se recouchait, prenait un livre, s'efforçait de lire, et lisait pages sur pages ; mais c'était seulement des yeux, car son esprit ne pouvait point se détacher d'Armande : lui aussi il revenait au passé : il la revoyait telle qu'elle était autrefois, et après un souvenir de bonheur, il lui en revenait un autre ; et ainsi toujours jusqu'au matin.

« Ah çà, diable ! qu'est-ce que j'ai donc ? grommelait Martel en se tournant et se retournant aussi dans son lit ; — je ne me marie pourtant pas demain et j'ai une anxiété de prétendu : je suis sûr que Maurice dort mieux que moi. — Seront-ils heureux ? »

Il plongea résolûment sa tête dans l'oreiller ; la réflexion ne le laissa pas longtemps tranquille.

« Ah ! s'il l'avait épousée avant d'avoir connu Marguerite ! — Cela serait tout de même drôle s'il allait lui faire payer les fautes de l'autre ; drôle non, mais cruel et lâche. — Bast ! Maurice n'est pas méchant ! »

Sur cette affirmation, il crut que son insomnie n'avait plus de cause légitime, mais la réflexion tenace ne céda pas encore : elle se mit à lui inspirer toutes sortes d'appréhensions qui se traduisaient à peu près ainsi :

« Il n'est pas trop bon non plus : est-il aveugle pour ne pas voir comme souffre ce pauvre Audren ? — Quelle singulière idée de le prendre pour leur garçon d'honneur ! Il le dédaigne et peut-être il ne le vaut pas. — Qui sait si Armande n'eût pas été plus heureuse avec Audren, elle serait au moins restée près de ce pauvre vieux qu'on va laisser seul et triste. Ah ! si j'avais été autre que je suis ! »

IV

La maison s'éveilla bruyante et affairée : dans la cour les charpentiers se hâtaient de cogner leurs dernières chevilles, dans les corridors c'était un cliquetis de vaisselle et de verrerie.

Maurice descendit le premier au jardin, et ayant ramassé des petits cailloux il les jeta contre les persiennes d'Armande. Celle-ci parut, enveloppée dans un châle, les yeux encore ensommeillés, cependant fraîche et rose sous ses blonds cheveux qui s'ébouriffaient autour de la tête. Les deux amants se regardèrent longtemps, en s'envoyant de la main de sonores baisers ; puis, Maurice courut cueillir un petit bouquet de verveine et d'héliotrope, le lia avec une tige de volubilis, l'embrassa et le lança au milieu de la fenêtre. Armande le reçut au vol, le pressa aussi contre ses lèvres, comme pour y prendre les baisers qu'il avait reçus.

Vers dix heures, les invités commencèrent à arriver les uns après les autres. D'abord ce fut M. Guillaume des Alleux, juge au tribunal de Ploërmel, oncle de Maurice, qui ne connaissait pas son neveu, mais qui s'était cependant dérangé quand il avait su qu'il s'agissait d'un mariage convenable ; puis ce furent les amis et les parents du docteur qui venaient de Lannion, de Morlaix ; en tout, trente-deux personnes.

Quand tout le monde fut réuni, M. Michon fit prier Armande de descendre, pour la présentation officielle. Audren était fort pâle ; mais ceux qui ne le connaissaient pas pouvaient le croire calme et indifférent : la volonté le soutenait.

La cérémonie civile s'étant acomplie, les portes toutes grandes ouvertes, suivant les prescriptions de la loi, on se mit en route pour l'église.

La distance était si petite que le docteur n'avait pas voulu de voiture ; il marchait en tête du cortège, donnant le bras à Armande ; il était radieux, et saluait d'un geste reconnaissant ceux qui se rangeaient le long des murailles pour les regarder passer.

On entra dans l'église, qui déjà était pleine de monde, le bedeau, le sourire aux lèvres, — le sourire des jours de baptême et de mariage, — aligna les invités dans le chœur.

Deux prie-Dieu avaient été placés à la limite du sanctuaire : Armande et Maurice s'y agenouillèrent ; l'abbé Hercoët, portant l'aube et l'étole, sortit de la sacristie, puis, après avoir salué l'autel, il se couvrit de sa barrette et, se tournant vers les époux, il leur adressa son discours obligé.

Il leur rappela la grandeur du sacrement qu'ils allaient recevoir ; il leur parla du mariage du Christ avec son Église, et leur dit comment il s'était livré à elle pour la sanctifier, la purifier, la faire glorieuse, sans tache, sans ride, pure, immaculée.

Puis après ces banalités, thème de toutes ses allocutions, il se sentit attendri en face de ces enfants qu'il avait élevés, et qu'il aimait ; il oublia la routine, et s'adressant à eux simplement, sans phrases plus ou moins mystiques :

« Mes chers enfants, dit-il, le voyage que vous allez entreprendre est périlleux ; moi le pilote, vous lançant sur cette mer de la vie, je suis ému et effrayé. Quand je ne serai plus près de vous, quand l'âge, les chagrins, les tempêtes, seront arrivés, pensez à cette église où vous êtes si souvent venus dans votre enfance, pensez-y, comme au milieu de l'orage y ont souvent pensé tant de marins agenouillés dans cette foule qui m'écoute : ils étaient désespérés sur une mer en fureur, ils étaient sans force devant la mort, ils ont pensé à l'église de leur village, ils ont tendu leurs mains suppliantes vers ce Dieu miséricordieux dont l'image est là sur nos têtes, et ils ont été consolés, ils ont été réconfortés, ils ont été sauvés. Vous aussi, mes enfants, si vous êtes battus par les orages du monde, pensez à cette église, tendez les mains vers ce Dieu que je vous ai appris à aimer, et vous aussi, vous serez consolés ; vous aussi, vous serez réconfortés ; vous aussi, vous serez sauvés.

« Vous, monsieur, — mais, emporté par son attendrissement, il se reprit, — toi, Maurice, n'oublie jamais les puissants secours que ta sainte mère a reçus de la religion, que le courage avec lequel elle a supporté ses épreuves te soit un exemple ; rappelle-toi combien, à l'heure de la mort, elle était édifiante et résignée. Ah ! c'est qu'elle pensait au ciel, d'où maintenant elle te regarde et se réjouit bienheureuse, en voyant la pure et charmante compagne qu'elle-même eût assurément choisie.

« Vous, madame, — vous, ma chère enfant, n'oubliez jamais non plus cette digne femme, rappelez-vous combien elle était bonne, charitable, fervente dans sa simplicité ; soyez pour votre époux ce qu'elle avait été pour le sien ; au milieu du monde, ne vous laissez ni éblouir ni tenter, soyez toute la vie ce que vous avez été jusqu'à ce jour ; gardez votre âme ardente à la prière, votre cœur sensible à la pitié, et, jusqu'à votre mort, les bénédictions du Seigneur descendront sur votre maison. »

Le docteur avait des larmes plein les yeux ; mais se penchant vers M. des Alleux, grave comme s'il avait été toujours à l'audience :

« Ces finauds-là ont si bien su mêler leur religion à tous nos sentiments, qu'on ne sait plus trop pourquoi on pleure. »

Quand l'abbé, dans une courte prière, se fut un peu remis, il fit joindre les mains aux deux époux, bénit le mariage et remit l'anneau à Maurice, qui le passa au doigt d'Armande.

La messe commença, et commencèrent aussi, en même temps, les conversations à voix basse entre voisins.

Audren, lui, ne parlait pas : il était immobile, les yeux troubles, la tête en feu ; et, malgré lui, il entendait un murmure de paroles étouffées, souvent interrompues.

Il était question de Maurice, d'Armande, de robe, de coiffure. — Je trouve le marié bien jeune, avec ça encore il est artiste. — On dit qu'il a du talent. — Il est sans fortune.

— C'est un mariage d'amour ? — Tout à fait, ils s'adorent.

En écoutant ces propos qui lui déchiraient le cœur, Audren se retourna brusquement, et il lança à ses deux voisins un regard si furibond, qu'ils le prirent pour un fou ou un dévot scandalisé ; aussi n'osèrent-ils plus échanger leurs observations.

Enfin arriva le moment terrible où devait commencer son office de garçon d'honneur, on était au *Pater*.

Le suisse vint le chercher ; il se leva et le suivit ; il lui semblait que les dalles fuyaient sous ses pas, les murs dansaient.

Cependant il allait la tête haute.

On lui mit entre les mains un voile blanc ; en face de lui Martel tenait l'autre bout.

Sous le voile, Armande et Maurice étaient agenouillés ; l'officiant lisait une oraison dans le missel.

Lui, pour ne point trembler, se tenait raide, les bras serrés contre les côtes.

Mais Armande, en voyant cette douleur, fut prise d'une immense pitié, elle oublia Maurice, elle s'oublia elle-même, ne pensa plus qu'à Audren, et, du plus profond de son cœur, elle lui donna la seule chose qu'elle pût donner, sa prière :

« Mon Dieu, dit-elle, recevez-le, protégez-le! soyez bon pour lui, consolez son âme, guérissez son corps. »

Quand le prêtre eût fait l'aspersion, Audren retourna à sa place, et la cérémonie finit; mais pour lui ne finit pas son martyre.

Il fallut qu'il assistât au déjeuner, ou plus justement au dîner, qui fut long. Il fallut qu'il vit Armande et Maurice, placés en face l'un de l'autre, échanger des regards doux comme des caresses, brûlants comme des baisers. Il fallut qu'il écoutât les toasts; on but au bonheur des nouveaux mariés, à leur santé, à leur avenir, à leurs enfants : — « Le mariage n'étant institué à nulle autre fin que la famille, dit superbement M. des Alleux, ce serait le profaner que de ne pas en attendre des enfants. Je bois donc à mes petits-neveux, à mes petites-nièces. »

Audren fut dix fois sur le point de se sauver, mais il avait promis, il resta : il y avait là orgueil pour lui-même, défi pour Maurice, dernière preuve d'amour pour Armande. Cependant, parfois son courage l'abandonnait, il n'avait plus conscience de ce qui se passait autour de lui, il était comme dans un atroce cauchemar.

Entre le dîner et la fête du soir, il y eut un moment où on abandonna la table pour se promener dans le jardin, il en profita et s'échappa.

Il courut droit devant lui, et, par le chemin de la falaise, il se trouva bientôt au milieu de la lande. Alors il se jeta sur l'herbe et laissa échapper les pleurs qu'il retenait depuis si longtemps; c'était fini, c'était bien fini, elle était perdue, elle était mariée; autant il avait été ferme, autant il fut lâche ; il était seul, il était libre enfin; il se roula sur le gazon, enfonçant ses doigts dans la terre, sanglotant, criant, hurlant. Puis, quand la machine nerveuse se fut un peu détendue, il tomba dans un abattement stupide; son corps et son âme étaient brisés comme sa vie, ce n'était plus de la souffrance, c'était de la prostration; son cœur ne saignait plus, il était mort; il en était de lui comme d'un homme qui, précipité du haut d'un toit, se voit tomber dans le vide, sans pouvoir s'accrocher à rien. Il se sentait aussi dans le vide, dans le néant.

Pendant ce temps la fête commençait. Par la grande porte, ouverte à deux battants, les gens du village arrivaient endimanchés. La tente s'emplissait; elle était partagée en trois compartiments : à l'extrémité, on avait disposé un petit salon parqueté pour les invités à longues robes ; au milieu était la salle de danse, à l'entrée un buffet où ceux qui n'avaient pas assisté au dîner trouvaient des viandes froides, une barrique de vin en perce, des gâteaux et des rafraîchissements. Le docteur avait fait les choses grandement; heureux, il voulait que tout le monde fût heureux avec lui.

À huit heures la noce fit son entrée, mais les musiciens n'étaient pas encore à leur place, et comme M. Michon s'en étonnait, en entendit au au dehors les sons du biniou, du fifre et du violon.

Le docteur était aimé dans le pays, et pour lui payer les services qu'il avait rendus, il avait été décidé que tout le village prendrait part à la fête, et que le père Gouriou, avec six garçons et six jeunes filles chanterait la complainte du mariage.

C'était la députation qui arrivait, musiciens en tête. On la vit paraître : le père Gouriou marchait le premier; ce n'était plus le chanteur des foires et des marchés, c'était le *barz*, c'était le poète du pays; ce n'était plus le vieux mendiant, c'était un grand vieillard superbe dans son antique costume national; il allait droit et fier, jouant noblement du rebeck ; derrière lui venaient les jeunes garçons, les jeunes filles et la députation du village.

Il traversa la salle, et, arrivé devant les mariés, il s'arrêta, déposa son rebeck dont il dédaignait le secours, fit signe aux musiciens de l'accompagner doucement, et, d'une voix un peu traînante, mais bien accentuée, il commença la complainte :

> Nous sommes accourus du fond de notre village
> Afin de vous souhaiter bonheur en mariage,
> A monsieur votre époux
> Aussi bien comme à vous.
>
> Vous n'irez plus au bal, madame la mariée,
> Vous n'irez plus aux fêtes ni dans nos assemblées.
> Vous resterez à la maison
> Tandis que nous irons.

Alors, s'effaçant sur le côté, il fit place à un jeune garçon qui portait un gâteau et qui se mit à chanter :

> Acceptez ce gâteau que ma main vous présente,
> Il est fait de façon à vous faire comprendre
> Qu'il faut travailler et souffrir
> Afin de se nourrir.

« ... Il se dirigea du côté de la grève (p. 255). »

Puis le jeune garçon se retira aussi ; il fut remplacé par une jeune fille qui tenait un bouquet, et qui chanta :

> Acceptez ce bouquet que ma main vous présente,
> Il est fait de façon à vous faire comprendre
> Que tous les vains honneurs
> Passent comme ces fleurs.

Elle offrit le bouquet, et tout le monde reprit ensemble :

> Nous sommes accourus du fond de notre village
> Afin de vous souhaiter bonheur en mariage,
> A monsieur votre époux
> Aussi bien comme à vous.

On se mit en place pour le quadrille : M. des Alleux conduisait Armande, M. Michon une jeune fille du village.

La danse devint générale ; seulement, comme beaucoup de Bretons ont encore conservé leur ancienne danse, qui est une sorte de marche rapide et mesurée, l'orchestre alternait : tantôt il jouait un quadrille, tantôt il jouait le pas national.

On ne tarda pas à s'entasser, à se pousser, à se coudoyer, et malgré la légèreté des murailles qui étaient en beaux draps blancs enguirlandés de fleurs, l'air devint bientôt plus lourd et plus chaud. Au milieu de la tente, les jeunes gens dansaient ; sur les côtés, les hommes regardaient ; ils ne parlaient pas ; ils ne remuaient guère, mais ils souriaient avec l'expression du contentement. Pour ces rudes travailleurs habitués à la fatigue, ne rien faire était déjà un plaisir. Au buffet, l'animation était plus vive : là on buvait ferme et l'on criait fort ; huit ou dix buveurs s'étaient emparés des tables, et, n'en voulant point *démarrer*, ils causaient tranquillement de leurs affaires comme s'ils eussent été au cabaret.

Lorsque Armande eut dansé cinq ou six contredanses, lorsqu'elle eut fait plusieurs fois, au bras de son grand-père, le tour de la tente, parlant à chacun et recevant de chacun des compliments, M. Michon fit un signe à Maurice, prit le bras d'Armande comme pour une nouvelle promenade, et rentra à la maison.

Invités ainsi que domestiques, tout le monde était sous la tente. Des lampes brûlaient dans le vestibule, M. Michon en prit une, et se dirigea vers une grande chambre habituellement inoccupée qui se trouvait au rez-de-chaussée, au bout de la bibliothèque.

« Mes enfants, leur dit-il, voilà votre chambre : les meubles en sont bien vieux, bien rococo, mais ils ont servi à ma chère femme et à moi c'est la chambre de notre mariage; soyez-y heureux comme nous y avon été heureux. »

Et comme Armande se serrait contre lui :

« Allons, chère mignonne, continua-t-il, ne tremble pas, tu es entre ton père et ton mari, et si je tremble aussi en te parlant, ce n'est pas de crainte, c'est d'émotion : vous me ramenez à mon jour de noce. Voilà le fauteuil où je me suis assis pour la prendre sur mes genoux; tiens, Armande, voilà la chaise basse où ta grand'mère se mettait devant le feu pour sécher et emmailloter ta mère; regarde, ma fille, tout ici conserve des souvenirs de bonheur; tu seras heureuse aussi. Allons, viens, que je t'embrasse. »

Il l'attira sur sa poitrine, y attira aussi Maurice, les mit bien étroitement aux bras l'un de l'autre, et les yeux pleins de larmes, presque aussi troublé que sa fille, il sortit sans se retourner.

Il croyait les laisser seuls; ils ne l'étaient pas.

V

Audren, après sa crise d'affaissement, avait eu une réaction de colère. Pour se calmer, il s'était mis à marcher à travers la lande; le mouvement, en activant la circulation sanguine, avait aussi activé l'exaltation cérébrale; plus les heures de la nuit s'étaient écoulées, plus il s'était senti furieux. Il n'avait plus eu qu'une seule pensée, elle et lui dans le même lit; cela lui avait paru si monstrueux, qu'il avait décidé de partir pour Brest à l'instant même. Il était revenu sur ses pas; mais alors marchant moins vite, rafraîchi par la brise qui soufflait du large, un peu calmé par cette résolution de s'enfuir qui le rattachait à quelque chose, il s'était pris à songer à son départ, à son voyage, à son isolement dans la vie, à ce pays qu'il abandonnait, et, s'attendrissant un moment sur lui-même, oubliant sa colère, il avait vaguement pensé, — puisque tout était bien fini, — à voir Armande une dernière fois pendant qu'elle était encore la jeune fille qu'il avait si ardemment adorée. Tout d'abord il avait rejeté cette idée comme une faiblesse, puis il y était revenu, puis entraîné par ce fatal sentiment qui nous pousse à vouloir ne rien perdre de nos douleurs, au lieu d'entrer chez son frère, il avait passé tout droit et était descendu vers le château. Traverser le jardin et entrer par la maison dans la cour d'honneur où se trouvait la tente, était le chemin le plus court; il l'avait pris. Arrivé devant la maison, il avait trouvé fermées les portes de communication, et comme il longeait la muraille en cherchant un passage, il avait été surpris de voir de la lumière à travers les persiennes de la grande chambre et d'entendre un bruit de voix. A cette heure, quand tout le monde dansait au bal, qui donc pouvait être là? Il s'était approché. Une porte-fenêtre ouvrait sur un perron; il avait monté les marches. Juste à la hauteur de sa tête, mais plus haut que les yeux, les crémaillères avaient été tirées et les lames de bois étaient parfaitement horizontales; il s'était haussé sur la pointe des pieds, et, au milieu de la chambre, il avait vu le docteur qui tenait dans ses bras Armande et Maurice : la mousseline des rideaux était fine, la lampe donnait une lumière éclatante.

Le vertige le prit, il retomba sur ses pieds; mais presque aussitôt il se releva, se cramponna des mains à une planchette supérieure, et colla son visage contre la persienne.

Le docteur était sorti, Armande et Maurice se tenaient enlacés.

Ils restèrent quelques minutes ainsi, lui la serrant dans ses bras, elle inclinant la tête sur la poitrine de son époux.

« Chère Armande! » murmura Maurice d'une voix pleine de prière.

Il l'attira et la fit asseoir sur ses genoux.

Elle se cachait toujours; mais, se penchant vers elle, il lui posa les lèvres sur le front, lui redressa la tête en la poussant à petits coups, et quand il la sentit à la hauteur de son visage, se baissant, il lui plongea les yeux dans ses yeux.

Longtemps ils se regardèrent.

Puis l'asseyant elle-même sur le canapé, il se laissa glisser à terre, se mit à genoux devant elle, lui prit les deux mains, et la regarda encore avec ravissement.

Audren aussi regardait : il était oppressé jusqu'à l'étouffement; ses yeux étaient troubles, ses jambes vacillaient, son cœur battait si fort qu'il repoussait la fenêtre.

Maurice était toujours à genoux; et, les mains autour du corsage d'Armande, il cherchait à détacher le bouquet.

Elle était rouge et tremblante : sa pudeur l'empêchait de s'abandonner, son amour l'empêchait de se défendre; elle avait peur de n'être pas assez tendre, elle avait peur d'être trop passionnée.

Le bouquet détaché, Maurice se releva et voulut détacher aussi la couronne; prise dans les torsades de la coiffure, elle était retenue par de nombreuses épingles bien cachées.

Épingle à épingle, il y parvint; et, prenant délicatement la couronne, il alla la poser sur un meuble :

« Ce sera notre talisman de bonheur, dit-il; nous le garderons toujours; si nous sommes jamais tristes, il nous consolera. »

Il revint vers elle, et il ouvrit les bras pour l'embrasser encore : ses yeux brillaient, ses mains tremblaient.

Elle eut peur, et voulut se reculer; mais, dans le brusque mouvement qu'elle fit, ses cheveux, qui n'étaient plus retenus, s'échappèrent du peigne, et, en une soyeuse cascade, ils tombèrent sur ses épaules. Par un geste de honte et de crainte tout à la fois, elle se jeta les mains sur le visage.

Il s'approcha, l'enlaça d'une main, et, de l'autre, il prit une épaisse torsade de cette chevelure qu'il voyait dans toute sa splendeur pour la première fois, la pressa contre ses lèvres, respirant son parfum tiède et pénétrant :

« Ne crains rien, dit-il, je ne suis aujourd'hui que ce que j'étais hier, rien de plus, chère mignonne, ton amant qui toujours sera ton amant : ce n'est pas de la loi, ce n'est pas de l'Église que je veux te tenir, c'est de toi, de toi seule. »

Audren les voyait face à face, les yeux dans les yeux, les lèvres presque sur les lèvres. Comme la lame d'un couteau, la planchette de chêne à laquelle il était cramponné lui entrait dans les doigts; il ne sentait pas la douleur physique, il écoutait et regardait, et celle qu'il avait adorée avec la vénération la plus sainte, il la voyait aux bras d'un homme qu'elle aimait, sans défense et sans volonté de défense.

« Pourquoi trembler? disait Maurice.

— C'est plus fort que moi. »

Elle était contre lui sans même oser respirer. Il glissa sa main derrière le corsage.

« Ne sommes-nous pas l'un à l'autre? dit-il.

Le corsage de soie s'entr'ouvrit.

« Maurice! » dit-elle palpitante.

Sans répondre, mais en la maintenant du regard, il attira vers lui les deux manches, et la robe, qui n'était plus retenue, entraînée un peu par son propre poids, beaucoup par les mains de Maurice, glissa sur le tapis.

Elle croisa ses bras sur sa poitrine, et demeura confuse au milieu de sa robe qui, comme une cloche, s'évasait autour d'elle : elle resta ainsi debout, immobile, la tête baissée, le front pourpré, les cheveux épars.

Il l'enveloppa dans ses deux bras et la fit asseoir sur ses genoux.

Elle releva sur lui ses grands yeux allanguis où il y avait à la fois amour et crainte.

Il décrocha les bracelets et le collier.

Puis, la faisant asseoir sur le canapé, il alla prendre, près du lit, des petites mules bleues bordées d'un blanc duvet, revint vers elle, s'agenouilla, et défit ses bottines.

A travers les mailles de la soie, on sentait la chair ; prêt à reposer le pied qui se crispait dans sa main, il l'approcha de ses lèvres et le baisa.

Elle poussa un petit cri étouffé et se renversa en arrière, mais il la reçut dans ses bras et se mit, sans rien dire, à détacher les pièces de sa toilette.

Sans rien dire aussi elle le laissa faire ; elle n'osait plus ni parler ni résister. Cela doit être ainsi, pensait-elle, et rouge comme une cerise, la respiration entrecoupée, les yeux troubles, elle s'abandonnait docilement. Quand la main de Maurice lui effleurait la peau, elle frissonnait.

Le corset avait été détaché, et Maurice allait soulever la guimpe, lorsque par un dernier effort elle se dégagea et se réfugia toute émue dans le coin du canapé.

Alors, Maurice la regardant de nouveau avec une expression plus passionnée et plus impatiente, glissa sa main sur la table, approcha la lampe, et, brusquement l'éteignit.

Audren desserra les doigts et se laissa couler à terre ; sa tête éclatait, ses dents claquaient ; par un miracle de volonté, il avait pu se contenir jusqu'alors, mais il sentait la fureur le pousser ; pendant qu'il en était temps encore il voulut fuir, et sauta dans le jardin. Il se mit à courir sans savoir où il allait ; quoique la lune brillât, il ne voyait rien ; ses jambes se prenaient dans les fleurs des massifs, et son visage s'écorchait aux branches des taillis. Un tronc d'arbre couché sur le gazon le fit tomber ; il se releva. On entendait les sons du fifre et du biniou. Il se remit à courir pour fuir plus loin ; mais, dans son aveuglement, il revint sur ses pas et se trouva en face de la maison. Il s'arrêta et passa ses mains sur ses yeux pour essuyer le sang qui lui coulait du front. Durant quelques minutes, il demeura indécis, puis une curiosité plus forte que sa volonté le poussa vers la maison ; il remonta les marches du perron à pas légers, et colla de nouveau son visage à la persienne.

La lampe n'avait pas été rallumée, il ne vit rien ; il écouta, il n'entendit rien non plus.

Mais bientôt un bruit de pas lourds et lents retentit dans la chambre ; puis il y eut un frou-frou d'étoffes, puis un cliquetis d'anneaux qui glissaient sur leurs tringles.

Les pas lourds étaient ceux de Maurice portant Armande, les anneaux étaient ceux du lit.

Il chancela, et, comme une masse, il roula par terre; mais il n'était pas évanoui; il se releva et chercha par où attaquer la persienne pour l'arracher; il voulait sauter dans la chambre, et étrangler Maurice; elle était solidement fermée et n'offrait pas la moindre prise. Quoique bien court, ce moment d'examen fut assez long, cependant, pour le rappeler à lui : ses bras, qu'il portait en avant, crispés et menaçants, tombèrent; sa tête s'inclina sur sa poitrine, et tout son corps s'affaissa. Il demeura quelques secondes anéanti, puis, redescendant les marches, se traînant plutôt que marchant, il reprit la grande allée, sortit du jardin, et lentement, il se dirigea du côté de la grève.

On dansait toujours, et le son du fifre passait avec la brise.

VI

Les joyeux rayons du soleil le lendemain, glissaient à travers les persiennes, les oiseaux chantaient dans les feuilles, il y avait dans l'air des musiques et des parfums. Armande, dans les bras de Maurice, dormait; et lui, tourné vers elle, il la regardait dormir. Un rayon de soleil, reflété par la glace, vint s'abattre sur ce visage souriant, et les cheveux étincelèrent comme des fils d'or. Sa paupière cligna sous la lumière trop vive, puis elle ouvrit les yeux, rencontra ceux de Maurice, et les refermant aussitôt, elle se blottit dans son cou. Les joyeuses paroles, les pénétrantes caresses, les tendres regards, les éloquents silences, les riants projets, les douces promesses !

Ce furent des journées radieuses. Ils étaient tout à eux-mêmes, et jouissaient délicieusement d'eux-mêmes.

Il y avait cinq jours qu'ils étaient mariés, et, tendrement enlacés l'un à l'autre, ils se promenaient sur la grève. Ils allaient, à pas cadencés, et ils parlaient de cette voix basse, mais vibrante, qui vient du cœur.

Ils arrivèrent ainsi devant l'île de Goë : la passe était à sec.

« Il n'est pas encore six heures et demie, dit Maurice, la mer ne remontera pas avant deux heures; nous avons le temps de faire le tour de l'île avant la marée et la nuit, le veux-tu ? »

Ils traversèrent à pied sec le chenal, où, six semaines auparavant, Maurice avait échappé à la mort.

« Sans ces rochers, dit-il, qui sait où nous en serions encore de notre mariage?
— Ah! s'écria Armande, j'étais morte d'anxiété.
— Par bonheur, tu as été folle de joie.
— Pauvre Audren, c'est lui qui t'a sauvé! Où est-il, maintenant?
— A Brest, probablement, à moins qu'il ne soit en mer.
— Pourquoi est-il parti sans nous faire ses adieux? J'en ai presque un remords.
— Allons donc! il n'a pas voulu te voir ma femme; deux ou trois ans d'absence le rendront raisonnable; quand il reviendra, il sera guéri. »

Ils s'avançaient sur la grève sourde et moelleuse : le soir commençait, et, par un effet de mirage, il y avait deux soleils, un qui se couchait dans la mer, l'autre qui miroitait sur le sable humide.

Ils avaient déjà doublé la pointe, et ils revenaient vers le chenal, lorsque sur la mer, qui reflétait une légère teinte orange restée au ciel, ils aperçurent un point noir.

« Une baleine! dit Maurice en riant.
— Ou un marsoin, répondit Armande.
— Non, ça ne nage pas, ça flotte, c'est une épave.
— Penchons-nous sur le sable, nous verrons mieux. »

Ils se penchèrent ; le point noir faisait une bosse sur la ligne jaunâtre de l'horizon, et s'avançait lentement, poussé par la marée montante.

« C'est un ballot, dit Maurice.
— Ou une barrique, continua Armande.
— Nous allons la sauveter.
— Si c'est une barrique, nous la ferons scier en deux, et nous la mettrons sur notre terrasse, pour en faire un bassin.
— Si elle est pleine, on ne boira le vin ou le rhum qu'elle renferme qu'aux anniversaires de notre mariage ou au baptême de nos enfants.
— Si c'est un ballot?
— Je ne sais pas ce que c'est; à coup sûr, ce ne doit être ni une barrique, ni un ballot. »

Le point noir s'avançait toujours en dérivant vers la passe, on le voyait un peu plus distinctement; il paraissait partagé en trois, le point du milieu plus gros que ceux des extrémités.

Ils regardaient et ne parlaient plus; ils avaient peur de se communiquer leurs suppositions.

« Allons-nous-en, dit Maurice. »

Ils marchèrent vers le chenal; mais comme si elle eût été animée, l'épave,

C'était Audren, les yeux ouverts, la face blanche... Mort! s'écria-t-elle (p. 258).

H. MALOT. — VICTIMES D'AMOUR.

ballot ou barrique, portée par le courant, les suivit en s'approchant du rivage.

Arrêtés par une barrière de rocs éboulés, ils durent remonter un peu vers la terre, et quand ils redescendirent sur le sable, — le seul chemin praticable au milieu de cet amas de pierre, — l'épave, qui toujours s'était avancée en ligne droite, se trouva devant eux.

« Ah! mon Dieu! s'écria Armande, c'est un homme.

— Allons-nous-en, dit Maurice, » et il voulut l'entraîner.

Elle résista; elle regardait avec une poignante curiosité.

On distinguait des cheveux noirs, une poitrine, des pointes de pieds.

La lame poussa encore le cadavre; mais il touchait le sable, il s'arrêta. Alors la lame qui vint, rencontrant un obstacle, passa par-dessus et balaya les cheveux qui couvrait le visage; quand elle se retira, aux dernières clartés du jour finissant, on aperçut ce visage.

« Ah! s'écria Armande avec un horrible déchirement, Audren! »

Et elle tomba sur le sable; mais presque aussitôt elle se releva, et malgré Maurice qui la retenait, elle courut jusqu'auprès du corps.

C'était Audren, les yeux ouverts, la face blanche, marquée de taches livides.

« Mort! » s'écria-t-elle, et elle se renversa dans les bras de Maurice.

Il voulut l'emmener : sans en avoir conscience, elle fit quelques pas, mais s'arrêtant :

« Ne l'abandonnons pas, dit-elle faiblement.

— Mais, mon enfant...

— La mer monte; elle va le battre sur les rochers.

— Nous enverrons du monde, viens.

— On ne peut pas le laisser comme ça » Et les sanglots lui coupèrent la voix.

« Du courage, dit Maurice, partons.

— Non, non, s'écria-t-elle; puis avec force : — Il le faut, portons-le sur le galet. »

Il hésita; mais elle le regardait à travers ses larmes d'une façon si résolue, qu'il n'osa pas reculer.

Ils se rapprochèrent du cadavre; il était presque entièrement hors de l'eau et de travers : la mer le poussait à chaque coup de lame.

Ils se penchèrent tous deux en même temps, mais tous deux aussi, en même temps, ils se redressèrent : prêts à toucher ce cadavre, ils avaient eu la même pensée; heureusement la nuit était venue, ils étaient séparés par trois pas de distance, leurs yeux ne purent pas se la communiquer.

« Attends, dit-il, je vais le traîner tout seul

— Oh! non, pas le traîner, » murmura-t-elle.

Et, se penchant vivement, elle saisit les pieds.

Maurice prit les épaules.

Il le soulevèrent tout d'une pièce : c'était bien lourd pour Armande; malgré son exaltation, elle tordait sous le poids; ses pieds aussi s'embarrassaient dans sa robe.

« Maurice, dit-elle sourdement, ses jambes sont attachées avec un mouchoir. »

Arrivés au galet qui formait un talus, elle glissa et tomba sur les genoux; mais elle se releva.

« Encore! » dit-elle.

Ils montèrent encore; les cailloux ronds roulaient sous leurs pas.

« Je ne peux plus. »

Elle laissa échapper les pieds d'Audren et s'affaissa sur elle-même.

Maurice, lâchant le cadavre, courut à elle.

Elle était évanouie. Il la serra contre lui, la secoua, lui frappa dans les mains; elle ne répondit pas. Il chercha sa bouche, et rencontra les dents froides.

Il la prit dans ses bras et redescendit le chemin qu'il venait de monter. Il entra dans la mer jusqu'à la cheville, et se courbant à moitié, appuyant Armande sur son genou plié, de sa main restée libre il lui jeta de l'eau sur la figure, l'appelant, l'embrassant toujours.

Enfin elle ouvrit les yeux; puis, éclatant en sanglots, elle se suspendit à son cou. Longtemps elle suffoqua en haletant péniblement, mais peu à peu elle recouvra la respiration et pleura sans étouffer.

Alors Maurice, qui la soutenait :

« Peux-tu marcher? dit-il, la mer monte, l'heure nous presse, le chenal va s'emplir.

— Le chenal... fit-elle; ah! oui, je veux bien.

— Appuie-toi sur mon bras. »

Ils se mirent en marche. Elle ne voyait pas, ses yeux étaient pleins de larmes; souvent elle se cramponnait à Maurice, sentant l'étourdissement qui la reprenait.

Malgré leurs efforts, ils allaient lentement.

Ils arrivèrent; la mer, rapide et clapoteuse, courait dans le milieu du chenal, et blanchissait contre les blocs de granit, qui déjà disparaissaient à demi submergés.

« Ah! s'écria Maurice, il est trop tard, le flot nous a devancé, je vais appeler, on nous entendra; on viendra nous chercher. »

Il appela, cria de toutes ses forces; mais les premières maisons du village étaient à plus d'un kilomètre, et la mer, qui était calme au large, faisait en s'engouffrant dans la passe un bruit sourd et continu : la voix de Maurice se perdit dans ce bruit.

« Si nous voyons un douanier passer sur la falaise, dit Maurice decouragé, mais ne voulant pas le laisser paraître, nous l'appellerons, en attendant, allons nous mettre à l'abri de la dune. »

Ils y allèrent, et s'assirent sur le sable.

« Comme tu trembles! dit Maurice.

— J'ai bien froid. » Elle avait les jambes mouillées, et l'eau qu'il lui avait jetée au visage pour la ranimer avait coulé dans la robe.

Il la prit dans ses bras, l'enveloppa dans un châle de laine qu'il portait pour les promenades de nuit, lui sécha les cheveux avec un mouchoir, et la déchaussa : les pieds étaient glacés, il les prit entre ses mains pour les réchauffer.

Ils restèrent longtemps sans voir le moindre douanier; loin de faiblir, le clapotement des flots devenait plus fort à mesure que la mer montait; la brise soufflait de la terre, et la pâle lueur qui tombait du ciel étoilé laissait à peine apercevoir la côte.

« Il ne viendra personne, dit Armande un peu plus calme, grand-père se sera couché pensant que nous rentrerions par la porte du jardin; les douaniers ne passeront pas sur la falaise, on ne peut pas aborder de mer haute.

— Eh bien! il faut nous résigner; attendons que la mer baisse. As-tu encore froid?

— Presque plus. »

Il se fit un silence; puis bientôt elle reprit doucement :

« Si tu voulais? Puisque personne ne viendra et que nous devons rester ici encore quatre ou cinq heures, nous irions là-bas.

— Où, là-bas?

— C'est mal de le laisser tout seul...

— Dans l'état nerveux où tu es, ce serait folie; d'ailleurs nous ne serions plus à l'abri du vent.

— Ne me refuse pas. C'est un devoir : il t'a sauvé, il a été mon frère.

— Mais...

— C'est nous qui l'avons tué. Je t'en supplie. J'aurai du courage.

Il eut peur de paraître avoir peur. La pensée que plus tard elle pourrait lui faire un reproche de son refus le décida tout à fait.

Sur le galet mouvant ils se remirent en route; elle marchait sans avoir besoin de s'appuyer sur lui.

Le cadavre était toujours tel qu'ils l'avaient abandonné; seulement,

Armande s'était endormie... Le corps d'Audren se profilait en une silhouette dure sur le flot argenté (p. 262).

sous la clarté bleue des étoiles, les mains et la figure paraissaient phosphorescentes : on eût dit qu'elles étaient recouvertes d'écailles lumineuses.

La nuit était tranquille, le ciel était sans nuage ; sur la grève la mer brisait avec un bruit monotone qui retentissait dans l'âme.

Ils ne parlaient pas. De temps en temps Armande tressaillait et serrait Maurice comme si elle eût eu peur ; de temps en temps aussi elle pleurait, et lui, sans oser rien dire pour la consoler, il s'attendrissait à cette douleur.

Une clarté blanche parut derrière les falaises, et dans le ciel pâle la lune monta lentement : la marée commençait à redescendre.

Armande, accablée par la fatigue et l'émotion, s'était à la fin endormie, mais son sommeil était fiévreux ; souvent, elle tressautait brusquement, souvent aussi elle soupirait.

Maurice était donc seul, et à vingt-cinq ou trente pas le corps d'Audren se profilait en une silhouette dure sur le flot argenté ; tout à l'entour et jusqu'à perte de vue, les rochers, qui se dressaient sur la plage, faisaient de grandes ombres noires et douteuses.

Ce cadavre le gênait horriblement et finissait par l'exaspérer ; il voulait n'y point penser, il voulait en détourner les yeux ; malgré lui il y revenait toujours de l'esprit et du regard. Le souvenir de leurs luttes et de leur rivalité l'étreignait ; il le revoyait vivant, et cette idée le remuait si profondément que son esprit se perdait en d'étranges hallucinations. Devant lui tout prenait des formes bizarres, et une sauterelle de mer, qui remua dans le sable, le fit tressaillir ; il avait peur. Par un mouvement instinctif, il serra Armande dans ses bras.

Elle se réveilla et se pressa contre lui.

« Ne crains rien, dit-il ; voici l'heure, la mer baisse. »

Il la fit lever, et l'entraîna ; il avait hâte de s'enfuir.

La mer se retirait de dedans le chenal ; ils purent le traverser presque à pied sec.

Ils rentrèrent par le perron du jardin, celui où Audren avait roulé.

« Couche-toi vite, dit Maurice, après j'irai éveiller M. Michon. »

Il la déshabilla et la mit dans le lit, puis il monta chez le docteur.

Il lui conta tout en peu de mots.

« Le malheureux enfant, s'écria M. Michon, il s'est tué ! Mais Armande ?
— Elle est couchée.
— C'est bien, je vais la voir. »

Il s'habilla : tout en endossant ses habits, il faisait questions sur questions, et il répétait à chaque instant : « Le pauvre enfant, il faut cacher le suicide. »

Ils descendirent. Armande, ramassée sur elle-même, grelottait et pleurait : en voyant son grand-père, elle fondit en larmes.

« Tâche de la réchauffer, dit M. Michon à Maurice, j'irai prévenir M. de Tréfléan. Surtout, qu'elle dorme ; j'ajouterai quelques gouttes de laudanum à sa potion.

Quand il revint, quatre heures après, le soleil était levé, et Armande dormait toujours, mais d'un sommeil brûlant et spasmodique.

« Eh bien? dit Maurice, à voix basse.

— Nous l'avons porté chez son frère. Pauvre M. de Tréfléan ! J'ai fait la visite du cadavre : comme il avait une cicatrice au front, ça m'a servi à prétendre que la mort était le résultat d'un accident ; ça n'est pas fort, mais ça sauve les apparences. J'ai obtenu du maire que vous ne feriez votre déposition que demain. Le suicide n'est pas prouvé : l'abbé ne refuse pas ses cérémonies.

— A quelle heure l'enterrement?

— A dix heures. Si Armande s'éveille, tu tâcheras de l'étourdir ; surtout tu la garderas ici : tu diras que je le veux. »

Ce fut le glas funèbre des cloches qui réveilla Armande : elle écouta quelques instants, puis elle eut un brusque frisson ; et elle enfonça sa tête dans l'oreiller. Mais presque aussitôt, se redressant, elle voulut se lever.

« C'est pour ce matin? dit-elle.

— Non, répondit Maurice ; » et il la força à se recoucher.

Cependant les cloches reprirent : elle comprit qu'on l'avait trompée, elle voulut encore se lever ; Maurice intervint de nouveau :

« Reste, dit-il, il le faut.

— Non, s'écria-t-elle, notre devoir est d'être là-bas.

— Votre devoir, Armande, est de m'écouter : d'ailleurs votre grand-père veut que nous restions ici ; ce serait folie d'aller à l'enterrement, dans l'état de fièvre où vous êtes. »

En entendant cette voix brève, qui, pour la première fois, parlait impérieusement, Armande leva les yeux sur Maurice ; elle les rebaissa bien vite, et éclata en sanglots.

Quand Maurice avait reconnu le cadavre, il avait été ému et attendri ; mais cette pitié, toute de premier mouvement, n'avait pas duré longtemps, l'horrible veillée sur la grève l'avait irrité ; maintenant, les plaintes d'Armande l'irritaient plus fortement encore : il était jaloux de la douleur qu'inspirait Audren mort, comme il avait été jaloux de la tendresse qu'avait inspirée Audren vivant. Ce suicide ne lui paraissait qu'une lâche vengeance, tentée pour détruire son bonheur, où tout au moins pour en flétrir les premières et plus belles journées.

Aussi par la chambre marchait-il à grands pas, regardant sa femme qui suffoquait ; et, plus elle gémissait, plus il sentait sa colère s'accroître.

Enfin, s'approchant d'elle :

« Que diriez-vous donc, demanda-t-il, si c'était moi qu'on enterrât ? »

Elle se retourna vers lui, le regarda avec une indéfinissable expression d'amour et de reproche, remua les lèvres comme pour parler ; mais les larmes et les sanglots l'étouffèrent.

Maurice recommença sa marche impatiente. Cependant ce regard l'avait touché. Bientôt, il vint s'asseoir sur le lit :

« Pardonne-moi, » murmura-t-il ; et il se mit à lui dire de tendres paroles d'excuse.

Longtemps elle pleura sans répondre, mais enfin elle écouta un peu plus calme, et ses yeux restèrent attachés sur les yeux de Maurice. La consolation écartait maintenant la pensée d'Audren, comme tout à l'heure la peine personnelle l'avait déjà écartée.

Cependant les cloches sonnaient toujours. A chaque reprise, Armande frémissait ; mais Maurice continuait de parler, et bientôt elle se remettait à écouter.

Tout à coup, on entendit un vague murmure dans la rue, puis le bruit devint plus fort ; puis on reconnut la marche d'une foule, les sons de l'ophicléide et le chant de plusieurs voix qui psalmodiaient : « *In paradisum deducant te angeli...* »

« Ah ! s'écria Armande, en s'abattant contre la poitrine de Maurice, l'enterrement ! »

C'était le cortège qui longeait les murailles du jardin, pour se rendre au cimetière.

Maurice tint Armande serrée contre lui, jusqu'à ce qu'on n'entendit plus les chants funèbres ; puis, se penchant vers elle et la forçant à le regarder :

« Calme-toi, chère enfant, dit-il, si l'amour fait mourir, il fait vivre aussi ; ne crains rien, nous serons heureux ! l'avenir est à nous. »

Ce sont de fameux remèdes, pour la souffrance morale, que les côtes que l'on monte à pied (p. 272).

H. MALOT. — VICTIMES D'AMOUR.   LIV. **34**

VII

Au bout d'une heure, M. Michon et Martel rentrèrent de l'enterrement.

Armande fut reprise d'un accès de désespoir ; elle se jeta dans les bras de son grand-père sans pouvoir articuler une seule parole.

Alors, Martel s'approchant de Maurice, et l'attirant dans un coin :

« Comment est-elle ? demanda-t-il à voix basse.

— Fiévreuse et brisée. Si le docteur y consent, j'ai le désir de partir tout de suite pour Paris : le voyage et le changement l'étourdiront ; il ne faut pas qu'elle revoie la plage.

— Tu as raison, répliqua Martel, la distraire, c'est ce qu'il faut, et surtout la rendre heureuse.

— Que veux-tu dire ?

— Je veux dire que, jusqu'à présent, ton bonheur a coûté cher aux autres : ta mère et Audren, c'est assez comme ça : Armande ce serait trop.

FIN DES AMANTS.

LES ÉPOUX

CHAPITRE I

JOURS DE PROMESSES

I

*A Monsieur le professeur Carbonneau,
membre de l'Académie de médecine, Paris.*

« Plaurach, le 20 septembre

« Vous avez sans doute, mon cher ami, reçu le petit mot que je vous écrivais il y a huit jours, pour vous aviser de ma prochaine arrivée à Paris. Mon intention, comme je vous l'annonçais, était de partir d'ici vers le 1er novembre ; mais un grand malheur qui vient de nous frapper me force à avancer l'époque de notre voyage, et en même temps à réclamer un service de votre vieille et solide amitié.

« Vous savez qu'il y a dix jours j'ai marié ma petite fille Armande.

« Ce n'est point un mariage d'argent que j'ai cherché : Maurice, mon gendre, est le fils de notre ancienne directrice de la poste aux lettres, une très digne et très excellente femme que j'aimais de grand cœur, et il n'a point de fortune ; Armande, ma petite-fille, n'a absolument rien à attendre (les embarras et les chagrins exceptés) de son père, M. de Keïrgomar, qui, depuis qu'on l'a chassé de l'armée, n'a fait que des dettes, des escroqueries et mieux encore.

« Ce n'est point davantage un mariage de convenance : Maurice est un jeune musicien dont le nom est peut-être venu jusqu'à vous, mais sa position présente est celle que les artistes résument dans ce mot qui leur paraît, à eux, concluant comme un million, des espérances, des espérances et encore des espérances.

« C'est un mariage d'amour : les enfants sont tous deux pleins de jeunesse et de beauté, ils s'adoraient, je les aimais trop pour les tourmenter, je les ai unis.

« La question d'argent, je l'ai tranchée en les faisant mes héritiers, et la question de position, en leur assurant tout de suite quatre mille francs de rente. Si Maurice n'arrive point à avoir du talent, il aura un jour douze ou quinze mille francs de revenu, et avec ça il est permis d'être artiste, je pense.

« Tout me paraissait donc réuni pour leur assurer une vie heureuse et tranquille, lorsque le malheur est venu s'abattre sur nous, la nuit même de leur mariage.

« Un jeune homme de dix-huit ans, Audren de Tréfléan, frère de M. de Tréfléan, cet ancien officier de marine de qui je vous ai si souvent parlé, s'est jeté à la mer. Sans qu'aucun de nous en eût soupçon, il aimait Armande. C'était un garçon d'une nature fière et jalouse. Ce mariage l'a désespéré ; le soir de la noce il a disparu. Ce qu'il y a de plus horrible encore dans cette horrible catastrophe, c'est qu'Armande et son mari, se promenant sur la plage, ont retrouvé le cadavre. L'enterrement a eu lieu ce matin.

« Armande aimait ce pauvre garçon comme un frère ; pendant quatre ans ils avaient vécu de la même vie, jouant, s'instruisant, grandissant ensemble ; ce suicide et les circonstances qui l'accompagnaient ont causé à la malheureuse enfant une crise nerveuse qui m'inquiète et que je ne veux pas laisser se prolonger.

« Avant ce funeste événement, j'avais le désir de garder mes enfants encore cinq ou six semaines en Bretagne. En agissant ainsi, je pensais un peu à moi, à la solitude à laquelle je ne suis plus habitué depuis quatre ans, et qui va me paraître bien lourde ; mais je pensais aussi à eux, surtout à eux, jeunes mariés. Depuis quelques temps nous avons emprunté à l'hypocrite Angleterre la coutume, à mon sens grossière et brutale, qui, la cérémonie à peine terminée, pousse les deux époux en chemin de fer ou en chaise de poste, et les livre aux cloisons peu closes des chambres d'auberge. C'est là une affectation de pudeur qui ne pouvait venir qu'à des puritains ou à des libertins. Pour des cœurs honnêtes, les noces ne prêtent ni à rire ni à rougir. Au lieu de gaspiller ses souvenirs au hasard des grandes routes, on doit les amasser et conserver précieusement le plus petit meuble, le moindre objet qui les fixe et qui plus tard les évoque. Riche, j'aurais acheté la maison où j'ai passé ma première nuit de mariage, et si maintenant elle n'était point détruite, je m'y installerais pour y mourir. On ne sait pas combien, lorsqu'on est entraîné par la vie, une heure de recueillement dans la chambre qui garde le parfum des heureux jours peut donner de force ou d'indulgence.

« C'était cette chambre, ce sanctuaire que je voulais créer à mes enfants ; c'était la coutume anglaise, qui exaspère mes vieilles idées, que je voulais leur éviter ; maintenant je dois courir au plus pressé, c'est-à-dire arracher Armande à ce pays où tout lui parle de notre pauvre Audren ; je dois l'occuper, la distraire ; et dans cette tâche, mon ami, j'ai pensé que vous voudriez bien m'aider.

« Mon projet est simple : la conduire à Paris et lui donner les tracas et les fatigues d'une installation ; pour cela, il me faut avant tout un logement. Voulez-vous nous en trouver un ?

« Sans doute, à notre arrivée, nous pourrions nous-mêmes faire notre recherche ; mais combien d'ennuis pour ma chère petite. Et puis je ne serais pas libre ; je devrais accepter la direction de Maurice qui connaît Paris beaucoup mieux que moi, et quoique ce logement soit pour eux seuls, je veux pouvoir le choisir en vertu de certaines idées, sans contrôle, sans discussion, sans influence étrangère.

« Pour moi, l'habitation a une importance souvent décisive dans notre vie : c'est elle qui, pour beaucoup, fait les habitudes, et les habitudes font la destinée. Vous savez ce qu'a dit le divin Hippocrate sur l'exposition de l'orient, qui rend le caractère vif et gai. Qu'on se plaise chez soi, et on y reste, sans songer à d'autres distractions qu'à celles que donnent la famille et le travail.

« C'est en partant de ces principes, qui sont aussi les vôtres, que les recherches doivent être dirigées. Demeurer dans le centre de Paris, pour eux, cela est inutile. Il leur faut une petite maison et un jardin, dans un de ces quartiers où la foule et le mouvement n'ont point encore pénétré : quelque part vers Passy ou Auteuil ; je ne sais trop si j'indique bien. Ce à quoi je tiens, avant tout, c'est à la vue. Nous autres, vieux, nous aimons les horizons bornés où nous avons le calme et le recueillement ; aux jeunes il faut les horizons infinis comme leurs désirs : d'ailleurs, dans votre Paris empesté, avoir la vue n'est-ce point avoir la respiration ? Je ne veux point que mon Armande s'emplisse les poumons des émanations de vos ruisseaux. Quand vous la connaîtrez, elle si fraîche et si mignonne, vous verrez, mon ami, quel meurtre ce serait.

« Ne trouvez point, je vous en prie, toutes ces recommandations puériles : c'est un vieux bonhomme qui ne vit plus que par son enfant, qui vous les adresse. Songez qu'elle n'a que moi pour veiller sur elle.

« Et son mari ? allez-vous dire. J'entends. Son mari est un brave garçon que j'ai élevé, que j'aime comme un fils ; c'est un excellent cœur, un esprit charmant. Mais il ne se doute pas de ce que c'est que la vie matérielle. Mais il est artiste, et les goûts aventureux que possèdent généralement ces messieurs, je crois qu'il les réunit tous en lui. Mais il est enthousiaste, mobile, passionné : c'est plus qu'il n'en faut pour justifier des précautions qui tendent surtout à l'empêcher de regarder au delà du cercle tracé par la famille et la maison.

« D'ailleurs ces précautions sont avec lui plus nécessaires encore qu'avec tout autre : car ce que je sais de son passé n'est point fait pour me rassurer sur son avenir.

« Quelques années avant qu'il aimât ma fille, une femme, moitié grande dame, moitié aventurière, lui a inspiré une de ces passions qui trop souvent sèchent le cœur et abaissent le caractère. Elle l'avait pris non pour se refaire une virginité, comme dit le poète, mais pour se refaire une jeunesse et se redonner des sensations qu'elle ne pouvait plus trouver en elle. Pendant longtemps, trop longtemps, elle a fait de lui son esclave, son patient, sa chose, un souffre-douleur ou un souffre-plaisir. Elle a opéré sur lui à peu près comme, dans la transfusion du sang, nous opérons sur un sujet vigoureux au profit d'un sujet épuisé. Comment est-il sorti de cette épreuve ? N'a-t-il donné à cette femme que ce qu'il y avait de trop en lui, jeune et plein de forces ? Ne lui a-t-il pris rien de ce qu'il y avait de trop en elle, façonnée par le monde et la vie ? N'a-t-il perdu que des illusions ? N'a-t-il gagné que de l'expérience ?

« Voilà ce qui m'inquiète, et ce qui peut-être m'eût empêché de lui accorder ma fille, si j'avais su la vérité telle que je la sais maintenant.

« Aujourd'hui qu'il n'est plus temps de revenir sur ce point, je veux au moins ne rien négliger pour assurer autant qu'il est en moi le bonheur de ma chère enfant.

« Souvent, quand j'étais ce qu'on appelait le meilleur médecin de Brest, j'ai visité des navires partant pour ces stations lointaines, qui les gardent deux ou trois ans, les mers du Sud, les côtes d'Afrique, la Plata, nos îles de l'Océanie, et j'ai toujours été frappé des soins que l'on prenait en vue d'éventualités possibles à la rigueur, en réalité très peu probables. Souvent aussi j'ai vu des époux s'embarquer sur une mer autrement fertile en dangers que l'Océan, celle du mariage ; et presque jamais il n'étaient émus d'autres craintes que de savoir s'ils étaient bien enrubanés, bien enguirlandés. Je ne blâme ni les rubans ni les guirlandes, je veux, au contraire, en couvrir mes enfants ; mais pour eux, à leur insu, je veux encore, je veux surtout, prendre ces précautions que j'admirais à l'arsenal.

« Je n'espère point, mon bon ami, que vous quitterez vos occupations pour vous livrer à cette course au logement. Vous devez avoir auprès de vous quelque jeune homme intelligent, quelque secrétaire dévoué, qui, guidé par ces instructions que j'esquisse ici, et par vos conseils, réalisera parfaitement ce que je demande : c'est sur lui que je compte.

« Ma lettre vous arrivera après-demain; nous serons à Paris, nous qui irons moins vite, dans cinq ou six jours. A peine débarqué, j'irai vous prendre pour que vous me conduisiez; si je fuis certains conseils, je réclame absolument les vôtres.

« En me relisant, je vois que je vous ai dit bien des choses inutiles, — il faut me pardonner, j'ai la tête un peu troublée, — et que j'ai oublié le point principal : vous pouvez mettre au loyer douze ou quinze cents francs; je suis le payeur.

« A bientôt, et agréez d'avance les remerciments

« De votre vieil ami

« V. Michon. »

II

Le docteur Carbonneau aimait M. Michon, comme on aime, — quand on l'aime, — l'homme qui vous a servi de point d'appui pour escalader la vie. C'était M. Michon qui l'avait tiré de son village, l'avait dirigé dans ses premières études; plus tard l'avait pris pour interne et l'avait envoyé à Paris, où il avait payé ses examens et ses thèses. Si aujourd'hui il était chef de service, professeur de la Faculté, membre de l'Académie de médecine, médecin d'une nombreuse et riche clientèle, il avait le bon cœur et le bon esprit de ne point oublier à qui il le devait.

Cette lettre l'émut et l'inquiéta. Eh quoi! celui qu'il avait vu si calme au milieu des plus terribles douleurs, si plein de sang-froid dans les plus graves opérations, s'était laissé assaillir par de vagues craintes; le philosophe sceptique admettait un présage, il en était troublé, il en avait peur; une trop vive tendresse abat-elle donc les plus forts?

Son temps était trop rigoureusement mesuré pour qu'il examinât à loisir cette question et décidât si l'homme qui veut rester maître de lui, ferme dans sa raison, inflexible dans sa ligne de conduite, doit, oui ou non, se priver de famille, d'amis, de maîtresse, de tous ces prétextes à amour et à dévouement; ce qu'on lui demandait, c'était quelque chose de matériel, de positif, — un logement. Il en fit chercher, alla visiter lui-même ceux qu'on lui désigna, et attendit. Cinq minutes d'entretien lui apprendraient mieux que les plus laborieuses inductions le vrai de cette lettre.

Au jour dit, M. Michon arriva.

— Eh bien ! s'écria-t-il en entrant et tenant entre les siennes les mains de Carbonneau, ce logement ?

— J'ai votre affaire, du moins je le crois. Et votre fille ? et vous-même ?

— Le calme est revenu. Je vous ai paru bien bonhomme, n'est-il pas vrai ? Quand le bonheur de ceux que j'aime est en jeu, j'en deviens bête. Vous vous rappelez cet anévrisme que j'ai ouvert croyant crever un abcès, vous étiez tous tremblants, j'ai placé mon doigt sur l'artère ouverte, j'ai regardé le patient en souriant, et j'ai demandé une bande ; vous avez tous déclaré mon sang-froid admirable. Eh bien, ce jour-là précisément, en rentrant, j'ai trouvé ma femme qui s'était coupé le doigt ; elle était très pâle ; je suis devenu tout aussi pâle qu'elle, j'ai eu tout autant de peur, et c'est à peine si, au bout d'un quart d'heure, j'étais parvenu à fermer sa méchante égratignure. Général d'une armée dans laquelle aurait servi mon fils, je n'aurais jamais osé livrer bataille. Après tout, dans ce suicide il y avait de quoi affecter un plus stoïque que moi ; juste le soir même du mariage ! Quel augure pour un esprit prompt à s'alarmer ! Par bonheur, cette crise nerveuse dont je vous parlais ne s'est point aggravée, quoique les adieux aient été pleins de larmes et de déchirements. C'est un bon médecin que le voyage, et ce sont de fameux remèdes, pour la souffrance morale, que les côtes qu'on monte à pied, les descentes où l'on a peur, les effets de lune par une belle nuit d'automne, les campagnes qui changent, les villes qu'on traverse, et tous les enchantements d'une route inconnue. L'enfant ouvrait les yeux ; c'est la curiosité qui a commencé à sécher ses larmes : nous avons fait le reste, moi, Maurice et Martel... C'est un ami de Maurice, un peintre, Aristide Martel.

— Je le connais ; mais allons voir votre logement.

III

Il y a quelques années, Chaillot, sans être resté le petit village campagnard dont parle l'abbé Prévost, n'était point encore la ville d'asphalte et de pierre qu'on voit aujourd'hui. Derrière les maisons assez chétives qui bordaient comme un mur sa principale rue, il y avait des jardins avec de vrais arbres dans de la vraie terre. C'était dans un de ces jardins qu'était

En descendant un perron de trois marches, on était dans un jardin avec vue sur la Seine (p. 274).

situé le pavillon où Carbonneau conduisit M. Michon. Par un heureux hasard, la plupart des conditions assez difficiles qu'il exigeait étaient réalisées. Sans perdre une minute, il courut chercher Armande et Maurice; il avait hâte de le leur faire visiter et surtout accepter.

Adossé à une maison qui avait sa façade sur une cour intérieure, ce pavillon regardait le midi. Il était coquettement peint en blanc, avec les portes et les volets d'une teinte tirant sur le gris : une galerie régnait tout autour, elle était supportée par des colonnes enguirlandées de rosiers et de glycines, et formait abri au rez-de-chaussée, balcon au premier étage.

En descendant un perron de trois marches, on était dans un jardin plus long que large, qui, entre des lilas et des lauriers, allait jusqu'à un petit mur à balustre, laissant de ce côté la vue libre sur la Seine. Sur une pelouse ovale il y avait deux corbeilles de rosiers, un bassin avec des plantes aquatiques, et un petit monticule qui avait eu autrefois la prétention d'être un rocher, mais qui, aujourd'hui envahi par les lierres et les pervenches, n'était plus heureusement qu'une cascade de verdure sombre. Un jet d'eau s'élançait du bassin et allait mouiller le dessous des feuilles d'un catalpa trapu.

— Montons, dit M. Michon quand on eut visité le jardin et le rez-de-chaussée.

Ils montèrent, et en ouvrant une des fenêtres, qui donnait sur le balcon, ils s'arrêtèrent surpris, curieux, émerveillés : Paris, sans limites précises s'étalait devant eux, confusément, sous les obliques rayons du soleil qui déjà s'abaissait.

De cette mer aux vagues ardoisées et rougeâtres émergeaient, en se coupant sur un fond vaporeux, des tours, des aiguilles, des colonnes et des dômes. Au premier regard, tout leur parut tumultueux, entassé, confondu ; mais bientôt l'ordre se fit, et jusqu'à l'horizon que fermaient des coteaux indécis et brumeux, chaque monument prit sa place, se mit à son plan, dessina son caractère.

La ville travaillait. Un formidable ronflement emplissait l'air, et les hautes cheminées lançaient à pleine gueule des panaches noirâtres. Des nuages de fumée se formaient et se traînaient lourdement en se déchiquetant aux toitures les plus élevées, aux coupoles, aux croix dorées qui, frappées par le soleil, flamboyaient : le vent, qui soufflait du sud, les poussait lentement, les entassait contre les hauteurs de Belleville et de Montmartre ; ils s'y brisaient, et par les deux vallons que creusent les plaines de Batignoles et de La Chapelle, ils s'échappaient divisés.

Pour se reposer de cet éblouissement, l'œil n'avait qu'à s'abaisser un peu, il rencontrait les cimes roides et roussies des arbres des Champs-

Élysées; la Seine avec ses quais de verdure ondoyante; et en se tournant un peu à droite par-dessus, la nappe lumineuse de la rivière, les coteaux de Meudon qui envoyaient à l'esprit des senteurs de campagne et de forêt.

— Que c'est beau! s'écria Armande; quelle grandeur! C'est aussi splendide que la mer. Le cœur me bat. Il me semble que j'ai peur.

Frissonnante, elle se pressa contre Maurice.

— Oui, continua M. Michon, c'est là une vue qui pourrait occuper et peupler la solitude d'un prisonnier ou d'une délaissée; Carbonneau a bien choisi. Notez que tout se trouve à peu près réuni; la maison est gentille, commodément disposée, le jardin n'est point au fond de quatre murailles formant puits; on y sent bien tout de même un peu le renfermé, mais il paraît que c'est ainsi dans tous les jardins de Paris : enfin, vous êtes à l'ouest de la ville, ce qui n'est point à dédaigner, comme me l'a fait observer Carbonneau, attendus que les vents les plus fréquents étant ceux du sud et de l'ouest, l'air vous arrivera de la campagne pur et salubre, sans avoir auparavant, ramassé toutes les poussières, charrié toutes les fumées. Avec quelques mille francs de bons meubles et de simples travaux d'appropriation, je crois que vous serez bien, et j'espère que dans quinze jours je pourrais repartir.

A ce mot partir, Armande et Maurice en même temps firent un geste. Sans se laisser interrompre, il continua :

— Mes enfants, je vous aime pour vous, non pour moi; je réfléchis et raisonne. Sans doute, à n'écouter que mon cœur, je resterais... je resterais toujours. Ce serait une sottise. Il ne faut pas qu'il y ait entre deux époux un tiers, que chacun, à tour de rôle, puisse invoquer comme conseil, et plus tard comme juge : ce sont les tiers qui brouillent les amis et les amants, parce que, avec eux, interviennent l'amour-propre et l'entêtement. Il ne faut pas non plus que vous me fassiez aujourd'hui, par pure condescendance, des concessions que vous regretteriez demain. Il vaut mieux que tout de suite vous preniez l'habitude de n'agir que l'un après l'autre et que l'un pour l'autre. C'est dans les premiers jours qu'une femme gagne le cœur de son mari et qu'un mari s'empare de l'esprit de sa femme : pour cela il faut une liberté absolue dans les grandes comme dans les petites choses, liberté d'épanchement, de soumission, d'autorité. Moi parti, vous n'aurez d'autres soucis, toi Maurice, que d'étudier Armande; toi, Armande, que de plaire à Maurice, et dans votre cœur vous trouverez des inspirations autrement fécondantes que toutes celles que mon expérience ou ma raison pourraient vous suggérer.

La voiture qui les ramenait traversait en ce moment les Champs-Élysées;

les équipages encombraient la chaussée, et, sur les trottoirs, les promeneurs, en deux courants contraires, piétinaient.

— Ce n'est pas au moins pour ce monde que je vous laisse, continua M. Michon en montrant la foule d'un geste énergique; de lui je serais jaloux. En cela comme en bien d'autres idées je suis du XVIII° siècle, et je crois la société mauvaise, envieuse, et plus que tout encore pernicieuse par les exemples qu'elle offre. Je pars pour que vous viviez chez vous, sans sacrifier votre repos et vos goûts à ce qu'on appelle les exigences sociales : Maurice est artiste, il n'est point médecin, avocat, notaire. Restez donc ensemble; ne regardez ni autour ni au-dessus de vous; n'écoutez point les railleries; n'écoutez point surtout les flatteries; et du diable si, ainsi bien serrés et bien pelotonnés, le malheur, même aidé du temps, pourra mordre sur vous.

Ainsi qu'il l'avait annoncé, M. Michon repartit pour Plaurach quinze jours après cet entretien. Moralement et matériellement, par les conseils qu'il avait donnés et par les précautions qu'il avait prises, il avait fait pour eux tout ce qui était en son pouvoir; ils étaient heureux, pourquoi ne le seraient-ils pas toujours?

IV

Les rêves qu'autrefois en arrière l'un de l'autre, mais pensant l'un à l'autre, ils avaient caressés, se réalisaient : les promesses qu'ils s'étaient faites s'effectuaient, et aussi les projets qu'ils avaient conçus; depuis qu'ils étaient mariés, chaque jour avait son éclosion, chaque heure avait sa nouvelle découverte.

Maurice était arrivé au mariage, brisé, découragé, doutant de lui, des autres, de la femme, surtout de l'amour; aussi, en se sentant entraîné malgré lui à une nouvelle passion, avait-il craintivement interrogé chacun des plaisirs que cette passion lui donnait; les pesant avec ses souvenirs, les éprouvant avec la pierre de touche que l'expérience lui avait mise aux mains, il les avait étudiés, analysés; la clairvoyance qu'imposent les douleurs du passé les lui avait fait fouiller dans leur nature, l'inquiétude de l'avenir les lui avait fait sonder dans leur solidité; analyses, études, angoisses, l'avaient toutes amené à la même conclusion : jamais il n'avait été si heureux. Était-ce au temps où, honteux de son innocent enthousiasme, il n'osait lever les yeux sur la femme qu'il adorait? Était-ce plus tard, lorsque, devenu l'amant ou plus justement la maîtresse de cette femme, il abdiquait sa personnalité et sa dignité. Était-ce encore lorsque, n'ayant plus rien à prendre en lui, comme un mauvais roman qu'on vient de finir, comme un bouquet dont on a aspiré tout le parfum, elle l'avait abandonné sans souci et sans regret? Elle était belle, Marguerite, mais d'une beauté combien différente de celle d'Armande : ardente, arrogante, déjà fatiguée; non sympathique, pénétrante, virginale. Et par l'esprit, le cœur, combien Armande l'emportait! Elle était la vraie femme de l'artiste, simple, dévouée, intelligente. Elle croyait en lui; elle avait foi en son talent, en son avenir. Elle l'aiderait. Elle l'encouragerait. Elle l'admirerait. Elle le débarrasserait des tracas de la vie matérielle. Jusqu'à la mort, elle serait l'inspiratrice des heureux jours, la consolation des mauvais.

Armande, de son côté, ne s'enfonçait point dans ces calculs d'un esprit éprouvé par la passion; elle aimait Maurice simplement. Pour elle il était à la fois l'amour, l'amant, la famille : aimée par lui, il lui semblait que son intelligence s'était ouverte et agrandie, que ses sensations s'étaient accrues, qu'on l'avait initiée aux mystères de la vie; devant sa glace, se regardant, elle se trouvait embellie, et, au fond du cœur, jusque dans les fibres les plus déliées de son être, elle ressentait une joie profonde, infinie, la plus grande qui soit pour les femmes, celle qui les exalte, les transfigure, qui leur fait braver le dédain du monde, le juste mépris d'un enfant, l'emprisonnement du cloître, — la joie de se donner.

Ils étaient si bien remplis mutuellement des sentiments de leur amour et de leur bonheur, qu'ils n'étaient sensibles qu'à ce qui s'appliquait à la consommation immédiate de cet amour : les généreuses attentions de leur grand-père les avaient touchés, mais sans remuer fortement leur cœur; son départ les attrista, il ne les arracha point à eux-mêmes.

— Pauvre père, dit Armande, revenant du chemin de fer où elle l'avait conduit, comme il va être seul.

Et elle s'endormit les larmes dans les yeux; mais le lendemain elle se réveilla souriante sous le regard de Maurice qui la contemplait.

Ils voulurent déjeuner dans leur chambre. Un feu clair fut allumé dans la cheminée. On leur apporta une petite table ronde toute servie comme au théâtre, et les doubles rideaux étant tirés, le soleil pénétra par la fenêtre.

Ils s'assirent gaiement en face l'un de l'autre, et Armande, entrant dans son rôle de maîtresse de maison, prit devant elle un pâté qu'elle se mit à ouvrir.

Les deux coudes appuyés sur la table, le menton posé entre ses mains, Maurice la regardait. Elle avait revêtu un peignoir gris-perle avec des revers en soie, qu'une torsade serrait à la taille en trois ou quatre larges plis.

Elle était charmante, les yeux encore ensommeillés, l'attitude un peu molle et languissante.

— Eh bien, fit-elle, tendant une assiette à Maurice, tu ne veux donc pas manger ?

A ce moment, leurs regards se rencontrèrent ; sans répondre, il se leva, et traînant vivement son fauteuil, il l'approcha de celui d'Armande ; elle voulut s'échapper ; il la retint. A la fin du déjeuner, elle était assise sur ses genoux, et tous deux en même temps ils mordaient à la même poire.

Ce fut seulement deux jours après le départ de M. Michon qu'ils songèrent à sortir.

Quelles caresses, quelles ivresses pendant ces deux jours ! quels cris et quels rires ! Marie Ange, leur femme de chambre, qu'ils avaient amenée de Plaurach, ne reconnaissait plus « Mademoiselle », autrefois si grave et si sage.

Les portes s'ouvraient avec fracas ; la rampe de l'escalier, rudement secouée, tremblait sur ses tiges de fer ; par les chambres, par les corridors, par les allées du jardin, ils couraient, se poursuivait l'un l'autre, jusqu'au moment où Armande, à bout d'haleine, les cheveux épars sur les épaules, le rire étranglé dans la gorge, se laissait tomber sur le tapis.

Il se couchait près d'elle. Ils ne disaient rien, ils se souriaient ; Armande, oppressée et haletante, était rouge comme une cerise ; et avec de longues aspirations elle tâchait de respirer en se tenant le cœur à deux mains ; puis, quand elle était un peu calmée, elle jetait ses bras autour du cou de Maurice :

Ou bien, gravement, à pas lents ils parcouraient leur maison.

— Toi qui as été dans le monde, disait-elle, tu m'apprendras à arranger notre salon ; il me semble que, comme il est là, on devine trop le tapissier.

— A quoi bon, puisque nous ne recevrons personne.

V

Un matin, en s'éveillant, ils décidèrent d'aller se promener.

Après le déjeuner, elle se mit à sa toilette. Il voulut l'aider. Les jeux, les baisers, les rires, les caresses recommencèrent. Trois heures après avoir dénoué ses cheveux, elle n'avait encore qu'une seule tresse de refaite. Elle le poussa à la porte et se verrouilla.

L'automne était beau ; chaud dans la journée, doux les matins et les soirs avec parfois un peu de brouillard. Ils purent faire de longues promenades dans Paris et dans les jolis villages des environs, à Sceaux, à Nogent, dans les bois de Marly et de Saint-Germain, où déjà les chemins étaient remplis de feuilles mortes qui craquaient sous les pieds.

Sur les boulevards ils marchaient à petits pas, bien serrés l'un contre l'autre. Il se redressait fièrement; élargissant la poitrine, la tête haute, il semblait dire aux passants : Comme elle est belle! n'est-ce pas? Il saisissait les regards qu'elle provoquait par sa grâce, et du fond du cœur des bouffées de joie et d'orgueil lui montaient aux lèvres.

Lorsque le temps était douteux, ils visitaient le Louvre, les musées ; le soir, rentrés chez eux, dans leur chambre, au coin du feu, sous la lumière de la lampe, ils parlaient de leur journée; ils revenaient sur ce qu'ils avaient vu ; elle interrogeait, il répondait, et lorsque, comme un enfant curieux, elle avait posé une de ces questions difficiles, un de ces pourquoi qui font hésiter, il allait prendre le livre où devait se trouver la réponse, et si, par bonheur, elle était claire et précise, il la lui lisait en la commentant. Le plus souvent, causant de l'art et des artistes, les livres étaient inutiles ; il parlait d'après ses études, d'après la tradition, d'après son impression propre, et, comme elle l'écoutait et le comprenait avec son sentiment, il était tout surpris de l'entendre lui traduire ses leçons en les agrandissant.

— Je suis le critique, disait-il, tu es le poète.

Il était fier de l'intelligence qu'il lui découvrait, et plus encore de sa manière de voir et de sentir; il trouvait ses saillies originales et ses questions profondes ; son babil, tantôt timide, tantôt imprudemment hardi, l'amusait ; ses ignorances et ses méprises lui paraissaient charmantes.

Elle avait dix-huit ans; elle était simple de caractère, droite de jugement; élevée chez son grand-père, elle ne connaissait ni les pensions, ni les couvents; elle ne croyait point que son mari devait lui prouver son amour en faisant des dépenses proportionnées à la dot qu'il avait reçue; elle ne s'imaginait point non plus que le mariage était uniquement institué pour permettre à la femme de satisfaire tous ses caprices d'affranchissement, de plaisir et de luxe, — et, très naïvement, ces soirées au coin du feu lui paraissaient l'emploi de son temps le plus doux et aussi le plus utile. Elle croyait en Maurice; elle avait de lui, de son mérite, de son avenir, des idées qui l'enorgueillissaient, mais qui plus encore l'effrayaient. Qu'était-elle à côté de lui ? qu'était son éducation? qu'était son esprit? Pour lui plaire ne devait-elle point tâcher de partager ses pensées, comme elle partageait sa vie? pour son propre bonheur à elle-même, ne le devait-elle point encore? Pourquoi avec Martel avait-il un autre langage qu'avec elle? Ils avaient entre eux des mots, des tours, des formes de conversation qu'elle n'entendait point et qui la rendaient jalouse; ah! il fallait qu'avec elle il pût s'entretenir comme avec un ami. Aussi comme elle regardait et écoutait lorsque dans la campagne il lui montrait ces choses qu'elle avait si souvent vues et qu'elle ne connaissait pas : la profondeur des horizons, les jeux de la lumière, les harmonies du vent; comme elle l'interrogeait dans leurs promenades à travers Paris; comme elle avait hâte le soir de venir autour de la table s'asseoir dans sa chauffeuse; comme elle aspirait ses paroles et s'en pénétrait!

IV

Il songea à travailler.

Les artistes savent ce qu'est la mise en train, quelles alternatives d'espérance et de découragement, de foi et de doute, d'élan et de lassitude, on traverse avant d'arriver à l'exécution, ce large et profond courant qui vous porte et vous entraîne. Il connaissait ces alternatives, et mieux que personne, il avait éprouvé combien il y a de semaines et de mois dans ce mot si fertile en promesses, en rêveries ou en excuses, — demain; cette fois, avant de marcher devant lui sans repos et sans remise, il n'eut pas besoin de s'y reprendre à cinquante résolutions.

Son mariage avait pour lui supprimé ces nécessités besogneuses qui dévorent le temps, coupent net le travail, et le divisent en mille rameaux où tant bien que mal fructifie le pain de chaque jour, mais où ne s'épanouissent point les belles fleurs de la gloire; sa vie matérielle était assurée, il pouvait écouter et suivre l'inspiration. Condition plus heureuse encore peut-être, ceux qui l'aimaient attendaient de grandes choses de son talent; sa femme l'admirait, lui-même croyait en son avenir, et il le voulait, pour elle et pour lui, digne de leur bonheur présent, rayonnant et splendide.

Jusqu'à ce jour il n'avait publié que des mélodies, des concerto, quelques morceaux de musique de chambre, des symphonies; ces œuvres, qui révélaient des dons heureux, lui avaient valu une certaine réputation auprès des délicats ou des curieux qui composent cette tête du public parisien à l'affût de toutes les nouveautés; elles ne lui avaient point conquis un nom. Il fallait faire franchir à cette réputation la distance qui s'étend, énorme et difficultueuse, entre le monde des artistes et le monde du vrai public. Ce nom à peine connu, il fallait, à grands coups de succès, l'enfon-

—Comment, disait-elle, montrant à Maurice un petit béguin de toile, il aura la tête si grosse que ça? (p. 287).

H. MALOT. — VICTIMES D'AMOUR.

LIV. **36**

cer dans les yeux et dans la mémoire de la foule. Pour accomplir ce prodige il comptait sur le théâtre ; mais comme il ne voulait point subir les rudes difficultés qui se dressent devant chaque débutant à la recherche d'un livret, il résolut de tirer de lui-même le poème et la musique : il avait reçu une bonne éducation littéraire, il savait écrire, il savait faire les vers. Il choisit dans Shakspeare le drame de *Cymbeline*, qui est un opéra tout fait, plein de situations tendres et puissantes, où toutes les passions parlent et agissent. Il lui donna le nom d'*Imogène*, qui est celui de l'héroïne, et il se mit à l'œuvre.

Le lien qui les unissait s'en trouva resserré; car sans les enlever l'un à l'autre, ce travail vint occuper les heures où Armande, pour ses devoirs de femme et de maîtresse de maison, devait le laisser seul.

Aussitôt qu'elle avait mis en ordre sa chambre, ce qui était sa grande coquetterie, lorsqu'elle avait fait sa toilette, lorsqu'elle avait ordonné le dîner, elle allait vite le rejoindre.

Avec mille précautions elle ouvrait la porte.

— Es-tu content, trouves-tu? disait-elle, lorsqu'il levait les yeux.

Et, s'accoudant sur le piano, elle le priait de lire les vers qu'il venait d'écrire, ou de jouer ce qu'il venait de composer.

Les heures pour eux s'écoulaient si remplies que le soir les surprenait toujours, ils n'avaient jamais réalisé les projets formés le matin. Il leur semblait qu'ils n'auraient jamais assez de temps pour leur bonheur, ni assez de mémoire pour leurs heureux souvenirs.

Ils avaient bien d'autres affaires plus attrayantes que d'aller s'enfermer dans un théâtre sous les regards de la foule curieuse? Qu'y chercheraient-ils d'ailleurs? La gaieté? mais leur âme était bien trop profondément attendrie pour comprendre la charge ou la plaisanterie. La passion! mais quel amour ne leur paraîtrait point froid ou faux en le comparant à celui qu'ils se sentaient au cœur! Quels plaisirs vaudraient pour eux leurs causeries, leurs jeux, leurs lectures?

Leur ami Martel, une fois par semaine, venait rompre ce tête-à-tête, et, pour lui seul, ils se départaient de la règle d'isolement que leur bonheur égoïste avait faite si rigoureuse. Martel! ce n'était personne, c'était un confident; devant lui on pouvait causer librement; sa venue était plutôt une excitation qu'une entrave ; elle était un prétexte à fêtes, à surprises.

Chacun mettait le nom de Martel en avant, mais ce n'était pas précisément pour la plus grande joie de son ami que Maurice demandait à Armande une toilette plus soignée; et ce n'était point non plus absolument pour son hôte que celle-ci voulait aider Marie-Ange, et préparer elle-même un de ces plats d'entremets ou de dessert dont elle savait Maurice friand.

Dans cet intérieur si étroitement fermé, Martel apportait les bruits du monde, les histoires de la semaine, mais c'était seulement pendant les premiers moments de son arrivée qu'on l'interrogeait et qu'on l'écoutait.

— Ah çà! voyons, voulez-vous que je m'en aille? s'écriait-il. Comment! voilà une histoire charmante que je me conte à moi-même depuis un quart d'heure, et vous êtes là à vous faire des mines, à vous frôler les mains en prenant les assiettes, sans me dire que vous ne m'écoutez pas!

Le dîner achevé, on causait à cœur ouvert, on faisait des projets d'avenir, on se soumettait les brillants châteaux en Espagne que l'amitié ou l'amour savent bâtir avec une si fertile facilité.

A minuit on se séparait; par les Champs-Élysées, déserts, Martel s'en revenait chez lui et dès le bas de son escalier il entendait son chien qui soufflait bruyamment sous la porte en étouffant des petits cris de joie.

Travaillant continuement, Maurice eut bientôt un ensemble présentable, et, avant d'aller plus loin, il voulut consulter Martel. Il avait en lui une confiance absolue; plus d'une fois il avait éprouvé son intelligence droite, son jugement hardi et sûr, et il savait que si sa parole était parfois franchement cruelle, elle était en même temps salutaire, comme le couteau du chirurgien. Donc un soir, après dîner, on passa au salon, où les lampes et les bougies étaient allumées comme pour une fête, et Maurice se mit au piano.

Martel écouta, comme on écoute ses amis, avec crainte et avec espérance.

— Eh bien? fit timidement Maurice lorsqu'il eut fini.

— Eh bien? fit orgueilleusement Armande en même temps.

— Eh bien, je trouve ça original et neuf. Si le reste vaut ce commencement, nous aurons un splendide succès ou une chute éclatante, mais pas un de ces débuts honorables qui forcent de recommencer dix fois.

Lorsqu'il fut seul avec Maurice qui, ce jour-là, contrairement à la coutume, voulut le reconduire, il revint un peu sur cette première opinion.

— Maintenant, nous pouvons nous expliquer franchement : Ta femme t'aime avec une telle exaltation que tantôt je n'ai pas voulu mêler la plus petite goutte de vinaigre au miel que je t'ai servi. Ta musique, elle l'a écoutée dans mes yeux, tâchant de surprendre mes sensations à mesure qu'elles naissaient, et à trois reprises, quand elle m'a pris à part, il a fallu lui jurer que c'était vraiment très beau.

— C'est mauvais?

— Non, je ne retire aucun de mes éloges, seulement j'y mêle une critique : je trouve que tu as trop obéi à des préoccupations littéraires. A mon sens la musique commence là où la littérature finit. Je n'admets donc point que la littérature complète la musique ; au contraire. Tu sais aussi bien que moi qu'une expression n'est belle, qu'un effet n'est puissant qu'à la condition d'être rigoureusement vrais; or ce qui est vrai en musique, je parle de l'exécution, n'est pas vrai en peinture, ni en littérature, ni en philosophie. Garde-toi donc du symbole, garde-toi, surtout garde-toi de l'esprit critique. Je sais qu'en allant de ce côté tu as cédé à un besoin de trouver du neuf; et c'est justement contre ce besoin qui a déjà si malheureusement dirigé ta vie, que je voudrais te prévenir. Tu as de par la nature tout ce qu'il faut pour réussir; réussis tout bêtement sans te dire d'avance : je réussirai par ceci et par cela; ne t'embarrasse point de systèmes qui gêneraient ta marche au lieu de l'aider. Mais le vent d'ouest souffle dans sa trompe, je vais être mouillé comme un sergent de ville ; adieu. Toi-même regagne vite ta cage.

— La blâmes-tu aussi, ma cage ? y vois-tu un système ?

— Oui, un bon. Tu t'enfermes pour être heureux; j'approuve ce système cellulaire appliqué à l'art et à l'amour; seulement tu sais que tes amis commencent à murmurer. Ayant Armande à ton bras, tu en as rencontré plusieurs et tu as détourné la tête pour ne point les aborder; ils sont furieux. Les plus charitables disent que ta femme est stupide et que tu n'oses la faire connaître; les autres que tu n'es point marié et que tu as séduit ta sœur. Laisse-les crier. Quand tu seras pour faire jouer *Imogène*, tu leur donneras deux ou trois bonnes pâtées, et avant qu'ils n'aient essuyé leur bouche ton succès sera enlevé.

Maurice, comme tous ceux qui croient beaucoup en eux, avait un immense besoin d'approbation; c'était une excuse pour son orgueil, une consécration pour son sentiment intérieur; les éloges et les conseils de Martel fouettèrent son activité.

VII

Ils eurent alors dans leur vie un moment d'une enivrante douceur : leurs cœurs chantaient à l'unisson et, jouissant du présent, confiants dans l'avenir, ingénieux à se rendre heureux, attentifs à se faire mille surprises, ils cherchèrent à se payer en bonheur ce que mutuellement l'un pour l'autre ils ressentaient de reconnaissance.

Dans ce ciel si parfaitement radieux, un point noir se montra bientôt : Armande se sentit souffrante; sans être positivement malade, elle éprouva des dérangements dans l'appétit, des lassitudes, des étouffements, des douleurs de dents, des maux de gorge.

M. Michon, sans se montrer bien effrayé de ces symptômes, répondit qu'on consultât Carbonneau.

— Eh bien, fit celui-ci lorsque Maurice lui eut expliqué ses craintes, pourquoi cette mine peureuse ? Je crois qu'au lieu de vous désoler, il faut vous réjouir. Si vous avez souhaité un enfant, vos souhaits me paraissent accomplis. J'irai chez vous demain, et me prononcerai formellement.

Il vint : l'examen justifia les espérances qu'il avait données : Armande était enceinte.

Cette nouvelle causa à Maurice des frémissements d'orgueil, à Armande un étonnement douloureux.

Elle avait toujours aimé les enfants ; et, songeant avec Maurice au moment où elle serait mère, elle avait cru qu'alors elle ressentirait une secousse profonde, un envahissement délicieux, un dédoublement de son être. Quelle fut sa surprise de ne ressentir qu'une inquiétude vague ! A la déclaration de Carbonneau, son cœur s'était empli de joie : lorsqu'elle s'interrogea, lorsqu'elle chercha en elle un changement, quelque chose de réel, le corps pour ainsi dire de cette joie qui s'était si tôt évaporée, rien ne se leva, rien ne répondit. Dans sa tête, il y avait une tendresse confuse toute d'avenir ; dans ses entrailles il n'y avait rien. Elle crut que Carbonneau s'était trompé ; mais ces velléités de révolte ne purent pas tenir contre l'évidence. Et Maurice qui était si heureux ! Il était donc moins égoïste qu'elle ! Le remords la prit de se trouver si peu mère ; elle se mit à s'étudier, à s'observer, honteuse d'elle-même. Elle avait d'ailleurs l'espérance que cette explosion elle la sentirait au moins en même temps que les mouvements de son enfant.

Avant d'en arriver là, elle eut à supporter les fatigues d'une grossesse douloureuse, des nausées, des syncopes et surtout une perversion de goût qui, plus que tout le reste, la désola. Un jour, passant avec Maurice dans une petite ruelle, elle vit une femme et une petite fille qui vendaient des légumes sous un mauvais parapluie de toile peinte fiché entre deux pavés. La femme était vieille et repoussante, la petite fille était louche, barbouillée, mal peignée, sale et malingre ; les légumes, par un jour de pluie, avaient traîné sur le carreau des halles.

— Il y a des pauvres gens qui pourtant mangeront ça, dit Maurice en lui montrant cet amas ignoble de choses sans nom.

Elle détourna les yeux, une odeur de choux pourris l'avait prise à la gorge et son cœur se soulevait.

Quelques heures après, l'image de cette petite fille lui revint attrayante ; avec délices elle se rappela des petits tas de pommes meurtries quoique vertes, empilées sur une planche à côté de morceaux de fromage. Elle en rêva. Le lendemain en cachette elle y courut. Elle prit la petite fille dans ses bras, l'embrassa, lui fit mille caresses, et ayant empli sa poche de pommes, elle s'en revint les dévorant à pleines dents. Pendant un mois ce fut tous les jours ainsi; elle était honteuse; mais elle ne pouvait résister; chaque soir elle promettait à Maurice de ne plus revoir son petit monstre, et chaque matin elle ne pensait qu'à s'échapper. Sans l'horreur qu'il éprouvait pour cet avorton, elle l'eût amené et installé chez elle.

Le moment qu'elle attendait si impatiemment arriva : elle sentit son enfant; mais ce fut seulement trois jours après et sur les explications de Carbonneau qu'elle comprit que cette sensation, comparée par elle-même à celle qu'eût produite la patte d'une araignée, c'étaient là les mouvements de son enfant pour la première fois manifestant sa vie.

Il ne lui resta plus qu'un espoir : la délivrance. De nouveau elle attendit; plus doucement, cette fois, cependant, car, dans son cœur, l'idée d'enfant avait déjà pris corps : ce qu'elle éprouvait, ce n'était point cette passion qui transporte les montagnes, c'était une curiosité émue, un sentiment de tendresse qui l'enveloppait tout entière : elle le voyait; ce serait un fils; il aurait des cheveux; ils seraient noirs; elle embrassait ses petits pieds roses.

Maurice était loin de deviner ce qui se passait en elle; plus d'une fois il s'était inquiété de sa tristesse, mais il l'avait attribuée à son état de souffrance sans jamais en soupçonner la vraie cause; il était d'ailleurs si doucement ému lorsqu'il la regardait venir à lui, à pas brisés, les genoux fléchissants, s'appuyant aux objets et aux meubles qu'elle rencontrait sur son passage, qu'il ne voyait et ne cherchait rien au delà. Alanguie et pâlie, elle avait une grâce qui le pénétrait; et le soir, lorsqu'il la contemplait dans ses vêtements amples à la taille, étendue, faible et courbaturée, les yeux ardents, les paupières bistrées, mais belle de cette beauté que donne la plénitude des contours, saisi d'admiration, les yeux mouillés de larmes, il se mettait à genoux devant elle et restait longtemps sans rien dire, perdu dans une grave admiration, dans une inexprimable gratitude.

Pour être toujours près d'elle, il ne travaillait plus que quelques heures le matin, et comme, par le seul fait de la grossesse, toutes leurs habitudes avaient été changées, il la forçait à rester assez tard au lit; puis, le déjeuner fini, il la forçait aussi à marcher et à sortir.

La saison commençait à être moins mauvaise; il y avait de belles journées; le gazon verdissait; les bourgeons des plantes printanières se gonflaient de sève. On voyait sous les feuilles desséchées de l'année précédente fleurir les violettes, les primevères, les pervenches; des papillons fauves se montraient quelquefois; les lilas déplissaient timidement leurs feuilles, les marronniers enduisaient leurs écailles d'une résine visqueuse et parfumée. Elle s'appuyait sur son bras, et à petits pas, ils se promenaient dans le jardin; ils écoutaient les oiseaux qui s'essayaient à chanter; ils regardaient les plantes qui revenaient à la vie; ils suivaient les insectes qui abandonnaient leur abri et cherchaient quelque muraille, quelque pierre chaudement exposée.

Quand elle se croyait vaillante et forte, ils gagnaient, par les Champs-Élysées, les Tuileries. Entre le château et les beaux quinconces de marronniers, il est une allée où, au milieu des cordes, des balles et des cerceaux, court, s'agite et crie tout un monde d'enfants; des deux côtés, contre les grilles qui ferment les parterres, s'alignent bonnes et nourrices; Normandes aux bonnets échafaudés sur des carcasses de carton; Bourguignonnes rondelettes et sanguines; Picardes à l'épaisse encolure; mulâtresses aux foulards voyants; les mères causent entre elles; et les jeunes se livrent orgueilleusement aux soins de la maternité, qui sont élégants. C'était là qu'ils venaient s'asseoir.

Elle s'intéressait aux jeux de ces enfants, elle étudiait leurs attitudes, leurs bégaiements, elle regardait les nourrices emmailloter les marmots, et s'apprenait ainsi à être mère.

Rentrée chez elle, elle s'amusait à tailler et à coudre la layette.

— Comment, disait-elle, montrant à Maurice un petit béguin de toile, il aura la tête si grosse que ça?

— Il ou elle?

— Il, je veux un garçon.

Ce fut pour elle un grand plaisir que ce travail. Sa pensée, toujours tendue sur le même sujet, avait fini par s'en imprégner si fortement que ce qui avait été d'abord purement imaginatif était devenu presque matériel. Sous les chemises-brassières qu'elle cousait, il y avait pour elle une petite poitrine blanche et potelée, et elle les piquait doucement, presque avec précaution, comme si sous la toile l'aiguille allait érafler la chair.

Maurice, ordinairement, restait auprès d'elle. A mesure que le temps s'écoulait, elle lui devenait plus chère; mais à mesure aussi, pour elle il était saisi d'inquiétude et d'appréhension. Elle allait, sans qu'il pût la défendre ou la secourir, tomber sous l'inflexible puissance de la fatalité, mystère terrible qui le pénétrait de crainte et d'attendrissement. Il voulut le sonder, par l'étude et la pensée, le souffrir lui-même. Il demanda à Carbonneau les ouvrages qui pouvaient l'éclairer, et il se plongea dans les atlas de Jacob, de Coste, dans les livres de Baudeloque, de Velpeau.

M. Michon avait longtemps hésité s'il ne ferait point venir ses enfants à Plaurach; la crainte que le souvenir d'Audren au pays même où il était mort ne frappât trop vivement Armande, la crainte aussi de n'avoir point pour le seconder un médecin habile et sûr, l'avait fait renoncer à ce projet; il préféra venir à Paris, où il arriva un mois avant le terme prévu.

Maurice, tous les deux jours, lui avait envoyé un journal de la santé d'Armande; et à l'avance, sur ses indications, toutes les précautions avaient été prises, toutes les questions résolues, à l'exception d'une seule cependant à laquelle il attachait une haute importance, celle de l'allaitement, qu'il voulait traiter de vive voix et décider après examen. Le lendemain il l'aborda :

— Voyons, mes enfants, que décidez-vous pour l'allaitement de l'enfant? Toi, Armande?

— Le nourrir moi-même.

— Toi, Maurice?

— Qu'elle le nourrisse.

— Et toi, grand-père? demanda Armande.

— Que tu le nourrisses, parbleu ; mais ce que nous désirons tous ne doit pas être décidé à la légère. Une femme qui allaite est bien peu femme, mon cher Maurice; il faut que tu le saches, c'est une mère. Aimes-tu assez Armande pour la prêter quinze mois à ton enfant, ou plutôt ne l'aimes-tu pas trop? Tu acceptes ce sacrifice, tu te sens la force de n'être jamais jaloux de la chère créature, de ne point te dépiter contre elle, c'est parfait! C'est un point de coulé à fond; à un autre. Une femme qui allaite à Paris n'en souffre pas trop, mais par des causes trop longues à vous expliquer, son enfant s'en trouve mal, il subit mille influences débilitantes, et devient un vrai Parisien ; or, si le Parisien est doué d'une remarquable intelligence, vous conviendrez qu'il est par contre affligé d'une pauvre complexion nerveuse, irritable ; l'allaitement a besoin de se faire à la campagne ; voudrez-vous, pourrez-vous passer six ou huit mois à Plaurach?

Armande et Maurice se regardèrent assez longtemps, puis d'une même voix :

— Nous les passerons.

— Tout est pour le mieux. Le dernier point, nous le déciderons plus tard, suivant l'état de la mère; et il sera toujours temps, puisque ni vous ni moi ne voulons de nourrice.

VIII

Le moment décisif arriva. Un soir, quelques heures après le dîner, Armande se plaignit de frisson. Depuis deux jours elle ne sentait plus son enfant.

Elle l'avait approchée de son sein, et la petite créature de ses lèvres et de ses mains s'y était attachée. (p. 293).

H. MALOT. — VICTIMES D'AMOUR.   LIV. **37**

— Cours vite chez Carbonneau, dit M. Michon, amène-le !

Une demi-heure après la rampe de l'escalier résonna dans la maison silencieuse : c'était Maurice qui s'élançait de quatre en quatre marches. Il était seul, Carbonneau, sorti, ne rentrerait que dans une heure.

Ce retard était sans importance; le claquement de dents était passé; seul le frisson subsistait encore; il tenait à une cause plutôt morale que physique : la peur. En ressentant la première douleur, en voyant surtout l'émotion de son grand-père et de son mari, Armande avait été saisie d'une frayeur vague, d'un anéantissement de volonté :

— Ce n'est pas pour aujourd'hui, n'est-ce pas grand-père? disait-elle.

M. Michon et Maurice, tout aussi tremblants qu'elle, essayaient de la rassurer lorsque Carbonneau entra.

— Nous y voilà donc, dit-il avec une douce bonhomie; allons, ne nous effrayons pas : ce n'est pas si terrible que diable !

Puis, s'adressant à M. Michon :

— Tous les préparatifs sont faits, n'est-ce pas, maître? Ah ! oui, je vois. Maintenant voulez-vous me laisser seul avec ma gentille malade, qui n'est pas bien malade ?

Comme Maurice ne paraissait point disposé à sortir :

— Suivez grand-père, mon cher ami, vous n'avez que faire ici.

— N'aie pas peur, ma petite Armande, dit M. Michon en l'embrassant, un médecin ce n'est pas un homme, il sera bien doux pour toi.

Ils sortirent tous deux et allèrent dans un petit salon qui joignait immédiatement la chambre.

— Carbonneau a raison, disait M. Michon, nous serions une cause d'embarras pour lui; il est vrai que moi je pourrais l'aider. Mais ma présence gênerait et paralyserait Armande, la tienne l'effrayerait, car, bien sûr, tu ne conserverais pas ton sang-froid. Il vaut mieux qu'ils soient seuls.

Ici un cri, partant de la chambre, les interrompit brusquement; presque aussitôt Carbonneau vint les rejoindre :

— C'est bien pour aujourd'hui, dit-il ; mais nous avons encore le temps. Pauvre père, quelle mine vous avez ! et vous, jeune mari ! Heureusement que je ne vous ai pas près de moi, elle se croirait morte. Vous me ferez le plaisir, quand elle viendra par ici, d'avaler votre émotion, et de lui montrer un visage souriant. Je vais distraire son esprit inquiet, et lui voler le temps en la priant de m'aider dans tous nos préparatifs. Pour vous, cher maître, veuillez vous occuper de ceux qu'elle ne doit pas voir.

On était au milieu de la nuit; le silence avait succédé aux bruits du jour ; le ciel était étoilé et il ne faisait pas un souffle de vent. Sur la table à laquelle M. Michon et Maurice s'accoudaient était posée une lampe. Ils restèrent là immobiles, suant d'inaction et d'impatience, écoutant malgré eux les bruits qui venaient de la chambre, se levant, marchant, s'arrêtant à la fenêtre, se collant à la vitre et regardant sans les voir les silhouettes dures et noires des arbres du jardin.

Pour s'arracher aux angoisses qui les étouffaient, pour ne pas écouter, pour ne pas entendre, M. Michon racontait à Maurice, les accouchements heureux qu'il se rappelait ; mais, en cherchant à le rassurer ainsi, il lui venait de tristes et lugubres souvenirs ; il se gardait bien de les communiquer, ils ne l'en oppressaient que plus vivement, et quand un gémissement, un cri plus fort que les autres, venait les soulever sur leurs chaises, ils se regardaient tous deux pâles et frémissants.

De temps en temps Marie-Ange entrait sous prétexte d'arranger le berceau, de disposer les dernières pièces de la layette, en réalité pour savoir des nouvelles de sa maîtresse.

Vingt fois par heure Maurice se levait et allait à la porte de la chambre.

— Je vais appeler M. Carbonneau, disait-il.

— Non, il ne faut pas le déranger, vois-tu.

Et M. Michon se mettait à lui faire des discours sur le rôle du médecin, sur le calme, la tranquillité qu'il fallait lui laisser ; bientôt il était le premier à ne pouvoir se retenir, et, frappant discrètement deux petits coups à la porte : Carbonneau ? Carbonneau ? disait-il d'une voix qu'il tentait de rendre assurée.

Carbonneau paraissait ; il l'interrogeait, et, sous des termes scientifiques il essayait de dissimuler les mots rapides et tendres qui lui montaient du cœur. Carbonneau ne s'y trompait pas ; avec des détails techniques il le rassurait, surtout avec de douces paroles. Souvent même, de son propre mouvement, dans des intervalles de repos ou même de sommeil, il venait leur rendre compte de ce qui se passait. Il restait dans le cadre de la porte, et, s'appuyant contre le chambranle, il était en même temps dans la chambre et dans le salon. Il produisait, ainsi posé, éclairé par la lumière de la lampe et du feu, un effet presque fantastique : il avait ôté son habit, — et il l'avait remplacé par un grand tablier blanc qui augmentait encore sa haute stature ; avec cela plein d'aisance, d'assurance, si bien maître de lui qu'il paraissait maître aussi de la nature. Lorsqu'il les voyait trop anxieux et que les circonstances le permettaient :

— Allons, disait-il, je vais vous l'amener, pas de sensibilité, rien qui l'inquiète ou l'abatte.

Il l'enlaçait dans son bras et doucement il l'amenait.

Comme elle était pâle, brisée, échevelée, se soutenant à peine.

— Oh ! grand-père, grand-père ! murmurait-elle.

Vers trois heures, un coup de sonnette résolu ébranla la maison. C'était le secrétaire de Carbonneau qui accourait le chercher : la princesse de Coye, une de ses plus riches clientes, venait d'être prise des douleurs de l'enfantement ; elle le voulait, elle ne voulait que lui.

Mais lui :

— Vous direz à la princesse que Carbonneau paye une dette de cœur, et que, si elle veut absolument être accouchée par lui, elle attende à demain.

Bientôt la lumière de la lampe pâlit et les vitres blanchirent : c'était le jour ; une teinte rouge montait au ciel ; dans le jardin, les oiseaux commencèrent à chanter.

A ce moment, Carbonneau revint dans le cabinet de travail où M. Michon et Maurice étaient, frissonnants du froid du matin, livides des tourments de la nuit.

— Je voudrais bien une tasse de café au lait, dit-il, ou plutôt deux, une solide pour moi, une légère pour ma petite patiente. Elle croit qu'elle a éprouvé toutes les souffrances ; elle va bientôt voir qu'il lui en reste de nouvelles : il faut qu'elle prenne des forces.

On apporta le café, Armande était dans un moment de calme, Carbonneau permit qu'on vînt près d'elle, elle était sur ce petit lit que les médecins ont si justement nommé lit de misère.

— Là, dit Carbonneau, nous allons faire tous les deux une petite dînette.

Comme M. Michon et Maurice, après l'avoir réconfortée, allaient la quitter :

— Maurice ! fit-elle doucement.

Il revint près d'elle.

— Embrasse-moi, dit-elle.

— Carbonneau ne les avait pas trompés : il lui restait de nouvelles souffrances à connaître ; ils s'aperçurent bientôt aux cris et aux gémissements qui devinrent plus violents.

Au milieu d'une de ces crises, Martel se présenta ; il ne savait rien de l'accouchement, mais comme la veille on le prévoyait proche, il venait voir.

M. Michon et Maurice n'avaient pas de mots pour se dire leurs angoisses : ils se parlaient par signe. Parfois ils se prenaient la main, et tant que se prolongeait le cri, ils se la serraient à faire mal comme pour s'encourager.

Les cris ne furent plus des cris, ce fut un râlement. Puis il y en eut un nouveau cri, aigu, déchirant et qui n'avait rien d'humain ; puis ils entendirent un petit vagissement pareil au miaulement d'un chat ; puis presqu'en même temps, la voix de Carbonneau qui criait :

— Entrez.

D'un bond ils furent dans la chambre.

— Une fille! dit Carbonneau, la levant dans ses bras, à vous l'enfant, maître.

Il le donna à M. Michon.

Maurice s'était approché d'Armande.

— Ne lui dites rien, ne la troublez pas, continua Carbonneau.

Sur son petit lit elle était allongée ; ses membres tressautaient ; ses dents claquaient ; dans ses paupières mi-closes on ne voyait que le blanc de ses yeux ; sur son visage coulaient des pleurs.

Après cette terrible crise elle dormit huit heures sans s'éveiller. Lorsqu'elle ouvrit les yeux, la nuit s'était faite de nouveau : une lampe, la lumière basse, brûlait sur la cheminée. Elle regarda quelques instants sans voir, sans comprendre, ne se reconnaissant pas elle-même ; mais rencontrant une main qui se posait sur le drap :

— C'est toi, dit-elle, et notre enfant?

— Il est là, il dort.

— Et grand-père.

— Il est couché ; il était brisé de fatigue, je l'ai forcé à prendre du repos.

— Et toi, tu as voulu me veiller ; comme j'ai souffert! Tu m'entendais, comme tu as dû souffrir aussi !

Puis, changeant de sujet et revenant à celui qui la préoccupait le plus tendrement :

— Ça ne lui fera pas de mal de la réveiller. Apporte-la moi!

Il résista un peu ; mais il finit bientôt par aller chercher l'enfant qui dormait dans son petit berceau rose et blanc.

— Embrasse-la donc. Si tu voulais?

— Quoi?

— Je lui donnerais le sein.

Il voulut prouver que c'était peut-être une imprudence ; mais comment?

Elle l'avait approchée de son sein, et la petite créature de ses lèvres et de ses mains s'y était attachée. Elle tétait!

Ce fut la secousse qu'Armande avait si longtemps attendue, l'explosion de la maternité.

Sa joie fut si envahissante, qu'elle ne put retenir un cri, cri de triomphe et de bonheur, cette fois, qui, de sa gorge déchirée, s'échappa éclatant.

A ce cri, M. Michon, qui était dans la pièce voisine et ne dormait pas, accourut.

Mais sur le seuil de la porte il s'arrêta.

Armande serrait son enfant contre elle ; Maurice les tenait toutes deux dans ses bras.

Il les regarda un moment confondu dans une même étreinte ; puis, faisant quelques pas dans la chambre :

— Eh bien, dit-il, et votre vieux père ?

CHAPITRE II

TROP

I

Lorsqu'ils revinrent à Paris ils ne reprirent point leurs habitudes d'autrefois. Presque deux années s'étaient écoulées depuis qu'ils s'aimaient, ils avaient maintenant bien d'autres soucis qu'eux-mêmes et leur amour. Armande avait sa fille qui réclamait ses soins.

Maurice avait son opéra achevé dans la solitude de la vie de campagne, qu'il fallait faire représenter; c'est-à-dire que pour lui le plaisir avait cessé et que la peine commençait. Il avait, il est vrai, quelques amis influents qui pouvaient lui épargner les premiers dégoûts, lui ouvrir les premières portes; mais ces amis, il devait avant tout les décider à abandonner leurs propres affaires pour s'occuper de la sienne, et il y avait dans cette tâche, en courses, en démarches, en obsessions, de quoi prendre tout son temps; en combinaisons et en expédients, de quoi absorber toutes ses pensées.

II

Celui de ses amis qu'il comptait mettre en avant pour appeler l'attention était un journaliste, directeur et rédacteur de la *Presse musicale*.

Dans le monde des artistes, Liénard avait la réputation d'être un bon garçon. Comment l'avait-il conquise? c'est ce que personne n'aurait pu expliquer; peut-être la devait-il pour beaucoup à son absence complète de toute autre réputation, peut-être à son esprit qui était fertile en drôleries, peut-être à son air blondasse et grassouillet, peut-être à son abord ouvert et engageant. De vrai il était égoïste, dur, méprisant, envieux parce qu'il n'était rien, avide de tout parce qu'il était dévoré de besoins. Quoiqu'il parût toujours dispos et bienveillant, il ne disait et ne faisait rien s'il n'y avait un intérêt propre. Avec cela admirateur quand même, louangeur jusqu'à devenir le personnage qu'il voulait; sous une feinte indifférence personnelle il savait très habilement mettre à profit les avantages que son adresse, continuellement en quête, faisait lever. Depuis longtemps il n'avait plus le dégoût d'aucun bourbier, plaisantant lui-même ce qu'il appelait sa vaccine morale; d'un ton agréable et enjoué, il vous faisait des confidences les plus honteuses; il vous soutenait des théories les plus cyniques, sachant bien que le contraste entre ses paroles effrontées et ses manières doucereuses empêcherait qu'on le crût, et qu'au lieu de franchise ce serait de fanfaronnade qu'on l'accuserait. Ses vingt années de journalisme parisien lui avaient créé de nombreuses relations et une certaine notoriété, elles ne lui avaient mérité ni solides amitiés, ni véritable autorité. Du reste, homme d'adresse, d'intrigue, d'intelligence, il était incapable d'un travail lent et continu; jamais il n'avait pu aller plus loin que l'article de journal, et quand il avait fait de la critique, sachant que l'originalité, l'invention et la juste mesure sont de mauvais moyens pour réussir promptement, il s'était contenté, dans sa prudente paresse, de vivre sur le fond commun. Comparse de hasard, accepté plutôt que cherché, cent fois il avait roulé dans les fanges de la misère, mais sans se laisser jamais entraîner jusqu'à l'égout. Son dernier plongeon avait été terrible; lui-même s'était cru englouti; cependant il avait été sauvé. Un chanteur vieilli, qui avait plus d'argent que de talent lui avait tendu la main et lui avait donné la rédaction de la *Presse musicale* à condition d'être défendu et prôné quand même. Une fois remonté, souriant et accueillant comme par le passé, mais au fond du cœur plus enragé que jamais, Liénard s'était juré de ne reculer devant aucune besogne, devant aucune haine à servir : il avait quarante ans, l'âge critique de la probité; sa misère cessait d'être un agréable complément de la jeunesse; elle devenait un vice pour ceux qui en étaient témoins, un cancer pour son propre cœur.

C'était au temps de ses débuts que Maurice avait fait une sorte d'amitié avec Liénard. Lorsqu'il eut besoin de lui, il se rappela cette amitié. Par expérience, il le savait très sensible à un bon dîner : il l'invita; celui-ci n'eut garde de refuser.

Armande ne se plaignit pas de cette intrusion : l'intérêt de Maurice n'était il point en jeu, c'est-à-dire son bonheur et sa gloire ?

Ce fut cette considération qui lui fit cacher, elle franche et de premier mouvement, l'impression assez indéfinissable, mais troublante et pénible que Liénard, par son ensemble, sa manière d'être, la façon dont il la regarda et lui parla, produisit sur elle.

Mes enfants, cria Liénard, soyons moraux dans nos plaisirs et gardons toujours la feuille de vigne (p. 302).

H. MALOT. — VICTIMES D'AMOUR.

Pour lui, pendant le dîner, il justifia sa réputation de bon garçon ; et quand Maurice, assez embarrassé, lui glissa un mot de ses projets et de ses espérances, sans dissimuler les difficultés qu'il voyait, il se répandit en chaudes promesses :

— Cependant, ajouta-t-il, il ne faut pas se laisser griser, ça sera dur à enlever, une grande machine ; et tu n'es ni étranger ni prince. Tu peux être certain d'avance que tu auras tout le monde contre toi, ceux qui sont établis dans la boutique, et ceux qui veulent y entrer. Oh ! ces jeunes gens qui n'ont jamais eu faim ! Au moins es-tu décidé à tout pour arriver ? Avaleras-tu les rebuffades comme j'avale cette cuillerée de crème ? Mendieras-tu les protections sans cracher à la figure des protecteurs insolents ? Useras-tu patiemment tes culottes dans les antichambres, poli avec les concierges, généreux avec les domestiques, plat avec les secrétaires ? Avant d'entrer, laisseras-tu ta fierté au seuil de toutes les portes ? car tu en es encore à avoir de la fierté, n'est-ce pas ?

— Ah ! monsieur ! interrompit Armande.

— Eh ! madame, continua-t-il, tout ça n'est pas beau, c'est vrai. J'ai connu un homme de talent, et, ce qui est plus rare, de volonté. Eh bien, cet homme, pour arriver à faire jouer une des huit ou dix partitions qu'il avait en portefeuille, est devenu le courtisan du perroquet d'un chanteur influent ; il a appris son nom au perroquet ; le perroquet l'a répété au chanteur cent fois par jour, mais le chanteur n'a jamais *répété* un seul opéra du pauvre diable, qui est maintenant clarinette dans un régiment de ligne. Au reste, ce que j'en dis ce n'est pas pour décourager Berthauld, j'espère bien qu'avec de l'intrigue, du courage, de la chance, surtout de la patience, son affaire marchera. Pour l'intrigue il peut compter sur moi comme sur lui, même mieux, car je n'ai plus de scrupule et j'ai de l'expérience. A vous donc la patience !

Avant de partir le soir il renouvela ses offres de protection :

— Nous te ferons jouer. Tu verras ce que peut un journal bien mené. Tu as une charmante femme, dans deux ans tu auras un nom. Tu n'auras plus qu'à aller droit devant toi par des sentiers fleuris. Ah ! si la vie s'était offerte à moi, facile et abordable, où ne serais-je pas maintenant ? Mais ma première maîtresse a été une fille et mon premier article a paru dans une feuille de chou ; ces deux éclosions de ma virginité ne m'ont guère poétisé à mes propres yeux ; quand j'ai eu une vraie femme, je ne croyais plus à l'amour, comme lorsque j'ai eu un vrai journal je ne croyais plus à la gloire. Heureusement il me reste un honorable appétit, ce qui fait que j'ai encore la reconnaissance du ventre, et celle-là, tu viens de te l'acquérir.

Sur cette belle parole il le quitta ; puis, gagnant les Champs-Élysées, il revint en lui-même au sujet qui, dans ce discours incohérent, était sans doute pour lui le principal.

— C'est vrai qu'elle est charmante sa petite femme, se dit-il, fraîche, naïve. A-t-il de la chance ce matin-là, sans le sou, sans nom! Il l'aime; mais ça ne durera pas. Il n'y aurait qu'à rester là; un beau jour la petite verra que son mari la trompe, et elle se vengera ou se laissera consoler. La maison est bonne, on y mange bien.

Il alluma un cigarre, et, continuant son chemin en lançant des bouffées de fumée :

— C'est honnête, pas exigeant; il n'y a pas de frais à faire, pas de fatigue; ça me mettrait au laitage, et il en est temps : de la vertu, et un tempérament qui s'ignore. Quelle jolie éducation à entreprendre !

Il eut un tressaillement et respira longuement comme un chien qui rencontre une piste.

— A son âge, neuve comme elle est, elle serait heureuse d'un rien; elle jouirait de tout, on jouirait de ses plaisirs. Elle vous aimerait assez, sans vous aimer trop. Si elle devenait gênante, on pourrait la lâcher; elle a un enfant, elle se consolerait et ne vous embarrasserait pas de sa fidélité. Décidément, il faudra voir; pour le moment, il n'y a qu'à s'en remettre aux hasards de la vie et aux ennuis du mariage. J'y retournerai.

Il y retourna une fois, puis une autre, et bientôt il y dîna un jour la semaine.

III

Ainsi se trouva entamée leur solitude à deux : ce fut le commencement d'une autre vie, avec des habitudes et des exigences nouvelles.

Armande ne fut point seule à souffrir de ce changement, il atteignit aussi Martel. Sans être jaloux de ses amis et les vouloir exclusivement pour lui, il supporta avec peine l'envahissante intimité de ce nouveau venu. Il le connaissait; à son assiduité dans ce jeune ménage, il ne put point attribuer des causes désintéressées. Pour quoi, pour qui venait-il? Il eut peur et sentit leur bonheur menacé.

Trop fin pour ne pas deviner cette inimitié, Liénard était trop habile pour laisser voir qu'il en était inquiet; aussi se montra-t-il pour Martel plein de bonhomie.

A l'égard d'Armande, il se tint toujours entre la politesse et la tendresse.

A l'égard de Maurice, il fut parfait de complaisance : il parla de lui dans chacun des numéros de son journal, adjurant les directeurs d'ouvrir leurs portes à une œuvre qui arracherait le théâtre aux maîtres étrangers.

Pendant deux mois ce fut un feu continu. Il s'agissait de la gloire de la France, de la musique nationale, de l'avenir des jeunes compositeurs. D'une question personnelle il avait fait une question générale, et sur *Imogène* établi une polémique qui pouvait durer éternellement.

Pour profiter de ce tapage, Maurice s'occupa de mener à l'attaque ses amis influents; mais le métier de solliciteur, les déboires et les blessures d'amour-propre que, le sourire aux lèvres, il dut endurer, le jetèrent bientôt dans un état d'irritation qui se manifesta tantôt par une exaltation fiévreuse, tantôt par un abattement maussade.

Tant que les feuilles de rose sur lesquelles il avait couché ses amours n'avaient point formé le plus léger pli, il s'était naturellement montré, dans son intérieur, tendre et facile, c'est-à-dire tel que le bonheur le faisait; descendu de son lit dans la vie positive et entré dans la lutte, il se montra, tout aussi naturellement, irritable jusqu'à la dureté, exigeant jusqu'à l'injustice, c'est-à-dire tel qu'il était sous la pression des circonstances présentes.

— Vois-tu, dit-il à sa femme, lorsque je reviens ici, la régularité de nos habitudes, au lieu de me reposer, m'irrite, c'est comme le froid d'une église qui tombe sur les épaules d'un homme en sueur. J'aurais besoin de distractions, de quelque chose d'imprévu qui pût m'arracher à moi-même et me faire oublier mes ennuis. Il y a des jours où je voudrais voyager, courir le monde. Il y en a d'autres où je voudrais des émotions, n'importe lesquelles, bonnes ou mauvaises, qui me missent du sang jeune dans les veines, des idées nouvelles dans le cerveau, tandis que, restant là en tête à tête, je retombe toujours sur moi-même, où ce qui est pire, sur toi. Et comme tu es fatiguée par Victorine, tu te trouves en mauvaise disposition pour me supporter maussade. Nous arrivons à des scènes pénibles. Elles le sont pour toi, je le veux bien, pour moi plus encore; car, au lieu d'un cœur qui, tout en partageant intérieurement mes déceptions, prenne la force de me consoler, on m'offre des larmes.

— Que veux-tu donc? demanda-t-elle, interrompant ce discours aussi nouveau pour elle qu'incompréhensible.

— Que nous ne nous limaçonnions point dans notre coquille. J'en ai assez de cette existence de marmotte. Puisque je ne peux pas travailler, passons nos jours d'attente à nous distraire. Ça te sera aussi utile qu'à moi, car tu tournes trop à la mère nourrice. Fais ton enfant belle pour toi, je le comprends, mais au moins fais-toi belle toi-même pour ton mari. Pourquoi ne t'habilles-tu plus?

— Une femme qui nourrit.

— Tu as de belles épaules, je veux que tu les montres ; si Victorine te gêne, sèvre-la. Il me semble qu'il en est temps.

Dans son amour pour son mari, elle en était à cette période heureuse où les coups ne font point de meurtrissures. Ses larmes séchées, elle ne se souvint plus d'avoir pleuré. Au lieu de chercher quel sentiment pouvait rendre ces paroles cruelles, dans une bouche naguère si tendre, elle ne pensa qu'à leur trouver des explications.

Et facilement elle en trouva.

IV

Il fut bientôt de règle qu'on ne passerait plus une seule soirée à la maison.

Et comme ils n'avaient que de rares relations, comme ils n'étaient point du monde, ils s'adressèrent aux distractions qui s'offrent aux désœuvrés et aux étrangers.

Le luxe et la bonne table des restaurants n'avaient rien pour plaire à Armande ; pas plus que les spectacles de tout genre où ils allaient achever leurs soirées, n'avaient rien pour la séduire.

Pendant qu'elle écoutait en rougissant des drôleries ordurières, elle songeait bien souvent que, pour ces plaisirs, elle avait délaissé sa fille. Alors l'inquiétude et le remords la prenaient. Le lait lui montait à la gorge. Elle étouffait. Comme elle eût voulu la rejoindre, lui donner son pauvre sein endolori ; à force de caresses se faire pardonner son abandon ; à force de fatigues et de dévouement se le pardonner elle-même !

Il fallait qu'elle eût là sous les yeux Maurice riant et s'amusant, pour qu'elle trouvât la force d'attendre sans rien dire.

Cependant il lui fut tout à fait impossible de se faire à cette vie de convention où on l'entraînait ; elle ne put pas même en prendre le ton.

Elle avait la religion de la famille, elle fut choquée et inquiétée des mœurs étranges, des habitudes de Bohême qu'elle découvrit chez quelques-uns des amis que Maurice retrouva dans ce monde.

Honnête de cœur et d'esprit, elle ne sut point écouter en riant les histoires risquées qu'on raconta quelquefois devant elle ; et sans aller jusqu'à s'en fâcher, elle laissa voir une rougeur qui put passer pour de la bégueulerie.

Élégante et distinguée, elle n'avait point dans les manières et la mise cette hardiesse qui est toute parisienne ; et, autant par timidité que par embarras, elle garda toujours une certaine roideur qui put paraître de la gaucherie.

Ces défauts, si défauts il y avait, devaient, sur une nature comme celle de Maurice et dans les conditions où il était, produire une pénible impression. Tant qu'il se persuada être le seul à les voir, il n'en souffrit pas trop ; lorsqu'à de certaines remarques de ses amis il crut que tout le monde les voyait comme lui, il s'en irrita.

— Il est bien certain que tout ça t'ennuie, dit-il à sa femme. Tu es une bonne petite bourgeoise. Tu n'as ni nos goûts ni nos idées. Reste donc à la maison puisque ta pruderie souffre près de moi ; seulement ne trouve pas mauvais que j'aille où je me plais et m'amuse :

V

Un soir, à une première représentation, où Maurice avait été avec Liénard, un souper fut arrangé entre quelques financiers de hasard, deux ou trois journalistes et des comédiennes.

Il s'y amusa comme un collégien échappé, buvant, causant, trouvant les femmes irrésistibles de toilette et d'effronterie.

Vers le matin, Liénard, qui n'oubliait point ses projets et ne négligeait rien de ce qui pouvait les servir, le rappela à la réalité.

— Mes enfants, cria-t-il, soyons moraux dans nos plaisirs et gardons toujours la feuille de vigne, cet attribut divin qui distingue l'homme du monde du faubourien. Nous avons parmi nous un homme marié, ne le corrompons point. Berthauld, il faut vous en aller, mon petit. Et toi là-bas, Marie, ne le retiens donc pas, sa femme l'attend ; et une jolie petite femme, qui vaut mieux dans un seul de ses doigts, que vous toutes prises en tas, drôlesses que vous êtes.

Maurice s'en revint irrité autant contre lui-même que contre les autres, et disposé à se faire payer son mécontentement.

Elle l'avait attendu toute la nuit. Elle le croyait arrêté, blessé, tué. Elle lui sauta au cou, et sans pouvoir dire un mot, elle le serra dans une folle étreinte.

Il se dégagea, et allant ouvrir la fenêtre de l'escalier :

— Il est incroyable, dit-il, que je ne puisse rien obtenir de ce que je demande ! Cette maison devient inhabitable, on y empeste partout la cuisine !

Il entra dans la chambre, et vit que le lit n'était point défait.

— Tu as passé la nuit à m'attendre, continua-t-il; tu aurais mieux fait de te coucher; ça ne t'embellira point. Au reste, si tu as voulu me donner une leçon, je ne la reçois pas.

Lorsque quelques heures après, il s'éveilla d'assez bonne humeur, elle voulut lui faire raconter pourquoi il était revenu si tard; mais il prit ces interrogations pleines d'une tendre inquiétude pour des soupçons qui attaquaient son indépendance, et, moitié fâché, moitié railleur :

— Serais-tu jalouse, par hasard? dit-il; oh! tâche de te garder de ce vice comme de la peste, et mets-toi bien dans la tête que la liberté, pour nous autres, c'est le talent. Et puis, là, franchement, quand je te ferais par-ci par-là une petite infidélité, je ne te volerais que ce qu'il y a de mauvais en moi, et nous n'en serions pas moins bons amis. Nos femmes ne doivent point s'inquiéter de nos maîtresses, si nous en avons; qu'elles se contentent d'un amour honnête, et abandonnent aux autres ce qui est indigne d'elles, c'est là leur rôle.

Elle écoutait stupéfaite.

— Eh bien, dit-il, si j'avais une maîtresse, que ferais-tu donc?

Elle le regarda longtemps haletante d'anxiété; puis tout à coup :

— Ah! s'écria-t-elle, je suis folle, tu as voulu rire; mais, je t'en supplie, ne m'éprouve pas ainsi, tu me tuerais.

VI

La nouvelle vie extérieure qu'il adopta lui fit prendre sa maison en mépris. Il aimait naturellement le luxe, mais il ne s'élevait pas au-dessus de ce besoin tout bourgeois de propriété qui fait qu'on place la jouissance dans l'avoir. Rentrant chez lui, il souffrit de ne point trouver les larges meubles, les bronze, les demi-jour, les tapis moelleux, le fouillis, le trop-plein que l'on ne rencontre que chez les parvenus ou dans ces bazars de l'amour riches des offrandes de chaque visiteur.

— Toute notre friperie est bonne pour un avocat ou un médecin, dit-il à sa femme; quand on a de l'originalité, on en a dans tout.

— Serons-nous plus heureux? dit-elle.

Au temps où ils commençaient de s'aimer et élevaient chaque jour d'un étage leurs châteaux en Espagne, ils avaient fait de certains projets pour le moment où ils auraient à choisir leur ameublement; il serait ainsi, de tel dessin, de telle couleur. M. Michon, en le choisissant lui-même, lorsqu'il vint les installer à Paris, et surtout en le payant de sa propre bourse, avait empêché la réalisation de leurs fantaisies; ils avaient accepté ce qu'on leur donnait sans trop regretter de ne point avoir ce qu'ils avaient désiré.

Mais lorsque Armande vit Maurice décidé à remplacer ces meubles un peu vulgaires par d'autres plus luxueux, elle pensa que ce serait pour lui une occasion de reprendre les projets autrefois formés. Pas plus qu'elle sans doute il ne les avait oubliés. Comme elle il devait avoir gardé le charmant souvenir des circonstances et des conditions dans lesquelles ils avaient été agités et résolus. C'était le lendemain même du jour où elle avait avoué son amour. L'air était calme et le ciel radieux! C'était sur la falaise de Plaurach, dans la lande où les ajoncs étaient en pleine floraison. Elle voyait toujours devant elle une petite barque aux voiles blanches qui paraissait immobile au milieu de la mer bleue. C'était sur cette barque qu'elle avait tenu les yeux pendant tout le temps qu'il avait parlé, n'osant le regarder lui-même, tant elle était heureuse.

Assurément, il n'avait oublié ni cette journée, ni leurs paroles, ni leurs projets.

Comme il ne la prit point avec lui et ne lui demanda point son goût, elle se persuada qu'il voulait lui faire une surprise.

Un soir on apporta le meuble du salon. Il était en bois doré et en vieille tapisserie : sur un fond bleu des bergers, enguirlandés de roses, s'en allaient avec leurs bergères, à des noces éternelles. Il datait de la fin de Louis XV; bien conservé surtout, bien réparé, il faisait bonne figure.

Hein! cela vaut bien notre moquette, n'est-ce pas? dit Maurice enthousiasmé de son acquisition.

— Je croyais qu'il serait en soie cerise, dit Armande.

— Tiens, et pourquoi ça?

— Parce que...

Elle s'arrêta.

Il avait oublié la falaise de Plaurach, les projets, la petite barque aux voiles blanches.

Ce qui coûte cher, ce n'est pas précisément le luxe, c'est l'originalité. Le luxe, il y en a pour toutes les bourses — du vrai ou du faux. L'objet sortant de la fabrication commune, voilà ce qui ruine les gens de goût. Les quelques mille francs que Maurice avait devant lui, furent rapidement absorbés; mais les tapissiers sont les marchands les plus accommodants du monde, et ce doit être un tapissier qui le premier inventa le billet à ordre et la manière de s'en faire des rentes.

Un matin, étendu dans son lit nonchalamment, il la regardait baignant et nettoyant Victorine (p. 306).

Ses désirs satisfaits, Maurice s'aperçut que la statue n'était plus en harmonie avec la luxueuse chapelle qu'il venait de dorer.

Attentive et accueillante, Armande n'avait point la froideur hautaine des femmes du monde, simple et chaste elle n'avait point la beauté insolente, les regards provoquants, les toilettes audacieuses des femmes faciles. D'ailleurs, il voyait bien maintenant qu'elle n'était point ce qu'il avait cru ; son nez manquait certainement de finesse, elle avait un certain mouvement de bouche qui n'était point distingué. Elle vieillirait et se fatiguerait vite. Les qualités auxquelles le mari était trop habitué pour y être encore sensible avaient disparu. Le souffle du désenchantement avait passé sur elle, comme le vent d'automne qui arrache à l'arbre feuilles et fleurs et ne lui laisse plus que ses rameaux tout nus.

Un matin, étendu dans son lit nonchalamment, il la regardait. Elle était devant le feu en peignoir, les manches retroussées, les cheveux en désordre, baignant et nettoyant Victorine.

— Quelle drôle de chose que le mariage ! fit-il ; comme ça vous dévore ! Je n'aurais jamais cru, il y a un an, que tes joues maigriraient et que tes yeux se creuseraient si vite ! Qu'est devenue ta fraîcheur ?

— Ne l'aimes-tu pas mieux sur ses joues que sur les miennes ? dit-elle en montrant Victorine qui sortait de sa petite baignoire la peau brillante et veloutée comme une feuille de rose.

Elle répondit ces mots sans colère ; mais ce coup, plus injuste que ceux qui l'avaient précédé, fut pour elle comme un coup de foudre. En la frappant, il éclaira la situation d'une lueur sinistre.

Que lui reprochait-il ? Qu'avait-elle fait ?

L'orage qui avait fondu sur elle la laissait désorientée sur une mer inconnue ; personne pour la guider.

VII

Dans son inquiétude et son effroi elle pensa à s'adresser à ceux qui avaient vu cet orage se développer et avaient pu le suivre de près, c'est-à-dire à Liénard ou à Martel.

Entre les deux son choix ne pouvait être indécis ; et quoique en ces derniers temps Liénard eût été plus prodigue de marques de complaisance que Martel, qui s'était montré très inégal, souvent contraint, et par éclairs seulement ami chaud et dévoué, ce fut à ce dernier que tout naturellement elle pensa demander lumière et conseil.

Mais lorsqu'elle se trouva seule avec lui et qu'elle voulut commencer sa confidence, il l'arrêta court.

— Permettez-moi, dit-il, de n'être point juge entre Maurice et vous ; un tiers ne peut qu'irriter les querelles.

— Il ne s'agit point de nous juger, répliqua-t-elle avec décision ; je n'accuse pas Maurice, j'en aurais honte et remords ; mais je me sens menacée, perdue peut-être, je suis seule, sans expérience ; si vous me refusez de me venir en aide, à qui aurai-je recours ?

Il regarda quelques instants, puis, se rasseyant, car il s'était levé pour briser l'entretien :

— Pardonnez-moi, dit-il, de vous avoir interrompue.

Elle reprit :

— C'est depuis trois jours que je suis certaine que Maurice n'est plus ce qu'il était autrefois ; c'est depuis notre retour de Plaurach, je le comprends maintenant, qu'il a commencé à changer. Seulement, comme c'est à ce moment-là que Victorine a été prise de convulsions, j'ai été, pendant trois mois, si bouleversée, que je n'ai vécu que pour elle ; et je n'ai pas eu le temps de m'apercevoir qu'il me laissait seule bien souvent. Maintenant le présent m'éclaire le passé. Maurice est malheureux, il a à se plaindre de moi. Et je me sens si maladroite, que je n'ose l'interroger, de peur de le blesser encore. Qu'il s'explique avec vous, qu'il vous dise ce qu'il veut, je le ferai. Vous avez sur lui une grande influence, même de l'autorité ; parlez-lui, je vous en prie.

Elle avait débité ce discours, sans s'arrêter ni se reprendre, la voix haletante, les yeux fixés sur ceux de Martel.

Lorsqu'elle se tut, il était ému, embarrassé.

— Que je l'interroge, dit-il, que je lui demande quels griefs il a contre vous, c'est porter la lumière dans une situation obscure, dont peut-être même il n'a pas conscience, s'il me fait une réponse, il se la fera à lui-même. En outre, il sera blessé que vous ayez introduit un étranger entre vous deux.

Mais alors ?

Au lieu de chercher en vous, cherchez en lui.

— Il avait parlé avec force, presque avec colère ; elle demeura troublée.

— Oui, dit-il, regardez, étudiez ; car si Maurice souffre d'un mal réel, les causes de ce mal sont en lui, non en vous. Seulement quelles sont-elles ? Je n'ai que de vagues conjectures, et ce qui augmente encore mon embarras à vous les expliquer, c'est d'avoir à traiter un pareil sujet avec vous.

Il resta assez longtemps les yeux fixés sur une fleur du tapis, ne parlant pas, perdu dans une préoccupation évidemment pénible. Tout à coup il se leva : par la fenêtre ouverte venaient d'entrer les cris joyeux de Victorine qui jouait dans le jardin. Il descendit en courant, et presque aussitôt il revint portant l'enfant qu'il mit dans les bras d'Armande interdite :

— Continuons notre entretien, dit-il d'un air libre et parlant avec aisance. Maurice, voyez-vous, est un homme à qui il faut des émotions et surtout des sensations toujours nouvelles. Or, il se trouve que...

Mais, s'arrêtant tout à coup :

— Allons, fit-il, voilà que je ne sais plus comment m'expliquer. Enfin essayons. Tenez, vous avez là sur votre table un sachet qui est dans votre chambre depuis un an, peut-être depuis deux ans, dans tous les cas depuis assez longtemps pour que vous ne puissiez pas me dire quel est son parfum. Tandis que moi je respire si fortement son odeur de violette que j'en ai mal à la tête. D'où vient cette différence ? De ce que l'habitude a tué chez vous des sensations, que chez moi la nouveauté provoque.

— Ah! je comprends.

— Ne me comprenez pas trop.

Et il se mit à lui expliquer ce qui se passait dans Maurice, avec une sagacité qui montrait combien il l'avait suivi de près et sévèrement observé ; seulement il n'alla point jusqu'où Maurice avait été lui-même, soit qu'il ne voulût point trop en dire, soit qu'il n'en sût pas plus qu'il n'en disait.

— La situation est celle-ci, dit-il en concluant : un ciel trop uniformément bleu, une félicité qui, n'étant traversée ni par l'imprévu, ni par le refus, ni par les petites brouilles, n'est plus une félicité, de telle sorte qu'on cherche au dehors ce qu'on ne trouve plus chez soi. C'est que la vie est une lutte de tous les jours, voyez-vous ; c'est que la sérénité dans l'amour n'est que l'exception : tantôt c'est le mari qui lutte pour garder le cœur de sa femme, tantôt c'est la femme pour garder le cœur de son mari. Voilà ce qu'on devrait apprendre aux jeunes filles, au lieu d'en laisser le soin à l'expérience qui y va durement et à grands coups. Vous auriez sept ou huit ans avec vos vingt années, vous ne seriez pas une sainte petite femme, je vous répéterais ce que j'ai entendu au théâtre et ce que j'ai lu dans les livres, à savoir qu'une adroite coquetterie peut ramener un mari qui s'éloigne ; mais, pour employer ce moyen, il faut de la pratique, non de la théorie, et, dans tous les cas, il est indigne d'un cœur tel que le vôtre. Je vous l'ai dit, Maurice est un homme de plaisir ; pour qu'il aime sa maison, il faut que le plaisir l'y retienne. Quel plaisir? allez-vous me demander. Pour vous répondre, laissez-moi prendre encore le chemin le plus long, qui, en réalité, pour moi, malhabile en ces questions, est le plus court. J'ai lu que Louis XIV, voulant garder auprès de lui une cour attentive à lui plaire, comprit qu'il n'aurait jamais assez de récompenses et de grâces réelles pour satisfaire tout le monde, c'est pourquoi il en inventa de fictives et d'idéales, le justaucorps à brevet, les invitations à Marly, toutes distinctions imaginaires que les courtisans se disputèrent avec plus d'ardeur qu'un commandement ou une pension. Eh bien, c'est ainsi que souvent doivent agir les femmes. Ayez donc recours à ce moyen. Pour cela changez vos habitudes, mais changez-les du tout au tout. Vous n'allez nulle part, acceptez les invitations qui se présenteront. Vous ne voyez que Liénard et moi, je vous engage à recevoir. Qui? Tous ceux qui sont sensibles à une bonne table et à l'esprit. Parmi les artistes, c'est facile à trouver. Vous n'avez guère de précautions à prendre qu'à l'égard des femmes; c'est presque uniquement par elles que les dangers arrivent dans un ménage, car ou elles plaisent un peu trop au mari, ou elles donnent un amant à la femme. Aussi puisque vous me consultez, mon avis est que vous n'en receviez point; cela est très possible avec les habitudes de notre monde où généralement on se marie peu. Cependant si vous étiez toujours seule au milieu de vos invités, vous pourriez vous trouver assez souvent mal à votre aise, c'est pour cela que je vous recommanderai deux excellentes femmes que j'aime beaucoup et que Maurice connaît un peu. Elles seront, j'en suis certain, très heureuses de venir chez vous; l'une est madame Cabu, l'autre est madame Aiguebelle.

Armande l'avait jusqu'alors écouté avec une douloureuse angoisse, son cœur se desserra.

— Allons, poursuivit-il, prenez un air plus gai et laissez-moi vous dire ce que je sais de vos futures amies, cela pourra vous être utile dans vos relations. Pour moi, madame Cabu est une des femmes les plus intelligentes de Paris, déliée comme une fée, sûre dans ses conseils, résolue dans ses actions, une vraie tête. Je vous la recommande pour toutes les choses de la vie et du monde; mais pour ce qui touche à l'intimité et au cœur, celle que je crois pouvoir vous garantir, c'est madame Aiguebelle. Si vous acceptez tout d'abord ses ridicules, vous ne tarderez pas à reconnaître ses solides qualités; en plus d'une circonstance elle a été une mère pour moi, et quoiqu'elle vive assez péniblement en rédigeant le courrier des modes au *Magasin de tapisserie*, sa bourse est ouverte pour ceux qui en ont besoin; elle rend service avec passion, et ce qui est mieux avec discrétion; son vice, car elle en a un, c'est son fils. Voilà les deux femmes avec lesquelles, si vous le voulez, je vous ménagerai une intimité. J'oubliais Cabu, il est vrai qu'il ne compte guère; sans volonté aucune, grand, gros, joufflu, d'une prestance imposante qui lui a valu dans les ateliers le nom d'Hercule en beurre, et il n'est que le satellite de sa femme qu'il adore, et avec raison, car par ses pieuses connaissances elle a fait d'un garçon assez nul et sans talent un peintre qui gagne une trentaine de mille francs par an.

Après avoir repris ces indications et les avoir précisées, Martel quitta Armande. Elle était pleine d'espérance.

Maurice accueillit avec empressement ces idées, et en deux ou trois mois sa maison devint des plus agréables : il eut bientôt un cercle d'habitués autour de sa table; on se disait le mardi : « Allons dîner chez Berthauld, » on était sûr d'y trouver une bonne chair et de la gaieté.

VIII

Seul peut-être parmi ces convives Martel apporta une sorte de froideur discrète : plus d'une fois Maurice et Armande voulurent l'en railler, mais il refusa de répondre à leurs interrogations, comme il se défendit avec impatience contre leurs taquineries amicales.

Un soir cependant qu'Armande revenait à la charge avec douceur :

— Ne m'interrogez plus, je vous prie, dit-il d'une voie émue, je n'ai rien, ou plutôt j'ai l'ennui qu'on éprouve toujours lorsqu'on va quitter ses amis et ses habitudes.

Armande le regarda surprise.

— Je pars dans quelques jours.

— Vous partez? s'écria-t-elle.

— Oui.

— Mais pourquoi?

Il se tut.

— Où allez-vous?

Ils restèrent assez longtemps sons continuer l'entretien. Puis, tout à coup, Martel reprit d'une voie enjouée :

— J'en suis arrivé dans ma vie d'artiste à une période où, comme ce savant qui émerveillé de la complication du corps humain, n'osait plus faire un mouvement de peur de se casser; je n'ose plus toucher une brosse ; je connais trop mon métier, et j'ai besoin de voir comment les maîtres ont oublié le leur. Je viendrai après-demain vous faire mes adieux et vous amener mon vieux Badaud que vous voudrez bien me garder, n'est-ce pas?

— Venez dîner, dit Armande émue.

— Voulez-vous permettre que je vous présente l'homme que j'aime le mieux après Maurice, Charvet; ce sera un ami que je vous laisserai ; si vous avez jamais besoin d'un service, adressez-vous à lui, mais n'écoutez jamais ses conseils ; car l'excellent garçon a le cœur plus solide que la tête.

— Que dites-vous donc là-bas de si sérieux? fit Maurice qui, jouant dans le jardin avec sa fille, s'appuya sur la fenêtre ouverte.

— Je demande à ta femme la permission de lui amener Charvet.

Parbleu ! dit Maurice, ce bon Charvet; est-ce qu'il est toujours l'homme le plus occupé de Paris?

— Et de France, continua Martel ; il roule en ce moment dans sa tête un livre gigantesque qu'il raconte tous les jours, mais dont il n'a pas encore eu le temps d'écrire un mot, car il n'a pas une minute à lui, absorbé qu'il est par trois ou quatre inventions prodigieuses qui doivent faire la fortune de l'humanité et la sienne incidemment, ce qui lui serait diablement utile; car si, comme Panurge, il a cinquante moyens pour gagner une fortune, il en a deux cents pour la perdre, et cela, comme son temps, par règles, par principes et surtout par démonstrations.

— Amène-le, dit Maurice, je serais heureux de le revoir.

— Il me remplacera auprès de vous.

— Comment, remplacera?

— Je pars dans trois jours pour Florence.

— Comme ça, tout à coup, sans prévenir? Et quand reviens-tu?

— Je ne sais pas.

— Comment ! tu ne sais pas?

— Non.

Ils restèrent tous les trois silencieux assez longtemps; Martel, pour sortir de cette situation qui l'embarrassait, se leva et alla au piano, puis, tapotant d'un doigt sur les touches :

— Dis donc, fit-il en riant, te rappelles-tu ce couplet sur Charvet :

> Quand je pense à ce que je ferai
> Lorsque je travaillerai
> Et quelle sera ma gloire,
> Les bras me tombent du corps.
> Je ne fais plus rien alors,
> Voilà toute mon histoire.

Il vint avec Charvet, ainsi qu'il avait été convenu et, comme à l'ordinaire, il apporta un bouquet de violettes pour Armande.

La soirée s'écoula assez tristement entre eux quatre; mais quand Cabu et madame Cabu arrivèrent, Martel, comme s'il voulait s'étourdir, se mit à plaisanter sur les dangers de son voyage.

— Combien je regrette que tu ne m'aies pas prévenu à temps, dit Charvet, j'aurais réuni un millier de francs et je t'aurais accompagné! Nous serions revenu millionnaires; je crois savoir où Néron, avant de mourir, a fait enfouir son trésor.

Vers onze heures, Martel se trouva seul pendant quelques minutes auprès d'Armande :

— Pourquoi donc portez-vous mon bouquet? lui dit-il, il vous fera mal à la tête.

Et, sans attendre sa réponse, il le prit et le posa sur la cheminée.

Puis, revenant à elle :

— Je vous laisse heureuse, dit-il en baissant la voix; si vous avez besoin de moi, dites-le à Charvet, je reviendrai.

A minuit on se leva pour partir. Badaud, qui était couché dans l'entrée, voulut accompagner son maître.

— Va coucher, lui dit Martel, montrant un coin.

La bête s'y traîna en rampant, et, regardant son maître qui était sur le seuil, il se mit à gémir.

— Pauvre chien! dit Armande.

— Oui, dit Martel, il souffre, mais il obéit.

Et, après l'avoir caressé quelques instants, il donna une dernière poignée de main à ses amis et partit.

Revenue dans le salon, Armande se mit à chercher sur la cheminée et sur les étagères.

— Que cherches-tu donc? demanda Maurice.

— Mon bouquet.

Elle ne le trouva point.

Pour monter à leur chambre, ils passèrent à côté de l'entrée; ils entendirent Badaud qui pleurait.

— Pauvre chien! dit-elle en se serrant contre Maurice, nous l'aimerons bien, n'est-ce pas?

— Certes, dit-elle en se levant, car je lui aurais cédé la place et ne l'aurais poin écouté (p. 320).

CHAPITRE III

LA MAISON OUVERTE

I

Dans les changements d'humeur et de caractère qui s'étaient opérés chez Maurice, madame Cabu était pour beaucoup, si elle n'était point pour tout. Pendant les premières semaines, Maurice ne vit guère en elle qu'une excellente petite bourgeoise, bonne tout au plus à tenir compagnie à Armande; mais peu à peu, attiré par la vivacité et la justesse de son esprit, il l'étudia de plus près, et il fut tout surpris, marchant de découvertes en découvertes, de voir qu'elle était une femme très agréable, spirituelle, et, ce qu'il n'avait jamais soupçonné, vraiment jolie.

Alors, de poli qu'il était simplement, il devint empressé.

Il la chercha : elle n'eut garde de le fuir.

L'intimité s'établit; marcha vite.

Bientôt elle fut le modèle accompli, qu'en toutes choses il offrit à Armande, et celle-ci, l'acceptant de bon cœur, se régla naïvement sur elle.

L'intimité entre Maurice et Mme Cabu put devenir plus libre et alors tout se réunit bientôt en eux et autour d'eux pour rendre leur intimité plus étroite : fréquence des réunions qui furent presque journalières, avec visites de l'un à l'autre, dîners, promenade à la campagne, isolement volontaire ou cherché; — nullité de Cabu, qui, pourvu qu'il fût bien sûr qu'on ne se moquait pas de lui, ne craignait plus rien; — sécurité d'Armande appuyée sur sa propre pureté et sur la croyance que dévotion et honnêteté sont synonymes; tempérament de Maurice, qui trouvait en Élisabeth un mélange de simplicité et de hardiesse dans la chair autant que dans l'esprit, tout à fait provoquant; enfin, secrète disposition de celle-ci toute disposée à saisir une occasion qui s'offrait avec l'inappréciable condition d'amour sans scandale et de plaisir sans peur.

Le sujet ordinaire et inépuisable de leurs premiers entretiens, c'avait été Armande; car Élisabeth avait vu tout de suite que, dans ce ménage en apparence si heureux et si régulier, il y avait bien des germes de malaise et d'inquiétude, et elle était intervenue entre les deux époux, se faisant la confidente de l'un, la conseillère de l'autre. Mais ces entretiens, où le mot amour revenait sans cesse et où l'on ne parlait que de cœur et de passion, n'avaient point tardé à prendre une tournure qui menait à toute autre chose qu'à des confidences. D'Armande, ils en étaient venus tout naturellement à eux-mêmes.

— Voyez-vous, disait un soir Élisabeth à Maurice, au bras duquel elle s'appuyait en revenant d'une promenade, tandis que Cabu, Armande et la nourrice portant Victorine, marchaient lentement derrière; voyez-vous, votre femme est charmante, elle vous adore, mais elle est si bien elle-même que nous ne la ferons pas changer. Ce que vous exigez d'elle n'est point dans sa nature. Elle est gentille, cela est incontestable, mais elle n'a pas reçu le don de la toilette, qui, d'ailleurs, ne l'embellit point. Regardez plutôt.

Disant cela elle le fit se retourner et lui montra Armande qui, ayant pris Victorine plus de dix fois dans ses bras, était toute frippée et nullement à son avantage, tandis qu'elle-même était restée irréprochable dans sa coquette toilette de campagne.

— Elle a de l'esprit, c'est vrai, continua-t-elle en reprenant la route où le soleil allongeait leurs ombres devant eux, mais un certain petit esprit naturel, qui ne se façonnera jamais aux exigences du monde. Elle est bonne, dévouée, pleine de droiture et de générosité, personne ne le sait mieux que moi; mais elle n'a point la finesse, l'adresse nécessaire pour se bien servir dans la vie de ces précieuses qualités. Avec les meilleures intentions, elle peut rendre parfaitement malheureux ceux qu'elle aime. Aussi, dans les circonstances présentes, me semble-t-il qu'elle est sans torts envers vous, et si un étranger, un juge, pouvait condamner quelqu'un de vous deux, ce serait vous. Pourquoi, avec vos goûts d'artiste et de mauvais sujet, avez-vous pris une femme qui ne vous suivra jamais jusqu'où vous la voulez mener? Pourquoi, mon cher, vous êtes-vous marié?

— Eh! sait-on pourquoi l'on se marie? répondit Maurice qui pensait à toute autre chose qu'à se fâcher de ces étranges paroles. Vous-même, pourriez-vous me dire pourquoi vous avez épousé Cabu? Au lieu d'employer votre esprit à toutes vos histoires de dévotion, d'user votre cœur dans des extases plus ou moins vaines, au lieu de vous confire en sainteté, n'auriez-vous pas mieux fait d'aimer un homme digne de vous, qui vous aurait gagné coûte que coûte la position que vous méritez, un homme enfin qui, pour un esprit fertile comme le vôtre, pour un cœur de feu comme celui qui bat là contre mon bras, pour un tempérament passionné qui éclate malgré vous dans vos yeux ardents, aurait été un amant toujours fidèle et empressé!

— Ce qui prouve, interrompit-elle, que nous sommes mal mariés l'un et l'autre.

— Et qu'il est malheureux, continua-t-il, que nous ne nous soyons pas rencontrés plus tôt.

— Allons donc, mon cher, vous n'êtes pas du bois dont se font les amants toujours fidèles.

— Et pourquoi donc? Serait-ce la première fois qu'on verrait un homme qui s'est trompé sur sa femme trouver le bonheur auprès d'un autre qui n'a point elle-même rencontré le mari de ses rêves? Est-ce qu'il leur serait impossible de s'aimer, et de réparer ainsi les maladresses du hasard, en même temps qu'ils échapperaient aux sottes entraves des conventions sociales; — et cela sans rien rompre ni l'un ni l'autre, et sans danger?

— Oh! sans danger, dit-elle, me paraît contestable; mais vous conviendrez au moins que ce ne serait pas sans... sans... vous direz le mot vous-même tout à l'heure. Car enfin, supposons que je sois la femme de cœur facile et de tempérament exigeant dont vous parlez; supposons que vous deveniez amoureux de moi, et que vous me disiez tout ce que vous venez de débiter aux oiseaux de ces haies; supposons que l'endroit soit propice, que je me laisse prendre à vos promesses et que je cède. Croyez-vous que demain, après-demain, je puisse être heureuse, vivant amicalement avec une petite femme comme la vôtre, qui raconte ses joies aussi bien que ses chagrins et qui peut me dire un beau matin : Je croyais que mon mari me négligeait, mais il m'est revenu, il est parfait, charmant, etc. Supposons maintenant que mon mari vous fasse les mêmes confidences; croyez-vous que nous serons bien satisfaits l'un de l'autre? Vous voyez donc que, si mes suppositions se réalisaient, ce qui est impossible, n'est-ce pas, nous serions malheureux tous les deux et même peut-être tous les quatre.

On approchait de la station où l'on devait monter en chemin de fer, la conversation en resta là; mais elle reprit sur le même ton; les occasions qu'ils avaient de se voir en tête-à-tête étaient fréquentes. Ils se rencontraient si souvent que, s'ils avaient été de bonne foi, ils auraient pu convenir l'un et l'autre qu'ils se cherchaient mutuellement.

II

L'assiduité auprès d'Élisabeth faisait naturellement la solitude auprès d'Armande.

Liénard profita de cette solitude pour s'établir dans la maison; l'heure lui paraissait proche où, selon ses prévisions, Armande voudrait un consolateur et un vengeur, et il résolut de hâter ce moment qui tardait trop, en employant ce qu'il avait d'expérience.

Par malheur pour lui, les moyens que cette expérience lui suggérèrent ne réussirent point; un seul eût peut-être été efficace sur Armande : la franchise d'un cœur sincèrement épris; ce fut précisément celui qu'il ne songea point à employer. L'habileté se trouverait trop bête si elle marchait par le droit chemin, en pleine lumière.

Voulant plaire, il avait eu la bonne foi de sentir que s'il se montrait tel qu'il était, il n'en viendrait point à ses fins. — C'est un cœur tendre, s'était-il dit, une âme qui flotte entre la poésie et la religion; en avant la lune, les étoiles, les matins, les soirs, les nuits d'été, les soirées d'automne, les feuilles mortes !

Ses phrases sentimentales, mêlées de soupirs et de silence, furent en pure perte : sans deviner le but auquel elles tendaient, Armande ne les prit point au sérieux.

— Comme l'approche du printemps vous change ! lui dit-elle, l'hiver vous est bien meilleur.

Et, sans y mettre de méchanceté, elle se moqua de lui le plus justement du monde.

— Me serais-je trompé, se dit-il, et aurais-je affaire à une pensionnaire instruite de bonne heure qui n'a plus la fleur, d'innocence que sur les joues? Essayons l'entreprenant et l'égrillard.

Cette nouvelle transformation, quoiqu'il y fût plus habile et mieux à son aise, réussit encore bien moins que la première. Armande fût longtemps sans comprendre; lorsqu'elle ne put plus douter, elle se leva, laissant Liénard seul, sans répondre un seul mot.

— Qui est-elle donc ?

Ses idées sur les femmes et les études qu'il avait faites jusqu'à ce jour ne lui permettant pas d'admettre qu'elle fût tout simplement défendue par l'honnêteté et l'amour, il conclut qu'il était un maladroit.

Il ne chercha plus les occasions de tête-à-tête, et au lieu de venir quand il supposait Maurice absent, il vint tous les deux ou trois jours à l'heure du dîner. En même temps, il parut renoncer à ses prétentions, et d'un air indifférent, il ne parla plus que de choses insignifiantes, des nouvelles de la journée, des aventures de tous les mondes ; seulement, il eut soin de choisir ces nouvelles et de les approprier à son but secret. Il put ainsi tout dire en théorie, s'appuyer sur des exemples positifs, nier ce qu'il ne voulait pas, affirmer ce qui lui plaisait, se poser, s'embellir, surtout appliquer à ses paroles à sa propre situation et à ses desseins.

Ce que ces entretiens avaient de particulièrement mauvais, c'est qu'ils avaient lieu en présence de Maurice, qui, se trouvant à l'égard d'Élisabeth dans une situation à peu près analogue à celle de Liénard, les souffrait, les applaudissait même.

Cependant, ils n'attaquèrent point une seule fois l'amour d'Armande pour son mari, ils n'obscurcirent point sa foi dans le mariage ; mais ils la conduisirent souvent, lorsqu'elle restait seule, à des réflexions qui, dans une autre nature, eussent pu être dangereuses. — La fidélité était donc l'exception, le plaisir la loi commune ? Pour le monde, l'honneur était donc duperie, le devoir bêtise, la galanterie distraction sans conséquence.

III

Les circonstances lui parurent bientôt favorables, car Armande, qui s'était toujours montrée envers lui d'une grande réserve, était devenue plus libre, même presque affectueuse. Il attribua ce changement à l'habileté de sa conduite.

— Allons, se dit-il, le moment est venu de brusquer le dénoûment. Prenons ce qu'on ne nous offrirait jamais. Il en est de la vertu comme d'une dent malade. On ne peut se décider à la perdre, mais on sait gré à celui qui vous en débarrasse.

Un soir donc qu'il savait Maurice absent, il arriva. Il n'était point de ces amants naïfs et sincères qui mettent leur espoir dans une occasion favorable. Pour lui, ce n'était point sur occasion qu'il comptait, mais sur sa propre habileté, sur l'ignorance et la faiblesse d'Armande.

Il parut très fâché de l'absence de Maurice. Comme il avait absolument besoin de le voir, il l'attendrait. Seulement, il voudrait bien écrire une lettre, qu'on ferait porter immédiatement à la poste.

Il n'y avait en ce moment à la maison que la bonne d'enfant, Armande la proposa ; elle garderait elle-même Victorine.

Laissez donc aller l'enfant, dit-il, une si petite course ne lui fera pas de mal.

Et il remit sa lettre à la bonne, à qui il adressa quelques recommandations.

Après avoir conduit Victorine jusqu'à la porte, ils revinrent par le jardin, et, au lieu de se diriger vers la maison, Liénard suivit l'allée de ceinture.

On était à la fin d'avril. Bien que le soleil eût disparu depuis quelques instants, il ne faisait pas encore nuit, une lueur rouge, restée au ciel du côté du couchant, prolongeait le jour. Une douce chaleur montait de la terre ; l'air était chargé de la senteur des feuilles nouvelles et du parfum des lilas et des giroflées.

— Voici la vraie saison des jardins parisiens, dit Liénard ; comme c'est bon, le printemps ! comme ça vous parle au cœur !

En marchant, ils étaient arrivés contre le petit mur à balustrade par-dessus lequel on voyait la Seine ; il y avait là des chaises et une petite table. C'était l'endroit le plus écarté du jardin. Liénard s'assit.

— Comme vous êtes bien là pour rêver ! dit-il.

— Oh ! reprit-elle en souriant, vous savez bien que je ne suis guère rêveuse, et si j'en avais la fantaisie, Victorine ne m'en laisserait pas le temps.

Pourtant, vous devez avoir des jours d'ennui, d'inquiétude, des jours de solitude comme celui-ci ?

— Ne trouvez-vous pas, dit-elle sans répondre directement, que ma bonne est bien longtemps ; la poste est si près !

— Rassurez-vous ; dit-il en riant, votre fille n'est pas perdue ; elle est aux Champs-Élysées à se promener dans la voiture des chèvres ; j'ai dit à sa bonne de l'y mener.

Elle fit un mouvement d'impatience.

— Ai-je eu tort ? vous sortez si peu depuis quelque temps, que cette enfant est prisonnière !

— Elle a son jardin.

— Et vous ?

— Oh ! moi.

— Oui vous ; pourquoi vous faites-vous ainsi recluse ? pourquoi n'accompagnez-vous pas Maurice comme autrefois ? Vous vous distraiez et vous étiez mêlée à tous ses plaisirs. Cela valait mieux pour tout le monde que de garder le coin du feu. Vous ne couriez qu'un seul danger ; quelqu'un de nous pouvait se prendre d'amour pour vous ? Est-ce donc arrivé ?

— J'ai échappé à ce danger, qui n'était pas bien dangereux ; l'amour, il me semble, ne se rencontre pas aussi souvent dans la vie que dans vos paroles.

— Votre expérience de vingt ans donne un démenti à la mienne.

— Ce n'est pas mon expérience, c'est ma conscience.

— Enfin, si un homme vivant dans votre intimité, vous voyant tous les jours, n'échappant au charme de votre présence que pour retomber sous le charme de votre souvenir ; si cet homme, non pas un jeune homme qui fait de l'amour un caprice et ne cherche que les plaisirs d'une séduction, mais un homme sincèrement épris, loyalement passionné, était venu vous dire : « Je vous aime », trouvez-vous que cela eût été sans danger ?

— Certes, dit-elle en se levant, car je lui aurais cédé la place et ne l'aurais point écouté.

Il s'arrêta un moment, la regarda, et la força doucement à se rasseoir. Il reprit :

— Si vous aviez été obligée de l'écouter ; si cet homme avait choisi, pour vous dire son amour, un jardin où, comme dans celui-ci, par exemple, on est certain que personne ne viendra ni par hasard, ni même si l'on appelle...

Était-ce une de ces conversations comme il lui en avait fait si souvent ? Était-il lui-même cet homme ? La nuit s'épaississait ; par-dessus la balustrade on voyait les lumières courir sur les quais. Le jardin silencieux. Personne dans la maison. Elle eut peur... Elle voulut rentrer.

Il se plaça devant elle.

— Est-ce que si j'étais cet homme, je ne pourrais pas vous dire ce que vous craignez d'entendre, tout aussi bien dans la maison que dans ce jardin ? N'y serions-nous pas seuls comme nous le sommes ? Pourquoi rester sous ce berceau ? Est-ce que le silence de la nuit ne parle pas délicieusement à nos cœurs ? Est-ce que le parfum de toutes ces plantes qui se livrent à l'amour ne provoque point votre jeunesse, comme il me provoque moi-même ?

Elle fit encore un pas en avant. Il en fit un en arrière, de manière à lui barrer tout à fait le chemin de la maison.

— Vous croyez donc, dit-il avec un certain emportement, que si j'étais l'homme dont nous parlons, je vous laisserais partir ! Non. Je profiterais d'une occasion depuis longtemps attendue, peut-être même préparée, et je vous dirais combien je vous aime.

Le doute n'était plus possible. Elle ne voulut pas l'écouter plus longtemps. Mais, pour cela, il fallait qu'elle se défendît ; car, qu'il parlât

Lina (p. 325)

H. MALOT. — VICTIMES D'AMOUR.

en son nom ou recourût à une ruse, elle n'avait d'aide à attendre, elle le comprenait, que d'elle seule.

— Non, dit-elle, si vous étiez cet homme, vous ne me parleriez point d'amour, car je suis la femme de votre ami, d'un ami à qui vous vous êtes généreusement dévoué et que vous auriez honte de tromper.

— Et si c'était à elle que je me suis dévoué, si je n'étais venu chez son mari que pour elle, si ce que j'ai fait, je ne l'avais fait que pour elle seule! Quelle honte y aurait-il à tromper un homme auquel on n'a jamais pensé, qu'on ne voit que parce qu'il est le mari de la femme qu'on aime, qu'on ne sert que pour la servir! Et, d'ailleurs, quelle honte a jamais été assez puissante pour empêcher la passion de sacrifier l'amitié. Quel mal cela ferait-il à cet ami qui oublie sa femme? Leur intérieur en serait-il troublé? Oui, s'il s'agissait de tout abandonner pour suivre l'amant. Non, si l'amant, tout à sa maîtresse, à son repos et à sa réputation, ne voulait rien que de possible et de facile, rien qu'un peu de tendresse qu'il payerait par une vie de reconnaissance pour la femme, de dévouement pour le mari.

— Oh! je vous en prie, s'écria-t-elle, taisez-vous.

— Moi, oui, je veux bien me taire ; mais celui qui serait à ma place ne se tairait pas ; si, par l'aveu de son amour, il ne touchait pas celle qu'il aime, il y joindrait la prière. Il dirait comment, isolé dans la vie, sans amis, sans croyances, plein d'amertume et de doutes, il peut être sauvé par un peu de tendresse. Et si la prière était inutile, il ne s'arrêterait devant rien.

Armande, reculant toujours devant lui, était arrivée à la balustrade. Il lui était impossible d'aller plus loin ; vingt pieds à descendre la séparaient du jardin voisin. Il lui était impossible de marcher en avant : Liénard était devant elle les bras étendus; et quoique la nuit fût presque complète, elle voyait ses yeux brillants qui la brûlaient. Elle eut un mouvement d'épouvante : elle ne pouvait ni s'échapper, la route lui était fermée; ni appeler, personne n'étant là pour répondre. Ce ne fut qu'un moment, le courage lui revint presque aussitôt.

— Si j'étais, dit-elle en repoussant Liénard qui la touchait presque, si j'étais, pour suivre votre supposition, la femme à laquelle on parlerait ainsi, et si j'étais comme je le suis, sans défense dans un jardin où il y aurait un précipice, comme au bas de cette balustrade, avant que la main d'un tel homme ne m'eût touchée, j'aurais sauté dans ce précipice.

— S'il ne vous en empêchait pas, et s'il ne prenait point de force ce qu'on refuse à sa prière.

En même temps, il étendit ses bras ouverts; mais en même temps aussi elle s'appuya contre la balustrade, et, roidissant ses forces, elle le repoussa à l'épaule. Il ne s'attendait point à cette défense : par le mouvement qu'il avait fait en avant tout son corps s'appuyait sur une seule jambe ; poussé à l'épaule, il pivota sur lui-même et livra passage. Elle s'élança. D'une main il la saisit par sa robe et la retint.

Elle se débattit si vivement qu'elle se dégagea, et se mit à courir vers la maison.

Il courut après elle. Mais il avait à peine fait quelques pas qu'il entendit Badaud enchaîné, aboyer avec fureur ; en même temps partit du salon une voix claire et fraîche ; Victorine venait de rentrer.

Il marcha plus lentement, et lorsqu'il arriva dans le salon, la bonne, une bougie à la main, y entrait en même temps. Armande serrait convulsivement sa fille dans ses bras.

— Vous avouerez, dit-il d'une voix qu'il tâchait de rendre calme, que nous avons bien joué nos rôles, ma parole d'honneur, vous vous êtes défendue comme s'il eût été question de vous.

Puis, tout de suite, sans attendre sa réponse :

— Et Victorine, dit-il à la bonne, s'est-elle bien amusée?

— Oh ! oui, monsieur, elle a voulu faire deux tours en voiture.

— Allons, continua-t-il en prenant son chapeau, je crois que Maurice ne rentrera pas, et je ne peux pas l'attendre jusqu'à demain.

Il salua Armande, donna une petite tape amicale sur la joue de Victorine et sortit.

— Quel brute je fais ! se dit-il en marchant dans la rue. Brigand de printemps ! Ai-je été assez stupide ! Voilà six mois de préparations de perdus. Pourvu que Maurice ne rentre pas tout de suite et ne la trouve pas encore haletante. Heureusement, tout cela était au conditionnel.

IV

La crainte que Maurice ne rentrât trop tôt ne se réalisa point, car au moment même où Liénard sortait, Maurice arrivait chez Élisabeth.

Et il y arrivait dans des dispositions à peu près semblables à celles qui venaient d'entraîner Liénard.

Comment en étaient-ils toujours à peu près au même point que lorsqu'ils avaient commencé à se connaître ? c'était ce qu'il ne comprenait guère et ne s'expliquait nullement.

Il avait cru, qu'entre gens de leur âge et de leur expérience, il ne pouvait être question de s'engager sur la carte du Tendre, avec les détours et les stations obligés en pays de sentimentalité. Il s'était imaginé aussi que les phrases sur l'âme, la pureté, la fidélité, étaient de simples formules de conversation, comme présenter ses respectueux hommages à quelqu'un qu'on ne connaît point, est une formule de politesse.

Il s'était trompé; et lorsqu'après avoir parlé ce langage il avait voulu agir, Élisabeth s'était fâchée. Puis elle était revenue disant : — Que l'amour n'était point pour elle une fantaisie, mais une chose sérieuse, la plus sérieuse sur la terre ; qu'après avoir mené une vie intacte on n'y renonçait point si facilement; qu'il fallait des garanties; être bien certaine que celui auquel on se sacrifiait éprouvait une passion, non un caprice de quelques jours; enfin, qu'on ne pouvait pas faire taire ainsi des principes depuis longtemps implantés au plus profond du cœur, et que la plus grande preuve de sympathie et de tendresse qu'on pût donner, lorsqu'on était comme elle une femme religieuse, c'était de souffrir, c'était d'écouter l'aveu de cet amour.

Ils étaient alors entrés dans une période de belles paroles et de nobles sentiments, mais Maurice en avait assez de ces prières, et ce soir-là, il était décidé à arriver à un dénoûment tel quel.

Elle le recevait d'ordinaire dans un petit boudoir faisant suite au salon, ce soir-là elle le reçut dans sa chambre.

Lorsque la porte fut fermée, elle s'avança vers lui, et lui tendant la main :
— Je vous attendais, dit-elle; aimez-vous cette coiffure?

En souriant elle lui présenta la tête. Ses cheveux, étaient tordus en un huit qui descendait très bas sur le cou nu. Deux accroche-cœur tranchaient en noir sur la peau blanche des tempes. Elle était vraiment jolie ainsi.

Maurice la regarda durant quelques secondes, puis, au lieu de répondre, il la prit dans ses bras.

Il crut qu'il triomphait enfin; mais tout à coup elle se dégagea vivement, et montrant un fauteuil à Maurice, elle vint s'asseoir en face de lui.
— Allons, dit-elle, causons; mais je vous en prie, parlons raison.

Et du bout du pied elle pinça un coussin sur lequel elle étendit ses jambes. Entraînée par son propre poids, la robe tomba de chaque côté et ne descendit point jusqu'aux pieds. Précisément ces pieds étaient charmants, c'était un des attraits d'Élisabeth; petits, fins et cambrés, ils s'attachaient par une cheville délicate à une jambe parfaitement modelée.

Au lieu de causer comme on l'en priait, il se mit à regarder ses petits pieds chaussés de babouches de satin : sous les mailles des bas à jour on devinait la carnation de la chair.

— Eh bien, dit-elle, allons-nous rester ainsi?

Mais au moment où Maurice, relevant les yeux sur elle, allait répondre, un coup de sonnette retentit et presque aussitôt une voix résonna dans la pièce voisine. C'était Cabu qui revenait plutôt qu'on ne l'attendait.

V

Le lendemain matin pour employer son temps, dont il ne savait que faire, il s'en alla chez Liénard.

— Je viens déjeuner avec toi, dit-il à celui-ci, qui fut fort supris en le voyant entrer.

— C'est impossible, répondit Liénard, je déjeune chez Lina avec une Allemande de ses amies, qui est bien la plus belle statue blonde qu'on puisse rêver, et je me ferais trop d'ennemis en te menant dans une telle société. Que dirait ta femme?

— M'emmènes-tu, oui ou non?

— Si tu y tiens absolument...

— Alors, finis-en de mettre ta cravate et partons.

Lorsqu'ils arrivèrent chez Lina, ils trouvèrent celle-ci désolée : son amie venait de lui écrire qu'elle ne reviendrait de la campagne que dans trois ou quatre jours, attendu qu'*elle aimait*.

C'était la première fois que Maurice venait chez la maîtresse de son ami. Elle lui parut agréable. C'était une petite femme appartenant au type de l'enfant de Paris : une tête un peu grosse avec une figure un peu maigre dont tous les traits étaient ramenés vers un nez retroussé : des yeux petits, parlants, brûlants; une bouche fraîche, rieuse.

Le déjeuner, qui dura trois heures, grisa Maurice; Lina fut pleine d'entrain, d'esprit et de drôlerie.

CHAPITRE IV

JOURS D'ÉPREUVES

I

Cinq jours après ce déjeuner, Liénard arriva chez Maurice.
— Voici une lettre pour toi, dit-il ; j'ai trouvé Lina te l'écrivant.
Maurice, assez surpris, le regarda ; il le vit sérieux et triste.
— Qu'as-tu donc? demanda-t-il.
— Lis.
Maurice prit la lettre :
« Jeune homme irrésistible, mais mal élevé, deviez-vous vous montrer si empressé pour devenir le lendemain si négligent? Ne me deviez-vous pas au moins une visite de remerciment? Je l'attendais, cette visite, et j'avais fait une petite toilette qui m'aurait valu un compliment au moins. J'en ai été pour mes frais. Tu as peut-être cru que tu avais rêvé un rêve agréable, je l'espère, n'est-ce pas? Ou bien monsieur aura été pris de remords. Ah! les bêtes à remords.

« Sérieusement, mon cher Maurice, je ne méritais pas d'être oubliée. Je sais bien que le cœur d'une femme comme moi, ça n'est pas grand'chose... »
— La lettre n'est pas finie, dit Liénard quand il vit Maurice s'arrêter, car je suis arrivé sur le dos de Lina pendant qu'elle écrivait; mais il y en a assez.

Après un moment de silence assez long, Maurice se leva, et d'un ton résolu :
— Eh bien? dit-il.
— Reste assis et causons.
Il se rassit, étonné de ce calme, inquiet aussi.
— Notre situation est assez difficile, poursuivit Liénard, pour que nous ne la compliquions point par des comédies de dignité ; je viens à toi afin

que tu m'aides à en sortir convenablement pour tout le monde, pour toi, pour Lina, pour moi. Tu m'as pris une femme que j'aimais; mari d'une femme charmante, riche, jeune, heureux, tu m'as jeté à bas de l'écueil où je m'étais réfugié. Eh bien, je ne me fâcherai point. Je mets l'amitié au-dessus de l'amour. Quant à nous deux, voilà donc qui est réglé. Reste Lina, le difficile; car si je veux passer sur la tromperie, qui a sans doute des excuses, je ne peux point passer sur sa trahison, qui n'en a point. Tu savais que je l'aimais, c'est vrai; elle seule savait jusqu'où allait mon amour. Que va-t-elle devenir?

Maurice, qui avait tenu les yeux baissés, les releva. Liénard poursuivit:

— L'aimes-tu?

Maurice ne répondit point immédiatement. Alors Liénard s'écria avec émotion :

— Si tu ne l'aimes pas, tu as été bien coupable de me l'enlever : pour toi il y avait tant d'autres femmes! Ah! pourquoi une femme devient-elle désirable par cela seul qu'elle est la femme d'un ami! Mais il ne s'agit pas de cela. Voilà une pauvre fille qui, en me trompant, n'a pas pensé qu'elle serait exposée à la misère et qui s'y trouve noyée en plein, puisque tu ne l'aimes pas, ce que précisément je venais savoir. Après tout, tant pis pour elle et tant mieux pour toi.

— Permets un peu, interrompit Maurice avec un certain embarras, est-il donc nécessaire que je l'aime pour qu'elle retrouve en moi ce que je lui ai fait perdre?

— Assurément. En venant ici, je me disais : elle a été pour lui ce qu'elle est pour moi; il a succombé, et s'il n'est point revenu à elle, c'est par amitié pour moi. Mais tu ne l'aimes pas, tu as cédé à un caprice, tu l'as prise dans un moment de belle humeur ou d'ennui, c'est le provoquant de la tromperie qui a tout fait. Tu serais trop belle âme de la prendre aujourd'hui par conscience. Ce serait, ma foi! une jolie conscience qui te ferait ainsi sacrifier ta femme. Reste à ton ménage. Laisse mademoiselle Amelina Boireau au sort qu'elle s'est fait.

— Ne parlons point de mon ménage; Lina n'a rien fait; je suis le coupable; je sais ce que je lui dois.

— L'aimant, tu lui devais tout; ne l'aimant point, tu ne lui dois rien. A moi seul, tu dois quelque chose; mais un vieux débris comme moi, ça ne compte pas; ça serait trop bête, si ça se plaignait; trop naïf, si ça se vengeait. As-tu seulement pensé que je pourrais me plaindre ou me venger?

Maurice ne répondit point.

— Non, n'est-ce pas? poursuivit Liénard; on ne pense jamais à cela; si tu te crois obligé à quelque chose envers Lina, envoie-lui un ou deux billets de mille francs, qui lui permettront d'attendre un engagement soit en province, soit à l'étranger. Cela vaudra mieux pour toi que de la revoir, car tu pourrais en devenir fou. Je sais ce qu'elle est : toutes les femmes dans une seule. Si tu l'avais aimée, je ne parlerais point ainsi ; tu ne l'aimes pas, je te préviens à temps. Elle pourrait te coûter cher. Elle trouve l'endroit où l'homme cache son argent, comme le chien le gibier, et elle vous l'extrait si gentiment, qu'au lieu de crier, on la remercie.

Tous deux se levèrent en même temps; ils n'étaient ni l'un ni l'autre à leur aise.

— Adieu, dit Liénard en sortant. Quand j'aurai un peu oublié, tu me retrouveras ce que j'ai toujours été et ce que je suis encore, — ton ami.

II

Montrer un danger à certaines natures, c'est les pousser en avant : Liénard parti, Maurice courut chez Lina.

Il s'attendait à la trouver noyée dans les larmes, il la trouva à table.

— Quelle bonne idée tu as eue de venir, s'écria-t-elle, tu vas déjeuner avec nous ! Ça te fera connaître madame Jourd'heuil que je te présente.

Et, se penchant à son oreille qu'elle effleura :

— C'est ma sage-femme.

Il parut tellement abasourdi qu'elle partit d'un grand éclat de rire.

— Est-ce que tu crois que j'ai déjà eu besoin de ses services? Apprends donc que madame Jourd'heuil est la femme la plus habile de Paris dans tous les talents qui peuvent venir en aide à la beauté d'une femme. Elle a des secrets :

> Pour réparer des ans l'irréparable outrage,

comme on dit aux Français ; et elle en a aussi pour réparer ceux plus graves, dont les ans seuls mettent une femme à l'abri. Comprends-tu et déjeunes-tu ?

Malgré ses instances il refusa. Il était malaise, mécontent. Ce n'était point pour entendre ces papotages qu'il était venu.

— Je trouve que monsieur a raison, dit madame Jourd'heuil, on déjeune trop mal chez les femmes. Oui, mon petit cœur, chez vous comme partout. Vous mangez trop en l'air, je me tue à vous le dire : des pommes vertes et des grains de café, ce n'est pas une nourriture. Envoyez donc

Mme Jourd'heuil.

H. MALOT. — VICTIMES D'AMOUR.

madame Amédée nous chercher quelque chose; vous maigrirez, mon enfant, et vous jaunirez.

Puis s'adressant à la bonne qui entrait :

— Madame Amédée, continua madame Jourd'heuil, ma gentille madame Amédée, voulez-vous nous apporter du foie gras, en pâté, pas en terrine, que la croûte soit tendre. N'oubliez pas un homard. Dites donc, ma petite Lina, est-ce que vous avez du kirsch? Non. Eh bien, madame Amédée, montez-en une bouteille.

A peine la bonne était-elle partie que madame Jourd'heuil continua en se tournant vers Lina, qui avait laissé tranquillement donner ces ordres :

— Il faut que je vous dise aussi que madame Amédée est trop maîtresse chez vous. C'est une excellente femme; mais, par paresse, elle vous laisserait mourir de faim. Soignez-vous, mon enfant : la santé est à ce prix, vous ne savez pas ce que vaut un agréable embonpoint.

Enfin, madame Jourd'heuil acheva le pâté, la langouste, les confitures, les fruits, pendant que Maurice, impatient et nerveux, effeuillait une véronique sans dire un mot; puis lorsqu'elle eut largement entamé le kirsch, elle se décida à mettre son châle, un vrai cachemire de l'Inde qui portait encore à son extrémité l'étiquette du marchand : marque évidente qui pouvait prouver la valeur et la nouveauté du châle, si, un jour ou l'autre, elle le revendait à une de ses clientes.

— Allons, adieu, dit-elle, je vois que ce ne sera pas pour aujourd'hui. Je reviendrai après-demain.

Elle partit.

— Liénard sort de chez moi, dit Maurice, il m'a apporté votre lettre.

— Ah! mon Dieu!

Et Lina se mit à pousser les hauts cris.

— Rassurez-vous; il ne se passera rien de grave; seulement il se retire, et je viens...

Brusquement elle lui passa les bras autour du cou, et à plusieurs reprises elle l'embrassa.

— C'est gentil ce que tu fais là, dit-elle; mais c'est fou. J'aurai de la raison pour toi. Amant, oui, tant que tu voudras, tant que tu m'aimeras; mais c'est tout, pas d'intérêts entre nous. D'ailleurs, je ne suis pas de ces femmes-là. J'ai mon talent, j'en vivrai; si jusqu'à ce jour je n'en ai point profité, c'est que Liénard savait que le jour où j'aurais une réputation quelconque, je ne voudrais plus de lui, et il a eu soin de me faire manquer les occasions qui se présentaient. Toi, tu m'aideras à les trouver. Je chanterai ta musique, et en attendant, s'il faut faire des économies, on serrera son corset et on enverra la mère Jourd'heuil manger du foie gras ailleurs. Ne parlons donc plus de ça. Viens ici quand tu voudras, tu y seras maître, tu seras un ami, un camarade. Quelle bonne idée cet imbécile a eue de me surprendre au moment où je t'écrivais ! Nous sommes libres, mon chéri, libres ! libres !

Et elle se mit à danser autour de Maurice.

En venant chez Lina il était mécontent et perplexe. Il se voyait sur les bras une maîtresse en titre, avec un intérieur, un ménage et tout le reste. En sortant il était enchanté. Ce serait une distraction, ce ne serait point une liaison. Il la ferait débuter, arriver. Elle était charmante. Elle ne serait ni dangereuse ni gênante. Elle valait bien mieux que cette bégueule d'Élisabeth. Celle-ci fut donc sacrifiée sans un seul mot comme sans un seul regret.

III

Il fut parfait pour sa femme ; depuis deux ans elle ne l'avait jamais vu si joyeux, d'humeur si égale. Il fut caressant et il eut des attendrissements qui la pénétrèrent, des prévenances qui l'émurent doucement ; rentrant tard il fut toujours chargé de quelque petit cadeau, ou tout au moins il donna des explications et des justifications, qu'il offrit de lui-même sans se les faire demander.

De la meilleure foi du monde il put se dire qu'elle était heureuse, et il sut gré à sa maîtresse du bonheur de sa femme.

D'ailleurs, en s'attachant à Lina il ne se détacha point d'Armande, et l'on peut même dire qu'il l'aima davantage lorsqu'il commença à la tromper. Le remords lui donna une sorte de pitié ingénieuse à inventer des compensations.

De là dans ses rapports avec elle une grande douceur et une sorte de tendresse compatissante.

De là aussi chez Armande une sécurité parfaitement justifiée ; car, se sentant aimée, elle ne pensait ni aux soupçons ni à la jalousie.

Sans doute cette vie nouvelle n'était point celle à laquelle l'avaient habituée les premiers mois de leur amour. Mais les circonstances n'étaient plus les mêmes, elle s'efforçait de se le persuader et de le comprendre.

De là donc, pour l'un et l'autre des deux époux, un état qui ne fut certes point le bonheur parfait, mais qui, cependant, — pour Armande, fut supportable, puisqu'elle eut autour d'elle le calme et en elle la tranquillité ; — pour Maurice, fut agréable, puisqu'il eut au dehors les plaisirs qu'il lui fallait, chez lui les joies du foyer.

IV

Il n'y avait pas huit jours qu'il était l'amant de Lina, lorsqu'il remarqua chez celle-ci une inquiétude qui n'était ni dans ses habitudes, ni dans son caractère. C'était évidemment malgré elle qu'elle laissait voir son tourment. Entre elle et madame Amédée, il y avait à chaque instant des colloques à voix basse. Plus d'une fois il la surprit les yeux rouges. Qu'avait-elle ?

Il l'interrogea, tantôt en la câlinant, tantôt en la brusquant. Elle ne voulut point répondre.

— Vaut mieux vous dire la vérité, répondit madame Amédée, lorsqu'il eut décidé celle-ci à parler. Vous avez remarqué du mystère. Je vous dirais non, vous ne me croiriez pas, vous n'êtes point un homme à vous payer de paroles. Il y a quelque chose, c'est vrai, et je vais vous avouer tout. Ce n'est pas ça qui vous fera aimer madame davantage, puisque je vois bien que vous l'adorez, et vous avez joliment raison. M. Liénard a donné à madame le mobilier qui est ici; mais c'est un malin, il a fait signer les billets par madame, et il les a seulement garantis. Il n'en reste plus que trois qui font six mille francs. Ils sont échus et le marchand veut reprendre les meubles ou s'adresser à M. Liénard. C'est ça qui tourmente madame; comme elle ne peut pas payer, elle aime mieux rendre les meubles que de devoir quelque chose à M. Liénard. Une autre à sa place ne serait pas embarrassée pour si peu, mais elle vous aime. Moi seule sais combien, et madame Jourd'heuil qu'elle n'a pas voulu écouter; car ce n'est pas une femme intéressée, c'est une artiste. C'est là ce qui l'a fait fâcher avec sa mère. Oui, monsieur, une créature qui a quatre filles et qui leur a payé une éducation de princesse, pour en faire métier. Les deux aînées sont déjà riches comme de vrais agents de change, et la dernière est encore au couvent; on l'élève pour le baron du Campart, qui a déjà eu l'aînée. Ça me révolte. J'ai eu des malheurs, mais je veux que mon petit Melchior aille dans le bon chemin. On a un enfant, c'est pour qu'il vous relève, n'est-il pas vrai ? Vous me direz : Comment madame a-t-elle accepté M. Liénard ?

Maurice fit un signe affirmatif.

— Précisément, continua madame Amédée, parce qu'elle n'est pas la fille de sa mère. Elle voulait être artiste; elle a cru qu'il la ferait arriver, tandis qu'il a tout fait pour l'empêcher. Et il ne lui donnait presque rien. Le plus sûr, c'était la représentation au bénéfice de madame, qu'il organisait, et dans laquelle il faisait paraître gratis tous les artistes qui ont besoin de lui et de son journal. Oui, monsieur, il les faisait doublement chanter comme il disait. Aussi vous pouvez bien dire que vous êtes le premier amour de madame : c'est même pour cela qu'elle ne vous conte pas ses ennuis. Elle ne veut point que l'argent se mette entre vous. C'est enfant, mais tout de même c'est bien. Aussi ce que je vous en dis, c'est pour que vous tâchiez de voir les créanciers et de gagner du temps. Si vous les payiez madame s'en fâcherait.

Il vit les créanciers, et les paya. Six mille francs étaient pour lui une assez grosse affaire, car il s'était en ces derniers temps assez lourdement endetté, mais il trouva cependant moyen de se les procurer. Il devait bien cela à une femme qu'il avait réduite à cette extrémité.

— Tu me rendras cela plus tard, dit-il à Lina.

— C'est à cette condition seulement que j'accepte, dit celle-ci ; maintenant tu es intéressé à mon succès comme ami et comme créancier ; fais-moi donc travailler, je te paierai doublement.

Ils s'en trouvèrent plus étroitement unis. Il y a des hommes qui voient dans l'argent dépensé pour une femme un capital engagé, et qui tiennent ainsi à la fois à la femme et à la mise de fonds. Sans faire précisément ce calcul, Maurice se sentit plus maître chez Lina ; il fut, en réalité, plus possédé. Il sortit avec elle ; la conduisit aux théâtres ; se montra à son bras.

V

En cessant tout à coup de venir chez Élisabeth, Maurice avait causé à celle-ci un prodigieux étonnement. Au point où ils en étaient, que pouvait signifier une si brusque froideur ?

— C'est de la bouderie, pensa-t-elle ; par tactique il veut que je revienne et que je fasse les avances de la réconciliation.

Elle les fit aussi complètes qu'eût pu le désirer l'amour-propre le plus féroce. Maurice se mit à plaisanter, et se montra libre et dégagé comme s'ils n'avaient jamais échangé entre eux que des paroles en l'air.

De l'étonnement elle passa au dépit, et se renferma dans sa dignité.

— Il y viendra de lui-même, se dit-elle, il me paiera cher son caprice.

Elle eut beau attendre ; il fut aussi insensible à la dignité qu'il l'avait été à la tendresse.

Décidément, il y avait quelque chose. Avait-il une maîtresse ? Comment le savoir ? Par ce qu'il était pour sa femme, on aurait peut-être un indice.

Lorsqu'elle arriva chez Armande pour procéder à l'interrogatoire assez délicat qui devait l'éclairer, elle trouva celle-ci penchée sur un métier à tapisserie et travaillant; auprès d'elle Victorine, assise sur le tapis, jouait à faire des cheveux à sa poupée avec de petits bouts de soie coupés qu'elle ramassait.

— C'est charmant, cette chaise, dit Élisabeth ; vous vous cachez donc pour travailler, que je ne l'avais pas encore vue.

— Une surprise que je veux faire à Maurice ; je n'y travaille que quand je suis seule.

— Alors, vous devez y travailler souvent et longtemps.

— Mon Dieu oui, dit Armande qui, incapable d'une méchanceté voulue, ne la supposait jamais chez les autres, il sort beaucoup depuis quelque temps.

— Est-ce qu'il espère bientôt réussir pour son opéra?

— Hélas ! ça n'avance guère.

— Ainsi, vous en êtes encore à vous faire des surprises d'amants.

— J'espère bien que nous en serons là toujours.

— Enfin, vous en êtes là aujourd'hui ; vrai, j'en suis bien heureuse, vous m'inquiétiez, Maurice me paraissait mécontent.

— Se plaignait-il de moi?

— Vous pensez bien qu'il n'eût pas été me choisir, moi, votre amie, car je ne l'aurais pas écouté ; mais je le trouvais dur avec vous, quelquefois moqueur, injuste, exigeant, comme ennuyé et fatigué de sa maison.

— Il a été ainsi durant quelques mois, c'était sans doute sous l'impression des difficultés et du mauvais vouloir qu'il rencontrait ; depuis quelques jours il est redevenu bon et tendre comme je l'ai connu autrefois.

— Tel qu'il était dans les premiers mois, dans les premiers jours de votre mariage? insista Élisabeth.

— Ah ! les premiers jours !

— Non, n'est-ce pas?

— A ce moment-là, il n'avait pas d'affaires qui l'appelaient au dehors, et je n'étais ni mère ni nourrice.

— Comme vous me répondez cela, mon enfant, restons-en là, je vous prie ; je ne l'accuse pas, vous n'avez point à le défendre. Mon désir, en entrant dans ces détails qui paraissent vous blesser était tout simplement de vous engager à ⫶ surveiller. Si j'avais fait ce que je vous conseille aujourd'hui, je me serais évité bien des chagrins dans mon ménage ; j'étais jeune et simple comme vous, j'avais confiance ; comme vous, je ne voulais croire que mon cœur. C'est plus tard que j'ai vu que les hommes ne savaient pas mentir, n'ayant ni assez de patience, ni assez de mémoire pour ça, et qu'en leur faisant raconter deux ou trois fois, à des intervalles qui n'étaient jamais les mêmes, l'emploi de leur temps, on les suivait aussi sûrement qu'en les tenant au bout d'une laisse. C'est un bon moyen que je vous donne. Usez-en, croyez-moi.

VI

Cet entretien avec Armande démontra clairement à Élisabeth que Maurice avait une maîtresse. Il restait des journées entières hors de chez lui. A qui les donnait-il? Il n'était que bon et tendre pour sa femme? Elle savait de reste, elle, chez qui il avait passé tant d'heures, ce qu'il fallait croire de ces prétendues affaires. Il y avait un fait, l'abandon. C'était là le certain. Au profit de qui? C'était là le mystère. Il fallait pourtant qu'elle le perçât à jour; son dépit, son amour-propre, sa vengeance l'y poussaient et l'exigeaient. Mais comment? Il n'était guère probable qu'Armande sût profiter des conseils qu'elle lui avait laissés. Ah! si elle avait un auxiliaire, si Liénard était encore là, il était habile, lui; il voyait, il comprenait et se faisait comprendre à demi-mot. On pouvait s'expliquer avec lui. Il aimait Armande, cela était bien certain. L'infidélité prouvée du mari lui gagnait la femme. C'était le meilleur instrument qu'elle pût employer, puisque lui-même était intéressé au succès.

Ainsi aiguillonnée, elle résolut de l'aller trouver. Les bureaux du journal étaient un terrain neutre. Elle se rendit aux bureaux.

Surpris de la voir et intrigué aussi, il la reçut cependant de la façon la plus gracieuse, et lui promit tout ce qu'elle demandait.

— Pardonnez-moi, dit-elle en le remerciant, d'être venue vous déranger. J'avais chargé madame Berthauld de vous adresser ma demande, certaine que vous seriez heureux de la lui accorder à elle-même; mais elle m'a dit qu'on ne vous voyait plus.

— Où veut-elle en venir? pensa Liénard. Attendons.

— J'ai voulu alors vous envoyer notre ami Maurice; on ne le voit pas davantage.

— Ma foi! je ne le vois pas plus que vous, dit-il simplement.

Ils restèrent tous deux, cherchant à se deviner, mais ils étaient dignes l'un de l'autre.

— Il ne sait rien, pensait Élisabeth; comment l'éclairer sans me compromettre?

— Elle veut savoir ce que devient son amant, se disait Liénard.

Ce fut lui qui rompit le silence. Son parti était pris, son plan fait. Du même coup il pouvait se venger d'Élisabeth et détacher Armande de Maurice, car ses confidences, quelles qu'elles fussent, seraient assurément répétées.

— Vous êtes l'amie de Maurice, dit-il, dévouée à sa femme; nous ne nous voyons plus, Maurice et moi.

— Vraiment! fit-elle; un malentendu, sans doute, qu'un tiers ferait cesser d'un mot; voulez-vous que j'essaye.

— Mille remercîments, car si ce n'est pas une rupture, c'est plus qu'un malentendu. J'avais une maîtresse; pardonnez-moi de vous parler aussi crûment, mais il faut appeler les choses par leurs noms; j'avais une maîtresse que j'aimais; j'ai renoncé à la gloire, j'ai renoncé à la fortune, je n'avais plus d'espoir que dans cette femme. Un jour, j'ai par hasard conduit Maurice chez elle, tenez, c'était précisément un matin qu'il sortait de chez vous. Le lendemain il était son amant.

Il s'arrêta, à la pâleur d'Élisabeth, il dut être satisfait. Il continua :

— Quand j'appris que les deux êtres que j'aimais le plus au monde m'avaient trompé, ce fut un dur moment. Heureusement j'ai eu la force de sortir de là, sans scandale et dignement, je crois. Mon amitié pour Maurice n'a point succombé; je le reverrai quand ma blessure commencera à se fermer un peu. Je ne lui en veux pas trop, car il y a de ma faute; je n'aurais pas dû mettre en présence ces deux enfants. Jeunes et séduisants tous deux, ils ont été entraînés. J'aurais dû penser combien elle est irrésistible. Ils s'adorent aujourd'hui, et vous ne savez pas quel coup vous m'avez porté en me disant que Maurice était introuvable. Introuvable? il est chez elle.

Élisabeth suffoquait. Elle se leva, et avant de partir elle tâcha de répondre au moins un mot à ce perfide discours.

Elle prit la main qu'il lui tendait, et d'une voix doucereuse :

— Votre procédé envers Maurice est plein de loyauté.

Elle lui serra la main.

— Bien digne de vous.

Elle la lui serra plus fort.

— Que ne puis-je en faire part à Armande? elle aurait pour vous toute l'estime que vous méritez.

Là-dessus, elle sortit avec dignité.

— Elle va tout dire à Armande, pensa Liénard, et, avant deux jours, la guerre sera déclarée : prenons nos précautions avec le mari.

Et il lui écrivit la lettre suivante, qu'il adressa chez Lina :

Elle prit sa fille dans ses bras, et l'élevant vers le ciel, elle l'offrit à la Vierge (p. 342).

« J'ai reçu il y a quelques minutes, mon cher Maurice, la visite d'une âme en peine, qui te pleure et te regrette. Elle est venue crier ici : J'ai perdu mon Eurydice, pouvez-vous m'en donner des nouvelles? Je n'ai pu y tenir et j'ai dit ce qu'elle voulait savoir, en gros, bien entendu, sans entrer dans les détails. Elle sait seulement qu'elle est trompée, abandonnée, délaissée. Peut-être ai-je fait une bêtise; mais je n'ai pas pu résister au plaisir de lui faire expier en une minute tous les mauvais tours qu'elle me joue depuis longtemps. Dans tous les cas, je te préviens : tu pourras aviser si besoin est.

« Ton ami quand même.

« LIÉNARD. »

Il ne se trompait point en pensant qu'Élisabeth voudrait avertir Armande; à peine sortie, elle y courut.

Celle-ci était si visiblement inquiète, qu'Élisabeth, malgré sa préoccupation, en fut frappée.

— Qu'avez-vous donc? lui demanda-t-elle.

— Victorine m'effraye, elle est enrouée, elle tousse et frissonne.

— Vous êtes bien toujours la même, vous n'avez souci que de votre enfant! Ce ne sera rien, un malaise, l'influence du temps. Si vous n'étiez pas si mère, vous seriez plus femme, ce qui vaudrait mieux. Avez-vous surveillé Maurice, comme je vous le conseillais l'autre jour?

— Et pourquoi?

— Vous voilà bien. J'ai eu tort, n'est-ce pas? tort de vous parler comme je l'ai fait, tort de vous donner les conseils que je vous ai donnés! Eh bien, non.

— Armande éperdue la regarda en face.

Élisabeth baissa les yeux.

— Parlez donc! s'écria Armande, vous me faites mourir.

— Voyons, reprit Élisabeth, Vous avez du courage. Vous aimez votre mari. Vous êtes décidée à tout pour le garder ou le reprendre. Apprenez qu'il vous trompe et se moque de vous; il a une maîtresse; c'est Liénard qui m'a tout dit. Mais était-il nécessaire qu'on le dît? tout ne le prouvait-il pas? et votre cœur ne vous l'a-t-il point crié? Ah! vous avez voulu pour mari un artiste; vous ne connaissiez pas ces natures-là. Vous avez cru que la vie de famille était possible avec un caractère comme Maurice, et voilà où vous en êtes. Mais voyons, ne pleurez pas; votre sort, votre bonheur à tous deux est dans vos mains : un peu de force et d'adresse et votre mari est à vous pour la vie. Dites-lui, s'il le faut, que vous savez tout. Dites-lui que vous le tenez de moi

Armande n'écoutait point. Un seul mot avait frappé son oreille et retenti dans son cœur : une maîtresse. C'était quelque chose de physique qu'elle ressentait, un étourdissement. Elle ne comprenait pas très bien. Comme tous les grands coups, celui-là l'avait jetée au delà du fait même qui l'anéantissait.

VII

Lorsque Mme Cabu fut partie, Armande, qui s'était contrainte, s'abandonna. Ce fut un torrent de larmes, une suffocation. Le cœur éclatait. Elle pleurait, pleurait, mais sans bien se rendre compte de toute l'étendue de son malheur. C'était son bonheur passé, son amour. Elle ne pensait point à l'avenir, pas même au présent. Il avait tout oublié, sacrifié, joie, promesses, souvenirs.

La voix de Victorine la rappela à elle-même. L'enfant, couchée dans son petit lit, disait d'une voix rauque :

— Maman ! maman !

A cet appel, elle redevint mère. Elle se leva du fauteuil où elle était affaissée, la tête cachée entre les mains, et s'approcha de sa fille. Elle la prit dans ses bras.

La peau de l'enfant était sèche et brûlante, sa respiration était bruyante, précipitée, résonnante dans le fond de la gorge, où l'on entendait comme un bruit de soufflet ; sa face était boursouflée et rouge ; les yeux brillaient.

— A boire ! dit-elle.

Armande lui présenta une tasse ; l'enfant ne put avaler.

Immédiatement elle envoya chercher Carbonneau, qu'on trouva chez lui et qui arriva aussitôt.

C'était le croup : il fallait des vomissements, des sinapismes.

— Où est le père ? demanda-t-il en partant.

— Il va rentrer, répondit-elle.

— Bon, je reviendrai avant-dîner.

Il était à peine sorti, qu'elle reçut un billet de Maurice.

En deux mots il la prévenait qu'il était forcé d'aller à la campagne ; au retour, il lui dirait pourquoi.

Sous la parole d'Élisabeth elle avait jusqu'à un certain point douté : on se trompait, on la trompait. Cette lettre lui enleva cette faible espérance. Ce fut la confirmation, la preuve.

Cependant elle souffrit peut-être moins, convaincue alors qu'elle se débattait contre l'évidence ; car la douleur n'était plus seule maîtresse en elle. Elle avait l'anxiété, une anxiété poignante. Sa fille, leur fille qu'il aimait, qui pouvait mourir sans qu'il la vît, sans qu'il en sût rien ! Où était-il qu'elle le prévînt ?

Avec cette lucidité que donnent seules les grandes crises, elle pensa à Liénard. Il devait savoir où était Maurice.

Que celui-ci eût quitté Paris, comme le disait sa lettre, elle ne le croyait pas. Il était, elle ne le sentait que trop cruellement, il était chez sa rivale. Il lui répugnait de s'adresser à un tel homme ; mais, c'était de sa fille qu'il s'agissait. Ah ! si Martel eût été là !

Elle fit prévenir Liénard de se rendre chez elle aussitôt que possible.

Deux heures après il arriva en triomphateur ; puisqu'on le demandait, c est qu'Élisabeth avait parlé. Il était rasé, frisé.

Au moment où il arriva, Victorine avait précisément une crise. Avec des efforts qui soulevaient son pauvre petit corps et bleuissaient son visage couvert de sueur, elle s'efforçait à vomir en se roidissant contre sa mère.

On fit entrer Liénard au salon, où, assez surpris de ne pas voir arriver Armande, il attendit.

Lorsque Victorine se fut un peu assoupie, Armande lui posa doucement la tête sur l'oreiller, et, après avoir fait mille recommandations à Marie-Ange, elle descendit.

— Eh bien, fit Liénard en allant au-devant d'elle, vous avez vu madame Cabu ?

— Où est Maurice ? dit-elle.

— Elle a parlé ?

— Je vous en prie, où est Maurice ?

— Que voulez-vous que je vous apprenne que vous ne sachiez déjà ? Chez celle qu'il vous préfère, sans doute. Est-il dit que vous le pleuriez si amèrement ?

— Oh ! taisez-vous, dit-elle, c'est un crime !

— Je ne l'accuserai point si vous voulez. Je me dévouerai même à lui pour vous. Seul il n'arrivera à rien ; si vous voulez, je me ferai son soutien. Dites un mot et vous gagnerez un appui qui mettra à votre service son expérience, ses relations, sa vie.

Elle l'avait écouté avec stupeur. Elle recula, et, arrivée à la porte, elle dit :

— Ma fille est là qui se meurt peut-être, vous devez savoir où est son père ; qu'il vienne, je vous en conjure ! qu'il l'embrasse !

Lorsqu'elle était entrée, il avait remarqué sa pâleur et son émotion, et il les avait attribuées à la jalousie ; ces dernières paroles lui firent comprendre son erreur. Il s'avança vers elle :

— Pardonnez-moi, dit-il. Dans une heure Maurice sera auprès de vous.

Sans la regarder, sans attendre un mot, il sortit.

Mais Maurice ne vint point. Il était en réalité parti pour la campagne avec Lina. Madame Amédée pensait, toutefois sans pouvoir rien affirmer, qu'ils rentreraient le lendemain.

Liénard eut peur de porter cette triste réponse ; il l'écrivit.

Carbonneau arriva, comme il l'avait promis, et trouva l'enfant mal, très mal.

— Le père n'est pas rentré ? dit-il ; il faudrait l'aller chercher.

— Il est à la campagne, murmura Armande.

— Je reviendrai bientôt. Ne vous désolez pas. Comptez sur moi. Seulement, ne l'embrassez pas trop fort ni trop souvent, ça l'échauffe et l'empêche de respirer.

Avec la nuit redoublèrent les angoisses d'Armande, l'obscurité avait apporté sa tristesse, son inquiétude, ses craintes.

Cependant, les heures les plus pénibles n'étaient point celles où elle soignait Victorine ; car alors elle n'était point libre. Sa fièvre était surexcitée. Il n'y avait place en son esprit comme en son cœur que pour cette seule pensée: l'enfant. Elle ne voyait que sa fille s'agitant sur son berceau en désordre, s'écorchant la gorge de ses petits doigts crispés, comme pour arracher l'obstacle qui l'empêchait de respirer. En face de ce cher petit corps, inondé de sueur, secoué par la toux, tordu par les contractions, il n'y avait que la mère entendant jusque dans ses entrailles la respiration de sa fille ; la mère haletante, suffoquée.

Mais cet état n'était pas continuel, il y avait des intervalles d'apaisement pour l'enfant, et par suite un peu de somnolence.

C'était alors à la femme, à l'épouse, à l'amante, de pleurer.

Tout en tenant la main de sa fille assoupie, elle pensait ; elle pensait à elle-même, à son mari, à leur amour perdu. Où était-il ? Auprès d'une autre. Et rien ne venait la distraire de cette obsession qui la rendait folle. Seule la respiration plus ou moins rauque de sa fille la rappelait à la réalité présente qui doublait son malheur.

Vers onze heures, l'enfant eut une crise plus violente encore que toutes les précédentes. On crut qu'elle allait étouffer ; sa face contractée, crispée, était bleuâtre ; elle râlait.

Alors la pauvre mère, affolée, ne crut plus à la médecine, à la science. Il lui fallut le surnaturel, elle appela à son secours le miracle.

Quoique ayant eu une éducation peu religieuse, elle n'eut plus d'espoir qu'en Dieu.

Elle prit sa fille dans ses bras, et, l'élevant vers le ciel, elle l'offrit à la Vierge.

— Je vous la donne, dit-elle en pleurant, sauvez-la, je vous la voue.

Marie-Ange, qui était dans la chambre, se mit à genoux comme sa maîtresse, et toutes deux elles prièrent.

Ce n'était point assez pour Armande ; elle avait donné sa fille, elle ne s'était point donnée elle-même.

— Mon Dieu ! dit-elle avec exaltation, sauvez-la et faites-moi malheureuse ; rendez-moi ma fille, prenez-moi l'amour de mon mari.

Vers une heure du matin Carbonneau revint une nouvelle fois.

— Encore seule, dit-il ; allons, chère enfant, je vais passer la nuit avec vous.

Il s'assit auprès d'elle contre le lit, et tâcha de la rassurer par de bonnes paroles. Bien soigné et pris en temps, le croup n'était point dangereux. D'ailleurs restait l'opération qui, bien faite, était presque infaillible.

De temps en temps il introduisait dans la bouche de l'enfant une éponge imbibée d'une préparation qu'il avait apportée.

Et presque sans relâche il parlait pour distraire Armande. Lorsqu'il prononçait le nom de Maurice, elle détournait la conversation ; elle avait peur de céder à la tentation de se plaindre.

Quand le froid du matin se fit sentir, il fut pris par la fatigue, et, de temps en temps, il se laissa aller au sommeil. Cela ne durait qu'un court instant. Sa tête tombant en avant, il se réveillait et reprenait aussitôt ses soins et la conversation.

A sept heures il la quitta pour aller à son hôpital. Victorine n'était pas mieux, elle n'était pas plus mal non plus.

VIII

A midi Armande entendit un bruit de pas rapides dans l'escalier :

— Victorine ! s'écria Maurice d'une voix haletante.

Armande, sans répondre, ouvrit les rideaux du berceau.

L'enfant dormait. Au bruit que fit son père, elle s'agita. Puis, comme il se baissait pour l'embrasser, elle ouvrit les yeux.

— Papa ! dit-elle d'une voix claire, en lui tendant les bras.

Elle était guérie.

Sans dire un mot, sans regarder son mari, Armande tomba à genoux.

Il alla vers elle.

— Je te jure par notre amour; je te jure, — il prit Victorine qu'il mit dans les bras de sa mère, — je te jure, par notre fille, de ne plus vivre que pour toi et pour elle.

Elle ne répondit rien ; elle se pencha sur Victorine qu'elle embrassa.

Carbonneau entra, suivi d'un jeune homme, son élève préféré, un aide.

— Allons, dit-il, l'enfant est sauvée. Nous n'aurons pas besoin de la trachéotomie. Je n'ai plus que faire ici.

Dans le jardin il prit Maurice à part.

— Un conseil, dit-il : soignez votre femme, mon cher Berthauld, elle en a besoin et elle le mérite bien.

CHAPITRE V

PARDONNER N'EST PAS OUBLIER

I

Dès le lendemain, Maurice alla chez Élisabeth. Il voulait s'expliquer avec elle sur ses confidences à Armande.

— Ma femme est sortie, dit Cabu, qui travaillait à un petit tableau de chevalet et qui, pour se représenter à lui-même la neige dont il couvrait son paysage, avait étendu sur le parquet des draps et des serviettes, elle est à l'église; mais je suis bien aise de vous voir, je serais même allé chez vous, si j'avais espéré vous trouver seul.

— Qu'y a-t-il donc?

— Il y a, mon cher, continua Cabu visiblement mal à son aise, que ma femme sait que vous avez une maîtresse.

— Eh bien, qu'est-ce que ça lui fait?

— Mais ça lui fait beaucoup, ça la peine, et plus qu'elle ne le dit même, je m'en suis bien aperçu, et puis vous comprenez, elle est obligée dans ses relations à beaucoup de... dans sa position... Que diable, aussi, pourquoi prenez-vous une femme de théâtre?

— Aimait-elle mieux que je prisse une dévote?

— Au moins, mon cher, vos aventures n'eussent pas été connues de tout Paris. Tandis que vous allez être bientôt compromis et même compromettant. C'est ce que ma femme m'a chargé de vous faire sentir, et moi je vous le dis avec franchise. Ma femme verra toujours madame Berthauld avec plaisir.

— Mon cher, répondit Maurice, lorsque ce discours entortillé fut arrivé à sa conclusion, je ne serai pas moins franc que vous. Je comprends la sévérité des principes de madame Cabu, et puisque nos relations doivent changer de nature, je désire qu'elles soient entièrement rompues.

Pendant un quart d'heure, il lui fallut écouter la magie de Mme Jourd'heuil (p. 351).

— Ah! mon Dieu! vous vous fâchez! Comprenez donc, appréciez donc les raisons de ma femme.

— Je ne me fâche point ; seulement madame Cabu, dans les meilleures intentions, j'en suis certain, a cru devoir parler de ma maîtresse à ma femme : demain elle pourrait trouver encore dans ma conduite quelque chose qui la scandaliserait, et, toujours en vue de mon bien, renouveler ses confidences ; c'est pour éviter cela que je demande une rupture que je n'aurais point cherchée, mais que j'accepte puisqu'elle vient de vous.

Cabu n'avait plus l'habitude de jurer, mais son émotion fut plus forte que sa réserve : il s'avança vers Maurice, rouge comme s'il allait éclater ; puis, après quelques minutes d'hésitation :

— Sacrebleu! s'écria-t-il, ne nous quittons point ainsi ; une poignée de main, sacristi! les femmes sont des diables.

— Pas la vôtre toujours ; elle n'est que trop sainte, voilà le mal.

— Vous avez raison, mais il faut lui passer ça ; après tout, ce n'est pas à un mari de se plaindre des principes de sa femme.

Maurice revint chez lui en riant tout seul.

— Je t'ai débarrassé de madame Cabu, dit-il à Armande, elle eût mis la guerre entre nous.

II

Il resta auprès d'elle toute la journée, et naturellement il se montra parfait de tendresse et de soins.

Après le dîner il allait s'installer auprès du feu, pour y passer tranquillement la soirée comme autrefois à lire et à causer, lorsque Armande lui retira le journal des mains.

— Ne lis donc pas, lui dit-elle, va te promener un peu.

Il voulut refuser.

— Va donc prendre l'air, dit-elle, je ne veux pas te tenir en esclavage.

Comme il s'en défendait :

— N'ai-je pas ta parole? continua-t-elle ; j'ai confiance.

Une demi-heure après il entrait à l'Opéra ; il était parfaitement heureux d'être débarrassé de Lina, content de lui-même, enchanté de sa femme.

Le premier acte de *Lucie* venait de finir ; dans le couloir de l'orchestre il aperçut Liénard qu'il voulut éviter ; mais celui-ci l'avait vu.

— Parbleu, dit-il, c'est une heureuse rencontre, j'allais t'écrire, j'ai du nouveau pour *Imogène*.

— Eh bien !
— On la refuse décidément ; mais, par respect pour tes patroneurs, ou par crainte d'eux, on te commande la musique d'un ballet en un acte.
— Qu'ils aillent au diable avec leur ballet ! s'écria Maurice.
— Ah ! mon cher, le chemin des compositeurs n'est pas planté de roses, ou, dans tous les cas, les roses n'y fleurissent que quand on a brisé toutes les épines en se traînant à genoux.
— C'est bon ! puisqu'on ne veut pas de moi en France, j'irai en Allemagne, en Italie, quelque part où l'on aime la musique.
— Pourquoi ne fais-tu pas une révolution pour devenir commissaire du gouvernement auprès des théâtres ? ce serait plus simple et plus pratique ; est-ce qu'en Allemagne ou en Italie le titre d'étranger n'est pas une exclusion au lieu d'être une recommandation comme chez nous ? Non, viens un peu sur le boulevard, j'ai quelque chose de plus sérieux à te proposer.

Ils sortirent.

— S'il est quelqu'un à Paris qui sache à fond ce qu'un compositeur peut avoir à craindre ou à espérer pour arriver au théâtre, c'est moi, n'est-ce pas ? commença Liénard. Eh bien, il est incontestable que pour un débutant il n'y a que deux routes ouvertes : l'une dans laquelle se jettent les malins, l'autre que prennent les résignés. Les malins, après avoir vu les difficultés qui empêchent le talent d'éclore s'il n'est chauffé par les courtisaneries, les manèges, les réclames, les roueries, au lieu de mettre ce qu'ils ont de force au service de l'art, le donnent à dévorer à l'intrigue. Les imiteras-tu ? Te feras-tu le courtisan de ce qui a nom ou influence, le valet d'un tas d'imbéciles prétentieux, l'amant de vieilles grandes dames ou le bouffon de jeunes petites dames qui pourront te pousser ? Laisseras-tu caresser ta femme par des protecteurs qui te voudront du bien ? Si tu ne réussis point par l'intrigue, recourras-tu à la pitié ? Te suicideras-tu à moitié pour exciter la sympathie ? Iras-tu t'enfermer pendant six mois dans un couvent ou dans une maison de fous, pour faire mettre ton nom dans les journaux ? Te promèneras-tu sur le boulevard avec un chien teint en vert pour te singulariser ? Toutes ces banques, qui ont été employées par plus d'un de tes confrères, te font mal au cœur.

— Beaucoup, interrompit Maurice.
— Tu aimeras mieux suivre les résignés, continua Liénard. Pour ceux-là, c'est une autre affaire, s'ils n'ont point de honte à avaler, ils n'ont pas de pain non plus. Je sais bien que la question du pain n'existe pas pour toi, mais le pain ce n'est pas tout.
— C'est tout, au contraire, dit Maurice.
— Tu crois ça ? dit Liénard. Vivre chez soi, ne serrer la main que de ses

amis, se sentir honnête, travailler à son heure, mépriser ce qui est méprisable, applaudir ce qui est bon, ne flatter personne, attendre la critique au lieu de la mendier, élever à la fois son caractère et son talent, avoir chaque soir l'approbation de sa conscience, tout ça c'est très beau, et à ce prix tout le monde serait des résignés. Seulement il ne faut pas encore se laisser aigrir par la colère quand on voit prendre sa place par des gens sans talent et sans honneur. Il faut que la rage du succès ne vous fasse pas couper à moitié route, par les sentiers bourbeux, pour rejoindre les intrigants. Il faut se résister à soi-même, résister à ses amis, surtout à ses ennemis. Il faut se résigner à travailler chaque jour pour n'arriver peut-être jamais à la couronne du lustre, ou dans tous les cas n'y arriver qu'à cinquante ou soixante ans. Il faut savoir attendre, avoir la force de ne pas se décourager, l'adresse de ne pas mourir d'impatience. Il faut enfin rester honnête jusqu'au bout et ne pas finir exaspéré, comme ont commencé ceux qui vous ont passé sur le corps. Seras-tu ce martyr? Comme tous les débutants, tu as ta première œuvre qui te brûle et tu ne veux pas la perdre. Écoute ce que j'ai à te proposer, et ce miracle sera peut-être réalisable.

Il lui prit le bras et ralentit le pas. Ils avaient gagné la Madeleine, et à peine s'ils rencontraient quelques rares promeneurs.

— Puisqu'ils ne veulent pas chanter ta musique, reprit-il, fais-les chanter, toi. Au lieu de les craindre, rends-toi redoutable; quand ils auront besoin de toi, tu seras leur maître.

— A quelqu'un qui n'a pas de pain tu conseilles la brioche.

— Parfaitement, et je la donne, ou, plus justement, je la vends. Veux-tu ma part dans la propriété et la rédaction de mon journal?

Maurice ne répondit point.

— Tu ne dis rien!

— Je me demande si l'influence de ton journal est aussi grande que tu crois.

— Ce n'est pas le journal, c'est le journaliste qui peut devenir tout-puissant. Le journal n'enfoncera pas les portes des directeurs, mais il pourra te gagner des gens qui les enfonceront pour toi, et t'enlèveront toi et tes œuvres du bas-fond où vous pourrissez; pour cela la recette est simple : jeter de la boue et du fiel sur ceux qui peuvent nuire, au nez de ceux qui peuvent servir brûler de l'encens, dire des uns tout le mal que tu penses, des autres tout le bien qu'ils pensent d'eux-mêmes. Tu ne sais pas jusqu'où l'on peut arriver par ce moyen. Et pour mise de fonds, quoi? rien qu'un peu de tact.

— Et pas de principes surtout.

— Parlons la même langue, pas de grands mots. Tu es dans un cloaque;

si tu veux en sortir, n'aie pas peur de te crotter un peu. Quand on veut des pêches au mois de mai, on y met le prix. Si tu veux arriver vite, jette-toi à l'eau avant d'attendre qu'on construise un pont sur lequel vous vous écraserez tes rivaux et toi ; le soleil de la rampe te sèchera, et si tu attrapes des taches, elles ne paraîtront pas le soir. Crois-tu qu'il n'y a pas assez de bonshommes qui voient un sacerdoce dans la critique et s'amusent à proclamer toutes les semaines la vérité, ou au moins leur opinion sur la vérité, ce qui est tout un, qui étudient l'art et ses tendances, cherchent ce qui est beau, combattent ce qui est faux? Ta partie n'est pas indispensable dans ce concert, puisque précisément tu veux donner toi-même la musique sur laquelle se brodent ces variations plus ou moins inutiles. Pour en arriver là, chatouille plutôt des barbes de ta plume ceux qui peuvent te pousser, n'écris pas une ligne qui ne soit à longue portée, et que chacun de tes articles soit une semence confiée à l'avenir en vue de récolter plus tard. C'est ainsi, mon cher, que s'exploite en bon père de famille le champ productif de la critique ; et cela ne vous empêche pas de parler de conscience, de devoir, d'idéal, de sincérité, de fermeté, de désintéressement, et de se donner même quelquefois le plaisir de l'indépendance quand il ne s'agit ni d'un rival ni d'un ami.

— Combien les conseils? dit Maurice.

— Rien, répliqua Liénard, et je me tais, je ne veux pas t'influencer ; je te vends ma part cent mille francs, parce que tu n'auras autorité sur ceux de qui tu parleras que si tu es propriétaire ; mais tu ne m'en payeras que la moitié tout de suite. Ton grand-père est riche ; il t'avancera bien l'argent nécessaire. Dis-lui, ce qui est vrai, que ce sera un bon placement ; il touchera de beaux intérêts et toi tu toucheras ce dividende qu'on appelle le succès. Consulte les gens d'affaires ; tu verras que ce que je te propose vaut le prix que je t'en demande.

III

Les idées de Liénard fermentèrent dans la tête de Maurice. Sans aucun doute elles avaient du bon.

Dans cette proposition si pleine de choses, il n'éclaira que celles qu'il lui plaisait de voir : il les fit tournoyer à ses yeux jusqu'à s'en donner le vertige. Il n'était point homme à opposer la réflexion à l'enthousiasme, et, pour lui, les meilleures raisons étaient celles qu'il se donnait lui-même, car celles-là il les tenait en si grande estime qu'il ne les exposait jamais à la contradiction.

Décider Armande, toujours disposée à accepter avec superstition tout ce qui venait de lui, fut facile; et le lendemain, ils écrivirent l'un et l'autre à M. Michon; Maurice pour lui exposer la combinaison de Liénard avec les avantages et les garanties qu'elle offrait; Armande pour toucher la question difficile de la coopération financière. D'ordinaire elle était avec son grand-père discrète et réservée pour ce tout qui sentait l'argent, mais cette fois elle n'hésita point à se montrer pressante, à parler la langue qu'elle savait irrésistible, à s'adresser aux sentiments qu'elle était certaine d'émouvoir.

Maurice l'avait convaincue, et, mieux encore, elle s'était convaincue elle-même. Qu'il eût un journal, il serait forcé de travailler, et il échapperait à l'ennui qui l'avait égaré.

Car, pour elle, pour sa pureté et sa naïve ignorance, l'ennui était, l'ennui seul pouvait être le vrai coupable.

IV

Décidé à rompre, Maurice avait écrit à Lina; mais, au lieu d'un mot net et ferme, il lui avait envoyé une lettre indécise et entortillée. Au bout de quelques jours, un peu honteux de cette ambiguïté de conduite, il se dit qu'il était de sa dignité d'agir franchement, et qu'il lui devait à elle l'explication loyale de son abandon. Mais comme une nouvelle lettre lui paraissait plus difficile que la première, il se résolut à une visite. Après tout elle n'avait rien fait pour qu'il fût à son égard cruel et grossier.

Il se décida donc à aller chez elle.

— Ah! monsieur, s'écria madame Amédée en lui ouvrant la porte, dans quel état vous avez mis madame!

— Où est-elle?

— Dans sa chambre.

Il poussa la porte.

Sur une petite table où se trouvaient des bouteilles et des verres à liqueur, Lina était accoudée; en face d'elle, madame Jourd'heuil disposait des paquets de cartes.

Lorsqu'elle le vit, elle se mit à chanter :

Bel enfant échappé de sa cage.

Puis, comme il s'avançait vers elle :

— Ne trouble pas la réussite, s'écria-t-elle, il y a des cigares dans le salon et des pipes dans la salle à manger, ça te fera attendre. Vous dites donc, un blond !

— Oui, ma petite, un homme du Nord.

Maurice fit quelques pas pour s'en aller, mais il ne partit point. Pendant un quart d'heure, il lui fallut écouter la magie de madame Jourd'heuil Enfin celle-ci se leva pour partir.

— Promettez que j'irai, dit Lina.

Lorsqu'ils furent seuls, elle vint vivement se camper devant lui, et avant qu'il eût pu dire un seul mot :

— Voyons, s'écria-t-elle d'une voie un peu tremblante où il paraissait y avoir de la tristesse et de la colère, que viens-tu faire ici ? Tu penses que j'ai compris ta lettre, n'est-ce pas ? Puisque tu n'as pas eu le courage de m'annoncer la rupture que tu cherchais, pourquoi viens-tu aujourd'hui ? Pour voir mon chagrin ? Eh bien, régale-toi.

Elle se baissa jusque contre son visage, et lui darda dans les yeux un regard brûlant; puis, se redressant aussitôt, elle alla au piano, frappa brutalement deux ou trois accords et se mit à chanter :

On s'en consolera
Jean delira

Revenant alors à Maurice, qui restait sur sa chaise, abasourdi de cette explosion, elle reprit :

— Madame a pleuré, l'enfant a pleuré, monsieur a eu naturellement son attaque de remords, et comme il n'a pas le courage de ces lâchetés, il a écrit. Puisque tu aimes tant le pot-au-feu, pourquoi l'as-tu quitté ? Il fallait rester chez vous, mon bonhomme; tu aurais fait sécher les couches de ta fille pendant toute la semaine, et le dimanche tu aurais promené ta famille au Louvre. Oh! les bonnes têtes! Seulement je ne crois pas que tu sois jamais fameux dans les pères nobles.

— Lina !

— Eh bien, quoi ! tu as eu pitié de ta femme ! pourquoi n'as-tu pas pitié de moi? Marche, machine à plaisirs, et ne te plains point. Tant pis, je me plains; je me plains, parce que je t'aimais ! Mon amour, il me semble, mérite aussi bien la pitié que celui de ta femme; plus même, car je n'ai pas d'enfants, moi, je n'ai pas de famille, je n'ai personne pour me consoler. Si tu m'abandonnes, c'est comme si tu me livrais au général pavé. Et tu pouvais me tirer de mon bourbier, cependant; faire de moi une actrice, quelqu'un, me donner du talent. Tu as donc été aveugle de ne pas voir avec quelle reconnaissance je t'aimais! Tu étais mon père, ma mère, je me sentais honnête femme, et tout ça à l'eau, à l'égout!

Elle avait commencé à parler avec colère, elle prononça ces derniers mots en pleurant.

Pour Maurice, Lina était une de ces femmes qui ont le rouge du vice sur la figure et dans l'âme la blancheur de l'innocence.

Lina, qui s'était rapidement essuyé les yeux, reprit :

— Que c'est bête de pleurer, et que j'étais folle d'avoir ces idées-là! Est-ce que tu es né pour te faire le rétameur de vertus usées qui n'ont plus que du vert-de-gris? Pourquoi ne m'as-tu pas dit tout simplement : « Je ne veux pas abandonner ma femme plus longtemps ; je ne serai plus ton amant, mais je serai toujours ton ami? » Je méritais bien ça, et je t'aurais compris.

— Si je venais te le dire aujourd'hui !

Elle le regarda un moment, puis, tout à coup, éclatant de rire :

— Toi, dit-elle, n'avoir plus de maîtresse! allons donc. Il faudrait pour cela que tu eusses une femme vierge dans ton salon et diable dans ta chambre. La tienne sera vierge toute sa vie et partout. Non, vois-tu, tu es dans ton espèce ce que je suis dans la mienne : il te faudra toujours des passions et des plaisirs. C'est dans ton sang. Tu me dirais : « Je retourne à ma femme » ; je te répondrais : « Ce n'est pas pour longtemps ». Voyons, tout ça c'est des paroles, il n'y en a qu'une d'utile à dire : As-tu une maîtresse? Réponds franchement, c'est la seule grâce que je te demande.

— Non.

— Non, mon bon chéri; alors pourquoi m'as-tu écrit? Tiens, oublions tout.

Elle lui prit la tête à deux mains, l'embrassa à pleines lèvres et s'assit sur ses genoux.

Il voulut faire un dernier effort.

— Monsieur est fier, dit-elle; à son aise.

Elle se leva; mais presque aussitôt elle revint en face de lui.

— Pas de bêtises, dit-elle; j'ai un moyen qui tranche tout.

Elle courut à un petit bureau en bois de rose, et ayant rapidement écrit quelques lignes, elles les tendit à Maurice, et lui dit :

— Voici une lettre. Lis-là; si tu m'aimes encore, mets-la à la poste; si tu ne m'aimes plus, mets-la au feu. Ma vie est entre tes mains; il me plaît qu'elle dépende de toi.

Maurice prit la lettre, et lut ce qui suit :

« Nous ne nous reverrons plus, milord. Je ne veux pas vous tromper : j'aime un homme à qui je sacrifierais ma vie ; ne m'en veuillez pas si je

Ils la portèrent sur son lit, elle était blanche comme les draps (p. 358).

H. MALOT. — VICTIMES D'AMOUR.

LIV. **45**

vous sacrifie à lui. Le voyage que vous m'aviez proposé ne peut plus se réaliser. Renoncez au pays des *Mille et une Nuits* où vous me vouliez pour guide, comme je dis adieu aux mines d'or de l'Australie où vous me vouliez conduire.

« Votre servante,
« LINA. »

Lina, qui le regardait en suivant attentivement tous ses mouvements, s'avança vers lui :
— Tu m'aimes ! s'écria-t-elle.
— Cette lettre ? dit-il.
— J'ai voulu t'oublier, je n'ai pas pu ; tu ne pourrais pas davantage m'oublier ; nous sommes bien liés l'un à l'autre.
Maurice plia la lettre et la mit dans une enveloppe.
— L'adresse ! dit-il.
Lina lui présenta une carte sur laquelle on lisait :
« Comte Warminster, hôtel Meurice ».

V

Huit jours après avoir écrit à son grand-père pour lui expliquer la demande d'argent de Maurice et ses combinaisons industrielles, Armande reçut la réponse qui lui était personnellement adressée ; sous l'enveloppe, qui était lourde se trouvaient quelques titres et une lettre ainsi conçue :
« Tu sais, ma chère fille, quelles raisons m'ont empêché de vous donner pour dot un capital ; tu sais aussi que j'ai peu de foi dans les affaires organisées par les artistes. Mais tu es maintenant une personne de tête et de raison, dans le jugement de laquelle j'ai pleine confiance. Ce que tu me proposes, tu l'as vu par toi-même, je l'accepte donc.
« Je lisais l'autre jour dans mon Montaigne, car depuis que l'abbé est à Rennes et que M. de Tréfléan est au Brésil, la lecture est ma grande occupation ; je lisais donc que si nous voulions être aimés de nos enfants, et en même temps leur ôter l'occasion de souhaiter notre mort, nous devions accommoder leur vie raisonnablement de ce qui est en notre puissance. Et je me disais, pensant à vous, que le moraliste avait raison et que j'étais coupable de ne pas faire mieux et plus. Voilà que tu m'offres l'occasion de réparer ma faute ; j'en profite. Je sais que vous êtes l'un et l'autre de trop dignes enfants pour avoir la pensée dont parle

Montaigne ; mais il n'en est pas moins vrai qu'il est mauvais et corrupteur pour les plus purs et les plus affectionnés d'attendre un héritage dans le besoin. A l'âge que j'ai atteint, les plaisirs d'aucune sorte, ceux du cœur et de la conscience exceptés, ne me sont plus rien ; tandis qu'au vôtre et dans la position où vous êtes, ils sont de grande importance et presque la vie ; j'entends les plaisirs que donnent l'ambition satisfaite, la position conquise, les justes désirs contentés, ceux en un mot auxquels vous aspirez et dont vous êtes privés. Il ne faut point que cette privation dure plus longtemps par le fait de votre vieux grand-père, qui vous a mariés pour que vous soyez heureux. Il ne faut pas que je continue à jouir comme un égoïste d'un bien qui d'ici peu sera à vous. Il ne faut pas que vous passiez vos belles années dans l'attente et la gêne, tandis que je passe mes dernières dans une abondance dont je n'ai que faire. Telles que sont aujourd'hui nos conditions réciproques, retrancher de mon nécessaire pour ajouter au vôtre, serait encore de mon devoir. Par bonheur, mes enfants, nous n'en sommes point là.

« Tu trouveras sous ce pli : 1° trois inscriptions de rente s'élevant à cent mille francs ; 2° une procuration pour que ton mari en fasse opérer la vente.

« Dis-lui que les garanties dont il m'a parlé dans sa lettre sont inutiles pour moi. Je ne veux point faire un placement que d'ailleurs je ne ferais point dans une affaire de journalisme. Cet argent, je te le donne à toi personnellement, ma chère fille, entendant que tu en puisses disposer selon ta volonté. Pense seulement que tu as une fille ; c'est la seule recommandation que j'adresse à ta solide petite tête qui fera bien de se tenir en garde contre son camarade le cœur, lequel me paraît trop grossi d'amour et de bonté. A ce sujet, promets-moi de consulter notre notaire pour qu'il mette tout en règle.

« Je crains bien que les nouvelles occupations de Maurice ne le retiennent désormais à Paris une grande partie de l'été, mais elles ne l'empêcheront pas, j'espère, de venir bientôt tenir un peu compagnie à ton grand-père qui t'aime et t'embrasse de tout son cœur.

« V. Michon. »

L'affaire du journal se fit aussitôt, seulement avec d'importantes modifications dans les termes projetés. En apparence, Maurice versa à Liénard les cent mille francs demandés ; en réalité, il ne paya que soixante-quinze mille francs. Il avait des dettes pressantes, il avait en même temps besoin d'argent courant ; les vingt-cinq mille francs trouvèrent là un emploi. Liénard voulut bien, pour le restant de son prix, se contenter de lettres de change, qu'il promit de renouveler, si elles n'étaient point acquittées aux échéances.

VI

Naturellement Armande ignora tous ces tripotages d'argent, et elle put croire qu'en jetant son mari dans le travail, elle s'était assuré, pour elle-même, un avenir de sécurité.

Mais pour elle la sécurité n'était plus possible; le jour où Élisabeth lui avait donné ses leçons, l'inquiétude était entrée dans son esprit; le jour où Maurice avait avoué son infidélité le doute était tombé dans son cœur. Pour elle étaient à jamais passées les heures où elle pouvait attendre que son mari rentrât, tranquille dans sa foi, impatiente seulement de le voir revenir. Le soupçon avait implanté en elle ses vivaces racines; rien désormais ne l'arracherait; sous une caresse ses épines pouvaient ployer, elles ne se brisaient point et se redressaient aussitôt.

Elle n'avait plus la confiance, et elle était jalouse.

Aux premiers jours de leur mariage elle avait pris l'habitude de demander à Maurice où il était allé, qui il avait vu, ce qu'il avait fait dans sa journée, et à ses interrogatoires dictés par un tendre intérêt, celui-ci avait toujours répondu. Mais lorsqu'à la tendresse se joignit la défiance, il s'irrita, et d'autant plus fortement que c'était par de laborieux mensonges qu'il devait maintenant répondre; non comme autrefois par la simple et facile vérité. Il est des femmes qui, entièrement livrées à leur passion, peuvent vivre de cette vie de mensonge, s'y mouvoir avec une certaine liberté, et inventer chaque jour des tromperies plus vraisemblables que la vérité toute bête; les hommes sont maladroits et faibles pour ce pénible labeur. Maurice ne tarda pas à s'empêtrer dans ses histoires. Pris en défaut, fâché contre lui-même, exaspéré contre sa femme, il déclara net qu'il était maître d'aller où bon lui semblait et qu'il n'en devait compte à personne.

Malgré cet avertissement, Armande ne put s'arrêter dans ce chemin où la jalousie la poussait à grands coups; et, au lieu de l'interroger franchement, elle chercha à le prendre en défaut.

Un soir qu'il était rentré avant elle, le plus naturellement qu'elle pût, elle lui demanda depuis combien de temps il était revenu.

— Depuis une heure, dit-il.

— Ah! dit-elle, pourquoi me trompes-tu? les vêtements que tu as défaits sont encore chauds.

Il haussa les épaules, lui tourna le dos et ne répondit pas un mot.

Quelques jours après ils causaient ; il était sans défiance, elle, comme toujours, sous l'oppression de la même idée.

— Tu n'as été qu'au journal ? dit-elle.

— Oui.

— Par où ?

— Par les Champs-Élysées et la rue de Rivoli.

— Tu y es resté toute la journée?

— Oui.

— Tu es revenu par le même chemin ?

— Oui, monsieur le juge d'instruction, dit-il en riant.

— Regarde ces petites taches de boue rouge, dit-elle en désignant ses bottes, ce n'est pas sur le chemin du journal, dans les Champs-Élysées ou la rue de Rivoli qu'on rencontre du macadam de cette couleur.

— Ma pauvre Armande, dit-il tristement, tu nous prépares à tous deux une vie infernale. Quelle sera la fin de tout ceci ? Pour mon compte, je ne répondrai plus à une seule de tes questions.

Sans ajouter un mot, il prit son chapeau, alla dîner chez Lina, et ne rentra que fort tard dans la nuit.

Qu'il eût daigné se défendre, qu'il eût donné une excuse bonne ou mauvaise, elle eût sans doute trouvé quelque chose pour se rassurer; ce système de froideur et de dédain l'exaspéra, car au fond du cœur elle se sentait aussi sûrement trompée que si de ses propres yeux elle eût suivi Maurice.

Ce fut alors qu'à l'inquiétude qui la tourmentait s'ajouta le besoin de la certitude, et qu'elle en vint à cette cruelle période de la jalousie où à l'obscurité l'on préfère la lumière, même lorsque inévitablement elle doit provoquer l'explosion.

Il lui semblait que savoir précisément et en détail comment et pour qui elle était trompée, lui serait un soulagement.

Dans les mille petites choses de la vie intime elle chercha cette certitude ; car la demander à ceux qui pouvaient la lui donner, aux amis de Maurice, à Liénard, à Charvet, elle n'en eut jamais la pensée. Tous les jours, sans repos, avec un esprit chauffé par la fièvre, une mémoire qui notait tout, des yeux sans cesse aux aguets, un cœur qui, comme une pierre de touche, éprouvait chaque parole, chaque action, même les silences, elle poursuivit son but.

Un mot qu'elle lut dans un article de son mari lui fit penser que celle qu'il aimait était peut-être une chanteuse dont il avait parlé avec éloges : elle pesa et scruta toutes les phrases de cet article ; jusqu'à trois fois elle alla voir cette chanteuse, et pendant tout le spectacle elle chercha dans Maurice quelque chose qui le trahît. Au bout d'un mois d'angoisses et de ruses, elle vit qu'elle s'était trompée.

A la fin du dîner qu'elle donnait toujours chaque mardi, car Maurice devenait de plus en plus hospitalier, elle avait coutume de passer dans sa chambre, afin de laisser ses convives plus à leur aise. Un soir elle se plaça sur le balcon, car, par les fenêtres ouvertes, les voix montaient du salon jusqu'à elle, et elle pensa qu'elle entendrait peut-être quelque mot qui serait un indice. Elle n'entendit qu'une histoire fort drôle, qui la fit se sauver honteuse.

Le hasard vint à son aide.

Dans un vêtement de Maurice elle trouva une lettre oubliée : « Je reste à « dîner chez Hélène, viens m'y chercher, tu verras que tu ne dois pas être « jaloux. »

Enfin c'était là cette preuve si longtemps poursuivie; mais comme tous ceux qui n'ont cherché que pour ne pas trouver, elle commença par refuser de croire à l'évidence. Puis quand son cœur se fut de force ouvert à la vérité, elle se sentit plus malheureuse qu'elle n'avait jamais été, et finalement aussi désolée qu'embarrassée de son triste triomphe. Qu'allait-elle faire? Le moment où Maurice devait rentrer la surprit bientôt pleine d'angoisse et d'irrésolution.

Lorsqu'elle entendit son pas, elle posa la lettre au milieu de la table.

Il était de bonne humeur et fredonnait un motif d'*Imogène*. Dès qu'il entra, ses yeux furent attirés sur la lettre qui, par la blancheur du papier, tranchait sur le brun de la table.

— Qu'est-ce donc que ça? dit-il.

Il alla à la table, vit la lettre, regarda Armande, comprit tout.

— Ça, dit-il marchant vers elle et agitant la lettre dans ses mains crispées, c'est la lettre d'une femme qui ne me harcèle point par la jalousie, qui m'aime, que j'aime, et qui me rend heureux.

Elle marcha vers la porte comme pour fuir ces paroles; mais elle avait fait à peine quelques pas qu'elle tournoya sur elle-même, poussa un cri et tomba roide.

Au violent coup de sonnette de Maurice, Marie-Ange entra effrayée.

— Vous avez tué madame ! s'écria celle-ci en le repoussant.

Ils la portèrent sur son lit. Elle était blanche comme les draps; son cœur ne battait plus; sa poitrine était immobile; ses membres étaient froids; elle paraissait morte.

Maurice essaya de la réchauffer, pendant que Marie-Ange, la tête perdue, courait par la maison et voulait essayer les remèdes les plus baroques.

La crise ne se prolongea point longtemps avec cette intensité. Bientôt le sang parut circuler dans les veines de la gorge; la poitrine se souleva doucement; la physionomie se ranima, les mains s'agitèrent, les yeux se rouvrirent.

— Victorine! dit-elle faiblement en regardant autour d'elle.

Il sortit pour aller chercher l'enfant qui jouait dans le jardin. En passant par le salon, il aperçut le billet de Lina qui était resté à terre, il le ramassa et machinalement le relut.

Aussitôt, sans aller chercher l'enfant comme il en avait eu l'intention, il rentra; Armande était assise sur son lit.

— Victorine! dit-elle.

— Tout à l'heure; écoute-moi avant.

— Ma fille! dit-elle encore.

Il fit signe à Marie-Ange de sortir.

— Veux-tu m'écouter? dit-il d'une voix douce.

Elle n'avait point levé les yeux sur lui; à ces mots elle le regarda.

— Pardonne-moi ma colère, dit-il; en voyant que tu me tendais un piège, je me suis laissé emporter; mais je n'ai point de maîtresse.

— La lettre, la lettre!

— La lettre m'a été écrite avant la maladie de Victorine; vois plutôt.

Il lui mit la lettre sous les yeux.

— Il n'y a pas de date, dit Armande.

— C'est vrai; mais le papier, par sa couleur et son usure, prouve bien ce que je t'affirme.

— Il lui montra les plis du papier qui étaient usés et troués.

— Est-ce possible? dit-elle, aspirant ces paroles qui comme une douce pluie tombaient sur son cœur.

Il ne répondit qu'en la prenant dans ses bras.

— Comme j'ai souffert, dit-elle, et comme je t'ai fait souffrir!

VII

Pour son malheur et plus encore pour le malheur de ceux qui l'entouraient, Maurice était atteint de cette maladie morale qu'on peut appeler le repentir chronique. Sous le coup direct d'une douleur qu'il avait causée ou d'une faute dont il voyait et ressentait les résultats, il n'avait point assez de regrets. Il était prodigue de remords et de promesses. Mais ses larmes le lavaient vite; sa conscience, déchargée par la confession qu'elle s'était faite à elle-même, se donnait l'absolution à pur et à plein; ses remords, tout en surface, n'avaient ni profondeur ni durée, il n'était sévère pour lui qu'en épithètes.

Les yeux de sa femme séchés, il ne pensa plus qu'ils avaient pleuré.

Qu'il fût resté auprès d'elle, elle eût peut-être cru à l'explication de la lettre : il revint à ses habitudes, elle revint à ses soupçons.

Lorsqu'il ne devait point rentrer, ce qui arrivait souvent, il avait l'habitude de la prévenir par quelques mots. Il les écrivait, le plus souvent, chez Lina; et madame Amédée, pour garder le prix de la course d'un commissionnaire, qu'on lui remettait, les envoyait porter par son fils.

C'était un moyen qui était économique, mais qui était encore plus aventureux, Melchior n'étant point le plus soigneux et le plus intègre des commissionnaires. Sa mère, il est vrai, lui accordait toutes les qualités, de même qu'elle le proclamait fils d'un prince brésilien; mais filiation et qualités étaient un peu surfaites. Légalement, ou plutôt illégalement, Melchior était, — autant qu'il est permis d'affirmer quelque chose à ce sujet, — le fils d'un homme dont la profession la plus avouable était de se faire enrôler pendant le carnaval pour revêtir un casque en carton doré surmonté d'un plumet de cinq pieds de haut, un caleçon de velours, un maillot de lutteur et des bottes à l'écuyère, pour se peindre la figure des couleurs les plus atroces, pour se charger la poitrine des décorations les plus grotesques, et ainsi affublé, pour donner, moyennant trois francs par nuit, l'entrain, la vie, la gaieté et les bonnes manières dans les bals masqués. Moralement, Melchior était le digne fils de son père. L'éducation de son premier âge, il l'avait reçue dans les cuisines; celle du second âge, il était en train de l'acquérir au paradis des théâtres, à la septième chambre du palais de justice, et à la cour d'assises. Sa mère avait voulu faire de lui un groom, mais il avait dès sa première sortie vendu sa livrée. Lina le souffrait chez elle, un peu par indifférence et aussi parce qu'il l'amusait en lui faisant les tours d'escamotage qu'on pratique sur la place de la Bastille, en répétant les dislocations des clowns du Cirque, en imitant les comédiens populaires des petits théâtres dont il retenait au vif les tics et les intonations, et en lui racontant les exécutions de la place de la Roquette qu'il suivait assidûment.

Armande reçut deux fois par lui des lettres de Maurice sans y prendre garde; la troisième, son attention fut éveillée. C'était précisément le lendemain du jour où avait eu lieu l'explication du billet non daté. Il lui sembla que le hasard ne devait point créer seul cette continuité! Elle fut prise d'une envie folle de lui demander qui il était, de chez qui

Il prit la bougie sur la table et se la fourra toute allumée dans la bouche (p. 362).
H. MALOT. — VICTIMES D'AMOUR.

LIV. **46**

il venait. C'était un enfant, il parlerait facilement et dirait ce qu'il savait.
— Qui vous a remis cette lettre? lui demanda-t-elle doucement.
— Vous voyez bien, c'est votre mari.
— Et où cela?
— Chez ma mère.

Elle eut un éblouissement : la mère de cet avorton! Où Maurice était-il donc tombé? C'était impossible.
— Où demeure votre mère?
— Dites donc, madame, s'il y a une réponse; je la porterai; mais, assez causé gratis; merci! vous voulez me tirer les vers du nez!

Comme il vit qu'Armande se taisait confuse, il lui lança un regard à la fois insolent et fin, et d'une voix câline :
— Faut-il aller changer la monnaie?

Elle comprit.
— Attendez, dit-elle.

Elle sortit pour aller chercher de l'argent; mais elle avait à peine fait quelques pas que le dégoût la prit; en même temps un cri de Victorine, restée seule avec Melchior, la rappela.
— Que faites-vous donc? s'écria-t-elle en rentrant brusquement.
— C'était pour l'amuser : je lui montrais le tour de la chandelle, autrement dit la lanterne humaine.

Disant cela, il prit la bougie sur la table et se la fourra tout allumée dans la bouche. Victorine se remit à crier.
— Allez-vous en, dit Armande.
— Et la monnaie? dit-il en tendant sa main après l'avoir essuyée au fond de son pantalon.

Elle lui montra la porte.
— Si ce n'est pas pour le secret, pour le tour au moins. Non. Excusez.

Il sortit traînant la jambe et faisant le geste de remettre son soulier qu'il perdait, comme le Fouinard du *Courrier de Lyon*, son héros bien-aimé.

CHAPITRE VI

LE SACRIFICE VOLONTAIRE

Cette tentative d'Armande fut la dernière. Elle n'était plus maintenant en face de l'inconnu si terrible avec ses incertitudes et ses angoisses. Elle savait, elle ne savait que trop. Que gagnerait-elle à avoir une preuve? N'avait-elle point encore au cœur, vive et saignante, la brûlure que cette preuve lui avait faite, alors qu'elle avait cru la tenir. Un nom enlèverait-il une souffrance à sa certitude, n'en ajouterait-il pas plutôt une nouvelle?

Le coup terrible, inattendu, le coup de tonnerre qui l'avait frappée s'était abattu sur elle le jour où elle avait appris que son mari la trompait.

Maintenant c'était une atmosphère froide et sans lumière qui s'épaississait autour d'elle; le ciel était bas et lourd sur sa tête, devant ses pieds le sol mouvant et pierreux. Elle n'avait plus d'illusion à se faire : le bel avenir qu'elle s'était bâti sur la tendresse de son mari était écroulé; de cette tendresse même il ne restait plus que le souvenir; leurs doux repos dans une vie occupée, leurs caresses, leurs paroles, leurs regards, tout cela était perdu à jamais : ou plutôt il le donnait à un autre qui, à cette heure, était heureuse par lui, comme elle-même l'avait été autrefois.

Jusqu'à ce jour, ç'avait été l'activité de la jalousie qui avait dévoré sa fièvre; elle se dit que, désormais, ce serait l'activité du dévouement : rudement éprouvée, elle n'en était point encore à ne plus avoir ni volonté ni énergie; lorsqu'elle eut donné à sa vie ce but qui fait faire aux femmes tant de prodiges, — le sacrifice volontaire, — elle se releva.

A ses lèvres elle commanda le silence, à ses yeux l'aveuglement, à ses souvenirs l'oubli; l'amante fit place à l'épouse, et la maison redevint si bien ce qu'elle était avant les leçons d'Élisabeth, que Maurice put dire qu'il était le plus heureux homme du monde; sa femme était un ange, et Lina le loup qu'il fallait précisément dans cette bergerie.

Mais ce ne fut point sans de cruelles souffrances qu'elle put accomplir la tâche qu'elle s'était imposée.

Que de fois Victorine vint la tirer par la main, lui disant dans son parler enfantin :

— Ne pleure pas, je vais t'embrasser, ça passera.

Que de fois la rêverie sombre où les songes s'enchaînent les uns aux autres et se meuvent dans une nuit noire, s'empara d'elle et interrompit son travail ! Que de pas, quand Victorine était à la promenade, elle fit autour du jardin, machinalement, suivie de Badaud, qui par ses gambades ne pouvait la distraire ! Que d'heures elle passa accoudée sur la balustrade, regardant, sans la voir, la ville qui s'agitait bruyante devant elle ! Il était là quelque part, heureux sans doute, tandis qu'elle-même attendait.

II

A la longue, les efforts d'une volonté constante à cacher larmes et souffrances, se trahirent extérieurement : elle pâlit, elle maigrit; ses lèvres gardèrent, même au repos, une sorte de frémissement nerveux; ses traits s'allongèrent; ses yeux se bordèrent d'une teinte bistrée qui les agrandit.

Cette transformation devint si évidente que Charvet lui-même s'en aperçut et fit tout haut l'observation.

— Votre femme change, dit-il à Maurice.

— Oui.

— J'étais bien sûr que vous vous en aperceviez, vous l'aimez toujours !

— Parbleu ! seulement je trouve que c'est à son avantage; elle gagne en distinction.

— Peut-être, mais à coup sûr en distinction maladive.

— La pâleur, mon cher, c'est le charme des blondes.

Charvet n'insista point; c'était même déjà beaucoup pour lui d'avoir essayé cette ouverture, car il était en ce moment plus occupé que jamais. Deux idées gigantesques le tourmentaient. L'une, industrielle, avait pour but de faire manger aux Parisiens des pêches superbes qui ne coûteraient qu'un sou; résultat auquel on arrivait facilement en couvrant de pêchers les quarante kilomètres de murailles formés, à bonne exposition, par les fortifications de Paris; en plantant deux cents pêchers par kilomètre, on avait huit mille arbres, qui, produisant chacun seulement cent fruits, donnaient un total général de huit cent mille pêches, moyenne, assurément qui n'avait rien d'exagéré. L'autre idée, moins pratique, comme il le disait lui-même, mais de l'ordre le plus élevé, ne tendait à rien moins qu'à fonder une religion nouvelle, avec l'aide d'un Allemand illuminé qui tous les soirs prêchait sa doctrine philosophique, mystique et sociale, dans un café de la rue Marie-Stuart. Lorsqu'on porte un pareil monde dans la tête, on ne peut guère s'occuper longtemps d'une femme. Dieu voit les souffrances du faible et du fort, mais ses prophètes !

Heureusement madame Aiguebelle, qui n'était point absorbée par d'aussi sublimes préoccupations, remarqua l'état d'Armande en même temps que Charvet. Elle avait en ces choses du tact et de l'expérience, elle jugea sainement la situation : au lieu de s'en expliquer avec le mari, elle s'adressa directement à la femme. Moins assidue qu'autrefois dans la maison, elle y venait encore bien assez pour voir ce qui s'y passait ; et, ce qu'elle ne voyait point, les bruits du dehors le lui apprenaient.

Armande accueillit tout d'abord assez mal l'ouverture qu'elle tenta ; mais madame Aiguebelle, comprenant ce qu'il y avait de tendresse et de fierté dans cette réserve, ne se rebuta point : au lieu de rompre l'entretien comme le voulait Armande, elle le précisa, et au milieu de son pathos elle sut trouver des paroles sympathiques, qui allèrent au cœur de la jeune femme.

— Eh bien, oui, dit celle-ci, j'en conviens, je suis malheureuse ; il y a quelques semaines j'étais désespérée. Mon mari me trompe, il a une maîtresse.

— Vous le saviez! s'écria madame Aiguebelle.

— La preuve matérielle, palpable, je ne l'ai pas, mais j'ai pire que ça, j'ai la certitude morale qui résulte pour moi de mille blessures de la vie de chaque jour. Ainsi aujourd'hui, en ce moment, je sais qu'il est chez elle : il s'est fait servir ce matin des côtelettes saignantes et une bouteille de Saint-Émilion ; c'est son déjeuner habituel lorsqu'il doit passer la journée avec elle ; tandis qu'il mange très légèrement comme nous, lorsqu'il va travailler au journal.

— Allons donc, dit madame Aiguebelle, c'est là de la folie.

— Cette preuve, poursuivit Armande, que je vous donne là pour le déjeuner, se renouvelle chaque jour pour moi à propos de tout ; l'esprit s'aiguise vite lorsqu'on souffre ; et je souffre plus que je ne saurais le dire. Mais pourquoi me plaindre? ma vie est manquée, je ne le suivrai plus dans la route glorieuse où il va marcher : je n'ai qu'un but maintenant : être une épouse irréprochable et une digne mère. C'est la tâche que je me suis imposée.

— Vous êtes un brave cœur, dit madame Aiguebelle, levant jusqu'au plafond une de ses grandes mains, tandis que de l'autre elle essuyait une larme; mais il est mauvais de pleurer seule, puisque vous vous êtes ouverte à moi aujourd'hui, ne repoussez jamais ma sympathie comme vous l'avez fait tout à l'heure; rappelez-vous celui qui vous a confiée à moi; en forçant vos confidences, c'est un devoir que je remplis envers lui.

Émue par le sentiment qui avait dicté ces paroles, essoufflée par la rapidité avec laquelle elles avaient été prononcées, madame Aiguebelle s'arrêta.

— J'étais ingrate, dit Armande touchée, pardonnez-moi, vous m'aiderez à supporter mon chagrin.

— A le guérir, chère petite; à le secouer. Il ne faut pas non plus faire le mal plus grand qu'il n'est.

— Que voulez-vous donc de plus? interrompit Armande.

— Mon enfant, parce qu'un mari trompe sa femme, cela ne veut pas dire qu'il cesse de l'aimer et que le ménage est troublé à jamais. La vie n'est pas si absolue que cela; et le monde est plein de ménages qui ont eu leurs tempêtes et sont pourtant aujourd'hui heureux et calmes. Sans doute, vous êtes malheureuse; mais rien n'est perdu, vous pouvez vous défendre, lutter, et à cela, si vous voulez bien, je vous aiderai.

Elle allait continuer. Armande l'arrêta doucement.

— Lutter, dit-elle, je l'ai essayé, je n'en ai eu ni la force ni l'intelligence. Lorsqu'il n'est pas là, j'ai la raison, ce que je décide est sensé. En sa présence, je deviens faible et lâche; ce que je veux faire est maladroit; et ce qu'il y a de terrible, c'est que je le sens, et que je sens aussi que je lui donne raison quand il m'accuse d'être gauche et sotte... Tenez, bien souvent je l'ai étudié et épié pour savoir ce qui lui déplaisait en moi et le charmait ailleurs, quelquefois j'ai trouvé à la longue, mais alors il était trop tard, il ne pensait plus au désir que j'avais voulu contenter. Non, je ne lutterai plus parce que j'en suis incapable, et aussi parce que cela ne peut que l'éloigner. Je veux au moins garder son amitié intacte. Je ne veux pas qu'il soit malheureux par moi. Si un jour je dois le ramener, il me semble que ce sera par la douceur.

— Voilà le mot! s'écria madame Aiguebelle, en une parole vous avez dit ce que je voulais vous conseiller. Vous le ramènerez, c'est certain. Mais ne vous renfermez point dans une résignation qui, pour être pleine de dignité, est pleine aussi de dangers. Au lieu d'attendre qu'il revienne à vous touché et repentant, faites-le revenir tendre et empressé.

— Ce ne sont pas là des conseils, dit Armande en souriant tristement.

— Qu'est-ce donc, s'écria madame Aiguebelle, n'êtes-vous pas charmante? il n'y a pas de femme qui pourrait vous disputer votre mari, si vous vouliez bien employer votre esprit et votre beauté à le séduire. Com-

bien de femmes ont perdu leur vie par découragement ou dignité outrée !
Faut de la vertu, mais pas trop n'en faut avec son mari.

Ces paroles répondaient trop à la secrète espérance d'Armande pour qu'elle ne leur ouvrit point son cœur. C'était l'expérience qui parlait par la bouche de madame Aiguebelle, elle voulut le croire et elle le crut : peut-être elle avait raison

III

A quelques jours de là, en rentrant, Maurice la trouva dans le jardin : Victorine, armée d'un fouet, faisait traîner au chien une petite voiture chargée de sable. Comme à l'ordinaire, il alla donner à sa femme un baiser machinal.

— Sortiras-tu ce soir? lui demanda-t-elle en le regardant tendrement.

— Oui, pourquoi?

— Parce que je t'avais fait une petite fête, c'est aujourd'hui l'anniversaire du jour où nous nous sommes vus pour la première fois.

Il la regarda, et fut tout surpris de la voir en toilette. Elle était assise sous la tonnelle ; le soleil qui s'abaissait l'éclairait en plein, et une pure lumière dorait ses cheveux blonds qui frisaient sur son front doucement agités par l'air tiède. Elle était charmante ; tout en elle, toilette, jeunesse, espérance, s'harmonisait avec ce cadre et empruntait une grâce nouvelle à ce milieu si frais et si serein.

— Si tu n'étais ma femme, fit-il, je te dirais que tu es ravissante.

Il avait si bien pris l'habitude de la regarder d'un œil indifférent, que cette vision était une révélation.

On vint avertir que le dîner était prêt.

En voyant la table brillamment servie, en trouvant les plats qu'il aimait, il se montra plein de gaieté.

— Comme il y a longtemps que tu nous avais donné pareille joie! dit-elle tendrement.

Sans rien répondre, il commanda à Marie-Ange de presser le service. Armande s'en inquiéta; elle eut peur de l'avoir contrarié par cette parole où peut-être il avait vu un reproche. Lorsqu'on fut arrivé au dessert.

— Il faut que je sorte, dit-il, il y a ce soir première représentation d'une féerie.

Elle pâlit.

— Allons, dit-il, ne prends point ta figure des jours de querelle, notre fête sera complète; viens avec moi et emmenons Victorine; j'ai une bonne loge. Mets vite un châle; surtout ne change rien à ta toilette qui te va à merveille.

C'était la première fois que Victorine voyait un théâtre; les lumières, la musique, la foule l'éblouirent et la grisèrent. Au second tableau qui représentait le palais d'une fée peuplé d'animaux fantastiques, elle se leva tout debout sur le fauteuil et battit des mains. Puis les exigences de la machinerie et de la mise en scène ayant amené un de ces longs et niais dialogues, pendant lesquels on pose dans le fond du théâtre le décor à effet, elle s'endormit. Maurice la prit, l'entortilla dans son pardessus, la coucha sur le petit divan qui était au fond de la loge, et revint sur le devant auprès d'Armande.

Par son bruyant enthousiasme l'enfant avait attiré l'attention sur eux; et bientôt toutes les lorgnettes avaient pris pour but cette jeune femme qui n'était point une comparse habituelle de ces solennités, et qui, par sa grâce naïve, sa décence, sa simplicité, contrastait avec les beautés à la mode qui s'étalaient dans la salle, — car elles étaient toutes là les princesses de la rampe ou de l'alcôve, luttant de luxe, de tapage et d'effronterie. — Quand le public féminin sut « qu'elle était la femme de l'amant de Lina, » comme le dit une de ces dames bien informée, la curiosité redoubla. Elle la supporta, sans embarras comme sans orgueil, et quand elle vit Maurice heureux de ce triomphe, elle éprouva une sensation de joie chaude. Elle eut une heure de beauté éclatante où elle s'entoura en réalité de cette auréole radieuse qui transfigure si pleinement, que la peinture, incapable de la rendre, a dû inventer, pour la traduire, le cercle d'or qu'elle pose sur la tête des bienheureux.

Pendant l'entr'acte Liénard vint faire sa visite et se montrer dans cette loge qui attirait les regards.

— Vous faites sensation, dit-il à Armande.

Maurice rit de cette parole, mais au fond du cœur il en était flatté; il le fut doucement encore lorsque deux ou trois de ses confrères lui demandèrent à être présentés à sa femme.

Il ne voulut point attendre la fin de la pièce.

— Victorine sera mieux dans son lit, dit-il; si tu veux, nous pouvons nous en aller.

Ils rentrèrent.

Immédiatement au-dessous d'elle, deux personnes causaient à mi-voix (p. 375).

H. MALOT. — VICTIMES D'AMOUR.

IV

Elle avait triomphé. Mieux eût valu la défaite ; car Lina, à qui l'on avait dès le matin rapporté ce qui s'était passé la veille au théâtre, s'arrangea si bien, que, par une scène habilement mélangée de colère et de tendresse, elle le retint près d'elle. Il devait revenir dîner ; il rentra fort tard dans la nuit. Il avait bien pu honorer sa femme d'un caprice, mais celle qui le tenait par toutes les fibres de son corps, par les désirs aussi bien que par les souvenirs, c'était sa maîtresse.

Assurément il inspirait à sa femme un grand amour, tout le lui prouvait, mais celui qu'il ressentait pour elle n'était nullement de même force, tout le lui disait aussi ; or, en amour comme en toutes choses, le bonheur est pour celui qui donne plus que pour celui qui reçoit. De là pour lui un impérieux besoin de chercher au dehors les sensations qui lui manquaient, c'est-à-dire le trouble, le rêve, l'illusion, l'enthousiasme, la folie, l'idéal. Il n'était plus à l'âge où il avait aimé naïvement sa première maîtresse ; — l'imagination chez lui était devenue la force dominante qui chauffait sa vie et la poussait en avant. Notre cœur n'a qu'une certaine puissance, nos nerfs n'ont qu'une certaine résistance ; l'imagination est sans limites ; il en est d'elle comme de l'horizon : plus loin, plus loin la poursuite recommence ; pas de but, pas de bornes, l'infini. C'est par là qu'il faut s'expliquer cette nature complexe, c'est par ce besoin de la sensation à tout prix, mais de la sensation reçue, non donnée, de telle sorte que ce qu'on cherche, c'est l'occasion, non la personne ; que ce qu'on demande, c'est l'émotion, non la tendresse ; que ce qui attache, c'est le sacrifice, non le dévouement. Lorsque Lina lui avait dit : « Nous sommes bien liés l'un à l'autre, » elle avait dit vrai ; car bien mieux qu'Armande, — toujours égale dans sa sereine tendresse, — elle pouvait incessamment satisfaire cette soif d'émotion, comme elle pouvait aussi, — mais sans comparaison avec Armande, si pleine de pureté, — contenter et faire renaître les caprices et les exigences de désirs toujours changeants.

Quel réveil pour Armande que cette attente d'une longue nuit !

Lorsque, après les premières espérances déçues, la certitude lui montra son mari aux bras d'un autre qui était pour lui ce qu'elle-même, quelques heures auparavant, avait été, pour la première fois depuis qu'elle souffrait, elle le jugea implacablement.

Puis lorsque, par l'enchaînement fatal de cette idée, elle pensa que, pour l'emporter, elle avait flétri son honnêteté d'épouse, abaissé sa dignité de mère, pour la première fois aussi la honte lui empourpra le visage, un tressaillement de dégoût la souleva, — elle se méprisa.

Ah! c'était fini, bien fini; du faîte où elle avait cru remonter, elle se voyait précipitée plus bas qu'elle n'avait jamais été. L'avenir qu'elle avait voulu ressaisir entre ses mains lui échappait encore, et cette fois elle restait abattue, doutant de la sainteté du mariage, n'espérant plus, ne croyant plus en son mari.

Vers trois heures du matin il rentra. En la voyant au coin du foyer éteint, il se dirigea vers elle. Elle se recula brusquement et le regarda en face.

— Oh! oh! dit-il, les jours se suivent et ne se ressemblent pas. A ton aise.

Au déjeuner, il fut moins superbe; il avait à traiter avec elle un sujet qui l'embarrassait.

Lina, autant pour constater la solidité de son pouvoir que pour satisfaire un désir qu'elle avait depuis longtemps, n'avait consenti à une réconciliation qu'en posant ses conditions, qui étaient que Maurice donnerait une soirée et qu'elle y serait invitée. La condition était dure; c'était, pour Lina, une raison puissante d'y tenir. Était-il choquant qu'une artiste fût reçue chez un artiste? Tout ce que Maurice put gagner fut que la soirée servirait à faire entendre quelques fragments d'*Imogène*, et que Lina chanterait un ou deux morceaux.

A cette combinaison présentée dans ce qu'elle avait d'avouable, Armande ne fit pas la plus petite objection.

— Avant la soirée, dit-il, nous aurons un dîner auquel nous inviterons nos amis et mes chanteurs; Barbat qui m'a promis, Forgès que j'espère décider, et mademoiselle Boireau.

— Qu'est-ce que mademoiselle Boireau? demanda-t-elle.

— Le journal a parlé d'elle plusieurs fois, elle a du talent, je voudrais bien l'avoir pour mon rôle de femme.

— C'est bien.

— Maintenant, continua-t-il, enchanté de la facilité qu'il rencontrait, tu auras soin de commander un vrai dîner. Tu voudras bien aussi te faire une toilette élégante et neuve.

Il appuya sur ces deux mots.

— A quoi bon? dit-elle avec une amertume mal dissimulée; tu veux donner un dîner, c'est bien; ma toilette est inutile; nous sommes gênés, tu le sais, la dépense de la maison est entraînée par des nécessités qui augmentent tous les jours. Depuis deux mois je n'ai pas payé les fournisseurs, ne faisons que les dettes indispensables. J'ai assez de robes pour ne pas te faire honte.

Cette question de la toilette avait amené entre eux déjà plus d'une difficulté : il aimait le brillant, et autant par goût que par vanité, il le voulait chez sa femme, tandis que celle-ci ne voulait plus que l'économie.

— Où veux-tu en venir, s'écria-t-il, car la colère le gagnait, veux-tu m'accuser de compromettre ta fortune ?

Elle se leva vivement, repoussa sur la table l'assiette qui était devant elle et sortit dans le jardin ; mais presque aussitôt elle rentra.

— Je t'ai donné ma vie avec bonheur, dit-elle en lui posant la main sur l'épaule et en le regardant, je ne l'ai pas regretté un seul jour, je te jure qu'aujourd'hui je te la donnerais encore ; ne parle donc jamais fortune. J'ai voulu t'avertir, pardonne-moi de l'avoir mal fait.

Il l'attira dans ses bras.

— Les circonstances sont dures pour moi aussi, dit-il avec émotion.

Puis, comme s'il avait peur de se laisser attendrir et d'en dire plus long, il prit son chapeau et se dirigea vers la porte.

Mais, prêt à l'ouvrir, il s'arrêta et revint sur ses pas.

— Je voudrais emmener Victorine, dit-il ; est-elle prête ? je la ramènerai de bonne heure.

Cette parole, qui était une excuse et une promesse, fut comprise. Elle courut à lui, et lui prenant la main :

— Ah ! tu es bon !

Les préparatifs de cette soirée lui firent du bien ; ils l'étourdirent et lui imposèrent d'autres préoccupations que celles de sa situation. Elle voulait qu'il fût content et qu'il n'eût pas de reproches à lui adresser.

Pour elle, qui n'avait jamais organisé de fête, c'était une rude tâche ; avec les conseils de madame Aiguebelle, elle s'en tira sans trop tâtonner.

Quand celle-ci connut les invités et entendit le nom de Lina, elle ne put s'empêcher de pousser quelques exclamations accompagnées de mouvements de bras si expressifs, qu'elle semblait vouloir télégraphier cette nouvelle par la méthode autrefois en usage sur les tours Saint-Sulpice ; heureusement elle n'éclata pas, son indignation ayant trouvé à employer sa force dans un service à rendre et un discours.

— Il faut que vous soyez belle ! s'écria-t-elle, très belle ! il faut que votre mari soit fier de vous ; je vous ferai inventer la plus ravissante toilette de la saison, et comme vous êtes une petite avare, soyez sans crainte, vous ne la payerez pas ce qu'elle vaudra ; la publicité de mon journal payera le reste.

V

Lina arriva la dernière à cette fête que Maurice donnait pour elle, et son entrée dans le salon fut presque un coup de théâtre. Les invités, à l'exception de trois ou quatre compositeurs ou critiques priés plutôt pour l'audition d'*Imogène* que pour le dîner lui-même, étaient des camarades ou des amis de Maurice, et presque tous, par conséquent, connaissaient les liens qui l'attachaient à Lina.

Aussitôt que Maurice aperçut celle-ci, il courut au-devant d'elle, et, lui offrant le bras, il la conduisit à l'autre bout du salon, où se trouvait Armande avec madame Aiguebelle.

— Ah! mademoiselle, dit Armande, faisant quelques pas en avant, combien je vous remercie d'avoir accepté notre invitation! Vous nous traitez en amis.

Avec son plus doux sourire elle lui tendit la main.

Lina, quoiqu'elle eût les yeux baissés, sentait tous les regards dirigés et réunis sur elle. Elle s'inclina, toucha légèrement la main qui lui était offerte, releva la tête, promena sur ceux qui la regardaient un coup d'œil circulaire, et apercevant Forgès et Barbat, avec lesquels elle avait répété le matin même, elle alla vers eux.

On se mit à table. L'éclat des lumières, le parfum des fleurs, l'odeur des fruits dissipèrent l'embarras causé chez plusieurs convives par l'entrée inattendue de Lina. Plus d'un cependant, lorsqu'il fut bien installé, céda à la curiosité, et glissant un regard à travers les pâtisseries architecturales ou par-dessus les corbeilles de fleurs, tâcha de voir quelle était la contenance de ces deux femmes qui devaient si peu se trouver vis-à-vis l'une de l'autre.

Celle de Lina n'osant affronter les yeux qu'elle sentait sur elle, et dont elle ne comprenait que trop les intentions, était visiblement contrainte.

Celle d'Armande n'ayant rien à cacher était parfaitement naturelle.

Ce contraste saisissant était rendu plus frappant encore par leur toilette.

Lina, qui avait voulu éblouir et triompher, portait une lourde robe de satin jaune, garnie à la jupe et au corsage d'une large dentelle noire; dans ses cheveux étaient des camélias rouges, autour de son cou s'enroulaient les grains d'un collier de perles.

Armande, confiée par madame Aiguebelle au goût d'une faiseuse intelligente, avait une simple robe de mousseline blanche, légèrement relevée par de petits bouquets de cette mignonne fleur à laquelle les botanistes ont méchamment donné le nom horrible de cynoglosse; dans les cheveux quelques grappes azurées de cette même fleur; au cou un petit collier de turquoises.

Inquiet du silence de Lina, Maurice, qui était placé entre elle et madame Aiguebelle, voulut venir à son aide. Elle ne répondit que tout juste ce qu'elle devait. Incapable de retrouver dans ce milieu sa verve et sa liberté, elle préféra se renfermer dans une réserve qui avait au moins le mérite de la prudence et de la convenance. Il n'eut garde d'insister, il sentait dans toute leur étendue les conséquences qu'un mot imprudent pouvait amener.

Un peu par l'aide du hasard, un peu par le tact des convives, ce mot ne fut pas prononcé; des conversations intimes s'établirent, et celles qui devinrent générales furent entraînées d'autorité par le voisin d'Armande dans des sujets tout à fait inoffensifs.

C'était un grand vieillard de soixante-cinq à soixante et dix ans, nommé Verdole; il faisait dans un journal quotidien une critique musicale intègre et sévère, mais dédaigneuse, qui lui avait valu une influence réelle sur le public et même sur beaucoup de ses confrères. Aussi, au milieu d'artistes qui presque tous relevaient de son feuilleton, devait-il être patiemment écouté. Comme à son ordinaire, il en abusa. Cependant, trois ou quatre fois, il laissa l'entretien tomber des hauteurs artistiques où il le portait. Armande lui avait plu, et lui, qui était rogue et méprisant avec les femmes, il s'humanisa et daigna lui parler gracieusement. Fière de ce triomphe, elle le reporta à son mari, et souvent l'embrassant avec Lina dans un même sourire, elle leur dit des yeux : « Vous voyez, pour vous je séduis la critique. »

Lorsqu'on se leva pour passer au salon, Maurice respira plus librement : elles n'étaient plus à la même table, il lui sembla qu'il n'y avait plus rien à craindre.

Armande s'approcha de lui.

— Es-tu content? lui dit-elle tout bas, Verdole est très bien disposé pour toi; seulement il l'est moins bien pour mademoiselle Boireau.

Quelqu'un vint se mettre en tiers entre eux.

Elle n'avait pas vu Victorine depuis longtemps, elle voulut l'embrasser; la soirée allait commencer, elle serait longtemps encore sans la voir.

Elle monta rapidement.

L'enfant dormait dans son petit lit; habituée aux caresses de sa mère, elle ne s'éveilla point.

— Maman, dit-elle seulement d'une voix empâtée, et sa respiration continua, calme et régulière.

Avant de redescendre, Armande voulut prendre l'air sur la galerie qui, formant balcon, courait autour de la maison. Immédiatement au-dessous d'elle deux personnes causaient à mi-voix, Verdole et Charvet, qui, pour fumer tranquillement et respirer un peu, étaient sortis dans le jardin.

— Je crois de l'avenir à Berthauld, disait Verdole.

En entendant le nom de son mari, Armande, qui allait rentrer, resta : il lui en coûtait d'écouter ainsi, mais elle apprendrait peut-être si le critique était sincère dans les bonnes dispositions qu'il venait de lui montrer.

— On dit son opéra remarquable, répondit Charvet, et j'en ai entendu faire un sérieux éloge par un garçon qui ne ment guère, comme vous savez, Martel.

— Où donc est-il, ce loup-là ?

— En Italie.

— Si l'opéra de notre hôte, continua Verdole, vaut sa femme, c'est un chef-d'œuvre, je ne la connaissais pas.

— Un cœur d'or, dit Charvet.

— Ah çà ! vous qui êtes de la maison, reprit Verdole, lançant son cigare dans le gazon, m'expliquerez-vous comment Berthauld peut lui préférer mademoiselle Boireau !

— Un mystère, personne n'y comprend rien.

Le nom de Lina ainsi prononcé fut un coup de massue qui s'abattit sur Armande ; elle chancela éperdue, glissa contre le cadre de la fenêtre où elle était appuyée et s'affaissa.

— Écoutez-donc, dit Verdole, il m'a semblé entendre quelqu'un là-haut, et en même temps voir une ombre, là, sur le gazon.

Ils firent quelques pas à reculons dans le jardin : ils ne virent rien qu'une fenêtre ouverte, et sur une cheminée une lampe qui brûlait. Armande, agenouillée sur le tapis de la chambre, mordait à pleines dents son mouchoir pour étouffer ses cris.

Celle pour laquelle depuis si longtemps elle souffrait, elle était trompée, abandonnée, c'était Lina, c'était cette femme à laquelle elle venait de sourire et de presser la main.

L'indignation la souleva ; par la chambre elle fit quelques tours ; elle ne comprenait plus, et cependant, comme un jet de plomb fondu les paroles de Verdole lui brûlaient le cerveau. C'était donc là cette vérité si longtemps cherchée ! Cette femme avait osé venir, elle était là.

D'un bond elle courut à la porte, et descendit quelques marches de l'escalier. C'était Maurice qui l'avait invitée, elle remonta.

Elle se jeta sur le lit de sa fille. L'enfant, effrayée, s'éveilla, et passant ses bras au cou de sa mère, elle l'embrassa.

— Embrasse-moi, disait Armande, chère fille, embrasse-moi.

Elle suffoquait et inondait de larmes le visage de l'enfant qui pleurait aussi de la voir pleurer.

Pendant ce temps le salon s'emplissait : les invités à la soirée arrivaient. Quoique folle de désespoir, Armande les entendait; il fallait, il fallait descendre.

Elle prit un linge mouillé, baigna ses yeux; elle tâcha aussi d'arranger sa robe chiffonnée.

— Allons, se disait-elle tout haut, du courage, du courage!

Elle se mit devant la glace pour se composer un visage; mais elle avait beau vouloir, ses larmes ne s'arrêtaient pas; plus elle faisait effort pour les retenir, plus elles coulaient.

A la longue cependant, ce fut la volonté qui triompha. Elle se calma un peu, et, après avoir fait quelques pas sur la galerie pour respirer et reprendre sa raison, elle descendit.

On était surpris de ne pas la voir.

— Où donc est Armande? avait demandé madame Aiguebelle.

— Vous croyez que j'ai une femme, avait répondu Maurice, blessé de cette absence, mon enfant a une mère, voilà tout; elle est auprès de sa fille, à la regarder dormir.

Lorsqu'elle entra, il se mettait au piano pour jouer l'ouverture.

Elle était si horriblement pâle que tout le monde en fut frappé; mais pour beaucoup cette pâleur avait son explication dans une émotion bien naturelle : n'était-ce point l'avenir de son mari qui allait se décider?

Verdolle alla au-devant d'elle et la fit asseoir auprès de lui.

— Je veux vous servir de père aujourd'hui, comme bientôt je servirai de parrain à Berthauld, dit-il.

Cette parole lui fit du bien et lui desserra un peu le cœur. Elle crut que Verdolle lui disait encore quelques mots affectueux, mais elle ne les entendit point, pas plus qu'elle n'entendit cette musique à laquelle elle avait donné tant de tendresse; dans sa tête troublée, il n'y avait qu'une chose : l'atroce vérité qui venait de la frapper; toute sa volonté elle l'employait à se contenir.

Ce que fut cette soirée, elle n'en vit, elle n'en sut rien; plus tard, lorsqu'elle voulut se la rappeler, ce qui lui revint fut le souvenir d'un anéantissement horriblement douloureux qui l'avait paralysée; tout ce

Armande dans une loge de l'ancien Théâtre-Lyrique (p. 381).

H. MALOT. — VICTIMES D'AMOUR.

LIV. 48

monde qui lui parlait c'était un rêve : on applaudit Maurice, on applaudit Lina, on applaudit les chanteurs ; elle n'entendit rien de plus.

Cependant, à un moment où elle se trouvait seule avec Verdole, elle essaya de lui parler de cette musique.

Il n'avait cessé de l'observer ; il la regardait avec une tendre pitié, et lui prenant la main :

— Vous étiez là-haut, dit-il, vous m'avez entendu ; ne dites pas non, votre pâleur me dit oui. Vous avez été héroïque ce soir ; vous êtes une digne femme ; si l'amitié d'un vieillard peut vous être utile, comptez sur la mienne.

Il lui serra la main avec émotion.

— Vous voudriez savoir ce que je pense de cette musique ? je n'en sais trop rien, je n'avais pas ma liberté, je crois que c'est bon.

On se disposa enfin à partir. Alors commença une interminable suite de félicitations.

Quand ce fut à Lina de prendre congé, Armande la regarda en pleine figure ; ses yeux lançaient des éclairs ; Lina stupéfaite, s'inclina sans rien dire.

Les deux époux se trouvèrent seuls.

— Allons, s'écria Maurice, la soirée a été bonne ; décidément, ce sera un succès !

Il paraissait si heureux qu'elle retint les paroles qui lui brûlaient les lèvres. Elle eut encore la puissance de ne pas troubler cette joie. Mais c'était trop d'efforts : rentrée dans sa chambre, la réaction fut si intense qu'il lui sembla qu'elle allait mourir. Elle se cacha la tête sous ses draps pour qu'il ne l'entendit point.

VI

Elle se montra le lendemain matin calme en apparence ; elle était, au fond du cœur, pleine de désespoir et d'indignation.

La vue de Lina avait produit en elle un profond changement. Jusqu'à ce jour, elle avait compris, elle avait tâché de comprendre l'infidélité de son mari, par une grande beauté, un charme irrésistible qu'elle prêtait à celle qu'il aimait ; et, dans cette beauté supposée, elle avait trouvé une excuse, tout au moins une explication. Lorsque, dans le silence de la nuit, elle évoqua cette femme qu'elle connaissait maintenant, lorsqu'elle la revit, et la revit bien telle qu'elle était, mais dépouillée, pour elle honnête et pure, de la séduction provoquante qu'elle exerçait sur quelques hommes, — elle condamna Maurice une nouvelle fois.

Elle ne laissa pourtant voir ni colère, ni mépris; un mot, un seul lui échappa :

— Que mademoiselle Boireau, dit-elle, me fasse jeudi la visite dont sans doute elle voudra m'honorer, je n'y serai point.

Maurice, qui allait sortir, s'arrêta.

— Hein! fit-il... Ah! bien! de la jalousie. C'est bon, c'est bon.

Et il s'en alla.

Cependant la contenance de sa femme, l'accent avec lequel elle avait prononcé ces quelques mots, et plus encore ses propres craintes, l'inquiétèrent un moment.

— Bah! se dit-il bientôt, elle aura surpris quelques regards entre Lina et moi, et ses soupçons la reprennent, mais sans rien de précis. Voilà tout.

Il n'y pensa plus.

Il avait en tête bien d'autres idées qui l'emportaient; son succès de la veille l'avait mis en appétit, et il était repris d'un besoin furieux de publicité.

Lina, loin de calmer ses idées, les enflamma encore; elle avait été grisée par les applaudissements, et l'occasion qui se présentait était trop belle pour qu'elle la laissât échapper.

— Puisqu'on te traîne toujours entre oui et non, dit-elle, fais jouer ton opéra à tes frais. Pourquoi ne louerais-tu pas la salle du Théâtre-Italien? C'est l'affaire de quelques billets de mille si tu ne réussis pas; si tu réussis, au contraire, tous les bénéfices seront pour nous, et franchement nous en avons besoin, les créanciers ont usé déjà deux cordons de sonnette; ils commencent à se fatiguer.

Liénard fut consulté sur ce projet.

— Je crois, dit-il, que si tu voulais attendre encore quelques mois, un an peut-être, nous arriverions à notre but, et j'en suis toujours à mon sentiment sur l'influence du journal qui finirait bien par vous bombarder quelque part : regarde Fisset. Qu'était-il il y a trois ans quand il a attrapé son feuilleton? Aujourd'hui il a eu un acte de joué, parce qu'il n'a pu faire qu'un acte; il est décoré, membre bien payé de deux ou trois commissions; dans un an il sera bibliothécaire n'importe où, dans deux ans inspecteur de n'importe quoi, et cela tout simplement parce qu'il a su se faire le courtisan de ceux qui ont l'influence et qui tiennent le couteau à couper le gâteau. Mais puisque tu es pressé à ne pas attendre huit jours, évidemment le mieux c'est de te faire jouer toi-même.

— C'est ce que je veux, dit Maurice.

Je comprends parfaitement, poursuivit Liénard, seulement je ne suis pas pour le Théâtre-Italien. La salle te coûterait de location 1,800 francs par soirée : 120 musiciens à 20 francs l'un dans l'autre te coûteraient 2,400 francs ; ce qui te fait déjà 3,200 francs de frais : une jolie somme, tu vois, et cependant tu aurais encore à payer la copie de ta partition, tes chanteurs, tes décors, tes costumes, etc., etc. De plus si tu voulais donner une représentation toute bête, il n'y a pas d'illusion à te faire, tu n'aurais personne ; tu serais donc obligé de donner ta première au bénéfice de quelque infortune bien pommée, sympathique à toutes les opinions et à toutes les religions ; or, par malheur, je n'en vois pas pour le moment qui réunissent ces conditions, il faudrait en inventer une, et c'est le diable ; tu ne saurais t'imaginer combien les bonnes âmes ont le nez long pour flairer la vérité ; l'expérience a été faite, et je l'ai mesurée à mes dépens. Ajoute enfin que tu serais obligé de trouver des artistes, des figurants, des chœurs, des claqueurs, de répéter avec les uns, de seriner les autres, de les faire marcher tous ; les travaux forcés. Non, je crois que, puisque tu te décides au saut périlleux, tu peux trouver moins de cerceaux que ça à franchir.

A cette époque, l'un des théâtres de musique avait pour directeur un industriel qui, après avoir fait à sa commandite une large brèche, tâchait d'étayer ses affaires avec tous les expédients plus ou moins solides qui lui tombaient sous la main.

— Je suis sûr, continua Liénard, que si tu offrais vingt mille francs à Thaurin, — c'était ce directeur, — prêtais, je veux dire, il te jouerait tout de suite et engagerait Lina.

— Où veux-tu que je prenne vingt mille francs ? s'écria Maurice ; si je les avais, je commencerais par me débarrasser de bien des tracas.

— Puisque tu renonces à l'influence du journal, reprit Liénard d'un air négligent, après un moment de réflexion, pourquoi ne le vendrais-tu pas ? Tu trouverais ainsi tes vingt mille francs.

— Comment ? s'écria Maurice, vingt mille francs ce qui m'a coûté cent mille francs !

— Je ne dis pas que tu n'en trouverais que vingt mille francs, je dis seulement que je connais quelqu'un qui peut-être t'achèterait ta part. Si tu veux que je fasse cette double affaire, qui, je te le dis franchement, me paraît mauvaise, je suis à ta disposition.

Elle fut faite. Liénard, sous le couvert d'un prête-nom, racheta soixante-quinze mille francs ce qu'il avait vendu cent mille, et s'appliqua immédiatement sur le prix payé les vingt-cinq mille francs qui lui restaient dus, car les lettres de change souscrites arrivaient à échéance, et il déclara qu'il lui était impossible de les renouveler. Maurice garda vingt-cinq mille francs pour les besoins pressants du moment, ce qui l'eût décidé à accepter de plus dures conditions encore, tant il était tourmenté.

Le reste, ou, pour être exact, vingt mille francs, car cinq mille francs disparurent dans cette débâcle, absorbés par les frais de transport, de prix, de délégation, etc., le reste fut offert à Thaurin qui promit tout ce qu'on voulut, mit immédiatement *Imogène* en répétition, et engagea Lina, mais à la représentation seulement, aux appointements d'une étoile. Tous les journaux annoncèrent que la race des directeurs intelligents n'était point éteinte, que M. Thaurin ouvrait son théâtre à la jeunesse, qu'il venait de recevoir *Imogène*, cette œuvre originale, etc., d'un auteur qui, etc.

Maurice gardant, en compensation des vingt-cinq mille francs que Liénard lui faisait perdre, sa position de rédacteur en chef, Armande ignora toutes ces affaires ; pour elle la réception d'*Imogène* ne fut due qu'au seul mérite de l'œuvre, et elle en ressentit une grande joie. Cette joie ne s'éleva point, il est vrai, jusqu'à l'enthousiasme qui, quelques mois plus tôt, l'eût transportée dans un rêve de félicités glorieuses ; elle se dit bien aussi qu'un triomphe pour lui, en le rapprochant de celle qui allait s'y associer, serait une nouvelle défaite pour elle-même ; mais au fond du cœur le bonheur de voir Maurice heureux l'emporta sur tout : et dans sa vie sombre et froide, les heures d'attente jusqu'à la représentation furent des heures de soleil, de ce soleil pâle qui éclaire sans les échauffer les dernières belles journées des automnes de la Normandie.

VII

Madame Aiguebelle avait promis à Armande de l'accompagner au théâtre et d'être son chaperon aux yeux du monde. Mais deux heures avant la représentation elle fit dire, ce qui était vrai, qu'elle était indisposée.

Armande se trouva donc seule dans la loge que Maurice lui avait réservée, et qui était une avant-scène de rez-de-chaussée tout auprès de la petite porte qui de la salle s'ouvre dans les coulisses. Elle voulut rester au fond ; il la fit mettre sur le devant.

— Rien ne jette du froid comme une loge vide, dit-il, je viendrai te tenir compagnie le plus qu'il me sera possible.

Puis il la quitta ; il avait affaire sur le théâtre.

La salle encore sombre était remplie d'un brouhaha tumultueux ; on cherchait sa place, on s'installait, on réclamait, on causait, on renversait les petits bancs, dans les cintres les titis s'appelaient bruyamment, dans les galeries les gens du monde se saluaient silencieusement d'un petit mouvement de main ; à l'orchestre les musiciens en arrivant faisaient grincer ou ronfler leurs instruments dans une atroce cacophonie.

C'était donc là ce public qui allait indifféremment donner la vie, injustement peut-être la mort, à une œuvre qui avait coûté tant de journées de travail et de fièvre. Au moment où la rampe fut haussée et où la lumière du lustre plus vive fit ressortir et briller les toilettes, Armande se pencha en avant, comme si en regardant cette foule elle allait deviner ses dispositions. Au milieu d'un vague brouillard, elle reconnut à l'orchestre quelques figures amies qui la saluaient ; elle se sentit un peu rassurée, au moins encouragée. Mais quand elle entendit frapper les trois coups avec une lenteur majestueuse ; quand le silence se fit, quand elle vit le chef d'orchestre d'une main tenir le premier feuillet de la partition, et de l'autre lever son bâton en embrassant d'un coup d'œil tous ses exécutants, ce faible courage l'abandonna.

Les deux premiers actes s'achevèrent au milieu des applaudissements de la claque ; mais le vrai public resta dans une inquiétante froideur. C'était ce qu'on est convenu d'appeler au théâtre une belle salle, c'est-à-dire qu'il y avait là des représentants de tout ce qui dans Paris s'est fait une réputation ou est en train de s'en faire une. Il était à craindre que ce ne fût point ce qu'on nomme aussi une bonne salle. Et de fait ce n'en était point une ; il y avait d'hostiles ceux qui avaient intérêt à la chute du directeur, et comme toujours ils étaient nombreux ; ceux dont Maurice avait blessé l'amour-propre par des critiques trop dures ou des éloges trop faibles ; enfin une bonne partie du public véritable qui par cela seul que de formidables réclames lui avaient beaucoup promis, voulait beaucoup.

Pour Armande, cette froideur était mortelle ; cependant sa foi était si solide qu'elle ne douta point un seul instant du succès. Lorsqu'un morceau sur lequel elle comptait ne trouvait que l'indifférence, « au suivant, » se disait-elle, et elle attendait, bien certaine que les vrais applaudissements allaient enfin éclater ; s'ils n'éclataient point encore, elle en rejetait la faute sur les interprètes.

Jusqu'à un certain point elle avait raison. La troupe, comme dans tous les théâtres qui menacent ruine, était démontée ; il y avait quelques chanteurs, il n'y avait point un ensemble, et l'adjonction de Lina ne l'avait point fortifiée. Il avait fallu tout l'aveuglement de Maurice ou plutôt toute sa faiblesse pour lui confier Imogène ; car ce n'était point sa voix aigrelette, son aplomb, ses chatteries qui la rendaient digne de ce rôle, la création la plus tendre de Shakespeare.

Plus que personne Armande sentait cette insuffisance ; mais telle était sa situation, que si sa jalousie pouvait souhaiter la chute de Lina, son amour pour Maurice devait lui faire désirer un triomphe. Il y avait là pour elle une lutte qui aggravait encore ses angoisses.

Le troisième acte brisa la glace. L'admirable pastorale héroïque créée par le poète avait bien inspiré le musicien. La vie des champs dans la solitude, les scènes de chasse, le caractère sauvage des personnages, le sentiment religieux des funérailles provoquèrent des applaudissements qui partirent spontanément.

Comme ces battements de main lui résonnèrent dans le cœur ! comme ces murmures d'approbation qu'elle percevait tous l'enivrèrent délicieusement !

Elle pensa qu'il allait venir enfin.

Il le voulait ; mais au moment où il entrait dans la salle, il rencontra Liénard, qui l'arrêta.

— J'allais te chercher, lui dit-il après lui avoir serré chaudement la main, je suis chargé de te dire qu'on t'attend dans la loge 31 pour te féliciter. Devine qui ? Une femme que tu connais beaucoup, une ancienne passion ; ta grande passion, madame de Lannilis, enfin ; elle veut te voir.

Maurice, qui avait hésité un moment, se décida, et pendant que Liénard entrait dans la loge d'Armande, il se dirigea vers celle qui lui était indiquée.

Dans les couloirs, cette Bourse où se faisait la hausse et la baisse des succès, les groupes étaient compactes. Il entendit discuter sa musique qui, vivement attaquée, était vivement défendue. Pour ne pas être arrêté il monta rapidement la tête baissée.

Madame de Lannilis était seule ; en le voyant elle se leva.

— Ah ! mon ami, murmura-t-elle avec son sourire le plus aimable, que je suis heureuse de vous revoir, et dans ces circonstances ! C'est beau, très beau ; on sent dans votre musique les battements d'un cœur.

Elle le fit asseoir auprès d'elle. Ils étaient tous deux émus.

— Je savais bien que vous aviez du talent...

— Pourquoi donc, dit Maurice avec une nuance d'amertume, en avez-vous douté autrefois ?

— Je vous en prie, ne parlons point du passé.

— Vous ne voulez pas ; cependant certains souvenirs qui m'ont été durs me sont doux maintenant, et j'aurais plaisir à en causer avec vous, sinon ici, — il souligna son dernier mot, — au moins ailleurs.

Sans répondre à cette parole, elle baissa la voix :

— Est-ce vrai, dit-elle, que cette petite qui joue Imogène est votre maîtresse ? Mon cher, vous avez tort, elle ne vaut pas votre femme ; elle n'est supportable que dans son costume d'homme.

Il allait répliquer lorsqu'il aperçut à quelques pas, appuyé dans le passage de la galerie, un beau jeune homme, taillé comme l'Apollon, qui le regardait et regardait madame de Lannilis avec une étrange fixité.

— Pardon, dit-il à Marguerite, mais je vous ai adressé une demande et vous avez détourné l'entretien ; voici la réponse, n'est-ce pas ?

Du regard il indiqua le jeune homme.

Elle sourit, et en même temps elle fit un signe à celui-ci.

Maurice se leva.

— Ah ! Marguerite, dit-il avec une gravité triste, ne faites pas de lui ce que vous avait fait de moi : cette maîtresse que vous me reprochez, c'est vous qui me l'avez imposée.

A la porte il se rencontra avec le jeune homme qui entrait superbe ; il le salua légèrement et descendit.

Il était presque heureux d'aller rejoindre sa femme ; mais il ne trouva point auprès d'elle l'accueil qu'il eût reçu quelques minutes auparavant. Elle avait été si peinée de le voir dans une autre loge que la sienne, qu'elle n'avait pu cacher son émotion à Liénard, qui, immédiatement repris de ses anciennes idées, avait voulu profiter de cette occasion.

— Que ne m'ayez-vous autrefois écouté ? avait-il dit.

Elle s'était retournée indignée, et il avait payé pour tous ceux qui depuis quelques heures la faisaient souffrir.

— Écoutez, avait-elle dit en lui lançant ses paroles à la figure, je croyais que vous aviez renoncé à me parler de votre amour : je croyais que vous aviez eu pitié de moi et que vous étiez bon et généreux. Eh bien, puisque vous voulez exploiter ma douleur, sachez que si j'étais un jour assez malheureuse pour ne plus aimer mon mari, je ne serais jamais assez indigne pour aimer un homme que je n'estimerais pas.

Maurice était entré sur ces derniers mots.

Il s'était à peine assis dans le fond de la loge qu'on vint lui dire qu'on avait besoin de lui sur le théâtre.

— C'est bon, dit-il, j'y vais tout de suite.

Il ne put que serrer la main de sa femme ; elle était toute tremblante.

— N'aie donc pas peur ; tu vois que tout va bien.

Et il sortit avec Liénard.

— C'est mademoiselle Boireau qui vous demande, lui dit le garçon qui l'attendait dans le couloir.

— Alors je te quitte, dit Liénard.

On posait la décoration du quatrième acte (p. 386).

H. MALOT. — VICTIMES D'AMOUR.

LIV. 49

VII

La scène était pleine de mouvement : on posait la décoration du quatrième acte, et les machinistes, sans crier gare, bousculaient ceux qui les gênaient.

— Monsieur Berthauld ! s'écria une voix.

Maurice s'arrêta.

— Monsieur Berthauld, dit celui qui l'avait arrêté, M. Barbat vient de me prévenir qu'il ne veut pas qu'on fasse la nuit dans la scène du cachot.

— C'est absurde, dit Maurice, vous la ferez.

— Je ne vous engage pas à tenir à ça, dit un vieux petit bonhomme sec et rataniné qui sortit de derrière un châssis, Barbat ne veut pas la nuit, parce qu'il tient à ce qu'on voie bien ses mines langoureuses ; si vous le contrariez, il chantera mal sa romance et se fera empoigner exprès ; cédez-lui ça.

Maurice restait indécis.

— Écoutez M. Edmond, dit celui qui avait parlé le premier, jour ou nuit, le public n'y verra que du feu.

— Faites ce que vous voudrez, dit Maurice.

— Encore un qui n'a pas plus d'énergie qu'une poule ; Barbat lui fera cirer ses bottes.

C'était une des doublures de Barbat, qui, volontiers, eût coupé son chef d'emploi en petits morceaux.

— Laisse donc tranquille, dit un autre, Barbat a raison, il compte sur le dernier acte pour achever Camille Jansens ; regarde-la dans son avant-scène, elle le mange des yeux.

Maurice n'entendait point ces commentaires, il montait rapidement l'escalier qui de la scène conduit aux loges des acteurs.

— Te voilà, dit Lina en le voyant arriver, ce n'est pas malheureux.

Sa loge était la plus belle du théâtre ; c'était celle qu'on réservait pour les *étoiles*. Thaurin la lui avait donnée pour être agréable à Maurice ; et, par une galanterie qu'il comptait bien qu'on lui payerait, il l'avait fait tendre d'une jolie perse à couleurs claires ; il avait aussi fait recouvrir les meubles de la même étoffe.

En entrant, Maurice fut frappé d'un désordre qu'il ne s'expliqua point : le costume que Lina devait revêtir était jeté sur le tapis ; la table de toilette était bousculée.

Assise devant une grande glace, Lina était en train de faire dérouler ses cheveux qu'elle avait dû retrousser pour son rôle d'homme; elle les retira vivement des mains de son coiffeur.

— J'ai dit que je ne chanterais pas, répéta-t-elle exaspérée par sa propre colère, je ne chanterai pas.

Thaurin, qui entrait, entendit ce dernier mot.

S'il était mauvais directeur pour conduire ses affaires; il était excellent pour conduire ses pensionnaires : fin, retors, souple et faux. Il devina qu'il n'y avait là qu'une scène de jalousie.

— Dites qu'on peut commencer, fit Thaurin en se retournant vers son régisseur.

— Mon enfant, dit-il à Lina, vengez-vous de Berthauld s'il vous trompe, vous ferez bien, et les occasions ne vous manqueront pas; mais ne me faites pas payer les frais de la guerre.

— Tant pis pour vous!

On entendit quelques accords; l'acte commençait.

— Vous êtes trop honnête pour vouloir ma ruine, continua Thaurin.

Elle ne répondit pas; mais il était évident qu'elle était ébranlée.

— Allons! reprit-il, vous n'avez qu'à paraître dans ce tableau, montrez-vous; après, vous vous expliquerez avec Berthault, il sera encore temps de vous venger!

Elle ne dit rien, mais, en un tour de main, elle fut prête, et elle s'élança dans l'escalier qu'elle descendit d'un saut.

— Ah! mon cher, dit Maurice, quel poids vous m'enlevez, j'ai cru que j'allais la tuer; une femme pour laquelle j'ai tout fait, je me ruine, je commets des crimes.

— Vous ne l'aimeriez pas sans cela, dit Thaurin.

— Que ne s'est-elle cassé le cou dans l'escalier!

— Je vous dirai comme à elle, fit Thaurin en riant, l'acte fini, ça m'est égal.

Ils arrivaient sur le théâtre au moment où elle rentrait dans la coulisse; on applaudissait dans la salle.

— Remontez avec moi, dit-elle, j'ai dix minutes.

— Pas plus de huit, dit le père Edmond, ou vous manquerez votre entrée comme tout à l'heure.

— Nous sommes à vos ordres, ma reine, dit Thaurin faisant un signe à Maurice.

— Je finirai le rôle, dit-elle, mais à une condition; Maurice va écrire tout de suite ce que je vais lui dicter.

— C'est de la folie! s'écria Maurice.

— Possible, c'est comme ça !

Et du tiroir de sa toilette elle tira du papier et une plume.

Maurice lui lança un regard terrible, cependant il s'assit.

— Merci, dit-elle au coiffeur, vous pouvez vous en aller.

— Mais... dit celui-ci, qui n'avait point achevé son travail.

— On vous dit que vous êtes de trop ici ; comprenez-vous, mon cher.

Sans doute il comprit, car il sortit aussitôt.

— Vous, dit-elle en se tournant vers son habilleuse, allez dans le corridor tenir compagnie à Philibert ; qu'il ne s'ennuie pas.

Quand elle fut seule avec Maurice, elle vint se camper devant lui.

— D'où viens-tu ? dit-elle d'une voix frémissante.

Comme il ne répondait pas :

— Parle donc! continua-t-elle rapidement. Où étais-tu, au lieu de rester là auprès de moi à me soutenir et à m'encourager ? Crois-tu que je ne méritais pas d'être applaudie ? Ça n'est pas l'avis de tout le monde. Pour te recevoir ici tranquillement, j'ai renvoyé des gens qui auraient été heureux d'être là, dans ce fauteuil où tu te prélasses, à me dire que j'ai fièrement enlevé mon troisième acte, et des gens qui te valent bien. Voyons, où étais-tu ?

— Dans la loge de ma femme, dit Maurice, qui avait tout intérêt à calmer cette colère.

— Ne mens donc pas. Si tu n'avais été que chez ta femme, je comprendrais ça ; la pauvre petite ne doit guère s'amuser. Tu étais chez ton ancienne maîtresse, je t'ai vu entrer, on m'a dit qui c'était, une gueuse finie.

On entendit une clochette qui sonnait dans l'escalier.

— Habille-toi vite, dit Maurice.

— Non.

— On va commencer.

— Qu'est-ce que ça me fait ?

A ce moment on frappa à la porte de la loge :

— On va commencer le quatrième acte.

— Papa Edmond, dit Lina en repoussant la porte, laissez-moi tranquille, je ne chanterai pas.

— Comment ! s'écria celui-ci en entrant tout à fait.

— Annoncez que je suis malade.

— Malade comme moi.

— Comme vous voudrez ; mais je ne chanterai pas, entendez-vous, je ne chanterai pas.

Et elle se mit à frapper des pieds.

Le papa Edmond s'élança dans le corridor.

— Qu'on prie M. Thaurin de monter tout de suite ! cria-t-il.

— Voyons, calmez-vous, dit-il en rentrant et pensez à ce que vous voulez faire, une première ! est-ce possible ?

— Écris-tu ? dit-elle.

Il fit un signe affirmatif.

— Elle dicta :

« Ne comptez pas sur moi, je ne vous verrai plus. »

— Jamais ! s'écria Maurice en se levant avec violence, on n'écrit pas ainsi à une femme.

— Précisément, et quand on lui a écrit une fois ainsi, c'est fini.

— Mais je ne devais pas la revoir.

Il fit un tour dans la loge ; dans ses mains crispées il s'enfonçait les ongles.

— Thaurin, dit-il, faites-lui donc entendre raison.

— Écrivez, dit celui-ci, nous n'avons plus que trois minutes.

Il hésita encore quelques secondes, puis enfin il écrivit.

— Bon, dit Lina, tu peux ne pas signer, je ne veux pas te faire une affaire avec le mari.

Elle prit la lettre et sonna. L'habilleuse entra, Lina lui parla à l'oreille, lui remit la lettre et la renvoya.

— Vous, dit-elle à Thaurin et à Maurice, restez ici, que Rose puisse sortir tranquillement. Maintenant, fit-elle en se tournant vers Maurice, tu peux m'embrasser.

Il paraissait avoir plutôt envie de l'étrangler, cependant il l'embrassa.

— Maintenant, à mon rôle, dit-elle.

— Des atouts, ma fille, c'est le moment, dit Thaurin.

Elle se mit à déclamer en descendant :

> Ce méchant Jachimo, votre ami, c'est un lâche !

— Ah ! mon cher, dit Thaurin, vous en êtes encore quitte à bon marché ; elle nous tenait.

VIII

Le quatrième et dernier acte, coupé en deux tableaux, était très long. Il réussit, mais moins franchement que le troisième. Cependant ce fut au milieu des applaudissements qu'on proclama le nom de l'auteur. Quelques voix prétendues amies l'appelèrent.

Ce fut le moment critique pour Armande. Allait-il paraître sur la scène à côté de Lina?

Il eut le bon esprit de ne pas se prêter à cette ovation qui met l'auteur au même rang que le comédien, et il résista fortement à ses chanteurs qui le poussaient en avant.

La toile ne se releva point.

Il avait promis à sa femme de venir la prendre.

Elle attendit. La salle se vidait. On éteignit les lampes de l'orchestre; la rampe fut baissée; sur le velours des galeries on déroula de longues bandes de toile. L'ouvreuse, qui avait fini son ménage, vint se camper à la porte. Armande voulut faire prévenir Maurice; elle en pria même l'ouvreuse; puis au moment où celle-ci s'engageait dans la porte des coulisses, elle la rappela. Lentement elle s'enveloppa dans sa mante, et, ayant relevé le capuchon, elle se dirigea à petits pas vers la sortie, se retournant au moindre bruit. Elle arriva ainsi au vestibule et elle attendit encore. Quelques hommes vinrent regarder cette femme seule et tourner autour d'elle. Elle eut peur. Elle voulut rebrousser chemin. Déjà les couloirs étaient sombres. Elle revint. Il n'y avait plus personne. On fermait les portes.

Au moment où elle ne savait plus que faire et regardait autour d'elle pleine d'angoisse, un grand vieillard rentra du dehors.

— J'ai oublié ma canne dans ma loge, dit-il à un employé du contrôle, voulez-vous me la faire mettre en place?

— Je vais vous l'aller chercher, monsieur Verdole, répondit l'employé.

C'était Verdole, en effet. Il aperçut Armande.

— Vous ici, dit-il, et seule!

— Maurice est retenu au théâtre, répondit-elle, et je n'ai pas de voiture.

— Une voiture! cria-t-il.

— Il n'y en a plus, répondit de la rue une voix avinée.

— Voulez-vous la mienne? dit-il à Armande; je suis un bonhomme sans conséquence, je vais vous reconduire : si vous ne voulez pas, je vous laisse ma voiture et je retourne chez moi à pied.

C'était un sauveur.

— Eh bien, dit-il quand ils roulèrent sur le pavé, acceptez tous mes compliments. Si Berthauld veut travailler il arrivera. Il a ce qu'il faut. Il est doué. Seulement, qu'il travaille et ne considère ce qu'il nous a donné aujourd'hui que comme une belle promesse.

Lorsqu'ils quittèrent les Champs-Élysées pour la rue de Chaillot, elle voulut le remercier.

— Non, non, dit-il brusquement, pas de ça; les remercîments, ajouta-t-il en riant, me fâchent, çà vient peut-être de ce que mon métier de critique m'a valu des montagnes de merci et pas gros comme la pomme de ma canne de reconnaissance.

Elle passa une triste nuit; car il ne rentra qu'à cinq heures du matin. Lorsqu'elle l'entendit, elle feignit de dormir; cependant il vint à son lit.

— J'ai à te parler, dit-il, un service à te demander.

Elle se souleva.

Il reprit :

— Thaurin m'a fait appeler après le dernier acte, c'est même ce qui m'a empêcher de t'aller prendre.

Il disait vrai; seulement il n'ajoutait point que Thaurin ne l'avait retenu que dix minutes, et que, le reste de la nuit, il venait de le passer chez Lina où un souper avait été improvisé pour fêter son succès et leur réconciliation.

— Il est à bout de ressources, continua-t-il, nous tenons un succès d'argent, et pourtant il peut être mis en faillite s'il ne trouve pas vingt mille francs. Veux-tu aller à Plaurach les demander à ton grand-père? C'est une affaire sûre, et de plus je sauve ma pièce.

— Quand faut-il partir?

— Es-tu fatiguée?

— Non.

— Ce matin alors.

— C'est bien; je partirai par le train de huit heures.

Il la prit dans ses bras.

— Tu es la meilleure des femmes! s'écria-t-il avec une émotion véhémente. Pardonne-moi ce que je t'ai fait souffrir; tu ne sais pas ce que j'ai souffert moi-même. Crois-moi quand je te dis que je t'aime et que je n'ai été heureux que pendant nos journées d'intimité et de tendresse. Elles reviendront, je te le jure, et je serai digne de toi.

CHAPITRE VII

INTERVENTION

I

Pour surprendre son grand-père, Armande descendit à l'entrée du village. A travers les champs, par des sentiers dont ses pieds avaient gardé le souvenir, le long de fossés bordés d'ajoncs en fleurs, elle se dirigea vers le château; Victorine, marchant derrière, voulait s'arrêter à chaque pas et cueillir un bouquet pour son bon papa.

La cour était déserte; elle arriva jusqu'à la maison sans avoir rencontré personne; dans la cuisine était Jeannette, la fille de service.

— Où est grand-père? demanda Armande en arrêtant à grand'peine les exclamations de celle-ci.

— Dans la bibliothèque; je vais prévenir Monsieur.

Armande l'en empêcha et elle traversa le salon.

M. Michon n'était point dans la bibliothèque.

En regardant autour d'elle, Armande fut frappée par un désordre bien étrange dans une maison qui autrefois était si propre. Pas un meuble n'était à sa place; sur les chaises traînaient de vieux habits, des livres ouverts, des journaux; sur la cheminée étaient entassés des mouchoirs; dans la couche de poussière grise qui recouvrait tout, il y avait çà et là des trous et des rayures.

Au bout de la bibliothèque était la grande chambre qu'elle avait habitée durant les premiers jours de son mariage; la porte en était ouverte, elle entra.

Son grand-père était assis dans un fauteuil en face du lit. Au bruit de leurs pas il ne remua point; il paraissait plongé dans une profonde méditation, sa tête était inclinée en avant, ses bras étaient ballants. Il ne releva les yeux que lorsque Armande fit ombre devant la fenêtre.

— Ma chère fille! s'écria-t-il en se levant et en ouvrant ses bras qui tremblaient.

Elle lui sauta au cou, ils s'embrassèrent et il retomba dans son fauteuil:

Plus d'un laboureur, dans les champs, arrêta sa charrue pour venir au bord
du chemin lui dire adieu.

H. MALOT. — VICTIMES D'AMOUR.

ses lèvres s'agitaient sans se former des mots; sur son visage, dans ses yeux mouillés, était une joie éclatante.

— C'est toi! dit-il. Comme Victorine est belle! mets-la-moi sur les genoux; — je suis ton grand-père, embrasse-moi, dit-il à l'enfant.

Lorsqu'ils furent un peu plus calmes :

— J'ai rêvé il y a deux jours que tu t'ennuyais de moi. C'était vrai, puisque te voilà venue. Moi aussi je m'ennuyais, c'est pour cela que tu me trouves là. J'étais venu dans la chambre aux souvenirs revivre un peu.

— Pauvre grand-papa!

— Ça me fait du bien de passer ici une heure ou deux. J'y ai mis tout ce qui t'a appartenu. Voilà tes livres, ton piano, le fameux piano qui t'a fait épouser Maurice. Je me suis entouré de tous les objets qui gardent quelque chose de toi, il me semble même parfois, quand je rêvasse, que cette glace a gardé ton image et que je t'y vois comme si derrière moi tu te mirais par-dessus mon épaule; seulement, ce qu'il y a de bizarre, je ne te vois pas telle que tu es maintenant, mais telle que tu l'est montrée, dans ta pauvre petite robe d'indienne, quand tu es arrivée de Paris la première fois, maigriotte, pâle, souffreteuse, avec les grands yeux parlants qui m'ont remué le cœur comme une caresse de ta mère. C'est là toute ma vie maintenant, ça me rajeunit ça me réchauffe; seulement ça me réchauffe quelquefois si bien que ça me grise. Croirais-tu qu'il y a quinze jours je me suis si complètement monté la tête, que je voulais partir pour aller vous surprendre à Paris; je me suis habillé, j'ai envoyé chercher la voiture de Piriou; je me faisais fête d'arriver pour la représentation de Maurice et jouir de ta joie. A propos, un succès ; hein? car je bavarde.

— Aussi grand que nous pouvions l'espérer.

— J'en étais sûr, c'est un fameux gaillard ; tu as dû être bien heureuse. Enfin, le vrai, c'est que je ne suis pas parti, et j'ai bien fait, puisque te voilà venue, car te voilà, te voilà bien.

Tout à coup il se leva vivement et se pendit au cordon de la sonnette.

— Jeannette! Louise!

Elles arrivèrent.

— Vous allez tuer des poulets, des pigeons, la grosse dinde; on ira voir s'il y a du poisson. Aimes-tu toujours le fromage à la crème? Oui. Vous ferez un fromage. Et tout de suite. Vous direz à Évenou de prendre des hommes pour l'aider à ratisser le jardin. Allez, et plus vite que ça. Un festin, vous entendez.

— Vois-tu, dit-il, à sa fille, je m'abandonne un peu; il ne faut pas m'en vouloir, tu sais, quand on est seul.

Elle n'avait pas besoin qu'il le dît, elle ne le voyait que trop. Il avait un vieil habit noir déchiré aux coudes, taché aux revers, un pantalon rougi aux cuisses. Sa barbe n'avait pas été faite depuis quatre ou cinq jours. Comme il avait changé, vieilli, baissé! il lui sembla même qu'il était rapetissé.

— Comme tu me regardes, dit-il, tu me trouves changé?

Elle voulut répondre.

— Dis donc, parle un peu haut, l'oreille est devenue dure.

La voiture, qui avait suivi les longs détours de la route, arriva. Armande fit monter ses bagages dans sa chambre. Quant elle redescendit, son grand-père était dans la salle à manger; il avait fait une toilette complète.

— Tu ne me verras plus comme tu m'as surpris, dit-il, tu m'as rajeuni ; es-tu gentille d'être venue !

En face d'une pareille joie, comment dire qu'elle venait demander de l'argent pour Maurice?

Il lui fallut trois jours. A chaque instant, elle croyait pouvoir parler; elle se fixait, en se promenant avec lui, de certains arbres qu'elle ne dépasserait pas sans s'être confessée; lorsqu'ils étaient dépassés, elle s'en fixait de nouveaux, en se dépitant contre elle-même. Elle était dans un terrible embarras : la peur de peiner son grand-père la retenait, et la peur de laisser Maurice dans l'attente la poussait en même temps.

Un soir, après dîner, profitant de ce que la lampe n'avait point encore été apportée, elle se décida.

Aux premiers mots il se leva, courut à son bureau aussi vite que lui permettaient ses jambes tremblantes, et revint les mains pleines de pièces de cinq francs, de louis et de billets de banque.

— Tiens, dit-il, prends ça, il y a un peu plus de trois mille francs, ce sont mes économies; je voulais boucher la brèche faite par tes cent mille francs; mais puisque tu en as besoin, les voilà bien placées. Pourquoi ne l'as-tu pas dit plus tôt?

Il n'avait pas compris, il fallait préciser ; elle essaya.

— Maurice ne te donne donc pas ce qu'il faut, dit-il aux premiers mots ; est-ce que ça ne va pas tout à fait bien ? tu es pensive depuis que tu es ici. As-tu des chagrins?

Il se leva pour l'embrasser tendrement.

— Allons, reprit-il, dis tout à ton grand-père ; tu es maigrie et pâlie, pourquoi?

Certes, il eût été doux de s'ouvrir à ce cœur paternel ; mais devait-elle partager ses douleurs avec ce pauvre vieillard maintenant si faible? Qu'elle avouât la vérité, et d'un mot elle l'enlevait à son repos pour le jeter dans les angoisses qu'elle supportait elle-même, en même temps qu'elle le fâchait contre Maurice. Elle calma donc ces tendres soucis, et de son mieux elle s'expliqua.

— Ah! malheureuse enfant, s'écria-t-il, tu es venue pour de l'argent ! De l'argent, je n'en ai pas. Vingt mille francs, où veux-tu que je les prenne ? Tu connais ma fortune ; j'ai cette propriété, tes cent mille francs et cent dix mille francs que pour rien au monde je ne veux déplacer, c'est ma réserve, et quand on est vieux on a peur de manquer. Tant pis pour ton mari ! Écris-lui. Je ne suis pas un puits sans fond.

Mais le lendemain, bien avant qu'elle fût levée, il entra dans sa chambre.

— Je viens t'embrasser, dit-il, et te demander pardon des stupides paroles qui m'ont échappé hier soir. J'ai réfléchi, car je n'ai pas dormi, comme tu penses bien. Il y a un armateur de Morlaix qui a envie de cette maison ; je vais la lui vendre.

Elle se récria.

— Il n'y a que ce moyen, poursuivit-il, et il ne faut pas trop m'en savoir gré, je suis malheureux ici ; depuis que je n'ai plus l'abbé et M. de Trefléan je m'ennuie. Toujours tout seul, à mon âge, si tu savais ce que c'est ! Je baisse ; je n'ai plus l'œil à rien ; on se moque de moi, on ne m'écoute plus ; c'est Louise qui commande, elle est mademoiselle J'ordonne, j'en ai peur. Les livres, c'est bon ; mais toujours, rien que des livres. Il me vient des pensées qui ne sont pas couleur rose. Qui m'aurait dit qu'un jour j'aurais peur de la mort ? Eh bien, j'en ai peur, surtout quand je me dis que je peux mourir tout seul dans cette grande maison, sans que tu sois là près de moi ; car Paris c'est loin, et il y a bien à parier que je mourrai d'un coup.

Elle l'embrassa.

— Tu dis non, poursuivit-il ; mais je n'ai pas été médecin pour rien ; le cerveau, vois-tu ? c'est là qu'est le danger. Tandis que je vends ma maison, j'en tire trente-cinq ou quarante mille francs, je te donne ce que tu veux et je m'en vais avec toi à Paris. Je vivrai de ta vie, je te verrai tous les jours. Tu m'as dit qu'il y avait un tout petit pavillon de libre dans ta maison, j'y installerai mes livres et ma vieille carcasse ; tu me feras servir par ta cuisinière et je serai le plus heureux homme de France. J'irai te faire visite tous les jours à la même heure ; toi tu viendras quand tu voudras ; tu m'enverras Victorine quand tu ne viendras pas. N'aie pas peur, je ne gênerai pas Maurice, seulement je surveillerai les affaires, qui, je crois, en ont besoin ; car enfin, depuis votre mariage, voilà bien de l'argent d'embeurré. C'est entendu, n'est-ce pas ?

Elle voulut le remercier.

— Écris-lui qu'il aura ses vingt mille francs, et que bientôt je verrai *Imogène*. En attendant, je vais chez M. Kervern lui proposer l'affaire.

Elle avait bien des objections contre ce projet ; elle en essaya quelques-unes ; il eut réponse à toutes. Pouvait-elle insister alors qu'il appuyait si vivement sur l'effroi de la solitude ? Sans doute il y avait danger qu'il se fâchât s'il venait à voir la vérité ; mais en même temps il y avait espérance que cette réunion devînt une salutaire contrainte pour Maurice ; et ce mot réunion, si puissant avec tous ses mirages, montra l'espérance bien près, le danger bien loin.

L'affaire de la maison toute meublée, les livres et quelques objets exceptés, fut conclue pour le prix de quarante-cinq mille francs, et, trois semaines après l'arrivée d'Armande, ils se trouvèrent prêts à partir.

Jusqu'au moment décisif, M. Michon montra plus de fermeté qu'elle n'en avait attendu.

— Tout le monde va vivre à Paris maintenant, disait-il ; je me mets à la mode. Pourquoi regretter cette maison ? une bicoque !

Il faisait des projets.

— Je sortirai tous les jours avec toi. Tu me feras beau. Je serais coquet ; un vieillard doit être coquet. Tu verras qu'habillé par un bon tailleur, j'ai encore de la tournure. Quand Maurice fera le garçon, je te payerai à dîner au restaurant.

— Avec moi ? dit Victorine.

— Oui, fillette, avec toi.

Les derniers jours ébranlèrent ce courage. A chaque instant c'étaient de nouvelles visites. Il était universellement aimé. Quand il paraissait dans le village, on sortait pour lui serrer la main, et plus d'un laboureur dans les champs arrêta sa charrue pour venir au bord du chemin lui dire adieu et lui souhaiter bon voyage. Ce fut aussi un dur moment que celui où il régla le compte de ses domestiques ; ils l'avaient tourmenté en ces derniers temps, mais il les avaient à son service, les deux bonnes depuis quinze ans, le jardinier depuis huit.

Cependant il se contint ; mais quand la voiture qui les emmenait sortit de Plaurach et passa devant le cimetière, il faiblit.

Il fit arrêter.

— Descendons, dire adieu à nos morts.

Puis, quand il fut remonté et que les chevaux eurent repris le trot :

— Ma pauvre Armande, dit-il, te voilà maintenant avec deux enfants sur les bras, ta fille et ton grand-père.

II

L'arrivée de M Michon à Paris modifia les habitudes de Maurice, qui apporta dans ses relations avec Lina une prudence et une mesure perdues depuis longtemps. Mais, malgré cette prudence, malgré aussi le soin d'Armande de dissimuler ce qui était niable ou d'expliquer ce qui était louche, la vérité se fit insensiblement, et, après quelques semaines, elle devint éclatante à éblouir un aveugle.

Le bonheur menacé de sa fille l'arracha à l'attendrissement sénile qui dans la solitude avait commencé à l'envahir ; en face du danger il retrouva sa sûreté de jugement, sa volonté et son énergie. Il en fut de lui comme de la mère malade, anéantie dans son lit, qui retrouve sa force dans le râle de son enfant et se lève guérie pour le soigner ; — le sauver, la sauver elle-même.

— Pourquoi ne t'es-tu pas plainte à moi ? dit-il à Armande ; pourquoi ne t'es-tu pas révoltée ? Ah ! faible cœur, il n'y a pas de fierté dans ton sang. Tu est bien la fille de ta mère ; nature de mouton faite pour souffrir, Allons ! allons, enfant ! ne rougis pas ; si je ne t'excuse point, au moins je te comprends : c'est ton vice, à toi, que cet amour.

Elle le supplia de ne point intervenir ; il ne voulut point l'écouter.

— Ton bonheur est le mien, dit-il d'une voix altérée, je le défendrai : par quels moyens ? je ne sais pas, mais je trouverai ; je ne suis pas encore tout à fait un vieillard inutile.

— Je t'en prie, dit-elle.

— Non tu voudrais que je restasse les bras croisés à te regarder souffrir, à voir ta beauté, que j'aime tant, s'en aller jour par jour, lambeau par lambeau. Tiens, à cette idée mon cœur éclate ; mille tonnerres ! j'en mourrai fou. Songe donc, enfant, que c'est ma faute si tu es malheureuse, car je connaissais ton mari. Non, non, c'est mon affaire ; tu resteras en dehors de ce que je ferai, tu n'en sauras rien. Si plus tard il en veut à quelqu'un, ce sera à moi. Ainsi je ne t'ai rien dit ; pars de là, c'est le mieux. Si cependant tu as la faiblesse de le prévenir, je ne me fâcherai pas contre toi.

Il était homme pratique, et il avait toujours marché droit et vite à son but.

Deux jours après cet entretien, un matin, vers onze heures, il se présenta chez Lina ; c'était par madame Aiguebelle qu'il avait appris qu'elle était la maîtresse de son gendre ; par le concierge du théâtre, il avait eu l'adresse de Lina.

Il ne savait trop à quelle heure on se présente ces gens-là.

Cependant le lendemain matin, de bonne heure, il y alla.

Ce fut madame Amédée qui ouvrit.

— La mère, se dit-il, c'est bon ; à elle d'abord. Si M. Berthauld vient pendant que je suis ici, trouvez un prétexte pour ne pas le recevoir, j'ai à causer avec vous et avec votre fille sérieusement.

Madame Amédée fit l'observation que Lina n'était point sa fille.

— C'est bien, dit-il avec autorité, alors prévenez votre maîtresse.

Ce qui distingue les domestiques de l'espèce de madame Amédée, c'est qu'en quelque langue ou de quelque manière qu'on leur parle, ils ne repoussent jamais l'inconnu qui se présente avec assurance. Pourvu qu'il n'ait pas l'air d'un créancier, c'est tout ce qu'on lui demande.

Après l'avoir fait entrer, elle alla prévenir Lina qui dormait encore.

— Laisse-moi tranquille, dit-elle en se frottant les yeux.

— C'est un beau vieux, qui a grand air.

— Son nom ?

— Il m'a dit seulement de renvoyer Monsieur s'il venait.

— Bah ! en voilà une bonne ! Faut voir çà, dit-elle en s'asseyant vivement. Où l'as-tu fait entrer ?

— Dans le salon.

— Bon. Prends ce bouquet, porte-le sur la grande console ; sans avoir l'air de rien, tu tâcheras de dire qu'on me l'a jeté hier au théâtre.

Madame Amédée se dirigea vers la porte, Lina la rappela.

— Prends dans la poche de ma robe violette, que j'avais hier, trois ou quatre cartes de visite.

Madame Amédée fit ce qui lui était ordonné et prit les cartes sur lesquelles on lisait : Duc de la Roche-Ferrant, — prince Petergoff, — marquis de Rio-Pardo, et quelques noms financiers bien connus.

— C'est le graveur qui me les a données hier, répondit Lina à une muette interrogation, corne-les et jette-les dans la coupe. En attendant qu'on sache ce qu'il veut, épatons-le toujours. Dis-lui que je m'habille.

Pendant ce temps, M. Michon marchait en long et en large dans le salon. Il était étonné, ébloui. Il avait soigné à Brest des comédiennes qui avaient pour amants des officiers de marine, mais c'était la première fois qu'il entrait chez une parisienne. Ce qu'il voyait renversait toutes ses idées. Les murs tendus de satin bleu pâle, le tapis semé de fleurs, les bronzes, les meubles sculptés, la confusion d'étagères, de consoles et d'encoignures chargées de porcelaines et de potiches, lui révélaient un trop-plein et un fouillis qu'il ne soupçonnait pas. A chaque chose nouvelle, il se faisait la même demande : Est-ce mon gendre qui a payé tout çà ?

III

Il attendit à peu près un quart d'heure, et Lina parut dans un élégant négligé du matin. Souriante, elle se dirigea vers M. Michon, qui était debout auprès d'une fenêtre.

— Je suis, dit-il, le grand-père de madame Berthauld, le docteur Michon.

Lina, qui était en train de draper les plis de son peignoir, resta les deux mains en l'air.

— Je sais, continua-t-il, de quelle nature sont vos relations avec mon gendre, et vous devez comprendre ce qui m'amène chez vous.

Contrairement à son habitude, Lina avait été décontenancée, mais elle n'avait point perdu sa présence d'esprit.

— Monsieur, dit-elle avec une lenteur qui lui permettait de peser ses paroles et qui en même temps jouait la dignité, je ne le comprends nullement, et cela sans doute parce que je ne sais pas ce que vous entendez par mes relations avec M. Berthauld.

— J'entends qu'il est votre amant, répliqua-t-il.

A ce mot, elle marcha vers la porte sans lever les yeux, sans répondre.

— Eh bien ? fit-il.

Elle était prête à sortir, elle se retourna et revint sur ses pas.

— Je ne devrais pas vous écouter davantage, dit-elle ; car vous oubliez que vous parlez à une femme, que vous êtes chez moi, et que je n'ai personne pour me défendre. Mais un mot encore : De quel droit me parlez-vous ainsi ?

A son tour, M. Michon fut déconcerté. Il avait cru qu'il aurait affaire à une grisette qu'il dominerait de toute la hauteur de son âge. Il trouvait une femme qui ne se laissait ni effrayer, ni entraîner, qui, à ses attaques, opposait le silence, et qui, habilement, plaçait la lutte sur un terrain où elle pouvait se retrancher derrière une juste indignation.

— J'avoue, dit-il, que je ne m'attendais à ces dénégations ; vos relations ne sont-elles pas publiques ?

— Ah ! s'écria-t-elle en se posant d'un air plus libre les deux bras sur le dossier d'un fauteuil, c'est là vos preuves pour m'accuser? Mais est-ce que ces relations, pour parler comme vous, n'ont point une explication toute naturelle ? Est-ce que depuis plusieurs mois, M. Berthauld n'a pas eu à me faire répéter le rôle que j'ai bien voulu accepter de son opéra ? Le monde, dites-vous, en a conclu qu'il existait entre nous des relations ;

Il s'arrêta et fixa sur Lina ses yeux émus (p. 403)

H. MALOT. — VICTIMES D'AMOUR.

c'est possible ; mais êtes-vous sûr d'avoir compris le mot comme on vous le disait? D'ailleurs, ce mot, le monde le disait tout bas ; deviez-vous, l'interprétant à votre manière, venir me jeter à la figure que j'étais la maîtresse de votre gendre? Ce qu'il y a de plus clair dans ces relations, c'est que j'ai été une fois chez lui pour lui rendre le service de chanter sa musique devant quelques amis, et que, plus tard, je lui ai rendu le service encore de chanter au théâtre. Ceci, il me semble, me méritait bien quelques égards.

— Puisque vous parlez de services rendus, il en est un plus important que ceux-là que je réclame de vous, et qui vous sera facile. Vous vous êtes défendue d'être la maîtresse de mon gendre...

— Permettez, je n'ai pas plus nié que je n'ai reconnu ; il ne me convenait de faire ni l'un ni l'autre. Je vous ai donné des explications pour vous prouver que vous pouviez vous tromper, voilà tout.

— Soit, reprit-il impatienté, je me suis trompé ; mais c'est précisément parce que je me suis trompé que ce que j'attends de vous est facile. Cette intimité que vous avouez entre vous et mon gendre est le malheur de ma fille.

— Que suis-je donc à vos yeux pour que mon intimité avec M. Berthauld fasse le malheur de sa femme ?

Ces interruptions continues, ces arguties plus ou moins habiles firent monter le sang à la tête de M. Michon.

— Voyons, reprit-il, pas de paroles inutiles. Je vous répète que ma fille souffre. Je vous demande de la guérir. Comprenez-moi. Je la croyais heureuse. J'arrive. Je trouve un intérieur désolé ; un mari mécontent, aigri, injuste, toujours hors de chez lui ; une femme en apparence résignée, au fond du cœur désespérée. Cette femme, c'est ma fille, un enfant en qui j'ai mis mon bonheur et ma vie. Eh bien, je viens à vous, je fais appel à votre cœur et vous demande de rompre avec mon gendre. Si en entrant ici j'ai pu vous blesser, pardonnez-moi, mettez-vous à la place d'un vieillard, qui voit sa fille perdue et qui voudrait la sauver avant de mourir.

Sa voix tremblait en achevant ces paroles ; Lina parut émue. Ce que jusqu'alors elle avait cherché dans chacune de ses réponses, ç'avait été précisément de ne pas répondre. Le moment était venu où elle devait se prononcer. Elle fit cependant une dernière tentative.

— Il était vraiment bien plus simple, dit-elle doucement, d'adresser cette demande à M. Berthauld.

— Eh! madame, nous ne sommes plus rien pour lui, ni moi qui l'ai élevé, ni ma fille qui l'adore, ni son enfant ; vous nous avez tous remplacés ; c'est pour cela que je vous adresse ma demande qui ne peut pas être plus étrange pour vous qui l'entendez, que pour moi, madame, qui la fais. Ni l'un ni l'autre ne pensons à cela et ne voyons que la vérité d'une situation déplorable. Je ne veux pas revenir sur un sujet qui vous fâche, mais je puis dire, n'est-ce pas? sans vous blesser, que mon gendre vous aime. Eh bien, renvoyez-le. Que je m'adresse à lui directement, vous savez bien qu'il résistera à une prière qui ressemblera trop à un ordre ; tandis que cette prière venant de vous, il l'écoutera. Que vous importe l'amour...

Il se reprit :

— Je veux dire l'amitié, la tendresse de Maurice? Vous êtes aimée, désirée, quelle puissance peut avoir cette amitié formée depuis quelques mois seulement, tandis que ce cœur que je vous redemande, c'est la vie pour ma pauvre fille ; c'est le bonheur pour une famille, c'est, oui, c'est l'honneur pour une maison. Tenez, je ne parle pas pour moi, pour nous, mais pour lui. Songez qu'au bout du chemin où il s'est engagé, il n'y a que le désespoir, et que ce chemin encore lui sera bien dur ; car chaque matin, pour venir chez vous, il faut qu'il brise les liens qui le retiennent chez lui, l'amour de sa fille, l'amour de sa femme, sa propre tendresse à lui-même ; car, malgré tout, il aime ces deux êtres qu'il fait souffrir. Allons, madame, un bon mouvement, je jette mes quatre-vingts ans à vos pieds.

Il avait prononcé ces paroles d'une voix entrecoupée ; en les achevant, des frémissements étaient dans sa gorge. Il s'arrêta et fixa sur Lina ses yeux émus.

Quelques minutes, longues comme des heures de souffrance, se passèrent, lui attendant, elle restant immobile.

Enfin, comme elle se taisait obstinément, il reprit :

— Eh quoi ! vous ne répondez pas? Faut-il donc que successivement je trouve en vous partout le vide, et que rien ne résonne?

Disant cela, il lui frappe légèrement du bout du doigt sur l'épaule, au-dessus du cœur.

— Alors, continua-t-il, ce qu'on m'a dit de vous serait vrai. En ce cas j'irai jusqu'au bout. J'ai courbé devant vous mes cheveux blancs, j'ai fait appel à votre cœur, je vous ai promis la reconnaissance d'une famille que vous sauviez. Ne croyez pas que cette reconnaissance doive rester un vain mot, je vous donne ma parole que nous vous la témoignerons d'une manière effective.

— Vraiment ! dit Lina.

Emporté par la véhémence de sa parole, il se méprit sur cette interruption, ne vit point de quel ton elle était faite, et poursuivit :

— Oui, je m'engage, si vous ne revoyez pas mon gendre, à vous payer d'aujourd'hui en un an une somme de dix mille francs !

Il attendait un grand effet de cette offre qu'il croyait irrésistible : Dix mille francs ! c'était pour lui une somme. Combien lui avait-il fallu de temps pour gagner dix mille francs !

— Vous avez fini ? dit Lina, c'est tout !

— Mais il me semble que dix mille francs...

— Ce n'est pas de votre argent que je parle, c'est de vos discours. Ainsi vous croyez que parce que je les ai écoutés jusqu'au bout, je suis capable du marché que vous me proposez, et vous attendez que je vous réponde. C'est bien.

Elle avait dans tout l'entretien parlé avec cette mélopée traînante qui au théâtre a la prétention d'être noble ; à ces derniers mots elle redevint elle-même pour le ton, le geste, les paroles.

— Je ne vous ai pas répondu, parce que ça me fâchait de désespérer un vieillard comme vous ; et puis je ne voulais pas compromettre Maurice, je cherchais à lui laisser la liberté de dire que j'étais ou je n'étais pas sa maîtresse, à son gré, comme il le trouverait utile, sans être arrêté court par un aveu de moi. Vous n'avez pas compris ça. Vous me poussez à bout. La patience m'échappe. Tant pis pour ce qui arrivera ; à vous la faute. Oui, il est mon amant, et je l'aime. Êtes-vous content ? je vous dis la vérité. Mais je vous dis en même temps que je ne le renverrai point. Vous m'avez offert dix mille francs ; c'est un bon prix, venant de vous, et ça me flatte ; mais ce n'est pas assez ; vous m'en offririez vingt mille, quarante mille, ça ne serait pas assez encore. Ah ! mais, c'est qu'il est cher votre gendre, tout le monde en veut. Vous venez me dire que sa femme l'adore, vous croyez que ça va me faire plaisir peut-être, et me décider à lui rendre son mari chéri ; eh bien, son mari chéri est mon amant chéri à moi. Je n'ai pas été le chercher ; est-ce ma faute si elle n'a pas su le garder et s'en faire aimer ? Elle est malheureuse, elle souffre. Je ne serais donc pas malheureuse, je ne souffrirais donc pas, moi, s'il m'abandonnait demain pour sa femme ? Vous dites que je suis aimée, désirée ; désirée, oui, je l'ai été et le suis toujours ; aimée, je ne l'ai été que par Maurice, c'est pour ça que je le garde et ne veux pas vous le vendre. Votre fille a son enfant, elle a un père, une maison, le monde ; elle a une réputation qui la fait estimer et plaindre. Qu'est-ce que j'ai, moi, pour me consoler ? Je n'ai pas d'enfant, je n'ai pas de père qui m'aime comme vous l'aimez ; j'ai une mère qui serait mon excuse quand je serai la plus misérable des femmes ; et le monde, croyez-vous qu'il nous soit tendre, depuis les ouvriers qui jettent de la boue à nos voitures, jusqu'aux écrivains qui se font aimer de nous pour nour livrer après à la risée ou au mépris du public! Je sais bien que ça vous est égal ce que je peux devenir et que vous ne pensez qu'à votre fille. Moi, qui n'ai personne pour penser à moi, j'y pense moi-même. Vous avez trouvé naturel de me parler comme vous l'avez fait, trouvez naturel que je vous réponde comme je sens : j'aime Maurice, je ne me sacrifierai point pour vous qui me méprisez, ni pour votre fille qui me hait.

Il se dirigea vers la porte. Lorsqu'il l'eut poussée devant lui, il se retourna.

— Ce que je trouvais naturel, dit-il, c'était que vous me vinssiez en aide pour réparer le mal que vous avez fait. Vous me repoussez. Soit. Je le réparerai seul.

Il était au milieu du cadre de la porte, ayant redressé sa taille voûtée, le bras étendu vers Lina, la tête haute, rouge de colère sous sa couronne de cheveux blancs, vraiment superbe dans son indignation.

Ses dernières paroles, simples en elles-mêmes, étaient pleines de menaces par la véhémence avec laquelle elles avaient été lancées.

Lina ne s'en laissa point effrayer.

— Vous savez, dit-elle, que Maurice m'aime assez pour quitter sa femme le jour où je le voudrai. Pensez-y.

VI

Il sortit tremblant de colère, mais cependant maître de lui.

Il lui sembla qu'avant de rien entreprendre, il fallait qu'il eût Maurice en son pouvoir. Ce qui était difficile; car celui-ci, qui devait avoir cent mille francs à lui, se trouvait à l'abri de toute pression d'argent.

Dans quels termes était fait l'acte d'acquisition du journal, c'était donc la première chose à savoir.

Il se fit conduire chez Liénard.

En apprenant que cet acte était rompu et que Maurice avait été remboursé, sa stupeur fut profonde. Il resta accablé, sans trouver une parole pendant plusieurs minutes.

Liénard voulut le rassurer; aux premiers mots il l'arrêta.

— Non, dit-il, cet argent est perdu; je sais où il est passé; mais cette perte m'indigne moins que la façon dont on a usé avec moi pour me tromper. Voulez-vous me promettre de ne pas parler de ma visite à mon gendre avant deux jours?

Liénard promit tout ce qu'on voulut; ce n'était pas payer trop cher les vingt-cinq mille francs qui étaient restés entre ses mains crochues.

Lorsque M. Michon rentra, Armande fut frappée de son agitation, ses yeux étaient injectés de sang, ses lèvres se tordaient en parlant.

— Fais-moi allumer du feu, dit-il, j'ai froid. Quand ton mari rentrera tu me l'enverras; nous avons à causer.

Il ne voulut point répondre aux questions qu'elle lui fit, et après l'avoir embrassée, il gagna le petit pavillon où il était installé, et qu'au moyen d'une porte ouverte dans le mur on avait mis en communication directe avec le jardin de sa fille.

Au bout d'une heure à peu près, Maurice arriva; lui aussi paraissait agité.

— Vous m'avez fait demander? dit-il.

— Oui, répondit M. Michon sans lever les yeux; nous avons jusqu'à présent fait nos affaires d'intérêts comme des enfants; il est temps de les faire comme des hommes. Veux-tu t'asseoir à ce bureau et reconnaître que tu as reçu de moi, comme dons faits à ta femme : 1° un capital de cent mille francs ; 2° en plusieurs fractions, une somme de quarante-cinq mille francs.

Maurice surpris le regarda.

— Les as-tu reçus, oui ou non? poursuivit M. Michon.

— Oui.

— Est-il juste que tu le reconnaisses?

— Sans doute, si vous l'exigez.

— Alors fais-moi le reçu que je vais te dicter.

Maurice se mit au bureau et écrivit ce qu'on lui demandait. Lorsqu'il eut achevé, M. Michon lut attentivement le papier, le sécha au feu, et le serra dans un tiroir dont il retira la clef.

— Maintenant, dit Maurice, qui de pâle qu'il était en entrant était devenu blême, je vous prie de m'entendre quelques instants.

Mais M. Michon le regarda en face et l'arrêta d'un geste.

— Maintenant, dit-il, c'est à vous de m'entendre, à moi de parler. De notre entretien sortira une vie nouvelle pour nous, causons donc net. Quand vous étiez malheureux, je vous ai accueilli, vous en avez profité pour vous faire, à mon insu, aimer de ma fille. Je savais quelle avait été votre jeunesse, j'ai cependant consenti à un mariage, entre vous qui n'aviez pour toute fortune qu'un mauvais passé, et elle plus riche de qualités et de beauté que d'argent, ce qui ne veut pas dire qu'elle fût sans le sou, vous en savez quelque chose. J'ai été pris par mon amitié pour vous, par ma tendresse pour celle qui vous aimait, par le souvenir de votre mère, et j'ai eu la faiblesse d'oublier que celui qui avait été mauvais fils devait être mauvais mari et mauvais père.

Maurice fit un geste pour interrompre, M. Michon continua :

— Est-ce à moi que vous osez dire qu'elle n'est pas morte de votre abandon, à moi qui l'ai soignée, la chère femme, quand vous ne lui écriviez même pas pour la consoler? Voyons, me le dites-vous? Non, n'est-ce pas? Alors écoutez-moi. Mon aveugle faiblesse m'a fait votre complice; à nous deux nous avons tué Audren. Ç'a été ma première expiation, elle ne m'a point ouvert les yeux. Cependant ce n'était pas assez pour vous de m'avoir pris une fille, il vous fallait ma fortune. Pour commencer vous m'en avez fait demander la moitié par votre femme, et naturellement je vous l'ai donnée. J'ai été joliment récompensé, convenez-en, de vous avoir donné fille et fortune. Ma fille, vous l'avez trahie. Pleine de jeunesse et de charme, elle a été abandonnée pour une gourgandine qui n'est même pas jolie. Vous en aviez assez de la pureté, il vous fallait le vice et la boue.

C'était en marchant à grands pas à travers la chambre qu'il lançait ces invectives; Maurice, le dos appuyé contre le lambris, restait immobile, les yeux fichés sur le parquet. A ces derniers mots, il releva la tête :

— Moi, dit-il d'une voix étouffée, ne parlez que de moi.

— Oui, reprit M. Michon, il vous fallait la boue. Y a-t-il une autre explication à vos appétits et à vos instincts? S'il y en a d'autre, dites, parlez. Ma fille n'était-elle pas assez belle pour vous, pas assez jeune? Cependant voilà ce que vous avez fait d'elle. Voyons maintenant ce que vous avez fait de ma fortune, de sa fortune. Pendant que nous la croyions solidement placée, vous la retiriez et vous la gaspilliez avec votre maîtresse. Ma fille souffre dans la gêne, votre maîtresse s'étale dans le luxe : avec l'argent de celle que vous avez ruinée, vous avez enrichi l'autre. Voilà la situation dans toute son horreur. Ai-je dit un mot qui ne soit pas vrai?

— Ce qui est vrai pour vous ne l'est pas pour moi.

— Pas de subtilités; je vous demande s'il est vrai que par vous ma fille est ruinée, et que par vous elle est malheureuse?

Il ne répondit rien.

— Votre silence est un aveu; tablons là-dessus. Vous pensez bien, n'est-ce pas? que je n'ai point rappelé ces infamies pour décharger ma colère; toutes les paroles ne videraient pas mon cœur. Et puis à quoi bon? Vous n'avez pas été arrêté par l'amour pour votre femme, par la pensée de votre enfant, par le souvenir de l'amitié qui m'unissait à votre mère, quelle influence auraient sur vous des paroles? Le temps de l'illusion est passé, je l'ai payé cher. Voici ce que j'ai à vous proposer; nous verrons si vous avez été égaré ou si vous êtes à jamais perdu. Vous partirez demain pour l'Italie, l'Allemagne, le pays que vous voudrez, je payerai votre voyage ; vous serez trois mois absent ; dans trois mois vous nous rejoindrez en Provence, où je vais m'établir avec votre femme qui a besoin de repos et de soins. Nous ne reviendrons à Paris que dans un an. A ces conditions je pardonnerai, si je ne peux pas oublier.

Il s'arrêta devant Maurice et attendit ; puis, voyant qu'il se taisait et tenait ses yeux obstinément baissés, il se détourna vers la fenêtre autant pour lui éviter la honte d'être observé dans une circonstance aussi décisive que pour cacher sa propre émotion.

La situation devenant tout à fait insoutenable pour l'un et pour l'autre, Maurice se décida enfin :

— J'ai de grands torts à me reprocher envers vous et envers ma femme, dit-il à voix basse, je le reconnais ; mais, dans les termes où vos conditions me sont imposées, je ne puis les accepter.

— Vous ne pouvez ! s'écria M. Michon, se retournant d'un bond et montrant son visage pourpre.

— Après votre démarche auprès de mademoiselle Boireau, après vos menaces, ce serait une lâcheté.

— Il parle de lâcheté ! s'écria le vieillard tendant vers lui son poing tremblant. Tu refuses alors de rendre satisfaction à ta femme outragée, à ton grand-père, et tu crois que nous allons nous en tenir à des paroles ! Tu crois que je me suis séparé de ma chère enfant pour que tu la tortures ; que j'ai passé ma vie à travailler, que j'ai sué et fatigué jour et nuit à monter les escaliers de Brest pour te donner à gaspiller les quelques milles francs que j'ai eu tant de mal à gagner. Non, non ! Il y a des lois. Je m'en servirai. Je n'ai pas pu arracher la mère d'Armande à un mari moins indigne que toi, et je te l'arracherai bien. Je ne suis pas encore sans forces, je... je...

Il avait proféré ce discours avec une violence extrême ; aux derniers mots, sa langue s'embarrassa, il balbutia, il bégaya.

A ce moment il était debout devant la cheminée ; il s'arrêta, regarda vaguement autour de lui, et s'affaissa sur un fauteuil qui se trouvait là.

Presque aussitôt, se cramponnant convulsivement à la tablette de la cheminée, il se redressa.

Maurice s'élança vers lui, mais il n'osa le toucher.

Il se regardait dans la glace : son visage était rouge, gonflé ; ses lèvres étaient d'un bleu livide ; tous ses membres étaient agités de mouvements convulsifs : sa poitrine était haletante.

Il retomba.

— Vite Carbonneau, dit-il... le notaire... rassurer Armande.

Elle traversa le jardin éclairé par une lune rougeâtre. (p. 415).

H. MALOT. — VICTIMES D'AMOUR. LIV. **52**

Et il se laissa aller à la renverse, les yeux fixes, immobiles, grands ouverts, la face présentant l'empreinte d'une stupeur profonde.

V

Lorsque Carbonneau arriva, il trouva le vieillard sur le lit où on l'avait mis, gardant toujours la même immobilité. Auprès de lui, ou, plus justement, couchée sur lui, était Armande éplorée, qui ne cessait de lui donner les soins qu'elle croyait bons, le frictionnant, lui frottant les tempes et les narines avec du vinaigre. Au fond de la chambre se tenait Maurice dans un morne accablement.

Le premier mouvement de Carbonneau fut d'écarter Armande; puis il prit des ciseaux, fendit depuis le haut jusqu'en bas les vêtements du vieillard, l'enleva dans ses bras comme il eût fait d'un enfant, le déshabilla, et avec des oreillers, lui exhaussa la tête.

— Une cuvette, dit-il; ouvrez la fenêtre, fermez les rideaux.

Il pratiqua une saignée : le sang coula.

Au bout de quelques instants les yeux s'agitèrent, la face se détendit, le moribond reprit connaissance et regarda autour de lui.

Il voulut du bras que Carbonneau ne tenait pas, faire signe à Armande d'approcher; mais il ne put pas le soulever.

— Ah! oui, dit-il comme s'il se souvenait, c'est vrai.

Il demeura encore deux ou trois minutes immobile et silencieux; tous les yeux étaient fixés sur lui avec angoisse.

— Carbonneau, dit-il lentement, renvoyez ma fille.

Quand Armande fut sortie, suivie de Maurice :

— Ce n'est rien.

— Paralysie? dit-il.

— Côté gauche, légèrement.

— Bon; cerveau?

— Mais solide, mon vieux maître, vous le voyez bien à vos demandes.

M. Michon respira plus librement.

— Sans effrayer ma fille, reprit-il, vous enverrez chercher M⁰ Blanchet, mon notaire.

— Allons donc!

— Il ne faut pas attendre.

— Pourquoi donc?

— Médecin ne trompe pas médecin ; le testament me calmera ; c'est la vie de ma fille.

— Après un pareil coup, l'état est bon, dit Carbonneau, répondant aux interrogations d'Armande et de Maurice ; nous verrons ce soir.

VI

Les formalités du testament, la présence des notaires et des témoins, les demandes, les réponses, l'explication précise de sa volonté, l'attention prêtée à la lecture, fatiguèrent le malade. A peine l'acte était-il achevé, qu'il tomba dans un sommeil profond, mais lourd et paraissant douloureux.

Armande, qui était sortie pendant le testament, vint alors s'installer auprès de lui.

A son réveil il l'aperçut, et comme s'il ne se souvenait de rien, il voulut étendre les bras vers elle pour l'embrasser ; ses efforts pour se soulever furent vains, et quelques larmes coulèrent le long de ses joues flasques et et pendantes.

— A toi de m'embrasser, dit-il, moi je ne peux pas.

Sa voix était à peine intelligible, on voyait qu'il était obligé de faire des efforts pour remuer la langue.

Lorsque Carbonneau revint vers onze heures, il le trouva moins bien.

La nuit cependant s'écoula assez calme pour le malade, qui, sans dormir d'un vrai sommeil, resta dans une sorte de somnolence. Ce fut à peine si, de temps en temps, il dit un mot ; et plus d'une fois Armande fut effrayée des ronflements qu'il faisait entendre.

Dès le petit matin Carbonneau revint plein de zèle pour ce vieillard qu'il aimait comme un père.

Lui qui d'ordinaire paraissait assuré auprès de ses malades, se montra soucieux pendant l'examen auquel il se livra.

Au moment de sortir, il fit signe à Armande, suspendue à ses yeux, de le suivre. Il lui prit le bras, et lorsqu'ils eurent descendu les marches conduisant au jardin :

— C'est grave, dit-il.

Ce fut un coup de foudre ; elle n'entendit pas les quelques mots qu'il ajouta, il lui sembla qu'ils étaient latins.

— Si le laxatif que je prescris ne passe pas, je ne sais trop ce que nous ferons.

Maurice, à cet instant, sortait aussi du pavillon. Elle l'entendit et lui fit signe de venir. Pour cela elle releva la tête, Carbonneau la regarda :

— Eh bien ! dit-il, allez-vous vous trouvez mal ! Allons donc, rassurez-vous, rien n'est désespéré.

Avec Maurice il fut plus franc.

— Je crains la paralysie de l'estomac, dit-il, alors il serait perdu ; je reviendrai aussitôt que possible.

Armande avait été anéantie par ces paroles qui lui étaient entrées dans le cœur comme un couteau ; ses jambes tremblaient, elle ne voyait pas autour d'elle. Pour la première fois elle admettait comme possible qu'il pût mourir, car jusqu'à ce moment elle s'était obstinément refusée à cette idée.

Elle n'avait pas le temps de s'abandonner. Après s'être par un énergique effort, un peu calmée elle rentra.

— Carbonneau m'a fait du bien, dit M. Michon ; soigné comme je le suis par toi ça va aller.

On lui apporta bientôt la potion ordonnée, cette potion qui devait tout décider. Elle la garda un moment dans ses mains, la regardant comme si elle pouvait l'interroger. Puis elle commença à la donner. Avec quelle anxiété !

Il devait la prendre en trois petites tasses, d'heure en heure.

Après la première heure il dit :

— Ça passe !

Elle lui donna la seconde tasse. Penchée sur lui, dévorée de fièvre et de peur, elle attendit.

C'était vraiment la vie de son père qu'elle tenait entre ses mains, elle le sentait terriblement.

Après une heure d'attente il dit encore :

— Ça passe.

Était-il sauvé ? Elle eut un moment d'espérance et de joie.

Elle lui donna la troisième tasse, et lui tenant la main, debout près du lit, ne le quittant pas des yeux, elle attendit.

Au bout de quelques instants, il commença à suer et à tomber dans l'assoupissement.

Jamais elle n'avait éprouvé pareille angoisse.

Cela dura à peu près une heure et demie ; lui, haletant, elle, le regardant. Enfin il tourna un peu la tête vers elle.

— Ça ne passe pas, dit-il.

Il s'agita, soupira fortement et retomba bientôt dans une somnolence entrecoupée de soubresauts.

Elle le quitta un moment pour aller dans le jardin. Elle n'y pouvait plus tenir; il fallait qu'elle pleurât et criât à son aise. Il était perdu! perdu sans secours, sans miracle possible. Elle le voyait bien. Certitude plus cruelle encore, elle le sentait en elle-même.

Elle rentra et se réinstalla auprès du lit. Ah! comme le temps fut long! que les heures furent lentes! Le jour était gris et froid.

Lorsqu'elle lui donnait un petit morceau de glace, la seule chose qu'il prît maintenant, il paraissait vouloir la remercier, et ses yeux attendris se fixaient sur elle. Maurice s'étant plusieurs fois approché, il ferma les yeux, et quand celui-ci lui présenta aussi la cuiller, il refusa d'ouvrir la bouche et détourna la tête. A un moment où Armande n'était point dans la chambre, de son bras libre il le repoussa.

— Non, dit-il, ma fille.

Il avait ce bras hors du lit, et toutes les fois qu'Armande venait à sa portée, il lui serrait la main. Lorsqu'elle s'asseyait auprès de lui, il lui posait ce bras sur les genoux, et il restait immobile, comme s'il eût été insensible; mais il avait pleine conscience de ce qu'il voyait et de ce qu'il entendait.

On avait prévenu Victorine que son grand-père était très malade et qu'elle ne devait pas faire de bruit. L'enfant, sans se rendre compte de ce qu'on lui disait et de ce qu'on lui demandait, avait promis d'être sage. Mais naturellement elle avait vite oublié ses promesses, et le jardin avait retenti de ses cris et de ses jeux. Ces cris arrivèrent jusqu'à la chambre du malade; Maurice fit un geste d'impatience, et se leva : le vieillard comprit son intention.

— Non, dit-il, qu'on la laisse jouer; quand elle sera fatiguée, qu'on me l'amène.

Vers le soir il se plaignit d'avoir froid.

— Enveloppe-moi le bras avec de la ouate, dit-il.

Cependant il était couvert d'une sueur visqueuse qui lui perlait sur le front et à la racine des cheveux comme des gouttes de rosée.

— Il faut aller chercher Carbonneau, dit-il bientôt après.

— Le voici, dit Armande, qui, l'oreille aux aguets, avait perçu le bruit de ses pas, quoiqu'il fût encore au bout du jardin.

— Ah! tant mieux.

— Quand faut-il que vous nous quittiez? demanda Armande à Carbonneau. Elle ne savait plus que faire et se cramponnait à la moindre espérance. Carbonneau, c'était un secours; il pouvait le sauver.

— Je ne vous quitte pas, dit-il, je reste la nuit avec vous; et il s'installa dans un fauteuil; mais, terrible présage, il n'ordonna rien.

Dans la nuit, M. Michon se trouva seul avec Carbonneau. Il lui fit signe de s'approcher.

— Mon ami, dit-il, c'est fini.

Carbonneau voulut le rassurer ; il ne le laissa point parler.

— Croyez-vous que j'aie peur de la mort, reprit-il avec une plus grande facilité de prononciation, non. Mon regret, c'est de laisser ma fille malheureuse ; je vous la recommande. Est-ce dit ?

— C'est juré, répondit Carbonneau, étendant la main.

— Ne lui dites rien, il ne faut pas l'effrayer. Elle voudrait des prêtres, des prières. Vous m'éviterez ces cérémonies. Je veux mourir comme j'ai vécu, en homme.

Il s'arrêta un moment pour se reposer ; et, après avoir bu une cuillerée de potion, il reprit :

— Allez sur mon bureau. Bon. Vous trouverez un petit crucifix. Bien. C'est une religieuse qui me l'a donné, pour l'avoir soignée et guérie. C'était pour elle la chose la plus précieuse du monde, la seule qu'elle possédât. Dans sa simplicité, elle l'a offert à ce qu'elle jugeait le dévouement. En pleine connaissance je vous le donne, à vous, comme le plus digne par la science et le cœur. Embrassez-moi, mon ami. Vous parlerez de moi avec ma fille.

Armande rentra ; elle revint auprès du lit, et reprit sur elle le bras de son père. Maurice et Carbonneau restèrent silencieux dans un coin.

Il était assez calme et resta calme toute la nuit.

De temps en temps il disait qu'il avait besoin de dormir, puis il se plaignit du froid.

Aidée de Carbonneau, elle l'entortilla dans une couche de ouate plus épaisse, et ils lui brûlèrent les pieds avec des fers inutilement, sans réchauffer les jambes.

Il voulut boire un peu de vin, et il dit que cela lui faisait du bien.

Quand il fermait les yeux, Armande laissait couler ses larmes ; quand il les rouvrait, elle les arrêtait. Elle ne savait point s'il avait conscience de son état, et elle avait peur de l'effrayer.

Le jour, en se levant, un jour pâle et gris, montra qu'il s'était sensiblement affaibli ; cependant la face n'était point trop mauvaise ; mais tout son corps était affaissé, sa main, de plus en plus froide, glaçait celle d'Armande ; ses jambes étaient froides aussi, et jusqu'à la ceinture.

Carbonneau dut partir, car il n'y avait point de tendresse qui tînt ; il avait son devoir, son hôpital, ses élèves, ses malades.

La matinée s'écoula lentement ; M. Michon disait ne pas souffrir quand il parlait, mais il ne parlait presque plus et encore par mots inintelligibles ; évidemment la mort l'envahissait membre par membre.

Mais ses yeux n'étaient point encore éteints. Comme il regardait sa fille ! Elle se refusait toujours à admettre qu'il fût près de sa fin. Bien malade, oui ; mourant, non.

De temps en temps elle lui demandait doucement, en se penchant sur lui :

— Souffres-tu ?

Il répondait difficilement :

— Non.

Puis souvent elle lui disait simplement en le regardant :

— Grand-père !

Et à cet appel il la regardait aussi et lui répondait :

— Ma fille !

Ce fut le dernier mot qu'il prononça. Ceux qu'il dit encore à de longs intervalles n'étaient pas complètement formés, soit que son cerveau ne lui les fournît plus, soit que ses lèvres ne pussent plus se fermer pour les articuler.

Quand il voulait quelque chose, soit un peu de glace, soit un peu de vin, d'un doigt qu'il levait lentement il montrait sa bouche ; mais quand elle le lui donnait, souvent il avait déjà oublié, et il n'ouvrait pas ou il ne fermait pas les lèvres.

Quand elle lui demandait :

— Veux-tu m'embrasser ? il faisait un signe faiblement affirmatif.

Elle l'embrassait. Lui, il ne l'embrassait point.

Vers cinq heures, il cessa absolument de parler et de remuer la main, mais ses yeux ne se détachèrent point encore des yeux de sa fille.

Cependant il arriva un moment où Armande vit qu'il ne la regardait plus et que ses yeux étaient dans le vague. La respiration était devenue plus haute, plus rapide ; elle se changea insensiblement en râle.

Toujours appuyé sur Armande, il avait petit à petit glissé du lit, et il était presque couché sur ses genoux. Carbonneau, qui venait presque d'heure en heure, le releva et le mit à moitié assis sur le lit.

La tête tournée du côté de sa fille, ses beaux cheveux blancs épars sur l'oreiller, il resta immobile dans une situation qu'Armande n'oublia jamais : horrible et touchante à la fois, belle et épouvantable.

A sept heures et demie, il rendit un soupir plus faible. Armande qui était dans la ruelle, se mit à genoux et l'embrassa : il était mort.

Maurice l'entraîna et la força à se coucher, mais dans la nuit elle se releva. Elle traversa le jardin, éclairé par une lune rougeâtre et plein d'ombres effrayantes que les arbres agités par le vent promenaient sur le gazon, et elle revint dans la chambre de son grand-père.

On lui avait fait sa dernière toilette. Cependant elle voulut peigner ses cheveux, qui s'étaient mêlés. Elle en coupa aussi quelques mèches avec cette adresse qu'il est prodigieux qu'on ait dans de pareils moments, sans laisser d'entailles disgracieuses.

Alors elle s'assit auprès du lit, à la même place, dans le même fauteuil où, quelques heures auparavant, elle l'avait soigné, et longtemps elle resta là à pleurer, se demandant pourquoi on ne lui avait rien dit avant de mourir.

Quand ses larmes s'arrêtaient, elle le regardait.

Il était d'une beauté vénérable, pleine de grandeur et de sombre poésie. Sa bouche, qui était ouverte au moment de la mort, s'était d'elle-même fermée.

Vers le matin, Maurice vint la rejoindre. Il s'agenouilla auprès du lit, et, prenant la main de cet homme qui l'avait tant aimé, il la baisa en pleurant.

VII

Ce fut le lendemain que l'enterrement eut lieu.

Armande aurait voulu aller au cimetière, Maurice et Carbonneau s'y opposèrent.

Elle demeura donc à la maison, dans la maison déserte, et madame Aiguebelle resta auprès d'elle, non pour la consoler, mais pour qu'elle ne fût pas seule.

Il y avait une heure à peine que l'enlèvement du corps s'était fait lorsqu'on vint prévenir madame Aiguebelle que quelqu'un la demandait.

Bientôt elle rentra.

— C'est M. Martel, dit-elle.

En même temps, derrière elle, Martel parut; il était en costume de voyage.

— J'ai reçu la dépêche trop tard, dit-il; au moins j'arrive pour le pleurer avec vous.

Il se mit à marcher par la chambre, les mains croisées derrière le dos, la tête inclinée. (p. 420).

H. MALOT. — VICTIMES D'AMOUR.

CHAPITRE VIII

L'AMI

I

Trois jours après ce retour, Martel et Maurice étaient ensemble dans le cabinet de travail de celui-ci.

Appuyés l'un et l'autre sur la barre de la fenêtre, ils regardaient vaguement dans le jardin et parlaient de l'Italie. Mais depuis assez longtemps déjà l'entretien traînait, les paroles ne venaient que contraintes, et ils restaient tous deux silencieux comme s'ils eussent pris une attention sérieuse à voir les cimes des arbres ondoyer et les feuilles arrachées des branches qui craquaient s'envoler en tourbillons du côté de Paris.

Enfin, à un certain moment où Maurice se releva, Martel ferma vivement la fenêtre, et, se posant le dos contre l'espagnolette, il regarda en face son ami.

— Tu me rendras cette justice, dit-il, que je ne me suis jamais jeté au travers de ta vie; pardonne-moi si, dans les circonstances présentes, je manque à cette règle de conduite. Pardonne-moi aussi si je te peine ou te blesse, et crois bien que ce n'est pas pour mon plaisir que j'aborde un sujet désagréable pour nous deux.

Cet exorde, débité d'une voix grave et résolue, ne surprit point Maurice.

— Tu veux parler de Lina? dit-il.

Martel fit un signe affirmatif.

— Eh bien, poursuivit Maurice, tout ce que tu me diras je me le suis déjà dit, tu ne parleras pas avec plus de sévérité que je ne l'ai fait. Et puis à quoi bon? Où as-tu vu qu'un ami plein de sang-froid et de raison parvenait à empêcher un autre ami, emporté par la passion, de faire les plus grandes folies du monde? Les discours les plus éloquents et les plus sensés n'ont jamais servi à rien, tu le sais aussi bien que moi. Évitons donc des paroles pénibles pour toi et pour moi. Tu me dirais que j'ai tort; que je me ruine; que je fais souffrir ma femme. C'est vrai, je le sais, je le sens. Si je n'ai pas rompu c'est que je suis trop faible. Voilà qui est tout aussi vrai; voilà ce que je pourrais te développer aussi de manière à t'attendrir si je te disais toutes mes faiblesses. Toutes les paroles du monde, sois-en convaincu, ne me décideront pas, puisque je ne me suis pas décidé. Restons-en donc là, je t'en prie ; quand nous pourrons traiter ce sujet, je l'aborderai le premier. Pour aujourd'hui, parlons de Rome si tu veux.

Martel ne s'attendait point à cette confession. Que dire à un homme qui, par cela seul qu'il s'accuse, s'excuse? Mais il se remit bientôt : il savait quel fonds on peut faire sur ces natures faciles au désespoir, et il ne se sentait nulle pitié pour ces remords et ces douleurs qui chaque jour trouvent une absolution nouvelle dans un repentir nouveau.

— Ainsi, dit-il, cette liaison durera toujours; le faux sera plus solide que le vrai ?

— Qui parle de toujours?

— Toi, puisque aujourd'hui tu ne parles pas de fin.

Sans répondre, Maurice haussa les épaules en soupirant.

— Vrai, s'écria Martel, j'admire ton fatalisme; tu t'en remets au hasard, à je ne sais quoi, pour terminer, n'importe comment, une situation qui t'est à charge. Si tu étais heureux, je comprendrais jusqu'à un certain point ton refus d'agir; être heureux, c'est une excuse ; mais tu souffres, tu as honte de toi, tu n'attends qu'une occasion pour briser cet amour en la solidité duquel tu ne crois même pas, et tu n'as pas le cœur de faire aujourd'hui ce que les circonstances feront demain pour toi.

— Précisément, répondit Maurice, tu vois bien que je ne me trompais pas en l'avertissant que tu me répéterais ce que je me suis déjà dit cent fois.

— C'est donc à dire que si tu avais la gangrène à la jambe, tu attendrais que cette jambe tombât en pourriture sans oser te la faire couper?

— On m'opérerait, si je n'avais pas la force de le demander, on voudrait pour moi; tandis qu'aujourd'hui il faut que je veuille de mon propre mouvment, et que moi-même je m'opère d'une gangrène qui s'est attaquée à mon cœur et à mon cerveau. Voilà la vérité, la vérité vraie. Il est dans ta nature de prendre facilement des résolutions que facilement aussi tu poursuis jusqu'au bout; moi, rien ne me paraît plus impossible, non de les prendre, mais de les tenir.

— Tu les tiendrais si tu voulais penser un peu plus à d'autres qu'à toi.

— Que je me décide à rompre avec Lina, je le voudrai aujourd'hui, je le voudrai demain, puis, je ne sais comment, sans que j'y pense, tout à coup je me souviendrai d'une intonation, d'un geste, qui, pour toi, ne seraient rien, qui, pour moi, seraient tout un monde; ou bien passant à côté d'une femme, je trouverai entre elle et Lina une ressemblance, un contraste, quelque chose qui vous accroche, et voilà mes souvenirs qui galopent, et, à leur suite, mes désirs. Tiens! il y a quelques mois, j'ai tout avoué à Armande, et, de très bonne foi, j'ai cru que, me liant par des serments, je me liais bien ; quatre jours après, me promenant sur le boulevard, je me suis jeté maladroitement dans une femme que je ne connaissais pas, que je n'avais jamais vue; seulement il s'exhalait d'elle un léger parfum d'ambre qui est l'odeur favorite de Lina : ce parfum m'a soulevé comme l'eût fait une décharge électrique : les serments se sont envolés. Du ressort, de la volonté, de l'énergie! me diras-tu, c'est exactement comme si tu conseillais la gaîté à un hypocondriaque, le mouvement à un paralytique ; la volonté, c'est très beau, ça fait les héros et les tragédies; mais, dans la vie, il y a la faiblesse, à laquelle personne ne s'intéresse, et qu'il faut faire entrer en compte. Eh bien, je suis aussi faible pour me débarrasser de ma passion, que je le serais pour lever à bras tendu ce fauteuil qu'un autre que moi soulèverait peut-être facilement.

— Crois-tu, interrompit Martel, que j'irais perdre mon temps à te parler d'énergie, s'il ne s'agissait que de toi ; crois-tu que je ne sache pas quelles sont les tyrannies de cette passion derrière laquelle tu parais si heureux de te retrancher ! Mais précisément tu n'es pas seul, et tu n'as pas le droit de faire souffrir ta femme pour la satisfaction de ta passion ou la faiblesse de ton cœur. Ah! pour moi, je voudrais m'être cassé la jambe le jour où nous sommes partis pour aller chez son grand-père : pauvre brave homme!

Il se jeta sur un fauteuil. Ce souvenir des anciens jours, évoqué dans de pareilles circonstances, l'avait douloureusement ému. Pour Maurice, il se mit à marcher par la chambre, les mains croisées derrière le dos, la tête inclinée. Après un long moment de silence, il s'arrêta, et, relevant la tête :

— Tu n'as que trop cruellement raison, dit-il ; mais qu'y pouvons-nous? Puis-je me refaire?

A ce mot, Martel aussi releva les yeux : il vit qu'il avait touché juste ; la discussion était admise, ce qui était un grand point, et Maurice abandonnait la défense de Lina, ce qui en était un autre capital. Il se raidit contre son propre attendrissement, et reprit avec énergie :

— Encore, pour qui est-elle sacrifiée? Hier soir je suis entré au théâtre, tu dois le penser, j'avais le cœur trop rempli de ce pauvre vieillard, à peine refroidi, que j'aimais sincèrement; non pour *Imogène*, non plus, je n'étais guère en état d'écouter ta musique; c'était pour voir ta maîtresse que je ne connaissais pas, mais que je me figurais irrésistible d'après ce qu'on m'avait dit d'elle. Je ne parle pas de son talent, j'étais fixé là-dessus par l'unanimité des journaux ; seulement de sa personne. Eh bien, franchement, rien en elle ne m'a expliqué ton inexplicable passion. Dans une petite chambre à plafond bas, avec des rideaux ne donnant qu'un demi-jour, elle peut être drôle ; que peut-elle être en pleine nature ? que serait-elle dans un vrai salon ? Pendant plus d'une heure je l'ai poursuivie de ma lorgnette. Quand elle n'était plus en scène, c'était ta femme que je voyais, ta femme, que je venais de quitter si charmante malgré son désespoir, et je me demandais comment tu pouvais préférer cette petite femme d'entre-sol à ta femme, qui, depuis que je la connais, va s'embellissant comme une belle journée d'été !

— On voit que tu n'as jamais été marié, dit Maurice sans se fâcher.

— Que le mariage amoindrisse les qualité d'une personne qu'on voit chaque jour, et grossisse ses défauts, je comprends cela jusqu'à un certain point ; mais ta femme n'a pas un défaut qui n'ait sa qualité opposée. Il y a longtemps que j'ai dit qu'il en était d'elle comme des femmes de Prudhon, rien n'est plus facile que de les critiquer en les regardant, mais il est impossible de se les rappeler sans émotion. Voilà le charme de la grâce et de la poésie, et ce charme-là rayonne de madame Berthauld, comme du soleil rayonne la lumière.

— Quel défenseur elle a en toi ! dit Maurice avec une certaine raideur ; mais cesse de t'échauffer ; je connais ma femme aussi bien que toi, et je sais qu'il n'y a pas plus de comparaison à établir entre elle et ma maîtresse qu'entre le sentiment que j'ai pour l'une et le besoin qui me pousse vers l'autre.

— Cette comparaison ne viendra à l'idée de personne, dit Martel.

— Crois bien, poursuivit Maurice, que si toutes deux étaient en danger, je ne balancerais pas une seconde ; ce serait Armande que je sauverais, car je l'aime. J'ai pour elle une amitié profonde ; je la plains, je la respecte, je l'admire ; tandis que je n'éprouve rien de tout cela pour Lina, mais c'est par elle que je me sens vivre.

Il s'arrêta, puis tout à coup il reprit comme s'il était emporté malgré lui.

— C'est auprès de Lina que mon cœur bat, que mon sang bout ; pour elle j'ai du bonheur à me mettre dans des positions désespérées ; auprès d'elle je prends à ma ruine, que je suis pas à pas, le poignant intérêt qu'un joueur prend à la sienne ; tu ne connais pas ces émotions, tu ne sais pas comme elles vous dominent et vous entraînent. Car enfin, je connais Lina, et il y a des jours où je crois que c'est fini, et où je n'ai plus envie, une envie folle que de l'étrangler ; cependant j'y retourne et mes lèvres, qui voulaient la mordre, malgré moi l'embrassent. Tombe un jour aux mains d'une nature inférieure à la tienne, et tu comprendras ce que je dis, tu verras que plus elle te sera inférieure, plus elle te dominera. Il y a là une loi, une loi fatale, l'explique qui pourra : moi je la sens dans toute sa dureté. Mais puisque tu m'as amené à cette confession, allons jusqu'au bout. Tu sais dans quelle situation j'étais lorsque je me suis marié, — affamé d'amour, lassé, rassasié de plaisir; — c'est quand la lassitude s'est effacée que j'ai pris une maîtresse. Je l'ai fait un peu involontairement, c'est vrai; mais beaucoup aussi par respect pour la pureté de ma femme.

Une fois encore Martel resta douloureusement perplexe; cette brutalité de confession lui démontait ses meilleures armes.

— Allons, dit Maurice, restons-en là, tu vois bien toi-même que si je quittais Lina aujourd'hui, demain j'aurais une autre maîtresse.

Maurice avait cru clore l'entretien, il avait découvert une ouverture à son ami.

— Est-ce qu'une autre, dit vivement celui-ci, aurait la même influence funeste? Si tu es une de ces natures à la Don Duan, qui ont besoin des excitations de la voltige et de l'inconstance, tu ne dois pas garder Lina, mais précisément changer de maîtresse aujourd'hui, demain, toujours; ces maîtresses-là ta femme ne les connaîtra pas. Tandis que Lina est pour elle une injure et une douleur de tous les instants; pour ton talent elle est la mort, car tu ne feras jamais plus rien; pour ta fortune elle est la ruine. Voyons, franchement, que t'a-t-elle coûté, que te coûtera-t-elle chaque jour?

— Pour cela, sois tranquille, M. Michon a bien pris ses mesures : par son testament il laisse toute sa fortune en pleine propriété à Victorine, en usufruit à Armande. Nous n'avons même pas droit à notre réserve légale; car de son vivant il m'avait fait signer un reçu constatant qu'elle avait été épuisée par des donations manuelles. Je n'aurais jamais pensé qu'il me ferait une pareille injure.

— Ainsi, reprit Martel sans relever ce dernier mot, c'est avec les quelques mille francs de rente de ta femme que tu vas entretenir ta maîtresse? Quelle vie vas-tu mener? Une vie de misère; emprunt chez les usuriers, remboursements chez les huissiers; voilà des relations bien agréables!

— Et *Imogène?*

— Mon pauvre ami, tu ne sais pas combien les dettes ont paralysé et finalement tué de talents? Combien cette vie-là pourra-t-elle durer? Même en admettant que mademoiselle Boireau ait un caprice pour toi, crois-tu qu'avec ses habitudes et ses besoins elle poussera l'héroïsme jusqu'à traîner des robes tachées ou jusqu'à boire du vin bleu acheté en litre? A son âge, avec son éducation, dans le milieu où elle vit, changerez-vous de rôle et te feras-tu entretenir par elle? ce serait un joli triomphe.

Il resta le visage collé contre la vitre, comme s'il regardait dans le jardin.

— Non n'est-ce pas ? Alors on te mettra amicalement à la porte ; c'est maintenant entre vous une affaire de jours, de mois peut-être. C'est en face d'une pareille expectative que tu n'as pas la force de rompre. Supposons trois mois, six mois de souffrances pour ta femme ; rompre aujourd'hui, c'est les lui épargner, en même temps que c'est regagner son cœur, sensible à un sacrifice accompli dans un pareil moment. Songe donc combien elle a besoin de consolations. Souviens-toi de ce que tu éprouvais, lorsqu'après avoir perdu ta mère, tu n'avais point pour t'y jeter le cœur de celle que tu aimais et qui ne t'aimait plus. La situation de ta femme aujourd'hui est exactement la même qu'était la tienne alors. Tu n'avais plus de mère, elle n'a plus de père ; tu étais abandonné ; elle est abandonnée ; désespéré, anéanti, fou de douleur, tu voulais te tuer. Que fera-t-elle ?

A l'émotion de Maurice, il sentit qu'il avait gagné du terrain ; il reprit :

— D'un mot tu peux rendre l'espérance à ce cœur brisé, arracher ta femme à cette horrible solitude où la raison chancelle, te débarrasser toi-même de tes remords ; et par je ne sais quelle faiblesse tu ne le dirais pas, quand tu l'as sur le bord des lèvres.

— Et comment ? dit Maurice en se laissant tomber sur une chaise.

II

Martel ne répondit point à cette interrogation qui disait tant de choses. Il voulait laisser naître dans cet esprit, à la fin touché, des réflexions qui, assurément, seraient plus fortes que toutes les paroles qu'il pourrait lui-même ajouter. L'idée de rupture était admise, elle était avouée ; elle allait grandir.

— Oui, dit Maurice après plusieurs minutes de ce silence décisif, comment y tenir ?

— En te répétant que si tu ne prends pas les devants aujourd'hui, c'est elle qui les prendra dans quelques mois. Décide-toi donc.

— Ce n'est pas la décision qui me gêne le plus, c'est le moyen. Tu ne connais par Lina : elle regimbera, m'entortillera, et je serai repris.

— Le moyen est cependant bien simple, c'est de n'y point retourner.

Mais il ne voulut point accepter ; il n'avait point de reproches à lui adresser ; il ne la quittait que par devoir, c'était bien le moins qu'il eût pour elle des égards.

Il fallut batailler de nouveau, répéter dix fois la même chose. Enfin il fut convenu qu'il écrirait, et il se mit à son bureau.

Martel, tourné vers la muraille, évita de fixer les yeux sur lui; mais, surpris de ne point entendre la plume courir sur le papier, il le regarda.

— Allons, dit Maurice, dicte-moi, je ne trouve rien.

— Soit, deux lignes suffiront.

Ces deux lignes n'étaient cependant point faciles à improviser.

Il se pencha par dessus l'épaule de Maurice.

— Brûle cette feuille, dit-il, si tu commences par « Ma chère Lina; » nous n'en finirons jamais, il nous faudra quatre pages de déductions pour arriver à la conclusion.

— Eh bien! quoi, alors?

Il dicta :

« Les événements de ces derniers jours me décident à rompre une liaison « où nous ne trouvons plus de satisfaction ni l'un ni l'autre. Ma détermi- « nation est irrévocable. »

— Assez, dit Maurice interrompant, je vais terminer. Il écrivit :

« J'espère que vous ne tenterez rien pour la changer, et que je pourrai « rester ainsi à jamais

« Votre ami,
« M. Berthauld. »

— Maintenant, dit Martel, donne-moi la lettre.

— As-tu peur que je la garde?

— Franchement, oui.

— Sois sans crainte, le plus dur est fait, je me sens trop soulagé pour revenir en arrière.

— Donne toujours, je la remettrai en m'en allant.

Maurice tenait la lettre entre ses doigts, il la balança durant quelques instants, puis, brusquement, il la jeta dans le chapeau de Martel.

— Allons dit-il, ma femme te devra un beau cierge.

— A quoi bon lui parler de moi? Garde auprès d'elle le mérite de ta détermination; ce sera une joie que tu lui feras. Tu devrais même la lui faire tout de suite. Va lui dire où je porte cette lettre.

Maurice n'accepta point cette proposition si simple.

— Non, dit-il avec humeur, dans les conditions où je suis, cette joie me blesserait.

— Dis plutôt franchement qu'elle blesserait ta vanité... ou si tu aimes mieux ta dignité. C'est là une niaiserie qui, si tu persistais, serait aujour-

Si je connais le père Keïrgomar, répondit madame Filloleau. (p. 431).

H. MALOT. — VICTIMES D'AMOUR.

d'hui une cruauté. Et quand tu souffrirais un peu, ta femme, elle, souffre par ta faute depuis bien longtemps.

— Elle ne pense pas à cela aujourd'hui.

— Tu peux lui apporter une grande consolation, la tirer presque du désespoir où vient de la plonger la mort du papa Michon ; ne le feras-tu pas ? Et cependant tu sais ce que c'est que d'être seul dans la douleur.

— Vanité ou faiblesse, répondit Maurice, je ne parlerai point à Armande. Mais tu lui parleras, toi.

Et, lui prenant le bras, il le conduisit au premier étage.

III

Elle était dans un petit salon qui précédait sa chambre.

Vêtue de deuil, les cheveux collés sur la tête, extrêmement pâle, les yeux rouges, elle se tenait dans une attitude affaissée devant une petite table, sur laquelle étaient étalées des lettres ouvertes, les lettres de son grand-père qu'elle lisait et mettait en ordre. Auprès d'elle, en blanc comme à l'ordinaire, Victorine, fraîche et rosée, voulait habiller de noir sa poupée.

Lorsqu'elle les aperçut, sans se déranger, elle leur tendit la main ; évidemment c'était un geste machinal où la pensée n'était pas.

— Martel a besoin de te parler, dit Maurice, je vous laisse : je reviendrai dans deux heures.

Il enleva Victorine dans ses bras et sortit avec elle.

A peine avait-il tiré la porte derrière lui, qu'Armande, regardant Martel avec inquiétude :

— Mon Dieu, dit-elle, qu'avez-vous à m'apprendre ? quel malheur encore ?

— Pourquoi voulez-vous que ce soit un malheur ? Vous êtes assez éprouvée. Ce n'est point de la tristesse que je vous apporte.

— Pourtant ce n'est point de la joie ?

— Au moins, est-ce une consolation.

— A moi ?

Il fit un signe affirmatif.

— Aujourd'hui ?

— La plus grande que vous puissiez espérer.

Elle se leva, et après quelques secondes d'hésitation qui la pâlirent encore :

— Maurice ? dit-elle avec anxiété.

— Oui, Maurice brise les liens qui le désespéraient lui-même. Voici la lettre écrite de sa main, qui l'annonce.

— Ah! dit-elle en joignant les mains, par sa mort même grand-père me protège encore.

De grosses larmes tombèrent douces et rafraîchissantes de ses paupières brûlées.

— Vous voyez, dit-il pour ne point se laisser gagner par cette émotion, que je ne vous trompais pas ; Maurice vous revient, Victorine vous reste ; vous ne serez pas seule dans votre chagrin.

Au mot de consolation, la réponse d'Armande avait été Maurice ; mais dans un cœur aussi souvent trompé que le sien, le doute devait suivre de près l'espérance.

— Vous êtes bien certain de cette rupture ? dit-elle.

— Je porte moi-même la lettre.

— N'ira-t-il pas derrière vous ?

— J'ai sa parole.

— Moi aussi j'ai eu sa parole. Il ne devait jamais la revoir, il l'a revue. Ne me donnez pas aujourd'hui un espoir qu'il faudrait perdre demain. Pourquoi ne m'a-t-il pas annoncé lui-même sa bonne résolution ?

— Précisément parce qu'après vous l'avoir annoncée une fois déjà, il n'avait pu la mener à fin. Il y a eu honte ; une honte qu'il faut comprendre et pardonner. Aujourd'hui les circonstances ne sont plus ce qu'elles étaient. Croyez à sa tendresse ; croyez aussi au dégoût que cette liaison lui inspirait.

— Rassurez-moi mieux encore ; loyalement, dites-moi qui de vous deux a parlé le premier de cette rupture.

— Un mot a suffi pour le décider.

— Vous voyez bien qu'il a fallu le décider.

— Je vous en prie, n'exagérez rien ; vous ne savez pas combien on sort difficilement d'une situation fausse, alors même qu'on en souffre. La vérité, aujourd'hui, c'est qu'il vous revient plein de regrets. C'est donc devant vous qu'il vous faut regarder désormais, non derrière. Que vous ne puissiez pas oublier le passé, cela se comprend, mais vous n'aurez même pas la pensée, j'en suis sûr, de le rappeler jamais.

Il avait prononcé ces dernières paroles avec émotion ; elle lui tendit la main.

— Merci, dit-elle.

Il voulut abréger ses remerciements, et avec une brusquerie affectée :

— J'ai travaillé pour moi, dit-il.

Mais de suite sa voix faiblit, et, comme s'il était entraîné :

— Je veux vous voir tous les jours, comme autrefois avant mon départ ; il faut que vous soyez heureuse.

Les yeux d'Armande ne s'abaissèrent point, ils se plongèrent au contraire plus profondément dans ceux de Martel.

L'un et l'autre ils restèrent ainsi assez longtemps silencieux, n'ayant pas bien conscience qu'ils se regardaient et que leurs mains étaient unies.

Tout à coup le visage d'Armande s'empourpra, ses yeux se voilèrent, elle dégagea sa main.

Elle recula sa chaise et se mit à chercher parmi le paquet de lettres étalé devant elle.

— Vous êtes si bon, dit-elle rapidement tout en regardant les enveloppes, que je voudrais vous demander un nouveau service. Dans le portefeuille de grand-père, j'ai trouvé une lettre de mon père. Il paraît qu'il est malheureux, dans la détresse, dit-il, et il demande des secours. Tenez, voici la lettre. Lisez-la.

— Vous voyez, reprit-elle après qu'il eut lu, quelle situation il avoue. Sans doute mon père n'a point été bien tendre pour ma jeunesse, ni bon pour ma pauvre maman, ni juste pour grand-père ; mais enfin je suis sa fille. Je ne veux point être tourmentée plus tard du remords de n'avoir pas fait pour lui ce que je devais, comme je le suis pour grand-père.

— Quels remords pouvez-vous avoir? Vous avez été la plus tendre des filles.

— Je l'ai sacrifié à Maurice, je ne lui ai pas donné toutes les joies qu'il méritait ; je suis restée à Paris auprès de Maurice, quand j'aurais dû être à Plaurach auprès de lui. Mais c'est de mon père que je veux vous parler ; pour lui il n'est pas encore trop tard. Vous voyez, il donne son adresse. Tâchez de le trouver. J'ai là mille francs qui me restent sur ce que grand-père m'avait donné il y a quelques jours. Je vais mettre le billet sous enveloppe avec quelques mots, voudrez-vous le lui donner ; s'il ne demeure plus cité Fénelon, voudrez-vous le chercher ? Pardonnez-moi de vous donner cette peine. Je ne puis y aller moi-même, et j'ai peur que Maurice ne me refuse ; influencé par tout ce qu'on lui a dit, il n'aime point mon père.

Lorsqu'elle lui remit l'enveloppe renfermant le billet, il tenait déjà dans sa main la lettre de Maurice à Lina.

— Allons, dit-il, je fais avec plaisir le facteur de la maison.

Il allait sortir sans lui tendre la main, comme à l'ordinaire.

Elle lui présenta la sienne.

— Je viendrai ce soir, dit-il, vous raconter mon ambassade à la cité Fénelon.

Elle descendit avec lui et le conduisit jusqu'à la porte, qui ouvrait sur le jardin.

Il pleuvait.

— Ah! dit-elle en frissonnant des pieds à la tête, comme cette petite pluie est froide! il me semble que toutes les gouttes me tombent sur le corps.

— Pensez à Maurice, dit-il, il va rentrer bientôt.

IV

Bien qu'elle fasse partie d'un des quartiers les plus fréquentés de Paris, la cité Fénelon n'est point connue de tous les Parisiens. Englobée dans le vaste carré formé par les rues Lamartine, des Martyrs, la Tour-d'Auvergne et Neuve-Coquenard, elle a quelque chose de l'aspect et du caractère de ces rues. La rue de la Tour-d'Auvergne lui fait une bordure de beaux arbres et de hautes murailles couronnées en été de lilas et de ravenelles. La rue Neuve-Coquenard y prolonge dans un étrange pêle-mêle ses masures et ses échoppes où, à l'abri de la lumière, du soleil et du gaz, s'exercent les industries sans nom de la misère parisienne. Sur la rue des Martyrs s'ouvre sa principale entrée, bâtie de maisons neuves où s'est créé une sorte de faubourg de la galanterie : les vieilles femmes en sortent pour aller faire leur dernière halte dans les garnis des boulevards extérieurs ; les jeunes y restent jusqu'à ce que la chance, bonne ou mauvaise, comme on voudra, vienne les prendre par la main pour leur faire monter les doux escaliers où les rampes sont en velours et les marches en moquette.

Martel avait trop longtemps pratiqué les hauteurs de Notre-Dame-de-Lorette pour ne pas connaître la cité Fénelon ; il alla droit au numéro indiqué.

— Ce monsieur ne demeure plus ici, dit le concierge d'un ton bourru et sans interrompre la lecture de son journal.

— Où demeure-t-il?

— Je ne sais pas; est-ce que ces gens-là ça demeure ?

— Pourtant il a demeuré ici ?

A cet argument, le concierge releva ses lunettes sur sa toque, posa son journal, et avec une indignation majestueuse :

— Pour mon malheur et celui du propriétaire... mais, — il ajouta ces derniers mots avec une satisfaction vengeresse, — il n'y demeure plus.

— Et son adresse ?

— Il ne m'a point chargé de la donner ; il m'eût plutôt chargé de la cacher, si j'en étais capable.

— Cependant ?...

— Croyez, monsieur, que je connais les obligations de ma profession et mes devoirs d'homme.

En présence d'une pareille dignité, il allait renoncer à son interrogatoire, lorsque le concierge, se faisant familier, s'avança jusque sur le seuil de sa loge :

— Voyons, monsieur, est-ce pour son bien ou pour son mal ?

Sous cette interrogation, Martel flaira un désir de vengeance, cependant comme il pouvait se tromper :

— C'est pour de l'argent, dit-il.

— Alors, c'est pour son mal, et je vais vous dire ce que je sais, car ce que je sais est accidentel et n'est pas professionnel. C'est le seul hasard qui m'a appris que l'individu, s'il mérite ce titre, que vous cherchez, a été au 73 en sortant d'ici. Si vous le pincez, ne le ménagez pas, c'est un homme qui déshonore notre Patrie et la Légion d'honneur. Le 73 est tout au fond de la ruelle, là-bas.

Cette dernière indication n'était point inutile, car la maison où Martel venait de s'adresser était du côté de la rue des Martyrs, c'est-à-dire que c'était une maison convenable par son apparence, tandis que la ruelle était tout au haut de la cité, auprès de la voûte qui s'ouvre sur la rue Neuve-Coquenard.

Entre un ferrailleur et un nourrisseur se trouvait ce 73. La maison était tellement couverte de plaques de boue qu'on devinait le numéro plutôt qu'on ne le lisait. Sur l'appui d'une fenêtre du rez-de-chaussée, un coq chantait en battant des ailes.

Était-ce bien là que pouvait demeurer, quelque bas qu'il fût descendu, un représentant de la noblesse bretonne, un ancien officier ?

Il entra dans une allée, et par un escalier à corde monta au premier. Ce fut inutilement qu'il frappa aux deux portes qui donnaient sur le palier. Il monta au second, et n'obtint pas plus de réponse. Au-dessus était le toit. Il redescendit, et, malgré son dégoût, il fut forcé de prendre la corde ; sous ses pieds, les marches encroûtées d'une terre humide étaient glissantes comme le sol d'une basse-cour. Cette maison était-elle déserte ?

En face était un atelier de mouleur, et un gamin de onze ou douze ans posait des pièces sur la devanture pour les faire sécher.

— Il n'y a pas de concierge ? demanda Martel.

Le gamin le regarda en clignant des yeux, puis, haussant les épaules :

— S'il y avait un concierge, il n'y aurait pas de locataires, dit-il de la voix grasse et traînante d'un vrai faubourien, pas si bête d'avoir un Pipelet.

Martel n'avait pas le loisir d'admirer tout ce que cette réponse concise contenait d'observation pratique.

— A qui faut-il s'adresser? dit-il.

— Qué que vous demandez?

— M. de Keïrgomar.

— Un vieux de la vieille qui marche comme ça, dit l'enfant, singeant la tenue militaire. Si c'est votre général, salut, mon lieutenant. Ah! le vieux filou, il a filé; en v'là un noceur! Après ça, peut-être que la mère Filloleau sait ce qu'il est devenu; c'est la blanchisseuse qui demeure là.

— Allons, pensa Martel, tout le monde me répondra sur le même ton.

Il entra dans l'atelier de madame Filloleau, où, sous des cordes chargées de linge mouillé, cinq ou six femmes, plus ou moins déshabillées, travaillaient.

— Si je connais le père Keïrgomar, répondit madame Filloleau, pour sûr, et comme un vieux brigand qui trompe les hommes et les femmes; une jolie pratique qui fait blanchir plus de faux-cols que d'autres choses; mauvais signe, pas vrai?

— Où peut-on le trouver?

— Voilà le difficile. C'est un malin qui met son adresse à ce qu'on ne trouve pas la sienne, comme dit Filloleau. Vous comprenez, il a quitté le quartier en crevant tous ses œils et en enlevant pour lui-même la fille au père Shon, une jeunesse qui était mon ouvrière. Pour le trouver, il faudrait avoir du temps à perdre; ici, on n'en a pas..

— Si l'on en avait?

— Il n'y aurait qu'à aller pendant huit jours à tous les bals du boulevard, depuis Batignolles jusqu'à la Goutte-d'Or, on serait sûr de le pincer un soir ou l'autre avec son Idalie. C'est là qu'il fait les affaires de son métier.

— Quel métier?

— Comme l'adresse, on n'en sait rien au juste. Je l'ai vu courtier en parfumerie, marchand de photographies, magnétiseur; ce qu'il est présentement, le diable seul le sait.

En parlant ainsi, elle avait conduit Martel dans la rue; ses ouvrières ne pouvaient plus l'entendre.

— Dites donc, mon fils, fit-elle à mi-voix, si c'est pour quelque chose auprès d'une de ces dames, on fera votre affaire aussi bien que personne; on connaît tout le quartier, et on a entrée partout. On a le truc, mon petit,

et on est honnête; c'est la mère Filloleau qui vous en colle son billet.
Martel ne profita point des offres engageantes de l'honnête blanchisseuse, mais il profita de ses conseils et se mit, dès le jour même, à visiter la Reine-Blanche, la Boule-Noire, l'Élysée, le bal Robert et tous les bastringues des boulevards. Mais dans ce monde où toutes les femmes se valent à peu de chose près, et où les hommes sont si étrangement réunis artistes et tueurs de l'abattoir, gandins et garçons de café, travailleurs et filous, il ne trouva point celui qu'il cherchait, soit qu'il n'y vint pas, comme le croyait madame Filloleau, soit qu'y venant il ne ressemblât plus au portrait qu'en faisait Armande.

V

Pour ne point mettre dans le secret de ses recherches Maurice, qui était presque toujours présent lorsqu'il les racontait, Martel en parlait comme s'il les eût entreprises pour son propre compte.

— Eh bien! disait Maurice, l'as-tu trouvé ou trouvée?

— Non.

— Comprends-tu, continuait-il en se tournant vers sa femme, qu'un garçon comme Martel, sage et piocheur, passe toutes ses soirées dans les bals des barrières, à la recherche de qui encore? Le nom est inconnu; mais le métier!

Elle avait un peu honte de ne pas avouer la vérité; car, bien que Martel mît dans ses paroles et ses regards une discrétion parfaite, elle se reprochait cette petite complicité: c'était un secret, une tromperie.

Un soir qu'elle n'était point là et qu'il continuait ses railleries où il y avait moquerie, mais où il y avait curiosité aussi:

— Tu ferais peut-être mieux, dit-il, de voir maintenant dans des bals un peu plus propres.

— Peut-être.

— Si tu y vas, et que tu rencontres Lina, observe donc avec qui elle est.

— Est-ce que Lina est une habituée de ces bals? il ne lui manquait plus que ça.

— Elle ne l'était pas, mais elle pourrait l'être maintenant. Avant de rompre j'avais des soupçons sur un petit comte russe qui passe sa vie dans les bals et aux avant-scènes des petits théâtres: s'il est mon successeur il mène assurément Lina avec lui. Je voudrais savoir si c'est lui qui me remplace. Voilà tout; je n'y tiens pas plus que ça.

Un escalier, dont les marches en terre sont retenues par des douves de barriques, conduit à ces bosquets. (p. 440).

VI

Ces paroles n'étaient point sincères; en réalité, il était possédé du désir de savoir ce que Lina avait fait depuis leur rupture.

Avait-elle un amant? était-ce le comte?

Si elle avait un amant, elle n'avait pas été longtemps à se consoler; si c'était le comte il y avait beaucoup à parier qu'il l'était déjà au temps où il le soupçonnait. Dans l'un et l'autre cas, il avait donc eu raison de rompre.

N'y tenant plus, il alla chez une amie intime de Lina, Hélène la blonde.

Il suffit qu'un homme se soit fait connaître comme un amant généreux pour qu'il ait droit aux attentions et à la complaisance de toutes les femmes. Il fut très bien accueilli; mais on ne put pas satisfaire sa curiosité.

— Je ne sais rien, dit Hélène, depuis quinze jours j'étais à la campagne; je vais aller chez Lina, revenez demain.

Le lendemain ce ne fut point Hélène qui le reçut, ce fut Lina.

— Eh bien ! s'écria celle-ci en le voyant stupéfait, en voilà une surprise, j'espère! Suis-je gentille? tu veux des renseignements sur mon compte, je te les apporte. N'aie pas peur, je ne demanderai rien pour la commission.

Elle s'assit en riant; il s'assit auprès d'elle, il ne riait point.

— Quand Hélène m'a dit que tu étais venu la voir, continua-t-elle, j'ai été surprise, et je lui ai demandé comment tu l'avais interrogée, ce que tu lui avais dit au juste, quel air tu avais. Hélène, qui n'a inventé aucune espèce de poudre, pas même celle de riz, Hélène ne m'a naturellement rapporté que des bêtises, et j'ai été forcée de faire de l'analyse, comme disait Liénard. Tiens, veux-tu un marché? je vais te dire le motif qui t'amène ici, et tu m'avoueras franchement si j'ai deviné juste; alors, pour payer ta franchise, je te dirai, jour par jour, heure par heure, ce que j'ai fait depuis ta lettre. Ça va-t-il.

Il fit un signe affirmatif.

— Eh bien! reprit-elle, c'est la jalousie : tu as voulu savoir si le petit comte avait hérité de ton oreiller, parce dans ce cas tu conclurais qu'il s'en servait en même temps que toi.

— C'est vrai.

— Tu vois, dit-elle en battant des mains, qu'on connaît le cœur humain.

Ah! tu es jaloux! Tu m'aimes donc encore! Alors veux-tu m'expliquer pourquoi tu t'es fâché?

Il ne répondit point, l'entretien prenait une tournure qui le mettait mal à l'aise et le troublait.

— Plus de remords que d'argent, n'est-ce pas? reprit-elle. Pourquoi ne l'as-tu pas dit? Est-ce que l'argent devait nous fâcher? Est-ce que c'était pour ton argent que je t'aimais? Tu sais bien que je ne me suis pas enrichie, et que pour toi j'ai raté plus d'une fortune. Il fallait franchement me dire : « Je n'ai plus le sou, » et franchement je t'aurais répondu : « Comme il est temps que je pense à l'avenir je prends le comte; mais comme je t'aime, je te garde; » j'aurais été mariée comme tu es marié, voilà tout. Mais tout ça, paroles en l'air; ce qui est fait est fait, n'est-ce pas? je ne suis pas venue pour parler de projets, ni toi pour en entendre. Où en est le comte, n'est-ce pas? Dans la même position, ma parole d'honneur, le bec dans l'eau. Seulement ça va changer. On dit que je suis panée, il faut que je me montre Suzanne donne un bal samedi, j'irai et j'aurai une robe de point d'Alençon de douze mille francs; ça clôra le bec à ces dames et ça relèvera celui du comte. Il sera heureux de m'offrir cette robe. Et comme il aura posé longtemps, il m'aimera toujours, c'est fatal.

Ce discours mélangé de regrets, de projets, d'effronterie, avait remué Maurice.

— Si ta robe venait sans le comte, dit-il tout à coup en s'approchant de Lina qu'il regarda dans les yeux.

— Ne dis donc pas de bêtises, fit-elle en souriant.

— Si je parlais sérieusement?

— A ton âge, avec ta tête, dans ta position, on ne donne pas des robes de douze mille francs.

— Si je voulais en donner?

— Ah çà! voyons, tu as donc le sou?

— Si je l'avais?

— Je te répondrais que tu es fou maintenant en voulant te remettre, ou que tu l'as été il y a quelques jours en voulant te fâcher.

— Je l'ai été.

— Eh bien, moi je ne serai pas folle. Restons amis si tu veux, car je ne fais pas attention à ta manie des ruptures qui, chez toi est une infirmité chronique; mais laisse la destinée du comte s'accomplir, elle ne sera pas longue, je t'assure.

Ce ne fut point son dernier mot.

Les titres de rentes légués par M. Michon à Victorine, et inscrits au nom de celle-ci, étaient entre les mains de Maurice, qui, aussi bien que toute personne, pouvait en toucher les arrérages, ces arrérages étant payables au porteur, malgré la stipulation testamentaire de l'usufruit. Sur ces titres déposés chez un prêteur, engagés pour cinq ans, garantis pour le cas de mort par une assurance, on donna à Maurice une vingtaine de mille francs.

C'était égorger la poule aux œufs d'or, réduire à la misère celles auxquelles ces revenus appartenaient, sa femme, sa fille, c'était les dépouiller, les voler. Mais ces raisons n'étaient point de celles qui maintenant pouvaient l'arrêter; au contraire, elles devaient le pousser; car il arrive une heure, lorsqu'on est ainsi entraîné, où le mal devient un besoin, la douleur un plaisir. Il en était là.

C'était bien à l'avenir qu'il pensait! c'était à l'heure présente, à Lina, au comte surtout, sur lequel une occasion s'offrait de l'emporter une fois encore.

CHAPITRE IX

CE QUE PEUT UN BILLET DE MILLE FRANCS

I

Armande sentit bientôt qu'elle était de nouveau sacrifiée.
— Vous voyez, dit-elle à Martel, que j'avais raison de ne pas croire au retour de Maurice : c'était un bonheur ; au moins je ne tombe pas de trop haut.
Puis elle ajouta avec un sourire plus triste que des larmes :
— Je commence à prendre l'habitude de tomber, je ne me blesse plus.
— Ne suis-je pas tout à vous, dit-il ; pourquoi ne me parlez-vous pas plus franchement ?
— Je suis sincère ; ce que j'éprouve aujourd'hui n'a rien de ce que j'éprouvai la première fois. C'est grand-père que je dois pleurer, je lui serais infidèle de pleurer un autre.
— Que comptez-vous faire ? reprit-il après quelques instants.
— Rien de plus ni de moins que ce que je faisais : être pour lui aujourd'hui, demain, toujours, ce que j'étais il y a quinze jours.
— Et la force ?
— Victorine me reste.
Puis elle ajouta, en lui tendant la main :
— Victorine et vous.
Elle prononça ce mot franchement, les yeux levés, le regard assuré. C'était la réponse aux paroles dites naguère par Martel : « Pour que je vous voie chaque jour, il faut que vous soyez heureuse. » Il la comprit telle qu'elle était faite, dans toute son étendue, avec toutes ses conséquences.
— Pour la vie, dit-il d'une voix ferme.
Et il prit la main qu'elle lui tendait.
— Plus je suis malheureuse, dit-elle, plus j'aurais besoin de savoir que

d'autres ne souffrent pas par ma faute ; je vous en prie, essayez encore de trouver mon père.

II

Dans sa poursuite à travers les bals, il avait coutume de choisir une place d'où il pouvait embrasser d'un coup d'œil toute la salle. Il s'asseyait à une table ; puis, pour passer le temps et ne pas regarder sans cesse les danseurs qui, tournoyant devant lui, finissaient à la longue par lui faire tourner le cœur, il se mettait à lire tous les journaux du soir. Il accomplissait cette lecture consciencieusement depuis la première ligne jusqu'à la dernière. Un jour qu'il tâchait de se distraire d'un amas de pièces diplomatiques par les annonces, ses yeux furent attirés sur un nom qui ressemblait à celui de M. Keïrgomar.

Au milieu d'attestations données à un remède nouveau et affirmant, dans l'intérêt de l'humanité souffrante, des guérisons miraculeuses, se détachait, remarquable par son étendue et sa rédaction, la lettre que voici :

« Monsieur,

« J'obéis à la franchise et à la droiture d'un vieux militaire, en vous faisant part des résultats qu'on peut, tout en restant au-dessous de la vérité, qualifier de prodigieux, obtenus sur moi par votre délicieux remède.

« Après avoir épuisé mes forces et ma santé au service de mon pays, j'étais tombé dans un état de douleur et finalement de faiblesse, qui avait résisté à la science médicale, représentée par ses sommités.

« Dix années de traitement m'avaient réduit à ne plus pouvoir dormir, marcher, respirer, manger, digérer : bien que d'une taille de un mètre quatre-vingt-seize centimètres et d'une forte carrure, je ne pesais plus que quarante kilogrammes.

« C'est dans cet état que j'ai pensé à user de votre remède ; la confiance m'est venue du dédain qu'en faisaient les médecins, au moins aussi envieux qu'ignorants.

« Je l'ai employé. Huit jours après, l'amélioration était venue. Au bout de trois mois, après avoir consommé dix paquets de votre remède, qui me coûtaient en tout cinquante francs, la guérison était complète, tandis qu'en dix années j'avais dépensé pour plus de vingt mille francs de drogues infectes et inefficaces.

« Aujourd'hui une nouvelle vie m'anime, semblable à celle de la jeunesse, avec toute sa fraîcheur et son ardeur. Je fais quatre repas. Je digère admirablement. Je dors douze heures d'un sommeil peuplé de rêves agréables. Je pèse 105 kilogrammes.

« Voilà, Monsieur, la vérité vraie et pure, telle qu'elle doit sortir de la bouche d'un vieux militaire. Faites-en l'usage que vous jugerez convenable. Peut-être pourra-t-elle servir nos malheureux semblables que la médecine fait tant souffrir.

« Agréez, etc.

« Baron K/GOMAR,

« Ancien chef de bataillon, chevalier de la Légion d'honneur, de l'ordre du Léopard néerlandais, etc., etc.,

« 104, rue Olivier. »

Ce n'était point absolument le nom de M. de Keïrgomar, mais Martel savait assez de breton pour reconnaître dans ce K barré l'abréviation ordinaire de Keïr. C'étaient bien ses titres et qualités.

L'adresse était-elle vraie ?

Le lendemain, il se présenta rue Olivier.

M. le baron était pour le moment à l'étranger; un de ses amis venait prendre ses lettres pour les lui envoyer. Au reste, si c'était au sujet de l'annonce, rien n'était plus vrai que l'état florissant de M. le baron.

C'était ce que le concierge pouvait affirmer.

Ce fut tout ce que Martel put obtenir.

— C'est bien, dit-il, j'écrirai.

Il tournait le coin de la rue Laffitte, lorsqu'il entendit derrière lui le pas rapide d'une femme qui le suivait : une grande fille qu'il avait eue autrefois pour modèle.

— J'étais chez père, dit-elle, pendant que vous demandiez M. de Keïrgomar. Comme je vous sais incapable de faire du mal, je peux vous donner son adresse, si vous en êtes pressé : M. Margo, boulevard Rochechouart, 67.

III

Le numéro 67 du boulevard Rochechouart est une bicoque badigeonnée en rose, occupée par un marchand de vin, et portant pour enseigne : *Aux jardins d'Italie*, sans doute pour faire honneur à trois bosquets situés derrière la maison, où les consommateurs qui ont des goûts champêtres viennent le dimanche boire du bleu à douze. Un escalier, dont les marches en terre sont retenues par des douves de barriques, conduit à ces bosquets. Au bout de cet escalier s'élève une sorte de hangar en planches goudronnées : c'est une maison meublée.

Ce fut là qu'on conduisit Martel, et à deux ou trois reprises, du bas de l'escalier on appela mademoiselle Idalie.

Une jeune fille de quinze à seize ans, jolie, mais flétrie, accourut en perdant ses pantoufles qu'elle tâchait de rattraper d'une main, tandis que de l'autre elle croisait sur sa maigre poitrine un petit châle troué.

— C'est pour nous consulter? dit-elle, sans faire monter Martel.

Celui-ci, ne sachant que répondre s'inclina.

— Vous n'êtes pas malade pourtant?

Il la regarda surpris.

— On vous trompe peut-être?

Il faut répondre, pensa-t-il, plus tard le mystère s'éclaircira.

— Veuillez monter, dit-elle.

Au premier étage, qui était aussi le dernier, elle l'introduisit dans une petite pièce sale et misérable.

— M. Margo va venir, dit-elle.

En effet, un homme de cinquante-cinq à soixante ans entra presque aussitôt.

Il était vêtu d'une redingote jaune boutonnée militairement et ornée d'un large ruban rouge qui s'étalait au milieu d'une mosaïque de taches de toutes couleurs. Son pantalon noir à la hussarde, lustré aux genoux, tombait déchiqueté sur des bottes éculées. Une cravate de taffetas cachait ou remplaçait le linge, en tenant droite une tête usée et ravagée. Les cheveux étaient gris et abondants, les dents blanches, les paupières enflammées; le teint était cuivré, le regard dur.

C'était M. Margo, ou plutôt M. de Keïrgomar, c'était le père d'Armande.

— Monsieur, dit-il d'une voix majestueuse, nous allons mettre le sujet dans le sommeil magnétique et nous commencerons aussitôt.

— Pardonnez-moi, interrompit Martel, il y a un malentendu. Je suis envoyé auprès de vous par madame Berthauld, votre fille.

— Ma fille! s'écria-t-il. Comment diable m'avez-vous découvert? trouvé? veux-je dire. Descendons, je vous prie.

— Le temps est beau, dit M. de Keïrgomar lorsqu'ils furent dans le jardin, si vous n'avez pas de répugnance à faire un tour de boulevard, nous serons mieux pour causer; je n'aime pas les murailles trop près de moi.

M. de Keïrgomar entrait dans l'atelier de Martel. (p. 444).

H. MALOT. — VICTIMES D'AMOUR.

LIV. **56**

Ce fut donc en faisant ce tour que Martel s'acquitta de sa commission.
— Un billet de mille! s'écria M. de Keïrgomar. Ah! n'est-ce pas que ma fille est un cœur d'or?

Puis, s'arrêtant brusquement devant la porte d'un café :

— Entrons là, dit-il, et permettez-moi de vous offrir quelque chose; vous me parlerez d'elle, — oui, monsieur, c'est un cœur d'or.

Martel se sentait plus de mépris que de sympathie pour ce père si sensible aux cœurs d'or; cependant, il n'osa trop refuser.

Au reste, il n'eut guère plus à parler qu'à boire. M. Keïrgomar s'acquitta largement des deux.

— J'aurais été bien heureux de voir ma fille, dit celui-ci; mais mon gendre n'a pas voulu, il a eu honte de son beau-père, un chevalier de la Légion d'honneur, un soldat; — il se versa brusquement un verre d'eau-de-vie. — Après tout il n'a peut-être pas eu tort, car vous voyez où en est réduit ce soldat, il est magnétiseur, et il donne pour cinquante francs des attestations aux charlatans. Le sort, monsieur. — Il vida son verre. — La fortune. — Il le remplit. — Oui, la fortune m'a été mauvaise et on ne peut pas dire cependant que je ne l'ai point courtisée; entre nous je l'ai même quelquefois violée, et la bégueule ne me l'a pas pardonné; elle n'est pas femme. Pourtant mon gendre aurait pu se montrer moins rigoriste, car ce n'est pas un nourrisson pour le prix Monthyon. On dit qu'il est l'amant en titre de la petite Boireau; ce qui est une sottise, si ce n'est pas plus. Il est mauvais qu'on se fasse connaître comme l'amant d'une femme à la mode. Et ma fille, ma chère fille, que dit-elle de cet abandon?

Il regarda Martel en pleine figure.

— Elle aime toujours son mari, répliqua celui-ci, qui comprit parfaitement ce regard.

— Vrai, elle doit être bien malheureuse alors. Voilà ce que c'est, monsieur, que de fouler aux pieds les lois de la nature; son père près d'elle elle eût été protégée. Quel secours, je vous le demande, pouvait lui venir de son grand-père?

— Il lui en est venu cependant, dit vertement Martel; et en quelques mots il raconta ce que M. Michon avait tenté.

En l'écoutant, M. de Keïrgomar secouait la tête, souriait doucement, haussait les épaules.

— Des coups d'épée dans l'eau, s'écria-t-il tout à coup en vidant son verre d'un trait. Le papa Michon était un vieux discoureur, un vieux noble qui entendait la vie comme j'entends la médecine. Ce n'est pas sur l'homme qu'on agit dans ces affaires, c'est sur la femme; si la rupture ne vient pas d'elle, rien de fait. Et sur une femme il y a mille moyens d'action. Si j'avais été là!

— Qu'auriez-vous fait? demanda Martel.

— Je ne sais pas; car je ne connais point le sujet. On parle d'elle de la façon la plus contradictoire. Pour les uns, elle est inoffensive, pour les autres irrésistible; on dit qu'elle est honnête, on dit aussi que c'est une voleuse. Comme je n'ai jamais eu intérêt à savoir le dessous des choses, je ne m'en suis pas mis en peine. Mais si j'avais été près de ma fille!

— Eh bien!

— Je l'aurais su et j'aurais agi dans le sens qu'il fallait; croyez-vous que mon cœur eût pu rester impassible pendant qu'elle souffrait?

— Décidément, pensa Martel, ce vieux chenapan parle du cœur comme un critique de Raphaël; mais il connaît toutes les rouéries parisiennes; tous les moyens lui seraient indifféremment bons; si on essayait.

— Pourquoi resteriez-vous impassible maintenant? dit-il tout haut, elle souffre encore.

— Ah! monsieur, est-ce qu'un homme réduit à l'état où vous me voyez, — il défit un bouton de sa redingote et montra sa poitrine nue sans linge et sans gilet, — est propre, propre à quelque chose, — il souligna son cynique jeu de mots, — un diplomate sans le costume, quelle pitié! Il me faudrait aller prendre mes lettres de créance chez le tailleur, le chemisier, le bottier; et vous le savez, je ne suis pas retour de Californie.

— J'ai un tailleur, dit Martel.

— Son nom? Pardonnez cette indiscrétion; mais j'en ai tant brûlé, que ce pourrait bien être du passé que vous auriez à répondre et non de l'avenir.

Martel dit un nom.

— Je ne le connais pas, reprit M. de Keïrgomar avec une évidente satisfaction; puis, tout de suite, il continua chaleureusement : Tenez, ce que vous me dites de ma fille me touche là, — il montra son cœur, — et ce qu'elle vient de faire pour moi — il flatta son billet de banque — m'entraîne. J'accepte votre tailleur. Dites à ma fille que j'essayerai de lui rendre son mari; c'est à son père de la défendre et de défendre sa fortune.

— Que comptez-vous faire?

— Étudier le terrain; dans huit jours mon plan sera fait.

— Voudrez-vous m'en avertir, dit Martel en se levant, je suis à mon atelier tous les jours jusqu'à quatre heures, et je serai heureux de vous y recevoir.

M. de Keïrgomar s'inclina et il sembla à Martel que ce n'était plus le même homme; mais presque aussitôt il le retrouva tel qu'il lui était apparu.

Il s'agissait de payer le carafon d'eau-dĕ-vie entièrement vidé; Martel, qui était l'invité, n'osait appeler le garçon, et M. de Keïrgomar ne l'appelait pas davantage.

Enfin, celui-ci trancha la difficulté.

— Est-ce qu'il vous déplairait, fit-il, de m'offrir aujourd'hui ce que je vous rendrai demain? je suis sorti sans argent.

Martel s'exécuta immédiatement.

— Vous pensez au billet de banque, dit M. de Keïrgomar qui remarqua en lui une certaine surprise au mot : sans argent; ah! jeune homme, que vous êtes jeune; intact il vaut un million, changé, moins que rien. Vous ne savez pas ce que je gagnerai à le faire voir.

IV

M. de Keïrgomar avait demandé huit jours pour étudier le terrain; mais on resta trois semaines sans entendre parler de lui autrement que par le tailleur qui avait reçu sa commande.

— Encore un espoir de perdu! dit Armande; mais, à vrai dire, je m'y attendais un peu. Ne vous reprochez donc pas de me l'avoir donné.

Puis tout de suite elle ajouta en rougissant :

— Je vous tiendrai compte de la note de votre tailleur.

Ils se trompaient : deux jours après cet entretien, M. de Keïrgomar entrait dans l'atelier de Martel.

La métamorphose était si complète qu'au premier coup d'œil celui-ci ne le reconnut pas.

Le misérable du boulevard Rochechouard, le magnétiseur de mademoiselle Idalie, le brigand de madame Filloleau, était devenu un bel homme, à l'apparence noble et résolue, marchant la tête haute, le regard assuré, la poitrine cambrée, le jarret souple et tendu, le pied serré dans de fines bottes à plis qui craquaient doucement.

— Eh bien, dit-il en jetant avec grâce sur un meuble le moelleux pardessus qu'il portait sur le bras, vous ne comptiez plus sur moi. C'est que ce que je vous avais promis n'était pas facile. C'est une fine mouche que notre Lina; vous vous en doutiez, vous allez le voir avec preuves à l'appui.

Il parlait en marchant dans l'atelier; arrivé devant un tableau qui venait d'être achevé, et qui, tout frais dans sa bordure neuve, était posé sur un chevalet, il s'arrêta.

— Très beau, dit-il, profond sentiment de la nature, de l'air, de la lumière, très simple et cependant très savant. Voilà une belle œuvre, monsieur.

Et il alla vers Martel pour lui serrer les mains. Celui-ci se laissa faire, il n'en revenait pas.

L'homme qui était là devant lui, dégagé dans sa tenue, si parfait dans ses manières et son langage, était-il celui qu'il avait vu quelques jours auparavant.

M. de Keïrgomar ne lui laissa pas long temps pour réfléchir.

— Je vais vous faire connaître Lina, dit-il en tirant son fauteuil de manière à bien voir le tableau qu'il venait de louer. Comme tant de femmes qui vivent de nos folies, ce n'est point une paysanne venue à Paris sans autre fond qu'un peu de beauté ou de fraîcheur, bête comme les oies qu'elle gardait, ignorante comme ce chien. Elle est née à Paris et elle a eu pour mère madame Boireau, célèbre il y a vingt ans sous le nom de Saint-Ursin. Du père nous ne parlerons pas, si vous voulez bien, pour ne point mêler la fantaisie à la vérité. Ainsi que ses trois sœurs elle a été élevée en vue d'être un jour une femme remarquable... dans l'industrie qu'elle exerce aujourd'hui j'entends. C'est à quinze ans qu'elle a débuté, d'abord à l'étranger, puis ensuite à Paris, ce qui lui a permis de faire plusieurs premiers débuts aussi lucratifs les uns que les autres, puisqu'ils étaient tous le premier. Après deux années de cette vie, un Américain l'affranchit, moyennant dix mille dollars, de la tutelle de sa mère. Pendant dix-huit mois nous la perdons de vue. C'est à Paris que nous la retrouvons tout à fait lancée. Mais, au lieu de suivre le chemin parcouru par deux de ses sœurs qui ont amassé chacune de cinq à six cent mille francs, l'enfant est prise de l'envie d'être comédienne. Peut-être ce goût était-il un héritage de ce père dont nous n'avons point parlé; n'insistons pas. Quoi qu'il en soit, l'amour du théâtre la conduit à l'amour du comédien. Elle devient la maîtresse d'un cabotin de dernier ordre. Tendresse extravagante; bonheur dans une chaumière; misère dans la susdite. Querelles, Monsieur, peu délicat, bat Madame; vous voyez ça. Elle plante là l'idole de son cœur et rentre dans le monde, guérie de son amour, mais non de sa vocation. Ce qui fait qu'elle remplace le comédien par le journaliste. Liénard règne bientôt; il est détrôné par mon gendre. Cette simple carcasse n'a pas la prétention d'être une histoire vivante et colorée, mais elle vous permet sans doute de vous faire une idée du personnage principal dans l'action qui va s'engager. Or, ce personnage est complexe, composé de forces et de faiblesses. Les forces : éducation supérieure et expérience. Les faiblesses : levain d'indépendance et vocation. Encore, pour la vocation, avons-nous la mauvaise chance que dans mon gendre se rencontre précisément celui qui peut la servir, puisqu'il tient au théâtre. Autre chance contre nous encore et la plus puissante, — amour.

Martel fit un geste de doute.

— J'ai dit amour, reprit M. de Keïrgomar, et j'ai bien dit, amour partagé. L'amour de mon gendre pour Lina, vous n'en doutez point; l'amour de Lina pour lui est aussi certain. Notez, je vous prie, que je ne parle pas de fidélité. Si une fidélité absolue prouve quelque chose, une infidélité, plusieurs mêmes, ne prouvent rien. Dans ce monde, vous le savez comme moi, on trompe son amant et on l'adore : voilà bien des choses contre nous ; pourtant ce n'est pas tout. Lina aime, ce qui est beaucoup ; elle sait aimer, ce qui est plus encore. C'est ici que je vous prie de me prêter votre attention; nous entrons dans le vif de la nature du sujet, et franchement ces renseignements ont été assez difficiles à obtenir pour que vous me pardonniez de les faire valoir.

Cet avis était inutile; sous cette parole claire et brutale, Martel n'avait point de distraction.

— Lina, reprit M. de Keïrgomar, n'appartient point à ce genre de femmes qui se croient très habiles quand elles ont fait accroire à leurs amants qu'ils sont aimés, — elle persuade aux siens qu'ils aiment. Veuillez noter la distinction. Je suis aimé, cela flatte peut-être mon amour-propre. J'aime, cela flatte mon cœur, me rehausse à mes propres yeux, me dispose à la générosité, me rend indulgent et tendre, surtout si, comme mon gendre, perdant les vertus de la jeunesse, j'arrive à l'âge où l'égoïsme nous envahit. L'amant de Lina aime, il le sent; il est aimé, il en a la preuve. Sera-t-il heureux? Oui, car si elle n'a pas une grande beauté, elle a quelque chose de plus puissant, l'habileté, une habileté réelle à manier toutes les ficelles qui agissent sur un homme. Vous avez eu, n'est-ce pas, des maîtresses de ce monde! et dans presque toutes vous avez dû trouver de ces femmes passives après lesquelles on court lorsqu'on est mordu par des désirs que provoquent leur beauté ou leur réputation, mais auprès desquelles on ne retourne pas lorsque ces désirs sont éteints, ce qui se produit bien vite. Lina, par elle-même, inspire le désir, elle le fait naître, elle le fait renaître surtout. Lorsqu'elle tient un homme, elle ne le lâche pas ou plutôt c'est lui qui ne la lâche point. Un de ses amants me disait qu'il en était devenu amoureux sans l'avoir vue, et seulement par ce qu'un de ses amis, amant en titre alors, lui racontait d'elle chaque jour.

Sa langue s'étant un peu embarrassée, Martel ouvrit une armoire et en tira un flacon de rhum et deux grands verres de Venise. M. de Keïrgomar ne se fit pas prier. Il emplit lui-même son verre jusqu'au bord et le vida d'un trait. Ses yeux lançaient des lueurs rouges et sa main tremblait; ce n'était plus le gentilhomme qui venait de faire ce récit, c'était l'aventurier de la cité Fénelon.

— Vous avez là, dit-il, un flacon qui serait mon ami.

Puis, s'étant renversé sur son fauteuil, il reprit l'entretien :

— Nous voici donc, dit-il, en présence d'une situation esquissée, avec les moyens de défense de nos adversaires assez fidèlement inventoriés. Nous, quels sont nos moyens d'attaque ? 1° prouver à mon gendre que sa maîtresse le trompe ; peut-être serait-ce possible ; mais, pour les raisons déjà données sur l'infidélité, ce serait probablement inefficace ; 2° prouver à Lina que mon gendre sera bientôt ruiné ; plus facile encore ; mais elle pourrait très bien prendre un amant en titre pour son pot-au-feu, garder M. Berthauld pour son cœur, et, après quelques tiraillements, ça recommencerait aussi solide que par le passé ; 3° enfin, faire en sorte que mon gendre abandonne tout à fait ma fille et aille vivre chez sa maîtresse. Ce qui pour moi est infaillible, attendu que ces ménages-là ne durent jamais et qu'on en sort guéri pour toujours.

— Jamais madame Berthauld, s'écria Martel, ne consentira à pareil remède ! il serait pire que le mal, et d'ailleurs, en attendant un bonheur problématique, nous aurions un malheur certain.

— Je n'insiste pas ; offrez-moi mieux ; j'écoute.

Et, pour écouter tout à son aise, il se versa un verre de rhum, qu'il dégusta lentement.

Après cinq ou six minutes de silence, voyant que Martel ne disait rien, il reprit :

— Vous ne trouvez point, n'est-ce pas ? N'en soyez ni surpris ni humilié, la situation est délicate, et de plus roués que nous s'y sont embourbés. C'est qu'il n'est pas facile de rompre ces liaisons ; nous n'avons plus les bonnes lettres de cachet de l'ancien régime ; on n'embarque plus aujourd'hui les Manon pour l'Amérique.

— Ainsi, vous renoncez?

— Moi, monsieur, je ne renonce jamais, je n'ai même pas encore renoncé à faire fortune. Et puisque vous repoussez mon principal moyen d'attaque, je vous propose de recourir à tous ceux que je viens de vous énumérer : c'est-à-dire de prouver à mon gendre que Lina le trompe ; et, en attendant, de resserrer le lien qui les joint, de telle sorte, que trop tendu, il se brise plus facilement. Mais pour cela j'ai besoin de votre aide et d'argent.

— Je suis à votre disposition.

M. de Keïrgomar s'inclina en signe de remercîment, et continua :

— Par ce que je vous ai dit jusqu'ici, vous avez pu voir que j'avais obtenu bien des renseignements sur Lina; mais presque tous, je n'ai pas besoin de vous le faire observer, se rapportent au passé, très peu au présent. Or, c'est le présent qu'il nous faut maintenant, puisque nous voulons prouver à M. Berthauld qu'il est trompé, ce que nous ne savons pas, à vrai dire, et ce que nous devons commencer à découvrir avec preuves à l'appui. Dans mon enquête, je me suis beaucoup servi de la femme de confiance de Lina, une madame Amédée, que je voudrais vous faire connaître, si nous en avions le temps. Cette vieille servante du diable aime jusqu'à la passion la flatterie et les liqueurs fortes; deux petits défauts qui peuvent mener loin, lorsqu'on a affaire à quelqu'un qui sait interroger et écouter. Aussi, grâce à une abondante consommation d'alcool et de compliments, lui a-t-il échappé une foule de petits détails, futiles, en apparence, mais qui, groupés, ont une réelle valeur. Un cheveu, vous le savez, lorsqu'il est adroitement tiré, vous livre souvent la tête. C'est ainsi que j'ai constaté entre Lina et madame Jourd'heuil des relations suivies, et madame Jourd'heuil sera, je l'espère, notre cheveu; vous devez la connaître.

Martel avoua qu'il n'avait point cet honneur.

— Allons, dit M. de Keïrgomar, avec un allié comme vous, il faut à chaque mot modifier son plan. Que les artistes sont donc ignorants! Madame Jourd'heuil, mon cher monsieur, est la Providence du monde galant. Sage-femme, marchande à la toilette et banquière, c'est elle qui loue presque tous les bijoux et les billets de banque dont...

— Hein! dit Martel, qu'est-ce que c'est que cette industrie?

— Ah çà! mais, dit M. de Keïrgomar avec une nuance de pitié et de bonhomie, vous avez donc passé votre vie à travailler? Enfin, ouvrons une nouvelle parenthèse, car, pour le rôle que je vous destine, il faut que vous connaissiez cette industrie. Vous n'avez que quelques louis dans votre poche, et vous allez dans une réunion où l'on joue et où il est de votre intérêt ou de votre vanité de faire figure; vous louez quelques billets de banque, que vous étalez devant vous; vous ne risquez que vos deux ou trois louis, et vous acquérez bien vite la réputation d'un garçon riche, mais prudent, la meilleure de toutes les réputations. Un billet de mille francs se loue cinquante francs par mois ou dix francs par soirée; une bague de cinq cents francs se loue trente francs par mois; une montre trente francs; une parure en diamants ou en pierres vraies, selon sa valeur. Madame Jourd'heuil ne centralise pas ce commerce, mais elle le pratique sur une large échelle; elle est commissionnaire pour les objets dont elle n'est pas propriétaire. Trop connu d'elle pour en rien attendre moi-même, je compte sur vous pour me remplacer. Je vais vous y con-

Un grand vieux monsieur lui avait donné un beau mouton à roulettes (p. 454).

H. MALOT. — VICTIMES D'AMOUR.

duire, si vous voulez bien ; vous louerez une bague ou mieux un billet de mille francs, car vous n'êtes pas un homme à porter des bijoux. Une fois en relations d'affaires, vous tirerez d'elle tout ce que vous pourrez sur Lina. Au point où nous en sommes, un mot peut nous apprendre bien des choses, et si la mère Jourd'heuil veut parler, elle en sait assez long pour nous tirer d'embarras. Seulement parlera-t-elle ? Là est toute la question. Au reste, lors même qu'elle ne dirait rien, c'est mettre la chance de notre côté que de la connaître ; car il peut être de son intérêt de remplacer M. Berthauld par un autre, de tenir Lina dans une gêne passagère ; enfin, mille combinaisons qu'on ne peut pas prévoir au juste, et qu'il faut tâter.

— Allons-y tout de suite.

— Non, nous ne la trouverons que ce soir.

Il était l'heure de dîner. M. de Keïrgomar se fit inviter par Martel, et à table il prouva qu'il s'entendait à organiser un menu au moins aussi bien qu'une intrigue.

V

Madame Jourd'heuil n'était point encore rentrée lorsqu'ils arrivèrent chez elle ; on l'attendait d'un moment à l'autre.

On les introduisit dans un salon assez grand, garni de meubles neufs, de tentures magnifiques ; mille objets de fantaisie. Un salon de marchand de curiosités. Et de fait c'en était un ; chacun de ces meubles et de ces objets était exposé là pour tenter les clientes qui n'avaient pas peur d'acheter à crédit et à terme.

Il y avait à peine cinq minutes qu'ils étaient assis lorsqu'ils entendirent dans l'entrée une voix de femme jeune et fraîche, mais tremblante de précipitation.

— Pas encore rentrée ? disait cette voix.

— Non, répondit la bonne ; voulez-vous attendre ?

— C'est impossible je n'ai qu'une minute. Dites-lui que, n'importe comment, il me faut, ce soir, ma parure de diamants. Dites-lui que mon mari me la demande. On la rapportera comme si elle était rendue par le bijoutier. Je payerai tous les dédits de location qu'elle voudra. N'oubliez pas, ce soir, de chez le bijoutier,

Et la porte se referma.

— Pourquoi cette femme du vrai monde loue-t-elle ses diamants ? dit tout bas M. de Keïrgomar ? que fait-elle de l'argent qu'elle en tire ? Est-ce pour habiller les enfants de la crèche de sa paroisse ou bien pour payer les dettes de quelque amant pauvre? Vrai, la vie est curieuse à étudier.

— Triste, dit Martel.

— Ou gaie, reprit M. de Keïrgomar, selon le tempérament de celui qui regarde.

Cette conversation, qui menaçait de devenir philosophique, fut interrompue par un violent coup de sonnette. Presque aussitôt entra dans le salon un jeune homme de vingt à vingt-deux ans, vêtu à la dernière mode, et portant très ostensiblement sur sa cravate de satin bleu de roi une large fleur-de-lis en argent.

M. de Keïrgomar se leva et alla au-devant de lui :

— Mon cher monsieur de Plouha, dit-il en lui tendant la main, enchanté de vous voir; cependant je regrette que ce soit ici.

Le jeune homme accueillit assez mal ces avances, soit qu'il n'eût point une grande considération pour celui qui les lui faisait, soit qu'il fût honteux d'être rencontré en pareil lieu.

Mais, après être resté assez longtemps silencieux, il s'approcha de M. de Keïrgomar qui avait repris son entretien avec Martel.

— Pardonnez-moi de vous interrompre, dit-il à celui-ci avec une exquise politesse.

Puis, se tournant vers M. de Keïrgomar, et d'un ton qui veut garder les distances :

— Vous avez des relations avec madame Jourd'heui? dit-il.

— Assurément.

— De l'influence sur elle, sans doute?

M. de Keïrgomar fit un geste qu'on devait interpréter comme une affirmation.

— Alors, continua M. de Plouha, vous pouvez me rendre un grand service, que je saurai reconnaître. Voici de quoi il s'agit.

Mais, avant de commencer, il s'adressa à Martel.

— Excusez-moi, dit-il, si je vous ennuie de mes affaires, mais c'est un peu ici comme chez un médecin spécialiste où l'on se raconte le mal dont on souffre, pour passer le temps. Il y a six mois, aux courses de Dinan, j'ai perdu en plus de ce que j'avais une somme de dix mille francs. Un de mes amis, que vous devez connaître; — il se tourna vers M. de Keïrgomar — de Kersingery, m'a mis en relation avec madame Jourd'heui qui l'avait plus d'une fois obligé. Sur un billet de seize mille francs à six mois, j'ai eu mes dix milles francs. Ce billet arrive à échéance demain à midi, et je n'ai pas les fonds. Mais, ce qu'il y a de plus terrible, c'est qu'il est payable au domicile de mon père. C'est là une rouerie de cette infernale madame Jourd'heuil pour être certaine d'être payée deux jours avant l'échéance et n'avoir jamais de frais à faire. On nous impose notre vrai domicile qui est le domicile paternel, et où vous comprenez bien que nous ne pouvons pas laisser présenter le billet. C'est là mon cas ; Carbans, qui est l'escompteur, a envoyé le billet à son huissier de Lamballe, et si demain il n'avertit pas l'huissier par une dépêche télégraphique que les fonds sont à sa disposition, le billet sera présenté chez mon père; c'est-à-dire que je serai déshérité, et qu'en plus j'aurai désolé ma famille. Pouvez-vous décider madame Jourd'heuil à renouveler le billet en l'augmentant de deux, trois, quatre mille francs s'il le faut ; je suis sûr d'avoir les fonds. Dites-lui bien que si elle n'y consent pas, mon père ne payera point sans résistance, qu'il y aura procès, que nous prouverons l'usure; car j'ai des lettres, Kersingery aussi, et deux ou trois autres de nos amis.

M. de Keïrgomar resta quelques instants sans répondre. Enfin il se décida.

— Je ne peux pas beaucoup sur madame Jourd'heuil, dit-il, et je ne tenterai rien ; mais je crois pouvoir vous répondre de Carbans, que je connais et qui est le vrai maître du billet.

— Le temps presse, dit M. de Plouha, qui respira comme s'il revenait sur l'eau après un terrible plongeon.

— Allons tout de suite chez Carbans, dit M. de Keïrgomar.

Et il fit signe à Martel pour que celui-ci les accompagnât.

— Nous reviendrons tantôt, dit-il à la bonne.

Lorsqu'ils furent dans la rue, Martel, stupéfait de cette prompte détermination, le prit à part.

— Eh bien, dit-il, est-ce que notre affaire ne presse pas autant que celle de ce bambin ?

— Ce bambin, répondit M. de Keïrgomar, va peut-être nous faire réussir. Carbans est mon ami, mon ancien associé ; à nous deux nous allons voir ces preuves d'usure dont il nous a parlé, et, si elles sont ce qu'il dit, au lieu de venir en suppliants auprès de la mère Jourd'heuil, nous y viendrons en maîtres, et bon gré, mal gré, nous la ferons parler. Notre plan est modifié, comme l'est celui d'un général qui, n'ayant que dix mille hommes, reçoit un secours de cent mille combattants. Je vais chez Carbans. J'irai chez vous demain.

VI

Ce fut seulement quatre jours après cette soirée que Martel le revit.

— Allons, dit-il en entrant, adressez-moi vos félicitations : depuis une heure mon gendre a été congédié par sa maîtresse, et ils ne se reverront pas, je vous l'assure.

Et, content de l'effet qu'il venait de produire, il se laissa aller à la renverse dans un fauteuil.

Après avoir joui quelques instants de l'étonnement de Martel, il continua:

— Les preuves d'usure qu'offrait le bambin étaient bonnes ; mais ce n'était rien. Devinez à l'ordre de qui était souscrit le billet qui causait son tourment. Allons. Vous n'y êtes point, n'est-ce pas ? A l'ordre de mademoiselle Amélina Boireau, propriétaire et rentière. Au lieu de tenir seulement la chanterelle, c'était notre gibier qui nous tombait tout plumé. Tout plumé n'est pas le mot, mais il l'a été depuis. Trop de son époque pour ne point faire d'affaires, Lina était trop maline pour se risquer à la Bourse, où d'ailleurs on gagne bien peu, et d'un fonds de roulement de cinquante mille francs à peu près, elle tirait par l'intermédiaire de la mère Jourd'heuil un intérêt de quatre à cinq cents pour cent par an. Non seulement notre bambin était son débiteur, mais Kersingery aussi et huit ou dix de ces jeunes gandins de province qui viennent chaque année passer quelques mois à Paris, et y vivent pendant les vacances sur le pied de trois ou quatre cent mille livres de rente, pendant que papa et maman mangent des pommes de terre dans le castel délabré. Vous voyez que Lina faisait d'assez bons bénéfices; par malheur elle côtoyait la police correctionnelle si, un beau jour, l'on pouvait obtenir des preuves de son commerce. Le hasard a voulu que Carbans fût mon ami en même temps que l'escompteur de la mère Jourd'heuil, si bien qu'avec ce qu'il avait, réuni à ce que m'ont fourni nos petits Bretons, je tenais Lina dans ma main. Une transaction, dans le détail de laquelle il est inutile que j'entre, est intervenue entre nous, et par dessus le marché, il a été solennellement promis que mon gendre serait congédié. Et, ce qu'il y a de très joli, c'est qu'il ne saura jamais quelle reconnaissance il me doit, car Lina ne pourrait parler qu'en avouant la vérité entière, ce qu'elle ne fera pas, d'abord parce qu'elle tient à l'estime de son ancien amant qui la croit pauvre, puis aussi parce qu'elle sait que cela me contrarierait, ce qu'elle évitera avec soin maintenant qu'elle me connaît et sait ce que je vaux.

Quelle était cette petite transaction, c'est ce que Martel ne comprenait pas ; mais le mot « par-dessus le marché, » lui fit flairer quelque chantage et l'empêcha de demander des explications. Le vrai, c'est que M. de Keïrgomar et Carbans, associés pour ce beau coup, avaient, sous la menace de la police correctionnelle, extorqué à Lina une trentaine de mille francs, c'est-à-dire le montant des intérêts usuraires des billets qu'ils avaient entre les mains.

— Voilà, continua M. de Keïrgomar, comment j'ai eu le bonheur de servir ma chère fille. Qu'elle le sache ou l'ignore, je n'en serai pas moins heureux. C'est dans son propre cœur qu'on trouve la récompense du peu de bien qu'on a fait.

Sur cette grande parole il se leva et fit un tour par l'atelier, regardant les études accrochées aux murs. Arrivé devant une petite esquisse qui représentait une enfant de deux ans, il s'arrêta.

— La charmante enfant ! dit-il, quelle tête ravissante ! c'est un portrait ?

— Celui de votre petite fille, dit Martel.

— C'est vrai, il me semblait trouver une ressemblance avec Armande, lorsqu'elle était enfant. Est-ce qu'elle est aussi jolie que vous l'avez faite ? A-t-elle la gentillesse, la gaieté douce que vous lui avez données ?

— Pourquoi ne la verriez-vous pas ? dit Martel touché de cette émotion qu'il sentait vraie.

— Ah ! non, je ne veux pas aller chez mon gendre.

— Mais, sans y aller, vous pourriez voir Victorine ; elle va tous les jours aux Tuileries par les Champs-Élysées.

— Oui, dit-il vivement, je la verrai.

Mais presque aussitôt il ajouta :

— Non, j'aime mieux qu'elle ne connaisse point son grand-père.

— Eh bien, dit Martel, acceptez cette esquisse.

Et, décrochant la toile, il la mit presque de force sous le bras de M. de Keïrgomar.

A quelques jours de là, Victorine raconta qu'un grand vieux monsieur l'avait embrassée aux Tuileries et lui avait donné des gâteaux et un beau mouton à roulettes.

On lui fit faire le portrait du beau grand vieux monsieur.

Armande reconnut son père.

— Allons, se dit Martel, dans un cœur si bourbeux qu'il soit il y a toujours une fleur qui surnage.

CHAPITRE X

ÉVOLUTION. — RÉVOLUTION.

I

Avec sa facilité ordinaire à se confesser, Maurice avoua à sa femme la vérité complète quant à leur situation financière.

Dans un besoin pressant d'argent, pour liquider ses vieilles dettes, il avait dû engager les rentes ; sur ce qu'il avait emprunté il lui restait deux mille six cents francs. Ce serait un fonds de réserve. Il travaillerait pour qu'on n'y recourût qu'à la dernière extrémité. Un éditeur lui demandait une romance par semaine, qui serait payée cinquante francs chaque, et cela pendant un an. Au journal, il pouvait se faire soixante-quinze francs par numéro. C'était une recette assurée de cinq cents francs par mois : le nécessaire pour la maison. Il achèverait un opéra en un acte, qui était en train, et qui, assurément, serait mis à l'étude aussitôt fini, car maintenant il était quelqu'un.

Tout cela fut débité avec cette franchise et ces regrets qui rendent ces caractères d'autant plus dangereux et d'autant plus séduisants, qu'au moment où ils parlent ils se croient eux-mêmes.

Mais Armande ne se laissa pas plus convaincre de la sincérité des dettes anciennes qu'elle ne se laissa éblouir par le mirage des projets.

Les précautions si sages de son grand-père avaient été facilement éludées, elles pourraient l'être encore. Elle en avait déjà bien entendu, des projets splendides et assurés, et elle en avait bien peu vu non pas se réaliser, mais seulement se poursuivre !

— Ce n'est pas quatre ou cinq cents francs par mois qu'il nous faut, dit-elle, pour vivre comme nous avons vécu jusqu'ici, c'est mille ou douze cents francs.

A ses yeux, ce qu'il y avait de plus urgent, c'était une réforme complète;

on quittait la rue de Chaillot, qui coûtait cher ; on vendait les meubles de luxe ; on renverrait les deux bonnes ; on se casait dans un petit logement où elle ferait tout elle-même.

— Un pareil changement n'est possible ni pour nos habitudes, ni pour notre position, dit-il ; avec des économies nous arriverons ; et s'il faut faire quelques petites dettes, mon opéra les payera.

Elle ne voulut point que, rentrant dans la vie de famille, il y fût tout d'abord accueilli par des paroles de contradiction. Elle céda. Si, après quelques mois, elle était débordée, ce ne serait point elle qui parlerait, ce serait l'évidence.

C'était une épreuve à tenter pour la vie matérielle.

C'en était une aussi pour la vie morale.

Les premières fois il était revenu sincère dans ses regrets comme dans ses promesses, et elle s'était livrée pleine d'espérance. Aujourd'hui il ne revenait point poussé par son propre mouvement, mais ramené par une intervention étrangère et par la nécessité.

A qui la faute si, dans son cœur, elle ne trouva plus que des sentiments raisonnants et raisonnables ?

II

Il voulait travailler.

— Au moins je vais pouvoir me remettre au travail, avait été pour lui son premier mot, lorsque Lina lui avait fermé la porte sur le dos.

C'était pour lui une compensation, une réparation, une idée fixe qui l'obsédait comme un besoin et un remords.

Mais il en est du travail comme du cloître, de qui il a été si justement dit « qu'il ne devient doux qu'à continuer ». Quand l'artiste a perdu l'habitude de la production quotidienne, il ne lui suffit pas de vouloir pour pouvoir. Facilité est synonyme de continuité pour le cerveau. Qu'on le laisse se reposer ou vagabonder, et quand, par hasard, on essaiera de lui imposer une tâche régulière, il se refusera à notre volonté. On aura alors à traverser ces cruelles journées où, suant d'impatience, défaillant d'inquiétude, doutant de soi, l'on se demande si l'on est épuisé, si l'on ne pourra plus rien faire, si l'enfantement aura désormais ces lenteurs et ces douleurs.

Maurice avait toujours été paresseux comme un prince, il s'était donc, bien souvent dans sa vie, trouvé en présence de ces difficultés d'exécution dont il avait toujours triomphé plus ou moins péniblement ; mais cette fois

Maurice rôdant autour des filles qui battent le trottoir. (p. 459).

H. MALOT. — VICTIMES D'AMOUR.

il lui fallut reconnaître qu'il était incapable de rien formuler ; sa tête était pleine d'idées à ce qu'il lui semblait; seulement elles s'envolaient ou se réduisaient à rien, lorsque de l'à-peu-près toujours suffisant pour la rêverie ou l'imagination, il fallait les amener à ce point réel et précis où l'exécution peut les prendre et leur donner un corps.

C'est qu'en même temps qu'il avait perdu la salutaire habitude du travail. Il avait pris en échange celle du plaisir. Tout pour lui s'était, depuis quelques années, réuni dans deux mots : Rêver et jouir. Or, ce n'est point impunément qu'on se propose ou qu'on accepte un pareil but, surtout si la femme à laquelle on se livre abaisse au lieu d'élever, si c'est Lina et non Armande qu'on aime. Une fois déjà il avait éprouvé quelle influence peut avoir sur la vie la corruption d'une maîtresse, et par bonheur les joies du mariage et de la famille s'étaient trouvées là à point pour le sauver. Aujourd'hui, atteint par le dessèchement du cœur, envahi par une sentimalité malsaine, dominé par une sensualité exigeante, amoindri dans sa dignité et sa liberté, devenu pour ainsi dire un second exemplaire de sa dernière maîtresse, il sentait parfaitement que ce n'était plus à ces joies qu'il pouvait recourir, mais au travail et à l'ambition.

Il le sentait, il ne le put pas; car précisément ce qu'il pouvait le moins c'était fermement vouloir : les qualités qu'on reçoit de la nature il les avait reçues presque toutes; celles qu'on doit acquérir soi-même par un effort constant, il ne les avait point acquises.

Quelques jours de cette réclusion si douloureuse dans sa stérilité, amenèrent le découragement. Au lieu de s'obstiner, de travailler quand même, quitte à brûler plus tard ce qu'il aurait fait de mauvais en violentant l'inspiration, il prononça le grand mot des paresseux :

— Décidément, je ne suis pas entrain, dit-il à sa femme; je vais flâner, ça me viendra peut-être en prenant l'air.

A ce régime, ça ne vint ni le lendemain, ni le surlendemain, ni les jours suivants. Cependant, quoique le remède n'agît guère, il n'essaya point de le changer. Douce à commencer, douce à continuer, la flânerie n'est dure qu'à interrompre.

Chaque matin il faisait, en fumant, quelques tours dans son jardinet, puis, après avoir bien constaté que l'inspiration n'était pas venue, il déjeunait copieusement avec sa femme et sa fille, pour lesquelles il n'avait que de bonnes paroles; après déjeuner, il partait.

Il s'en allait à petits pas par les Champs-Élysées, baguenaudant le nez en l'air, les mains dans les poches, le cigare aux lèvres. Sur le boulevard il s'arrêtait à son café, et lisait les journaux en avalant deux ou trois petits verres. Puis il allait causer des scandales de la veille et des nouvelles du jour au bureau du journal, où il était toujours certain de rencontrer non Liénard qui, devenu un homme occupé, n'avait pas de temps à perdre, mais quelque flâneur comme lui ou bien quelques-uns de ces gens qui, sans avoir jamais écrit une ligne, sont connus dans toutes les boutiques de papier noirci, et y ont affaire. Il gagnait ainsi l'heure de la bourse. Cette heure n'avait point pour lui d'importance financière, mais elle en avait d'autre sorte. C'est le moment, en effet, où les femmes du monde galant n'ont rien à faire ni rien à craindre; ceux qui ont le droit de leur parler en maître étant occupés à gagner ce droit, rue Vivienne. Il s'adressait tantôt à l'une, tantôt à l'autre de celles qu'il avait connues, et chez presque toutes il était bien reçu. Il était ruiné, cela était vrai ; mais il s'était bien ruiné, et l'on avait pour lui les égards que des conscrits ont pour un invalide. Il se présentait quand, le déjeuner étant fini, la toilette n'est pas encore commencée; il était jeune, beau garçon, complaisant, discret, et souvent on trouvait au fond de ses poches quelques coupons de loge. Ces visites faites il revenait au boulevard, et jusqu'à l'heure de l'absinthe il traînait sa canne sur le trottoir compris entre les rues Drouot et de la Chaussée-d'Antin. Après dîner jusqu'au moment où l'on éteint le gaz dans les restaurants et les cafés, on était certain de le trouver sur ce morceau d'asphalte, ou à son café. C'étaient les heures les mieux remplies de sa journée que celles qu'il passait au milieu des femmes qui tiennent là leur petite Bourse. Il les connaissait, et à suivre leurs manœuvres il trouvait autant de plaisir qu'un sportman peut en prendre chez Tattersall à voir trotter des chevaux en vente. Vers une heure ou deux du matin, Armande, qui ne restait plus levée, mais qui cependant ne s'endormait pas avant son retour, l'entendait rentrer : plus d'une fois il lui sembla qu'il ne trouvait point les marches et qu'il trébuchait.

Ces occupations si diverses devinrent en peu de temps une règle de conduite à laquelle il ne manquait qu'un jour par semaine, le mardi. Ce jour-là, à Paris il préférait Saint-Cloud, où cinq ou six de ses amis s'étaient réunis en phalanstère, sous prétexte de travailler plus librement, mais en réalité pour ne payer que dix sous au lieu de seize, les nombreux litres qu'ils consommaient. Il y était venu la première fois par hasard, un jour qu'étant sorti pour tâcher de travailler dans le bois de Boulogne, il n'avait point tardé à s'ennuyer ; la seconde il y était retourné parce qu'il s'y était bien trouvé la première ; la troisième parce qu'il y était revenu la seconde. C'était ce qu'il appelait se mettre au vert, et Martel aux petits verres.

A quelques observations que celui-ci lui fit sur ce genre de vie, il se contenta de répondre en riant :

— Les pieds dans le fumier et la tête dans le ciel, c'est ainsi que vivent les arbres qui produisent les plus belles récoltes.

— Laisse donc, lui répondit tristement celui-ci, dans la pourriture on pourrit soi-même, voilà tout. D'ailleurs, s'il est certain que tes pieds sont dans la fange, je ne vois nullement que ta tête soit dans le ciel.

A sa femme, qui, elle aussi, essaya une timide interrogation, il se contenta de répondre que c'était dans ce monde où il allait qu'il trouvait les matériaux de sa chronique. Aimait-elle mieux qu'il ne fit rien? Il était à la prose, la musique viendrait plus tard. Au lieu d'une romance, il en ferait deux par semaine; et son opéra ne demanderait pas plus d'un mois de travail quand il serait bien disposé.

Elle se tut, car cette chronique, au moins, il l'avait jusqu'à ce jour régulièrement livrée; et elle avait du succès. Comme tous ceux qui ne se font point critiques par vocation, pour dire leur pensée, pour maintenir haut tout ce qu'ils croient les règles du devoir ou du beau, mais qui le deviennent par insuccès, impuissance ou paresse, il apportait dans la discussion une brutalité de forme qui réveillait l'attention du public blasé. De tous ceux de qui il n'avait pu être le rival il parlait avec une hauteur dédaigneuse; et quand il consentait à louer, c'était avec une sorte de pitié bienveillante : ça n'est pas mal, semblait-il dire, mais ce n'était guère difficile, et, dans tous les cas, on pourrait faire mieux si l'on voulait.

Si l'on voulait était son grand mot. C'était son excuse aussi bien que son espérance ; par malheur, il ne voulait et ne voulut point.

III

Six mois de cette vie achevèrent d'éclairer Armande et de lui montrer son mari tel qu'il était.

Lorsqu'elle vit les promesses oubliées, les projets ajournés, les regrets évanouis; lorsqu'il lui fût bien démontré que demain serait ce qu'était aujourd'hui, qui lui-même était ce qu'avait été hier, l'évidence entra de force dans ses yeux, qui s'ouvrirent, et dans son cœur, qui se ferma.

Elle voulut repousser cette étreinte, échapper à cette lumière ; car ce n'est point sans lutter qu'on renonce à sa foi, — foi dans le Dieu qu'on adorait, aussi bien que dans l'homme qu'on aimait, — comme ce n'est point sans épouvante qu'on voit approcher le moment où se fera la nuit froide et noire qui suit la disparition de toute croyance.

Aux qualités qu'elle avait cru autrefois trouver en lui, elle tâcha de se cramponner ; mais toutes, les unes après les autres, lorsqu'elle y porta et appuya fortement la main, fondirent comme si elles eussent été de neige.

Il fallut bien alors qu'elle condamnât ce mari qu'elle avait tant aimé.

Et elle le fit d'autant plus sévèrement qu'elle le jugeait de haut ; car, à mesure qu'il avait descendu, elle avait monté. Elle avait été mère, et qui forme le cœur d'un enfant forme le sien en même temps. Qui élève, s'élève. Elle avait souffert, et sur son âme les coups du malheur avaient frappé, comme sur une barre de fer les coups du forgeron pour en chasser toutes les scories.

Sans doute ce ne fut point en paroles qu'elle formula ce jugement; elle ne se dit pas : Mon mari a déchu, son caractère s'est abaissé, son cœur s'est endurci. Mais en ces choses ce n'est pas le raisonnement qui éclaire et convainct, c'est le sentiment. Ce fut lorsqu'elle eut à faire appel à ce cœur qu'elle le sentit amoindri, ce fut dans les choses intimes de chaque jour qu'elle sentit que ce caractère n'avait plus la droiture et la générosité qu'elle lui avait connues. Déceptions autrement pénibles que celles auxquelles elle serait lentement arrivée de déductions en déductions.

Un homme d'ailleurs était auprès d'elle qui, par la comparaison, les rendait plus douloureuses encore, Martel.

La vie ne s'était pas offerte à lui riante et facile ; il l'avait commencée sans parents, sans amis, sans éducation, sans fortune. Et cependant son nom était pour tous synonyme de droiture et d'honnêteté; dans sa route, qu'il avait escaladée marche à marche, personne n'avait noté une bassesse ou une faiblesse; amis et adversaires l'estimaient également. Et ce qui, sur une femme, était plus puissant que ces qualités de l'artiste, c'est que, tandis que Maurice, pourtant si favorisé en toutes choses, en était arrivé à ne plus croire à rien, attaquant d'un scepticisme chagrin ce qu'elle avait toujours révéré et servi, jetant une indifférente indulgence sur ce qu'elle avait toujours condamné ; — Martel était sorti de la mêlée meilleur qu'il n'y était entré, n'ayant rien perdu de sa jeunesse, s'étant convaincu de sa force : entier dans ses sévérités, passionné dans ses amitiés, tendre à la souffrance, facile à la confiance et à l'enthousiasme.

Lorsque, frappée de ce contraste, qui chaque jour allait s'accentuant, elle en laissa échapper un mot, Maurice ne fit que rire de son observation.

— Décidément, dit-il, tu te mets Martel en tête; heureusement que je n'en suis et n'en serai jamais jaloux; un paysan du Danube, un glaçon qui ferait prendre la Seine rien qu'en la regardant.

IV

Tout en venant assez souvent à Chaillot, Martel n'y dînait plus que très rarement, trouvant toujours des prétextes pour refuser.

Un soir qu'il avait été obligé d'accepter, Maurice arriva en retard et de fort maussade humeur. La journée avait été mauvaise pour lui; il avait trouvé une petite dame dont il se croyait le préféré, dans un tête-à-tête trop peu vêtu, avec un jeune coiffeur; et à son café, après dix-huit parties de bezigue, il s'était fait mettre sur le dos dix chopes et seize absinthes. Le dîner fut loin de lui rendre la gaîté.

C'était un dîner convenable, mais aussi simple que possible : le poisson était petit, le poulet maigre, le vin avait été acheté chez le marchand du coin.

— Hein! dit Maurice, voilà qui rappelle nos dîners de chez Chabannas; seize sous, vin compris, seulement les portions étaient plus fortes qu'ici.

On avait coutume de prendre le café dans le salon; ce soir-là on apporta les tasses sur la table.

— Pourquoi ce changement? demanda-t-il.

Armande ne répondit pas.

Lorsqu'on prenait le café au salon, on le servait sur un plateau et dans une cafetière en argent qui avaient été donnés autrefois à M. Michon par un riche malade. Or, le matin même, pour payer le terme, Armande avait été forcée de faire engager au Mont-de-Piété le plateau et la cafetière. C'était pour que Martel ne devinât point la vérité qu'elle avait recommandé d'apporter le café dans la salle à manger où le service était plus simple.

Après un moment de silence, Maurice continua :

— Tu vois, on ne me répond pas; eh bien! ce mutisme veut dire que dans le salon il faudrait allumer des lampes et des bougies, que l'huile coûte cher, que la bougie est hors de prix, et que quand on a un mari qui a compromis sa fortune, il faut faire des économies. Comme c'est éloquent, le silence! Ah! mon cher, si tu te maries, n'épouse jamais une femme plus riche que toi, et surtout ne dépense pas deux sous qui lui appartiennent. Si je trouvais un juif pour me payer deux cent mille francs cinq ou six livres de ma chair, comme je me débarrasserais à ce prix de tous ces reproches! Tiens, — il se tourna vers sa femme, — tu me rends ma maison lourde à supporter comme si de tout son poids elle me pesait sur les épaules; tu m'étouffes; j'en meurs à la peine.

Pendant les premières paroles de cet étrange discours, Martel était resté les yeux fixés sur sa tasse, aux dernières il se tourna vers Armande qui, immobile, paraissait décidée à se taire quand même, mais qui, malgré ses efforts pour se contenir, suffoquait.

— Maurice ne pense pas un mot de ce que nous venons d'entendre, dit-il ; il sait que cette maison et vous-même, au lieu de l'étouffer, vous êtes les derniers liens le rattachant à ce qui est bon. Par ma bouche, il vous demande pardon, et la main que je vous tends est la sienne.

Cette réplique avait été si violente, que le mari et la femme en furent stupéfiés. Mais on y sentait une si grande émotion et une si grande douleur, tant de justice et tant d'autorité, qu'après un moment d'anxiété long pour tous les trois, Maurice, avec sa mobilité ordinaire, passa d'un excès à l'autre.

Il se leva, et, s'approchant de Martel et d'Armande, à qui il tendit les deux mains dans un mouvement plein d'entraînement :

— C'est ma conscience qui vient de parler, dit-il à sa femme, écoute-la, écoute Martel.

Comme tous deux, surpris et émus, lui serraient la main, il se dégagea :

— Malheureux que je suis, dit-il, laissez-moi, laissez-moi seul.

Mais presque aussitôt il reprit :

— Non restez.

Et il sortit.

Partagé entre une tendresse involontaire et un amour-propre rétif, il ne voulait point laisser voir son embarras et sa faiblesse ; le premier mouvement bon et franc cédait déjà.

— Vous voyez, dit Martel, c'est un enfant aussi prompt à vous injurier qu'à vous demander pardon. Un mot de tendresse le ramène, un mot de raison le retient.

— Eh bien ! après ? dit-elle.

Accoudée sur la table dans une pose découragée, elle paraissait plongée dans un de ces moments de retour sur soi-même, où les paroles partent irrésistiblement.

— Je ne veux pas me plaindre, reprit-elle, mais je suis à bout de forces.

Marie-Ange, qui entra pour prendre Victorine et la coucher, interrompit ses confidences.

— Où est monsieur ? demanda Armande.

— Sorti ; il a dit qu'il rentrerait dans une demi-heure.

Ils passèrent dans le salon où, malgré ce qu'avait dit Maurice, les lampes étaient allumées et le feu brûlait.

Elle ne reprit point l'entretien et se mit à une petite table à ouvrage.

Martel s'assit auprès de la cheminée et prit un livre qu'il n'ouvrit point.

Ils restèrent ainsi ; elle penchée sur son travail et tirant régulièrement son aiguille, lui, ramassant toutes les parcelles de charbon et les rangeant méthodiquement sur les morceaux de bois qui fumaient sans flamber.

Tout à coup, comme s'il obéissait à une pensée intérieure et répondait aux confidences, interrompues quelques instants plus tôt, mais qui se seraient continuées sans échange de paroles et par une communication intime :

— Que ne suis-je un vieillard, dit-il, ou votre frère !

En même temps il releva les yeux sur elle et la regarda.

Elle avait redressé la tête et abandonné son ouvrage, ses lèvres frissonnaient, ses joues étaient pâles, ses yeux grands ouverts étaient fixés sur lui.

Il ne continua point sa pensée qu'il sentit comprise, à l'expression pleine d'angoisse et de dignité, de prière et d'abandon qu'il lut sur ce visage plus éloquent que toutes les paroles ; mais il se leva, et s'approchant, tandis qu'elle restait immobile, les mains jointes, les yeux toujours attachés sur lui :

— Il vaut mieux, dit-il, que Maurice ne me trouve point à son retour ; on est mal à l'aise devant un témoin de sa faute.

Et il sortit.

V

Ainsi le résultat le plus clair de l'épreuve tentée pour la vie morale, c'était le découragement absolu ; — pour la vie matérielle, c'était la misère.

On était arrivé d'autant plus rapidement à cette misère, que Maurice, bien que dépourvu des ressources qui lui avaient été fournies ou qu'il s'était créées jusqu'à la mort de M. Michon, n'avait changé en rien ses habitudes de largesses envers lui-même, de générosité envers les autres.

Il n'aimait point à marcher dans les rues par un temps de pluie ou de boue, il avait continué à prendre des voitures et à mériter, par ses pourboires, le nom de père aux cochers, qu'on lui donnait dans les deux ou trois stations voisines de chez lui. Il aimait l'élégance, il ne s'était pas privé d'une paire de gants, d'un chapeau neuf, d'une cravate fraîche, toutes choses qu'on paye comptant. Pour ses amis, il avait toujours eu ses poches bourrées de cigares. Le soir, quand une fille n'avait pas de quoi payer son souper au café, il avait toujours trouvé les trois ou quatre francs

Marie-Ange revenant de la Halle. (p. 466).

H. MALOT. — VICTIMES D'AMOUR.　　　　LIV. **59**

nécessaires. Chez ses fournisseurs habituels il n'avait pas diminué ses dépenses.

A ce régime, les deux mille six cents francs déposés entre les mains d'Armande comme réserve avaient été rapidement absorbés par petites sommes.

Cependant il fallait vivre.

Elle commença par renvoyer une de ses bonnes sous prétexte qu'elle était devenue insolente, ce qui était vrai : les domestiques parisiens ayant trop souvent coutume de faire payer à leur maître la gêne qui tombe sur une maison.

Puis elle avait apporté une économie encore plus rigoureuse dans les dépenses indispensables, les seules qu'elles se permit.

Marie-Ange, vraie fille de la campagne, dévouée à sa maîtresse qu'elle avait vue grandir, à Victorine qu'elle aimait avec l'attachement d'un chien, s'était, de son côté, appliquée à dépenser le moins possible. Tous les matins, levée à cinq heures, elle s'en allait à la halle, après avoir fait son ménage ; elle y restait jusqu'au moment où, la cloche sonnant, les denrées s'y vendent au plus bas prix; alors, le bras passé dans l'anse de son panier, elle s'en revenait, à grands pas, préparer le déjeuner. Pour gagner un sou, elle eût fait une lieue et affronté le répertoire de toutes les poissardes. Elle fit renvoyer le blanchisseur, et lava elle-même tout le linge.

Par ces moyens on arrivait à ne prendre que bien peu dans la caisse ; mais comme on n'y mettait jamais, elle se trouva bientôt vide.

— Comment, dit Maurice, notre réserve est épuisée? C'est incroyable comme va vite la dépense d'une maison! Tu devrais surveiller Marie-Ange.

Il alla trouver Martel à qui il demanda quelques centaines de francs, et qui en donna mille.

Lorsque Armande sut d'où venait cette ressource, elle fut désespérée ; elle avait cru envoyer son mari au travail, et ç'avait été à l'emprunt.

On redoubla d'économie. Marie-Ange déclara que la nourriture de Paris était trop forte pour son estomac, et elle se mit au régime des pommes de terre et de la bouillie à la mode de Bretagne, total cinq sous par jour, pain compris; quant au vin, elle ne l'aimait plus et lui préférait le cidre, mais comme le cidre de Paris ne valait rien, elle lui préféra l'eau.

Que peuvent ces économies de femme? Au dehors il vivait de sa vie ordinaire, et ce qui arrive si souvent se produisait pour lui : moins sa bourse était garnie, plus il avait de besoins et de tentations; c'est quand on n'est pas sûr du lendemain qu'on vit le plus largement, et il n'y a pas d'argent qui file le plus vite que l'argent emprunté.

Il fallut aviser encore. Il retourna chez Martel. Celui-ci, prévenu par Armande, ne donna que cent francs.

S'il créait des dettes nouvelles ce n'était point pour éteindre les anciennes; il se souciait des créanciers comme d'un bout de cigare, et il les renvoyait sans jamais leur donner le plus petit acompte, se moquant des timides, traînant de délais en délais les exigeants; aussi les huissiers commencèrent-ils à apporter leur papier timbré « parlant à la dame son épouse, ainsi déclarée. »

La première fois qu'on lui signifia un commandement, Maurice, en rentrant pour dîner, le trouva sur sa serviette.

— Voilà ce qu'on m'a remis ce matin, dit Armande avec plus de fermeté qu'elle n'en avait d'ordinaire. Quand j'ai tenu ce papier dans ma main et que l'huissier a été parti, je ne saurais te dire quel effet cela m'a produit. Depuis, j'ai réfléchi ; je vois bien que toutes les économies sont insuffisantes. Voilà une somme de six cents francs qu'il faut payer, nous n'en avons pas le premier sou, et je n'ai plus absolument rien pour faire marcher la maison. J'ai nourri mon père autrefois; je vais me remettre au travail.

A cette proposition il se fâcha. Il ne souffrirait jamais qu'on dît qu'il avait épousé une ouvrière; voulait-elle lui faire prendre la maison en haine !

— Quelle folie fait un artiste de se marier! dit-il; indépendant, maître de moi, de ma vie et de ma pensée, j'aurais peut-être fait de grandes choses, car je le sens j'étais doué; mais de glissades en glissades, le mariage m'a entraîné dans la mare où je me noie.

Et, au lieu de se mettre à table, il arpenta la salle à grands pas.

Après un temps assez long, Armande servit Victorine qui avait déjà tendu son assiette cinq ou six fois. Puis, s'adressant à lui :

— Ne dînes-tu pas? dit-elle.

— Est-ce que je peux manger, tourmenté comme je le suis? et une pareille gargote. Est-ce là un dîner?

Cependant il s'assit et mangea sans rien dire sa côtelette, tandis qu'elle se servait seulement des pommes de terre, car il n'y avait de la viande que pour lui et pour l'enfant. Au désert il eut un mouvement d'attendrissement.

— Vois-tu dit-il, si j'étais sage je me séparerais de toi, j'irais vivre n'importe où et je vous laisserais toutes les deux. Tu travaillerais jusqu'au jour où vos rentes seraient libérées, et vous seriez heureuses. Je ne suis pas fait pour le mariage; avec moi tu souffriras toujours. J'étais peut-être bon, mais on m'a corrompu autant que je me suis corrompu moi-même; je ne serai jamais qu'un bohème sans talent et sans dignité

Malgré cet accès de repentir, il ne voulut point consentir à ce qu'elle travaillât, déclarant que le jour où elle le ferait il se séparerait d'elle : c'était à lui de gagner la vie de la famille, il allait s'y mettre.

En attendant, elle dut recourir au seul expédient praticable, au Mont-de-Piété. Après le plateau et la cafetière vinrent les bijoux, après les bijoux les objets sur lesquels on prête bien peu, le linge et les vêtements. Lorsqu'il apprit que Marie-Ange avait engagé l'argenterie, il entra dans une colère terrible; mais, quelques jours après, il prit lui-même les dentelles de sa femme pour se procurer une centaine de francs qu'il lui fallait.

Ces minces ressources alimentaient telles quelles la vie journalière, elles ne suffisaient point pour les grosses dépenses, le terme et les dettes criardes. Le premier terme avait été pris sur les deux mille six cents francs, le deuxième avait été payé avec le prix du plateau ; à l'échéance du troisième on se trouva sans rien. Mais il commençait à avoir l'habitude de jongler avec les difficultés et d'inventer des moyens, qu'il appelait des ressources de trésorerie, pour reculer toujours. Cette occasion lui en suggéra un qui lui causa un vrai ravissement ; car, tout en le tirant d'embarras pour l'heure présente, il le mettait à l'abri des créanciers féroces et lui assurait plusieurs mois d'une sécurité relative.

Il vendit à un tapissier son mobilier livrable dans dix-huit mois et, pour prix, le tapissier s'engagea : 1° à payer le propriétaire jusqu'à cette époque ; 2° à verser immédiatement deux mille francs ; 3° à annuler le marché, si, à l'expiration du délai, une somme de deux mille cinq cents francs lui était payée et si ses débours lui étaient restitués.

Dix-huit mois, c'était pour Maurice l'avenir. Dans dix-huit mois il aurait achevé deux opéras et l'on toucherait au moment où les rentes seraient rendus. Cela valait plus de deux mille cinq cents francs. Il est vrai qu'il pouvait bien alors ne point avoir : 1° ces deux mille cinq cents francs prix de la clause résolutoire ; 2° les deux mille francs à lui avancés ; 3° les dix huit cents francs payés au propriétaire ; auquel cas c'était un mobilier de quinze mille francs qu'il donnait pour trois mille huit cents francs ; en même temps que c'était la ruine complète, sans rien garder, pas même un oreiller. Mais il lui semblait impossible que cela pût arriver ; et quand sa femme, épouvantée de cette expectative, pour elle trop certainement réalisable, essaya une observation, il ne la laissa point continuer.

La maison recommença donc à marcher pendant quelques mois, c'est-à-dire pendant que durèrent les deux mille francs ; puis les choses reprirent telles qu'elles avaient déjà été, mais avec cette aggravation qu'il ne restait plus rien à porter au Mont-de-Piété : on était, il est vrai, entouré de beaux meubles, de tentures, de pendules, de bronzes, mais tout cela était le gage du tapissier.

Comme toujours, Maurice avait cru que ces deux mille francs, auxquels cependant il faisait tant d'emprunts, ne finiraient jamais ; aussi fût-il de très bonne foi dans sa surprise quand à une demande qu'il adressa à sa femme, celle-ci répondit qu'elle n'avait plus rien.

— Il me faut soixante francs tout de suite.

— Je ne les ai pas.

— Comprends bien que c'est pour moi une affaire d'honneur. On m'a donné ma note au café ; si je ne peux pas le payer comptant comme à l'ordinaire, je n'oserai pas y retourner. Et c'est là que j'ai seulement un peu de distraction, tu le sais bien, c'est là que je vois mes amis. Tu as toujours été cachotière, tu dois avoir quelques louis au fond d'un tiroir.

— Sur les deux mille francs, j'ai employé en trois notes pressantes, quatre cents francs, j'ai dépensé pour la maison quatre-vingt-dix francs ; tu as pris le reste, tout est écrit.

— Ah ! des comptes, s'écria-t-il, des reproches ! Pourquoi ne me dis-tu pas tout de suite franchement qu'il te déplaît que j'aille au café, pour que je reste ici, n'est-ce pas ? en tête-à-tête avec une femme chagrine ! Comme c'est gai !

Cependant, comme il voulait en arriver à ses fins, il s'adoucit ; et, pour ne pas revenir directement à sa femme, il s'adressa à Victorine.

— Allons, lui dit-il, viens ici m'embrasser et me distraire un peu.

— Non, dit l'enfant avec une sorte de fermeté sombre, tu fais pleurer maman.

Il se leva furieux.

— Ah ! c'est ainsi ! personne ne m'aime, on apprend à mon enfant à me haïr.

Et il se dirigea vers la porte.

— Tiens, s'écria Armande en courant après lui, voici quatre-vingts francs ; ne m'en veux pas : je les gardais pour le corset de Victorine.

Depuis quelque temps, Victorine, qui avait grandi, se balançait sur ses hanches en marchant, on craignait que sa taille ne tournât, et Carbonneau avait ordonné une sorte de machine orthopédique et des bains électriques ; les bains, il les faisait donner à son hôpital ; mais, pour avoir le corset, il fallait le payer, et c'était à cela qu'Armande destinait ces quatre-vingts francs.

On avait toujours trouvé tant bien que mal de quoi manger ; il arriva un moment où il n'y eut plus vingt sous dans la bourse, ni dans les armoires rien qui pût faire de l'argent.

Lorsque Armande annonça cette situation, il fut pris d'un désespoir sincère et pleura de vraies larmes. Il se confessa et s'humilia comme de coutume ; mais il fit mieux que de coutume. Il ne se coucha point et passa la nuit à travailler. Le lendemain il avait achevé trois mélodies, dont une simple et touchante conquit immédiatement une vogue légitime, et fit connaître le nom de son auteur mieux que ses œuvres sérieuses. Malheureusement, vendues dans de mauvaises conditions, elles furent mal payées. Mais ce n'était pas l'argent qui touchait Armande : une lueur d'espérance lui revint : il allait travailler, le premier coup était donné, les mauvais jours allaient finir.

Ils ne finirent point, car il ne retrouva pas cette virginité de désespoir inhérente à une première atteinte ; et quand l'argent des mélodies fut dépensé, au lieu de se mettre au travail, il se rabattit sur des expédients.

Alors, pour la première fois, elle entendit sa fille dire qu'elle avait faim, et pour la première fois aussi elle recourut à ces ruses humiliantes de ceux qui vont implorer crédit : elle alla elle-même chez les fournisseurs et les pria d'attendre.

Attendre quoi ? elle n'en savait rien. Et c'était la rougeur au front qu'elle disait ce mot. Allait-elle donc aussi perdre toute fierté ?

Dans son désastre elle avait toujours obstinément conservé une cuiller en vermeil, que, deux jours avant sa mort, M. Michon avait donnée à Victorine. L'enfant ne voulait se servir que de cette cuiller, et le matin on la donnait aussi à Maurice qui avait horreur de manger son chocolat dans de l'étain. Un jour on ne la retrouva point. On bouleversa la maison inutilement. Qui soupçonner ? L'idée ne vint pas à Armande de suspecter Marie-Ange.

Madame Aiguebelle, qui arriva précisément à ce moment, dit le nom que ni la maîtresse ni la servante n'osaient prononcer.

— Ne perdez pas votre temps à chercher, c'est votre mari qui l'a prise pour la vendre. Ne vous indignez pas et ne dites pas non. Mon mari, qui était de l'espèce du vôtre, m'en a bien fait d'autres. Vous ne savez pas jusqu'où peuvent aller ces natures-là. Si je n'avais pas pris mon parti, je serais morte de faim avec mon fils. C'est alors que, n'ayant pour tout patrimoine qu'une main de papier et une bouteille d'encre, je suis devenue comtesse au bas des journaux de mode, car vous comprenez bien qu'il faut des raisons pour se résigner à ces besognes-là. Faites comme moi. Vous savez travailler, quittez-le. Au moins, vous pourrez élever votre enfant. Depuis assez longtemps vous êtes épouse ; soyez mère maintenant.

Le quitter ! Ce mot que l'amitié venait de dire, c'était celui aussi que

Maurice, bien souvent, avait prononcé, celui qu'elle-même, dans ses jours d'accablement, répétait.

Mais le quitter quand il était désespéré, était-ce possible? Si dans son cœur elle ne sentait plus pour lui ni estime ni amour, le devoir lui disait encore qu'il était mal de l'abandonner dans la misère, qui, bien vite, lorsqu'il ne serait plus retenu ni soutenu, achèverait de le perdre.

VI

Il n'avait point de ces délicatesses de conscience, et, précisément parce que la misère était chez lui, il tâchait d'y rester le moins possible.

— C'est une bouche de moins à nourrir, disait-il.

Partant de ce principe d'économie domestique, il profitait de toutes les occasions qu'il rencontrait ou faisait naître, pour rester hors de sa maison. Ce fut ainsi qu'ayant été invité comme journaliste à une inauguration dans une ville de bains d'Allemagne, il y demeura un mois, au lieu d'un jour, comme tous ses confrères.

Pendant ce temps, Armande eut à se débattre avec les créanciers, d'autant plus exigeants qu'ils accusaient Maurice de s'être sauvé.

Parmi ceux-ci se trouvait une espèce d'homme de lettres, assez jeune encore, qui, n'ayant réussi à rien, avait employé une petite fortune qui lui venait d'héritage, à fonder une banque d'usure à l'usage des artistes. Quoiqu'il écorchât impitoyablement ses clients, il n'était haï de personne, tant le métier qu'il exerçait rendait de services dans ce monde où les relations avec les vrais banquiers sont assez rares. Grassouillet, frais, souriant, bon vivant, aussi généreux avec les femmes qui le ruinaient, que dur avec les hommes qui l'enrichissaient, il répondait au nom de Vapaille.

Il venait toucher un billet de cinq cents francs qu'il lui avait été souscrit par Maurice : quand il apprit que celui-ci était toujours en Allemagne, il entra dans une colère rouge, et comme son métier lui avait donné la facilité de se permettre tout ce qu'il voulait, il ne se gêna point pour la laisser éclater.

— Ma chère dame, je ne me laisse point prendre aux paroles; je veux bien ne pas vous faire responsable de ce qui arrive ni vous accuser de complicité, car vous m'avez l'air honnête. Mais les faits sont les faits. Votre mari est un filou. Depuis qu'il m'a signé ce billet, il a vendu son mobilier, et le voilà filé en Allemagne. Tout ce que vous me dites est bel et bon, et je veux bien vous croire ; mais il n'en est pas moins vrai que, volontairement ou involontairement, vous êtes pour beaucoup dans les dettes de votre mari, croyez-vous qu'il trouverait des jobards pour lui prêter, si l'on ne savait pas que vous avez une fortune qui, engagée pour le moment, sera libérée un jour ? Aussi vous devriez bien faire quelque chose pour moi.

Il s'approcha d'elle, adouci et souriant. Elle lui avait plu : il en avait déjà tant vu de pauvres femmes céder à la peur qu'il inspirait, qu'il ne doutait de rien.

— Entendu, continua-t-il que moi aussi je ferais quelque chose pour vous. Que pourrait-on refuser à une femme aussi charmante si elle était aimable ! Ça sent la misère ici, vous devez vous y ennuyer à périr ; des robes rafistolées, est-ce que c'est digne de vous ? Soyez gentille, signez-moi une délégation pour le jour où vous rentrerez en possession de vos titres ; je renouvelle le billet échu aujourd'hui et je vous prête cinq cents francs. Tenez, pour vos beaux yeux, je me fends d'un billet de mille.

Ses yeux flamboyaient et soulignaient ses paroles déjà si claires.

Elle se leva et s'étant reculée de quelques pas :

— Mon mari vous portera ma réponse.

Il ne se laissait point facilement démonter ; cependant il fut sinon honteux, au moins un peu abasourdi.

— Ah ! dit-il en se remettant assez vite, de la dignité, des phrases, c'est ainsi que vous le prenez. Eh bien ? c'est mon huissier qui vous apportera ma réponse à vous.

Lorsque Maurice arriva, elle commença par lui raconter cette visite telle qu'elle avait été faite, avec ses propositions et ses menaces. Elle était encore indignée. Ce fut à peine s'il l'écouta.

— Il est bien question de Vapaille et des créanciers, dit-il gaîment ; tiens, regarde ça.

Et il étala sur la table une poignée d'or et de billets de Banque ; trois mille francs gagnés au trente-et-quarante.

Elle fut attristée, non éblouie.

— C'est Vapaille qui te tient au cœur, reprit-il, sois tranquille j'irai demain chez lui.

Il y alla, en effet ; après avoir débuté par faire une belle peur à Vapaille qui n'était point brave, il finit par lui demander le renouvellement du billet. Ce à quoi celui-ci consentit, à condition toutefois qu'Armande s'obligerait solidairement à son paiement.

En revenant, il reprit chez une marchande à la toilette, la montre de sa

Tenant Victorine par la main, elle commença à chercher un logement (p. 478).

H. MALOT. — VICTIMES D'AMOUR.

femme qui était engagée pour deux cent francs, et il acheta un charmant costume pour Victorine.

Mais Armande n'était plus au temps où une marque de bonté ainsi donnée par hasard, guérissait, dans un élan de reconnaissance et de joie, les douleurs passées. Tout la décidait maintenant à prendre le parti décisif qu'elle balançait depuis si longtemps.

Elle n'avait plus l'excuse de la misère immédiate à se donner, puisqu'il avait une somme assez importante devant lui.

Elle n'avait pas davantage d'illusion à se faire, ni d'espérances nouvelles à s'imposer; il ne travaillerait pas plus qu'il n'avait travaillé.

Elle devait donc agir.

Mais c'était chose tellement grave que rompre ainsi sa vie! c'était une si lourde responsabilité qu'enlever un enfant à son père, qu'elle ne pouvait se décider : persuadée aujourd'hui que son devoir exigeait qu'elle partît, demain qu'elle restât, dans tous les cas cruellement agitée et perplexe.

Une fois encore elle voulut faire une dernière tentative auprès de lui :

— Laisse-moi travailler, dit-elle, le monde n'en saura rien; je gagnerai le nécessaire pour la maison, et tu auras tout le temps d'attendre que l'inspiration te vienne et de ne produire qu'à ton heure.

Une fois encore il refusa obstinément; son orgueil était en jeu, non seulement envers le monde, mais encore envers lui-même.

Alors elle se donna trois jours pour réfléchir mûrement, et peser les raisons du pour et du contre déjà si souvent agitées.

Puis, après ces trois jours, deux encore qui furent une véritable agonie.

VII

Comme dernier délai, elle s'était fixé le lundi, neuf heures du soir, moment où elle était toujours seule, Maurice étant sorti et Victorine couchée.

Quelques minutes avant l'expiration de ce terme fatal, Martel, qui était resté sans venir pendant toute l'absence de Maurice, fut introduit dans la pièce où se trouvait Armande.

Elle voulut tout d'abord s'ouvrir à lui et lui demander conseil; mais un moment de réflexion l'en empêcha : il ne lui parut pas digne de partager ainsi la responsabilité de l'acte qu'elle allait accomplir.

Neuf heures sonnèrent.

Elle se leva, et s'adossant à la cheminée sur laquelle une lampe brûlait, elle se plaça de manière à se trouver juste en face de Martel, éclairé en pleine figure.

— L'heure qui vient de frapper, dit-elle, et à laquelle vous n'avez sans doute pas fait attention, a décidé de ma vie. Je quitte Maurice.

Elle se mit à lui dire en peu de mots ce qui, dans ces derniers temps, avait fortifié sa détermination.

Lorsqu'elle eut achevé :

— Vous l'aimez donc toujours? demanda-t-il en attachant ses yeux sur elle.

— Je ne saurais jamais lui résister.

D'une voix hâtée, elle raconta comment elle avait eu la faiblesse d'abandonner les quatre-vingts francs destinés à Victorine : son plus grand remords.

— Maintenant, qu'allez-vous faire? dit-il.

— Travailler.

— Pourquoi ne vous êtes-vous pas adressée à moi? vous savez que je gagne maintenant plus qu'il ne me faut et que j'ai de l'argent.

— Vous n'êtes ni mon frère ni celui de Maurice. Vivre de votre générosité aujourd'hui, ce serait, vous le savez bien, en vivre toujours. Blâmez-vous ma détermination?

Il fit quelques pas dans le salon.

Puis d'une voix ferme :

— Non, répondit-il.

Et aussitôt s'approchant :

— Je vous verrai, n'est-ce pas?

— Non.

— Songez donc qu'il faut que je vous voie.

— Il faut que je ne vous voie pas.

— Mon Dieu! s'écria-t-il d'une voix tremblante d'émotion.

Elle ne baissa point les yeux sous son regard, mais elle leva la main pour lui fermer la bouche, d'un geste plein de prière et de commandement, d'indulgence et de fermeté.

— Le monde! dit-elle.

— Qu'importe le monde!

— Le devoir. Rappelez-vous qu'il y a deux ans vous êtes parti pour l'Italie.

Et de ses yeux un peu perdus, de sa main placée devant elle comme pour l'écarter, elle le pria, elle le força de briser là cet entretien, où les mots partaient si vite, allaient si loin.

Ils restèrent longtemps sans échanger une nouvelle parole : voulant tous deux parler, tous deux ayant peur d'en trop dire.

Enfin il s'arrêta devant elle :

— Avec quoi allez-vous commencer cette vie nouvelle? dit-il; il vous faut de l'argent. En avez-vous?

— J'ai ma montre; il y a un cercle de petits diamants; on m'a dit qu'elle valait quatre cents francs, je la vendrai.

— Voulez-vous que je la vende pour vous? ou plutôt, loyalement, voulez-vous que je la garde?

Elle hésita un peu; puis, tirant la montre de son cou :

— Tenez, dit-elle.

Sans la lui mettre dans la main, qu'il tendait, elle la posa sur la table à ouvrage.

Il la prit, et se mit à compter quatre cents francs; mais ses yeux voyaient mal, et ses mains tremblaient. Il recommença son compte.

— Quand quittez-vous cette maison? dit-il.

— Demain.

— Puis-je revenir demain matin?

— Non, mon ami.

— Alors mieux vaut que je parte tout de suite. Adieu.

— Adieu.

Il chercha quelques secondes son chapeau, puis, l'ayant trouvé, il se dirigea vers la porte. Mais il revint sur ses pas.

— Je vous demande une promesse, dit-il. Ce n'est pas de me faire savoir où vous serez; mais si Victorine était malade, si vous l'étiez vous-même, si votre travail ne donnait pas ce que vous attendez, adressez-vous à moi.

— Je vous le promets.

Et dans un mouvement irrésistible, elle lui tendit la main.

Il avança la sienne, mais, après un moment d'hésitation, il la laissa tomber, et lentement, à reculons, les yeux toujours fixés sur ceux d'Armande, il sortit.

VIII

Le lendemain matin, Maurice descendit pour déjeuner, frais et gai comme le soleil du printemps.

Sa bonne humeur expansive ne put point amener un sourire sur le visage d'Armande qui, mangeant à peine, garda une attitude recueillie, triste et ferme. Elle ne levait les yeux sur lui qu'à la dérobée, lorsqu'elle était certaine qu'il ne la voyait pas, et alors elle l'embrassait d'un regard doux et attendri.

Il avait à peine avalé sa dernière bouchée qu'il se disposa, comme de coutume, à partir.

— Tu n'embrasses pas ta fille? dit-elle.

— Tiens! c'est vrai. Venez vite ici, mam'selle Titine, allons!

Il la prit sur ses genoux, s'amusa pendant quelques secondes à lui faire friser ses petits cheveux en soufflant dessus, et, l'ayant embrassée sur les deux joues, il la déposa à terre.

Armande le conduisit jusqu'à la porte du jardin. Les feuilles des arbustes, qui faisaient une voûte de verdure au-dessus d'eux, les mettaient à l'abri des regards du dehors.

Elle l'embrassa et le serra assez longtemps dans ses bras.

— N'est-ce pas, dit-il en riant doucement, que quelques louis dans la poche, ça vous rend la jeunesse? A ce soir.

Il s'en alla léger et dispos, en fouettant l'air de sa canne.

Elle le suivit des yeux, écouta son pas après qu'elle ne le vit plus, puis un frémissement l'agita des pieds à la tête; mais ce ne fut qu'une défaillance d'un instant; elle monta bientôt à sa chambre, où, le cœur gonflé, la tête décidée, elle écrivit la lettre que voici :

« Vous m'avez dit, il y a longtemps déjà, que je devrais vous quitter.

« Jusqu'à ce jour je n'ai point obéi à ce conseil parce que je ne pouvais « pas me résigner à me séparer de vous quand la misère était dans la mai-« son. Grâce à votre voyage en Allemagne, cette misère n'existe plus. Vous « avez une assez grosse somme devant vous ; je ne veux point la diminuer. « Je me décide donc à faire ce que vous m'avez tant de fois conseillé, et à « vous rendre cette liberté qui doit ramener votre génie.

« Je ne vous dirai point que cette résolution ne m'est pas douloureuse, « mais la persuation que j'obéis à un devoir me donne la force de l'ac-« complir.

« Ne vous inquiétez pas de moi, vous savez que je suis forte et que j'ai « eu toute jeune l'habitude du travail. Votre fille ne manquera de rien.

« Ne m'accusez pas de vous l'enlever, il faut qu'elle grandisse en travail-« lant. Je l'élèverai dans un tendre et respectueux souvenir de son père.

« Adieu, je n'oublierai jamais la première année de notre mariage. »

Cette lettre écrite, elle alla prendre sa malle de voyage; elle y mit ce que le Mont-de-Piété n'avait pas voulu, deux ou trois robes, un peu de linge lui appartenant personnellement, et le trousseau de Victorine au complet.

La malle fermée, elle appela Marie-Ange. Quand celle-ci apprit que sa maîtresse allait partir elle se mit à pousser les hauts cris et à gémir ; elle tenait Victorine dans ses bras, elle la serra étroitement et l'embrassa.

Armande avait redouté ce moment ; elle savait combien cette brave fille lui était attachée ; elles avaient souffert ensemble.

— C'est pour quelques mois, dit-elle. Je vais à la campagne chez une de mes amies.

Marie-Ange secoua la tête et répéta à plusieurs reprises :

— Je vous en prie, ne m'enlevez pas l'enfant.

Puis, tout à coup, prenant sa résolution :

— Tenez, reprit-elle, si c'est par économie, ne partez pas. J'ai six cents francs à la caisse d'épargne, nous les retirerons. Je ne vous avais pas encore proposé cet argent-là, parce j'avais peur que vous ne le donniez à Monsieur. Mais vous le lui donnerez si vous voulez. Laissez-moi l'enfant.

Il fallut qu'Armande employât de douces paroles pour la rassurer.

Quand elle la vit un peu calmée, elle lui donna ses dernières instructions :

— Ayez bien soin de Monsieur. Vous voyez, voilà son linge rangé. Ne le laissez manquer de rien. Tâchez qu'il ne sorte jamais sans avoir déjeuné. S'il est dur pour vous, ne vous en fâchez pas, il est malheureux.

Marie-Ange alla chercher une voiture sur laquelle on hissa la malle.

— Quand reviendrez-vous ? demanda la bonne fille des yeux de laquelle des larmes coulaient grosses et précipitées comme une pluie d'orage.

— Je ne sais pas. Embrassons-nous.

La voiture partit.

Armande avait dit au cocher de la conduire à la gare Saint-Lazare. Arrivé là, elle fit porter sa malle au bureau de la consigne, se proposant de venir la reprendre quand elle aura un logement. Cela fait elle reprit une autre voiture.

— Au Temple, dit-elle.

Au Temple elle congédia son cocher. Et à pied, tenant Victorine par la main, elle commença à chercher un logement dans les rues environnantes.

La chose était assez difficile, puisqu'elle le voulait libre immédiatement. Plus d'une fois Victorine se plaignit de la fatigue et voulut s'asseoir dans les escaliers. Enfin elle trouva à peu près ce qu'il lui fallait, rue de Montmorency, dans une vieille maison qui, sous Henri IV ou Louis XIII, avait été l'hôtel de quelque grand seigneur, et qui aujourd'hui était une sorte de ruche où toutes les industries parisiennes étaient représentées. Une chambre et un cabinet sous les toits. Les deux pièces étaient mansardées, mais par les fenêtres on voyait la verdure d'un maronnier qui s'élevait d'un jardin voisin, et l'on entendait le bruit du vent dans les feuilles. Cela coûtait deux cents francs, et comme la nouvelle locataire, se disant nouvellement arrivée de province, n'avait personne chez qui le portier pût aller aux renseignements, on lui fit payer un terme d'avance.

Le logement n'était pas tout. Il fallait quelques meubles. La rue Chapon fournit les chaises et la table; la rue de Rambuteau les deux lits; car Armande, qui ne s'établissait point pour un jour, en acheta deux tout de suite, pendant qu'elle avait de l'argent : un pour la chambre, l'autre pour le cabinet; Victorine grandirait.

A neuf heures du soir, après être retournée à la gare Saint-Lazare, elle se trouva dans son logement, non rangé mais meublé. Sur ces quatre cents francs elle en avait dépensé trois cent soixante-dix. Il lui restait trente francs de capital pour recommencer la vie à vingt-trois ans avec un enfant.

— Ah! maman, dit Victorine, ce n'est pas amusant, les voyages.

— Nous ne sommes pas en voyage, nous resterons ici toujours.

— Et papa?

— C'est lui qui est en voyage.

L'enfant n'ajouta pas un mot, mais elle parut réfléchir longtemps.

— Si tu voulais, dit-elle enfin, j'ai peur, je coucherais avec toi.

Malgré sa fatigue, Armande ne s'endormit point. Devant sa conscience elle examina longtemps l'acte qu'elle venait d'accomplir, et toutes ses incertitudes la reprirent de nouveau. Les heures s'écoulèrent, le sommeil ne vint point. Insensiblement une tristesse profonde, un vague effroi l'envahirent, elle eut un moment de défaillance de corps et d'esprit, et se mit à pleurer.

Tout à coup elle sentit une chaude haleine sur son visage.

— Maman, dit Victorine, ne pleure pas, je t'aime bien!

Armande la prit dans ses bras, la coucha sur elle comme au temps où elle lui donnait le sein. Et, la tenant ainsi, la berçant doucement, elle l'endormit et s'endormit avec elle.

IX

Maurice, en rentrant pour dîner, fut très surpris de ne trouver qu'un seul couvert.

La lettre d'Armande, qu'il aperçut posée sur la table, l'empêcha de demander des explications à Marie-Ange.

Il la prit et l'ouvrit en tremblant, un pressentiment l'avait frappé.

Il la lut sans bien la comprendre; ce fut seulement à la deuxième lecture qu'il vit qu'Armande et sa fille étaient parties.

Parties! où? comment?

Cette lettre, un peu vague, quoique cependant si précise aussi, qu'il relut une fois encore, ne lui disait rien.

Il interrogea Marie-Ange. Celle-ci ne put que répéter en gémissant ce qu'elle savait.

L'indication de la rue Saint-Lazare n'apprenait rien. Ou elle était partie pour la campagne? Où elle avait voulu paraître partir et dérouter les recherches.

Ainsi elle l'avait abandonné et avait emmené sa fille. Où les chercher? que faire?

Le trouble était dans ses idées. Lorsqu'il croyait trouver quelque moyen, il sentait bientôt qu'il marchait en aveugle et se heurtait à l'impossible. Le fait clair qui était là, c'est qu'elles étaient parties.

Martel avait toujours été le confident d'Armande, il saurait peut-être quelque chose. Il y courut.

— Ma femme est partie, elle m'a enlevé Victorine! s'écria-t-il en entrant. Sais-tu où elle est? en sais-tu plus que moi?

Il tendit sa lettre.

— Non, dit Martel.

— Tu étais ma dernière espérance; que faire maintenant? j'ai la tête perdue. J'ai des craintes auxquelles je n'ose m'arrêter. C'est une âme fière, capable des plus terribles résolutions. Il y a en elle du caractère d'Audren. Ce n'est pas impunément qu'on est élevé ensemble. Je voudrais aller à la préfecture de police, faire des recherches à Paris, partout; je n'ose. Vas-y pour moi. Conseille-moi.

Martel garda le silence.

— Elle est femme à ne pas vouloir survivre à son amour, reprit Maurice.

— Allons donc!

— Ah! tu ne sais pas ce qu'était cet amour, et si tu en juges par les apparences. Il a été bien éprouvé dans ces derniers temps, mais il était malgré tout resté grand et passionné.

Martel l'écoutait avec une impatience mal contenue. A ce mot il l'interrompit brusquement et durement:

— Ne voudrais-tu pas me faire croire que madame Berthauld te quitte pour mourir? Ton amour-propre qui l'a tant fait souffrir la calomnie maintenant. Elle te quitte pour travailler, pour élever sa fille. Voilà la vérité.

— Tu ne sais pas comme elle m'aime.

Il enfonça sa tête dans l'oreiller..... (p. 484).

H. MALOT. — VICTIMES D'AMOUR.

— Je sais ce que dit cette lettre.
— Ah! cette lettre.
— Je sais ce qu'elle m'a dit elle-même.
— Elle t'a confié son projet?
— Hier.
— Où est-elle alors? dis-moi tout; parle.
— Elle m'a dit son intention, elle ne m'a point dit où et comment elle entendait la réaliser. Et je ne lui ai rien demandé de plus que ce qu'elle me disait.
— Est-ce vrai?
— Ai-je coutume de mentir?
— Ainsi elle t'a pris pour confident et tu ne l'a pas arrêtée. Tu ne lui as pas dit que c'était une faute de me quitter, un crime de m'enlever ma fille?
— Elle ne m'a pas demandé conseil; elle était résolue.
— Mais tu es mon ami, le sien, tu devais l'éclairer, l'arrêter.
Martel ne répondit pas.
— Trouves-tu donc qu'elle a bien agi?
— Qu'importe!
— Il m'importe à moi.
— Eh bien! oui, puisque tu veux le savoir, s'écria Martel en jetant dans un coin les brosses pleines de savon qu'il était en train de frotter entre ses mains, — oui, elle a bien agi. Et ce qu'elle a fait de son propre mouvement je lui aurais conseillé de le faire. Tu as martyrisé son cœur, elle a voulu t'échapper. Tu laissais ta fille dans une misère à souffrir de la faim, elle a voulu travailler pour elle, se dévouer à elle comme elle s'était dévouée à toi. Elle a voulu soustraire l'enfant à l'influence pernicieuse que, par tes paroles et tes exemples, tu pouvais exercer sur elle. Par le coup violent qu'elle te donnait, elle a voulu t'avertir, te faire rentrer en toi-même, te tirer de ton bourbier et de ta paresse. Voilà pourquoi je dis qu'elle a bien fait.
— Parce que j'ai eu des torts, reprit Maurice avec emportement, parce que j'ai obéi à des besoins et à des passions qui me sont communs, d'ailleurs, avec tant d'hommes, tu crois que ma femme a agi sagement en m'abandonnant et en m'enlevant ma fille. Tu crois aussi que, par là, elle m'aura sauvé, comme tu dis. Eh bien! si quelque chose peut me perdre, c'est son abandon; car je l'aimais. Où veux-tu que j'en trouve une qui ait sur moi une influence comme celle qu'elle avait? Où veux-tu que j'en trouve une qui ait son cœur et sa bonté; Où veux-tu que je retrouve un enfant, ma petite Victorine?

— Ta fille serait morte de misère chez toi, et sa mère aussi.

— Eh bien! et moi, qui te dit que je ne mourrai pas de désespoir?

Si tu as besoin de te plaindre et surtout d'être plaint, dit Martel avec une sévérité que Maurice ne lui avait jamais vue, adresse-toi à d'autres. Celle qui a toutes mes sympathies, qui me fait souffrir et me fait pleurer, c'est madame Berthauld. Je ne dis pas que tu n'es point malheureux ; je dis que c'est justice, puisque tu as été le seul coupable. Par tes fautes, par ta nature, si tu aimes mieux, tu as préparé, fatalement amené ce qu'elle a exécuté aujourd'hui. A toi donc la responsabilité et à toi la souffrance ; tu n'expieras jamais ce qu'elle a supporté pour toi. Tu l'aimais, dis-tu? c'est possible. Tu l'aimais parce qu'elle te plaignait, te soignait, parce qu'elle t'était indispensable; tu l'aimais pour toi-même, non pour elle. Et c'est là ce que tu appelles aimer? Maintenant tu gémis de l'avoir perdue. Tu pleures. Tu parles de mourir. Tu ne mourras point, et cela parce qu'il y a quelque chose que tu mets au-dessus de tout, au-dessus de ton amour pour la femme que tu regrettes, au-dessus de la tendresse paternelle, et ce quelque chose, c'est l'amour et la tendresse que tu as pour toi.

Maurice voulut interrompre.

Martel continua :

— Une fois, déjà, j'ai été pris à ces scènes de désespoir que tu joues très bien, parce que tu les joues de bonne foi ; la femme que tu aimais t'avait abandonné, tu voulais mourir, tes pistolets étaient chargés avec de vraies balles, par dessus de vraie poudre ; la mise en scène était complète. J'ai cru devoir te faire un discours pour t'arracher ces pistolets de la main. Je te les ai arrachés. Je ne recommencerai point mon discours, attendu qu'il serait inutile. Tu ne te tueras pas plus aujourd'hui que tu ne t'es tué alors. Tout simplement tu expulseras ton chagrin dans de touchantes paroles, et si bien, qu'avant peu de jours il ne t'en restera plus dans la tête.

— Ces paroles m'eussent bien surpris hier dans ta bouche, dit Maurice, maintenant elles ne m'étonnent plus. Ton indulgence pour ma femme, ta dureté pour moi, la répugnance avec laquelle tu m'as écouté parlant de mon amour, m'ouvrent enfin les yeux. Tu aimes, tu aimes Armande. Allons, l'homme qui ne ment jamais, dis donc que tu ne l'aimes pas.

Martel resta un moment sans répondre : Maurice était en face de lui, les bras croisés, le regardant dans les yeux.

— Eh oui, je l'aime, non depuis quelques jours, mais depuis longtemps. C'est parce que je l'aimais que je suis parti pour l'Italie, parce que je l'aimais, qu'à mon retour j'ai tâché de te rapprocher d'elle et que j'ai forcé

Lina de rompre avec toi. C'est parce que je l'aime, que je la plains, l'admire et te condamne.

Maurice se laissa tomber sur une chaise.

— Mon Dieu ! dit-il, elle m'enlève mon enfant et mon ami.

Mais presque aussitôt il se releva, et sans dire un mot à Martel, il s'en revint chez lui.

Marie-Ange l'attendait. D'ordinaire elle ne restait jamais inoccupée ; mais ce soir-là elle laissait ses mains en repos, son esprit seul paraissait travailler. Tout le temps qu'avais duré l'absence de Maurice, elle l'avait passé dans sa cuisine, sur une chaise, réfléchissant.

— Monsieur, dit-elle, j'avais promis à Madame de rester auprès de vous pour vous soigner ; mais, ne plus voir la petite, c'est impossible. Je sens bien qu'ici, sans l'enfant j'en mourrais. Dans un mois je retournerai au pays.

— Demain, si vous voulez, dit-il.

Sans toucher au dîner qui était sur la table, il monta dans sa chambre.

Il se sentait contre sa femme une fureur d'autant plus violente, qu'il ne pouvait plus l'exhaler.

Pendant plusieurs heures il marcha en long et en large, agitant dans sa tête des résolutions extrêmes, aussitôt abandonnées que prises.

Peu à peu la solitude et la nuit agirent sur lui.

Cette chambre à peine éclairée où retentissait le bruit de ses pas, ces sièges rangés comme à l'ordinaire, ces meubles qui parlaient du passé, attendrirent son cœur. Le lit, surtout le lit de sa fille, uni et bien dressé sous ses rideaux blancs, mais vide maintenant pour toujours, attirait ses yeux chaque fois qu'en marchant il passait auprès.

Enfin sa colère se fondit.

Il se jeta à genoux auprès de ce petit lit, et enfonça sa tête dans l'oreiller qui gardait encore, sensible et vivant, le frais parfum de l'enfant.

Ce fut là que la fatigue le prit et l'endormit.

CHAPITRE VI

SEULE

I

Lorsque Victorine s'éveilla le lendemain, le soleil entrait joyeux par la fenêtre ; dans les feuilles du marronnier, des oiseaux chantaient.

— Mamau, dit-elle, habille-moi vite pour que j'aille au jardin.

— Le jardin n'est pas à nous, mon enfant; tu ne peux pas y aller ; nous sommes pauvres, et être pauvre, c'est être privé de tout ce qu'on désire.

Par de douces paroles, elle tâcha de lui faire oublier cette idée.

— Si tu veux te promener, attends un peu, nous irons acheter notre déjeuner.

Elles descendirent bientôt.

— Ah! dit Victorine, lorsqu'elles furent dans la rue, c'est bien laid ici.

Et de fait la rue où elles marchaient était d'autant plus froide et plus triste qu'au ciel brillait un beau soleil : mais ses rayons ne descendaient point jusque dans la rue étroite et sombre d'où montait une humidité douceâtre.

En choisissant ce quartier populeux, Armande savait qu'il n'était point beau ; mais elle avait eu ses raisons : se perdre dans cette fourmilière, où l'on ne viendrait point la chercher, et en même temps être près du Temple où elle pourrait tirer parti de son travail ; car, n'ayant plus l'habileté de sa jeunesse, elle ne comptait pas vendre tout d'abord ses fleurs aux grands marchands de la rue Saint-Denis et du Caire.

Les occupations de l'emménagement amusèrent Victorine dans leur nouveauté ; mais bientôt elle s'ennuya ; elle avait toujours eu de l'espace, toute la maison ouverte, le petit jardin, et, lorsqu'elle était fatiguée d'y tournoyer, les Tuileries où on la conduisait.

Armande avait heureusement apporté quelques joujoux ; puis, quand elle vit qu'elle commençait à s'en lasser, elle recourut, au grand moyen qui n'avait jamais manqué son effet, un conte.

— Il était une fois, dit-elle, un bûcheron qui faisait pleurer sa femme...

— Comme papa, interrompit Victorine; non, pas ce conte-là, un autre où l'on ne pleure pas, où il y ait des oiseaux et des princesses dans un beau jardin, avec des arbres d'or.

Insensiblement, l'enfant s'habitua à cette vie si différente de l'ancienne. Au bout de quelques jours, elle trouva même que c'était une récréation de s'asseoir auprès de sa mère, et, sous les caresses de son regard, de tourner dans ses petits doigts les fils de laiton entourés de ouate et de papier avec lesquels se font les queues des fleurs.

Pendant une heure après leur dîner elles allaient au square du Temple, et dans les allées sablées, Victorine, poussant devant elle son cerceau, développait ses jambes engourdies.

Lorsque Armande eut une suffisante quantité de fleurs de faites, elle alla les vendre. Les déboursés prélevés, elle eut dix francs de bénéfices, c'est-à-dire à peu près un franc cinquante centimes par journée de douze heures. Or, jusqu'à présent, pour sa nourriture et celle de Victorine, la lumière, le feu de la chaufrette dans lequel on met les fers à gauffrer, elle avait dépensé un franc quarante centimes par jour. C'était donc dix centimes qui lui restaient, c'est-à-dire trente-six francs cinquante centimes par an pour payer son loyer qui était de deux cents, son blanchissage, son entretien et celui de sa fille, le feu et la lumière quand viendrait l'hiver. Elle ne se laissa pas décourager : elle deviendrait plus habile et elle arriverait bien sans doute à gagner trois francs.

II

Sur le même palier habitait un ménage d'ouvriers. Les portes des deux logements étaient face à face, et souvent, en passant, Victorine avait aperçu sur le seuil une petite fille de trois ou quatre ans.

Entre les deux enfants, la connaissance eût été vite faite si on les eût laissées libres. Mais Armande avait vu dans la cour et les escaliers les autres enfants de la maison, et elle veillait sur sa fille. Ces enfants, que les écoles ou les asiles jetaient dans la rue deux ou trois heures avant que les parents ne rentrassent de leur travail, étaient là pêle-mêle, grands et petits, sans aucune surveillance, se corrompant l'un l'autre, et ce qu'on entendait de leurs jeux et de leurs conversations donnait une terrible idée de cette corruption enfantine qui fait tant de mal dans les familles pauvres, et qu'on pourrait amoindrir en tenant les écoles et les asiles ouverts jusqu'au soir. Peut-être cette petite fille, elle aussi, était-elle perdue.

Ce fut pour Armande une crainte qui la tourmenta pendant les premières semaines ; mais peu à peu elle vit que l'enfant de ses voisins était gardée avec une sollicitude égale à celle qu'elle-même avait pour Victorine. Et ce que, par hasard, elle aperçut de l'intérieur de ceux-ci, lui dit que s'ils n'étaient pas riches, ils étaient gens d'ordre et de propreté. Il y avait là de quoi la rassurer, et elle put se relâcher de sa surveillance.

Comme tous les enfants, Victorine avait l'ostentation de la propriété. Lorsque sa mère commença de permettre que la porte d'entrée restât quelquefois ouverte, pour recevoir par là un peu d'air frais, elle alla s'établir dans l'embrasure avec tous ses joujoux. Elle était certaine de trouver sur le seuil opposé sa petite voisine. Alors les deux enfants, sans rien se dire, s'occupaient l'une de l'autre. C'était pour éblouir sa voisine que Victorine passait tous ses jouets en revue ; et c'était pour Victorine que celle-ci faisait défiler les siens. Dans cette lutte d'amour-propre Victorine l'emportait : elle avait surtout une poupée habillée de velours et de satin, qui humiliait terriblement le pauvre petit bébé de deux sous, vêtu de rognures de lingeries, que pouvait lui opposer sa rivale. C'était chose curieuse que ces deux enfants en apparence indifférents l'un à l'autre, mais ne disant pas un mot, ne faisant pas un geste qui n'eussent une intention ; quand Victorine prenait sa belle poupée et la caressait, vite la petite prenait la sienne et la dodelinait.

Par quel instinct et par quelle intuition les enfants arrivent-ils d'emblée là où nous n'arrivons que lentement par les raisonnements du devoir et de la conscience ? Victorine avait commencé par le défi ; lorsqu'elle vit sa victoire bien établie, elle fut prise d'intérêt.

Un beau jour elle traversa le corridor, qui jusque-là était resté une frontière vierge, et avec un geste de reine :

— Tiens, dit-elle en offrant sa poupée, veux-tu changer ?

De cet acte de générosité, il résulta que les parents se parlèrent pour la première fois. La mère de la petite fille vint rapporter la poupée, qu'Armande, avec quelques mots aimables, refusa de prendre. Le soir, quand le mari fut rentré, il vint avec sa femme inviter sa nouvelle voisine à prendre le café pour le lendemain, qui était un dimanche.

Armande était habituée à des manières un peu moins primitives, mais elle n'eut garde de refuser ce qui était offert de grand cœur.

C'étaient d'excellentes gens. Le mari, qui se nommait Judhors, était jeune; ses traits irréguliers et flétris frappaient par une expression de vivacité et d'intelligence. La femme avait dû être jolie; il lui restait de grands yeux d'un bleu de pervenche pleins de douceur, et dans toute sa personne il y avait quelque chose d'éteint et d'opprimé qui inspirait une pitié sympathique pour ce qu'elle avait dû souffrir; la petite fille, qu'on nommait Jeanne, était charmante, comme cela arrive souvent chez les ouvriers dont les enfants ne se flétrissent que par la précocité du travail ou de la corruption. Leur histoire était simple : ils s'étaient aimés, parce qu'ils étaient voisins, et ils s'étaient mariés parce qu'il leur était né une fille; car Judhors, qui gagnait en moyenne trois francs par jour dans son état de colleur de papier, avait longtemps hésité à se charger d'une femme; l'expérience lui avait prouvé qu'il n'avait jamais été si riche que depuis qu'il était trois au lieu d'être un.

Les relations qui s'établirent eurent cela de bon pour Armande, qu'elles la tirèrent de la concentration où elle s'enfermait. Elle fut heureuse de rencontrer des visages souriants, d'entendre des paroles amicales; elle fut moins seule, moins repliée sur elle-même et l'éternel objet de ses réflexions. Elles furent surtout précieuses pour Victorine; car quelque douce et attentive que soit une mère, il est mauvais que les enfants ne voient et n'entendent qu'elle seule; cela excite trop fortement leur sensibilité ou leur intelligence et les vieillit trop vite. Ce qu'ils reçoivent de nous lorsqu'ils le reçoivent sans intervalles de repos, est une nourriture trop forte pour leur faiblesse. L'enfant a besoin de l'enfant.

Le corridor qui, de l'escalier, conduisait aux deux logements, était vaste et sans portes s'ouvrant dans sa longueur; Judhors obtint du concierge la permission de le fermer à l'extrémité, du côté de l'escalier, par une petite barrière, et les enfants eurent ainsi une sorte de salle de récréation où on put les laisser jouer en toute tranquillité.

Comme beaucoup d'ouvriers parisiens, Judhors était un grand lecteur de choses sérieuses, et en même temps, ce qui se voit souvent chez ceux qui ont besoin de sortir de leur triste vie par l'imagination, un lecteur de choses romanesques. Des livres qu'il achetait sur les quais, dans la boîte à deux sous, il s'était formé une petite bibliothèque d'une centaine de volumes valant bien dix francs chez un bouquiniste, pour lui valant toute la peine qu'il avait eue à la rassembler et le plaisir qu'elle lui donnait. Il la mit à la disposition d'Armande, qui souffrait peut-être plus de la privation des livres que de celle du luxe et de la bonne table. Elle aussi dans ses heures d'insomnie avait besoin de se transporter dans un monde idéal de consolation ou de rêve.

Six mois s'écoulèrent ainsi, et elle se rassura : si sa tâche ne devait

Des femmes hermétiquement voilées entraient rapides comme le vent (p. 494)

H. MALOT. — VICTIMES D'AMOUR.   LIV. **62**

point être facile, elle serait au moins possible. Elle gagnait maintenant deux francs, quelquefois deux francs vingt-cinq centimes par jour. Elle avait auprès d'elle des natures honnêtes et bonnes. Victorine avait dans Jeanne une camarade. L'avenir se montrait plus ouvert qu'aux premiers jours.

Il est vrai que son pauvre cœur était bien gonflé et bien triste; mais ce n'était point les satisfactions de son cœur qu'elle avait cherchées dans l'accomplissement de sa résolution.

III

L'hiver avait amené la pluie et le froid, ces ennuis pour le riche, ces calamités pour le pauvre : la boue rendit le square impraticable, le froid le corridor inhabitable ; Victorine dut rester enfermée.

Elle était déjà languissante en quittant Chaillot, elle s'affaiblit encore : elle pâlit et ses yeux s'agrandirent en s'entourant d'un cercle bleuâtre. Comme elle ne se plaignait pas, sa mère fut quelque temps sans s'apercevoir de ces changements qui, s'accomplissant peu à peu, chaque jour, ne devaient point la frapper.

Mais bientôt la peau se tendit jaune et grenue sur ses pommettes, tout son petit corps maigrit et s'étiola. Une cause à ce dépérissement s'offrait toute naturelle et plausible, le changement de vie, surtout d'alimentation. Elle voulut que sa fille retrouvât les mets fortifiants qui l'avaient élevée. Il lui faudrait plus de temps pour préparer cette nourriture, il lui faudrait aussi plus d'argent : elle espéra qu'en ajoutant deux heures de plus à son travail, elle surmonterait ces difficultés.

A la faiblesse générale s'était jointe la perte ou plus justement la perversion de l'appétit : l'enfant n'avait faim que par caprices; ce qu'elle demandait un jour arrivait trop tard lorsqu'on le lui donnait le lendemain. Avec son intuition de mère, Armande devinait souvent ces caprices ; mais combien souvent aussi il lui était impossible de les satisfaire !

On était en janvier, et ce n'était point pour une ouvrière que l'Algérie envoyait ses légumes et ses fruits de primeurs, et cependant ses journées de travail étaient maintenant de dix-huit heures. Dans les métiers dangereux, les heures par lesquelles l'ouvrier augmente aussi sa tâche sont celles où arrivent presque tous les accidents, conséquence naturelle de la fatigue; dans les métiers d'adresse, les heures de surcroît sont celles où l'adresse faiblit. Tout en travaillant plus longtemps, elle ne gagna pas sensiblement davantage : le gain ne fut pas proportionné à l'effort, et encore ne fut-il pas net : pendant neuf heures, de quatre heures du soir à une heure du matin, sa lampe restait allumée, et l'huile coûtait cher. En peu de jours, les quelques économies qu'elle avait pu faire furent englouties.

Jusqu'à ce moment elle avait plus d'une fois douté de la légitimité de sa séparation. Bien souvent elle avait senti s'appesantir sur elle la lourde responsabilité d'avoir enlevé Victorine à son père. Mais lorsqu'elle la vit malade, l'inquiétude et le remords furent étouffés sous l'indignation ; c'était lui le coupable, lui qui l'avait jetée dans la misère, la maladie, la mort peut-être.

Et de fait, Victorine, allait toujours s'affaiblissant; elle ne voulait plus changer de place, et lorsqu'elle était assise elle ne pouvait plus se soulever, ses reins ne pouvaient plus la supporter. Un matin elle refusa de quitter le lit.

Armande n'hésita plus devant la honte qui jusqu'à ce jour l'avait empêchée de recourir à Carbonneau; elle lui écrivit pour le prier de venir.

Elle croyait bien savoir la vraie cause de la maladie de sa fille, elle croyait bien aussi avoir appliqué le vrai remède, mais elle pouvait se tromper. Il n'était plus temps de chercher à éviter une humiliation à Maurice.

Carbonneau, qui ne savait rien de ce qui s'était passé depuis quelques mois, fut étrangement surpris de retrouver la fille de son maître ouvrière dans une chambre sous les toits. Mais, avant toute explication, il s'occupa de Victorine.

Après l'avoir longuement examinée, l'avoir fait lever et marcher :

Quelle nourriture ? dit-il.

Elle répondit en racontant ce qu'elle avait fait.

— Point d'appétit ?

— Non.

— Point d'exercice ?

Elle fit un signe négatif, attendant avec angoisse son jugement.

— Ce n'est rien, dit-il, avec quelques petits remèdes que je vais vous prescrire elle se lèvera demain. Mais, par-dessus tout, ce qu'il faut, ce que j'ordonne, c'est qu'elle se promène, qu'elle marche, qu'elle respire. Je ne dis pas toujours car je vois que vous travaillez, mais deux ou trois fois la semaine. Au retour de vos promenades à la campagne, car c'est seulement de la campagne qu'il peut être question, vous lui ferez manger de la viande crue. Dans deux mois elle sera aussi fraîche que le printemps qui verdira.

Ces prescriptions données, il vint au sujet qui le préoccupait.

— Ainsi, dit-il, vous avez quitté votre mari : pardonnez-moi cette demande, inspirée, vous le savez, par l'amitié. Vous travaillez ! Que dirait notre pauvre ami, s'il voyait sa fille privée de la fortune qu'il était heureux de lui amasser.

Elle expliqua en quelques mots simples et dignes ce qui avait nécessité sa détermination.

— Vous avez résolu vous-même, continua-t-il, le parti que je vous aurais conseillé. Votre mari était une nature séduisante en apparence, mais au fond de laquelle il n'y avait rien de solide sur quoi établir la vie de famille. On pouvait croire qu'il avait du cœur ; mais combien en ai-je vu qui, avec beaucoup de cœur, n'étaient propres qu'à faire souffrir les autres ! Et lui vous a fait bien souffrir ; je me souviendrai longtemps de la nuit passée auprès de vous lors de l'attaque de croup de votre fille. Nous l'avons guérie alors, nous la guérirons encore, et bien plus facilement. A bientôt.

Ces paroles, en même temps qu'elles la rassurèrent, la jetèrent aussi dans une douloureuse perplexité. Comment aller à la campagne ? avec quoi ? Comment sacrifier deux jours de travail ? Il y avait là une de ces impossibilités auxquelles les malheureux se heurtent si souvent, mais d'autant plus terrible pour elle qu'elle n'avait jamais pensé que la vie de sa fille dépendrait de quelques pièces de cinq francs.

Un moyen, toujours le même, le seul possible, se présenta à son esprit, pendant sa longue nuit d'insomnie : recourir à Martel.

Ce moyen elle le repoussa toujours, et ce fut seulement lorsqu'elle crut avoir trouvé une combinaison pour recevoir l'argent sans voir celui qui le donnerait, qu'elle se décida à l'employer.

Dès le petit matin et avant tout, elle écrivit à Martel :

« Mon ami, depuis que nous nous sommes quittés, j'ai pu accomplir assez
« facilement la tâche que je me suis imposée. Mais ma fille n'a point sup-
« porté comme moi les habitudes sédentaires de notre vie occupée. Elle
« est souffrante. M. Carbonneau lui ordonne l'exercice à la campagne.

« Je m'adresse donc à vous pour nous venir en aide, et je vous demande
« un billet de cent francs, que vous voudrez bien mettre sous enveloppe
« et m'adresser : Poste restante, aux initiales A. M.

« Je vous écrirai dans quelques jours pour vous donner des nouvelles
« de la chère enfant.

« Croyez aux sentiments d'amitié,

« De votre bien reconnaissante

« ARMANDE. »

Cette lettre mise à la boîte de son quartier, elle crut le malheur conjuré. Elle savait quelle serait la réponse de Martel.

Vers midi, elle entendit une voiture rapide s'arrêter dans la cour. C'était Carbonneau. Elle courut au devant de lui, pleine d'espérance, maintenant elle pouvait exécuter ce qu'il ordonnerait.

— Mon enfant, dit-il, en vous annonçant hier que je reviendrais, c'était à vous que je pensais, et non à votre fille qui n'a plus besoin que de grand air. Vous savez ce que M. Michon a été pour moi. C'est-à-dire que si je suis quelque chose, c'est à lui que je le dois ; il a été le père de mon intelligence ; il a été mon vrai père ; par ses leçons et ses conseils il m'a ouvert la science, par sa bourse les examens. Cet argent je ne le lui ai jamais rendu, parce que je l'aurais blessé en le lui proposant, et aussi parce que j'étais heureux de rester son obligé, non seulement de cœur, mais matériellement. Je dois donc toujours cet argent, et maintenant je le dois à vous qui êtes son héritière ; comme c'est à vous que je dois tous mes soins et toute mon amitié.

Disant cela, il atteignit dans la poche de son gilet un petit rouleau cacheté qu'il posa sur la table.

— Voici mille francs, reprit-il ; c'est ce que j'ai trouvé ce matin dans mon tiroir. Demain je tiendrai à votre disposition une somme de dix mille francs. Puisque vous travaillez, pourquoi n'auriez-vous pas un magasin de fleurs ? C'est, m'a-t-on dit, une excellente chose, vous pourriez faire de beaux bénéfices.

Armande resta quelques instants sans répondre ; son regard, attaché sur celui de Carbonneau, parlait pour elle.

Enfin, d'une voix émue :

— Ne pensez pas, dit-elle, que je ne sente point toute la générosité de votre proposition, parce que je vous réponds qu'il m'est impossible de l'accepter dans son entier. Ces mille francs, elle mit la main sur le rouleau, je les prends avec reconnaissance ; pour la somme importante que vous voulez y ajouter, je vous prie de la garder. Travailler moi-même, je le puis, rien ne m'est plus facile ; faire travailler, acheter, vendre, diriger une maison, je ne le pourrais point.

— Et si je vous trouvais une maison toute montée, marchant bien, où, avec vos connaissances pratiques et votre mise de fonds, vous pourriez avoir une part d'intérêt.

— Pensez à ma position, dit-elle. Ici je suis perdue dans la foule, si bien cachée que je n'existe pas. Que je cesse d'être simple ouvrière, je me livre au hasard. Plus je me rapproche du monde, plus augmentent mes chances d'être reconnue.

— Enfin, reprit Carbonneau en se levant, réfléchissez pour vous et votre fille. Quand je reviendrai vous me direz votre décision. Quelle qu'elle soit, n'oubliez pas que j'ai entre les mains un dépôt qui vous appartient.

IV

En recevant la lettre d'Armande, Martel commença par y faire une longue réponse qui pouvait se résumer en cette simple question : Pourquoi ne voulez-vous pas que je vous porte moi-même ce que vous me demandez?

Puis, lorsqu'il eut bien lu et relu cette réponse, il la jeta dans son poêle, et se contenta de glisser quatre billets de cent francs dans une enveloppe qu'il adressa comme Armande le lui avait demandé.

Son projet était d'aller attendre Armande à la poste restante. Elle était privée d'argent, elle ne tarderait pas à venir chercher la réponse.

Le lendemain matin, avant huit heures, il arriva donc rue J.-J. Rousseau. Quand le bureau ouvrit, il entra et se mit dans un coin. Les employés étaient en place, derrière un vitrage; et d'une voix calme, avec des mouvements réguliers, ils répondaient aux voix émues qui les interrogeaient, aux mains empressées qu'on tendait vers eux. Des femmes hermétiquement voilées entraient rapides comme le vent, jetaient un nom à peine intelligible, saisissaient la lettre qu'on leur présentait, et sortaient plus rapides encore qu'elles n'étaient entrées.

D'autres, lorsqu'on leur répondait négativement, priaient l'employé de bien chercher et insistaient pour qu'il trouvât. Il y en avait qui, emportées par l'impatience, ouvraient leur lettre dans le bureau ; il y en avait aussi qui la cachaient dans leur corsage et partaient les bras serrés. Des provinciaux et des étrangers, le passe-port à la main, réclamaient leur correspondance; sur des visages se lisait une joie parlante, sur d'autres l'étonnement ou le désespoir. Sans s'émouvoir, sans se presser, les employés continuaient leur besogne, attentifs à la demande, indifférents au ton et à la voix.

Il y avait une demi-heure à peu près qu'il était là, lorsqu'il se trouva seul dans le bureau. L'attention d'un employé se porta sur lui.

— Que voulez-vous? dit-il.

— J'attends quelqu'un, répondit Martel.

— Le bureau est fait pour attendre les lettres, non les personnes.

Martel fut déconcerté. Il voulut répondre; il ne trouva rien.
— Eh bien; fit le même employé en le regardant.
— Un mari jaloux, dit une voix étouffée partant de derrière le vitrage.
— Ou un amant.

Voyant que tous les yeux se fixaient sur lui, il se décida à sortir, mais le plus lentement qu'il put.
— Bravo, Richy, dit une voix, le jaloux est attrappé.
— Richy est un chevalier français, dit un autre employé qui se mit à fredonner:

> En tous lieux protégeant les belles
> Et de leur sexe ayant pitié.

— Le capon, il va attendre dans la cour.

La porte se referma.

Ils ne se trompaient point, il allait attendre à la porte du bureau.

Il s'y installa, n'ayant d'yeux que pour la procession qui défilait devant lui.

Ce n'était plus tout à fait le même monde. Les pressés étaient sans doute accourus eux-mêmes le matin. Maintenant passaient plusieurs commissionnaires.

Lorsque quatre ou cinq vestes de velours bleu eurent défilé devant ses yeux, une idée à laquelle il n'avait point songé le frappa; si, au lieu de venir, elle envoyait un commissionnaire?

Il fut sur le point de renoncer à son projet. Mais, après tout, il y avait autant de chances pour qu'elle vînt, que pour qu'elle envoyât.

Il faisait un froid gris, et le vent, qui s'engouffrait dans les cours et sous les voûtes, soufflait dur et glacial. Deux ou trois fois il fut obligé de quitter sa place pour marcher un peu et se dégourdir les jambes. Mais il n'allait pas plus loin que la grande porte, et revenait aussitôt. Les employés qui sortirent de la poste restante et qui le reconnurent lui rirent au nez; un sergent de ville, après avoir curieusement tourné autour de lui, haussa les épaules et s'en alla le montrer du doigt à un de ses camarades.

La position devenait difficile; il n'avait pas prévu tous ses petits désagréments.

Vers midi, il crut reconnaître sa lettre dans les mains d'une jeune ouvrière qui sortait du bureau. Elle regardait cette lettre sans l'ouvrir, et la tenait de telle sorte qu'il n'en pouvait point voir l'adresse. Tout surpris, il marcha au-devant d'elle. Au même instant, elle la glissa dans un panier qu'elle portait au bras.

Armande avait-elle envoyé cette ouvrière? Dans ce cas, il n'y avait qu'à suivre celle-ci. Mais ne se trompait-il point? Courir après la jeune femme, c'était abandonner le certain pour l'incertain.

Par le timbre de la lettre d'Armande, il savait que celle-ci demeurait dans le quartier du Temple. Si la jeune ouvrière se dirigeait de ce côté, il y avait bien des chances pour qu'elle portât sa lettre.

Elle continua la rue J.-J. Rousseau jusqu'à la rue Montmartre. Il la suivit. Elle s'engagea dans la rue Mandar et coupa la rue Montorgueil. Les chances se dessinaient favorables.

Lorsqu'elle arriva rue de Montmorency et entra dans une cour, il y entra aussi et monta l'escalier derrière elle.

Au bout d'un long corridor elle frappa à une porte. Il s'approcha vivement. Une voix répondit : la voix d'Armande. Sur les pas de la jeune ouvrière il entra dans la chambre.

— J'apporte moi-même la réponse, dit-il.

Le premier moment de surprise passé, et la jeune ouvrière, qui était madame Judhors, sortie, il raconta à Armande comment il était arrivé auprès d'elle.

— J'avais besoin de voir Victorine, dit-il d'un air un peu confus, il ne faut m'en vouloir.

Elle n'était pas elle-même bien libre. Il y eut entre eux un moment de gêne.

Mais ils en avaient long à se dire, depuis tant de temps qu'ils ne s'étaient vus.

Elle lui raconta ce qu'elle avait fait, comment elle avait travaillé, comment elle avait vécu, comment la maladie de Victorine était survenue. Elle dit aussi quelle était l'opinion de Carbonneau, quelles étaient ses prescriptions.

— Eh bien ! fit-il, rien n'est plus facile que d'aller à la campagne. Si vous voulez, je viendrai vous prendre demain. Victorine est encore faible ; il vaut mieux que vous ayez quelqu'un avec vous.

Elle le remercia d'un ton si contraint, qu'il sentit que cette proposition l'embarrassait.

— Ne craignez pas d'être rencontrée, dit-il, il n'est pas à Paris.

— Où est-il ? s'écria-t-elle vivement, saisissant cette occasion qu'elle n'avait point osé provoquer.

— En Allemagne.

— Heureux?

— Je ne sais pas ; c'est très indirectement que j'ai eu de ses nouvelles. Ainsi rien ne s'oppose à ce que vous acceptiez.

Pour courir sur la terrasse Victorine retrouva ses bonnes jambes (p. 479).

H. MALOT. — VICTIMES D'AMOUR.

LIV. **63**

Elle balbutia quelques paroles vagues. Ce n'était point un refus, c'était encore moins une acceptation.

— Dis donc oui, fit Victorine, attentive seulement à cette proposition de promenade.

Elle ne répondit pas.

Alors il se leva, et allant vers la fenêtre :

— N'êtes-vous donc pas toujours sa femme ? dit-il sans la regarder.

— A demain, dit-elle.

V

— Voici ce que j'ai arrangé pour notre promenade, dit Martel en arrivant le lendemain. J'ai une voiture en bas qui nous mènera directement à Saint-Germain ; employer le chemin de fer n'est pas une partie de plaisir ; et il faut aussi que nous puissions emporter des vêtements chauds pour envelopper Victorine si elle a froid ; or les vêtements chauds sont lourds et, comme tels, désagréables à traîner toute une journée. A Saint-Germain, nous trouverons notre déjeuner servi, j'ai écrit pour le commander. Ensuite nous irons par la forêt jusqu'à Maisons. Victorine pourra marcher ; si elle est fatiguée, nous aurons la voiture qui nous suivra. De Maisons, nous reviendrons à Paris avant le froid de la nuit. Cela vous plaît-il ainsi ?

— Je n'aurais souhaité qu'un peu plus de simplicité, dit-elle ; vous nous traitez comme de grandes dames.

Il y avait longtemps, presque un an, qu'Armande et sa fille n'avaient vu la campagne. Lorsque la voiture eut dépassé la barrière et courut en pleine route, ce fut pour elle un émerveillement.

Il avait gelé dans la nuit, et l'humidité de la veille s'était attachée en givre aux rameaux des arbres et aux herbes des champs. De temps en temps de légers flocons précipités par leur propre pesanteur ou par l'aile d'un oiseau tombaient de branche en branche et blanchissaient la route. Le soleil commençait à briller, et les facettes cristallisées du givre que ses rayons frappaient directement scintillaient avec d'éblouissantes clartés. Sur la terre durcie le sabot des chevaux résonnait ; ils allaient légèrement, secouant la tête et poussant devant eux dans l'air froid de petits tourbillons de vapeur qui sortaient de leurs naseaux rougis.

Victorine était joyeuse et animée, Armande doucement heureuse.

La table était servie et le déjeuner prêt ; dans la cheminée flambait un bon feu. Le menu se composait de choses délicates qui devaient plaire à une femme et à un enfant. Victorine retrouva son bon appétit d'autrefois.

Au temps passé, c'était une fête pour Armande que de dîner au restaurant. Martel le lui rappela.

— Pour cela, dit-elle, je suis toujours enfant. Vous ne sauriez croire comme ça me semble bon de manger avec de l'argenterie. Bien que je ne sois pas gâtée par mon ordinaire, je jouis peut-être plus de ces verres de cristal, de ces couteaux en vermeil et de ces camélias, que des bons mets qu'on vient de nous servir.

Pour courir sur la terrasse Victorine retrouva aussi ses bonnes jambes ; et pendant que la voiture les suivait par la route sous bois, elle fit rouler son cerceau tout à son aise. Sur ses joues, si pâles encore le matin, le sang se montra fluide et rose. Derrière elle marchaient Armande et Martel. Ils parlaient de leurs anciens amis, et de temps en temps ils s'arrêtaient pour regarder par-dessus la Seine et les bois du Vésinet l'admirable panorama qui se déroulait devant eux ; le soleil n'avait point eu assez de chaleur pour fondre les frimas, et toute la campagne, jusqu'à l'horizon fermé par les silhouettes noirâtres des monuments de Paris, était si brillante et si immaculée, qu'elle semblait avoir été créée dans la nuit même.

Ils remontèrent en voiture au bout de la terrasse.

Lorsqu'ils sortirent du bois, Victorine s'était endormie.

Insensiblement Armande et Martel cessèrent de parler. L'un et l'autre ils sentaient péniblement que cette journée allait finir, et ils sentaient aussi que les heures qu'ils venaient de passer ensemble planeraient sur toute leur vie lumineuses et sereines.

La voiture, en rentrant dans Paris, les tira de leur recueillement.

— Dois-je oublier votre adresse ? demanda Martel, lorsqu'il fut prêt à partir.

A ce mot, le premier de la journée qui touchât aux difficultés de leur situation, elle leva les yeux sur lui, inquiète et troublée ; le regard qu'elle rencontra était droit et franc.

Venez quand vous voudrez, dit-elle.

VI

Il y avait un mois qu'il venait régulièrement une fois par semaine, lorsqu'un soir il prononça un nom qu'ils avaient toujours évité.

— Maurice est à Paris, dit-il, vous n'avez pas voulu m'interroger depuis que je vous ai dit qu'il était en Allemagne, aujourd'hui je crois de mon devoir de vous dire ce que je sais.

— Où est-il?

— Que fait-il ?

— Je n'en sais rien.

— Je l'ai aperçu tantôt, flânant sur le boulevard des Italiens.

— Comment était-il ? paraissait-il heureux ? dit-elle après avoir attendu un moment que Martel reprît son récit.

Il secoua la tête.

Elle n'insista pas et se mit à gaufrer des pétales de coquelicot d'un mouvement saccadé qui trahissait son émotion.

Martel, à son tour, attendit un moment qu'elle lui fît quelques questions. Puis, voyant qu'elle se taisait :

— Pourquoi ne me dites-vous pas que vous voudriez savoir le vrai de sa position? N'est-ce pas tout naturel ? Demain ou après-demain je viendrai vous faire part de ce que j'aurai appris.

Son intention n'était point de se livrer lui-même à cette enquête qui l'eût mis en contact avec Maurice, ce qu'il tenait à éviter, mais de la faire faire par un de ses amis nommé Fraval.

C'était un garçon de quarante ou quarante-cinq ans, auquel il n'avait manqué pour devenir un grand artiste, que quelques billets de mille francs à son entrée dans la vie ; mais qui, poursuivi par les dettes qu'il avait dû fatalement semer derrière lui, lorsqu'il avait été jeté presque enfant sur le pavé de Paris, avait lutté pendant vingt ans contre les créanciers, avait usé son énergie dans ses efforts stériles, et, tombé à la fin dans une servitude infime qui lui donnait à peine le pain quotidien, se laissait aller au courant de la vie, travaillant douze heures par jour dans un bureau, flânant le soir dans les cafés qui lui tenaient lieu de foyer et de famille.

En sortant de chez Armande, Martel alla à un café des boulevards où il était certain de le rencontrer.

— Martel au café! dit Fraval. Quelle soif te dévore!

— Tu dois quelquefois rencontrer Berthauld? dit Martel sans répondre à l'exclamation de son ami.

— Berthauld, il sort d'ici. J'aurais bel à te dire ; pourquoi n'es-tu pas venu dix minutes plus tôt ; mais je ne fais pas cette charge-là, pas plus que celle du : « Je vous l'avais bien dit. »

— Comment est-il ?

— Encore un, mon pauvre vieux, qui commence à porter la livrée de la misère, mais la livrée honteuse de ceux qui s'en vont, et non la livrée honorable de ceux qui débutent. Encore un pour lequel les cafés remplacent amis, femmes ou enfants. Encore un qui a besoin de ne pas être seul dans une chambre plus ou moins mal garnie et de trouver des oreilles complaisantes qui l'écoutent, des mains armées de plus ou moins de griffes qui serrent la sienne. On sait ce que ça vaut, cependant, ça fait tout de même plaisir.

— Tu sais bien que Berthauld a eu une famille, des amis, une femme, un enfant, et que c'est sa faute s'il a perdu tout cela, y compris sa fortune.

— Tonnerre! dit Fraval, si j'avais eu une femme, un enfant!

Il passa sa main sur son large front, comme pour chasser cette idée importune, et il avala d'un trait la chope de bière qui était devant lui.

— Que veux-tu prendre? dit-il.

— De la bière.

— Tu ne vois donc plus Berthauld, reprit-il lorsqu'on les eût servis

— Non, et j'ai besoin de savoir ce qu'il devient; tu dois le rencontrer

— Tous les soirs, depuis quelques semaines. Mais ce qu'il devient, je n'en sais rien, ou plutôt je ne le devine que trop. Il était là tout à l'heure, allant aux tables où il avait l'espérance qu'on lui offrirait une chope, attendant qu'on montât une partie pour la nuit dont on l'inviterait peut-être. Mazuras, qui finit là-bas de souper, lui a proposé de partager sa tranche de jambon et de saucisson. Berthauld a refusé, non parce qu'il n'avait pas faim, son regard parlait et sa pâleur aussi, mais parce que, quand on est resté quelque temps sans manger, la gorge se refuse à avaler du jambon ou du saucisson. Si Mazuras avait offert du pâté d'Italie ou des œufs sur le plat, sa proposition eût été acceptée, et encore mieux pour une bonne côtelette saignante. Berthauld n'a pas osé s'expliquer, son orgueil l'a fait refuser. Ah! tu ne connais plus ça, toi qui deviens millionnaire, et qui vends tes tableaux comme si tu étais mort. Mais nous autres vieux routiers... Voilà, mon cher, ce qu'il devient. Par là, jette un regard sur le reste.

- En est-il venu jusque-là?

— On va vite, une fois qu'on est sur la pente; c'est savonné comme le ber d'un navire qu'on lance. Quand Berthauld a vu que rien de bon ne se préparait ici, il est allé à la brasserie voir s'il serait plus heureux. C'est sur ton chemin, passes-y, tu es certain de l'y trouver.

— Si tu entends par hasard quelque chose sur son compte, dit Martel, fais-moi l'amitié de le retenir et de venir dîner avec moi. Quand tu le verras chercher un souper qui devra être aussi un déjeuner et un dîner, invite-le; je t'en tiendrai compte. Seulement ne parle pas de moi.

Comme Fraval l'avait dit, la brasserie était sur le chemin de Martel. Lorsque celui-ci fut arrivé devant la porte, il ralentit le pas.

Les garçons, la serviette sur l'épaule, posaient les volets de la fermeture. Des groupes sortaient en titubant légèrement et en cherchant le trottoir du pied comme des aveugles. Des femmes, en ramassant leur jupe en gros plis sur le ventre, s'en allaient doucement, tournant la tête pour voir si on les suivait.

La grande entrée fut fermée avec des bruits de ferraille, et le gaz des becs extérieurs s'éteignit brusquement. Dans la devanture resta seulement ouverte une petite porte par laquelle on ne pouvait défiler que un à un.

Martel, qui avait dépassé la brasserie, redescendit de quelques pas.

Un dernier groupe de quatre jeunes gens sortit; sur leurs talons on poussa la petite porte.

— Oui, mes enfants, dit une voix, — celle de Maurice, — l'art est une pyramide dont la base doit s'appuyer sur la réalité et la pointe se perdre dans le ciel.

— Allons-nous au 17 ? dit une autre voix légèrement épaissie.

Le 17 était un petit café borgne situé tout près de là, et qui avait l'inappréciable mérite de fermer un peu plus tard et d'offrir un abri ou à boire à ceux qui ne peuvent pas se décider à rentrer ou à ceux qui ont toujours soif.

Bras dessus bras dessous et deux par deux, ils se dirigèrent vers le 17 en agitant les questions les plus transcendantes.

Martel les suivit. Puisque le hasard lui faisait rencontrer Maurice, il voulait savoir ce qu'il allait devenir, où il allait rentrer, si même il avait quelque part où rentrer. En relevant le collet de son pardessus et en enfonçant son chapeau sur ses yeux, il avait bien peu de chances pour être reconnu.

La station que les amis firent au 17 ne fut pas longue; les règlements de police exigeaient la fermeture.

Il les vit bientôt sortir; mais avant la séparation définitive, il vit aussi que Maurice tirait à part un de ses compagnons. Ce que Maurice dit, il ne l'entendit point, mais il entendit la réponse :

— Ah ! sacristi, mon pauvre cher, je n'ai que quelques sous sur moi.

Ces quelques sous passèrent dans la main de Maurice.

Alors ils se quittèrent, et tandis que les trois amis remontaient lentement la rue en discourant, Maurice la descendit rapidement. Martel régla son pas sur lui.

A cette époque, il y avait sur le boulevard Montmartre un pâtissier bien connu des noctambules, dont la boutique, qui a disparu aujourd'hui, restait ouverte assez tard dans la nuit. On y trouvait des potages qu'on servait dans une arrière-salle.

C'était là que courait Maurice : c'était pour se payer un potage qu'il avait emprunté quelques sous.

Il resta assez longtemps chez le pâtissier, jusqu'au moment où on le renvoya. En sortant il se dirigea vers la Madeleine.

Toutes les maisons étaient sombres; seuls les becs de gaz projetaient leur clarté vacillante sur l'asphalte des trottoirs. Quelques rares passants marchaient rapidement. La chaussée était déserte : c'était à peine si çà et là on apercevait les lumières rouges de quelques voitures attardées.

Arrivé au boulevard des Italiens, Maurice s'arrêta indécis.

Évidemment il s'attendait à trouver quelque café ouvert encore.

Alors il croisa son petit paletot sur sa poitrine, et, les mains dans les poches de son pantalon, il continua son chemin, après avoir hésité s'il irait en avant ou s'il reviendrait en arrière.

Une bise aigre et froide soufflait du nord et soulevait en petits tourbillons la poussière de la chaussée, que des ombres encapuchonnées étaient en train de balayer. De temps en temps par les rues qui ouvraient sur le boulevard, on apercevait, entre la ligne des maisons longue et noire formant le tube d'un gigantesque télescope, la lune qui, s'étant abaissée, éclairait le dessous des nuages, comme si sa lueur rouge montait de la terre et ne tombait pas du ciel.

Maurice marchait au milieu du trottoir, Martel le long des maisons qui l'enveloppaient de leur ombre.

Ils cheminèrent ainsi jusqu'à la place de la Concorde.

Allait-il réellement de ce côté, ou bien ses jambes prenaient-elles machinalement le chemin qu'il suivait autrefois, tous les soirs, pour rentrer à Chaillot?

Il tourna à gauche. Il était venu chercher les arcades de la rue de Rivoli : c'était un abri où le vent était moins dur.

Martel, décidé à l'accompagner, resta de beaucoup en arrière, car sous les galeries la lumière, réfléchie par les murailles blanches, était plus vive, et le bruit des pas résonnait. En se retournant, Maurice aurait pu le reconnaître.

Mais celui-ci, ne s'imaginant guère qu'il était suivi, ne pensait point à regarder derrière lui; il avait ralenti sa marche, ne l'allongeant que lorsqu'il voyait venir à lui des sergents de ville faisant leur ronde.

Ils mirent bien trois quarts d'heure à gagner le Louvre. Maurice alors se dirigea vers la Seine.

La lune était couchée. Les nuages s'étaient épaissis, et formaient une voûte noire et basse sans une seule étoile. La bise soufflait plus froide, chassant quelques petits papillons de neige.

— Où va-t-il? se demanda Martel, assurément il n'a pas où coucher. Comment avec son chétif paletot peut-il supporter le froid, quand mon gros pardessus ne m'empêche par de trembler?

Les quais étaient absolument déserts, livrés en toute liberté aux rats, qui, des tas d'ordures où ils cherchaient leur maigre pitance, se sauvaient sous les trottoirs lorsqu'ils entendaient du bruit. Au loin on voyait de chaque côté une longue file de lumières se rapetissant à perte de vue ; dans son lit de pierre on entendait la rivière toute noire clapoter contre les bateaux s'engouffrer sous les ponts.

Vers le Châtelet un pâté de vieilles maisons était en démolition. Sur des espaces vides, embarrassés seulement de matériaux mis en tas, brûlaient de place en place de grands feux, éclairant de lueurs rouges des pans de muraille qui semblaient s'allonger et vaciller. Des gardiens à moitié morts de sommeil et de froid sortaient de leurs guérites pour jeter du bois dans les brasiers.

Maurice s'approcha d'un de ces feux et présenta ses pieds à la flamme. Tout en causant d'un air dégagé avec le gardien, il s'accroupit pour recevoir en plein corps un peu de chaleur, mais un sergent de ville vint bientôt le déranger.

Il reprit sa course. La neige tombait plus fort. Le vent chassait ses flocons serrés et les fouettait si rudement, qu'ils rasaient la terre comme une poussière blanche, pour aller s'amonceler contre tout ce qui faisait obstacle.

Depuis qu'ils avaient quitté la brasserie, il y avait longtemps qu'ils piétinaient : l'horloge du Palais-de-Justice sonna trois heures.

A grandes emjambées il remonta le boulevard de Sébastopol.

— Il va à la Halle, pensa Martel.

Il ne se trompait point.

Les carrioles, blanches de neige, commençaient à arriver de la campagne et à prendre rang dans les rues environnantes : les gargotiers en plein vent, qui ont remplacé les restaurants et les débits autrefois ouverts toute la nuit, étaient à leur poste. Maurice passa au milieu de ce monde et entra sous les grandes travées.

Les lumières y étaient trop vives, et la foule n'y était point encore assez compacte pour que Martel pût s'y aventurer sans crainte d'être reconnu.

D'ailleurs, à quoi bon ? La vérité, pour lui, n'était maintenant que trop évidente.

VII

Il avait promis à Armande de lui dire ce qu'il apprendrait. Il lui raconta cette terrible course.

Lorsqu'il en vint au moment où Maurice s'était accroupi devant le feu, elle ne put arrêter ses larmes.

Il s'accroupit pour recevoir en plein corps un peu de chaleur (p. 504).

H. MALOT. — VICTIMES D'AMOUR.   LIV. **64**

— Lui, si sensible ! s'écria-t-elle, et cette nuit le froid sera encore plus dur.

— Rassurez-vous pour cette nuit, je lui ai fait remettre quelque argent.

— Vous avez fait ce que vous pouviez, dit-elle avec exaltation, à moi de faire le reste.

— Et que voulez-vous ?

— Lui donner un abri, partager mon pain avec lui.

— Voilà bien ce que je redoutais.

— N'est-ce pas tout naturel? n'est-ce pas mon devoir?

— Avec tout autre oui, peut-être, avec lui, non. Ce n'est pas votre toit, votre table que vous allez lui apporter, c'est lui qui va vous apporter sa misère, vous l'imposer à vous et à votre fille. Écoutez, je vous en conjure : ma parole est aujourd'hui aussi franche de toute arrière-pensée qu'elle l'a toujours été. La tâche que vous voulez entreprendre est impossible. Il y a des hommes qui ont voulu se vouer à sauver des femmes déchues, ils ont toujours échoué ; sauver Maurice est plus difficile encore ; il faudrait trouver quelque chose en lui de sain, et il n'y a plus rien. Que croyez-vous qu'il fasse aujourd'hui avec l'argent qui lui a été remis? Il a bien dîné. Il est dans un café, et avec ostentation il paie à boire à ceux qui lui faisaient hier l'aumône de l'inviter. Un groupe l'entoure. Il raconte ce qu'il a voulu faire comme artiste. Il brille, il a de l'esprit ; il se croit un grand homme et méprise ceux qui réussissent. Il raille la détresse dans laquelle il sera demain. Il est le charlatan de la misère. Il dit qu'il avait une femme, un salon, et que maintenant il a des bottes trouées, mais qu'il est libre. Voilà sa vie, celle dans laquelle il retombera toujours, qui pour vous est horrible, qui pour lui est pleine d'entraînements. Que voulez-vous que fasse le dévouement le plus héroïque !

— Ce que vous appelez dévouement, pour moi est réparation. Si je ne l'avais pas abandonné, serait-il tombé si bas ? Que ma faute soit petite ou grande, je veux l'expier. Qui sait si sa misère ne l'a pas purifié et s'il n'attend pas seulement un peu de repos pour recommencer la vie. Après tout, ce n'est qu'une épreuve.

— Cette épreuve, c'est votre perte, c'est celle de votre enfant, c'est votre ruine, un travail acharné pour vous, des privations pour Victorine à peine rétablie. Votre travail ne pouvait pas nourrir deux personnes, il n'en nourrira pas trois ; lui-même ne pourra pas se contenter de votre vie si chétivement réglée. Écoutez la raison.

— Je ne puis écouter que mon devoir.

Il se tut et ne reprit qu'après que quelques minutes se furent écoulées.

— J'ai parlé pour vous, laissez-moi dire un mot pour moi. Je ne vous verrai plus.

— Eh bien! et moi! s'écria-t-elle en cachant son visage entre ses mains.

Il se leva et s'avança vers elle.

Elle se leva en même temps, et, se reculant vivement :

— Souvenez-vous, dit-elle.

Il recula lentement.

Puis, la regardant en face, d'un air résolu :

— Que comptez-vous faire? dit-il.

— Lui écrire.

— Et bien, écrivez ; je porterai votre lettre pour qu'elle lui soit remise. C'est une folie, mais elle est sainte; j'en veux ma part.

Elle écrivit quelques mots. Puis sans qu'ils eussent échangé une seule parole, il partit.

VIII

Si Maurice avait employé à quelque chose d'utile l'argent que Martel lui avait fait remettre par Fraval, assurément ce n'avait point été à sa toilette.

Lorsqu'il arriva chez sa femme, il avait le même costume que dans la nuit où Martel l'avait suivi : le même petit paletot noir avec des manches lustrées aux coudes pour avoir essuyé bien des tables de café, un pantalon gris clair déchiqueté au bas des jambes; un chapeau que la pluie et les coups avaient amolli comme un feutre ; pas de linge visible; des souliers qui, par les fentes de l'empeigne, lançaient des jets noirs de neige fondue.

— Un nid chaud, dit-il en tendant la main à sa femme, franchement tu me l'offres à temps.

Il s'assit auprès du feu. Depuis le matin elle l'entrenait dans la cheminée, pensant bien qu'il en aurait grand besoin. Ses vêtements pleins d'humidité, commencèrent à fumer.

— Allons, Bichette, dit-il à sa fille qui le regardait avec de grands yeux étonnés, venez vite embrasser votre papa.

Elle lui sauta sur les genoux, lui jeta ses deux bras autour du cou, et l'embrassa d'un gros baiser sonore.

Il pencha la tête sur elle. Quand il la releva, il sembla à Armande que des larmes roulaient dans ses yeux.

Combien elle le voyait changé! Ses tempes s'étaient dégarnies; ses cheveux étaient raides et secs; son regard avait une fixité dure; ses paupières rougies étaient plissées; loin d'avoir maigri, il avait cette bouffissure luisante à l'aspect malsain qu'on rencontre chez beaucoup de buveurs; ses mains tremblaient.

— Ah! dit Victorine en se reculant, tu sens l'anis, tu bois donc de la tisane, pauvre papa! moi aussi j'en bois; comme c'est mauvais!

Ce n'était pas l'anis qu'il sentait, ce n'était pas la tisane, c'était l'absinthe.

— Voyons, dit-il en se tournant vers Armande, raconte-moi un peu comment tu as fait pour m'envoyer ta lettre, j'avoue que cela m'intrigue. Qui a pu te dire où me l'adresser?

— Martel.

— Tu le vois donc?

Il prononça ces mots avec une certaine dureté et en la regardant en plein visage.

Elle ne baissa point les yeux.

— Il y a six semaines, répondit-elle, Victorine a été malade, mon travail a été insuffisant pour me fournir de quoi la soigner; je me suis adressée à lui; je lui ai écrit : il est venu à mon aide.

— Ah!

Et, s'adressant à sa fille comme pour chasser les pensées qui lui venaient :

— Tu as été malade, Titine?

— Oui, d'avoir mangé trop souvent des pommes de terre; ça encore qui est mauvais! mais c'est Martel qui m'a payé des bonnes choses!

Armande voulut arrêter cette conversation, et quoiqu'il ne fût plus l'heure de déjeuner et pas encore celle de dîner, elle lui demanda s'il voulait se mettre à table.

— Merci, dit-il; pour le moment ce n'est pas de manger que j'ai le plus besoin.

Il montra son costume.

— Voilà avec quoi je suis revenu d'Allemagne, continua-t-il, ça n'est ni chaud ni beau, comme tu vois. Et cependant dans ce brigand de pays j'ai gagné plus de deux cent mille francs; par malheur j'ai tout reperdu. Le reste, comme dit Bilboquet, a été pour mes créanciers.

Il parlait avec une ironie moitié gaie, moitié triste.

— Après ton abandon, dit-il d'une voix émue, j'ai eu besoin de m'étourdir.

Elle fit un geste.

— Ce n'est pas un reproche, poursuivit-il, ne parlons ni l'un ni l'autre du passé. Ce qui est fait est fait. D'ailleurs, tu répares aujourd'hui le chagrin que tu m'as causé alors, si le chagrin peut se racheter toutefois. Mais là-dessus, hélas! tu peux parler aussi bien que moi.

Elle le conduisit dans un magasin d'habillements où il choisit les vêtements qui lui étaient nécessaires, on n'avait point le temps d'en commander chez le tailleur; il y avait une réelle urgence à ce qu'il abandonnât ceux qui le quittaient loque par loque. Elle lui acheta aussi du linge et des chaussures, et ils revinrent à la maison.

Il voulut l'aider à préparer le dîner : lui autrefois si indifférent à toutes ces choses, il se fit empressé et complaisant.

Volontiers, il fût resté longtemps les coudes sur la table, les pieds dans les cendres. Mais lorsque le dessert fut achevé, elle enleva la nappe. Elle avait à travailler.

Au moment où elle allait prendre la bouteille à l'eau-de-vie pour la serrer, il mit la main dessus et la posa sur la tablette de la cheminée à côté de son verre.

Puis tout en causant gaîment, il se versa de nombreux petits verres qu'il avala lentement en les sirotant.

Vers dix heures, Armande, effrayée de voir la bouteille qu'elle avait servie pleine, à moitié vide, parla de se coucher.

— Voici comment j'ai arrangé les choses, dit-elle. On est très bien dans la petite chambre pour dormir le matin sans être dérangé. C'est celle de Victorine. Elle abandonnera son lit et couchera avec moi.

— Ah! les bons draps blancs, dit-il, lorsqu'elle l'eut conduit dans cette petite chambre.

Avant qu'elle le quittât il voulut l'attirer dans ses bras. Elle se dégagea doucement et lui présenta la main.

Il voulut la regarder, elle baissa les yeux sur Victorine.

Alors découvrant son lit d'un mouvement brusque :

— Ma foi, dit-il, on est mieux là-dedans pour dormir, qu'à la Halle, appuyé contre des sacs de pommes de terre.

Elle avait pensé qu'il voudrait travailler; le matin elle lui prépara une petite table recouverte d'un châle, et sur laquelle elle posa du papier, des plumes et de l'encre.

Mais il ne se leva que pour déjeuner, et après qu'il se fut bien réconforté, il parla de tout autre chose.

— Puisque Victorine a besoin de se promener, dit-il, je vais l'emmener au bois de Boulogne; en même temps cela l'amusera de voir patiner.

Armande se mit à faire sa fille aussi belle que possible.

Lorsqu'elle fut prête :

— Est-ce qu'elle n'a pas un autre chapeau que ça? dit-il en la regardant.

Sur la réponse négative que lui fit Armande :

— S'il te reste encore quelques économies, continua-t-il, donne-moi donc ce qu'il faut pour que je lui achète, en chemin, une gentille coiffure. On ne peut pas la promener comme ça.

— J'avais mis vingt francs dans la poche du gillet, dit-elle.

Vivement il glissa ses doigts dans la poche.

— Tiens, c'est ma foi vrai, dit-il. Voilà une bonne idée; une intention pleine de cœur, ajouta-t-il tendrement. Titine vous allez avoir un beau chapeau.

Elle ne fit point d'objection à cette parole; mais lorsqu'elle fut seule, elle réfléchit tristement.

C'était donc là ce qu'avaient produit ces enseignements du malheur, dans lesquels elle avait mis sa seule confiance.

Il n'était point guéri de sa passion de jeter l'argent au gré de son caprice, comme au temps où il ne lui coûtait rien.

Et il avait une nouvelle passion plus terrible que toutes celles qui l'avaient emporté autrefois; — il aimait l'eau-de-vie.

Les jours suivants, malgré le désir qu'elle en avait, elle n'osa point lui demander quelles étaient ses intentions pour l'avenir, duquel d'ailleurs il ne paraissait point se préoccuper. Tout au présent il ne parlait jamais du lendemain. Il se levait pour déjeuner; quand le temps était beau dans la journée il emmenait Victorine, mauvais il s'en allait seul. Exact pour le dîner, il ne sortait point le soir. On eût dit que pour la première fois il goûtait les douceurs du coin du feu. Il restait auprès de la table où travaillait Armande, affectueux avec elle, plus affectueux même quelquefois qu'elle ne l'eût voulu, plein de gentillesses pour Victorine, aimable pour madame Judhors, poli pour le mari.

Un jour qu'il était sorti seul, il rentra plus tôt qu'à l'ordinaire.

— Tu m'as parlé, dit-il, de ton désir d'être agréable à tes voisins; j'ai pu aujourd'hui, par hasard, avoir quatre place pour le Cirque, veux-tu les leur donner? Victorine ira avec eux.

Ce fut une fête pour les Judhors, qui adoraient le théâtre et ne pouvaient que rarement se le payer : ils emmenèrent Victorine.

— Allons! dit Maurice lorsqu'il fut seul avec sa femme, nous voici au coin du feu, en tête-à-tête, comme aux premiers mois de notre mariage. Que les temps sont changés! n'est-ce pas?

— Hélas!

Le malheur, c'est que nos cœurs le sont aussi, le tien au moins, car le mien n'a jamais cessé d'être plein de tendresse pour toi, aujourd'hui autant qu'il y quatre ans, sinon plus.

Elle leva les yeux sur lui et les rebaissa aussitôt, troublée de l'ardeur de son regard.

— Il y a quatre ans, dit-il, dans une soirée comme celle-ci, tu te serrais près de moi, nos têtes se touchaient et nous lisions dans le même livre.

Il approcha sa chaise de celle d'Armande; celle-ci recula doucement la sienne.

— J'ai à travailler, dit-elle.

Elle poussa entre eux, sur la table, un morceau de papier découpé.

D'un mouvement de bras il l'écarta.

— Est-ce qu'alors je t'ai jamais répondu que j'avais à travailler? dit-il.

— Les temps sont changés.

— Et pourquoi ne changeraient-ils pas de nouveau? pourquoi ne redeviendraient-ils pas ce qu'ils ont été?

Il voulut la prendre dans ses bras et l'approcher de lui.

Elle se leva vivement.

— Nous nous aimions, dit-elle.

— Eh bien! est-ce que je ne t'aime pas encore? Ne suis-je pas encore ton mari?

Elle avait jusqu'à ce moment répondu avec douceur; mais, effrayée du ton que prenait l'entretien, elle voulut l'arrêter de telle sorte que ni ce jour-là ni plus tard il ne recommençât point.

— Ce n'est pas maintenant que je pourrais croire à cet amour, dit-elle avec fermeté.

— Et pourquoi, s'il te plaît?

— Peut-être parce que je ne vous aime plus. Je retenais cette parole, n'accusez que vous si elle m'échappe.

— Je n'accuserai, s'écria-t-il avec emportement, ni toi ni moi, mais celui qui m'a remplacé dans ton cœur, le lâche ami qui s'est insinué entre nous deux. Tu crois bien à cet amour-là, sans doute?

Elle ne répondit pas.

— Eh bien! j'y crois, moi, car il a eu l'audace de me l'avouer en face.

— Que m'importe s'il ne me l'a jamais dit à moi-même?

— Cherche d'autres à qui le faire croire. Pendant que je ne savais où tu étais cachée et si ma fille vivait encore, tu le recevais. Qui sait si tu ne m'as pas abandonné pour le voir plus librement? En m'appelant il y a quelques jours auprès de toi, vous avez peut-être voulu me faire légitimer un enfant dont il est père.

Elle s'avança vers lui, pâle, haletante, suffoquée d'indignation.

— Je ne vous repousserais pas alors, dit-elle.

— Tu n'as, maintenant, ni à me repousser, ni à m'attirer. Demain j'aurai quitté cette maison où je n'ai été appelé que par pitié et où je pourrais parler en maître. On me fait des propositions qui peuvent m'enrichir, je les accepterai ; je pourrai alors reprendre ma fille, je ne veux pas qu'elle grandisse entre vous.

Il sortit.

Ces menaces étaient-elles sincères ! quelles étaient ces propositions dont il parlait ?

Elle eut tout le temps de rester livrée à son inquiétude, car ce fut seulement dans la nuit du lendemain qu'il rentra. Bien des fois dans cette longue journée elle regretta le mot décisif qu'elle avait prononcé, quelque vrai qu'il fût. Mais chaque fois la raison vint lui dire qu'elle eût été méprisable de parler autrement ; car ce n'était pas l'amour qui maintenant pouvait le sauver.

Il était plus d'une heure du matin lorsqu'elle se coucha. Elle dormait depuis quelques instants lorsqu'on heurta à la porte ; pendant plusieurs minutes elle entendit une clef qui cherchait la serrure. C'était lui. Sans dire un mot, il se dirigea à tâtons vers la chambre. Quoiqu'elle ne l'eût pas vu, quoiqu'elle n'eût pas entendu la voix, elle comprit où il avait passé son temps : dans la pièce qu'il n'avait fait que traverser était restée une odeur d'eau-de-vie et d'absinthe.

Il sortit le lendemain, aussitôt après le déjeuner et sans emmener Victorine. Il rentra pour dîner, repartit aussitôt qu'il eut fini, et ne revint que tard dans la nuit.

Le lendemain encore ce fut exactement la même chose, avec cette différence toutefois que, pendant le repas, il parla à sa fille et à sa femme.

Pendant un mois ce fut tous les jours ainsi.

Et chaque jour Armande se demandait comment par son travail elle fournirait à cette vie dispendieuse. Elle était chef de famille maintenant ; aux soucis matériels du moment, plus lourds qu'ils ne l'avaient jamais été, s'ajoutaient les inquiétudes de l'avenir. L'argent de Carbonneau tirait à sa fin. Il restait, il est vrai, les quatre cent francs envoyés par Martel ; mais, par un sentiment de délicatesse bien naturel, elle ne voulait point que cette somme fût employée aux besoins de Maurice, aussi l'avait-elle soigneusement cachée.

Il était revenu une fois sur les propositions qu'on lui faisait et qui étaient une tournée à la Havane et aux États-Unis comme accompagnateur de la Nicocera ; mais il n'en parlait plus, et elle n'osait pas l'interroger.

Qu'attendait-il donc pour prendre un parti ? Que faisait-il ?

Il ne disait rien ; et c'était par ce qu'elle apprenait indirectement qu'elle pouvait suivre sa vie.

Je vous en prie, dit-elle d'une voix éplorée (p. 518).

Un jour, elle s'aperçut qu'il n'avait plus le paletot qu'il mettait d'ordinaire sous son pardessus; une autre fois elle ne put pas retrouver des bottes toutes neuves qu'elle venait de payer.

Avec mille protestations d'amitié Judhors la prévint que désormais il ne pourrait plus prêter d'argent à M. Berthauld, qui d'ailleurs reconnaissait mal ces petits services et se montrait pour madame Judhors tel que ne le méritait point une honnête femme.

En même temps le concierge l'avertit que si M. Berthauld continuait toutes les nuits à rentrer à deux ou trois heures, il faudrait quitter la maison.

— Vous savez bien, ma chère dame, ajouta le brave homme, que je suis ouvrier, et que quand on a travaillé toute la journée on a besoin de quelques heures de nuit pour dormir ; c'est pas ici une maison de riches où les concierges dorment tout le long du jour.

Les sinistres prédictions de Martel se réalisaient. Cette vie était impossible à continuer. Mais comment la briser une fois encore. Que deviendrait-il? Que deviendrait-elle elle-même si elle s'obstinait à la continuer?

Un jour qu'elle était sortie pour promener Victorine, car il ne la prenait plus jamais avec lui, elle fut surprise en rentrant de trouver un désordre qu'elle n'avait point laissé. Sans doute il était venu pendant qu'elle était absente.

Elle alla dans la chambre qu'il habitait. Ses habits n'étaient point à la place où d'ordinaire il les accrochait, ni là, ni ailleurs.

Elle eut un pressentiment et courut à sa commode ; c'était là, entre du linge, qu'elle avait caché l'argent de Martel.

Les tiroirs, toujours bien fermés, avaient été ouverts ; le linge était bousculé, déplié, les quatre billets de banque avaient disparu.

Plus de doute : il avait réalisé la menace de partir pour toujours, et il avait emporté l'argent.

Elle fut accablée, et pendant longtemps elle resta dans un état de stupeur.

Le soir se fit, Victorine, qui jouait dans le corridor, rentra pour dîner.
— J'ai faim, dit-elle, donne-moi à manger en attendant père.

Armande la prit convulsivement dans ses bras, et d'une voix brisée :
— Tu n'as plus de père, dit-elle.

L'enfant la regarda longtemps, cherchant à comprendre ces mots pour elle étranges, puisqu'elle avait vu son père le matin.

Après cinq ou six minutes elle approcha sa chaise de la table.
— J'ai faim, répéta-t-elle.

CHAPITRE XII

JOURNÉE DE PRINTEMPS

I

Depuis plus de trois mois Maurice avait disparu, et ni Mazuras, ni Liénard, ni Charvet, ni aucun de ceux qui avaient des relations avec lui, habituelles ou de hasard, ne pouvaient donner de ses nouvelles à Martel.

On était au milieu de mai, et, pour la première fois depuis leur promenade à Saint-Germain, Armande et Martel se trouvaient avec Victorine à la campagne. Jusqu'à ce moment elle avait toujours eu des raisons pour rester à Paris; avril avait été froid, et les premières semaines de mai si pluvieuses, qu'il en était résulté de terribles inondations. Mais depuis deux jours la bataille du soleil et des nuages avait cessé : il semblait que le ciel s'était lavé de toutes ses souillures sur la terre qui les avait absorbées.

Il avait été convenu que de la station de chemin de fer où l'on arriverait, on gagnerait à pied celle d'où l'on repartirait. Ils étaient descendus à Ris, et par des chemins charrois ils devaient couper à travers la forêt pour aller à Brunoy; en inclinant un peu sur leur droite, ils trouveraient une auberge; c'était une course que Victorine pourrait, dans toute une journée, faire assurément sans fatigue.

Après ce mauvais temps, qui avait duré plusieurs semaines, la chaleur tombant brusquement sur une humidité diluvienne, développait dans les bois une fougueuse végétation; les trembles et les bouleaux montraient déjà de vigoureuses frondaisons s'entremêlant aux rameaux plus tardifs des chênes qui n'avaient encore que de petites feuilles à peine déplissées; sous les arbres les herbes hautes et drues foisonnaient, et des fleurs odorantes s'ouvraient jusqu'au bord des ornières transformées en mares. Dans les profondeurs ombreuses des taillis, on entendait des battements d'ailes, des chants et des cris d'oiseaux. Au milieu des sentiers marchaient des troupes d'insectes, ouvriers inconnus se hâtant vers de mystérieuses besognes ; entre la rangée des arbres et des buissons qui formait le chemin montait une légère brume transparente.

Ces bois, comme il arrive dans les contrées fertiles où le paysan ne veut pas perdre de bonne terre labourable, étaient coupés de plaines cultivées. Là aussi la nature regagnait le temps perdu : les seigles entraient en floraison et de leurs épis barbus sortait une vapeur chaude : partout, excepté dans les champs de blé qui n'étaient encore que des champs d'herbe, les yeux ne rencontraient que des fleurs ; à côté des longs sillons de trèfle rouge ondulant en vagues de feu, s'étalaient des colzas en éblouissants carrés d'or et les luzernes ; au loin çà et là des groupes de pommiers neigeaient dans l'air : les alouettes chantaient et pointaient droit dans l'azur.

— Que la campagne est belle, dit Armande, et que sont heureux ceux qui y vivent toujours !

— Ce bonheur pourrait être le vôtre, répondit Martel.

Puis tout de suite, comme s'il en disait plus qu'il ne voulait :

— Si les gens qui se croient les sages, reprit-il en riant, voyaient notre contentement, ils diraient que nous sommes livrés à des instincts animaux.

Les bois reprirent plus hauts et plus épais ; des lapins broutant les pousses dans les clairières, un chevreuil traversant tranquillement le chemin, annoncèrent qu'on s'éloignait des habitations.

Victorine se fatigua si bien à courir après les papillons et à cueillir des fleurs aussitôt abandonnées pour en cueillir d'autres, qu'elle arriva brisée de fatigue à l'auberge où l'on devait dîner.

— Comment gagnerons-nous Brunoy ce soir ? dit Armande un peu inquiète.

— Le père Blanchard nous conduira dans sa petite carriole.

Victorine promit de ne pas être fatiguée après le dîner ; mais, au dessert, elle s'endormit sur sa chaise. Alors comme il devenait assez difficile de faire quatre ou cinq kilomètres en portant un enfant endormi ou en le traînant si on le réveillait, il fut décidé qu'on ne rentrerait pas ce soir-là à Paris : l'auberge était propre et très convenable pour une nuit.

— Vous pourriez coucher Victorine, dit Martel, et, si vous n'êtes point lasse, je vous mènerai dans le bois, pas bien loin d'ici. Vous verrez la combe qui m'a servi pour faire mon grand tableau de cette année. La fille de la mère Blanchard restera auprès de l'enfant. Vous pouvez avoir pleine confiance en elle. Pendant tout le temps que j'ai demeuré ici pour mon étude, j'ai pu l'apprécier ; c'est une excellente fille qui fera exactement ce que vous lui direz.

Armande était assez peu disposée à abandonner Victorine à la garde d'une étrangère; mais, sollicitée par la beauté du soir et rassurée par les paroles de Martel, elle se laissa tenter.

II

Une cavée rapide et caillouteuse qu'ils prirent à trois ou quatre cents pas de la route, les conduisit en peu de temps à cette combe.

Une déception les y attendait. Cette partie de la forêt venait d'être mise en coupe; les taillis étaient abattus, les chênes, couchés sur la terre, étaient dépouillés de leur écorce; dans le crépuscule vaporeux et cuivré on ne voyait entre les tas de fagots et de bourrées que quelques baliveaux restés debout.

Les critiques seraient bien attrapés, dit Martel, s'ils voulaient comparer mon tableau à la nature. Ma pauvre combe : voilà tout ce qui reste ; ce n'était pas la peine de vous exposer à gagner une entorse dans la cavée pour voir cette ruine. Nous n'avons plus qu'à nous en aller, à moins que vous ne veuillez attendre que la lune qui commence à se montrer nous éclaire pour rentrer.

Ils s'assirent sur un arbre renversé.

La lune en se levant transfigura l'espace dénudé qui s'étendait devant eux. Les troncs des chênes jetés à bas et pelés depuis les racines jusqu'aux branches apparurent, frappés par la pâle lumière de la lune, comme d'énormes serpents roux dormant dans l'herbe; les arbres isolés, les monticules, les tas de bois projetèrent sur le gazon de grandes ombres : au au loin, au-dessus des fonds, se forma un léger brouillard duquel émergèrent immobiles les têtes rondes et noires des arbres. La transition du jour à cette nuit lumineuse avait été si peu marquée que la vie animale ne s'était pas endormie; des tourterelles roucoulaient, et dans les herbes, dans les mousses, on entendait des froissements de feuilles sèches remuées par le passage d'insectes invisibles.

Ils restèrent longtemps assis, charmés par la sérénité du soir, causant comme s'ils eussent été dans un salon. Mais peu à peu la nuit avec ses impressions pesa sur leur cœur déjà amolli par les excitations de la journée et troublé aussi par l'enivrante odeur de la sève nouvelle, par le parfum des feuilles et des fleurs. Les paroles se présentèrent moins naturellement à leur esprit; ils restèrent parfois des minutes entières à regarder le ciel et les profondeurs bleues, où les étoiles, éteintes par la splendeur de la lune, scintillaient à peine.

Armande voulut rentrer. Alors il se leva et se posa devant elle :

— Je n'ai rien fait, dit-il, pour préparer les circonstances qui nous mettent seuls en tête-à-tête ; mais je veux en profiter. Je veux avoir avec vous un entretien qui décidera de notre vie et que je serais mal à l'aise pour reprendre entre les murailles d'une chambre.

— Je vous en prie, dit-elle d'une voix éplorée. En acceptant de venir ici, il m'a semblé qu'il y avait de vous à moi un engagement d'honneur de ne rien dire de ce que je ne dois pas entendre.

Elle voulut se lever. Du geste, il la força à rester assise.

Il y a, dit-il avec véhémence, il y a des heures uniques dans la vie. Celle qui s'écoule en ce moment dans cette solitude silencieuse en est une pour nous. Laissez-moi parler et ne craignez point d'entendre des paroles qui seront aussi pures que cette nuit si sereine. Je vous aime, Armande.

A ce mot, elle tendit ses bras suppliants ; puis, voyant qu'elle ne l'arrêtait point, elle se cacha la tête entre les mains.

— Je vous aime, reprit-il, l'heure est venue de le dire. Je vous aime depuis le jour où je vous ai vue pour la première fois, où je suis arrivé à Plaurach. Je crus alors que le sentiment que je commençais de ressentir et qui me portait vers vous était sympathie, amitié ; votre mariage lui donna son vrai nom. Mais, par cela même que je vous aimais, et aussi par cela que vous étiez la femme de mon ami, je devais cacher cet amour au plus profond de mon cœur. J'y mis toute ma force. Vous ne savez pas quelles épreuves vous m'avez imposées en me prenant pour juge entre vous et lui. Je vous voulais heureuse ; et votre bonheur, c'était mon malheur. Quand j'eus peur de faiblir, je m'éloignai, je partis pour l'Italie. Vous rappelez-vous le bouquet de violettes que je repris de vos mains et que j'emportai ? Ce fut ma première faiblesse.

Insensiblement elle avait relevé la tête. Il était debout en face d'elle, et la lumière de la lune le frappait en plein visage ; sa figure paraissait d'une pâleur argentée, ses yeux brillants réfléchissaient la lumière comme le tain d'une glace et lançaient des rayons. Derrière lui, à chaque mouvement qu'il faisait, couraient sur l'herbe de longues ombres noires qui grandissaient ses gestes dans des proportions énormes et donnaient aux paroles qu'ils accompagnaient une puissance mystérieuse.

Il s'était arrêté, ému par cet appel aux jours écoulés, il reprit :

— Je revins près de vous, lorsque je pouvais vous être utile, et je m'employai à ce que je croyais votre bonheur. Ce n'est pas ma faute si j'ai mal réussi. Ma seule faute, c'est de vous avoir, deux ou trois fois, par un regard, par un mot, laissé deviner ce qui se passait en moi. Je vous le jure, ce fut toujours involontairement, par surprise et par faiblesse, ce ne fut jamais sans honte ni sans regrets. Mais aujourd'hui cet amour n'est plus une offense pour vous, pas plus qu'il n'est un crime pour moi; les liens qui me fermaient la bouche sont brisés : vous êtes libre.

— Hélas! dit-elle faiblement

— Vous êtes libre, reprit-il; vous l'êtes parce que vous ne l'aimez plus, et parce que lui-même a rompu votre mariage. Il y a quelques années, en France, dans les conditions qui vous sont faites, vous auriez pu vous marier. Dans les pays qui nous entourent le divorce vous le permettrait maintenant : une morale de frontière ou de saison n'est pas la morale. Vous êtes libre, vous êtes veuve : vous avez bien compris, n'est-ce pas? que si je faisais violence à votre pureté, que si je disais ce qui vous blessait, ce n'était point que je voulusse profiter des enivrements et des séductions de cette nuit de printemps; ce n'était point pour vous parler d'une passion sans engagements; nous sommes seuls, il est vrai; mais je parle comme si votre cher grand-père était entre nous deux; mes paroles n'échappent point à la seule passion : depuis longtemps elles sont réfléchies. La fatalité nous place en dehors de la loi; mais au-dessus de la loi il y a la conscience, et c'est ma conscience que je vous engage. Voulez-vous que je serve de père à votre fille? voulez-vous ma vie pour toujours, tout entière?

Il avait prononcé ces dernières paroles avec une ardeur exaltée. Il s'arrêta. Et comme s'il avait peur de ne pas être maître de lui, il recula, et, détournant ses yeux d'Armande, il attendit.

Quelques minutes s'écoulèrent. Le profond silence de la nuit ne fut troublé que par des feuilles mortes qui, des branches auxquelles elles adhéraient encore, tombèrent dans les herbes, détachées par les feuilles nouvelles.

Enfin d'une voix brisée :

— Pourquoi avez-vous parlé? dit-elle; pourquoi faut-il que je vous désespère, quand vous venez de me donner tant de joie et de me rendre si fière?

Elle eut un moment de faiblesse et s'arrêta. Bientôt elle reprit d'une voix plus ferme :

— Que ne puis-je vous croire? mais je ne suis pas libre, ni pour le monde, ni pour moi-même. Je ne le serai jamais pour ma fille. Un jour elle sera le juge entre son père moi; c'est ce que je serai alors qui lui dira ce que j'ai été autrefois. Vous voyez bien, hélas! que dans ma bouche aussi les paroles sont réfléchies.

Il étendit la main pour l'interrompre; elle continua avec un accent navré :

— Soutenez-moi, ne m'entraînez pas.

Et, si elle n'eût été dans l'ombre, il eût vu couler deux larmes sur ses joues.

— Puisque cet entretien a été commencé, reprit-elle, qu'il aille jusqu'au bout. Nous ne nous verrons plus; votre repos, le mien le veulent ainsi. Après vos paroles, après les miennes, je ne supporterais point vos regards, je souffrirais près de vous; car je n'oublierai jamais cette soirée et je craindrais toujours de la voir revenir.

Elle se tut encore.

— Vous arracherez cet amour de votre cœur, continua-t-elle bientôt avec une fermeté douce. Vous aurez une jeune femme digne de vous, qui n'embarrassera point votre route et ne vous forcera point à cacher votre vie en luttant contre le monde. Elle vous donnera des enfants qui pourront fièrement porter votre nom.

— Ne parlez pas ainsi, s'écria-t-il, c'était vous qui deviez réaliser ce rêve; c'était de vous que j'attendais ces enfants!

— Des enfants dont je ne serais pas la mère, dit-elle désespérément, le voudriez-vous, et pour moi et pour eux?

Il ne répondit point. Elle-même garda le silence. Pendant près d'un quart d'heure ils restèrent ainsi sans échanger ni un seul mot ni un seul regard. Elle demeurait affaissée dans un morne recueillement : il marchait à grands pas devant elle en long et en large; parfois, d'un coup de pied, il cassait une branche sèche ou brisait une tige toute tendre.

— Je voudrais rentrer, dit-elle enfin en se levant.

Sans répondre, il marcha lentement devant elle.

Il sortirent ainsi de la sente et gagnèrent le chemin.

En arrivant au bas de la cavée, Armande s'arrêta. Elle avait autant besoin de lui dire une bonne parole qu'il avait besoin de l'entendre.

— La montée est mauvaise, dit-elle; les cailloux roulent sous les pieds; voulez-vous me donner votre bras?

Lorsqu'elle s'appuya sur lui, elle sentit que de tout son corps il frissonnait, comme il sentit lui-même qu'elle était tremblante.

Ils montèrent lentement côte à côte. Arrivés à un détour, ils aperçurent devant eux, à leurs pieds, la vallée qu'ils venaient de quitter.

— Vous avez frappé sur mon cœur, dit-il, comme les bûcherons sur ces arbres abattus là-bas, et qui hier étaient pleins de force et de promesses.

Elle lui tendit la main qu'elle avait libre. D'un mouvement irrésistible il l'attira contre sa poitrine, la saisit dans ses bras, et lui renversant la tête en arrière, il l'embrassa d'un long baiser. Ses deux joues furent baignées d'un flot de larmes qui jaillit des yeux d'Armande. En même temps il

Une grande route de l'Ile de France sous la première République (p. 525).

H. MALOT. — VICTIMES D'AMOUR.

LIV. **66**

sentit qu'elle fléchissait dans ses bras. Tout en la soutenant d'une main, il s'écarta d'elle.

Elle revint à elle, et, se redressant vivement, elle s'éloigna de quelques pas.

— Vous voyez bien, s'écria-t-elle, qu'il faut nous séparer

De chaque côté de la cavée, il y avait un sentier. Elle prit l'un, il prit l'autre. Entre eux, et au milieu du chemin, marchait Maurice.

III

Martel, en rentrant chez lui, trouva la carte de M. de Keïrgomar, sur laquelle étaient écrits ces mots : « Je reviendrai à trois heures. »

A trois heures, le baron arriva. Il était plus jeune qu'il ne l'avait jamais été. Ses cheveux étaient devenus d'un noir de corbeau, ses moustaches frisaient; c'était un jeune marquis qui avait quitté son uniforme de sous-lieutenant pour faire des visites.

— Je viens, dit-il, vous demander l'adresse de ma fille.

— Je pourrais vous répondre que je ne sais pas l'adresse de madame Berthauld, répliqua Martel.

— Je ne vous croirais pas, interrompit M. de Keïrgomar en souriant finement.

— J'aime mieux vous dire, poursuivit Martel, sans montrer qu'il était fâché de ce sourire, que madame Berthauld tient à ce que son adresse ne soit pas connue, et que je ne puis la donner:

— A moi, monsieur, à son père et dans les circonstances présentes!

— Je ne sais de quelles circonstances vous voulez parler et n'ai point à les juger. Je ferai part de votre demande à madame Berthauld, qui y répondra elle-même.

— Comment! s'écria M. de Keïrgomar, vous ne savez pas?

— Quoi donc?

— Ma fille ne sait pas? est-ce bien possible!

Disant cela, il tira un journal de sa poche, et le dépliant vivement :

— Tenez, lisez, lisez.

Et du doigt il indiqua à Martel dans une correspondance datée de Naples le passage suivant :

« Je termine en vous annonçant une bien triste nouvelle pour les arts.
« M. Maurice Berthauld, l'auteur d'*Imogène*, vient de se noyer. Il était
« l'hôte de la princesse Schtipkine, qui habite la villa Carusi. Il y a quel-

« ques jours on a trouvé ses vêtements sur la grève qui s'étend devant les
« jardins de la princesse.

« On suppose que, tenté par la chaleur du jour, il a voulu prendre un
« bain, et qu'il a disparu dans la mer, entraîné par un de ces accidents qui
« arrivent aux meilleurs nageurs ; personne n'était là pour lui porter
« secours. Malgré toutes les recherches qu'on a faites, on n'a point
« retrouvé le cadavre. Jeune et plein de talent, M. Berthauld pouvait encore
« produire, etc., etc. »

M. de Keïrgomar s'était penché pour suivre sur le visage de Martel les sentiments que cette lecture y marquerait.

Celui-ci releva le journal de manière à disparaître derrière ; lorsqu'il le baissa, sa figure était extrêmement pâle, mais calme.

— Vous comprenez, dit M. de Keïrgomar, que des mesures sont à prendre pour sauvegarder les intérêts de ma petite-fille ; je dois être là, moi, qui maintenant suis le chef de la famille.

— J'ai votre carte, dit Martel, je vais l'envoyer immédiatement à madame Berthauld et je lui transmettrai votre demande ; je ne suis pas maître de son secret.

— Il n'y a plus de secret.

— A elle d'apprécier.

M. de Keïrgomar voulut insister ; Martel se renferma dans un silence absolu, répondant seulement :

— Elle décidera elle-même.

Enfin, M. de Keïrgomar partit avec cette réponse, dont il dut se contenter ; et aussitôt Martel écrivit à Armande :

« Le journal ci-joint vous apprendra un terrible événement qui nous
« touche tous deux si profondément que je n'ose aller vous l'apprendre
« moi-même de vive voix. Dans deux heures je serai près de vous. »

Il envoya ce pli par son domestique, et, deux heures après, comme il l'avait annoncé, il arriva rue de Montmorency.

Son cœur battait fort en montant l'escalier ; et, avant de frapper à la porte, il essuya son front mouillé de sueur.

— Je viens vous dire adieu, dit-il, je pars pour Naples, chercher l'acte de ce décès qui vous fait libre, — et bien libre, n'est-ce pas ?

Il lui tendit la main ouverte ; elle y posa la sienne.

FIN DES ÉPOUX.

LES ENFANTS

CHAPITRE I

NOUVELLE AURORE

I

Le Plessis est un petit village bâti au milieu d'une de ces plaines de grande culture, qui sont la richesse plutôt que la beauté de l'Ile-de-France.

Il y a quelques années il était continuellement plein de mouvement et de fracas : c'était la deuxième poste qu'on rencontrait en sortant de Paris.

Sur la route, entre deux rangées de vieux ormes tortueux, les voitures se suivaient dans un éternel défilé : malles-poste, diligences, chariots de roulage, berlines aux panneaux armoriés, fourgons de maréyeurs, charrettes de paysans, fardiers, tombereaux, baraques de saltimbanques, cabriolets de commis-voyageurs ; ni le jour ni la nuit, ni l'été ni l'hiver, ni jamais le mouvement ne s'arrêtait ; et les unes après les autres les voitures passaient ; toujours des voitures. Parfois le fracas augmentait. Pendant des jours entiers, des semaines entières, on entendait des clairons, des tambours, des marches guerrières, des cliquetis de sabres, des roulements de canons.

> Aux armes, citoyens !
> Formez vos bataillons.
> Allons, marchons !

Les armées couraient à la frontière. Il y avait des anciens du pays qui se rappelaient avoir vu passer les grenadiers de la garde impériale ; d'autres qui avaient vu les volontaires de la République. Avant ceux-là il y en avait eu d'autres qui avaient vu les troupes de Vendôme, de Turenne, de Condé ; puis, reculant toujours, d'autres encore qui avaient vu d'autres armées. Combien, parmi ceux qui avaient passé au Plessis, ne l'avaient traversé qu'une fois !

Un petit ruisseau qui ne charrie de l'eau que dans les jours d'orage, coupe le village en deux moitiés à peu près égales ; il faut descendre une côte pour y arriver, comme il faut en monter une pour en sortir : courtes toutes les deux mais assez rapides. Le genre à la mode chez les postillons de la poste était de descendre la côte à toute volée et de s'arrêter net au ruisseau ; les postillons des relayeurs descendaient aussi la côte du même train, et de plus il montaient l'autre sans ralentir leur élan. Quand deux ou trois grandes diligences arrivaient en même temps, ce qui était l'ordinaire, les maisons étaient secouées comme par un tremblement de terre ; dans les cuisines des auberges les casseroles de cuivre pendues à leurs clous faisaient un orchestre ; les vitres étaient tellement ébranlées qu'il fallait les remastiquer tous les ans. Personne ne s'en plaignait ; la population se composant uniquement de postillons, de palefreniers, de charrons, de maréchaux, d'aubergistes. La nuit les diligences disaient l'heure ; le jour elles étaient une distraction ; qui tenait la tête ? Il y avait les rivalités du maître de poste et des relayeurs, il y avait aussi celles des femmes et des enfants des postillons. Ceux-ci étaient les rois du pays : ils gagnaient de l'argent, vivaient largement, et faisaient vivre tout le monde.

Le jour où les chemins de fer s'ouvrirent, la vie s'éteignit dans le Plessis comme s'éteint la flamme d'une bougie sur laquelle on souffle, tout d'un coup et complètement.

Aujourd'hui, sur la grande route rétrécie de moitié par des trottoirs gazonnés, l'herbe pousse entre les pavés qu'elle déchausse ; — plus de diligences, plus de roulage ; seulement le matin des charrettes chargées de fourrages que des chevaux de labour traînent en se dandinant vers Paris, le soir les mêmes qui reviennent chargés de fumiers ; et le mercredi les cabriolets des fermiers des environs qui s'en vont à la halle au blé.

Dans le village, sur trois maisons, deux tombent en ruine ; la poste, brûlée quelques mois après l'ouverture du chemin de fer, par accident, disent les uns, autrement, disent les autres, n'a point été rebâtie : les écuries des relayeurs ont été démolies pour faire des jardins ; le salpêtre accumulé pendant de longues années produit de superbes récoltes. De huit ou dix auberges, une seule reste, encore n'a-t-elle que l'enseigne de celle d'autrefois, plus de longues tables chargées de volailles et de fricandeaux, plus de fourneaux lançant des étincelles ; au lieu d'un bel aubergiste bien entripaillé et gras de son importance, rouge comme sa braise, suant comme les rôtis qui tournent étagés devant son feu, un pauvre diable de paysan maigre et chagrin, heureux quand il voit entrer des charretiers qui viennent manger un bout de boudin cru et boire une bouteille de vin bouché. Les postillons ont disparu sans qu'on puisse dire ce qu'ils sont devenus. Les mendiants qui s'étaient enrichis à montrer des moignons hideux ou des jambes en bandoulière, s'en sont allés vivre de leurs rentes; ceux qui n'ayant point d'infirmité n'avaient rien amassé, sont morts de faim. La population a diminué de plus des trois quarts; les femmes font de la broderie pour des entrepreneurs de Paris; les hommes travaillent à la terre, et c'est à peine s'ils sont assez nombreux pour fournir les dix citoyens qui doivent former le conseil municipal.

Une seule maison dans ce village abandonné et ruiné a bonne apparence; encore n'est-elle pas à proprement parler dans le village, mais à une petite distance, sur un chemin charroi qui partant de la grande route s'en va à travers les terres. Autrefois c'était un prieuré, aujourd'hui c'est une ferme. Lorsqu'elle cessa d'être bien de clergé, cette maison devint la propriété du maître de poste, qui ne l'habita point, mais qui utilisa ses vastes dépendances pour engranger les fourrages. Elle fut mise en vente lorsque la poste se trouva supprimée; et pendant longtemps, malgré le bas prix qu'on en demandait, il ne se présenta point d'acquéreur. Il en fut d'elle comme de presque toutes les maisons du Plessis : la mousse verdit son toit, ses volets tombèrent en pourriture, les orties poussèrent en liberté dans sa cour.

Un jour enfin on fut tout surpris d'apprendre qu'elle était vendue; et le lendemain plus surpris encore de voir arriver des ouvriers. Les bâtiments d'exploitation furent remis en état; la maison, qui datait de Henri IV et qui avait assez grand air, fut réparée à l'extérieur et à l'intérieur dans le style même de sa construction.

Le nouveau propriétaire se nommait M. Martel, au dire du notaire de Villeneuve devant lequel avait été passé l'acte de vente; c'était un artiste, un peintre, qui voulait s'amuser à faire de l'agriculture.

Cette nouvelle, malgré celui qui l'avait donnée, parut tout d'abord invraisemblable; elle était parfaitement exacte; M. Martel loua toutes les bonnes terres qu'il put trouver, et les réparations de la maison à peu près achevées, il vint s'établir au Prieuré avec sa femme et ses deux enfants.

On aime peu à la campagne les nouveau-venus, cependant les fortes têtes du pays furent contentes de cette arrivée : le Parisien ferait de la culture en amateur, il y aurait pas mal à gagner sur lui et avec lui. Il fallut bientôt en rabattre. Trois ans après son installation au Plessis, sa ferme passait pour la mieux tenue des environs, ses charrues nouvelles, ses machines perfectionnées ne l'avaient pas ruiné; ses terres étaient bien aménagées, ses récoltes bonnes; son maître charretier ne le menait point, c'était lui-même qui menait tout son monde; il payait bien, mais il ne se laissait pas voler; chez lui les gens trouvaient bonnes paroles et bonne nourriture; le bourgeois était bien un peu vif, mais juste et droit; la bourgeoise bonne comme le pain.

II

La seule chose peut-être que le Plessis eût conservée du temps de sa splendeur, c'était l'habitude de vivre sur les portes. Rien ne se passait plus sur cette route qui, autrefois, offrait un éternel spectacle, cependant personne ne la quittait des yeux; il semblait que chacun s'attendait à voir arriver d'un instant à l'autre les diligences en retard de vingt ans. L'hiver, les femmes travaillaient à leurs fenêtres; l'été sur la grande route à l'ombre des maisons, c'est-à-dire à l'est le matin, à l'ouest le soir. Là, tout en poussant l'aiguille et en surveillant les enfants, se faisait le journal du pays : la mairie donnait la partie politique; les petits accidents de chaque jour fournissaient les faits divers, les histoires amoureuses ou scandaleuses un feuilleton fortement réaliste; les questions de travail et de salaire la matière économique.

Une après-midi du mois d'août, les groupes étaient formés comme à l'ordinaire, et le journal se faisait dans une active collaboration, douloureuse ce jour-là, car les entrepreneurs de Paris venaient encore de réduire de deux sous le travail déjà bien peu payé, lorsque tout à coup les yeux se levèrent et les aiguilles restèrent suspendues : un homme vêtu d'une soutane et coiffé d'un tricorne venait de paraître sur le seuil d'une maison qui joignait immédiatement l'église.

— Tiens! voilà le curé Blavier, dit une des femmes.
— Où va-t-il? dit une autre.
— Je gage qu'il va à la ferme.
— Tu as peut-être raison, il vient de notre côté.

En effet, il s'avançait, marchant de ce pas court et glissé qui est commun à beaucoup de prêtres. C'était un homme de trente ans à peine, qui, bien que fortement bâti et plutôt gras que maigre, était extrêmement pâle. Arrivé devant le groupe des femmes, il les salua légèrement sans tourner les yeux vers elles et hâta un peu le pas.

Un faucheur (p. 533).

Lorsqu'il fut passé, les conversations reprirent.

— As-tu vu qu'il a forcé sa marche; il a toujours peur d'entendre ce qu'on dit.

— Oui, il ne vous écoute pas en face, mais ça n'empêche pas qu'il est toujours derrière ses rideaux et la fenêtre ouverte.

— La prochaine fois qu'il passera, je veux faire monter la couleur sur sa figure pâle.

— Vois-tu que j'avais raison? qu'il va chez M. Martel.

— Pourquoi qu'il n'irait pas?

— Pourquoi qu'il irait? Ils ne sont pas dévots, et il est toujours fourré chez eux.

— Crois-tu pas que c'est pour eux?

— C'est peut-être pour madame Martel?

— Vas-tu te taire.

— Qu'est-ce qu'il t'a donc fait? ce monde-là, tu les défends.

— Hé bien! et toi? Si le feu prenait à leurs meules, j'y porterais de l'eau pour l'éteindre; voilà tout.

— Laisse donc madame Martel, ce n'est ni pour elle, ni pour les enfants, ni pour M. Martel qu'il y va. Il y a un mois, j'ai été au presbytère pour le baptême de ma petite; le curé était en train de dîner, il mangeait du melon et des petits haricots. D'où cela venait-il? Du jardin de la ferme. C'était pour lui aider à faire maigre. Ils aiment à donner, ces gens, et le curé aime à recevoir, ça s'arrange.

La conversation eût pu rouler longtemps sur le compte du curé, qui n'était point aimé, mais elle changea brusquement.

Au haut de la côte de Paris venait d'apparaître une petite voiture basse en osier traînée par deux chevaux qui descendaient au grand trot. Ils étaient conduits par un petit homme extrêmement blond, à l'attitude pleine d'aisance et de noblesse. Derrière était un domestique en petite livrée. Le poney-chaise vigoureusement enlevé passa rapidement devant les femmes.

— Tiens, c'est le prince de Coye!

— Celui de Villiers?

— En connais-tu un autre?

— Est-ce qu'il va aussi à la ferme?

— Acheter du foin, peut-être.

— Pourquoi qu'il n'irait pas voir M. Martel?

— Ton Martel est-il un prince pour que les princes aillent lui faire visite?

La voiture rejoignit le curé qui, ne craignant plus les propos gouailleurs, montait doucement la côte.

— Le prince va-t-il saluer le curé?
— Pardi! le curé a été vicaire à Villiers.
— Ah! tant pis ; ça aurait fait rager le curé qui salue toujours.

Non seulement M. de Coye salua l'abbé Blavier, mais encore il arrêta ses chevaux lorsqu'il arriva près de lui.

— Parbleu, monsieur le curé, dit-il en se penchant un peu hors de la voiture, je suis bien aise de vous rencontrer, pour vous d'abord, et puis vous aller me tirer d'embarras ; où donc demeure M. Martel? On m'avait dit à la sortie du Plessis; je ne vois plus de maisons.

— Ce n'est pas sur la route ; c'est cet amas de bâtiments que nous apercevons là dans la plaine. Il faut tourner au premier chemin à gauche. Moi-même j'y vais.

— Eh bien, montez; nous irons ensemble; vous me conduirez et vous m'introduirez. Je connais le talent de M. Martel, mais je ne le connais pas lui-même.

Le curé se fit un peu prier; il irait bien à pied, il allait emplir la voiture de poussière; cependant son humilité céda.

— C'est un grand peintre, dit-il d'un ton qui faisait de ses paroles une interrogation aussi bien qu'une affirmation.

— Il rend tous les jours votre pays célèbre en le prenant pour sujet de ses études.

— Une idée originale, de se faire cultivateur quand on est artiste.

— Une idée excellente, monsieur le curé, pour qui a besoin d'être en communication intime et continuelle avec la nature et le paysan. D'ailleurs, vous ne croyez pas, assurément, que la culture soit un métier maudit, comme disent nos fermiers?

Assurément le curé ne le croyait pas. Seulement, fils de paysan, c'était pour ne pas piocher la terre qu'il avait pioché le latin du séminaire. Pas maudit, un métier où l'on travaillait tant, où l'on mangeait si mal? mais il ne lui convenait pas de contredire un homme qui avait une immense fortune, qui était prince, qui obtenait ce qu'il voulait du préfet et qui recevait chez lui monseigneur.

— C'est toujours une idée qui a été bonne pour le pays : il donne du travail aux ouvriers, Madame fait du bien aux malheureux, et dans notre village ruiné il y en a beaucoup.

— Y a-t-il longtemps qu'il est marié ?

— Ils ont un petit garçon de trois ans; de son premier mariage, Madame avait déjà une petite fille.

— Elle était veuve ?

— D'un musicien, un M. Berthauld, qui s'est noyé en Italie; les journaux ont rapporté l'accident il y a environ quatre ou cinq ans.

On approchait, mais lentement, car M. de Coye maintenait ses chevaux au pas. Tout en causant, il regardait à droite et à gauche dans les champs : on finissait de rentrer les blés et l'on commençait à couper les avoines qui s'égrenaient déjà sous le souffle d'un vent tiède.

Au milieu de la plaine, la ferme commençait à se dessiner dans son ensemble qui formait un grand carré de murs blancs et de toits rouges; pardessus la cime des grands arbres on apercevait les combles de la maison couronnés par de hautes cheminées.

— Pour une exploitation agricole, dit M. de Coye, cet emplacement est bien choisi : la surveillance est facile, et il y a économie de temps et de dépense pour les transports.

— C'était un bien d'abbaye, et le clergé savait choisir; ça n'a pas empêché qu'on nous ait dépouillés.

— Eh! mon cher curé, dit M. de Coye en souriant doucement, c'est peut-être précisément parce que vous aviez généralement trop bien choisi qu'on vous a dépouillés.

Encore une opinion qui dans la bouche de tout autre eût été vertement relevée par l'abbé, mais qui cette fois passa sans contestation.

Si l'emplacement était heureux pour une ferme il l'était moins pour une maison d'habitation, car tout autour s'étalait une plaine plate et monotone qui s'en allait fuyant confusément jusqu'à des collines noyées dans un lointain bleuâtre. Son seul agrément était un grand et beau jardin à la française où les arbres, autrefois taillés au cordeau mais depuis longtemps libres, avaient pris un magnifique développement. De place en place dans les vieux murs chaperonnés de lierres, on avait, en ces dernières années, formé des sauts-de-loup qui ouvraient pour la maison des perspectives sur toute la campagne. Par ces ouvertures, ceux qui passaient dans le chemin pouvaient voir que le jardin avait aussi été un peu modifié; les vieux arbres, les ifs centenaires, les tilleuls creusés et moisis par l'âge, les charmilles avaient été conservés, mais sur les carrés symétriques ensemencés maintenant d'une herbe fine soigneusement tondue et roulée, s'étalaient de belles corbeilles de fleurs exotiques inconnues au temps où les prieurs régnaient : des rhododendrons à la tête arrondie, des géraniums rouges, et toute la tribu des balisiers de l'Inde; çà et là se dressait, fièrement isolée, une de ces plantes au feuillage énorme qui font voyager l'esprit dans les contrées lointaines, un bambou, un palmier, une touffe de l'herbe gigantesque des pampas. Dans les plates-bandes on n'avait point arraché les vieilles roses à cent feuilles, mais on y avait ajouté toutes ces belles roses que cinquante années de travail et de choix ont créées. Des glycines et des jasmins égayaient en les rajeunissant les murailles sombres de la maison qui émergeait ainsi d'une cascade de verdure.

Après avoir longé les murs de ce jardin, la voiture arriva devant une grande porte charretière. Elle ouvrait sur une cour intérieure. Les bâtiments d'exploitation formaient trois côtés de cette cour, la maison formait le quatrième.

— Nous pouvons entrer, dit le curé.

Mais M. de Coye ne se rendit pas à cet avis. Il arrêta devant la porte, et pendant que le domestique tenait les chevaux il fit descendre le curé et descendit lui-même.

Ils entrèrent dans la cour qui était silencieuse ; car le soleil tombant d'aplomb dans ce carré de muraille, produisait une chaleur suffocante qui avait forcé les volailles à chercher un peu d'ombre au pied des murs où elles dormaient tranquillement. Au bruit des pas du prince et du curé, les oies s'éveillèrent et, poussant leurs cris nasillards, elles accoururent en soufflant. Presque aussitôt, sur le seuil de la cuisine, parut une fille de service.

— M. Martel est-il chez lui ? demanda l'abbé Blavier.

Avant de répondre la fille prit un fouet suspendu à un clou, en cingla un grand coup à un jars qui soufflait plus fort que les autres ; ce fut seulement quand elle eut accompli ce devoir hospitalier qu'elle revint et ouvrit une porte.

Ils se trouvèrent dans un atelier très simplement meublé, mais vaste, haut de plafond et admirablement éclairé. Aux murailles étaient suspendues deux grandes copies, une du Titien, le *Jupiter satyre*, l'autre du Corrège, la *Nuit*, et quelques études originales. Sur un chevalet était une toile en train et presque achevée.

M. de Coye marcha droit au chevalet et se mit à examiner le tableau : au milieu d'une prairie un faucheur, assis sur l'andain d'herbe qu'il venait de couper, était en train de rebattre sa faulx ; relevant la tête et s'interrompant dans son mouvement, il restait, le marteau suspendu, à regarder venir dans le sentier, qui du village coupait à travers les prairies, sa vieille femme misérablement voûtée lui apportant la soupe de midi.

— Je vous ai dit que M. Martel était un artiste de grand talent, voici qui le prouve, fit M. de Coye en se tournant vers le curé ; on ne peut rien inventer de plus simple que ce tableau ; mais cette simplicité de la vie des champs, relevée par une poésie robuste dans le paysage et par un style d'une vérité poignante dans l'interprétation du paysan, vous pénètre d'une émotion douloureuse et charmante. Et comme c'est peint !

— Nous voyons ça tous les jours, dit le curé.

— Précisément, fit M. de Coye en se retournant vivement, c'est là son grand mérite.

Mais il n'eut pas le temps de relever l'observation du curé ; en ce moment entrait dans l'atelier, un homme de trente-deux à trente-quatre ans qu'à son costume de toile on eût pu prendre pour un paysan, mais qu'à sa beauté mâle, à la puissance de son regard, à l'aisance de sa démarche, on devait reconnaître bien vite pour le maître de la maison.

— Mon cher monsieur Martel, dit le curé en allant au-devant de lui, j'ai rencontré M. le prince de Coye qui venait chez vous et qui m'a pris pour guide.

Les premières politesses échangées, le curé reprit la parole.

— Maintenant que mon devoir est accompli, dit-il, je vous demande la permission de vous quitter; j'ai affaire auprès de madame Martel, à qui je voudrais demander des secours.

Il débita ce petit discours d'une voix douce et onctueuse; et après avoir salué humblement le prince, amicablement M. Martel, il sortit en glissant.

III

Prononcé dans un atelier de peintre ou de sculpteur, le nom de M. de Coye rendait les murailles elles-mêmes attentives. Riche d'au moins quinze cent mille francs de rente, le prince dépensait la plus grande partie de son énorme revenu en commandes et en acquisitions d'objets d'art. Son château de Villiers était un musée universel, plus célèbre encore peut-être par le goût et le talent qui avaient dirigé sa composition que par les richesses qu'il renfermait.

Aussi, sans jamais avoir été présenté au prince, Martel le connaissait-il parfaitement.

Lorsque l'abbé Blavier les eut laissés seuls, M. de Coye prit une chaise, puis, d'un ton affable plein d'une exquise politesse et en même temps d'une dignité douce, il exposa le sujet de sa visite.

— Votre voisin et votre admirateur, dit-il, je désirais depuis longtemps vous faire une visite; mais comme je voulais aussi vous proposer un travail, j'ai été forcé, par diverses circonstances, de la retarder. Il y a deux ans je m'occupais à classer mes émaux et j'étais tout aux émaux; cette année j'étais tout aux médailles. Or, comme j'ai l'esprit le plus étroitement méthodique qu'on puisse trouver, il ne m'est possible de m'occuper activement que d'une seule chose à la fois. C'est en tendant mon esprit sur une idée unique que je puis me passionner pour elle, et comme par ma naissance je suis déshérité de l'ambition politique, par ma fortune de l'ambition financière, ce sont ces passions que je me donne qui me font vivre. Maintenant je veux faire de l'agriculture en grand, d'une façon large et autant que possible intelligente : deux de mes fermes qui entourent immédiatement Villiers arrivent à fin de bail, je les reprends pour les exploiter moi-même : cela va me donner quatre cent cinquante hectares de terre pour mes expériences. Mais à côté de la partie matérielle mon projet comprend une partie intellectuelle. Je veux réunir une bibliothèque d'agriculture où se trouveront tous les livres anciens et modernes qui ont rapport à cette science. Cette bibliothèque, je veux la loger dans une galerie qui lui sera spécialement affectée; et je viens vous demander si vous pouvez me la décorer.

Martel avait attentivement écouté M. de Coye, charmé de sa bonne grâce, mais ne sachant trop où il voulait en venir, ces dernières paroles le transportèrent de joie. C'était le premier encouragement incontestable et éclatant qu'il recevait; c'était une de ces consécrations qui affirment un talent et cotent officiellement une réputation. Divisée sur son compte, la critique, lorsqu'elle s'était occupée de lui, avait toujours été presque aussi maladroite dans l'attaque que dans l'éloge; unanimes à son sujet, les jurys, si tendrement favorables aux médiocrités, l'avaient toujours maintenu dans des récompenses dérisoires qui sont une injustice quand elles ne sont pas une injure. M. de Coye, qui n'avait jamais accueilli à Villiers que des maîtres universellement reconnus ou hardiment pressentis, le rangeait donc parmi ceux-ci. Il y avait dans ce choix de quoi enorgueillir les plus fiers.

Aussi sa voix était-elle émue lorsqu'il répondit :

— Je n'ai pas un tableau au Luxembourg ; jamais on n'a pensé à moi pour une commande, jugez si je suis heureux de votre proposition.

— La galerie que je vous destine, continua M. de Coye, prend jour sur le nord par douze fenêtres, en face de chaque fenêtre et sur le mur opposé se trouve une grande glace. C'est quelque chose dans le genre de la galerie d'Apollon, ou plus justement, pour garder la mesure, dans le genre de la galerie de la Banque, que vous connaissez peut-être. Je veux remplacer ces glaces par des toiles qui auront pour sujet les douze mois. Cela vous convient-il ?

Martel s'inclina.

M. de Coye poursuivit :

— J'avais peur que vous n'eussiez des travaux en train, et cela m'eût fort contrarié; vous êtes l'artiste dont le talent répond à mon idée. Je veux, comme cadre à ma bibliothèque, une série d'œuvres qui montrent ce qu'est aujourd'hui la vie des champs sans une sentimentalité fausse comme sans des déclamations philosophiques; si je ne m'occupe que d'une idée à la fois, je prépare mes projets longtemps à l'avance, depuis longtemps je vous suis. Vous avez vu que le paysan, malgré les finauderies dont il s'enveloppe, n'était ni une bête puante ni un héros de vertus. Vous l'avez traduit comme vous le voyez avec ses grandeurs et ses faiblesses, ses souffrances et ses joies. Vous l'avez fait entrer dans l'art en même temps que les circonstances le faisaient entrer dans la vie politique. J'ai été frappé de cette coïncidence, et je vous ai choisi. Maintenant que vous acceptez, j'ai hâte de vous savoir au travail. Quand voulez-vous venir voir la salle qui recevra vos toiles?

— Mais demain, après-demain.

— Non, donnez-moi vous-même, je vous prie, le jour où vous me ferez l'honneur de venir déjeuner avec moi. Vous me direz alors quel délai vous sera nécessaire pour votre travail, et vous me fixerez vos conditions. Ce que je vous demande seulement, c'est de disposer pour moi de toute votre journée; je veux vous montrer Villiers, et je veux aussi vous demander des conseils pour mes fermes.

Martel voulut se défendre.

— Et pourquoi pas, reprit M. de Coye, vous avez fait précisément ce que je veux faire, à quelle meilleure expérience pourrais-je recourir? Votre ferme n'est-elle pas un modèle?

Les éloges qui s'adressaient à son talent, Martel les avait écoutés avec une réelle béatitude, mais ces derniers compliments l'inquiétèrent. Ce grand seigneur voudrait-il se moquer de moi? pensa-t-il.

— Quand j'ai quitté Paris, dit-il, j'ai acheté cette maison et j'ai loué aux alentours une centaine d'hectares de terre; je voulais vivre avec les paysans et les étudier de près. J'ai cru qu'il m'était plus profitable d'être toujours en communication immédiate avec mes sujets d'étude, que d'aller les chercher au hasard quand j'en avais besoin; il y a une intensité d'impression qui doit passer dans l'interprétation; elle ne s'obtient que par le contact journalier de la vie en commun, et elle s'évapore vite. A Paris, tout est distraction, ici tout m'est travail. De cet atelier même je vois ce qui me touche et m'intéresse; je n'ai qu'à regarder.

Disant cela, il fit glisser sur sa tringle un épais rideau de serge qui arrêtait la lumière et masquait une large fenêtre.

Immédiatement au-dessous était le jardin descendant doucement jusqu'à une petite prairie tortueuse comme le ru qui courait au milieu; au delà,

C'était une vraie cour de ferme sans un arbre et sans un brin de verdure. (p. 538.)

H. MALOT. — VICTIMES D'AMOUR.

LIV. 68

jusqu'à l'horizon, s'étalait la campagne en ce moment remplie de travailleurs, de mouvement et de bruit. On liait les blés, et les gerbes à peine faites étaient enlevées au bout des fourches fières et chargées sur les voitures qui oscillaient en se hâtant vers les granges. On entendait des essieux qui criaient, des claquements de fouet, des hennissements de chevaux, et aussi le son clair et sonore des faux qu'on aiguisait.

— Par là, continua Martel, j'ai les grandes lignes, le ciel, les nuages, les arbres et la plaine qui s'étend assez au loin pour figurer l'horizon voûté de la mer. Par ici, — il se retourna et montra la porte qui donnait sur la cour intérieure, — j'ai la vie en detail, l'homme lui-même, et la bête. Voilà comment ma ferme est un modèle; mais ce n'est pas, vous le voyez, dans le sens que vous l'entendiez.

— Enfin, elle peut aussi, dit M. de Coye, en être un pour moi, et d'un autre genre, voulez-vous me permettre d'en juger.

— Assurément, répondit Martel, avec grand plaisir.

Et il ouvrit la porte qui donnait sur la cour.

IV

Ce n'était pas une de ces belles cours de fermes comme on voit en Normandie et dans le Maine, où sous des pommiers trapus, dans une herbe qui leur monte jusqu'au ventre, paissent en liberté des vaches et des juments avec leurs poulains; c'était une vraie cour du Parisis et du Josas, sans un arbre et sans un brin de verdure, plus propre seulement et moins encombrée que celles qu'on rencontre communément.

— Où donc mettez-vous vos fumiers? demanda M. de Coye surpris de cette propreté.

— Je les tire presque tous de Paris, d'où les rapportent le soir mes voitures qui le matin s'en vont chargées de fourrages; et alors je les fais déposer dans des fosses à l'entrée du village; quant à ceux que font les bêtes de la ferme, on les emmagasine dans les étables. Si vous voulez entrer dans cette écurie, vous verrez que c'est fort commode.

Le sol, au lieu d'être recouvert d'un pavage, était formé d'un plancher percé de trous et légèrement incliné vers un passage de service.

— Par ces trous, poursuivit Martel, et par la claire-voie du pavage, les fumiers tombent dans la cave qui est au-dessous, où, quand il fait très chaud, on le mélange avec un peu de terre pour empêcher le dégagement des gaz; vous voyez que c'est fort propre, fort simple, et surtout fort économique, puisque cela épargne la paille et la litière.

— Et vos chevaux se trouvent bien de ce lit à la dure?

— Très bien; le système est bon pour toutes les bêtes. Chez les Anglais, les bêtes une fois entrées dans ces cages n'en sortent plus que pour aller à la boucherie. C'est la prison cellulaire appliquée à l'espèce animale. Elles y vivent, dit-on, fort bien. J'avoue que pour moi je n'aurais jamais le courage de claquemurer ainsi de pauvres bêtes qui font si bien dans le paysage. Mais c'est là parler en peintre et non en cultivateur. Heureusement je n'ai que des chevaux, et comme ils sont dehors toute la journée, ils ne sont pas plus malheureux dans ces écuries nouvelles qu'ils ne l'étaient dans les anciennes.

— Hé bien, vous reconnaissez, dit M. de Coye, que je n'avais pas tort de vouloir voir; j'enverrai mon architecte étudier ces écuries; mais soyez sans crainte, je serai aussi sentimental et aussi artiste que vous, je n'y enfermerai pas mes bêtes à perpétuité.

Il voulut tout visiter en détail, les granges, la batteuse mécanique, les charrues et les herses perfectionnées qui étaient rangées sous le chartil; la bergerie où les mangeoires étaient disposées d'après le système anglais.

Comme ils sortaient de cette bergerie ils aperçurent devant eux l'abbé Blavier, auprès de lui était une jeune femme vêtue d'une robe grise très simple, la tête cachée sous un large chapeau de paille; dans un coin une fille de basse-cour était en train de saigner une poule.

— Madame Martel? demanda M. de Coye.

Martel fit un signe affirmatif.

— Puisque le hasard est assez intelligent pour me la faire rencontrer, voulez-vous être assez bon pour me présenter?

A leur approche la jeune femme releva la tête, et M. de Coye put embrasser l'ensemble de ses traits, malgré l'ombre qui des bords du chapeau tombait jusque sur ses épaules. Elle lui parut presque aussi blonde que les épis qu'on voyait dans les granges et extrêmement jolie; cependant ce qui frappait le plus en elle ce n'était ni l'éclat de sa carnation ni la beauté de ses yeux, mais une grâce naïve, un air de simplicité et de douceur, de vivacité et de retenue qui se dégageaient de toute sa personne.

La présentation était à peine achevée que l'abbé Blavier avec sa timidité naturelle et aussi avec l'ostentation d'humilité qu'il montrait en tout, voulut se retirer. On voulut le retenir. Il insista.

— J'enverrai ce soir chez la mère Cresson, dit madame Martel, et j'irai demain matin.

— Madame, lui dit M. de Coye, lorsque l'abbé se fut éloigné, M. Martel a bien voulu me promettre de venir très prochainement déjeuner avec moi, voulez-vous me faire la grâce de l'accompagner et de fixer vous-même le jour, je serai heureux de vous montrer Villiers.

Être invité à Villiers était un honneur que beaucoup souhaitaient sans pouvoir l'obtenir, car le prince, très sévère dans ses relations et très réservé lui-même, ne le prodiguait point; cela était connu de tout le monde.

A ce moment on entendit des cris et des batteries de coups de fouet; en même temps les outrons qui étaient là coururent vers la grande porte, et deux ou trois servantes sortirent de la cuisine portant des vases pleins d'eau.

— Qu'est-ce donc? demanda M. de Coye.

— C'est la dernière voiture de blé, et les outrons, vous le savez, s'en font une petite fête.

En effet, on aperçut au tournant du chemin une grande voiture de blé qui s'avançait tirée par cinq vigoureux chevaux. Son chargement de gerbes se balançait mollement comme un navire sur une mer ondoyante. Au milieu des gerbes se dressait un petit sapin enguirlandé de faveurs roses; au collier du cheval de devant était attachée une glane enrubanée aussi.

Au pied du sapin, sur la voiture, étaient assis deux enfants et auprès une bonne qui les tenait. Dans le nuage de poussière soulevé par les roues et les chevaux venaient sept ou huit moissonneurs.

En voyant ceux qui l'attendaient pour l'arroser, le charretier lança deux ou trois coups de fouet à ses chevaux, excita de la bride son limonier et la voiture fut vigoureusement enlevée.

— Marie-Ange, tenez bien les enfants, dit Martel.

— A l'eau chaude, à l'eau froide! se mirent à crier ceux qui étaient rangés sous la grande porte en préparant les vases dont ils s'étaient armés.

Mais au même instant les chevaux s'engagèrent sous la voûte, le charretier fit entendre un sifflement; des étincelles jaillirent du pavé frappé par le fer, et avant que chacun eût le temps de diriger son eau, la voiture passa et se rangea devant la grange; chevaux, enfants, gerbes étaient à peine mouillés.

On posa une échelle contre la voiture et le charretier descendit dans ses bras une petite fille de sept ou huit ans et un petit garçon.

Vos enfants? demanda M. de Coye.

— Ils ont voulu monter sur la dernière voiture, c'était pour eux une fête.

Ils accoururent à leur mère tout haletants encore de leurs cris et de leurs rires.

Le poney-chaise était devant la porte; M. de Coye fit signe à son domestique d'approcher.

— Nous avons été interrompus, dit-il, en se tournant vers madame Martel, au moment où je vous priais de me fixer le jour de votre visite à Villiers. Est-ce cette semaine? Les enfants trouveront quelqu'un pour jouer : ce sera un plaisir pour ma fille qui, n'ayant plus de mère, est toujours seule.

Et se tournant vers la petite fille :

— Voulez-vous venir chez moi, mademoiselle?

Elle le regarda en souriant de ses grands yeux noirs, puis sans répondre elle regarda sa mère.

— Moi je veux bien, dit le petit garçon, dans votre belle voiture.

— Puisque tout le monde accepte, dit le prince, vous ne me refuserez point, n'est-ce pas? Alors pour quel jour, lundi, mardi?

— Mardi, si vous voulez bien.

— Alors à mardi; il me semble qu'en vous montrant Villiers, je le verrai aussi.

Cela dit gracieusement en s'adressant à tous deux, il monta en voiture, et ayant salué une dernière fois de la main, il toucha les chevaux qui partirent avec ensemble.

— J'ai craint un moment de te voir refuser le prince, dit Martel en se tournant vers sa femme.

— Il m'a semblé que tes regards me disaient d'accepter.

— Le prince, ma chère Armande, vient de me donner une galerie entière à décorer; douze grandes toiles.

— A Villiers?

— Oui ; pouvions-nous ne pas nous montrer reconnaissants de son invitation? Dans mon trouble de joie, je ne savais comment te prévenir.

Elle lui tendit la main par un geste plein d'élan et d'effusion. Puis tout à coup elle se baissa, enleva son fils dans ses bras et l'embrassa.

— Hé bien! et le dîner? cria une voix derrière eux.

— Charvet s'ennuie, dit Martel, ne le faisons pas attendre, donne-moi Julien.

Il prit l'enfant à son cou.

— Moi aussi, dit la petite fille se pendant à lui.

— Et Victorine aussi, dit-il en l'enlevant de l'autre bras.

V

Il n'est pas dans une maison de pièce qui dise mieux le caractère et les habitudes des maîtres que la salle à manger; le salon a toujours quelque chose d'obligé et d'endimanché qui égare les inductions : montre-moi où tu manges, je te dirai qui tu es, est aussi vrai que le mot « dis-moi qui tu hantes. »

La salle dans laquelle ils entrèrent, grande et haute, prenait jour sur le jardin par trois fenêtres.

Lorsque Martel avait acheté sa maison, il avait trouvé cette pièce un peu moins délabrée que les autres, grâce à une épaisse couche de peinture blanche qui avait empêché les boiseries de pourrir. Débarrassées de leur badigeon, passées au brou de noix, encaustiquées et brossées, ces boiseries s'étaient montrées magnifiques : elles montaient jusqu'aux solives carrées du plafond et se terminaient par une corniche sculptée avec un calme et une patience que nos ouvriers n'ont plus aujourd'hui. La cheminée, d'une ouverture gigantesque, avait pour entourage une vieille porcelaine bleue de Delft, — pour fond une plaque où l'on voyait en relief la naissance du Christ traitée avec une vérité chirurgicale un peu trop naïve, — pour ornement deux landiers en fer forgé à pommes rondes et polies. Primitivement en tuiles de faïence, le carrelage n'avait pas pu être conservé, on l'avait remplacé par un parquet longtemps séché sur une butte de four. Cet intelligent sacrifice à des exigences de bien-être et de confort s'était étendu à l'ameublement : les chaises n'avaient rien d'antique, mais larges, garnies en cuir de Russie, solides sur leurs pieds, elles disaient tout de suite qu'on pouvait rester assis sur elles, longtemps, sans fatigue et se renverser sur leur dos incliné pour causer tout à l'aise : vis-à-vis l'un de l'autre étaient deux dressoirs dont les panneaux en marbre sarrancolin s'enchâssaient dans une monture en vieux chêne; les tablettes supérieures formaient jardinière, et d'un foyer de géraniums rouges jaillissaient les feuilles en éventail d'un groupe de dattiers. Aux panneaux de la boiserie étaient suspendues quelques toiles, souvenirs de camaraderie ou d'amitié.

Comme chez ceux dont la vie est occupée, le dîner était le moment de la causerie et de l'intimité; séparés le plus souvent pendant le jour, ils étaient heureux de se trouver enfin réunis dans une heure de liberté. On se rapportait les incidents de la journée qui venait de finir, on discutait et on disposait le lendemain; et à écouter le babil et les histoires des enfants, on s'attardait sans compter le temps.

Ami d'enfance de Martel, connaissant Armande depuis longtemps, son confident pendant les pénibles années de son premier mariage, Charvet ne gênait en rien cette expansion.

Depuis trois mois, il habitait le Plessis où Martel lui avait donné asile dans un moment de détresse le plus lamentable de tous ceux qu'il eût déjà traversés; car toujours préoccupé de projets magnifiques, il s'était embarqué dans une belle affaire qui devait lui ouvrir, suivant les calculs les plus précis, les portes de la fortune, et qui ne lui avait ouvert, en fin de compte, que celles de Clichy : les injures de quelques créanciers au lieu des bénédictions de la France entière, le coup avait été rude. Et cependant, même quand il y pensait encore, quelle affaire s'était jamais si bien présentée. Une machine pneumatique pour distribuer les tangues de la baie du Mont-Saint-Michel dans les départements de l'ouest, et fertiliser ainsi les terres les plus incultes : la fortune publique se trouvait décuplée, et avec le bien-être marchait la civilisation. Quelques esprits aussi solides que le sien, vivant comme lui dans l'espérance de ce fameux million, que tant de gens attendent en usant l'asphalte du boulevard, s'étaient enthousiasmés pour cette idée; on avait créé une compagnie, ouvert des bureaux, on avait fait des prospectus dans un style digne de têtes plus littéraires que pratiques. « L'Océan déverse annuellement sur la plage du Mont-Saint-Michel un sablon très fin, etc., etc. »

Tout cela n'avait produit qu'une lourde chute pour Charvet, directeur en titre, qui, au moment où Martel l'avait rencontré, se débattait contre les agréés du tribunal de commerce. Installé au Plessis, il avait enfin trouvé ce qu'il n'avait jamais connu, le repos et la vie matérielle assurés pour le lendemain. Une fois, au temps de sa première jeunesse, il avait aimé, mais ce n'avait été qu'un court rayon de soleil dans une journée grise; en échange de cet amour où il s'était donné tout entier, il avait été abandonné et n'avait pas même connu l'enfant dont il était le père. Dans ses quarante années de souvenirs, il n'en avait pas un qui lui rappelât un succès ou lui remuât le cœur; seul et pauvre quand il avait commencé la vie, il avait toujours été, il était encore pauvre et seul. Des gens qui ne le valaient pas l'avaient devancé, poussé hors du courant qui les portait, écrasé lorsqu'il les gênait, et le monde des lettres lui avait été aussi dur que le monde des affaires. Malgré tout sans colère comme sans envie, consolé du passé par une foi robuste dans l'avenir, son cœur était resté ouvert à l'enthousiasme et à tous les sentiments de la jeunesse. L'expérience ne l'avait point atteint, le rêve était pour lui la réalité à poursuivre, la réalité le rêve à dédaigner.

Quel bonheur c'était pour lui que cette vie de famille qu'il n'avait jamais connue ; quelle douceur d'aimer et de caresser ces enfants !

Très heureux des offres du prince, Charvet n'en fut pas du tout surpris. Il s'attendait à bien d'autres succès pour son ami ; et il employa une partie du dîner à prouver par raisons démonstratives que la démarche de M. de Coye devait nécessairement être faite dans un temps donné.

— Je n'ai jamais vu ton pareil, interrompit Martel en riant : il n'y a que la mauvaise fortune qui te surprend ; tu te réveillerais demain millionnaire ou ministre du progrès que ça te paraîtrait tout naturel ; seulement, si tu te réveillais à Clichy, tu ne pourrais jamais comprendre par quel chemin tu y es arrivé.

— Assurément, j'ai tout fait pour être millionnaire et rien pour entrer à Clichy.

— Aussi n'es-tu pas millionnaire.

— Et sans toi je serais à Clichy, peux-tu ajouter ; mais cela ne détruit en rien mon raisonnement. Ainsi...

Il fut interrompu.

A table les enfants étaient placés auprès de leur mère, et c'était elle-même qui les servait ; mais, lorsque Victorine avait un caprice ou voulait quelque chose, c'était à Martel qu'elle s'adressait et non à sa mère. On allait arriver au dessert et l'on venait de manger des petits pots à la crème ; il en restait un dans l'assiette, Victorine et Julien le voulaient, et tous deux se devinant, chacun cherchait un moyen pour l'avoir.

A un certain moment où Julien tourna la tête vers le jardin, Victorine fit tout bas sa demande à Martel. Celui-ci, qui écoutait Charvet, n'entendit pas. Alors, n'y tenant plus d'envie, elle répéta sa demande, tout haut cette fois. Mais à ce moment Julien, qui se vit perdu, se souleva sur sa chaise, étendit son petit bras et atteignit le pot. Victorine se mit à réclamer.

— Je l'avais demandé, je l'avais demandé.

— On pourrait le partager, dit Charvet intervenant en conciliateur.

— Non, dit Martel ; Victorine l'avait demandé, Julien ne devait pas le prendre ; qu'il le donne à sa sœur.

— Allons, donne-le, mon petit Julien, dit Charvet ; elle va t'en rendre la moitié, ajouta-t-il tout bas pour calmer ses pleurs.

Mais Victorine ne rendit rien du tout, et se mit à manger d'un air de défi et de triomphe.

Armande avait observé cette petite querelle sans intervenir ; quand elle vit les regards que Victorine lançait à Julien, un nuage de tristesse passa sur son visage ; puis tout de suite, comme si elle voulait faire une diversion :

Lalizel était adossé contre sa cabane... (p. 350)

— Venez-vous avec nous ce soir, dit-elle en s'adressant à Charvet; nous allons demander la main de Lalizel pour Méduline?

— Non, merci, pas ce soir, j'ai à travailler.

— C'est une jolie promenade, continua Martel; Lalizel est avec les moutons à la pièce des Bossettes.

— Ne me tente pas; je crois que je finirai mon article ce soir, et je veux profiter de la veine. Je suis content de ma conclusion; je crois qu'elle produira son effet. Sais-tu de quelle manière Swift voulait soulager la misère irlandaise? Il disait qu'on pourrait tirer un grand parti des enfants qui pullulent sur les routes, lequel consisterait à les vendre comme viande de boucherie; car un enfant en bonne santé et bien nourri est assez vieux à un an pour fournir une excellente nourriture, substantielle et saine, rôtie, cuite au four, bouillie et même en fricassée. Le remède que je propose à la misère des artistes est dans ce genre-là; je crois que ça portera un coup.

— Tu le porteras aussi bien demain.

— Non, parce que demain je voudrais aller à Paris. Peut-être vais-je vous quitter.

— Es-tu fou?

— Nedopeouskine veut faire une tournée en Angleterre; il ne sait pas un mot d'anglais et il me propose de l'accompagner comme interprète.

— Et tu vas te mettre à la suite de ce charlatan?

— Nedopeouskine n'est point un charlatan; il est un puissant medium, et l'aider dans son œuvre c'est servir la science de l'avenir; prouver l'âme c'est prouver Dieu.

— Alors, va travailler; seulement, je t'en prie, si tu n'obéis pas à un devoir en accompagnant ton prophète, reste avec nous; les Anglais ont assez de médiums sans ton illuminé. Quand tu seras prête..... ajouta-t-il en s'adressant à Armande.

— Vous coucherez les enfants à neuf heures, dit celle-ci à Marie-Ange qui entrait.

— Viens dans le jardin, dit Julien à Charvet.

— Non, il faut que je travaille.

— Un peu seulement, dit Victorine; tu travailleras après, tu vas faire le cheval, Julien te montera sur le dos et je te conduirai par la bride.

— Je veux bien, mais pas plus d'un quart d'heure.

— Hue! crièrent les enfants.

VI

Lorsque Armande et Martel traversèrent la cour de la ferme, ils la trouvèrent remplie de moissonneurs belges qui venaient demander à coucher. Dans l'Ile-de-France, la Beauce et la Picardie où les terres à blé occupent de grandes plaines, les ouvriers du pays ne suffisent plus aux travaux lorsque arrive le moment de la récolte. C'est alors que les ouvriers belges viennent offrir leurs bras, et il n'est personne qui, pendant les mois de juillet et d'août, n'en ait rencontré le long des grandes routes, marchant pieds nus sur le gazon des bas-côtés, portant au bout d'un bâton garni d'un crochet de fer cette petite faux qu'ils nomment une sape, leurs souliers qu'ils n'ont garde d'user, et dans un mouchoir de cotonnade leur léger bagage : ils font ainsi les cent ou cent cinquante lieues qui les séparent de Paris ou d'Orléans, cheminant tout le jour, couchant la nuit dans les granges et les bergeries. Comme on ne les nourrit point dans les fermes où on les embauche, ils apportent de leur pays un petit pot de beurre qui fournira leur principal repas; pendant tout le temps de la moisson ne buvant que de l'eau, ne fumant que le peu de tabac qu'ils ont aussi apporté, ils n'auront à acheter que du pain; par ces privations, unies à un travail de quinze à seize heures chaque jour, ils économiseront une somme de deux cents ou deux cent cinquante francs avec lesquels ils vivront au pays, eux, leur femme et leurs enfants tout le reste de l'année.

En arrivant au Plessis, Martel avait établi pour règle qu'on tremperait la soupe à tous ceux qui demanderaient à coucher; or, comme le Plessis est une étape, ce n'était pas trop à certaines saisons que deux grandes marmites; car si en hiver on ne voyait que quelques mendiants et des saltimbanques pauvres, en été les sapeurs belges passaient deux fois par la cuisine : au mois de juin lorsqu'ils allaient se louer vers la Loire, au mois d'août lorsque, la moisson étant finie par là, ils venaient faire celle qui allait commencer vers la Somme.

Cette hospitalité n'était pas bien coûteuse pour le fermier; pour le peintre elle était une curieuse étude : tous les soirs il venait s'adosser à la cheminée, et il voyait défiler devant lui ces esclaves du travail qui tous, jeunes ou vieux, hommes ou femmes, exténués de fatigue, durcis par le hâle, tannés par le soleil, maigris par les privations, desséchés par la sueur, encroûtés de la poussière des terres brûlantes sur lesquelles ils s'étaient courbés, attendaient avec la placidité des animaux que la cuisinière emplit de bouillon l'écuelle dans laquelle ils avaient taillé leur pain.

Aussi le connaissaient-ils tous, et lui-même, passant au milieu d'eux, en reconnut-il un grand nombre qu'il salua par leur nom.

Arrivé sous la grande porte, il trouva, se tenant un peu à l'écart, une bande de musiciens allemands, de ces pauvres diables qui tous, bâtis sur le même modèle long et mince, coiffés de la même casquette, vêtus de la même redingote à petits boutons, viennent nous jouer sur leurs clarinettes et leurs cuivres les douces valses de leur pays.

En apercevant le maître et la maîtresse de la maison, d'un même mouvement et avec un ensemble parfait, ils ôtèrent leurs casquettes.

— Si une assiette de soupe vous est agréable, dit Martel en leur rendant leur salut, entrez à la cuisine.

— Foui, si fous foulez bien, répondit le chef de la bande, en riant de ce rire allemand qui est une sorte de remerciement pour ce qu'on a dit, et d'encouragement pour ce qui reste peut-être à dire.

La pièce des Bossettes où les moutons parquaient en ce moment était à près d'une heure de la ferme; mais le soir avait apaisé la chaleur; les feuilles des arbres immobiles tout le jour sous les rayons du soleil commençaient à bruire ranimées par un souffle frais; les tiges des plantes inclinées vers le couchant se redressaient; des champs qui n'étaient point encore dénudés, des sentiers herbus, des fossés montait une douce fraîcheur, et la route à faire à travers la plaine éclairée des lueurs roses restées au ciel était un vrai plaisir. Au loin dans les chaumes on entendait le cri articulé des cailles et des perdrix qui ressemble si étrangement à un langage humain.

— Je crains bien, dit Martel en marchant auprès d'Armande, que nous ne réussissions pas avec Lalizel; s'il ne refuse point franchement, il trouvera des détours, il mérite bien son nom de Jean le Fin; puisque de lui-même il n'a pas voulu épouser Méduline, il n'est guère probable qu'il se laisse décider par nous.

— Ce n'est pas épouser Méduline qui est maintenant le principal, c'est légitimer leur enfant; est-il homme à ne pas sentir que tout lui en fait un devoir? si tu lui fais comprendre quelle est la position de ce pauvre petit, il me semble qu'il en sera touché.

— Ne compte pas trop là-dessus; dans ce pays-ci où la moitié des filles a des enfants, on est peu sensible à ces idées de devoir et Jean le Fin doit en être l'esclave moins que tout autre, lui qui passe pour avoir depuis deux ans mené à Paris trois filles embarrassées de leur grossesse; enfin nous essayerons de tout.

— Pauvre Méduline, elle pleurait en me demandant de parler pour elle ; elle a une peur terrible de Lalize, et il a fallu le fond d'honnêteté qui est en elle pour la décider. Sa faute, telle qu'elle me l'a contée, m'a tout émue. L'année dernière, comme elle était malade, le médecin de Villeneuve lui dit que si elle continuait la broderie, elle deviendrait poitrinaire. C'était au moment de la moisson, elle se loua comme ramasseuse au père Groseiller ; la pièce qu'ils avaient à faucher était pleine de chardons. Ses mains n'étaient pas habituées à pareil travail. Elle ne tarda pas à avoir les doigts dans un état pitoyable. Ce n'était qu'une plaie. Tous les autres se moquaient d'elle et la renvoyaient à sa broderie. Le père Groseiller criait toute la journée parce qu'elle n'allait pas assez vite. Lalizel était précisément à ce moment-là avec le parc auprès de leur pièce. Au lieu de se moquer, il la plaignit. Il passe pour médecin. Aux heures de repas, il venait s'asseoir auprès d'elle, et après lui avoir retiré les plus gros dards il lui pansait les doigts. Elle était heureuse de ces marques de bonté. Son cœur se laissa prendre.

Elle s'interrompit. Ils étaient arrivés au-dessus d'un petit vallon et au delà des têtards de saules, à travers le crépuscule bleuâtre, on apercevait dans un chaume les claies du parc et la cabane. Une voix qui partait du fond du ravin chantait en se rapprochant :

> Il était un cantonnier,
> Sur la route de Louviers,
> Qui cassait des tas d'cailloux,
> Pour mettre sur l'passage des roues,
>
> Quand soudain vint à passer,
> Un m'sieur en cabrioulet,
> Qui lui dit : Pauv' cantonnier,
> Tu fais là un fichu métier.

C'était un faucheur qui, la faux sur l'épaule et le panier au bras, regagnait le village.

— Ah ! monsieur Martel, dit-il lorsqu'il les croisa, il y a là au fond du ru une brebis égarée qui je crois bien est à vous.

— Merci, Tieffine, nous allons au parc, nous la chasserons devant nous.

— Faut pas m'en vouloir, dites donc, si je ne l'ai pas menée, mais Jean le Fin m'aurait dit qu'elle n'était pas perdue ; il n'aime pas qu'on se mêle de ses affaires ; pas commode qu'il est, vous savez bien.

Soulevant le bord de son vieux chapeau de paille, il reprit son chemin, les reins voûtés, marchant à pas longs et lourds dans ses gros sabots et chantant :

> Le cantonnier lui répond,
> Sans faire plus de façon :
> Si j'roulions caross' comm' vous,
> Je n'casserions pas de cailloux.
>
> Cette réponse qui s'fait remarquer,
> Par sa grande simplicité,
> Vous prouv' que les malheureux,
> S'ils le sont, c'est malgré eux.

— Encore un, dit Martel, qui a peur de Lalizel, il a peur d'être *ensaboté;* je parierais qu'il le croit sorcier; le voisinage de Paris ne leur ouvre l'intelligence que pour les vices.

Lalizel était assis contre sa cabane, le dos appuyé à l'une des roues. Il soupait. Posés devant lui sur leur derrière, ses deux chiens attendaient qu'il leur jetât un morceau de pain. Dans le parc clos, les moutons tassés les uns contre les autres bêlaient.

Quand il vit une brebis ramenée précisément par celui qui eût dû ignorer cette perte, il justifia sa réputation de n'être point commode. Seul il eût probablement à moitié assommé la bête. Devant le maître il passa sa colère sur les chiens qui lui appartenaient.

Martel voulut intervenir.

— La brebis perdue, dit Lalizel, je vous l'aurais payée; à eux de me la payer, c'est leur faute.

Et il recommença à les rouer de coups; sans oser se sauver les pauvres bêtes s'aplatissaient sur la terre et gémissaient.

— Finissez donc, dit Armande, il y a de votre faute aussi.

— Ah! notre dame, heu malheur!

— Écoutez-moi, dit Martel, nous avons à vous parler.

A ces mots prononcés avec autorité, il releva la tête : la nuit était venue, mais une belle nuit bleue d'une transparence profonde qui laissait voir au loin; Armande n'avait jamais fait grande attention à son berger; en regardant sa mine chaffouine et rabougrie, ordinairement d'une placidité voulue, mais où la colère venait de faire sourdre le naturel, elle se demanda si pour Méduline mieux ne vaudrait pas que Lalizel refusât.

— Il ne m'appartient pas, poursuivit Martel, de vous demander pourquoi depuis un an, vous n'avez pas épousé Méduline, mais aujourd'hui Méduline va entrer à notre service où elle gagnera trois cents francs; — il insista sur ces mots; — vous y êtes déjà, et je voudrais savoir quand vous comptez l'épouser; vous savez que je ne veux pas de ces situations-là chez moi.

— Pardon, mais quelle situation? Pourquoi, sans vous commander, que j'épouserais Méduline?

— Pour votre enfant, interrompit Armande avec une indignation contenue.

— Mon enfant, à moi? heu malheur!

— N'est-il pas le vôtre? Tout le monde le dit.

— Tout le monde, c'est bien du monde. Est-ce qu'elle le dit aussi, elle, la Méduline? Je serais curieux de savoir à qui elle l'a dit.

— A moi.

— A vous, ah! vraiment, notre dame. Eh bien moi je dis que non. Oui, je dis que non. J'ai bien joué avec elle, ça c'est vrai; je l'ai guérie des doigts, c'est vrai aussi. Mais voilà tout. Voyons, là, notre maître, entre nous, croyez-vous que je vas m'amuser à faire un enfant à une fille qui n'a rien; je ne serais donc plus Jean le Fin; heu malheur!

— Elle va gagner trois cents francs.

— Cent écus, oui, c'est une somme; on en ferait bien des enfants à ce prix-là. Mais celui qui est né, faut-il donc que je lui donne mon nom à la mairie, sans en être le père. Ça serait-il juste, et d'un honnête homme?

— Vous ne persuaderez personne que vous n'êtes point le père de cet enfant. Pour moi vous l'êtes et j'estime que vous devez épouser Méduline. Vous ne resterez donc point tous deux à mon service dans les conditions où vous êtes. Et je vous le dis franchement, comme je tiens plus à elle qu'à vous, c'est vous qui partirez si vous refusez de faire votre devoir. Vous parliez d'être un honnête homme, montrez si vous l'êtes.

— C'est comme ça, dit Lalizel en abandonnant son ton doucereux, on partira; votre service n'est déjà pas si doux; s'il faut épouser les filles qui ont des enfants, bonsoir.

Sans ajouter un mot il leur tourna le dos, et s'en alla de l'autre côté du parc. Ils l'entendirent qui grommelait entre ses dents.

Puis ils entendirent aussi le hurlement plaintif d'un des chiens, auquel il venait sans doute d'allonger un coup de pied.

VII

— Voilà un bon berger de perdu, dit Armande comme ils redescendaient dans la prairie.

— Un bon berger, oui, mais c'est un mauvais homme, il ne faut pas le regretter. Le pays va en être débarrassé, car il ne trouvera pas de place ici, et il est trop paresseux pour faire autre chose. D'ailleurs je n'aurais sans doute pas pu le garder avec les changements que je projette et que je veux te soumettre.

— Quels changements?

— La commande du prince va prendre tout mon temps pendant un an ou dix-huit mois, et cela juste au moment où les travaux de la ferme auraient besoin de toute ma surveillance. Les comptes arrêtés en juillet ont montré que nos bénéfices avaient été très beaux; si mes calculs sont justes, ils doivent aller s'augmentant encore pendant deux ou trois ans pour arriver à une moyenne toujours à peu près pareille; seulement c'est à condition que je tiendrai tous les détails dans ma main, comme je l'ai fait jusqu'à présent; or cela va devenir matériellement impossible. Dans ces conditions, j'ai pensé à prendre pour aide, Pigache, mon cousin.

— N'a-t-il pas une position?

— J'ai reçu de lui tantôt une lettre où il me dit qu'il est libre. Pigache a été un des meilleurs élèves de la ferme de Grignon. Établi fermier à vingt-deux ans en Picardie, il s'est promptement ruiné; il lui manquait l'expérience et le capital, car mon oncle n'était pas riche. Il est alors entré chez les frères Quertier comme directeur de leur exploitation agricole et industrielle. Il y serait encore si les frères Quertier ne venaient de se mettre en faillite; mais leur ferme n'est pour rien dans leur déconfiture. Bien entendu je ne pourrai pas offrir à Pigache les appointements qu'il perd, cependant ceux que nous pouvons lui donner sont encore très suffisants. D'autant mieux qu'ils pourront être augmentés d'une façon incidente, si cela te convient.

— Tu sais bien que tout ce que tu fais me convient.

— Je sais que tu es la meilleure des femmes; mais ici il s'agit d'une lourde responsabilité que je voudrais partager : il s'agit de nos enfants. J'aime Victorine comme si elle était vraiment ma fille, et j'espère que tu n'as jamais remarqué de différence dans ma tendresse pour elle et ma tendresse pour Julien. Cependant, à vrai dire, je ne suis pas le même pour tous deux : à Victorine je passe tout de parti pris, tandis qu'envers Julien je suis tel que les circonstances le veulent. Et toi-même tu fais une différence entre eux, je ne dis pas dans ton amour maternel, mais dans ta manière d'être. Avec Victorine, tu es d'une indulgence voulue, comme si tu craignais toujours que dans une marque de juste sévérité elle ne pût voir de la dureté et de l'injustice; tu lui donnes raison dans ses querelles contre son frère, et tu lui cherches des excuses même quand elle n'en mérite pas. Ce n'est pas un reproche au moins; il m'atteindrait aussi bien. Le sentiment auquel nous obéissons est le même. Mais en agissant ainsi tous deux sans nous être entendus, n'allons-nous pas contre nos intentions?

C'étaient les musiciens allemands qui, pour payer leur hospitalité, faisaient danser les gens de la ferme (p. 555).

Le moins qui puisse arriver, c'est de faire souffrir Julien et de le rendre jaloux; mais laissons Julien de côté en ce moment. Victorine est assurément plus vive d'intelligence que ne le sont les enfants de son âge, et avec cela il y a en elle une tendresse expansive qu'exalte son caractère naturellement jaloux. N'est-il pas à craindre que nous la gâtions? Déjà elle abuse de notre faiblesse, qu'elle a très bien reconnue. Elle est ton maître, le mien et le tyran de son frère, ce qui n'empêche pas sa jalousie d'éclater à propos de tout. Elle arrive à un âge où il va falloir absolument la diriger; au prix de quels efforts de volonté? Qui de nous deux la domptera? Comprendra-t-on notre sévérité après notre indulgence?

— C'est bien ce qui me tourmente, c'est mon seul chagrin dans ma vie si heureuse.

— Eh bien! je crois avoir trouvé un moyen de concilier tout.

— Veux-tu la mettre en pension?

— Non, je ne te proposerai jamais de l'éloigner de nous; je veux au contraire que nous puissions la garder toujours. En venant ici, Pigache amènerait naturellement sa femme; or madame Pigache avant son mariage était institutrice des demoiselles Quertier. Elle est, dit-on, fort instruite. Et par ce que j'ai pu voir elle m'a paru intelligente et agréable. Si cela te plaît, elle pourrait élever Victorine et même, plus tard, préparer Julien à entrer au collège. C'est ainsi que je comprends que les appointements de Pigache pourraient être augmentés; ce serait par ceux de sa femme : voilà mes projets.

— Pour Victorine, ils vont au-devant de mes désirs.

— Penses-y, moi-même je les retournerai : rien ne presse; dans quelques jours nous en reparlerons. Aujourd'hui je n'y vois qu'un danger, c'est une intimité gênante avec Pigache et sa femme, mais il est bien entendu qu'ils ne demeureront point à la ferme; il y a assez de maisons vides dans le Plessis.

Ils marchaient lentement dans la plaine, elle s'appuyait sur son bras et il réglait son pas sur le sien. La nuit était douce et sereine, sans lune, avec peu d'étoiles au ciel, mais cependant si lumineuse que les arbres, les buissons, les gerbes couchées dans le chaume, tout ce qui faisait relief sur la terre conservait sa forme et ses contours. Dans l'air frais était répandue cette senteur chaude et fortifiante qu'on pourrait appeler le parfum de la moisson. C'était le soir d'un beau jour d'été, où l'on respire librement et où l'âme se sent forte et tranquille.

— Te souviens-tu, dit Martel, d'une de nos promenades, il y a quatre ans, dans la forêt de Sénart? Tu enviais ceux qui vivaient à la campagne.

— Je me souviens aussi de mes rêves d'alors; comme ils ont pâli devant la réalité ! il y a quatre ans, qui m'aurait dit que je serais si heureuse, moi qui n'osais regarder l'avenir, et qui me sens maintenant si confiante, si assurée ! Aujourd'hui sera demain...

— Et toujours.

— Ah ! mon ami, quelle vie tu m'as faite, que je t'aime !

Une fanfare éclatante retentit dans le calme de la nuit, et un bruit de voix joyeuses arriva jusqu'à eux, qui les fit tressaillir.

— Les musiciens allemands, dit-il.

Il ne se trompait pas : c'étaient les musiciens allemands qui, pour payer leur hospitalité, faisaient danser les gens de la ferme dans la prairie. Formant cercle autour d'eux se tenaient debout quelques moissonneurs belges trop fatigués ou trop dévots pour danser. Trois grosses lanternes de voiture éclairaient le terrain.

— Si tu n'es pas lasse, dit Martel, tu pourrais leur faire le plaisir de danser avec l'un d'eux.

— Je veux bien, mais à une condition, c'est qu'après cette contredanse, nous ferons ensemble un tour de valse.

Au moment où la valse s'achevait, Godalier, le maître charretier, s'approcha de Martel.

— Il y a là, dit-il, un homme qui demande à coucher cette nuit et à travailler demain. C'est celui qui est là-bas, appuyé sur son bâton. Il n'a ni papiers ni livret.

Il montra un homme de quarante à quarante-cinq ans, aussi misérablement vêtu peut-être que les moissonneurs qui l'entouraient, mais de cette misère qui ne porte point avec elle les traces rassurantes du travail.

— Vous demandez du travail, dit Martel en s'approchant de lui pendant que les musiciens recommençaient une nouvelle contredanse, que savez-vous faire ?

— Ce qu'on voudra.

— Comment cela ?

— J'ai été fermier avant d'être ce que je suis.

— D'où venez-vous ?

— De loin.

— Vous n'avez pas papiers ?

— Êtes-vous le maire ?

— Non ! Mais si vous aviez un livret, j'aurais peut-être pu vous employer; j'ai besoin d'un berger. Avez-vous du pain ?

— Non.

— Avez-vous soupé ? Non, n'est-ce pas ! Entrez à la cuisine. Si vous avez des allumettes et du tabac, vous les donnerez à garder; on vous les rendra demain matin : on ne fume pas dans la ferme.

— Ça, c'est juste, mais je n'ai pas plus d'allumettes que de tabac, pas plus de tabac que de pain.

— Quel est cet homme? demanda Armande, comme il se dirigeait vers la porte de la ferme.

— Un pauvre diable qui probablement se fera ramasser demain par la gendarmerie, mais ce n'est pas une raison pour qu'aujourd'hui nous le laissions coucher dehors et sans souper.

CHAPITRE II

LA COUSINE PAUVRE

I

Ce fut seulement à la fin de septembre que Pigache vint s'installer au Plessis, et Martel eut ainsi six semaines pour faire mettre en état la maison qu'il lui destinait. Bâtie sur ses terres, au bord du chemin qui du village conduit à la ferme, au milieu d'un assez grand jardin bien planté et entouré de belles haies vives, elle était inhabitée depuis la ruine du Plessis, mais construite solidement, et n'ayant pas plus d'une trentaine d'années, elle ne demandait pas des réparations coûteuses. Sans doute, Pigache serait sensible au double avantage de ne point payer de loyer et d'être tout près de la ferme.

Il le fut en effet, et se montra franchement reconnaissant; Mme Pigache le fut beaucoup moins et n'eut pas même un mot de remercîment.

— C'est sincèrement que tu parles de reconnaissance? dit-elle à son mari, lorsque peu d'instants après leur arrivée elle se trouva seule avec lui.

— Assurément, il n'était pas dit dans nos conditions qu'on nous donnerait le logement : c'est une gracieuseté, et pour nous c'est une économie qui arrive à propos.

— Tu seras bien toujours le même. S'il voulait nous faire une gracieuseté, il fallait la faire complète; puisqu'il nous donnait un logement, il pouvait bien nous le donner dans sa propre maison, il y a tant d'appartements de libres, cela eût été plus digne que de nous offrir cette petite masure, qu'il ne trouvait pas à louer. Tu es son cousin, après tout.

— C'est bien en cousin qu'il me traite.

— En cousin!

Elle haussa les épaules.

— Oui, il pouvait te traiter en cousin. Au lieu de te prendre comme une sorte de domestique, c'était de te prendre comme associé. Ne vas-tu pas lui donner tout ton temps, ton savoir et ton expérience? Cela valait bien l'argent qu'il apportait de son côté. Ton père n'était-il pas le frère de sa mère? N'es-tu pas son parent le plus proche? S'il ne s'était pas marié, Adèle était son héritière.

— Mais il est marié.

— Oui, et tu vas être *son prends garde-à-tout;* je serai son institutrice, et Adèle sera le joujou de ses enfants. Tu trouves ça naturel; je lui ferai sentir, moi, que malgré tout nous sommes parents.

Cependant elle accueillit fort gracieusement les avances d'Armande; seulement, toutes les fois que celle-ci en parlant dit « Madame », elle répondit « ma cousine », et cela jusqu'à ce que Armande en vînt elle-même à dire aussi « ma cousine. »

II

La jeunesse de Mme Pigache n'avait pas été heureuse. Orpheline à treize ans, sans que son père lui laissât autre chose que des dettes; moitié par pitié, moitié par calcul, on l'avait gardée dans sa pension, où personne ne devait plus payer pour elle, et brusquement elle était devenue une sorte de sous-maîtresse à tout faire, bien que restant encore élève. Le malheur aiguise vite l'intelligence. Elle avait compris qu'il fallait plaire à ceux de qui elle dépendait, et ç'avait été à quoi avaient tendu ses efforts pendant six longues années. Le jour où elle avait eu son diplôme d'institutrice, elle n'avait plus pensé qu'à quitter au plus tôt cette pension qu'elle haïssait, et changeant de tactique elle s'était efforcée de plaire à celles des élèves qui pourraient lui trouver une position dans le monde. C'était ainsi qu'elle était entrée chez les frères Quertier, pour être l'institutrice de la fille du plus jeune. Elle n'avait point gagné à ce changement si laborieusement préparé. Autrefois simples fermiers, et parvenus à la fortune par des spéculations plus hardies que scrupuleuses sur les grains et les alcools, les frères Quertier, l'aîné comme le jeune, le jeune comme l'aîné, étaient des modèles de dureté dans leurs relations sociales, d'ostentation dans leur vie intime. Le premier jour de son arrivée chez eux lui avait dit tout de suite comment elle serait traitée dans cette maison. Pour lui montrer le parc et ses dépendances, on avait fait atteler les chevaux à la calèche découverte : M. Quertier jeune et sa fille s'étaient assis sur le siège de derrière; elle s'était mise sur le siège de devant. Il faisait une magnifique et chaude journée d'été, et le soleil lui frappait d'aplomb en plein visage. Pour s'en préserver, elle ouvrit son ombrelle. Mlle Quertier avait oublié la sienne, mais cela était sans importance ; elle avait le soleil dans le dos et encore elle en était préservée par les plis de la capote à moitié baissée. Mais son père n'en jugea pas ainsi, et, s'arrêtant dans une démonstration qu'il était en train de faire à sa nouvelle institutrice : « Donnez donc votre ombrelle à mademoiselle Quertier, » lui dit-il durement. Il y avait quatre années qu'elle supportait sans se plaindre, mais impatiemment, les exigences de son élève et les insolences du père et de l'oncle, lorsque Pigache fut installé comme directeur de la ferme considérable qu'ils venaient de joindre à leur château de Noyan.

Elle avait alors vingt-quatre ans. Quoique maigre de la maigreur jaune des vieilles jeunes filles, elle était agréable sinon jolie : admirablement faite, des yeux d'une vivacité électrique, de beaux cheveux, intelligente, causant bien, partout à son aise, gracieuse et coquette d'un rien. Il fut fou de joie lorsqu'elle consentit à l'épouser. Elle eut peine à se retenir de lui sauter au cou le soir où, en tremblant, il se décida enfin à faire sa demande si longtemps attendue.

Tous deux durent en rabattre.

Il avait voulu une femme assez simple dans ses désirs pour se contenter de la position modeste qu'il pouvait lui offrir, et il avait cru la trouver dans cette jeune fille, peut-être un peu bien élégante pour lui, peut-être un peu trop coquette, mais que l'expérience avait dû habituer à une vie sévère ; — il trouva une femme aigrie par la lutte, faussée par le besoin de plaire à chacun, pleine de convoitise pour tout ce qui lui avait manqué, follement ambitieuse et par-dessus tout dévorée d'envie.

Elle avait eu bien des raisons pour l'accepter. Depuis longtemps elle sentait que le mariage seul l'affranchirait de la servitude dans laquelle, institutrice, elle userait sa vie. Mais combien difficile pour elle était le mariage ; elle ne voulait pas plus d'un ouvrier ou d'un petit boutiquier, que les chercheurs de dot ne voulaient d'elle. Si par son éducation Pigache n'était pas précisément homme du monde, son instruction réelle et ses connaissances spéciales lui valaient partout une certaine considération : avec cela beau garçon, facile à vivre, doux, sympathique à tous. Il était pauvre, il est vrai, mais cela établissait entre eux une égalité de situation qui mettait l'avenir à l'abri de tous reproches. D'ailleurs il avait pour le moment une position honorable. Excité par un esprit hardi, on pouvait compter qu'il saurait bien se pousser dans la vie, faire sa trouée comme un autre, gagner une fortune. Les frères Quertier, qui n'avaient jamais eu instruction ni éducation, et qui étaient partis de bas, étaient bien arrivés ;

pourquoi ne creuserait-il pas sa route comme eux, lui qui avait en mains de meilleurs instruments?

Elle ne trouva point en lui l'homme entreprenant qu'il fallait à ses desseins. Loin de là. Dégoûté par une première et désastreuse expérience de tout ce qui entraînait une responsabilité personnelle, il ne consentit pas à tenter les aventures où elle essaya de le pousser. Rien ne fit, ni raisonnements, ni menaces, ni caresses. Un moment elle eut une lueur d'espérance : comme annexe à la ferme, on avait construit une distillerie, lorsqu'elle fut achevée, la machine ne put point fonctionner, Pigache se mit à l'œuvre et répara pratiquement les erreurs théoriques de l'ingénieur qui était venu de Paris diriger le montage. — Puisque tu es si habile, lui dit-elle, pourquoi n'inventes-tu pas des machines agricoles? il y a une fortune à faire en exploitant les brevets. Il répondit simplement qu'il pouvait bien faire fonctionner les machines des autres, mais qu'il n'était pas capable d'en inventer de nouvelles. Vivant de peu et sans désirs, il était le plus heureux du monde si en rentrant le soir il la trouvait un peu en toilette, il causait joyeusement, puis après dîner il s'endormait au coin du feu. Toute la semaine il attendait le dimanche pour faire avec elle une partie de dominos, pendant que leur fille bâtissait des châteaux de cartes. C'était là pour lui le suprême bonheur, il ne souhaitait rien au delà, si ce n'est ne pas quitter ses vêtements de tous les jours et ne pas se brosser les ongles. A cela près, le meilleur mari de la terre, tendre, fidèle et passionné ; seulement ce n'était point ce mari-là qu'elle avait cru épouser.

Lorsqu'il avait reçu les propositions de Martel, leurs dissentiments avaient recommencé. Il voulait accepter. Elle voulait qu'il refusât.

C'était encore une position inférieure, sans avenir. S'était-elle mariée pour, après sept années de mariage, redevenir institutrice? Pourquoi ne pas tenter la chance; il avait des relations, il trouverait bien à emprunter un capital; il connaissait à fond le commerce des grains, l'occasion n'avait jamais été plus belle pour faire fortune.

A cela il répondit qu'il ne voulait point aventurer l'argent d'autrui ; que ce n'était pas quand on avait déjà des dettes, qu'on devait en faire de nouvelles; enfin que Martel était un ami pour lequel il serait heureux de travailler.

Quand elle revint à la charge, à ses plaintes, ses excitations ou ses reproches, il opposa son moyen ordinaire, — l'inertie.

Aussi lorsqu'elle arriva au Plessis était-elle dans les plus mauvaises dispositions.

Ils trottaient tous deux à travers champs (p. 563).

H. MALOT. — VICTIMES D'AMOUR.

III

Elles s'adoucirent bientôt, car la vie nouvelle qui lui fut faite n'avait rien de celle que pendant sept ans elle avait menée à Noyan.

En descendant de voiture elle avait trouvé Armande qui l'attendait et qui, lui tendant la main, lui avait dit gracieusement :

— Jusqu'au jour où vous serez tout à fait installée, vous m'appartenez pour la table et le logement, et moi je vous appartiens pour vous aider à tout ce que vous voudrez. J'ai de la réputation dans la couture, vous pouvez donc m'employer à faire ou à réparer vos rideaux ; je n'ai pas la main trop malheureuse et ne casse presque jamais, vous pouvez aussi me confier votre vaisselle. Pour le reste, je fais sans murmurer ce qu'on me commande; employez-moi donc ?

— Ma chère madame Pigache, dit Martel, il y a ici des chevaux et une voiture, quand vous voudrez aller à Paris; il est entendu, une fois pour toutes, que chevaux et voiture sont à vous.

Ces bonnes dispositions ne se manifestèrent point seulement en paroles. Quoiqu'elle eût qualifié sa nouvelle maison de petite mesure, elle était plus grande que celle qu'elle venait de quitter; aussi, lorsque son mobilier fut en place, parut-il danser entre les murs. Armande tâcha de cacher les vides. Précisément elle avait, pour la salle à manger, un buffet qui ne lui servait pas. Une table à ouvrage fut cassée dans le déménagement, précisément elle en avait une qui semblait faite exprès pour la remplacer. Madame Pigache laissa voir qu'elle désirait vivement une lampe suspendue dans sa salle à manger « parce que cela était distingué et qu'elle ne s'en privait que parce qu'il fallait se faire une raison ; » Armande pria Martel d'en rapporter une de Paris.

— En même temps, je commanderai des tapis aux Gobelins et un service à Sèvres, dit-il en riant lorsqu'il se fut acquitté de sa commission.

— C'est un peu trop, mais l'utile ce serait de leur envoyer une voiture de bois, il y a des ormes dans la prairie Fouquet, qui brûleront bien. Je leur ai fait porter tantôt deux mannes de poires; ils n'avaient pas de crassane.

Il y avait loin de là aux procédés de MM. Quertier frères, qui tous les ans, au mois de janvier, retenaient au directeur de leur ferme deux francs pour le ramonage de son habitation personnelle.

Il fut établi de fondation que tous les dimanches M. et madame Pigache dîneraient avec Adèle à la ferme. Souvent on invitait un ou deux amis intimes, madame Aiguebelle, Fraval, Gayot, un sculpteur que ses bustes de femme étaient en train de rendre célèbre. C'était un souffle de la vie parisienne qui, pendant quelques heures, passait sur le Plessis, et Pigache ne s'endormait point au coin du feu. Ce jour-là les enfants avaient le droit d'entrer au salon, et pour eux aussi c'était fête, car il y avait deux grandes armoires vitrées qu'on ouvrait et qui étaient pleines de curiosités avec lesquelles il était permis de jouer.

Tout entier à la commande du prince, Martel fut forcé de négliger peu à peu les travaux de sa ferme. Bientôt il ne sortit plus qu'une heure par jour après le déjeuner; alors Armande et lui montaient à cheval, et par n'importe quel temps, bien encapuchonnés quand il pleuvait ou neigeait, ils trottaient tous deux à travers champs : ils allaient voir si les blés à peine levés ne jaunissaient pas, si les grands vents de la dernière nuit n'avaient point desséché le colza. A ces promenades se bornait leur surveillance extérieure; ils s'en rapportaient à ce que Pigache disait tous les soirs des travaux de la journée.

Il était le vrai maître de la ferme comme madame Pigache était la vraie maîtresse de Victorine.

On lui avait fait disposer, au rez-de-chaussée, une grande et belle pièce dont elle avait la clé et où, pendant deux heures par jour, elle devait commencer à habituer Victorine bien plutôt à se plier à une volonté étrangère qu'à travailler.

Ces marques de confiance, ces attentions, cette cordialité, le bien-être dont on s'efforçait de l'entourer, les plaisirs qu'on lui faisait partager, tout cela finit par modifier ses premiers sentiments à l'égard de Martel et d'Armande.

Il y eut une chose toutefois qu'elle ne put jamais pardonner à celle-ci, sa supériorité.

Heureuse, elle se rappela avec moins d'amertume les souffrances de sa jeunesse et fut moins âpre dans ses convoitises; mais elle avait sous les yeux, sans cesse, une femme jeune, jolie, intelligente, et pour sa jalousie, pour sa nature envieuse, c'était un aiguillon continuel.

Pourquoi Armande était-elle riche, tandis qu'elle-même était pauvre? pourquoi Armande donnait-elle, tandis qu'elle-même recevait? Pourquoi était-elle envieuse, et pourquoi Armande ne l'était-elle pas? Armande avait les cheveux blonds, les siens étaient d'une nuance indéfinissable, ni noirs ni châtains; la peau d'Armande était rose et transparente comme celle d'un enfant, la sienne était rugueuse et bistrée.

Quoiqu'elle sentît avec une poignante justesse son infériorité, il y avait un point sur lequel elle croyait l'emporter incontestablement.

Elle avait la main longue, maigre, blanche, avec des doigts effilés et des ongles taillés en amandes. La main d'Armande était potelée, les doigts charnus s'amincissaient en fuseau, sur les articulations se creusaient des fossettes, les ongles un peu recourbés s'incarnaient dans les chairs.

Mme Pigache était très fière de sa main, qu'elle trouvait distinguée, et elle ne manquait pas une occasion de la mettre en parallèle avec celle d'Armande, qu'elle croyait commune.

Quel ne fut pas son étonnement d'entendre Gayot annoncer un dimanche soir qu'il ne partirait pas le lendemain !

— Car j'ai un service à vous demander, ajouta-t-il en s'adressant à Armande, c'est de faire une étude de vos mains. Martel a dû vous le dire plus d'une fois : vous avez la plus belle main antique qu'on puisse voir.

IV

Il y avait deux mois à peu près que Mme Pigache était au Plessis, lorsqu'un jour elle vint trouver Martel dans son atelier; elle semblait vouloir s'entourer de mystère.

— Êtes-vous bien sûr de votre berger? dit-elle.

— Qui, Hutin?

— Oui ; depuis plusieurs semaines il paraît embarrassé; il répond à peine, et si l'on insiste il ne répond plus du tout. Je l'ai observé; assurément il y a du louche dans sa vie.

— Vous avez eu du mal à apprendre ça?

— Êtes-vous sûr qu'il ne sort pas de prison?

— Mieux que ça, il sort du bagne.

— Vous le connaissez et vous le gardez.

— Promettez-moi de ne parler de son secret à personne et je vous le confie ; ça vous fera plaisir, et ça lui épargnera des questions qui doivent l'inquiéter, car vous l'avez questionné, n'est-ce pas ?

— Un peu.

— Un soir de ce mois d'août est arrivé un pauvre diable mourant de faim et de fatigue; il cherchait du travail. Je venais de renvoyer mon ancien berger. Je lui offris de le remplacer. Mais il n'avait pas de papiers. Le lendemain, soit désir de travailler, soit que je lui eusse inspiré confiance, il me conta son histoire. Elle me toucha : libéré depuis deux ans, il avait été envoyé en résidence à Clermont; non seulement il n'y avait pas trouvé de travail, mais il y était devenu la bête noire des enfants, qui le poursuivaient dans les rues à coups de caillou. Un jour, le fils du commissaire de police lui avait cassé deux dents avec une fronde; un autre jour, qu'il dormait dans une carrière, on l'avait enfumé avec des ajoncs. Il s'était sauvé; il venait à Paris pour chercher une dernière fois du travail, et, s'il n'en trouvait point, pour faire, disait-il, un mauvais coup : il voulait tuer un gendarme ou un commissaire de police. J'en eus pitié. Je pris des renseignements. Ce n'était pas un concurrent pour le prix Monthyon, mais ce n'était pas non plus un homme perdu. J'obtins qu'il ne fût pas mis en jugement pour rupture de ban et qu'il pût rester ici.

— Un forçat!

— Ma chère madame Pigache, je plains ceux qui n'ont pitié que des honnêtes gens; Hutin ne m'a pas encore fait repentir un seul jour de lui avoir tendu la perche. Voilà son histoire. Vous voyez que vous aviez raison de trouver en lui du louche; seulement vous avez eu tort de ne pas me demander quoi; cela vous eût épargné une enquête. Nous sommes donc curieuse?

V

Curieuse? Elle l'était à se donner la fièvre pour un rien. Quelqu'un passait, quelqu'un qu'elle ne connaissait pas, qu'elle n'avait jamais vu, il fallait qu'elle sût où il allait, d'où il venait, qui il était. A la pension et chez les frères Quertier, elle avait vécu l'oreille à la fente des portes. A Noyan, pendant sept ans, elle avait tenu le rideau de sa fenêtre à moitié ouvert, et son visage collé à la vitre.

Au Plessis, elle s'était occupée de Hutin, parce qu'il ne ressemblait en rien aux gens de la ferme; mais il y avait quelqu'un qui bien plus ardemment que Hutin excitait, torturait sa curiosité, Armande.

La vie de Martel, elle la savait à peu près jusqu'à son mariage, car Pigache avait toujours été en relations avec lui. Mais Armande?

De son enfance malheureuse auprès de son père, de sa jeunesse, de son éducation auprès de son grand-père, on parlait volontiers. Mais pourquoi jamais un mot de son premier mariage et du temps qui s'était écoulé jusqu'à son arrivée au Plessis? Pourquoi cette lacune? A toutes les interrogations plus ou moins adroites, à toutes les insinuations, pourquoi un silence absolu chez Martel aussi bien que chez Armande?

Était-ce pour ne pas rappeler des souvenirs pénibles? Mais le temps qui s'était écoulé entre la dissolution de ce premier mariage et le second? Là, il n'y avait pas sans doute que des douleurs à évoquer?

Que de questions agitées dans une impatiente curiosité!

Plus d'une fois, pendant les heures de travail, elle interrogea Victorine. Mais comment reconstruire une vie avec les souvenirs d'un enfant?

La première chose que celle-ci se rappelait, c'était une maison dans un jardin où il y avait des oiseaux; au pied d'un grand mur on voyait une rivière, et la nuit des lumières courir dans l'obscurité. Tous les jours elle allait jouer aux Tuileries. Son papa Berthauld amenait souvent des amis dîner avec lui. Son papa Martel ne venait presque jamais. Un jour, elle s'était en allée en voyage avec sa maman. Et ils avaient demeuré dans une maison où l'on ne voyait plus les arbres que par la fenêtre. Sa maman travaillait, travaillait toujours; quand elle s'endormait le soir, quand elle se réveillait le matin, sa maman travaillait C'était très triste; elle n'allait plus aux Tuileries, et son papa Berthauld ne venait plus jamais. Un jour il était revenu et l'avait menée voir des gens courir sur la glace dans un bois, où il y avait de belles dames dans de belles voitures. Puis elle ne se souvenait plus de l'avoir vu. On avait dit qu'il était mort. Alors, comme elle était malade, le médecin, M. Carbonneau, un grand vieux à cheveux gris qui la forçait à manger de la viande crue, avait ordonné de quitter Paris. Avec sa maman et son papa Martel, ils étaient partis. On mangeait et on dormait en voiture, c'était très amusant. Ils avaient demeuré dans une maison où l'on se promenait sur le toit, qui était plat. C'était au bord de la mer. Il faisait très chaud. Ils étaient revenus à Paris dans un bateau, et ils étaient restés longtemps sur la mer; elle avait eu mal au cœur, et sa maman aussi. Un soir on avait apporté son petit frère; il était rose comme un bébé. Et puis après ils étaient venus au Plessis.

Dans quel pays était cette maison où l'on se promenait sur le toit, et où il faisait chaud? Le midi assurément. L'Italie sans doute. Il y eut un point que Mme Pigache voulut faire préciser à Victorine. Pendant qu'ils étaient dans ce pays, ne se rappelait-elle point avoir assisté à une cérémonie dans une église; ou bien était-ce plus tard à Paris?

Mais l'enfant ne se souvenait pas de cette cérémonie; elle avait été à la messe dans des grandes églises où il faisait froid, avec sa maman souvent, quelquefois avec son papa Martel, c'était tout. Et Mme Pigache était forcée de s'arrêter, car si elle insistait, Victorine la regardant avec ses grands yeux lui disait :

— Pourquoi veux-tu savoir tout ça?

Un jour même impatientée elle lui répondit :

— Moi je ne me souviens pas; demande à maman.

En même temps qu'elle conduisait lentement et progressivement cet interrogatoire, elle tâchait de l'éclairer et de le compléter par ce qu'elle pouvait tirer de Marie-Ange. Marie-Ange avait élevé Armande ; elle avait été à son service pendant son premier mariage, elle y était encore, elle devait tout savoir.

— Ah! oui, disait celle-ci lorsqu'on la mettait en train de causer par l'éloge de sa maîtresse. Ah! oui, Madame a été courageuse. Elle en a eu à souffrir, allez! Quand je pense qu'il a été un temps où nous ne mangions toutes les deux que des pommes de terre pour que Monsieur eût sa côtelette! Et qu'elle ne se plaignait pas, qu'elle lui faisait bonne figure quand il rentrait de chez sa maîtresse, une gueuse qui nous a ruinés. L'avez-vous vue au théâtre, mademoiselle Lina? Non. Eh bien, elle n'était pas jolie, ça c'est vrai. Je l'ai bien vue quand elle est venue à une soirée chez nous.

Sur toute cette phase de la vie d'Armande, Marie-Ange ne tarissait pas ; mais dans ses histoires il y avait aussi une lacune. Il était arrivé un moment où dans sa détresse Armande n'avait pu garder sa bonne. Marie-Ange était retournée en Bretagne, et elle n'était revenue à Paris qu'après la naissance de Julien, quand Armande était madame Martel.

Ainsi toujours le même espace de temps sur lequel il était impossible d'avoir des renseignements précis.

— Vois-tu, disait-elle à Pigache lorsqu'elle l'interrogeait lui aussi, il est bien certain qu'il y a un mystère dans leur vie. Tout le crie.

— Eh bien, qu'est-ce que ça nous fait? Quel mystère veux-tu qu'il y ait, au surplus? Ils ont voyagé à l'étranger pendant ce temps qui te semble si plein d'obscurité. Voilà tout. C'est bien simple.

— Pourquoi ne parlent-ils pas de leur mariage? Où s'est-il fait? Quand s'est-il fait? Il n'y a que toi au monde pour trouver cela simple et naturel.

— Je trouve que ça ne me regarde pas et je ne m'en occupe pas. Crois-tu qu'ils ont arrêté sur les grandes routes pendant ce temps-là?

— Je crois que quand Julien est né ils n'étaient pas mariés. Voilà ce que je crois.

— Julien a trois ans, et il y a quatre ans qu'ils sont mariés.

— Ils disent qu'il y a quatre ans; mais qui le prouve? As-tu reçu seulement un faire part de leur mariage. J'ai cherché dans tes papiers, et pas une lettre de Martel ; j'ai vu qu'il y a deux ans et demi seulement qu'il t'a dit qu'il était marié, c'est lorsqu'il t'a écrit qu'il était fixé au Plessis. Est-ce naturel cela? Puisque tu es son plus proche parent, ne devais-tu pas être à leur mariage?

— Ça te tient donc bien fort?

— Elle me fait bouillir le sang avec son air d'innocence.

— Eh bien, calme-toi, tu sauras tout un jour. Quand Julien se mariera, on nous lira son acte de naissance. Dans vingt ou vingt-cinq ans, tu seras satisfaite.

Et il se mit à rire, enchanté de sa plaisanterie, mais cependant un peu effrayé de sa hardiesse. Il savait par expérience ce qu'il en coûtait de répondre sur ce ton ; et son mot n'avait pas eu le courage de la préméditation.

— Son acte de naissance ! s'écria-t-elle, pour la première fois ta bêtise sert à quelque chose ; je suis bien simple de n'avoir pas pensé à cela depuis six mois que je me creuse la cervelle. Maintenant sois tranquille, je n'attendrai pas vingt-cinq ans.

VI

Elle savait que Julien allait avoir bientôt quatre ans, qu'il était né à Paris, un mardi, le 2 juin.

Il ne lui restait donc plus qu'à apprendre où Martel et Armande demeuraient à ce moment.

Ce dernier renseignement obtenu, elle irait à la mairie de l'arrondissement sur lequel la naissance avait eu lieu, relèverait une copie de l'acte, et saurait enfin d'une manière précise ce qui la tourmentait si fort.

Rien n'était plus facile, l'adresse des artistes se trouvant toujours dans les livrets d'exposition. Pourvu qu'il eût exposé cette année-là ! Elle en dormit mal toute la nuit.

Le lendemain, quand Armande et Martel furent partis pour leur promenade habituelle, interrompant la leçon qu'elle donnait à Victorine, elle feignit d'avoir besoin d'un livre, et courut à l'atelier, où se trouvait la bibliothèque.

Elle ouvrit le livret à la lettre M ; — et lut :

« Martel (Aristide), né à Paris, élève de M. Glorient. Médaille de 2ᵉ classe.
« (Ex.) — Chez M. Ferrafiat, marchand de tableaux, rue Laffitte. »

C'était à en pleurer de désappointement. Elle pensa un moment à s'adresser à Ferrafiat ; mais celui-ci ne trouverait-il pas étrange qu'on vînt lui demander où demeurait M. Martel il y a quatre ans. N'en parlerait-il pas à celui-ci ?

Et Marie-Ange qui précisément à cette époque était en Bretagne.

Bon gré, mal gré, il fallait attendre. Il était impossible qu'avec une attention de tous les instants elle ne saisît pas, un jour ou l'autre, un mot à ce sujet.

Lorsqu'elle entra dans le bureau des naissances, les employés déjeunaient (p. 570)

Deux mois s'étaient déjà écoulés, lorsqu'un soir une discussion s'engagea entre Martel et Gayot, qui était venu passer le dimanche au Plessis. Il s'agissait de fixer la date de la mort de l'un de leurs camarades.

« Je t'affirme qu'il y a quatre ans, disait Gayot, c'est l'année où j'ai exposé ma *Victoire*. Souviens-toi que je suis allé t'en prévenir; tu demeurais à ce moment rue Verte, et je vois encore madame Armande dans le jardin; elle était au soleil et tenait sur ses genoux Julien, qui n'avait pas un mois. »

Elle laissa continuer la conversation; elle le tenait enfin, ce mot si longtemps attendu. Puis, quand vint le moment de se séparer, elle demanda à Martel s'il ne pourrait pas la faire conduire le lendemain matin à la station de Villeneuve.

— Je vous conduirai moi-même. Je vais demain aussi à Paris, seulement je ne reviendrai pas avec vous, car je ne rentrerai que mardi par la voiture de cinq heures.

— Tu ne m'avais pas parlé de ce voyage, dit Pigache en sortant.

— L'idée m'en est venue tout à coup.

Il n'était pas curieux. Il n'était pas non plus habitué à ce qu'on lui rendît des comptes. Il n'insista pas et se coucha tranquillement.

Le lendemain, elle se sépara de Martel à la gare, et se fit conduire immédiatement en voiture à la mairie. Lorsqu'elle entra dans le bureau des naissances, les employés déjeunaient. Ils avaient relevé leurs pupitres et s'étaient rendus invisibles; mais une forte odeur de haricot de mouton disait qu'ils étaient présents et occupés.

— Je voudrais..., dit-elle en s'approchant.

— Asseyez-vous; tout à l'heure, cria une voix empâtée. M. Minouflet, un verre d'eau, je vous prie, je m'étouffe.

Elle entendit le glouglou d'une carafe, puis un bruit de couteaux et de fourchettes.

— M. Minouflet, reprit bientôt la même voix, voulez-vous demander à Pepin s'il est disposé à prendre le café?

M. Pepin était disposé, car il entra presque aussitôt par une porte latérale.

— Il était temps que vous m'appelassiez. Buc m'exaspère. Je ne peux plus rester aux décès, s'il y reste. On vient de lui déclarer un mort-né, et il tourmente le père pour qu'il fasse les frais de l'enterrement, un pauvre diable qui a l'air affamé. Il est là à lui dire : « Allons, mon ami, ne ferez-vous rien pour ce pauvre enfant? »

Sans doute on lui fit signe que quelqu'un était là, car il acheva à voix basse.

— Éteignez l'esprit-de-vin, dit une voix, ou la cafetière va sauter.
— M. Pepin, dit un garçon de bureau en entrant, M. Buc vous demande.
— Qu'est-ce qu'il y a?
— L'hospice.
— Qu'il fasse signer en blanc, j'irai tout à l'heure.

Et ces messieurs reprirent leur conversation, causant de leurs affaires comme s'ils eussent été chez eux.

Impatientée, madame Pigache s'approcha de nouveau.
— Je voudrais... commença-t-elle.
— Quoi?
— La copie d'un acte de naissance du 2 juin...
— L'employé n'est pas là. Attendez.
— Où donc est M. Trehouet? demanda la voix de M. Pepin.
— Avec le sous-chef, à qui il raconte la première représentation qui a eu lieu hier à l'Ambigu. Tous les lendemains de première représentation, c'est comme ça. Il amuse M. Rousselot, qui croit tout ce qu'il dit, parce qu'il écrit dans les journaux.
— Ça n'est pas drôle ce qu'il écrit ; je n'ai jamais compris son esprit.
— On dit pourtant qu'il en a.
— Enfin il a été refusé aux examens de l'hôtel de ville pour sa rédaction.

Cela eût pu longtemps continuer ainsi si l'on n'avait apporté, pour le déclarer, un enfant qui poussait de tels cris que les employés durent, bon gré, mal gré, s'interrompre.

Enfin M. Trehouet revint à son bureau; mais avant de répondre à madame Pigache, il avait, lui aussi, ses nouvelles à raconter.

— Messieurs, grands changements! Buc passe au IX° en attendant qu'on le destitue ; M. Pepin passe aux mariages; le bureau des décès est complètement renouvelé, c'est le commissaire des morts de Montmartre qui remplace M. Godart, révoqué.

Il y avait une heure et demie que madame Pigache attendait, lorsqu'elle put à la fin faire sa demande.

— Revenez demain, dit M. Trehouet; l'acte sera prêt.
— Est-ce que vous ne pourriez pas me le laisser lire aujourd'hui?

Elle avait fait sa demande d'une voix gracieuse; elle était coquettement coiffée. M. Trehouet, qui était un employé de première année, se laissa toucher.

— Je vais vous le lire; prenez donc la peine de vous asseoir.

Il atteignit un grand registre vert, chercha à la date indiquée, et lut ce qui suit; madame Pigache était frémissante.

« Pardevant nous, maire... etc., le cinquième jour du mois de juin, a
« comparu M. Aristide Martel, peintre, âgé de trente-quatre ans, demeu-
« rant à Paris, rue Verte, lequel nous a présenté un enfant du sexe mas-
« culin, né, le quatre de ce mois, à huit heures du soir, de lui déclarant et
« de la dame Armande de Keïrgomar, son épouse, et auquel il déclare don-
« ner le prénom de Julien. La présente déclaration faite en présence de
« M. François Carbonneau, membre de l'Académie de médecine, officier de
« l'ordre de la Légion d'honneur, demeurant à Paris, rue d'Alger, n° 30, et
« de Jean-Pierre Charvet, homme de lettres, demeurant aussi à Paris, rue
« de Laval, n° 73. Et ont le déclarant et les témoins signé... etc. »

— C'est tout? demanda madame Pigache.
— Il ne manque rien, il me semble; et l'acte constate la naissance, l'in-
dividualité et la filiation de l'enfant.
— Il ne parle pas de l'acte de mariage.
— La loi ne le demande pas; d'ailleurs vous voyez la déclaration du
père : né de lui et de la dame Armande de Keïrgomar, son épouse.
— Qui prouve qu'elle est son épouse?
— Rien autre chose que sa déclaration.
— On déclare tout ce qu'on veut.
— Parfaitement; on peut même déclarer comme né de soi l'enfant d'un
autre.
— Monsieur, je vous remercie. Je vous prie de me faire l'expédition de
cet acte : je viendrai la chercher dans quelques jours.

VII

Avoir dépensé tant d'efforts, d'adresse, de patience pour arriver à un
pareil résultat!

Avoir attendu si longtemps pour attendre encore!

Ne sortir d'une incertitude que pour tomber dans une autre!

Son épouse, disait l'acte. Elle devait l'être lorsque cet acte avait été
signé, car il n'était pas homme à faire une fausse déclaration. Mais depuis
combien de temps étaient-ils mariés lorsque Julien était né?

C'était l'acte de célébration de ce mariage qu'il fallait maintenant. Mais
comment se le procurer alors qu'elle ne savait ni où ni quand le mariage
s'était fait?

Agacée, non découragée, elle s'en revint en bâtissant de nouveaux
plans.

De Villeneuve, où la laissait l'omnibus, elle avait une lieue à faire à pied pour gagner le Plessis, car elle n'avait pas dit qu'on vînt la chercher en voiture.

Au moment où elle prenait le chemin qui, à la sortie du village, coupe à travers la plaine, elle entendit marcher derrière elle.

— Est-ce que Madame va au Plessis?

— Oui, Monsieur.

Elle ralentit le pas. Elle était trop préoccupée pour engager une conversation avec ce compagnon de route qui, dans l'omnibus du chemin de fer, avait déjà lancé deux ou trois interrogations restées sans réponse, car, portant un habit noir râpé, un chapeau roussi et pelé, une cravate chinée, il n'avait point, malgré sa figure ouverte et ses yeux intelligents, une tournure à se rendre favorable le public de l'omnibus, composé, ce soir-là, de gens ayant maison de campagne.

— Madame n'est pas du Plessis, cependant?

— Si, Monsieur.

— Mon Dieu, pardonnez-moi ces questions; mais je croyais connaître tout le monde au Plessis.

— Vous ne l'habitez pas, cependant?

— Je l'ai quitté depuis quelques mois seulement.

A ce mot, elle le regarda plus attentivement, puis tout à coup :

— Vous êtes M. Charvet?

Et comme il montrait un visage stupéfait.

— Je suis la cousine de M. Martel : j'ai si souvent entendu parler de vous, et vos portraits vous ressemblent.

Ce fut de la part de Charvet des questions sur Martel, sur Armande, sur les enfants. En apprenant que Martel n'était pas au Plessis, il laissa paraître un vif désappointement.

Pendant quelques instants il marcha la tête baissée.

— Comme les enfants vont être heureux! reprit-elle, tous les jours ils me parlent de vous. Ils vous croient en Angleterre.

— J'ai traversé la Manche cette nuit.

— Et vous ne vous êtes point arrêté à Paris; voilà qui est beau.

Il ne répliqua pas et promena ses regards sur la plaine, où le blé qui commençait à couvrir la terre d'un tapis velouté ondulait sous le vent.

— Les champs sont magnifiques, dit-il; espère-t-on une bonne récolte?

— Celle de M. Martel sera la meilleure qu'il ait eue. Il y a longtemps que vous êtes amis?

— Vingt ans peut-être.

— Vous avez même été un des témoins de son mariage, je crois.

— Son mariage! dit-il en s'arrêtant et en la regardant.
— Il me semblait l'avoir entendu dire, reprit-elle après un moment.
— Non ; j'ai été témoin de l'acte de naissance de Julien : c'est là ce qui vous a trompée.
— Assurément. Vous êtes pour longtemps au Plessis?
— Non, je retourne en Angleterre.

Elle ne lui adressa point d'autres questions directes, car il paraissait vouloir éviter d'y répondre ; mais elle se promit de l'observer pendant qu'il resterait au Plessis.

Être venu de Londres exprès pour voir Martel, cela indiquait une affaire sérieuse ;

Être mécontent d'attendre au lendemain une affaire pressante ;

Célèbre par sa négligence pour ses intérêts personnels, par son dévouement pour ses amis, évidemment il ne se serait pas dérangé s'il avait été question de lui seul ; c'était donc Martel que très probablement cette affaire concernait.

Quelle était-elle?

Pourquoi aussi Charvet avait-il paru étonné lorsqu'elle lui avait demandé s'il avait été témoin du mariage?

N'y avait-il pas même en lui plus que de l'étonnement?

VIII

Madame Pigache ne s'était pas trompée : l'arrivée de Charvet fut une grande joie pour les enfants.

Mais il ne fut pas avec eux ce qu'il était autrefois ; il ne répondit pas avec la même complaisance à leurs questions, et ne se prêta pas de si bon cœur à leurs jeux.

Il y avait en lui quelque chose de contraint et de réservé qui surprit Armande, habituée à ses manières expansives.

Elle pensa qu'il était sous le coup de nouveaux embarras d'argent, et elle se confirma dans cette idée lorsqu'il lui eut fait part de son intention de repartir pour Londres.

— Restez donc avec nous, lui dit-elle. Votre chambre est telle que vous l'avez laissée ; je ne l'ai donnée à personne, vous retrouverez vos plumes sur votre table, vous verrez que nous vous attendions tous les jours. Ne sommes-nous pas votre famille? par l'amitié, vous êtes notre frère, vous serez l'oncle de nos enfants. Ne serez-vous pas bien ici pour travailler?

vous pourrez acheter votre livre. C'est pour moi que je parle en vous adressant cette demande, je voudrais vous faire partager notre bonheur. Qui peut vous retenir? Ce n'est pas la crainte de nous gêner ou de ne pas nous entendre? C'est encore moins, je l'espère, la question d'argent? D'ailleurs, vous savez que notre position va chaque jour s'améliorant : la ferme, l'année dernière, a donné un bénéfice net de plus de vingt mille francs, cette année elle donnera davantage, et la commande du prince est une fortune. Ne repartez pas.

— Je ne puis rester.

— Ah! si cela ne dépendait que de moi, comme je voudrais lui faire cette joie!

— Vous l'aimez bien, dit Charvet avec émotion.

— Il y a quelques jours, en nous promenant, ma ponette a manqué des quatre pieds en glissant sur l'herbe et s'est abattue. J'étais prise sous elle, et je souffrais tant d'une jambe que je la croyais cassée. Quand j'ai été relevée, j'ai presque regretté qu'elle ne le fût pas. On dit que le bonheur, quand il est trop grand, se paie : j'aurais été heureuse de payer le nôtre.

— N'appelez point le malheur, il vient assez vite.

— Je pensais à la maladie, la seule fatalité dont notre bonheur ne soit pas à l'abri. Vous resterez, n'est-ce pas?

Sans répondre directement, il détourna la conversation et la ramena sur Martel.

— A quelle heure l'envoyez-vous chercher demain? demanda-t-il.

— Il arrivera à Villeneuve par la voiture de quatre heures et viendra à pied.

— J'irai au-devant de lui.

Elle avait l'intention d'y aller elle-même avec les enfants, mais pensant que Charvet serait peut-être gêné par sa présence, elle le conduisit seulement jusqu'à la maison de Pigache, à la croisée de la route du village et du chemin qui, à travers la plaine, va à Villeneuve.

Il n'entra point dans Villeneuve; mais, s'arrêtant aux premières maisons, il s'assit au bord du chemin et attendit. Bientôt un bruit de grelots lui annonça que l'omnibus arrivait dans le village, et il ne tarda pas à apercevoir Martel qui s'avançait vers lui.

Quand celui-ci l'eut reconnu, il poussa un cri joyeux.

— Eh quoi! c'est toi, mon pauvre vieux; te voilà revenu. Je te croyais en Angleterre, occupé à faire tourner les tables, les chapeaux, les cervelles.

> Tout tourne, tout tourne,
> Autour de moi.

comme disait le perroquet de la mère Payé. Quelle bonne surprise tu nous fais ! tu ne nous quitteras plus. J'ai des amis au pouvoir, je te ferai interner au Plessis. Mais tu ne ris pas, ta figure est sombre. Et moi qui suis là à te dire des bêtises. Qu'as-tu ?

— Une grande inquiétude qui m'a fait revenir.

— Parle, je suis à toi tout entier, parle vite.

Et comme Charvet regardait autour de lui :

— Ne crains rien, nous sommes plus seuls dans cette grande plaine qu'entre quatre murailles.

— Tu ne m'as jamais parlé de ton mariage, pour cela je ne t'en ai jamais parlé moi-même. Es-tu marié ?

— Pourquoi me demandes-tu cela ? Tu me fais peur.

— L'es-tu ?

— Oui.

— Comment ? Où...

Martel s'arrêta, il était pâle.

— Parle donc, dit Charvet, tu sais bien que je ne te fais pas ces questions sans raison ; comment t'es-tu marié ?

— Tu te souviens que ce fut par un journal que nous apprîmes que Berthauld s'était noyé à Naples. Tu as vu grandir mon amour pour Armande ; cette mort la faisait libre, tu dois comprendre comment je reçus cette nouvelle. Je partis immédiatement pour Naples. On n'avait point retrouvé le corps, et ni les autorités du pays, ni le consul de France n'avaient pu dresser d'acte de décès. Deux pêcheurs qui travaillaient sur la grève l'avaient vu se mettre à la mer et ne l'avaient point vu reparaître ; mais ce n'était pas suffisant pour dresser l'acte. Cependant je fis recueillir leurs déclarations, et en même temps je fis faire toutes les recherches : elles furent inutiles. Tout démontrait jusqu'à l'évidence qu'il était bien mort : sa disparition, ses vêtements restés sur la grève, le témoignage des pêcheurs ; la preuve était impossible. Je revins désespéré, car sans l'acte de décès je ne pouvais épouser Armande. Alors que son mari l'avait abandonnée, qu'elle était libre et que nous nous aimions, la loi s'était déjà interposée entre nous pour nous séparer ; maintenant qu'il était mort, la loi nous séparait encore. La loi n'est dirigée que contre ceux qui n'ont pas de conscience et ont besoin d'en recevoir une toute faite ; j'aimais Armande, elle m'aimait, ma conscience lui était engagée par des liens autrement solides que ceux du Code. Mais Armande ! tu connais la fermeté de ses idées de devoir envers elle-même et envers ses principes tels qu'elle les tient de son éducation et du monde. Pour elle il fallait à notre mariage une célébration matérielle. Heureusement la loi n'est pas partout la même. Carbonneau nous avait envoyés en Sicile

Sous le couvert des arbres, au milieu de moutons, d'élégantes ladies.... (p. 581).

H. MALOT. — VICTIMES D'AMOUR.

pour la santé de Victorine malade. Aux yeux des prêtres de Palerme, l'espèce d'acte de notoriété que j'avais fait dresser à Naples d'après la déclaration des pêcheurs, fut suffisant pour prouver la mort de Berthauld. On nous maria. Voilà comment nous nous sommes mariés et bien mariés, tu vois.

— Peut-être n'est-ce pas un bonheur?

Il hésita.

— Eh bien! dit Martel avec anxiété.

— Eh bien, Maurice, que vous croyez mort, n'est probablement pas mort.

— Maurice!

— J'ai cru le voir il y a trois jours.

— Tu as cru, tu as cru.

Charvet fit un geste qui n'était que trop affirmatif.

— Ah! dis-moi, dis-moi vite ce que tu sais, va, va.

— Samedi soir j'avais besoin de m'entendre avec Nedopeouskine, et je savais que je le trouverais dans un *saloon* de Haymarket. Il y a des jours où son esprit l'abandonne et où il tombe en plein dans la matière : samedi était un de ces jours. Tu ne connais pas Londres, n'est-ce pas?

— Non.

— Eh bien! ces *saloons* sont des sortes de cafés, mais qui n'ont rien de nos cafés parisiens, surtout par le monde, hommes et femmes, qui les fréquente. Je trouvai Nedopeouskine en grande conservation avec une femme, et en attendant qu'il fût libre, je me mis à examiner les gens qui m'entouraient. Il y avait un pianiste dans un coin, occupé à jouer un quadrille français. Il me sembla que c'était Berthauld; cette idée était si absurde que je la repoussai. Mais la ressemblance aussi était si extraordinaire que j'y revins malgré moi. C'était lui, c'était sa tête, ses yeux, ses manières; seulement lui épouvantablement changé, dévasté. J'allai à lui : « Comment, c'est toi? » lui dis-je. Il me regarda, parut surpris, ne répondit rien. « Tu ne me reconnais donc pas? » Je lui avais parlé en français. Il se pencha vers l'un de ses voisins et lui dit à mi-voix en anglais : « Voilà un Français qui est soûl, il va bientôt vouloir m'embrasser. — Vous voyez qu'il ne vous comprend pas, » me dit en français le voisin. J'étais stupide d'étonnement. Je revins à ma place et priai Nedopeouskine de demander à la femme qui était avec lui quel était ce pianiste. « Un Français ou un Italien. — Parle-t-il français? — Très bien. » C'était une preuve de plus, mais je n'en avais pas besoin tant la ressemblance est frappante. C'est lui, je l'affirme.

— Pourtant il ne t'a pas reconnu.

— Dis plutôt qu'il a feint de ne pas me reconnaître. Pourquoi? je n'en sais rien. Mais j'ai été si bien convaincu que c'était lui, que je suis parti immédiatement pour venir t'avertir.

— Ainsi sa mort aurait été une rouerie; et cependant ses habits sur la grève, les pêcheurs qui l'ont vu disparaître; enfin il y a là un mystère qu'il faut éclaircir, j'irai à Londres.

— Si tu le reconnais il te reconnaîtra aussi. Prends garde à ce qui peut arriver.

— Que veux-tu qu'il arrive de plus épouvantable? Est-il rien de plus effrayant que cette incertitude? Il faut que je sache, que je voie. Ma pauvre Armande!

— Heureusement aux yeux de la loi française tu n'es pas marié.

Ils approchaient du Plessis et ils longeaient la haie du jardin de Pigache.

— Tais-toi, dit Martel à mi-voix, nous ne sommes plus dans la plaine.

En même temps, laissant Charvet dans le chemin, il sauta sur un tas de pierres et regarda par-dessus la haie. A genoux dans une plate-bande, la tête contre la charmille, madame Pigache cueillait des fraises.

— Quoi, c'est vous! dit-elle en se relevant, quelle peur vous m'avez faite, mais je ne vous en veux pas et je vous porterai tout de même ce panier de fraises que je cueillais pour vous.

— A bientôt, dit-il.

Puis quand ils se furent éloignés un peu.

— Que disions-nous donc? fit-il à voix basse.

— Rien de grave, je crois; tu parlais d'un mystère à éclaircir.

— Ah! tant mieux car si jamais quelqu'un doit ignorer ce mystère, c'est celle qui vient de nous offrir des fraises. C'est la femme la plus curieuse du monde. J'ai la tête si troublée que je ne sais ce que nous disions. Et Armande qui nous attend. Tâche d'être gai pendant le dîner, qu'elle ne soupçonne rien. Elle, si tranquille, si heureuse, quel coup ce serait!

— Lui cacheras-tu donc la vérité?

— Je ne sais pas; avant tout il faut voir si ce que tu crois est réellement la vérité. Je vais repartir ce soir pour Paris et demain je serai à Londres.

— Veux-tu que je dise à Armande que je suis venu te chercher?

— Oui, tu m'obligeras; seulement pour ne pas la tourmenter dis que nous allons seulement à Paris : de Paris je lui écrirai.

Elle s'avançait avec les deux enfants.

— La voilà, soyons gais.

CHAPITRE III

HAYMARKET

I

L'Angleterre est peut-être le pays que les artistes connaissent le moins, car de ce qu'elle a peu de monuments et de ce qu'elle n'a pas eu de grands peintres, ils concluent qu'elle ne mérite point leur visite. Martel, sans l'avoir jamais examinée, partageait cette opinion créée au temps où régnait chez nous la tradition classique, et encore vivace aujourd'hui, on ne sait pourquoi.

Il n'avait jamais traversé la Manche; la route de Douvres à Londres le fit revenir sur son opinion. En effet, de ce que son esprit était douloureusement préoccupé il ne résultait pas que ses yeux fussent aveuglés; c'est dans les moments de crise et de surexcitation que nous sommes souvent le plus fortement frappés par les choses matérielles qui se font ainsi le cadre de nos souvenirs.

Jamais il n'avait vu, même dans les cantons les plus riches de la Normandie, une nature si plantureuse. Dans les vallées, des herbes foisonnantes montant jusqu'aux premières branches de pommiers trapus. Dans les pâturages, nageant au milieu d'une mer de pâquerettes blanches et de boutons d'or, de belles vaches laitières et des juments dont les poulains étaient dignes de courir bientôt à Epsom et à Ascott; sur les collines des feuillages d'une verdure si intense qu'elle fait de grandes taches noires sur la pâleur grise d'un ciel vaporeux; après de petites plaines, d'autres grands pâturages encore, et par échappées la Tamise entre des rives indécises, frangées d'écume; au milieu de longs rubans de fumées noires, des voiles blanches; çà et là de chaque côté du chemin de fer, un cottage, de hautes cheminées, des tourelles blanches, de larges fenêtres enguirlandées de lierre; tout autour des pelouses vallonnées avec des grands arbres disposés pour la perspective, et des corbeilles de fleurs, de plantes exotiques bombant sur des gazons veloutés ; sous le couvert des arbres au milieu de moutons, d'élégantes ladies, et près d'elles des légions de babys blancs et roses qui se haussent sur leurs petites jambes, pour voir, par-dessus la haie en fleur filer le train.

Ces rapides visions d'une vie heureuse et tranquille le rappelaient au Plessis et du même coup à ses angoisses. Mais il avait beau chercher, il ne pouvait s'arrêter à aucun des moyens qu'il agitait impatiemment depuis son départ. Ce qu'il voulait c'était voir Maurice, le bien reconnaître sans être reconnu; car d'une reconnaissance éclaterait une explication qui ne pouvait être que dangereuse. D'ailleurs à la pensée d'un entretien avec cet homme qui avait été aimé d'Armande et qui brisait leur vie, des frémissements de fureur le soulevaient; en face de lui il sentait terriblement qu'il était de trop au monde. Quel avantage à cette explication? Connaître ses intentions. Mais pour avoir joué la comédie de sa noyade à Naples, pour avoir disparu depuis cette époque, pour n'avoir point voulu se laisser reconnaître par Charvet, il avait fallu un puissant intérêt. Cet intérêt tiendrait-il contre un mouvement de colère! Par une sorte de bravade était-il prudent de venir le provoquer? Savait-on combien de temps encore il serait forcé de se cacher; reviendrait-il jamais lui-même seulement? Et pendant ce temps la vraie mort ne pouvait-elle pas s'abattre sur lui.

Dans ces conditions Charvet plus nuisible qu'utile, était resté à Paris, où d'ailleurs il avait des affaires pour quelques jours.

Mais Charvet écarté combien de mauvaises chances encore contre soi. Il y avait des moments où le découragement le prenait ; il pensait à faire faire ses recherches par Nedopeouskine à qui Charvet le recommandait. Mais qu'il apprît par Nedopeouskine que le pianiste vu par Charvet était bien Maurice, apprendrait-il comme par ses propres yeux, ce que ces années d'aventure, de misère, de débauche peut-être, avaient fait de lui : — l'essentiel à savoir.

Par un de ces sauts d'idées si fréquents dans la fièvre, sortant brusquement de sa douloureuse anxiété, il s'absorbait durant quelques instants dans la contemplation du paysage qui fuyait derrière lui. Puis ramené tout à coup à la réalité, il retombait dans sa préoccupation.

Il fallait, il fallait qu'il le vît et qu'il n'en fût point reconnu; mais comment en arriver là; tous les moyens l'un après l'autre, se montraient, sous l'examen, impraticables ou dangereux.

Parti dans la matinée de Paris, il comptait arriver à Londres le soir de bonne bonne heure; un accident survenu au train qui les précédait, les retint une partie de la nuit entre Gravesend et Woolwich ; car il fallut déblayer la voie.

Lorsqu'il traversa le pont de Londres, on voyait une forêt de mâts se dessinant confusément en noir dans l'aube matinale qui commençait à blanchir l'Orient.

Cependant la ville ne paraissait point endormie tout entière ; sur les trottoirs des ombres marchaient doucement.

A mesure que sa voiture avança vers son hôtel, il trouva plus de mouvement. Dans une large rue qui allait en montant il y avait presque foule : des hommes qui flânaient, des femmes en toilettes voyantes, d'autres en guenille, beaucoup de boutiques encore ouvertes.

— Qu'est-ce que cela ? demanda-t-il en mauvais anglais à son cocher.
— Haymarket, sir.

II

Il se leva sans avoir rien résolu. Dans l'insomnie les impossibilités s'étaient encore exagérées.

Heureusement il avait toute la journée pour prendre un parti, car c'était seulement vers onze heures ou minuit qu'il pourrait trouver Maurice dans Haymarket.

Un gentleman-farmer du Devonshire, en face duquel il déjeuna, lui suggéra une idée qui peut-être était réalisable.

Entre cet Anglais et lui il y avait une certaine ressemblance : même âge, même stature haute et carrée, même carnation sanguine, et dans les traits, sinon dans l'expression, un air de famille.

S'il pouvait se faire le sosie de cet Anglais, devenir aussi Anglais que lui, il échapperait à cette curiosité gênante qu'excite en quelque lieu que ce soit l'arrivée d'un étranger.

S'il pouvait le copier et accentuer davantage leur ressemblance, il n'attirerait point l'attention de Maurice, et si par hasard elle se fixait sur lui, il aurait au moins des chanches pour la dérouter.

Mais cette copie était difficile à réaliser, car s'il y avait entre eux quelques points de ressemblance, combien de dissemblances. Ainsi l'Anglais qui était sans doute officier de volontaires, portait crânement des favoris et des moustaches qui lui descendaient jusqu'aux épaules ; ses cheveux bien brossés, collés sur la tête, séparés par une raie au milieu, se contournaient en avant des oreilles de manière à rejoindre les sourcils ; sur son nez s'enfourchait solide comme s'il y eût été soudé, un pince-nez à verres bleus qui cachaient les yeux ; autour d'un petit col raide et bas qui découvrait le cou était enroulée à raies roses, vertes et jaunes, les couleurs de Good-Boy, le vainqueur du dernier Derby ; la veste trop courte, le gilet trop long, le pantalon trop large étaient d'une étoffe à carreaux blancs et violets.

Pendant que l'habitant du Devonshire avalait ses œufs au jambon en lisant un numéro du *Bell's life in London*, Martel alla se mettre dans un coin de la salle à manger, et, sans trop le regarder, il en fit, en quelques coups de crayons un croquis.

Son dessin, qui rendait les points de dissemblance pour ainsi dire palpables, lui fit comprendre que sans un aide habile, il ne viendrait point à bout de sa métamorphose. Bien souvent autrefois il avait joué des charades et il avait jours été d'une parfaite maladresse pour se costumer et se grimer. De plus il ne savait pas vingt mots d'anglais, comment se tirerait-il des explications embrouillées qu'il allait avoir à donner pour sa barbe, ses cheveux, son costume et tout le reste.

Cependant il ne renonça pas à son projet. Au temps où il jouait ces charades, il avait eu pour camarade d'atelier et pour ami intime un Italien, Carlo Viscardi, qui, assez mauvais peintre, était si excellent grime, que deux ou trois fois il avait fait la charge de se présenter à Glorient comme nouveau, et Glorient ainsi que tout l'atelier s'étaient laissés tromper. Forcé de renoncer à la peinture qui le laissait mourir de faim, Viscardi, doué d'une voix magnifique, était devenu chanteur, et depuis dix ans il était en train de rendre célèbre le nom de Sepe qu'il avait pris au théâtre.

Or Martel savait par les journaux que Sepe était en ce moment à Londres où il faisait les belles nuits de Covent-Garden. Et quoiqu'il ne l'eût pas vu depuis longtemps, ce fut à lui qu'il pensa. Nul mieux que Sepe ne pouvait l'aider dans son projet. Sans doute il faudrait lui dire une partie de la vérité, mais il avait toujours été un garçon droit et discret sous des dehors expansifs et légers : d'ailleurs, dans les circonstances présentes, mieux valait encore se livrer à un ami que courir le danger d'être reconnu.

III

On lui donna à Covent-Garden l'adresse du signor Sepe, et trois quarts d'heures après son cab le descendait dans Brompton, devant le porche d'une élégante maison entourée d'un grand jardin.

L'accueil de Sepe fut une explosion de joie.

— Toi à Londres, s'écria-t-il en lui serrant les mains, et chez moi ! Oh ! ami de mon cœur. Deux fois en passant par Paris j'ai voulu te voir, je n'ai pu te trouver, et je mène une vie si absurde, que je n'ai pas eu le temps de te chercher, mais je ne t'ai pas oublié ; tiens, viens voir.

C'était dans un salon qu'il l'avait reçu. Il se leva et ouvrant une porte qui communiquait avec un atelier.

— Regarde, continua-t-il en lui montrant un tableau accroché à la place d'honneur, ne pouvant pas t'avoir j'ai voulu au moins quelque chose de toi.

— Ma *Gardeuse de vache*, je la croyais chez lord...

— Lord Warminster ; il s'est ruiné, c'est à sa vente que je l'ai acheté, mais cher, très cher, car tu as un fier talent.

— Tu fais donc toujours de la peinture ? interrompit Martel en regardant sur un chevalet une grande toile à peine frottée.

— De la peinture ! si j'en fais ? c'est ma consolation, mon expiation envers moi-même, crois-tu donc que je suis devenu le chanteur Sepe par vocation. Le besoin, ami. Ah ! ma pauvre peinture, c'était pour toi ma vocation. Il y a des gens qui envient ma réputation et les cent mille francs que je gagne par an. S'ils savaient comme le théâtre m'ennuie.

Admirablement doué comme chanteur, Sepe l'était médiocrement comme peintre ; cependant par une passion malheureuse, c'était la peinture qu'il aimait non la musique. Il ne chantait qu'à son corps défendant et il lui fallait l'excitation des applaudissements pour lui faire développer dans l'ivresse du succès tout ce que sa merveilleuse nature pouvait donner ; un morceau bissé l'entraînait, mais le rideau tombé il se moquait de ses admirateurs. Les heures de satisfaction intime où le travail accompli rend l'artiste fier de lui, ce n'était point sur la scène, devant le public, qu'il les trouvait, mais dans son atelier, devant quelque toile médiocre achevée dans un labeur passionné. Lié pour dix ans, moyennant dix mille francs par mois, à un impressario célèbre, qui lui faisait faire chaque année les saisons de Londres, de Vienne et de Saint-Pétersbourg, il attendait impatiemment l'expiration de son contrat, non pour le renouveler à des conditions plus avantageuses comme son directeur le croyait, mais pour abandonner le théâtre et se livrer entièrement à la peinture.

— Mon cher Carlo, dit Martel, ces plaintes écoutées, je suis venu à toi pour un service.

— Mon cœur est à toi.

— Es-tu toujours aussi habile qu'autrefois à revêtir une physionomie étrangère et à entrer dans la peau d'un bonhomme quelconque ?

Haymarket est à Londres, la nuit, un centre où des quatre coins de la ville convergent le mouvement et la vie (p. 589).

H. MALOT. — VICTIMES D'AMOUR.

— Il n'y a que cela qui m'intéresse dans mon métier; mais que faire à la scène, avec des ombres renversées quelle exactitude est possible? Cependant viens ce soir avec moi, je chante *Rigoletto*, tu verras un autre bouffon que celui qu'on vous montre d'ordinaire.

— Bien pour toi; mais pourrais-tu aussi facilement faire de moi un Anglais pareil à celui-ci?

Il lui montra son croquis.

— Toi! avec ce pince-nez, quelle bonne mascarade; mais je devine : *Storia del amore*, n'est-ce pas.

— Oui la plus sérieuse; l'honneur, la vie d'une femme, le sort d'un enfant, mon bonheur en dépendent.

— Pardonne-moi, dit Sepe, qui à l'accent de ces paroles sentit une émotion sincère et profonde. Ainsi tu veux que je te fasse cette tête; c'est possible, c'est même facile, car tu lui ressembles un peu, mais je ne peux pas te donner les manières de ton modèle sans le voir.

— Peu importe, je ne tiens pas aux manières, je n'ai pris ce modèle que parce que j'ai trouvé entre lui et moi une certaine ressemblance. J'ai cru que dans ces conditions le déguisement serait plus facile.

— Alors tu ne tiens pas plus à cette tête qu'à une autre.

— Je tiens, mon cher Carlo, à aller ce soir dans un salon de Haymarket, pour voir, sans qu'on puisse me reconnaître, si un homme qui a été mon ami, avec lequel j'ai vécu pendant plusieurs années dans une étroite intimité, n'est pas mort, comme je le croyais, et si nous ne sommes pas abusés par une ressemblance. Tu comprends que les difficultés sont grandes; si je pouvais te dire toute la vérité tu comprendrais qu'il ne faut pas que je sois reconnu.

— Rassure-toi, tu ne le seras pas, mais je te conseille de renoncer à ton gentleman-farmer; sais-tu l'anglais seulement?

— Je ne sais pas vingt-cinq mots.

— Et tu veux te faire Anglais? Avec l'air anglais, le costume anglais tu te serais expliqué en français; mauvaise idée. Si tu veux te cacher en toute sécurité sois l'homme de ta nature et de ton caractère. En toute sincérité, réponds à une question : as-tu besoin d'être seul cette nuit? Puis-je t'accompagner?

Martel hésita quelques instants.

— Tu sais que ce n'est pas par curiosité, poursuivit Sepe, mais si je ne connais pas celui que tu veux voir, je puis t'aider à détourner les soupçons.

— Viens, dit Martel en lui tendant la main.

— Encore une question : tu parles l'italien?

— Oui, assez bien.

— A merveille; dans une heure tu seras un Sicilien, mon frère, un ami de Garibaldi; ô patria! Pourquoi ne l'es-tu pas en réalité ? c'est des hommes comme toi qu'il lui faut; je veux, si tu vois la femme qui t'aime, qu'elle ne te reconnaisse pas. Je te demande peu de chose; changer la couleur et la forme de tes cheveux et de ta barbe, changer ta carnation, changer ton regard.

— Tu reviens au pince-nez bleu ?

— Un pince-nez que tu porterais mal attirerait l'attention; il faut qu'en toi tout paraisse naturel. J'ai mieux que cela. Il y a sept ans, mon frère, celui dont tu vas prendre la place, eut aussi besoin de recourir à un déguisement : il s'agissait pour lui d'échapper à une condamnation à mort : chose difficile, son portrait étant dans toutes les mains des agents du roi Bomba; la première fois qu'il sauta par dessus les murs de sa prison, il fut repris dans les rues de Naples, reconnu seulement à son regard; la seconde il échappa et put traverser toute l'Italie. C'est le moyen qui le sauva, qui va te servir. Deux gouttes de belladone dilateront en quelques heures tes pupilles; un peu de noir modifiera la forme des paupières. Mon valet de chambre va te teindre les cheveux et la barbe; nous les taillerons ensuite en leur donnant la forme convenable. Quant à la carnation, tu voudras bien avoir le dégoût que nous avons tous les soirs, nous autres comédiens; avec du saindoux teinté de bistre tu vas te frotter le visage, le cou et les mains jusqu'au-dessus des poignets.

Martel, malgré sa préoccupation, se prit à sourire.

— Ris donc, s'écria joyeusement Sepe, il me semble que je joue Figaro pour de vrai, et que j'habille un Almaviva sérieux.

Presto la barba
Qua la sangnigna,
Presto il biglietta
Figaro..... Figaro.

IV

Deux heures après Martel n'était pas tout à fait le Sicilien promis par Sepe, mais ce n'était plus un Français.

Les cheveux, la barbe étaient du plus beau noir, et disposés de telle sorte que le front gagnât en largeur ce qu'il perdait en hauteur; la forme du visage était carrée; sous l'arcade sourcillière qui se dessinait vigoureusement, les yeux paraissaient plus profondément enfoncés; le regard avait un éclat étrangement scintillant; le teint était olivâtre; cette figure décelait l'énergie, la passion violente, la volonté réfléchie, l'audace et la force; l'artiste était devenu un homme d'action.

— Ah! j'oubliais, dit Sepe, en regardant son ouvrage, voilà qui va t'italianiser tout à fait.

Et il lui attacha à la cravate de satin bleu une épingle en rubis; puis il lui passa aux doigts deux bagues voyantes.

— Vous êtes des barbares, vous autres Français, vous n'aimez pas ces pierres où la lumière s'est emprisonnée. Pour que tu sois complet, il ne te reste plus, si tu le veux, qu'à parler italien. On dit que maintenant les sourds-muets lisent la parole sur les lèvres; au seul mouvement de la bouche je te dirais bien la nationalité d'un homme. Et maintenant que te voilà dans ton rôle, tâche de ne pas penser que tu en joues un. Tu es maître de ton temps, donne-le-moi. Je vais faire seller les chevaux, et nous irons à Hyde-Park, cavalcader dans Rotten-Row; tu verras d'un seul coup toutes les beautés de l'Angleterre. Nous rentrerons dîner. Puis ce soir tu viendras avec moi; tu ne m'as jamais entendu, je veux chanter pour toi. Cela ne gêne en rien tes projets; c'est à minuit seulement qu'il y a foule dans Haymarket.

Ces distractions détendirent un peu son cœur crispé d'impatience; il y avait tant de cordialité dans l'accueil de Sepe, heureux de recevoir son ami, de lui montrer sa maison, son jardin, ses chevaux. Ils parlèrent de leurs souvenirs de jeunesse; tous deux arrivés à la fortune et à la réputation, ils eurent plaisir à se rappeler leurs jours de lutte et de misère.

— Où donc es-tu logé? demanda Sepe, en se rendant après-dîner au théâtre.

— Oxford-hôtel.
— Passons-y.
— Pourquoi?
— J'ai mon idée.

Arrivés à l'hôtel, Sepe fit entrer Martel avec lui et s'adressant au bureau :

— M. Martel est-il ici? demanda-t-il.
— Non, monsieur.
— Hé bien, faites-nous descendre, je vous prie, le garçon de chambre; peut-être saura-t-il à quelle heure il doit rentrer.
— Es-tu fou? dit Martel en italien.
— *Lascia fare a me.*

Le garçon de chambre arriva et Sepe le fit causer assez longuement, en mêlant Martel à la conversation de manière à ce que le garçon le remarquât.

— J'ai voulu faire une expérience qui te donnât de l'assurance, dit Sepe en remontant en voiture, voilà un homme qui t'a vu ce matin et qui ne te reconnaît pas.

C'était *extra night* à Covent-Garden. La salle présentait un aspect splendide, et la lumière du lustre miroitait sur les diamants comme les rayons d'un soleil matinal sur une rosée de mai.

Quand Sepe entra en scène, Martel ne le reconnut point : c'était non seulement un bouffon bossu, hargneux, grimaçant, c'était surtout un homme du seizième siècle par la forme osseuse de la figure, avec le caractère et la physionomie de la Renaissance, une tête de Jean Cousin. Il chanta comme il n'avait jamais chanté, et fut rappelé trois fois par ce public aristocratique qui trouve l'enthousiasme canaille.

Martel quitta sa loge au moment où le ténor chantait la chanson « *la dona e mobile* » et revint rejoindre son ami sur le théâtre.

— Tu es content, di Sepe répondant à ses félicitations, la soirée ne t'a pas paru trop longue, je suis heureux. Maintenant aux affaires sérieuses; dans cinq minutes le chanteur Sepe sera redevenu ton camarade Viscardi.

V

Haymarket est à Londres la nuit, ce que Cheapside est le jour, un centre où des quatre coins de la ville convergent le mouvement et la vie. Par ses aboutissants il est en communication rapide avec Westminster, le quartier des clubs aristocratiques, du Parlement et des grands hôtels, — Leicester-square, le triste asile de ceux que la politique ou les lois ont chassé de leur pays, — Saint-Gilles, le repaire infâme. De quelque côté qu'on arrive, on vient déboucher dans cette large rue ; l'on y passe, ou l'on s'y promène. Entre minuit et deux heures du matin tout le monde londonien s'y rencontre : le courant qui monte du Strand se mêle au courant qui descend de Piccadilly et de Regent-street, les équipages des habitués des grands clubs éclaboussent les habitués des music hall's ; les étrangers qui rentrent à leur hôtel, le public des théâtres qui regagne sa maison, les flâneurs, les affairés, les curieux, les filles, les policemen, les filous, les mendiants, les ivrognes, ceux qui cherchent le plaisir, celles qui attendent un morceau de pain, une masse compacte se presse, se coudoie, fourmille et se mélange.

Lorsqu'ils arrivèrent, la rue d'un bout à l'autre et des deux côtés était éblouissante de lumière, malgré l'épaisse poussière restée en suspens, comme une fumée rouge ; des tavernes, des gin-palais, des public-housses jaillissaient d'aveuglantes clartés qui s'abattaient en nappes de feu sur la chaussée. Tout était prêt pour la mangeaille de la nuit : les montres des restaurants étaient encombrées d'énormes quartiers de bœuf et de mouton qu'enguirlandaient des fleurs et des herbages ; dans les devantures des oysters-rooms on voyait, amoncelés, des tas de homards, de langoustes, de crabes monstrueux, et sur le marbre blanc des tablettes d'énormes saumons teignaient de leur sang rose des poissons argentés ; au milieu de la rue, pour les misérables, se dressaient des tables chargées de débris de viande.

Les trottoirs étaient trop étroits pour la cohue qui piétinait sur place. Des femmes en toilettes extravagantes obstruaient l'entrée des allées et des rues latérales ; d'autres, audacieuses de leur beauté ou surexcitées par le gin qu'elles avaient déjà bu, jetaient leur poitrine au-devant des flâneurs, traînant derrière elles des robes de mousseline boueuses par le bas ; il y en avait qui, adossées à la porte des tavernes d'où sortaient des cris, des rires et des chansons, restaient le regard hébété, la figure marbrée sous leurs chapeaux de crêpe rose, attendant six pence pour entrer et boire : il y en avait aussi qui, blêmes sous leur rouge, chétives dans leurs guenilles de soie, s'arrêtaient avec convoitise devant la montre des restaurants ; sur les marches des maisons fermées il y en avait d'assises, abattues là par la lassitude ou l'ivresse. On entendait dans une bizarre confusion toutes les langues de la terre, parlées avec cette tonalité rauque que donne l'alcool, car il y avait là réunies des femmes venues des quatre coins du monde ; des Anglaises qu'on eût pu prendre en un autre lieu pour des modèles de modestie et de pureté, des Françaises prestes et insolentes, de lourdes Allemande mal taillées dans un bloc de chair flasque, des Italiennes, des Espagnoles, des négresses ; car ceux qui vivent à l'étranger sont sensibles, quelle que soit la bouche qui le prononce, à l'idiome natal. Des hommes allaient et venaient au milieu de ce troupeau. On formait des groupes, on entrait dans les public-housses. On sortait. On criait. C'était un brouhaha, un pêle-mêle. De temps en temps une porte de taverne s'ouvrait, une trouée se faisait violemment dans la foule, et un homme ou une femme venaient trébucher sur la chaussée. Quand ceux qu'on expulsait ainsi étant trop ivres, restaient morts sur place ou voulaient battre leurs voisins, les policemen arrivaient pour les conduire au bureau de police ; s'il y avait résistance ils les chargeaient sur une civière, sans brutalité, sérieusement, méthodiquement, sans s'inquiéter des coups qu'ils recevaient, sans en rendre aucun; lorsqu'ils les avaient bien attachés, le cercle des curieux s'écartait et le paquet de chair humaine était enlevé de dessus la voie publique.

— Est-ce donc tous les jours ainsi? dit Martel.

— Tous les jours excepté le samedi, cependant, où il y a plus de monde; la poche est garnie et l'on se prépare au dimanche. Tu ne te doutais point de ce qu'était Haymarket, n'est-ce pas? C'est un spectacle qui, cependant, n'est pas unique en son genre; tu le retrouverais dans d'autres quartiers de Londres. Les Anglais, fiers de tout ce qui est anglais, même de leur musique, sont honteux de cette plaie-là; mais il est interdit d'en parler. Si tu en dis un mot, on te répondra que ceux qui viennent ici sont des étrangers. Regarde pourtant si ces hommes graves, en cravate blanche, en habit noir, qui sortent de quelque soirée ou de Covent-Garden, ne sont pas des Anglais; et ces figures rougeaudes et gourmées, est-ce qu'elles n'appartiennent pas à d'honnêtes bourgeois que nous pourrions retrouver demain dans leurs comptoirs? C'est une belle chose que l'hypocrisie. Voilà le milieu où vit celui que tu cherches.

— Et, par ce milieu, je sens qu'il faut renoncer aux faibles doutes que j'avais encore. Cet entourage le complète. Ces femmes et ces tavernes disent que c'est bien lui qu'on a retrouvé. Comprends-tu qu'on se tue pour ressusciter ici?

— Où le trouverons-nous?

— Dans le troisième *saloon*, à gauche en montant, à côté d'un pharmacien.

— Redescendons alors un peu et comptons.

— A quoi donc les distingues-tu des tavernes?

— A leur porte close, à leur air respectable, comme on dit ici. C'est en réalité une espèce de salon, il faut frapper à la porte pour entrer. On est plus chez soi qu'au public-house. On fait de la musique. Et puis la porte close a un autre avantage, celui de dispenser de payer licence pour vendre des liqueurs alcooliques. Il est très possible, pendant que nous serons assis, qu'on vienne frapper à la porte. Aussitôt les garçons enlèveront ce que nous aurons devant nous et le remplaceront par des verres d'eau. Cela fait, on ouvrira la porte et tu verras entrer des inspecteurs qui donneront un coup d'œil à toute la salle. C'est une comédie qui ne trompe personne.

Ils étaient arrivés devant une petite porte; la maison était sombre; seulement par les fentes des volets la lumière jaillissait; on entendait à l'intérieur les sons d'un piano.

— Faut-il frapper? demanda Sepe.
— Oui ! dit Martel, d'une voix étranglée.
— Ton bras tremble sous le mien.
— Si tu la connaissais, dit-il tristement.
— Du cœur, ami, sois sûr qu'on ne peut te reconnaître.
Il frappa. On leur ouvrit.

VI

La salle dans laquelle ils entrèrent, beaucoup plus longue que large, n'avait que deux rangées de tables séparées par un passage au milieu; des divans en velours s'adossaient aux murs; au fond sur une petite estrade était un piano; les becs de gaz, trois fois trop nombreux, jetaient une violente clarté.

Les tables étaient occupées presque toutes, c'était le même monde que dans la rue; les hommes seulement semblaient choisis dans l'aristocratie de la cohue; c'étaient les mêmes femmes. On respirait une odeur étouffante de gaz, de sueur, de parfums musqués, de tabac, d'alcool chauffé. On causait en buvant et en fumant. Le piano jouait des airs de danse.

Une table auprès de la porte était libre.

— Mettons-nous là, dit Sepe, qui s'assit sur le divan pour que Martel fût moins en vue. — Tu regarderas dans la glace, ajouta-t-il à mi-voix.

Le musicien qui était au piano leur tournait le dos. C'était un homme qui paraissait jeune encore, quoique ses cheveux commençassent à grisonner.

— Hé bien? demanda Sepe.
— C'est sa tournure, mais il faut que je le voie de face.
— Ne regarde pas de son côté, je te préviendrai. — Voilà, mon cher, continua-t-il en haussant la voix, ce que c'est qu'un *saloon*. Les Anglais aiment mieux venir passer ici leur soirée que d'avoir une maîtresse; ça leur paraît plus moral et plus économique. Ils vont rentrer chez eux vers trois ou quatre heures, et ils seront censés revenir du club.

Il parlait à un sourd; l'anxiété étouffait Martel.

Enfin le quadrille s'acheva et le musicien, quittant le piano, vint s'asseoir à une table où deux jeunes femmes l'appelaient.

Martel avait les yeux collés sur la glace, sa curiosité fut trop forte, il se retourna.

En même temps, pour ne pas appeler l'attention, Sepe ouvrit un **numéro** du *Sun* et se cacha derrière.

A son indifférence succéda brusquement une attention inquiète (p. 594)

H. MALOT. — VICTIMES D'AMOUR.

— Est-ce lui? demanda-t-il à voix basse.

Martel, pâle sous sa couche de bistre, fit un signe affirmatif.

C'était bien Maurice, en effet; Charvet ne s'était point trompé.

Mais Maurice, changé, vieilli, fatigué, déguenillé à ne pas reconnaître au premier coup d'œil.

— Paye, dit Martel, et allons-nous-en.

Sepe abaissa son journal pour appeler le garçon, mais alors ses yeux croisèrent ceux du musicien, tous deux parurent se connaître, et Maurice, abandonnant sa table, se dirigea vers eux avant que Martel eût pu demander un mot d'explication.

— Ah! signor Sepe, dit-il en français, je suis heureux de vous voir.

Sa voix était empâtée, son regard trouble, sa démarche roide.

— Mon cher monsieur de Coët-Lao, répondit Sepe en employant le français, je ne vous avais pas reconnu.

— Je comprends, le changement est en effet assez étrange.

— Mon frère, dit Sepe désignant Martel qui écoutait stupéfait, un soldat et un proscrit, excusez son embarras, il n'entend pas le français.

Maurice jeta un regard alourdi à celui qu'on lui présentait, mais à son indifférence succéda brusquement une attention inquiète. Martel soutint ce regard en face, ses yeux, déjà dilatés, prirent une expression effrayante, ses narines et ses lèvres, par un frémissement convulsif, trahirent seules sa poignante angoisse.

— Priez monsieur votre frère de me pardonner, dit Maurice en s'asseyant après quelques secondes d'examen, il m'a vaguement rappelé un ancien ami, mais ce n'était pas un Italien, la mémoire est folle. Je suis ici presque chez moi, continua-t-il, vous me permettrez bien de vous offrir de notre cognac, qui est vraiment français et excellent, marque Hennesy authentique.

Sepe voulut refuser, ils partaient, il avait chanté et sa gorge était fatiguée. Maurice insista et appela le garçon; celui-ci, qui était à une table à côté, ne se dérangea point.

Maurice se leva et alla vers lui.

— Allons! fit-il, vous n'avez pas entendu.

— De l'argent, dit le garçon à mi-voix, assez haut toutefois pour que Sepe entendît.

— Prêtez-moi donc une demi-couronne, Joe.

— Non.

Cependant Joe finit par se laisser toucher, car bientôt il apporta ce qu'on lui demandait.

— Je ne vous reçois pas ici comme chez la princesse, dit Maurice en souriant, mais il faut me pardonner ; les temps sont changés ; la princesse a été forcée de rentrer en Russie, et, chassé de mon pays, réduit à la misère, je me suis fait ce que vous voyez pour ne pas mourir de faim ; il y a loin d'aujourd'hui à nos soirées de Belgravia, mais *basta*. Et vous, signor, tournez-vous toujours la tête à nos ladies ?

Il allait continuer ses confidences, lorsqu'un accord fut frappé sur le piano.

— Allons, dit-il, on m'appelle, il faut que je joue des quadrilles pour mon public. Excusez-moi, je reviens bientôt.

Martel fit un signe à Sepe.

— C'est nous qui reviendrons vous voir demain, dit celui-ci, aujourd'hui je suis forcé de vous quitter.

Et, faisant passer devant lui Martel qui s'était levé, ils sortirent.

Au moment où la porte se refermait sur leurs talons, ils entendirent le piano attaqué avec une sûreté de main qui trahissait un véritable artiste. Ce n'était pas un quadrille, mais une brillante fantaisie. Martel la connaissait cette fantaisie. Combien de fois l'avait-il entendue avec plaisir.

VII

Ils étaient enfin dans la rue, toujours aussi encombrée, aussi bruyante, plus poussiéreuse.

— Maintenant respire à ton aise, dit Sepe.

— Ah ! mon ami, quelle émotion j'ai eue lorsqu'il est venu à nous.

— Heureusement il était à moitié gris.

— S'il ne m'a pas reconnu, j'ai eu peine à le reconnaître moi-même. Quel changement ! Mais où l'as-tu vu, que sais-tu de lui ?

— Nous rentrons, n'est-ce pas ? Veux-tu que je prenne un cab, ou aimes-tu mieux marcher pour te secouer un peu ?

— Marchons, nous serons mieux pour parler.

Ils tournèrent dans Piccadilly.

— C'est il y a quatre ans, dit Sepe, que je l'ai connu.

— Sous le nom de Coët-Lao ?

— Oui : ce n'est donc pas le sien ?

— C'est celui de sa grand'mère maternelle, qui appartenait à la noblesse bretonne ; ce n'est pas le sien.

— Enfin, il se présenta à moi sous ce nom et comme neveu de la princesse Schtipkine.

— Son amant, oui ; son neveu, non.

— Une tante de la princesse a cependant épousé un Coët-Lao au temps de l'émigration. Je connais un de ses fils à Saint-Pétersbourg.

— Peu importe, continue.

— Il venait de la part de la princesse me prier de chanter dans une soirée qu'elle donnait pour ouvrir ses salons de Belgravia. Ils arrivaient tous deux de Grèce ou d'Égypte. Par mon engagement, il m'est absolument interdit de chanter ailleurs qu'au théâtre. Je refusai. Il revint me voir et m'invita même à quelques petites réunions intimes chez la princesse. J'y allai. Bientôt nous fûmes presque liés. C'était un brave garçon qui dépensait largement un beau revenu. Était-il ou n'était-il pas l'amant de la princesse ? Je n'en sais rien ; il était accepté dans le monde comme son neveu. Je l'ai vu traité comme tel par des personnages importants, Anglais, il est vrai, et non Russes. Je le revis l'année suivante, toujours à peu près dans les mêmes termes, sa vie n'était pas la mienne ; notre point de contact était la musique ; il avait un vrai talent d'artiste. Il y a deux ans, je ne le revis point, mais je n'en fus pas surpris, car je savais que la princesse avait été rappelée en Russie. Je le retrouve ce soir.

— Quelle femme était la princesse ?

— Une femme de quarante-six à quarante-huit ans, qui a dû être belle. Sa fortune est considérable. Son fils occupe un haut rang.

— Tu ne sais rien de plus ?

— Rien que des petits détails sans importance.

— A-t-il quelquefois parlé devant toi d'un séjour à Naples ?

— Jamais.

— Maintenant, comment savoir sa vie d'aujourd'hui ?

— Tu la vois.

— Pour toi, c'en est assez, pour moi, ce n'est rien. Que fait-il en Angleterre ? Pourquoi y reste-t-il ? A-t-il des raisons pour ne pas quitter Londres ? Voilà ce qu'il faut que je sache. Et aussi sa vie de tous les jours et ses habitudes. Il est bien vieilli, mais il est encore solide.

— Il en a l'air.

— Buvait-il quand tu le voyais ?

— Beaucoup d'eau-de-vie, cependant je ne l'ai jamais trouvé tout à fait gris.

— Je ne quitterai pas Londres sans savoir tout cela.

— Comment feras-tu ?

— Je chercherai, je le suivrai, je saurai où il demeure, et de logement en logement je remonterai dans sa vie.

— C'est difficile, tu ne sais pas un mot d'anglais.

— Songe que s'il rentre en France, c'est un malheur irréparable.

— Tu sais que je suis à toi de tout cœur, mais dans la tâche que tu veux entreprendre, je ne te servirais guère malgré la bonne volonté que j'y mettrais. Veux-tu te confier à un étranger? Nous avons au théâtre, comme inspecteur de police, un homme très habile et que je crois honnête. Veux-tu que je lui demande s'il peut mener cette chasse?

— Martel réfléchit un moment.

— C'est un moyen, dit-il.

— Sans danger, il me semble.

— Danger ou non, c'est le seul possible, il faut le prendre.

— Hé bien, nous verrons l'inspecteur demain, ou plutôt tantôt, car voici le jour.

En effet, les étoiles blanchissaient, et le gaz ne donnait plus qu'une lueur rouge et fumeuse. L'air s'était refroidi. Dans Green-Park, dont ils longeaient la grille, les arbres commençaient à s'éclairer du côté de l'Orient et à sortir de l'ombre; sur les pelouses, de petites bouffées de vapeur grise s'élevaient au-dessus des moutons tassés l'un contre l'autre dans l'herbe humide. Le cadran lumineux de l'horloge, placé au haut de la tour du Parlement, avait pâli devant l'aube, et l'heure n'était plus distincte.

— Pour te donner toute sécurité, continua Sepe en marchant, tu pourrais ne point paraître, j'agirais seul et directement auprès de l'inspecteur. Seulement il y a une difficulté; les renseignements m'étant transmis, je me trouverai ainsi initié, en partie, à cette affaire. Y vois-tu un inconvénient?

— Ce secret me concernerait seul, il y a longtemps, mon cher Carlo, que je l'aurais confié à ton amitié. Fais donc, je t'en prie, ce que tu me proposes.

— Pendant que nous dormirons un peu, on ira au théâtre me chercher l'adresse de notre inspecteur; avant dix heures je serai chez lui; à onze heures, en déjeunant, je te conterai comment l'affaire est emmanchée.

Ce ne fut pas à onze heures que Sepe rentra, mais à deux. Son cheval était ruisselant de sueur.

— Hé bien, dit Martel qui l'attendait à la fenêtre du parloir!

— Es-tu donc plus pressé de savoir que moi de manger? dit-il en riant. Oui, n'est-ce pas? Hé bien, l'inspecteur n'a pas pu se charger de notre affaire. Mais il m'a donné pour le remplacer un de ses amis, un M. Webster, l'homme de Londres, m'a-t-il dit en me le recommandant, le plus capable d'obtenir sûrement et discrètement les renseignements que nous désirons. Nous sommes allés ensemble chez M. Webster, qui est une espèce de diplomate ganté de gants de peau de chien. M. Webster, en ce moment de loisir, va commencer immédiatement ses recherches. Mais comme nous lui demandons de remonter de plusieurs années dans ce passé aussi obscur qu'embrouillé, il déclare qu'il sera assez difficile d'arriver à quelque chose de précis. De plus, comme une grande dame est mêlée à cet imbroglio, il déclare encore qu'il ne s'avancera qu'avec de grands ménagements; d'abord pour ne pas la compromettre, m'a-t-il dit galamment; ensuite, pour ne point s'attirer lui-même une affaire avec les personnages puissants qui auraient le droit de se fâcher de ses démarches. Pour toutes ces raisons, il demande indulgence et patience. On n'est pas plus poli; il y a plaisir à se faire happer par cette patte de velours.

— Du temps? Je ne peux pas rester à Londres.

— Il le faut bien, cependant. Et te voilà mon hôte malgré toi. Aussitôt qu'il aura appris quelque chose il viendra nous faire son rapport.

VIII

Il en coûtait à Martel de ne pas retourner immédiatement auprès d'Armande, cependant il ne voulait pas partir avant d'avoir vu ces recherches au moins commencées : leur résultat ne devait-il pas décider sa vie?

D'ailleurs il ne s'en fiait qu'à moitié à ce M. Webster qu'il ne connaissait pas, et il voulait être là pour le faire activer par Sepe.

Mais il n'eut point besoin de mettre Sepe de nouveau en avant; deux jours après que Webster était chargé de l'affaire, il se présenta à Brompton.

Ils étaient dans le jardin, assis sous une charmille, au bout d'un de ces parterres symétriques que les Anglais ont su garder, lorsqu'ils virent s'avancer vers eux un homme de cinquante-cinq à soixante ans, à la démarche aisée, vêtu de noir, portant un chapeau large de bords, le pantalon serré dans des moletières de cuir verni : une tête de patriarche, couronnée de cheveux blancs, encadrée dans un col et une cravate immaculés comme la neige.

— Approchez, mon cher monsieur Webster, dit Sepe en se levant pour lui offrir une chaise en fer, votre visite si prompte est d'un bon augure, j'espère.

Sans répondre Webster fit un geste affirmatif et regarda Martel.

— Vous pouvez parler, monsieur est mon frère, continua Sepe; seulement, comme il n'entend pas l'anglais, je vous serais reconnaissant de vous exprimer en italien. On m'a dit que vous parliez notre langue comme un lazzarone.

Au lieu de se rendre à cette invitation, Webster se leva de dessus sa chaise et regarda autour de lui : le parterre était placé en contre-bas, entouré de petits murs portant de distance en distance de beaux vases en faïence de Minton remplis de fleurs, et on y arrivait par deux entrées en descendant un large escalier de trois marches ; tout autour s'étalait la pelouse gazonnée de velours vert, avec des corbeilles de plantes au feuillage ornemental ; les murs de clôture étaient loin, et il n'y avait point de massif d'arbustes assez près pour que quelqu'un qui y serait caché pût entendre.

Rassuré par cette inspection des lieux il se rassit, et, après avoir placé son chapeau sur une chaise à côté de lui, tiré de sa poche un portefeuille, il commença :

— En vous parlant, l'autre jour, des difficultés qu'il y avait à obtenir les renseignements que vous demandiez, je n'exagérais rien. Ce n'est pas dans mes manières. Et il est bien probable que je n'aurais rien d'important à vous communiquer si je n'avais été servi par le hasard. Dans les prévisions humaines il faut toujours calculer comme s'il devait être contre nous, c'est une bonne fortune lorsqu'il est de notre côté.

Il dit cela d'un air d'autorité, comme un homme qui connaît à fond tous les tours que le hasard peut jouer. Puis continuant :

— L'enquête sur l'individu dont il s'agit avait été déjà faite ; le hasard m'a permis de le savoir, et certaines relations m'ont permis encore d'en prendre connaissance. Comme je vous dois compte de mon temps et l'explication des moyens que j'emploie, je suis prêt à vous dire quelles sont ces relations, qui n'ont rien que de respectables d'ailleurs ; mais j'avoue que, si vous le permettez, j'aimerais à garder le silence sur ce point.

— Cela ne nous est pas utile, dit Sepe après avoir échangé un regard avec Martel, continuez donc, je vous prie.

— Il y a eu quatre ans au mois de février, reprit Webster en tirant quelques papiers de son portefeuille, un sieur Spark, tailleur dans Circus, fut appelé à Westminster-hôtel pour recevoir la commande du comte de Coët-Lao, en ce moment à Londres avec sa tante la princesse Schtipkine. Pendant dix-huit mois, il vit très fréquemment le comte, à qui il fit des fournitures pour une somme importante. Le comte était dans les termes de l'intimité la plus grande avec la princesse, qu'il suivit lorsqu'elle alla habiter Belgravia. On disait le comte très riche ; d'origine française, il appartenait à une famille russe, et il avait en Russie des propriétés considérables.

Il était très généreux et il paya largement pendant deux ans, mais après ce temps il disparut; il devait un mémoire de cent quinze livres. C'était un gentleman, il honorait les habits qu'il portait.

Déposant la note qui lui avait fourni ces renseignements. Webster en prit une autre et continua :

— A la même époque, c'est-à-dire il y a quatre ans, Tom Linden de Piccadilly monta la maison de la princesse; il fournit ensuite au comte de Coët-Lao deux chevaux pour être attelés et un cheval de selle; ces chevaux furent payés par la princesse. Mais plus tard, par suite d'un échange, le comte se trouva lui devoir quatre-vingts livres, et il lui fut impossible de se faire payer, car il ne put jamais savoir ce que le comte était devenu. Il a été d'autant plus fâché de ce manque de procédés chez le comte, qu'il l'avait présenté à son épouse ainsi qu'à ses deux filles, et qu'il lui avait donné une fête dans son cottage de Hammersmith. Il croyait le comte un gentleman, car il aimait les chevaux.

Webster avait une manière étrange de prononcer les noms de ceux dont il parlait, on eût dit que s'il ne les faisait pas connaître, c'était par pure discrétion, mais qu'il en savait long sur leur compte et qu'il pouvait donner l'état de leur avoir ou de leurs dettes, énumérer leurs relations intimes et commerciales, raconter ce qu'ils avaient été, ce qu'ils étaient, ce qu'ils seraient.

— Toujours pendant la première année, reprit-il en dépliant une nouvelle feuille, Roger Willis entra au service du comte comme valet de chambre. Pour Roger, le comte n'était point le neveu de la princesse, mais bien son amant. Il appuie cette opinion sur ce que le comte traitait la princesse avec une familiarité tout à fait libre et si grande qu'il ne se gênait pas pour l'appeler en français « ma vieille ». La princesse aimait le comte à la folie, et elle en était très jalouse. Dans le commencement, le comte prenait les querelles qu'elle lui faisait assez bien, il en riait, mais quand il rentrait le soir un peu échauffé, il se fâchait. Une nuit, qu'à trois heures du matin madame la princesse était venue dans l'appartement du comte, il y eut un grand tapage, des cris et des pleurs. Il lui était expressément défendu d'entrer lorsque la princesse était avec le comte, cependant ce soir-là il entra : il trouva la princesse étendue sur le tapis et blessée à la tête. Il lui serait impossible de dire si le comte avait fait cette blessure à la princesse, ou si celle-ci se l'était faite elle-même en tombant. Ce qu'il y a de certain, c'est que le comte était extrêmement gris, il ne s'occupait pas du tout de la princesse et il jurait sans arrêter. Quand la princesse eut été emportée dans ses appartements, il se coucha très tranquillement; elle ne lui en voulut pas; le lendemain matin, elle revint dans la chambre pendant qu'il

Ils se mirent à cueillir des bluets et des coquelicots (p. 606).

H. MALOT. — VICTIMES D'AMOUR.

dormait encore, et elle le réveilla en lui embrassant la main. C'est ce que lui Roger vit parfaitement du cabinet de toilette. Roger regardait le comte comme un véritable gentleman ; tout le prouvait, il avait pour amis lord Olendon, le capitaine Thurnhall, le marquis Lewelyn, sir Weeks; il ne comptait jamais son argent et ne vidait point ses poches; il buvait comme pas un de ses messieurs; et un jour il donna des coups de cravache à son *footman* avec une grâce que n'eût pas eue un homme du commun. Aussi, quoi qu'on ait dit depuis, le comte est-il pour lui toujours le comte de Coët-Lao; seulement il voudrait bien qu'on trouvât moyen de faire rendre au comte les cinquante livres qu'il lui a prêtées.

Devant lui Webster avait un rosier dont les rameaux attachés sur un treillis de fer en forme de guéridon, étaient couverts de fleurs; tout en parlant il se baissait de temps en temps pour regarder les roses et respirer leur parfum. A le voir de loin, on eût pu croire qu'il racontait les choses les plus innocentes.

— M. Salomon, de la maison Salomon Barclay and Sons, fut mis en relations avec le comte de Coët-Lao, par la princesse Schtipkine qu'il savait puissamment riche. La princesse lui dit de fournir au comte tout l'argent dont il aurait besoin. Les livres de la maison constatent qu'en deux ans le comte a pris à la caisse cinq mille trois cent cinquante livres.

— Plus de cent trente mille francs! interrompit Sepe.

— Cent trente-trois mille sept cent cinquante francs. Le comte avait remis à M. Salomon, pour la lui garder, une cassette pleine de diamants et de pierreries. Lorsque plus tard on ouvrit cette cassette, on trouva que les diamants étaient faux et qu'ils ne valaient que cent dix-neuf shellings. Au reste le comte ne devait personnellement à la maison Salomon Barclay and Sons qu'une somme de deux cents livres.

Comme Webster dépliait une nouvelle note.

— Hé quoi, dit Sepe, celle-ci est-elle encore plus forte.

— Non, mais d'un autre genre. Miss Hawkes, lingère, Oxford street, a fourni à miss Amy Phillpots, sur la commande de M. le comte de Coët-Lao, différentes toilettes de nuit pour une somme de deux cent trente-cinq livres neuf shellings; elle a été très bien payée. Mais pour une autre fourniture faite à miss Toodle, de Covent-Garden, toujours pour le compte de M. de Coët-Lao, il lui reste dû vingt-deux livres trois shellings six deniers.

— Tiens, la petite Toodle ! dit Sepe, on pourra avoir auprès d'elle quelques renseignements.

— Qu'est-ce que miss Toodle? demanda Martel.

— Une femme du ballet. Cette dernière note, mon cher monsieur

Webster, prouverait donc que la princesse n'occupait pas seule le comte ?

— Précisément, signor, et c'est pour cela que je vous l'ai lue. Maintenant nous passerons rapidement sur cette déposition de Peretti, joaillier, qui constate qu'après avoir été payé de sommes assez considérables, il lui reste dû quelques livres ; sur celle de Crabs, carrossier, qui constate la même chose ; sur celles de Blondeau, marchands de vins et de comestibles, Beecher, parfumeur, Fullon, chemisier, qui ne sont que des répétitions. Toutes ces dépositions furent faites après le départ de la princesse.

— Pourquoi ce départ et dans quelles conditions eut-il lieu ? demanda Martel.

— Jusqu'à présent je ne vous ai parlé qu'avec pièces à l'appui de ce que je vous avançais et vous avez pu, je le pense, suivre d'assez près la vie du comte ; ce qui restait dans l'ombre n'est pas difficile à deviner. Maintenant je ne peux faire que des suppositions. On suppose donc que la famille de la princesse, peinée et blessée de la conduite qu'elle menait ici, inquiétée aussi pour sa fortune qui allait grand train, obtint l'ordre de la faire rentrer en Russie. Ce qu'il y a de certain, c'est qu'un jour, il y a deux ans, la princesse s'embarqua directement pour Saint-Pétersbourg. Le comte était à ce moment à Newmarket pour le Derby trial : quand il revint, il trouva la princesse partie. Les créanciers s'abattirent sur lui : c'est la règle ; il dépense, on lui donne des fêtes, on lui donnerait femme et filles, il ne paye plus, on le poursuit. Il disparut à son tour. Les dépositions que je vous ai fait connaître, remontent à cette époque. On allait tenter une action contre lui, lorsque toutes ses dettes furent payées ; par qui : on n'a pas de preuves certaines ; seulement, comme ce fut par un agent de la maison Hodeson, qui est en relations avec toutes les maisons russes, il est aisé de conjecturer presqu'à coup sûr.

— Est-ce que le mémoire de Miss Hawkes fut aussi payé ? demanda Sepe.

— Elle comme les autres, tout le monde fut désintéressé.

— Pauvre princesse ! Elle était bien plâtrée, bien peinturlurée pour cacher ses quarante-huit ans, elle était bien hautaine et bien insolente ; mais c'est égal, je la plains ; qu'elle a dû souffrir ! et maintenant sans doute exilée dans quelque château ; ah ! les pauvres vieilles femmes qui ne savent pas vieillir !

— Oui triste, fort triste ! dit Webster en respirant une rose, la Russie a été gâtée par l'émigration française.

— Nous nous arrêtons il y a deux ans, dit Martel, et depuis ?

— Depuis, il y a une lacune. Ce qu'est devenu le comte pendant ces deux années, je n'ai pas encore eu le temps de l'apprendre. Je sais seulement qu'aujourd'hui il demeure, Yellow-Lion-Court, aux abords de Drury-lane, et qu'il paraît être l'amant de la fille d'un tipster qui lui loue sa chambre.

— Un *tipster*, dit Sepe, répondant à une muette interrogation de Martel, est une sorte de courtier de sport; son métier consiste à apprendre n'importe comment les qualités et les défauts des chevaux qui doivent courir; il vend ces renseignements à ceux qui s'occupent des courses, et c'est sur ces renseignements que se font les livres de paris.

— Parfaitement expliqué, signor; ce tipster est un ivrogne fini, et sa fille, une enfant, est aussi fraîche, aussi pure de visage que ces roses, aussi décomposée intérieurement, que ce terreau. Puisque vous plaignez la princesse, réjouissez-vous, elle est bien vengée; le comte est fou de cette enfant.

— Croyez-vous, dit Sepe, que son amour soit assez grand pour le fixer auprès d'elle?

— Ah! signor je ne crois rien, dans les passions, l'imprévu et l'impossible doivent toujours entrer en ligne de compte.

— Ne pourrait-on pas au moins, demanda Martel, savoir sa vie de chaque jour, et s'il quitte cette jeune fille, savoir où il va?

— Rien n'est plus facile, toutes les quinzaines, signor, je vous enverrai un bulletin, et s'il y a quelque changement je vous en préviendrai aussitôt. Faudra-t-il rechercher ce qu'ont été ces deux années qui nous manquent.

— Non merci, c'est inutile.

— Ah! j'oubliais. On a tout lieu de supposer que l'individu qui nous occupe n'est point comte. Le nom de Coët-Lao ne serait pas le sien. Il se nommerait Berthauld. Il serait bien Français, mais musicien et non gentilhomme.

— Serait-ce donc?... s'écria Sepe.

Martel lui fit un signe.

— Pour arriver à une certitude sur ce point, dit Webster, il faudrait faire des recherches à Naples.

Là-dessus il se leva; les deux amis l'accompagnèrent.

— Charmant jardin, dit Webster en se dirigeant vers la maison, les artistes sont artistes en tout. Seulement permettez-moi une critique que me suggère ma profession, je trouve les murs un peu bas; sans doute vous avez des pièges?

— Pas du tout.

— Je ne saurais trop vous les recommander, cela vaut mieux que la police, car cela prévient, et la police ne peut agir que le mal fait. Il y en a de deux sortes : un qui tue roide son homme, c'est le *common man-trap* l'autre qui casse simplement les jambes c'est l'*human-man-trap*. Ils sont excellents, et très employés.

Ils étaient arrivés à la porte de sortie.

— Une grâce, signor, une récompense, dit Webster; vous serait-il possible de m'accorder une loge pour un de ces soirs? ma femme et mes filles brûlent de vous entendre.

— Avec plaisir, cher M. Webster; ce soir même vous aurez ce que vous désirez; je chante *Don Giovani*.

— Mille grâces; elles sont folles de Mozart.

— Quel homme! dit Sepe lorsque la porte fut refermée. Et il aime la musique.

Sans répondre, Martel le prit par la main et le ramena dans le jardin.

Lorsqu'ils furent au milieu de l'allée :

— Mon cher Carlo, dit-il en le regardant en face, celui que nous avons vu dans Haymarket et dont on vient de nous parler, est Maurice Berthauld, l'auteur d'*Imogène*; j'ai épousé sa femme la croyant veuve; j'ai mis ma vie en elle, et nous avons un enfant. Tu comprends mon silence, n'est-ce pas?

— Que vas-tu faire? dit Sepe en lui serrant la main avec émotion.

— Retourner près d'elle.

— Hé bien et lui?

— Que veux-tu que je fasse; nous sommes à sa discrétion. Webster le surveillera. Je compte sur toi.

— Il a parlé de Naples.

— C'est à Naples qu'il a simulé son suicide. Mais les causes de cette comédie sont aussi obscures pour nous que celles qui l'empêchent de rentrer en France.

— Veux-tu que je tâche d'éclaircir celles qui tiennent au suicide? Je le puis très probablement; et même mieux que pour ce qui se passera ici; je n'ai qu'à écrire.

— Écris alors, car tu comprends de quelle importance est pour nous tout ce qui le touche. Il est maître de nous, et nous sommes entre ses mains.

IX

Prévenue par une dépêche, Armande voulut faire à Martel la surprise d'aller au-devant de lui. Et prenant ses enfants avec elle, conduisant elle-même sa ponnette qu'elle avait fait atteler au panier, elle vint l'attendre à la sortie de Villeneuve.

Quelle joie de le revoir! Depuis qu'ils s'aimaient ils n'étaient jamais restés si longtemps séparés.

Dans son impatience elle arriva bien avant l'omnibus du chemin de fer. Les enfants ne voulurent point rester en voiture, et ils se mirent à cueillir des bleuets et des coquelicots au bord du chemin, dans les seigles où ils disparaissaient.

Enfin on l'aperçut sortant du village; comme le cœur d'Armande battit! elle aussi descendit de voiture pour mieux l'embrasser.

Les enfants coururent à sa rencontre; Julien, qui avait pris les devants, arriva le premier. Il l'enleva dans ses bras et l'enfant se cramponna à son cou.

— Moi, moi! dit Victorine essoufflée.

Il continua d'avancer, elle se pendit à la main qu'il avait de libre; mais il la repoussa pour saisir Armande dans une étreinte passionnée et la réunir à Julien.

Elle le trouva pâli, fatigué.

C'était le voyage.

Il était impatient et nerveux aussi, car pendant qu'elle lui racontait ce qui s'était passé à la maison en son absence, la ponnette ayant eu une petite frayeur, il la fouetta vigoureusement, lui qui d'ordinaire était doux et patient avec les bêtes. C'était à peine s'il répondait à Julien qui voulait savoir s'il y avait des bleuets en Angleterre. Et il ne regardait même pas Victorine qui se tenait immobile à sa place, le cœur gros, les yeux pleins.

De loin ils aperçurent madame Pigache à la porte de son jardin.

Il passa devant elle au grand trot quoiqu'elle eût fait quelques pas dans la route.

Qu'avait-il donc?

Quand Marie-Ange accourut au-devant de la voiture, il lui dit sèchement d'emmener les enfants.

— Le dîner est prêt, dit Armande en ouvrant la porte de la salle à manger.

Elle était heureuse de lui montrer que sur la table étaient servis les porcelaines et les cristaux des jours de gala, et qu'elle s'était mise en fête pour son retour.

Mais il n'y parut pas faire attention.

— Nous avons le temps, répondit-il, montons à ta chambre.

A son étreinte, à son baiser, lorsqu'ils furent seuls, elle sentit bien que ce n'était point contre elle qu'il était fâché, mais elle sentit aussi que cette âme qu'elle savait si forte était bouleversée.

— Ce n'est pas pour Charvet que je suis allé à Londres, dit-il.

Elle ne répondit point, mais elle le regarda stupéfaite. Il baissa les yeux. Et, se détournant, il alla fermer les fenêtres, par lesquelles, après une journée brûlante, il entrait un peu de fraîcheur dans la chambre.

— C'est pour nous, reprit-il en revenant vers elle. Et depuis douze heures, depuis que je suis en route, je me demande avec angoisse si je dois te dire ce que j'ai été y faire; si je dois te parler de celui que j'y ai vu.

Il s'arrêta encore. Puis, continuant, car le silence était plus embarrassant que les paroles :

— La délicatesse de ton cœur, ma foi dans ton amour, ta vaillance dans le malheur, la peur de l'avenir, d'un avenir dont je ne me sens plus maître, me font un devoir de te dire la vérité.

En parlant, il la tenait dans ses yeux, il la vit pâlir.

— Mon amour pour toi et pour Julien, la crainte de te voir souffrir, notre vie jusqu'à présent si sereine, me conseillent de me taire.

— Mon Dieu ! s'écria-t-elle d'une voix étouffée.

— Hé bien, oui, notre bonheur est menacé.

Elle était appuyée sur le dossier d'un fauteuil; il vit ses mains se crisper et ses ongles s'enfoncer dans l'étoffe.

— Oh! pas par moi! s'écria-t-il vivement, mais en dehors de moi; en dehors de la maladie de nos enfants, il est encore des malheurs que nous pouvons redouter.

Elle ne respirait plus et pâlissait encore. Lui-même était haletant. Il voulait se hâter pour abréger cette mortelle angoisse; puis il s'arrêtait, cherchant des paroles qui amortiraient la force du coup qu'il allait porter.

— Tu sais, reprit-il en parlant vite comme si les mots lui brûlaient les lèvres, quelles difficultés ont arrêtés notre mariage...

Elle se redressa, et faisant quelques pas vers lui :

— Vivant ! s'écria-t-elle.

Il la reçut dans ses bras.

Mais elle se dégagea aussitôt; et, par un mouvement plein de désespoir et de pudeur, d'accablement et de honte, elle se cacha la tête entre ses deux mains.

Il y eut un moment de silence d'une longueur poignante; comprenant ce qui se passait en elle et voulant lui éviter la douleur d'être observée, il alla vers une des fenêtre et s'y tint immobile.

Puis, pour ne pas la laisser à des pensées que, par celles qui lui étreignaient le cœur, il sentait terribles et vertigineuses, il revint vers elle, et d'une voix douce :

— Je l'ai vu, dit-il.

Elle ne répondit pas, ne le regarda pas, mais suivant évidemment sa préoccupation qui n'était que trop facile à comprendre dans son enchaînement :

— Julien, dit-elle.

Et elle répéta ce nom avec une intonation à la fois désespérée et caressante.

Elle était blême, ses yeux hagards étaient perdus dans le vide.

— Julien est mon fils, rien ne peut l'empêcher de l'être.

— S'il revenait ?

— Hé bien..

— Notre mariage ?

— Notre mariage serait ce qu'il est aujourd'hui, — nul.

— Et Julien ?

— Julien est mon fils, il ne pourrait rien.

— Et moi ?

— Il pourrait nous séparer, la loi est avec lui.

— Me séparer de toi ?

Elle s'élança et le saisit dans ses bras désespérément.

— Enfin, s'écria-t-il en l'étreignant, et d'une voix que l'émotion faisait vibrante, voici la parole que j'attendais, l'engagement qui nous lie. Chère femme, pardonne, pardonne-moi de t'avoir fait souffrir ; il me la fallait, cette parole, pour ma conscience, et il me la fallait dite en toute connaissance. Rassure-toi ; ni lui, ni le monde, ni la loi, rien ne nous séparera.

— La loi, le monde, lui, tous contre nous !

Elle le regarda ; son âme était dans ses yeux.

— Nous nous aimons. C'était toi seule que je craignais.

— Aussi bien, dit-elle avec un sourire navré, ceux qui savent que la mort tient sa main sur eux ont encore de beaux jours.

Il la vit entrer grave et embarrassée (p 616).

H. MALOT. — VICTIMES D'AMOUR.

CHAPITRE IV

UNE SITUATION FAUSSE

I

Depuis qu'ils habitaient le Plessis, leurs relations étaient extrêmement restreintes, et en exceptant leurs anciens amis intimes qui venaient quelquefois de Paris passer la journée du dimanche avec eux, ils n'avaient voulu voir personne.

Pleinement heureux l'un par l'autre, ayant une vie occupée, lui par ses travaux, elle par ses enfants, ils trouvaient que le monde, avec tout le cortège d'exigences qu'il traîne à sa suite, ne pouvait que leur voler leurs heures d'intimité. Et ils ne se sentaient aucune disposition à sacrifier ces heures à des plaisirs qui, pour eux, n'en eussent point été, puisqu'ils ne s'étaient jamais aperçus qu'ils leur manquaient.

Cependant, malgré cette réserve, ils n'avaient pu se défendre d'une sorte de liaison avec un de leurs voisins qui avait été autrefois le camarade de Martel.

C'était alors un brave garçon venu de Bordeaux à Paris pour être poète, comme on vient de l'Auvergne pour être charbonnier et du Limousin maçon, qui s'était jeté à corps perdu dans la bohême parisienne, et qui avait trouvé original et amusant, tout en ayant cinq ou six mille francs de rente, de vivre d'une vie de hasards et d'expédients. Comme il n'avait d'autre supériorité que celle que lui donnait sa petite fortune, comme il ne paraissait menaçant pour personne, comme sa bourse s'ouvrait facilement, il était devenu le camarade de tout le monde et l'ami de trois ou quatre vieux chevaux de retour qui se l'étaient approprié. Deux années avaient suffi pour absorber son capital, et il allait pour de bon savoir ce qu'était cette vie dont il ne connaissait que les plaisirs, lorsqu'un de ses oncles, très riche propriétaire du Médoc, était mort en le faisant héritier d'une centaines d'hectares de vignes à Ludon qui donnaient bon an mal an un revenu de cent cinquante à deux cent mille francs. Le plaisir d'être propriétaire l'avait emporté sur l'ambition d'être poète. Et il était retourné à Bordeaux vendre son vin aux Hollandais et faire figure au cercle de la rue du Ha. Mais comme il s'était tous les ans rappelé au souvenir de ses anciens amis par un panier de son vin, on ne l'avait point oublié. Son nom même était resté, et entre minuit et deux heures du matin, on parlait encore de lui sur le boulevard et dans le faubourg Montmartre. Personne n'avait jamais eu le billet de banque aussi facile que Lataste ; — ce n'est pas Lataste qui eût laissé un de ses amis aux prises avec un tailleur ; — un peu bête, ce pauvre Lataste, mais bon enfant ; — Lataste, toujours Lataste. — On l'avait ainsi suivi : on avait su qu'il s'était marié, et que sa femme avait fait pour lui plus que son volume de vers, qu'elle l'avait rendu célèbre à Bordeaux et dans toute la Gascogne. Mais comme Martel ne vivait plus dans ce monde, il y avait longtemps qu'il ne pensait plus à Lataste, lorsque ce nom qu'il avait si souvent entendu lui était revenu aux oreilles : on disait que la terre de Mureaux, qui est à deux lieues du Plessis, venait d'être achetée par un riche Bordelais, un M. Lataste, qui transformait les bois en un parc magnifique et remettait le château en état. Puis, bientôt après, il avait vu arriver au Plessis ce riche Bordelais, qui était bien son Lataste empressé de renouer connaissance. Il avait fallu se rendre, et l'on s'était vu, non toutes les semaines, comme Lataste l'eût voulu, mais deux ou trois fois par an.

Le lendemain de son arrivée, Martel était dans son atelier et demandait au travail de lui faire oublier son voyage et son retour, lorsque sa porte s'ouvrit devant Lataste.

— On m'avait assuré que tu étais en voyage, dit celui-ci en s'asseyant, mais j'ai voulu venir à tous risques. D'ailleurs, si tu n'avais pas été là, j'aurais trouvé madame Martel, à qui j'aurais adressé ma demande. Et c'est même à son intention que j'ai fait cette toilette, qui n'est pas celle d'un voisin de campagne.

Il se leva et se posa devant la glace pour arranger le nœud de sa cravate et serrer son gilet à la taille. C'était le type du Bordelais, cheveux noirs, carnation sanguine, dents blanches, œil vif, poitrine bombée, avec cela vigoureux, large d'épaules, bien découplé, il avait tout ce qui fait le bel homme, même l'air vain et vide ; mais comme dans son regard et son sourire, dans toute sa personne s'épanouissait la sympathie et la bienveillance, on se sentait à première vue indulgent pour sa prétention naïve.

— Quelle demande? interrompit Martel.

— Tu sais, mon cher, que j'ai publié il y a quelques mois un nouveau livre, la *Destinée humaine*. Je te l'ai envoyé, et tu l'aurais même lu, j'en suis certain, si les peintres lisaient quelque chose. Ce livre, quoiqu'il ne soit pas écrit pour la foule, produit la plus grande sensation. Nous voulons fêter son succès, et de mercredi en huit nous réunirons, dans une petite fête, une partie de mes critiques et tous nos amis. Naturellement vous devez, madame et toi, en être, et je pense que malgré votre sauvagerie vous ne me refuserez pas.

Martel n'était guère disposé à accepter, et il le laissa paraître.

— Ah! pas d'excuses, interrompit Lataste, ou dis tout de suite que tu ne veux pas venir chez moi.

Il fallut se rendre.

— Maintenant que j'ai ton acceptation, voyons celle de madame, que tout soit bien entendu et conclu.

Et il tira le cordon de la sonnette, exactement comme s'il eût été chez lui; c'était sa manière, de se mettre partout à son aise.

— Demandez à madame Martel, dit-il à la fille de service qui ouvrit la porte, si elle peut me recevoir. Vous me connaissez, n'est-ce pas : M. Lataste.

Ce fut Armande elle-même qui apporta la réponse.

— Je vous en suis bien reconnaissante, dit-elle en tenant ses yeux baissés, mais à mon grand regret...

— Vous me refuseriez ! voilà qui est drôle, s'écria Lataste en riant.

C'était un des côtés de son caractère de trouver plaisanterie à tout. On a dit d'une princesse de Rohan qui, pour montrer un esprit qu'elle n'avait pas, faisait semblant de trouver des finesses à tout, que lorsqu'elle était à la messe, elle riait à l'*Introït*, et souriait au *Credo*. Lataste était un peu le frère de cette princesse; il trouvait tout ce qu'on lui disait fort drôle, surtout lorsqu'il ne le comprenait pas.

Elle ne répondit pas.

Il insista; avec un embarras visible, une contrainte évidente, mais aussi avec des assurances d'amitié qu'on sentait sincères, elle persista dans ses réponses brièvement et en même temps doucement, et toujours sans regarder Martel qui tenait les yeux fixés sur elle.

— Mais enfin, s'écria Lataste, ne riant plus et se montrant même inquiet, vous avez une raison. Vous me désespérez. Voyons, mon cher, viens à mon aide.

Armande, qui avait tenu ses yeux obstinément baissés, les releva sur Martel; et celui-ci, qui évidemment allait se joindre à Lataste, s'arrêta devant ce regard qui en disait plus, suppliant et décidé, douloureux et attendri, qu'une longue explication.

— Toi aussi, tu m'abandonnes, dit Lataste, qui commençait à être mal à l'aise. Eh bien, moi je ne m'abandonne pas. Demain, je reviendrai avec madame Lataste et nous vous ferons votre invitation dans toutes les règles. Je ne peux pas croire que vous nous refuserez.

Armande essaya de dire quelques mots. Il ne voulut pas les entendre.

— Non, dit-il, non. A demain.

II

— Pardonne-moi, dit-elle vivement, lorsque Lataste fut sorti.

— Tu m'as désolé plus que je ne saurais le dire. Mais cette résolution que tu viens de manifester si fermement, as-tu réfléchi aux moins aux résultats qu'elle peut avoir ?

Elle fit un signe à la fois timide et résolu.

— Je n'ai point souhaité une liaison avec Lataste; aujourd'hui elle existe, il faut donc la rompre; sous quel prétexte ? que dire pour justifier notre refus d'accepter son invitation !

— Les enfants, ma santé.

— Est-ce vraisemblable et sérieux ? Il es parti inquiet. Nous fâcher avec lui n'est rien; le fâcher, cela me peine. Malgré ses ridicules, c'est un excellent cœur, et précisément à cause de ces ridicules, on doit être indulgent pour lui. Madame Lataste va s'en prendre à lui d'une rupture inexplicable et l'accablera.

— Je me suis déjà dit tout cela ; c'est une nécessité de notre situation.

— Ah ! pourquoi ai-je avoué la vérité ! s'écria-t-il.

— Pouvais-tu donc me présenter comme ta femme ?

Il voulut l'interrompre ; elle ne lui en laissa pas le temps.

— Ici, oui, je suis ta femme ; je la suis pour toi, pour moi-même, devant ma conscience ; mais devant le monde je ne me sens plus que ta maîtresse.

— Armande !

— Ah ! continua-t-elle avec une exaltation douloureuse, ce n'est pas le mot qui me fait peur, et toutes les hontes, je les souffrirais plutôt que la séparation ; mais je ne veux pas tromper ceux qui me connaissent, et puisque les circonstances me placent en dehors du monde, je ne veux pas m'y maintenir de mauvaise foi.

— C'est donc une rupture absolue. Après Lataste nos autres amis ?

— Seule avec toi, je ne rougirai peut-être pas.

— Il resta assez longtemps sans répondre et elle comprit qu'il hésitait à continuer cet entretien; bientôt il reprit :

— Maintenant il faut aller jusqu'au bout, nous en avons trop dit pour ne pas nous expliquer. En revenant de Londres j'ai balancé longtemps si je t'apprendrais ou ne t'apprendrais pas la vérité. Je voulais la taire pour ton repos, pour ta conscience surtout, dont je pressentais l'inquiétude et le trouble. Je ne me suis décidé à parler, qu'en pensant à ta fermeté que je croyais plus forte. Ainsi depuis que notre vie est la même, tu as été pour moi le cœur le plus tendre, pour tes enfants la mère la plus dévouée, pour tous un modèle, et voilà que parce que la fatalité s'abat sur nous, tu veux épargner ton contact au monde. Car c'est bien là ce qui dicte ta résolution. Aux yeux de tous ceux qui te connaissent tu es l'honneur et le devoir, et sans avoir une faute à te reprocher tu veux t'éloigner comme si ta présence était déshonorante. Et pour qui ces scrupules encore, pour madame Lataste, pour son cousin Hillerin aussi, sans doute.

— La position de madame Lataste n'est pas la mienne, elle est mariée.

— Est-ce la position légale qui fait l'honneur ou bien est-ce la vie. Et puis enfin qu'est-elle, cette position dont tu rougis? Ton passé est-il honteux? Est-il un regard devant lequel le tien doive s'abaisser? La femme qui te serre la main peut-elle craindre de te rencontrer demain? Tu es ma maîtresse. Ah! si les coups ne devaient pas retomber sur ton cœur, comme je voudrais l'imposer au monde cette maîtresse. Mais puisque le monde est pour toi maintenant un si terrible épouvantail, as-tu réfléchi à ce qu'il penserait de nous, de toi, si nous rompons brusquement avec tous nos amis. On voudra savoir les motifs de cette rupture. On cherchera, on causera, on inventera.

— Qu'importe?

— Pour nous, rien en ce moment; mais plus tard, pour ta fille. Et encore crois-tu donc que tu ne souffrirais pas davantage si par ton imprudence tu forçais la curiosité à apprendre la vérité.

— Et si elle se découvre toute seule.

— Comment?

— Il peut revenir.

— Il peut aussi ne revenir jamais. En vue d'un danger qui sans doute ne se réalisera pas, devons-nous agir comme s'il était déjà sur notre tête. Voilà ce que ta raison, d'ordinaire si solide, eût dû te montrer avant de prendre ta résolution.

Comme elle ne répondit rien, il espéra l'avoir touchée, et il reprit :

— Mais ce n'est pas à ta raison que je m'adresse, c'est à la confiance que tu as toujours eu en moi. Nous sommes dans une situation terrible, et que tes idées, tes croyances rendent plus terribles encore pour toi que pour moi, plus douloureuse surtout. Eh bien! précisément pour cela, laisse-m'en la direction, au moins ajourne la résolution que tu veux prendre; car si ce que je t'ai dit ne t'a pas convaincue, cela t'aura peut-être fait comprendre qu'il n'y a pas urgence à l'accomplir. Pense à ce qu'elle a de grave, de décisif. Et si dans quelques jours tu n'es point persuadée, si tu ne te rends pas à mes raisons, eh bien ce sera moi qui me rendrai à tes craintes instinctives. Quelques jours, n'est-ce pas?

Elle lui tendit la main, son regard disait son anxiété : sa tendresse était vaincue par ces paroles, sa conscience n'était pas entamée.

III

Resté seul, il reprit machinalement sa palette et s'assit devant son chevalet, mais il ne travailla pas, sa main tremblait. Jamais il n'avait senti pareil trouble.

Par la résolution d'Armande et aussi par son attitude morne, son désespoir mal caché, la tendresse de sa parole, la tristesse de son regard, il sentait combien elle était profondément atteinte, et il restait épouvanté.

Amis, relations, il en faisait sans peine le sacrifice. La solitude, avec elle, ce n'était pas la solitude, mais pour lui seulement et non pour Armande; car, dans l'isolement, sans cesse sous le coup de la même préoccupation, absorbée par la même pensée, le cœur toujours gonflé, son désespoir irait s'exagérant. Il connaissait la délicatesse de cette conscience prompte à s'inquiéter ; à quelles souffrances, à quels fantômes n'allait-elle pas rester livrée.

Victorine qui rappelait si vivement son père par certains côtés de caractère, Julien menacé, pouvant lui être enlevé et dont elle ne serait plus la mère. Combien de fois par jour, en les regardant, en pensant à eux, un mot, un rien lui tomberait sur le cœur et raviverait ses alarmes.

Lui-même, par son amour, au lieu d'alléger son fardeau, la replongerait plus avant sous son éternelle préoccupation.

Et cependant il n'y avait rien à faire, il fallait attendre, attendre sans savoir, sans prévoir, fatalement résignés. Enfermés dans une situation fausse, ils étaient comme le prisonnier dans son cachot, à qui toute tentative pour en sortir ne donne que le sentiment désespérant de son impuissance.

Enfin il prit résolûment ses brosses, car chercher c'était se briser la tête contre un mur sans issue; en travaillant il oublierait peut-être.

IV

Il était dit qu'il ne travaillerait pas ce jour-là : Madame Pigache fit demander s'il pouvait la recevoir.

D'ordinaire, lorsqu'elle avait à lui parler, elle venait après le déjeuner, qui était une heure de récréation que Martel se donnait et qu'il passait avec Armande et les enfants.

Il fut donc tout surpris de cette façon de se faire annoncer, il le fut encore bien plus quand il la vit entrer grave et embarrassée.

— Mon cher cousin, dit-elle, je viens à vous dans des circonstances qui me sont bien pénibles, et il a fallu une pressante nécessité pour me décider.

Il lui fit signe de continuer, quoiqu'il sentît vaguement qu'elle n'avait pas besoin d'être encouragée et que toute seule et d'elle-même elle irait bien jusqu'au bout.

— Pour tout au monde, reprit-elle, j'aurais voulu éviter qu'il y eût entre nous des affaires, car vous avez toujours été si parfait pour Pigache et pour moi, qu'il me répugne de vous parler d'argent.

— Je supporte très bien ces conversations-là sans me fâcher ou me sauver.

— Je sais que vous êtes la générosité et la droiture en personne, et cela m'encourage.

Il se demanda combien lui coûteraient ces éloges; mais comme il était large dans toutes les choses d'argent, il s'amusa à laisser aller madame Pigache. Il était rassuré, puisqu'il ne s'agissait que d'un emprunt.

Elle continua :

— Vous savez qu'entre votre père et le père de Pigache il y a eu autrefois des affaires d'intérêt?

— Assez mauvaises même.

— Si mauvaises que tous deux se sont ruinés, et que votre père a été forcé de redevenir simple ouvrier.

— Je n'ai pas oublié cette triste histoire. Mon pauvre père avait consenti à former une association avec son beau-frère pour fabriquer des machines agricoles. Mon père dirigeait la fabrique, mon oncle Pigache s'occupait de placer les produits dans les campagnes. Le temps de la

Avez-vous quelquefois laissé tomber vos yeux sur les insectes? reprit-il. (p. 626)

H. MALOT. — VICTIMES D'AMOUR.

mécanique n'était pas venu ; mon père eut le sort de tous ceux qui ont une bonne idée trop tôt. Je me rappelle sa ruine. Je l'ai vu travailler comme ouvrier dans l'atelier qu'il avait fondé. Il est mort à la peine, mais ayant payé toutes les dettes de la société.

— Une exceptée cependant; car votre oncle avait apporté dix mille francs.

— Ces dix mille francs étaient sa part.

— On vous l'a dit sans doute; la vérité, c'est que cet argent était un prêt qui n'a jamais été remboursé.

J'avais dix-sept ans quand je perdis mon père; il ne me traitait plus en enfant; il ne m'a rien dit de cette dette, ses papiers ne la constatent point, mon oncle ne me l'a jamais réclamée, et Pigache ne m'en a jamais parlé.

Elle prit un temps pour répondre, puis, comme si elle était entraînée :

— Et c'est malgré lui que je vous en parle aujourd'hui, c'est aussi malgré moi; je ne le fais que poussée par la nécessité. Mon beau-père, qui a été le témoin de votre jeunesse laborieuse et pauvre, n'a pas voulu vous réclamer un argent que vous ne pouviez pas lui rendre. Et plus tard Pigache n'a pas osé vous en parler, car enfin la dette de votre père n'était la vôtre que si vous le vouliez bien.

Martel fit un geste ; elle ne se laissa pas interrompre.

— Soyez certain qu'il n'a jamais accusé votre délicatesse ; et il a toujours considéré que vous seriez en droit d'accuser la sienne s'il vous réclamait cet argent. D'abord parce que légalement vous ne le devez pas. Puis nous n'avons pas de titres ; seulement des lettres de votre père.

— Où sont ces lettres ?

Elle tira de sa poche une liasse de vieilles lettres jaunies et usées dans les plis.

— Toutes ont rapport à l'association; celle du onze janvier seulement reconnait le prêt. Pour un homme de loi, cette reconnaissance serait peut-être bien vague, pour vous je crois qu'elle sera formelle.

— Voulez-vous me confier ces lettres, je les examinerai.

— Celle du onze janvier surtout, — c'est celle qui est recollée sur du papier blanc.

— Je les lirai toutes, car c'est la première fois que j'entends parler de cette dette.

— Et nous qui cherchions des raisons pour expliquer votre silence, nous en trouvions, Pigache surtout; et il en a tant trouvé qu'il a fini par croire que vous ne deviez rien. Moi je pensais que nous vous verrions arriver un matin, pour nous faire la surprise d'un gros paquet de billets de banque.

J'en rêvais. Quand vous nous avait fait venir au Plessis, j'ai cru que c'était pour nous associer avec vous. Il me semblait que c'était une compensation que vous vouliez nous donner, car si le père Pigache n'eût pas été privé de ces dix mille francs, il eût pu remonter ses affaires avant de mourir, et nous laisser une succession au lieu de dettes. Pigache se moquait de ce qu'il appelait mes rêves, et me faisait comprendre que c'était impossible. Je me souviens qu'il me disait : « Si seulement il n'était pas marié, s'il n'avait pas d'enfant, ce serait une réparation digne de sa droiture ; mais il ne va pas dépouiller sa femme et son fils pour nous.

Martel avait écouté tout ce bavardage avec une certaine impatience. Cette dette qu'on lui réclamait ne lui paraissait pas prouvée ; il trouvait étrange qu'on fût resté si longtemps sans lui en parler, et il cherchait dans ses souvenirs quelque chose qui la justifiât. Ces dernières paroles de madame Pigache le rendirent singulièrement attentif. Que voulaient-elles dire? Venaient-elles là par hasard ou avec intention?

Il cessa de feuilleter les lettres de son père et releva les yeux sur elle.

Elle soutint son regard, et continua sans se troubler.

— Arrivés ici, quand j'ai vu qu'il n'était point question d'association, mais seulement de faire de Pigache le surveillant de votre ferme et de moi l'institutrice de Victorine, j'ai été bien péniblement désappointée. Je ne sais si j'ai pu cacher mon dépit, et si vous ne vous en êtes pas aperçu. Pourtant je ne vous aurais jamais dit un mot de cette dette si, en ce moment, nous ne nous trouvions dans une situation tout à fait critique ; nous sommes sur le point d'être poursuivis et nous ne pouvons payer. Examinez ces lettres ; et voyez ce que vous pouvez faire pour nous.

— Si je dois ces dix mille francs je les payerai ; voilà ce que je ferai.

— Je dis comme Pigache, si vous n'étiez pas marié, si vous n'aviez pas un enfant, ce n'est pas ces dix mille francs que je demanderais, car depuis seize ans ils se sont grossis, et ils se seraient encore bien plus grossis dans les mains du père Pigache et même dans les nôtres. Mais je comprend que vous ne veuilliez pas partager avec nous qui après tout ne sommes que vos cousins, et cela quand vous avez une femme et des enfants. Aussi je ne réclame de vous que ce que vous croirez nous devoir.

— Ce que mon père devait, je le dois, rien de plus, rien de moins ; ma femme et mon enfant n'ont rien à voir dans cette affaire.

V

Cette assurance si franchement affffirmée n'était pas dans son cœur.
De vrai, il était plein d'incertitude.
Que signifiait cette démarche de madame Pigache, sur quoi s'appuyait-elle ? Qui avait pu lui en donner l'idée ?
Avait-elle pu au retour de Charvet saisir quelques mots de sa conversation : elle était derrière la haie, il est vrai, mais alors ce qu'ils disaient était insifiant. Depuis avait-elle écouté aux portes ? Cela était matériellement impossible.
Cependant cette démarche et cette demande avaient une signification.
Il aurait dû la retenir, la faire causer, savoir si ces paroles avaient un autre sens que celui que les circonstances leur donnait, si elles étaient volontaires ou réfléchies.
Maintenant il était trop tard pour la rappeler; toute interrogation directe serait désormais imprudente.
Seules les lettres sur lesquelles elle appuyait sa réclamation pouvaient fournir quelque éclaircissement prouvant le prêt, elles prouvaient jusqu'à un certain point la sincérité de madame Pigache ; ne le prouvant pas elles prouvaient par contre une tentative de chantage ; et dans ce cas elle devait être maîtresse de leur secret.
Elles étaient classées par date. Au milieu des détails qui n'avaient plus de signification pour lui, il trouva à chaque page des témoignages de la tendresse de son père. C'était pour son fils qu'il s'était risqué dans une association qu'il avait longtemps repoussée, et il n'avait cédé aux instances de son beau-frère qu'en vue de l'avenir de ce fils et pour en faire un homme. Puis se déroulaient jour par jour les difficultés de cette entreprise, à laquelle avait manqué tout d'abord le premier capital nécessaire. Les lettres qui précédaient les samedis de paye et les fins de mois étaient navrantes dans leurs explications commerciales; on sentait la conscience d'un honnête homme aux prises avec l'impossible. Quelques-unes montraient que l'associé était moins rigoureux, que pour lui tous les moyens étaient bons. De temps en temps il y avait des éclairs d'espérance : d'importantes commandes étaient venues, les marchands en gros ouvraient des crédits, et par de petites inventions pratiques on faisait de grandes économies dans la main d'œuvre. Bientôt le désespoir reparaissait et quoique le

mot faillite ne fût pas écrit une seule fois, on le sentait partout présent et menaçant.

C'était bien là son père tel qu'il se le rappelait, dur pour lui-même et pour les autres, entreprenant pour ce qui était travail, timide pour ce qui était affaires. Combien de fois, encore tout enfant, était-il parti en course dès le matin pour ramasser l'argent de la paye; combien de fois était-il rentré sans rien. — « On examinerait la note ; on était donc bien pressé ; quand on ne pouvait pas attendre on n'entreprenait pas de travaux. » Que d'acquits il avait déchirés au bas des factures et rapportés au lieu d'argent à la maison. Ces soirs-là étaient tristes entre son père et lui : le père écrivait ces lettres précisément qu'il lisait maintenant. Le lendemain matin avant midi il fallait aller au Mont-de-Piété, chez les ferrailleurs qui sur l'outillage prêtaient à quarante pour cent, quelques centaines de francs. Et puis c'étaient de nouvelles courses, à la Banque, chez les huissiers.

Dans les plis de ces vieilles lettres jaunies, son enfance était enfermée, et à mesure qu'il les ouvrait, elle se dégageait des obscurités de l'oubli.

Malgré toute son attention il ne trouva pas la preuve qu'il cherchait. Plusieurs fois il était bien question de ces dix mille francs, mais sans rien de particulier qui leur donnât une cause certaine.

Ou madame Pigache était convaincue de la sincérité du prêt, et alors il était peu délicat à lui, qui n'avait de conviction ni pour ni contre, de refuser de payer.

Ou elle était de mauvaise foi, sa réclamation n'était qu'un chantage, ce prêt qu'une histoire inventée après coup, et alors il était dangereux de la pousser à un éclat.

Dans l'un comme dans l'autre cas, il valait donc mieux faire le sacrifice de ces dix mille francs.

Après tout, ce n'était pas pour lui une bien grosse somme, et pour les Pigache c'était une fortune.

Sans parler à Armande des intentions qu'il soupçonnait chez madame Pigache, il voulut la consulter.

Sans hésiter un moment elle fut d'avis de payer.

— Mais la dette n'est pas prouvée, dit-il, c'est seulement une présomption.

— Est-il prouvé qu'elle n'existe pas ?

— Non.

— Hé bien, ce n'est pas à nous que le doute doit profiter.

Ce conseil, qui venait confirmer ses secrets désirs, lui fit du bien; il était dans un de ces moments où la volonté chancelante a besoin d'un appui, la faiblesse d'une excuse.

Mais elle lui réservait un plus grand soulagement encore.

C'était le soir même de la visite de Lataste que cet entretien avait lieu. Lorsqu'ils eurent cessé de s'occuper de madame Pigache ils restèrent un moment silencieux. Ils étaient dans le jardin, seuls, ensemble, sous un vieil acacia où ils venaient souvent, lorsque le soir était serein ; les bruits de la ferme s'étaient éteints, et aussi ceux du village, on entendait seulement, sur le pavé de la grande route, quelques charrettes qui cahotaient s'en allant vers Paris, où elles arrivaient le lendemain matin pour la halle. Aux fenêtres de la maison les lumières avaient disparu. Le ciel était criblé d'étoiles, l'air parfumé par les roses et les acacias, la fraîcheur montait des blés verts, et tout se réunissait pour faire une belle soirée. Mais ce n'était point la beauté du soir qui les rendait recueillis ; et ils n'étaient guère sensibles aux influences extérieures, ni aux senteurs du printemps, ni aux bruits des insectes nocturnes, ni aux grappes de fleurs de l'acacia qui, se détachant des rameaux, leur tombaient sur la tête et couvraient le sol d'une jonchée blanche.

Tout à coup, suivant évidemment sa pensée et sa préoccupation, elle posa doucement sa main sur le bras de Martel, et d'une voix un peu tremblante :

— Prouve-moi donc encore, dit-elle, que nous devons aller chez les Lataste.

VI

Le lendemain matin il annonça à Pigache qu'il pouvait compter sur les dix mille francs, et qu'avant trois mois il serait complètement payé.

— Ce que tu fais là, s'écria Pigache, qui lui prit les deux mains et les lui serra chaudement, c'est grand, et je n'en connais pas beaucoup qui, à ta place, agiraient comme toi.

Cet enthousiasme raviva les inquiétudes de Martel, et quoiqu'il lui répugnât de soupçonner la complicité de Pigache qu'il avait toujours trouvé suffisamment loyal, il lui sembla que cette surprise et cette joie étaient bien grandes pour quelqu'un qui serait convaincu de la légitimité de sa réclamation.

— Croyais-tu donc que je nierais une dette de mon père ? ne pût-il s'empêcher de dire :

— Tu pouvais ne pas la reconnaître, nous n'avons pas de titre.

Madame Pigache, qui survint, accueillit cette nouvelle avec un naturel parfait et comme si elle s'y attendait.

— Tu vois, dit-elle en s'adressant à son mari, si j'avais raison de ne pas douter de notre cousin.

Ainsi il était dit que dans toute cette affaire il n'y aurait qu'incertitude et contradiction.

VII

En se décidant à faire droit à la réclamation des Pigache, il n'avait pas dix mille francs dans sa poche à leur donner du jour au lendemain. Il avait donc seulement versé un assez fort acompte et pris trois mois pour s'acquitter du reste.

Il y avait une huitaine à peu près que ces trois mois étaient passés et qu'il avait payé; lorsqu'un matin, qu'il s'amusait à tailler des rosiers, il vit venir à lui madame Pigache.

— Cherchez-vous les enfants? dit-il tout en continuant son travail.

— Non pas les enfants, mais vous.

Tout surpris, il releva la tête, il lui sembla qu'elle avait un air diplomatique qui ne présageait rien de bon. Que voulait-elle? Il commençait à être trop prudent et trop défiant pour l'interroger; il aima mieux la laisser s'engager.

Il n'eut pas longtemps à attendre.

— Êtes-vous content de Pigache?

— Très content.

— Vous trouvez qu'il vous rend des services?

— Il fait pour mes intérêts plus que je ne ferais moi-même.

— Rien ne vous blesse dans son caractère?

— C'est le meilleur homme du monde.

— Vous avez confiance dans sa probité?

— Il était bien décidé à ne pas faire de questions compromettantes, cependant il n'y put pas tenir.

— Ah çà! mais vous prenez des renseignements sur lui comme si vous vouliez le marier.

— Ce n'est pas pour moi, je sais ce qu'il vaut; il y a longtemps que je connais son courage et sa bonté, son habileté dans les choses de la culture et son honnêteté dans les affaires d'argent.

D'ordinaire et même en sa présence elle le traitait assez légèrement. Que voulait dire ce panégyrique?

— J'avais bien dans l'idée, reprit-elle, que telle était votre opinion sur

Pigache, mais j'avais besoin de vous l'entendre dire. Vous devez comprendre qu'avec toutes ces qualités, il ne peut pas rester à jamais dans sa position actuelle. Nous devons penser à l'avenir, pour nous et pour Adèle. Ce n'est pas avec ce que nous gagnons que nous pouvons lui amasser une dot.

— Pigache gagnait-il plus chez les frères Quertier qu'il ne gagne ici ?

— Non, et je ne viens pas vous parler d'augmentation, mais de quelque chose qui sera plus digne de vous et de lui.

Elle attendit un moment qu'il l'interrogeât, ou au moins lui fît signe de continuer. Puis, comme il se taisait obstinément elle poursuivit :

— En deux mots, voici ce que je veux vous demander. Après avoir reconnu que Pigache vous rendait les plus grands services, vous reconnaissez aussi sans doute qu'il est juste qu'il en soit récompensé ; puisqu'il partage tous vos travaux, il n'est pas déraisonnable de demander qu'il partage aussi les profits.

Il resta imperturbable et ne laissa pas voir la plus petite marque d'étonnement.

Alors elle entra dans le développement des raisons qui, selon elle, légitimaient cette demande. Ce n'était pas une association proprement dite, mais seulement une participation dans les bénéfices. Pigache, intéressé à l'exploitation de la ferme, donnait toute liberté à Martel de se consacrer entièrement à la peinture, ce qui serait autrement utile à sa fortune et à sa gloire que courir les terres labourées.

Elle toucha toutes les cordes, mit les avantages pécuniaires en avant, n'oublia pas le cœur, invoqua la parenté et termina en insinuant avec force ménagements et réticences que l'intérêt, bien entendu, de tout le monde, de lui Martel, aussi bien que d'Armande et de Julien, était que cette proposition fût acceptée. Puis, cela dit, elle attendit une réponse.

Pendant quelques minutes ils marchèrent l'un à côté de l'autre sans qu'un seul mot fût échangé. En avançant enfin ils étaient arrivés à l'extrémité du jardin, dans la partie réservée au potager, et ils se trouvaient devant un grand carré de choux.

— Voilà des choux dévorés par les chenilles, dit Martel, comme s'ils faisaient une promenade inoffensive n'ayant d'autre préoccupation que de visiter le jardin.

En effet les gros choux ventrus étaient couverts de chenilles verdâtres entachées de noir, qui avaient rongé les feuilles si complètement qu'elles ressemblaient à une grossière dentelle verte ; il ne restait plus que les nervures.

Cette observation, arrivant ainsi, était si étrange que madame Pigache

L'auteur d'*Imogène* (p. 630).

H. MALOT. — VICTIMES D'AMOUR.

s'arrêta et le regarda pour voir s'il ne se moquait pas d'elle ou s'il ne perdait pas la raison; il paraissait parfaitement calme.

— Avez-vous quelquefois laissé tomber vos yeux sur les insectes? reprit-il. C'est une étude très intéressante non seulement par les faits qu'elle présente, mais encore par les leçons qu'elle donne. Ainsi cette chenille qui dévaste mes choux, vous paraît sans doute bien maîtresse de la feuille qu'elle dévore. Hé bien! il n'en est rien, elle-même est à la discrétion d'un autre petit insecte, une mouche, qui s'est établie sur elle ou plutôt dans elle, comme la chenille s'est établie sur la feuille.

— Vraiment! fit madame Pigache stupéfaite de ce discours insensé.

— Si j'avais une loupe, je vous montrerais comment la mouche introduit ses œufs dans la chenille. Les œufs introduits deviennent bientôt des vers et ces vers se nourrissent de la chenille elle-même, comme celle-ci se nourrit de la feuille. Seulement ces vers, au lieu de tuer la chenille tout d'un coup, ce qui est le cas ordinaire des bêtes, la laissent vivre et même s'engraisser, et ils ont l'intelligence de ne lui manger dans le corps que les parties qui ne sont pas essentielles à la vie, de manière à ce que ça dure plus longtemps et que la chenille travaille pour eux aussi longtemps qu'ils en ont besoin. Quand ils n'en ont plus besoin et lui ont mangé tout ce qu'ils en pouvaient tirer, ils la tuent; et au lieu que la pauvre bête se change en papillon, vous savez ces grands papillons de jardin qu'on voit partout, ce sont ces vers qui se métamorphosent en mouches. Ne trouvez-vous pas curieux qu'il y ait des insectes qui sachent ainsi vivre aux dépens des autres.

— C'est presque aussi fort que chez les hommes, dit madame Pigache, qui commençait à comprendre le but de cette leçon d'entomologie et ne voulait pas paraître embarrassée.

— Presque; seulement je ne crois pas que les hommes seraient aussi patients à se laisser dévorer; ils n'auraient pas l'inertie de la chenille, et ils sauraient se défendre de la mouche.

— Comment cela?

— Ils trouveraient bien un moyen de la mettre dehors.

— Ma mouche en trouverait peut-être un pour rester; quand on a habité l'intérieur d'une chenille on connaît sa partie faible.

— Enfin ce serait la guerre.

— Sans aucun doute. Mais ces chenilles et ces mouches nous emportent bien loin. Vous réfléchirez à ma demande, n'est-ce pas?

— Quand vous voudrez, nous en reparlerons.

CHAPITRE V

LA LOI

I

A Monsieur Martel

Green-House, Brompton, 5 juillet.

« Tu dois trouver que je mets bien du temps à te donner les renseignements que je t'ai promis de demander à Naples. Mais il n'y a pas négligence de ma part, cher ami, sois-en persuadé. Ces renseignements étaient plus difficiles à obtenir que nous ne pensions, et c'est aujourd'hui seulement, après bien des lettres échangées, que je les reçois ; encore ne sont-ils pas parfaitement précis et laissent-ils trop de lacunes à remplir. Tels qu'ils sont cependant, ils ont un mérite, c'est d'être sincères, et, par ceux qui me les ont transmis, tout à fait dignes de foi.

» C'est à la suite de la Nicocera, et comme son amant déclaré, qu'il est arrivé à Naples (si tu le veux bien, je ne désignerai pas autrement le personnage qui nous occupe ; et, pour tâcher de mettre un peu moins d'embrouillement dans mon récit, j'emploierai cet artifice typographique réservé aux têtes couronnées, Il, Lui, avec des lettres capitales ; tu ne dois pas tenir à voir son nom, et l'on ne sait pas qui peut lire cette lettre.

» Comment était-il devenu son amant ? je n'en sais rien. J'ai connu la Nicocera il y a six ans, nous avons chanté une saison ensemble ; c'était alors une femme de vingt-sept à vingt-huit ans ; plus de tempérament que de talent, pas du tout d'acquis, mais une voix qui vous fait vibrer les nerfs et vous donne la chair de poule de la volupté, admirable, exécrable, selon qu'elle est animée, indifférente ou fatiguée. Elle est fatiguée souvent. Belle fille avec quelque chose d'africain; bonne fille; bétasse dans la vie, supérieure, dit-on, dans la passion, où au naturel elle doit joindre de l'acquis et de l'appris. Ce que je sais, c'est qu'elle a du cœur et de l'honnêteté, je te conterai un jour comment elle s'est vengée d'un Velmoje tout-puissant qui avait fait tuer son amant à Saint-Pétersbourg; cela la fait estimer.

» Il ne fut pas plutôt à Naples qu'il commença une vraie vie de polichinelle, si bruyante que, dans cette ville où l'on sait ce que c'est que le plaisir, il a laissé un souvenir rue de Tolède, dans la rue la plus gaie du monde; on parle encore, me dit-on, de l'amant de la Nicocera.

» On ne gagne pas à San-Carlo ce que l'on gagne à Covent-Garden ou à votre Opéra, cette vie ne pouvait pas durer longtemps.

» Son nom et Sa réputation, et aussi des amitiés parisiennes Lui avaient créé d'autres relations que celles que pouvait lui donner sa qualité d'amant d'une chanteuse à la mode; le jour il appartenait au monde du théâtre, le soir au vrai monde. Ce fut dans ce monde qu'il connut la princesse Schtipkine; peu après il devint son amant.

» Il ne rompit point avec la Nicocera; mais celle-ci, quoique aveuglée par la passion, ne tarda pas à voir qu'elle était trompée. Je t'ai dit son caractère, tu peux comprendre comment elle prit cette tromperie d'un homme qu'elle pouvait regarder comme lui appartenant. Il y eut lutte.

» Je ne fais point un roman, je n'ai donc pas à te parler de la situation morale de mes trois personnages; d'ailleurs, tu peux l'analyser aussi bien que moi; le fait c'est qu'elle se prolongea assez longtemps et qu'il sut se ménager ces deux femmes.

» Un beau jour cependant il y eut rupture, avec la Nicocera bien entendu, et il s'en alla tout simplement demeurer à la Villa Carusi chez la princesse. Même à Naples, où l'on est assez indulgent, par habitude, pour les étrangers, la chose parut un peu forte. La princesse était connue, notre homme était plus connu encore, cela fit scandale.

» Comme tous les scandales, celui-là se serait de lui-même éteint, si la Nicocera n'avait pris soin de l'entretenir. Ce n'était pas à son amant qu'elle en voulait mais à celle qui le lui avait enlevé.

» Il serait trop long de te raconter tous les mauvais tours qu'elle lui a joués, ce qui lui était facile, car elle avait pour adorateurs presque tous les hommes du monde que la princesse recevait, ou qui la recevaient.

» Il fallait en rire, ou quitter Naples; la princesse n'en jugea point ainsi; elle voulut au contraire que ce fût la Nicocera qui partît.

» Tu dois te rappeler quel était le système politique des Bourbons de Naples, et comment ils comprenaient la police, comment surtout ils la pratiquaient. La Nicocera ne faisait pas de politique, mais elle avait un oncle, Matteo Scarpa, qui était l'agent le plus actif des patriotes. Notre personnage connaissait Scarpa et il savait que lorsque celui-ci venait à Naples, c'était pour se mettre en relations avec les hommes du parti de l'action; il savait aussi que plusieurs réunions des chefs de ce parti avaient eu lieu chez la Nicocera.

» Que se passa-t-il? C'est ce qu'il est assez difficile de savoir dans toute sa vérité ; et il m'est aussi impossible de le dire dans quelques parties qui me sont connues. L'honneur que j'ai d'être frère d'un homme qui a servi la liberté et la patrie m'a permis d'obtenir certaines confidences; mais précisément par cela que ce sont des confidences, je ne puis les répéter dans ce qu'elles ont de compromettant.

» Sache donc qu'une nuit la Nicocera fut arrêtée, et que chez elle on mit la main sur Scarpa et sur dix patriotes.

» Il y avait eu une dénonciation, mais pas aussi grave cependant qu'on pourrait le supposer : on avait seulement laissé entendre au chef de la police que la Nicocera s'occupait de politique, et qu'on ferait bien de l'éloigner de Naples. La police est curieuse, elle avait voulu en savoir davantage. On avait surveillé la Nicocera, et, au lieu de l'éloigner de Naples, on l'y avait enfermée, arrêtant en même temps ceux qui se trouvaient chez elle, et le lendemain cent cinquante ou deux cents honnêtes gens plus ou moins coupables de conspiration contre le Bourbon.

» Voilà, je crois, la vérité dégagée de toutes les exagérations qui s'élevèrent dans le premier moment : on avait voulu simplement éloigner une ennemie gênante, et on avait livré à la police tout un parti.

» Il y eut procès, et l'instruction n'ayant révélé aucune charges contre la Nicocera, d'ailleurs puissamment protégée, on la relâcha, en lui donnant douze heures pour quitter Naples.

» Avant de partir, elle alla trouver notre homme et elle l'avertit qu'on le croyait coupable de la dénonciation, et que si un seul des patriotes arrêtés était condamné, il pouvait être certain d'être poignardé.

» Quand on sait combien un coup de couteau coûte peu à un Napolitain, un pareil avertissement donne à réfléchir. Notre homme réfléchit, et d'autant plus sérieusement que la condamnation n'était pas douteuse : un ennemi politique est toujours coupable, si ce n'est de ceci c'est de cela, et quand on le tient on profite de l'occasion.

» Se placer sous la protection de la police en révélant les menaces, c'était mettre une chance de plus contre soi; quitter Naples, c'était bien ; mais où aller pour ne pas trouver d'Italiens?

» Dans ces conditions fut inventée la comédie que tu connais; elle était assez romanesque, cependant possible. Un homme qui travaillait dans les jardins de la princesse affirma qu'il avait vu le signor *** se mettre à la mer pour prendre un bain, que le signor était resté longtemps dans l'eau nageant vers le large, et que tout à coup il avait disparu. La princesse se livra à un désespoir très ostensible, se peignit en blanc pendant huit jours, se vêtit en noir pendant le même espace de temps. Et le monde accepta tout naturellement cette mort en la déplorant.

» Ceux qui avaient intérêt à ce qu'elle ne fût point naturelle se montrèrent moins confiants, et l'absence du cadavre augmenta les soupçons; mais, comme la princesse restait à Naples, ces soupçons devinrent de jour en jour moins précis, et quand elle partit, trois mois après l'événement, on ne pensait plus guère qu'il y avait un traître à punir. Comment se douter à Naples que le comte de Coët-Lao, qui habitait Belgravia avec sa tante, était... notre homme.

» Voilà, mon ami, ce qui s'est passé à Naples il y a quelques années. Ce qui s'est passé ici depuis ton départ est plus simple et plus clair, quoique étant cependant assez étrange.

» Il ne tient plus le piano dans le salon de Haymarket où nous l'avons rencontré. Trahi par la jeune fille de Yellow-Lion-Court, trompé par son beau-père le *tipster*, qui lui a fait perdre l'argent qu'il n'avait pas, Il n'a pas reparu à Londres. A Epsom, après sa double catastrophe, il s'est engagé dans une troupe de musiciens allemands qui étaient venus camper sur la lande pendant les fêtes du derby.

» Où est-il? Webster lui-même, le terrible Webster a perdu ses traces. « Comment suivre, me disait-il, des gens qui ne couchent nulle part et » ne reviennent jamais au gîte? »

» J'ai tardé à t'apprendre cette mauvaise nouvelle, car je voulais te dire en même temps que Webster l'avait retrouvé. Cependant il a toujours bon espoir, et si la troupe n'a pas déjà quitté l'Angleterre, il se dit certain de mettre la main dessus d'un jour à l'autre. Cet homme est décidément un roman. Quand je pense que l'auteur d'*Imogène*, le long des grands chemins, exécute lui-même sur la clarinette des airs de valse qu'il a composés, je crois rêver. Un de ces jours sans doute il s'associera avec des gypsies qui sont autrement drôles que ses Allemands. Après tout, la vie sous le ciel libre a ses charmes.

» Ce que tu crains, toi, c'est que cette vie errante ne le mène en France. Mais de cela, malheureusement, nous ne sommes pas maîtres. Cependant voici ce que Webster me disait, il y a quelques jours, comme moyen de conjurer le danger:

» Ceux qui m'ont chargé de cette affaire (c'est Webster qui parle) auraient intérêt, je crois, à ce que l'individu en question ne restât pas sur le continent. (Il dit cela avec cette autorité que tu lui connais et comme si nous lui avions fait confidence de nos craintes). Ce serait possible, facile même.

» Après avoir excité ma curiosité par ces quelques mots, il s'arrêta un moment suivant sa tactique habituelle, et ce fut seulement quand il vit que j'allais l'interroger qu'il continua :

» Le meilleur moyen de s'assurer d'une personne qui nous gêne, c'est
» de la donner à garder au gouvernement, il est organisé pour cela, il a
» des établissements spéciaux, des gardiens, toute une armée.
» — Voulez-vous le compromettre dans une mauvaise affaire ?
» — Quelle mauvaise affaire! Est-ce qu'il y a de mauvaises affaires en
» Angleterre? Je le voudrais que ce serait impossible; la constitution du
» Royaume-Uni, pas plus que le caractère de votre personnage, ne se
» prêtent à une conspiration; ceci ne serait bon que sur le continent.
» Non, j'aurais eu cette idée que mon honneur me l'eût fait repousser. Je
» n'ai jamais provoqué. Se servir de ce qui existe, je comprends et
» n'admets que cela. Or, dans les affaires du sujet que vous m'avez confié,
» on trouverait, si on le voulait bien, matière à le faire garder comme je
» l'indiquais. Il a des dettes, et il est sans ressources pour les payer ja-
» mais. On pourrait acheter quelques créances sur lui; oh! à très bon
» compte, soixante-quinze ou quatre-vingts pour cent de rabais, et le
» mettre sous clef. On l'aurait ainsi sous la main tout le temps qu'on vou-
» drait dans l'impossibilité de nuire. J'ai vu mourir à la prison de White-
» cross-street, à l'âge de soixante-dix-neuf ans, un gentleman qui avait
» été enfermé à trente-deux ans pour un motif analogue au nôtre. Si on
» ne voulait pas le faire arrêter préventivement en Angleterre, alors que
» peut-être il ne pense pas à mal, on pourrait se contenter d'acheter en
» France ou en Italie, obtenir jugement, et le jour où il rentrerait sur le
» continent avec de mauvaises intentions, le coffrer. Quand on est en
» guerre, il est bon d'avoir des armes de rechange, même lorsqu'on ne
» pense pas s'en servir. »

» Voilà quel fut à peu près son discours. Naturellement je ne répondis rien. Je te le transmets. A toi de décider ce que tu voudras.

» Réponds-moi aussitôt que possible pour que je donne les instructions à Webster; je vais aller passer un mois dans le pays de Galles et il faut que tout soit bien convenu avant mon départ.

« Pour la vie, ton ami

» Carlo. »

II

Pour Martel, la loi était sinon une ennemie, au moins une fatalité dont les circonstances l'avaient fait victime. Il n'avait jamais pensé que, dans sa condition désespérée, elle pourrait un jour lui venir en aide.

Elle était la maladie mortelle avec laquelle on est condamné à vivre jusqu'au moment où elle nous emporte, contre laquelle tout remède est d'avance reconnu impuissant, et qu'il faut supporter passivement, sans révolte comme sans espérance.

La lettre de Sepe lui donna à réfléchir.

Il ne songea pas un seul instant à mettre en œuvre l'idée de Webster; il lui convenait de se défendre, non d'attaquer ; mais puisqu'on avait trouvé un moyen de sortir d'une situation qui lui avait toujours paru sans issue, peut-être pourrait-on en trouver un second.

De la loi il n'avait aucune connaissance positive, mais le sentiment vague que s'en font généralement les gens du monde, en y mêlant des idées de justice supérieure prises bien plus dans sa conscience intime que dans la pratique.

Ne s'étant jamais occupé d'affaires, la première fois qu'il avait senti sur lui la main de la loi ç'avait été lors de son mariage. On lui avait prouvé qu'on ne peut contracter un second mariage avant la dissolution du premier, que le mariage n'est dissous que par la mort naturelle de l'un des époux et que la femme dont le mari a disparu, même après dix ans, même après vingt ans d'absence, doit rester dans un éternel veuvage.

Un prêtre complaisant avait alors résolu cette impossibilité; pourquoi ne résoudrait-on pas aussi celle contre laquelle il se débattait maintenant. Jusqu'à ce jour il n'avait point essayé de lutter, parce qu'il ne croyait pas la lutte soutenable; mais puisqu'un moyen s'offrait pour se défendre alors que lui n'en avait vu aucun, il devait chercher s'il ne serait pas possible d'en trouver un second, loyal celui-là et acceptable.

Il avait pour ami une des jeunes célébrités du barreau de Paris; il se décida à lui demander conseil. Pour agir, il ne fallait pas attendre que Maurice fût en France.

Le mur était en réparation, une brèche avait été faite par les maçons. (p. 635.)

III

Favas n'était pas chez lui, il était au Palais; son secrétaire savait peut-être à quelle heure il rentrerait, seulement le secrétaire était en ce moment avec un client, mais il serait bientôt libre.

On fit entrer Martel dans une salle d'attente meublée avec un goût et un luxe qui disaient que Favas n'était point un avocat de la vieille école poussiéreuse et paperassière. Son talent lui avait fait une réputation. Son amour pour les arts et les artistes, et plus encore ses dettes l'avaient rendu célèbre dans un certain monde. Il avait fait deux parts de sa vie : de cinq heures du matin à six du soir heures il était aux affaires, étudiait ses dossiers, écrivait ses plaidoiries, recevait ses clients et plaidait; de six heures à minuit on le rencontrait aux premières représentations dans les foyers des petits théâtres, chez les barons de la finance, aux réunions de jeu des fausses comtesses des Champs-Élysées. Né de parents paysans, il avait reçu d'eux en héritage un long amas de force et de santé qui lui permettait de supporter toutes les fatigues et tous les excès.

Un jeune homme, un dossier sur les genoux, attendait déjà; derrière Martel, un autre jeune homme entra une liasse de papier sous le bras.

— Tiens, Manet, dit celui qui attendait, j'allais aller à ton étude. As-tu présenté requête dans l'affaire de Brossole?

— Oui, mon petit, et vous êtes fumés.

— Tu n'étais pas hier au Palais?

— Non.

— Alors tu n'as pas entendu Favas aux assises?

— Naturellement, il a une belle voix, mais pas assez forte encore pour parvenir de la Cité à la rue de la Michodière.

— Un succès, mon cher, qui lui donnera, s'il le veut, tous les filous intelligents de Paris. Te souviens-tu qu'il y a quatre ans les diamants de la petite Bouvery ont été volés.

— Celle des Variétés?

— Oui, elle était alors au Vaudeville et tout à fait à la mode; tous les journaux ont parlé du vol.

— Il y a quatre ans j'étais à Poitiers, et je ne connaissais pas ces dames.

— Hé bien, elle habitait à cette époque une jolie petite maison à Nogent, dans le bois, qui lui avait été donnée par cette canaille de Jozon, qui depuis a fait un fiasco de trois millions.

— A la Bourse, on dit ce pauvre diable de Jozon.
— Une nuit, note les circonstances, on escalada le mur du bois.
— Article 385 et 397.
— Précisément, et l'on s'introduisit dans la maison ; là en forçant une porte....
— Article 396, effraction intérieure, total dix ans de travaux forcés.

— On pénétra dans la chambre de la petite Bouvery, laquelle heureusement pour elle et malheureusement pour la morale, était en ce moment dans un autre lit que le sien, et l'on emporta ses diamants qui valaient plus de cinquante mille francs, plus des titres au porteur. Malgré toutes les recherches de la police, on ne trouva pas le coupable ; et c'est il y a deux mois seulement qu'il a été pincé par le plus grand des hasards. Mais ce hasard n'est pas l'affaire, je te le passe. Favas plaide donc pour le voleur. On avait trouvé chez celui-ci plusieurs des objets volés, le vol n'était pas niable. Aussi Favas n'essaie pas de l'envelopper du moindre doute ; il l'avoue même. Il ne cherche pas davantage à rendre son client intéressant ; il reconnaît que c'est un misérable. Non, c'est un intérêt plus élevé qui lui fait prendre la parole, l'intérêt de la justice et de la loi. L'acte d'accusation s'appuie sur trois circonstances qui, à ses yeux, constituent le crime : l'escalade, l'effraction, la nuit. Favas commence par prouver qu'il n'y a pas eu d'escalade, le mur était en réparation, une brèche avait été faite par les maçons, les planches qui avaient la prétention de la fermer, ne la fermaient pas. Ensuite il prouve qu'il n'y a pas eu d'effraction ; la maison de mademoiselle Bouvery était neuve, les bois verts et de mauvaise qualité avaient joué, le pêne ne tenait pas dans la gâche, la porte s'est ouverte sous la plus légère pression. Ces deux circonstances écartées, reste la nuit, mais il ne faisait pas nuit. Le voleur a pris à Paris le train de minuit et demi, il est arrivé à Vincennes à une heure ; de Vincennes à Nogent, il y a cinquante ou cinquante-cinq minutes de marche. A deux heures et quelques minutes, il a été rencontré derrière le lac des Minimes par une ronde de gardes ; l'accusation l'a constaté et a fourni ainsi la preuve qu'il n'a pas pris le chemin direct. Avant de pénétrer dans la maison il a dû étudier le terrain, on accordera bien pour cela une demi-heure. On est donc tout près de trois heures. Or à trois heures du matin au mois de juin, il ne fait pas nuit. Il n'y a donc eu dans ce vol ni escalade, ni effraction, ni nuit, c'est-à-dire aucune des circonstances constituant le crime. Il y a un vol voilà tout : un vol qui doit être puni correctionnellement. Le jury adopte en plein le système développé par ce discours. Seulement le jury ne connaissait pas un certain article du Code d'instruction criminelle qui dit que les délits de nature à être poursuivis correctionnellement se prescrivent par trois ans. Si bien que, le verdict rendu, comme le vol remontait à quatre ans, notre homme se trouva hors d'atteinte. Est-ce assez joli?

— Parbleu, se dit Martel après avoir écouté cette histoire, c'est bien le diable si un homme aussi habile ne trouve pas moyen de me tirer d'embarras, puisqu'il rend les coupables blancs comme l'agneau, que ne fera-t-il pas pour les innocents.

Cependant il se sentait peu édifié, et ses idées sur la justice commençaient à être singulièrement troublées.

IV

Quand Favas, en rentrant, aperçut Martel, il vint à lui les bras ouverts :

— Mon cher Favas, dit Martel, je m'adresse à vous dans des circonstances extrêmement sérieuses, désespérées même, et en faisant appel à votre talent qui, je le crains bien, va se trouver en face de l'impossible, je vous demande une discrétion absolue. Quand vous m'aurez entendu vous comprendrez de quelle importance est pour moi cette discrétion, et vous me pardonnerez d'avoir prononcé ce mot.

Il raconta alors sa longue passion pour Armande, la mort de Maurice à Naples, leur mariage célébré en Sicile, parce que l'absence d'un acte de décès régulier, le rendait impossible en France, enfin leur établissement au Plessis où leur vie, faite des félicités de l'amour et de la famille, avait été si heureuse et si belle jusqu'au jour où leur était arrivée la terrible nouvelle que Maurice était vivant. Puis il dit comment il était parti pour Londres afin de s'assurer de la vérité de cette résurrection à laquelle il ne pouvait croire, comment il avait vu Maurice de ses propres yeux, dans quel état.

Favas écouta cette longue histoire sans interrompre une seule fois, sans un seul geste, la tête appuyée dans une de ses mains, les yeux baissés et ce fut seulement quand Martel se fut arrêté qu'il le regarda :

— Et maintenant? dit-il.

— Quelle est légalement notre situation, qu'avons-nous à craindre, ma femme, mon fils et moi, quels moyens avons-nous d'assurer notre vie ou de la défendre? Voilà ce que je viens vous demander; car, heureusement dans notre malheur, aucun danger ne nous menace aujourd'hui; mais la journée de demain n'est pas entre nos mains, elle est entre celles de Berthauld ; s'il nous attaque armé de la loi, quels secours, nous, trouverons-nous dans la loi?

— Avant de vous répondre, une question je vous prie, et précisons bien. Vous vous êtes mariés, n'est-ce pas, en Sicile, devant un prêtre ; votre mariage a-t-il été précédé de publications faites en France ? l'acte de célébration a-t-il été, au désir de l'article 171, transcrit, lors de votre retour en France, sur le registre public des mariages du lieu de votre domicile? Non, n'est-ce pas ; vous ne vous êtes pas occupé de ces formalités.

— Nous mariant en Sicile, nous nous sommes conformés à ce que le prêtre sicilien a exigé, rien de plus, rien de moins.

— Alors aux yeux de la loi française vous n'êtes pas mariés ; et dans les conditions où vous vous trouvez maintenant, c'est pour vous un grand bonheur. Au moins vous échappez à une action en bigamie; or, outre que la bigamie est punie d'une pénalité rigoureuse, elle est en plus pour le monde entourée d'un certain ridicule. Séduisez une femme adorée de son mari, adorant ses enfants, accomplissez cette séduction dans les conditions les plus révoltantes, s'il y a condamnation pour adultère, le monde sera très indulgent pour les condamnés; s'il ne les excuse point il les plaindra. Il ne plaindra pas, il n'excusera pas l'homme ou la femme qui déjà mariés se sont mariés une seconde fois, même si ce mariage a eu lieu dans les conditions les plus honnêtes, les plus innocentes, comme cela s'est fait pour vous; il rira d'eux.

— Ce n'est pas le monde que je redoute, mais la loi.

— Voilà donc un danger écarté précisément par la loi; seulement il n'est pas le seul. Si Berthauld rentre en France, et s'il veut attaquer armé de la loi comme vous dites, bien des moyens s'offrent à lui; mais est-il probable qu'il veuille employer un seul de ces moyens, je ne le crois pas. S'il a abandonné sa femme, c'est qu'il ne l'aimait plus. S'il a voulu disparaître et changer de nom, c'est qu'il y avait sans doute intérêt. Pourquoi supposer qu'aujourd'hui il veuille reprendre sa femme? dans quel intérêt braverait-il le ridicule de sa résurrection lorsque son suicide a été si éclatant. Madame Martel est sans fortune, je crois ; depuis le départ de Berthauld elle n'a pas fait d'héritage ?

— Non, et je ne lui en vois pas à venir.

— Pécuniairement, Berthauld n'a donc aucun intérêt à redevenir chef d'une communauté qui ne lui donnerait pas un maniement d'argent. Qu'il revienne, mon Dieu, c'est possible, tout est possible; mais qu'il veuille faire parler la loi, je vous le répète je n'y crois pas, et l'absence d'intérêt que je démontre, appuie fortement mon opinion. Non, s'il revient il acceptera sa position qui, après tout, est bien commune dans le monde. Il fera comme d'autres maris ont fait avant lui et il se taira.

— Et s'il parle? si un intérêt que nous ne pouvons pas prévoir aujourd'hui, mais qui peut naître, le pousse, si sa haine contre moi l'entraîne.

— Ce qu'il peut faire, n'est-ce pas? il peut faire enlever sa femme de chez vous par la gendarmerie; il peut requérir un commissaire de police de constater le flagrant délit; vous intenter un procès en adultère; vous traîner à l'audience; vous faire condamner tous deux à un emprisonnement de trois mois à deux ans; il peut entrer chez vous, la tuer sous vos yeux, vous tuer vous-même ; il peut tout, la loi en fait votre accusateur, votre juge et votre exécuteur; mais est-il possible qu'un honnête homme...

— Il n'est pas un honnête homme.

— Est-il possible qu'un homme qui a eu un nom, une réputation, de l'honneur, se serve de pareilles armes.

— Voilà ce qu'il peut contre nous, n'est-ce pas ; de notre côté que pouvons-nous, je ne dis pas contre lui, mais pour nous-mêmes ? Car tout ce que vous venez de me dire, je le savais à peu près, ou le sentais d'instinct. Tandis que ce que je ne sais pas et ne vois nullement, c'est ce qui peut nous protéger; et c'est là ce que je demande à votre habileté en même temps qu'à votre amitié.

— Amitié, habileté sont, hélas! en défaut; vous êtes entre ses mains pieds et poings liés, car pour la loi vous êtes des coupables, et elle a tout prévu contre vous, rien pour vous.

— Ainsi un mari peut réduire sa femme à la misère, l'abandonner, disparaître, mourir à l'étranger, et la loi ne prévoit rien en faveur de cette femme qui doit rester à jamais veuve sans être veuve.

— La loi prévoit que le mari peut revenir, le mariage n'est dissous que par la mort naturelle bien prouvée, jamais par l'absence, si longue qu'elle soit ; et vous voyez que, dans le cas présent, la loi est sage, puisque ce mari qu'on croyait mort a pu reparaître.

— Vous trouvez que la loi a été sage de sauvegarder les droits de ce mari indigne et misérable, qui a voulu se soustraire à toutes les obligations du mariage, qui l'a déserté, déshonoré, et ceux de la femme ne méritaient donc aucune considération? Il faut qu'elle attende! Attendre quoi? Qu'il revienne, s'il ne revient pas, soit parce qu'il est bien mort, soit parce qu'il ne lui plaît pas de revenir, elle attendra donc éternellement; les joies de l'amour, celles de la maternité lui sont défendues par la prévoyance de la loi, elle vivra seule. Qu'on soit fidèle jusqu'à la mort au mari qu'on aimait et qu'on perd, rien de plus grand et de plus noble; oui, je le crois, l'amour peut vivre de souvenirs; mais fidèle à l'homme qui vous abandonne après avoir fait couler toutes les larmes que des yeux peuvent verser. Allons donc! Fidèle à quoi d'ailleurs ; est-il mort? est-il vivant? Et si elle ne peut pas garder cette fidélité que la loi lui impose, si elle est jeune, si son cœur l'entraîne, elle sera une femme adultère ; ses enfants seront des adultérins, elle et eux seront hors la loi? Mais qui donc a fait cette loi?

— Des hommes qui au-dessus de l'individu ont placé les institutions, au-dessus du mari ou de la femme, si intéressants qu'ils puissent être, le mariage plus intéressant encore. Vous savez l'axiome du palais ; *dura lex sed lex*, il faut la supporter.

— Et je ne veux pas me révolter contre elle ; je ne veux même pas me plaindre. Cependant, plus large et plus prévoyante, combien elle serait plus intelligente et plus morale. Voici sa fille, l'enfant de son mari, qui au lieu d'entrer dans une famille régulière sera élevé par l'amant de sa mère. Voici un ménage, le nôtre, méprisable pour le monde. D'un côté, des innocents dignes d'intérêt il me semble ; de l'autre un coupable. Qui est protégé ?

V

Martel reprit le chemin du Plessis, plus inquiet, plus troublé que lorsqu'il était arrivé le matin.

Il en était de lui comme d'un homme qui, malade depuis longtemps, s'est décidé à consulter un médecin.

Aux symptômes qui parlaient on avait toujours trouvé quelque chose à opposer : l'enrouement continu, l'amaigrissement, les sueurs ; ce n'étaient point les signes d'une maladie de poitrine ; une tumeur sur le trajet d'une artère avec des pulsations ; ce n'était point l'indice d'un anévrisme. On a tant de raisons pour ne pas se rendre à l'évidence et se faire illusion ; la peur est si ingénieuse à se rassurer. La science a parlé, il faut admettre qu'on va mourir ; il faut malgré tout la croire ; les symptômes étaient vrais ; les illusions étaient des illusions, l'enrouement, l'amaigrissement, l'affaiblissement, les sueurs indiquent une consomption, et non une faiblesse accidentelle, il faut, il faut mourir.

Pour lui aussi la science venait de parler, jusque-là il avait pu se dire que si le danger arrivait on aviserait, maintenant il savait qu'il n'y avait pas à aviser, mais à se résigner.

Le danger arriverait-il? c'était là désormais l'inconnu. Mais qu'il arrivât, que deviendrait Armande? que deviendrait Julien?

Il n'osait se poser ces questions, et lorsqu'il le voulait, il ne pouvait les examiner jusqu'au bout. Il n'était pas maître de son attention, et lorsqu'il essayait de s'arrêter à une idée, une autre malgré lui l'emportait aussitôt capricieusement; elles passaient dans sa tête comme des vagues qui, frappant sur un rocher, alternativement l'engloutissent sous des montagnes d'eau et le laissent à sec; alternativement son cerveau s'emplissait à éclater sous un afflux de pensées, puis tout à coup elles se retiraient irrésistiblement comme elles étaient venues et brusquement le laissaient vide.

Sans s'en rendre compte, il pressait son cheval ruisselant de sueur, et machinalement il regardait défiler le long de la route les rangées d'ormes poudreux, au loin les moissons dans la plaine, et les groupes de maisons entourées d'arbres, de jardins; et les ormes, les moissons, les maisons qu'il dépassait rapidement échappaient à ses yeux comme les idées à son esprit.

Quoique la campagne fût déserte, il lui semblait entendre une chanson, depuis Paris toujours la même; dans cette chanson toujours le même couplet : un couplet qu'un soir en se promenant avec Armande ils avaient entendu, auquel il n'avait jamais pensé depuis, qui maintenant lui revenait distinct et s'imposait à son oreille :

> Cette réponse qui s'fait r'marquer,
> Par sa grande simplicité,
> Vous prouv' que les malheureux,
> S'ils le sont, c'est malgré eux !

Elle est entrée brusquement tirant Victorine par la main. (p. 643).

CHAPITRE VI

LE ZÈLE D'UNE BELLE AME

I

Armande vint au-devant de lui comme il descendait de voiture.

Leurs regards se furent à peine croisés, qu'il sentit que quelque chose de grave avait dû arriver pendant son absence.

Mais le temps n'était plus où, en rentrant, il l'interrogeait sur tout et sans crainte, interrogations aussi bien que réponses ne pouvant porter que sur l'imprévu peu compromettant d'une vie où tout se passait au grand jour. Les enfants étaient accourus à la suite de leur mère, un domestique dételait le cheval, et les gens de la ferme allaient et venaient dans la cour vaquant aux travaux du soir.

Il lui prit le bras, l'emmena dans le jardin et renvoya les enfants à la maison.

Lorsqu'ils furent arrivés à un endroit où il se savait en sûreté contre les oreilles curieuses :

— Hé bien, dit-il, que s'est-il donc passé ?

— Je crois que madame Pigache sait notre secret. »

Il respira. La tête remplie des paroles de Favas, il n'avait pas pensé à madame Pigache, mais à Maurice. Dans le peu de temps qu'ils avaient mis à venir au jardin, toutes les éventualités énumérées par Favas s'étaient présentées à son esprit, non plus comme des éventualités plus ou moins possibles, mais comme des réalités menaçantes : Maurice en France, Maurice au Plessis, Maurice qui peut-être avait vu Armande. Après une telle angoisse madame Pigache n'était rien.

Ce ne fut qu'un court moment ; son soulagement fut à peu près celui d'un homme qui, tombant d'un troisième étage, se trouve heureux de n'avoir que les deux jambes cassées ; car madame Pigache maîtresse de leur secret, c'était chose grave, c'était ce qu'il avait si vivement appréhendé, ce qui depuis deux mois l'avait tant inquiété, tourmenté ; mais ce qui était bien plus grave encore c'était qu'Armande sût que ce secret était connu. Madame Pigache, on pouvait agir sur elle, la faire taire, si elle s'obstinait à parler, l'éloigner. Armande, comment la rassurer ou la consoler, si elle apprenait que la vérité était découverte, divulguée. Il la pressa de questions. Y avait-il des menaces, des allusions, quelque chose enfin.

— Voici comment tout s'est passé, dit Armande ; j'étais dans l'atelier, madame Pigache était dans la chambre de travail des enfants avec Victorine, Julien et Adèle. Tout à coup j'ai entendu la voix de madame Pigache qui s'élevait ; puis elle est entrée brusquement dans l'atelier tirant Victorine par la main. Elle était pâle et tremblante de colère, Victorine avait cette attitude obstinée et résignée que nous lui avons vue si souvent quand elle ne veut pas obéir. « J'espère que vous pourrez forcer votre fille à me demander pardon. » Je m'attendais à voir Victorine se jeter sur moi et pousser des cris, elle ne bougea pas et me regarda. « Elle a été grossière et
« insolente avec moi, continua madame Pigache. — Non, dit Victorine,
« non, maman. — Tu comprends que c'est madame Pigache que je dois
« croire, dis-je, elle est ta maîtresse. — Maman, je ne mens pas, je t'assure,
« je n'ai pas été insolente, j'ai dit que je voulais bien lui obéir parce que
« j'y étais forcée, mais que je ne la respectais pas. — Vous voyez ! s'écria
« madame Pigache. — Mais c'est une insolence, la plus grosse et la plus
« grave qu'on puisse faire à quelqu'un. Comment te permets-tu de ne pas
« respecter une personne que nous aimons et respectons, nous. — Maman,
« elle ne t'aime pas, elle n'aime pas papa Martel. » Je voulus la faire taire ; elle s'obstina à répéter : « Elle ne t'aime pas, elle est méchante, méchante. » J'essayai tous les moyens pour la forcer à demander pardon, la douceur, la raison, les menaces, je n'obtins rien, elle regardait madame Pigache avec des yeux d'une dureté incroyable et répétait toujours : « Je lui obéirai, je ne la respecterai pas. » Madame Pigache était blême de colère. Enfin, j'envoyai Victorine à sa chambre en lui disant que nous déciderions sa punition à ton retour. Victorine partie, je voulus faire comprendre à madame Pigache que nous n'étions pour rien dans cet inexplicable caprice de l'enfant et que nous avions pour elle une vive affection et une sincère estime. Mais aux premiers mots elle m'arrêta : « Vous n'avez pas com-
« mandé à Victorine de me dire qu'elle ne me respectait pas, je le crois
« facilement ; mais je ne croirai jamais par contre, que cette distinction
« entre l'obéissance et le respect s'est présentée toute seule à l'esprit d'un
« enfant de cet âge. Elle n'a été qu'un écho. Elle a répété ce qu'elle a

« entendu. » Je ne pus m'empêcher de l'interrompre pour lui dire que personne ici n'avait jamais pu parler d'elle en ces termes; que dans tous les cas aucun de nous ne lui devait obéissance, tandis que tous nous lui donnions journellement des témoignages d'estime. Elle me répondit d'un ton sec : « Je n'accuse personne individuellement, je dis seulement qu'il est « regrettable que l'enfant fasse déjà cette distinction entre l'obéissance et « le respect, car plus tard elle pourra l'appliquer à ceux qui la lui ont « apprise. Je ne leur souhaite point ce châtiment. Cependant il y a des « situations qui commandent l'indulgence et même l'humilité. »

A ces mots, qui semblaient d'une application si directe, tu comprends si je fus bouleversée. Je lui demandai ce que signifiaient ces paroles.

« Tout simplement, dit-elle, que dans ma vie de jeune fille, comme dans « ma vie de femme mariée et légitime, je n'ai jamais donné prise à un « soupçon ou à un reproche, que je peux marcher la tête levée, et que je « saurai me faire accorder le respect auquel j'ai droit. »

— C'est là tout? dit Martel.
— N'est-ce pas assez clair?
— Rien n'est moins clair pour moi : ce n'est pas la première fois que madame Pigache parle de sa vertu, qui n'est comparable à nulle autre, c'est le mot qu'elle a sans cesse aux lèvres; et dans tout cela je ne vois ni allusion à notre situation, ni menaces. D'ailleurs, où aurait-elle appris la vérité? Avant de s'effrayer ainsi, il faut raisonner un peu.

De raisonnements en raisonnements il s'efforça de lui démontrer que madame Pigache ne pouvait rien savoir, que ses paroles ne s'appliquaient point à eux, et que si elles avaient un sens, ce dont il doutait, ils n'y pouvaient rien comprendre par cette excellente raison qu'ils y étaient étrangers.

II

En réalité, il ne les comprenait que trop.

Madame Pigache maîtresse de leur secret, était dangereuse au Plessis, il fallait qu'elle le quittât.

Elle avait parlé, elle parlerait encore, Armande ne pouvait pas rester exposée à l'entendre.

Tant qu'elle s'était contentée de vouloir exploiter ce secret, elle était jusqu'à un certain point supportable, c'était une affaire d'argent à régler entre elle et lui, à mots couverts; l'intérêt qu'elle avait à ne pas éventer sa poule aux œufs d'or était presque une garantie de sa discrétion : connu, le secret n'avait plus de valeur, et son commerce cessait le jour où elle n'en avait plus le monopole.

Mais puisque la colère l'avait emporté sur l'intérêt, c'était assez de cette épreuve. Armande pouvait encore rester dans le doute ; qu'une nouvelle indiscrétion fût commise, qu'une allusion échappât volontairement ou involontairement, il ne serait plus possible de la tromper.

Il fallait que madame Pigache partît.

Rompre la pousserait, il est vrai, à ne garder aucun ménagement, mais l'on pourrait peut-être l'éloigner sans rompre. D'ailleurs, la supporter maintenant qu'il se savait bien évidemment à sa discrétion, l'avoir sans cesse près de soi, trembler lorsqu'elle serait mécontente, n'oser la contredire, endurer les caprices de son humeur ou de sa santé, accepter tête baissée ses exigences, étudier ses désirs avant de parler, aimer ce qu'elle aimait, haïr ce qu'elle haïssait, n'avoir plus ni volonté, ni fierté, lui sacrifier la fortune ou l'honneur, les deux peut-être si elle voulait les deux, vivre dans sa dépendance comme une chose à elle en tout et pour tout, sans trêve et sans fin, il n'en aurait ni la force ni la résignation. Et danger pour danger, mieux le valait au loin que dans la maison.

Elle devait donc partir, mais elle partirait dans des conditions où elle ne pourrait ni se plaindre ni se fâcher.

Si, malgré cela elle parlait, qu'elle parlât. Il arrive un moment dans les batailles de la vie comme dans celles de la guerre, où quand on a mis de son côté, quand on a fait tout ce qui est humainement possible, il faut bien s'abandonner à la fatalité.

III

Le mieux, il le sentait, eût été de traiter avec elle directement cette question, mais comme il sentait aussi qu'il ne garderait peut-être pas tout son calme et pourrait en trop dire, il aima mieux s'adresser à Pigache.

L'habitude était que tous les matins Pigache vint s'entendre avec lui sur le travail de la journée. La nuit passée à arrêter sa résolution, le lendemain les affaires de la ferme expédiées en quelques mots, il entama cette négociation :

— Madame Pigache m'a fait, il y a quelques jours, une proposition, dit-il, le sais-tu ?

— Quelle proposition ?

— Considérant que si je fournis le capital pour l'exploitation de la ferme, toi, tu fournis le travail, elle voudrait qu'il y eût une association entre nous ou tout au moins un certain partage des bénéfices.

— Ne m'en veux pas, s'écria Pigache, je te jure que je n'y suis pour rien.

— Je ne blâme pas madame Pigache, continua Martel; elle pense à votre fille, à votre avenir, rien de plus raisonnable. Seulement, quant à m'associer à toi ou à te faire une part dans mes bénéfices, c'est impossible.

— Ce serait insensé.

— Tu sais comment je me suis fait cultivateur, par plaisir et par goût, et aussi parce que j'ai cru que cela pouvait m'être utile de voir de près la terre et le paysan. Dans de pareilles conditions je n'ai donc pas tout sacrifié au produit. Prendre un associé me forcerait à changer de méthode; que nous formions tous deux une société, tu auras droit à ta part de direction ; je ne serai plus seul maître. Et comme avec cela tu es plus compétent que moi dans l'exploitation pratique et théorique d'une ferme; comme tu as pour toi l'autorité de l'étude et de l'expérience, je ne serai plus rien chez moi : tu pourras me renvoyer à mon métier, et comme je donnerai à la peinture une partie du temps que je devrais à l'agriculture, pour être logique jusqu'au bout, il faudra que tu viennes partager aussi dans le produit de mes tableaux. Je ne peux donc accepter cette proposition.

— Tu l'accepterais que je le refuserais. J'ai la faiblesse de laisser ma femme agir comme si elle était seule, mais dans les choses de conscience et de délicatesse nous sommes deux.

— En me décidant à faire cette réponse à la proposition de ta femme, je n'ai, comme tu le vois, considéré que ce qui m'était exclusivement personnel, c'est-à-dire mon intérêt et mes commodités. Mais il y a un autre point de vue dans la question, le vôtre. Est-il juste que je profite toujours de ton travail et de ton talent ?

— Tu sais que je ne suis pas comme ma femme : je ne suis pas fait pour être maître, mon ménage te le prouve bien, ajouta-t-il en souriant doucement.

— Mais ta femme est faite pour être maîtresse, elle.

— Ne l'est-elle pas ?

— Tu penses bien que je n'ai pas entamé cet entretien, pour raisonner théoriquement sur le plus ou moins de danger qu'il y a à épouser une femme ambitieuse. J'ai un projet à te proposer. Si j'ai repoussé l'idée de madame Pigache, c'était en ce qui touchait le Plessis où comme je l'ai dit, je veux être maître; j'ai créé la ferme, elle est en partie à moi, nous demeurons sur nos terres, j'ai mes habitudes, Armande a les siennes, tout cela me fait repousser une association ou un partage ; mais cette idée n'en est pas moins excellente, à condition, bien entendu, qu'on la mettra en pratique ailleurs qu'ici. Le métier de cultivateur n'est pas si maudit que les paysans veulent le faire croire : avec un capital suffisant, de l'ordre et de l'intelligence, on peut gagner de l'argent, notre inventaire de l'année dernière, et même ceux des années précédentes où tu n'étais pas là, le prouvent. J'ai le capital, tu as l'ordre et l'intelligence, veux-tu que nous réunissions les trois pour former l'association demandée par madame Pigache ?

— Nous séparer !

— Oui, mais pour mieux nous unir. Il est vrai que si nous sommes unis par l'intérêt, nous serons séparés par la distance ; car mon idée n'est pas une idée en l'air, j'ai une ferme en vue, à sept lieues de Paris, à Fontaine-le-Roi, ce qui nous mettrait à quinze ou dix-huit lieues l'un de l'autre. Elle appartient au Prince, et elle est, paraît-il, en très bon état.

Pigache, tout en remerciant cordialement Martel de cette proposition, se défendit longtemps de l'accepter : il avait peur de se laisser entraîner, il se connaissait lui-même ; il n'avait pas d'esprit de direction ; il n'était bon qu'à obéir; toutes les raisons d'un caratère honnête et timide et aussi un peu paresseux.

— Enfin, dit Martel, avant tout, va à Fontaine-le-Roi, emmène madame Pigache à qui tu voudras bien soumettre mon idée; visitez la ferme, et après nous déciderons. Seulement ne tarde pas.

Quand Armande descendit il lui dit ce qu'il avait fait, mais en glissant sur le sacrifice d'argent.

— Ceci doit te prouver, ajouta-t-il en conclusion, que je ne crains pas madame Pigache. Si j'avais peur de ses indiscrétions je ne la pousserais point à bout : tu pourras donc vivre tranquille, dans huit jours elle sera partie.

IV

En annonçant ce départ comme certain, Martel allait un peu vite; car, aux premiers mots de Pigache s'acquittant de sa communication, madame Pigache répondit net qu'elle ne quitterait pas le Plessis.

— Tu seras bien toujours le même, dit-elle à son mari, un enfant te duperait; tu ne vois pas qu'ils ont peur de moi et qu'ils veulent m'éloigner. Et tu prends cela pour de la générosité.

— C'est ainsi, dit Pigache, alors restons ici, je ne demande que ça.
— Rester ici pour qu'on nous méprise, comme je l'ai été hier, n'est-ce pas ?
— Si tu ne veux pas t'en aller et si tu ne veux pas rester, que veux-tu ?
— Que tu me laisses réfléchir tranquillement.

Le résultat des réflexions de madame Pigache fut qu'il fallait aller à Fontaine-le-Roi voir la ferme proposée : cela n'engageait à rien.

Le résultat du voyage fut qu'il fallait accepter ; la ferme était réellement avantageuse, et l'on pourrait tirer bon parti de l'association ; dans tous les cas c'était l'indépendance : elle ne serait donc plus institutrice ; elle allait être vraiment chez elle ; elle pourrait, à son tour, diriger, commander, se faire obéir ; Fontaine-le-Roi est un petit pays de culture, Pigache y aurait la position que Martel avait au Plessis, c'est-à-dire les ouvriers et les fournisseurs dans ses mains ; il n'y avait pas de château, pas de maisons bourgeoise, personne de capable ou d'influent ; on pourrait le faire nommer maire, un jour peut-être conseiller général.

C'étaient là des avantages qui valaient bien la perte de faire rougir Armande par une allusion plus ou moins directe.

D'ailleurs, pour être éloignés, on n'était point séparés à jamais, et puis pourquoi ne pas se donner la joie de laisser au Plessis quelqu'un qui pût la remplacer.

V

Madame Pigache avait un trop grand respect de sa supériorité pour s'être créé des relations au Plessis : le maire était un marchand de grains en gros, riche de quatre ou cinq cent mille francs ; mais malgré cette richesse il n'était qu'un paysan, disant : *J'avons*, *j'étons*, et mettant des *a* partout où il y a des *e*, une *harse de far*, une *piace de tarre*, — deux anciens Parisiens occupaient les plus belles maisons du pays, mais l'un avait fait sa fortune dans la quincaillerie, l'autre dans la bonneterie, on ne pouvait voir ces gens-là. De tous les habitants du village un seul avait trouvé grâce à ses yeux, le curé ; non qu'il fût d'une compagnie bien agréable, mais il était curieux et causeur, et puis enfin, il était le curé ; la soutane était un pavillon qui couvrait la marchandise.

Il avait donc droit à une visite d'adieu, et elle la lui fit la veille de son départ pour Fontaine-le-Roi.

Il était à table et il s'excusa avec mille politesses de la recevoir dans une

Ne me punis plus, pardonne-moi, je t'aime bien maman. (p. 656).

H. MALOT. — VICTIMES D'AMOUR.

salle à manger, le couvert encore servi, mais elle le savait, on n'avait jamais voulu lui donner un salon; les curés pauvres étaient bien malheureux d'avoir à subir les refus d'un conseil municipal.

Bâti à la mode ancienne, c'est-à-dire coupé au milieu par un corridor, le presbytère n'avait que deux pièces au rez-de-chaussée, d'un côté, une vaste cuisine, de l'autre, une grande salle. En arrivant au Plessis, l'abbé Blavier avait demandé qu'on prît, au moyen d'un refend, une petite salle sur la cuisine, ce qui lui permettrait de faire, de l'ancienne salle, un salon. Le conseil n'avait pas voulu voter cette dépense évaluée à soixante-cinq francs, et il avait été répondu au nouveau curé qu'il pouvait faire comme son prédécesseur, lequel mangeait dans sa cuisine et avait ainsi un salon. Ce qui pouvait convenir à un vieux prêtre, ne pouvait pas être si facilement accepté par un curé. D'ailleurs il avait avec lui sa mère, et la vieille paysanne qui s'était faite la domestique de son fils, n'eût pas trouvé convenable de s'asseoir, vêtue de ses vêtements de travail, à la table d'un « monsieur curé. » Le dimanche seulement elle se permettait cet honneur, dont elle tâchait de se rendre digne en se récurant les mains et en mettant une coiffe plissée. Elle avait travaillé jusqu'à l'épuisement pour faire de son fils un monsieur qui ne travaillerait pas, à quoi bon avoir dépensé tant de fatigues, enduré tant de privations si ce fils n'était pas traité en monsieur. C'était son ambition, sa fierté satisfaite qu'elle servait en lui, et s'asseoir à sa table s'était rabaisser jusqu'à elle celui qu'elle avait eu tant de mal à pousser.

Madame Pigache, qui connaissait ces petites douleurs depuis longtemps, ne pouvait guère compatir aux plaintes du curé, d'ailleurs, la compassion n'était pas son côté le plus développé.

— Je viens vous faire mes adieux, dit-elle en s'asseyant.

— Comment !

— Mon Dieu oui, nous quittons le Plessis.

— Il est donc vrai; j'en avais entendu dire quelques mots, mais je ne pouvais y croire.

— Il n'y a là cependant rien que de bien naturel.

— Sans doute, sans doute ! voilà donc pourquoi en me promenant devant chez vous, je n'ai pas vu les rideaux aux fenêtres, et pourquoi ce matin j'avais vu passer une voiture de déménagement qui se dirigeait vers la ferme; par discrétion, je n'ai pas cru devoir m'adresser à ceux qui auraient pu me renseigner, on est toujours si malheureusement porté à mal interpréter l'intérêt le plus légitime.

— Je vous attendais ces jours derniers.

— J'ai eu peur de vouloir paraître forcer une confiance à laquelle je n'avais aucun droit.

— Il n'y avait pas le moindre secret. Nous allons prendre une ferme qui n'avait plus de maître, et comme nous la prenons toute chargée, il est de notre intérêt de ne pas la laisser longtemps en souffrance.

— Est-ce loin d'ici ?

— A cinq ou six lieues de l'autre côté de Paris, à Fontaine-le-Roi.

— A Fontaine-le-Roi ! vraiment, je connais beaucoup le curé, c'est mon ancien camarade. Il a le bonheur d'avoir une petite fortune, et il ne demande rien ni pour lui ni pour son église; son sort est bien heureux ; et je l'envie, maintenant surtout, ajouta-t-il lourdement, qu'il va avoir le plaisir de votre société.

— Nous ne pouvions pas toujours rester au Plessis; nous n'y sommes restés que trop longtemps.

— Pour vos intérêts, je le comprends.

— Et puis pour d'autres raisons encore.

Il n'était pas dans les habitudes de l'abbé Blavier d'interroger. Aussi malgré toute son envie de connaître ces autres raisons, n'osa-t-il pas les demander directement.

— Votre départ va être un grand chagrin pour madame Martel, dit-il, un grand vide pour l'enfant.

— Et pour moi aussi, madame Armande est une si excellente femme.

— Un modèle de bonté.

— Douce, affable.

— Et généreuse.

— Et facile à vivre.

— Aimée et estimée de tout le monde.

— Aussi suis-je bien sincèrement affligée de notre séparation ; ce sont ces qualités et l'affection que j'avais pour elle qui m'ont empêchée de partir depuis longtemps. J'étais prise par le cœur, mais pour ma fille qui grandit la situation devenait impossible. Nos enfants ont cela de bon, qu'ils nous forcent à une irréprochable régularité dans notre vie et nos relations.

— Quelle situation ? dit l'abbé entraîné par l'impatience.

— Mais la leur; celle de madame Armande et de mon cousin.

— Hé bien ?

— Comment vous ne le connaissez pas. Ah ! mon Dieu, combien je suis fâchée.

Elle se tut; puis bientôt, comme si elle prenait une résolution subite :

— Je ne dois pas peut-être me désoler d'avoir trop parlé, et j'en viens à croire que c'est un heureux hasard qui m'a entraînée, mieux qu'un hasard, la Providence. A qui, si ce n'est à vous, à un prêtre, confier ce secret, alors surtout que vos fonctions vous permettent de renouveler des tentatives qui, faites par moi, ont échoué, et qui, répétées par vous, appuyées par l'autorité de votre ministère, peuvent amener un résultat que je souhaite de si grand cœur.

L'abbé écoutait bouche béante, ne comprenant rien à ces paroles, véritable gâchis pour lui; mais qui, dans leur incohérence habile, n'allaient être que trop rigoureusement précisées.

Elle reprit :

— Je vois que, comme tout le monde vous vous êtes laissé prendre aux apparences; il est vrai que jamais rien n'est venu les démentir; vous croyez mon cousin marié, n'est-ce pas?

— Pas marié! Est-ce bien possible?

— Ce n'est hélas, que trop certain.

— Pas mariés. Et j'ai dîné chez eux peut-être deux cents fois!

A cette exclamation, madame Pigache ne put retenir un sourire.

— Jamais, vous l'avez remarqué, sans doute, ni mon cousin, ni madame Armande n'ont parlé de leur mariage.

— Enfin, voilà des relations rompues, car je ne peux pas couvrir par ma présence cette situation déplorable.

— Si vous le permettez, je vous dirai ce que je croyais possible tout à l'heure quand j'ai achevé de vous confier un secret, dont la première partie m'avait si malheusement échappé.

L'abbé fit un signe de contentement.

— Quand je suis arrivée au Plessis, poursuivit madame Pigache, je ne connaissais pas ce secret, bien entendu, sans quoi je n'y serais pas venue. C'est peu de mois après que des circonstances particulières et tout intimes, que je ne dois pas révéler, me l'ont fait connaître. Alors mon premier mouvement, comme le vôtre, a été de rompre. Mais j'étais prise par l'affection, je me croyais indispensable aux enfants, Pigache avait des intérêts engagés, et, mieux que tout cela, j'espérais pouvoir, par quelques observations amicales, faire cesser cette situation. C'est en voyant l'inutilité de mes observations que je me suis décidée à quitter le Plessis. Mais vous, monsieur le curé, vous n'êtes point placé dans les mêmes conditions. Votre ministère vous donne une autorité que je n'avais pas, votre caractère vous en donne une plus grande encore. Ne pourriez-vous pas reprendre ma tâche où je l'ai laissée.

— Mais pourquoi ne se sont-ils pas mariés jusqu'à présent? dit l'abbé.

— C'est là précisément ce que je me demande.

— Cela me paraît incompréhensible, ce sont d'honnêtes gens, et ils ont un enfant.

— Oui, mais les artistes sont si bizarres ; ils se croient pétris dans une autre pâte que le vulgaire et veulent se mettre au-dessus de ce qu'ils regardent comme des préjugés. C'est par là seulement que je peux m'expliquer cette anomalie. Au reste vous n'aurez pas plutôt abordé la question avec madame Armande que vous saurez sans doute à quoi vous en tenir.

— C'est là une mission qui a ses difficultés et même ses dangers.

— Assurément, mais qui peut produire tant de bien, si elle réussit. Cette raison m'a décidée à vous confier toute la vérité. Naturellement je n'ai pas la sotte prétention de vouloir dicter votre conduite, malgré le désir que j'aurais de vous voir réussir. Tout ce que je me permets de vous demander, c'est le secret absolu.

Elle se leva.

— Quand partez-vous?

— Demain matin.

— Je ne pourrai pas vous rendre cette visite alors.

— Au Plessis, non, mais j'espère que vous voudrez bien nous la rendre à Fontaine-le-Roi. Ce vous sera une occasion de passer une journée avec votre ancien camarade. Vous me direz si vos tentatives ont mieux réussi que les miennes ou pour quelles raisons elles ont échoué. Oh! je vous en prie, mariez-les.

CHAPITRE VII

MADEMOISELLE MOI AUSSI

I

Le départ de madame Pigache produisit un soulagement général, un sentiment de délivrance et de liberté analogue à peu près à celui qu'on ressent quand une épidémie qui a menacé un pays pendant plusieurs mois disparaît tout à coup.

Et Martel, après les avoir mis en voiture, rentrant dans son atelier avec Armande et les enfants, laissa échapper le mot involontaire qui caractérisait pleinement la situation :

— Cela semble bon, dit-il, de se retrouver chez soi.

Moins discrets, les enfants manifestèrent bruyamment leur joie :

— Ah maman, s'écria Victorine en se jetant dans les bras de sa mère, elle est vraiment partie !

Cette joie ne fut pas un éclair, elle se continua et éclata dans tout ; il y avait des mois qu'elle n'avait montré pareille égalité, pareille franchise dans la bonne humeur.

En la voyant ainsi, Armande sentit s'affaiblir les inquiétudes qui, dans ces derniers temps, l'avaient tourmentée ; quoique les changements observés dans Victorine fussent profonds, ce départ et le contentement qu'il provoquait les faisait comprendre ; jusqu'à un certain point ils devenaient maintenant explicables.

Une enfant naturellement inquiète et susceptible, comprimée par une main trop lourde, avait dû nécessairement dévier de son vrai caractère ; elle n'était devenue taciturne et cachée que parce qu'elle n'avait jamais rencontré indulgence ou encouragement ; la peur lui avait appris à ne pas répondre franchement : la dureté qu'on lui appliquait l'avait rendue dure envers les autres ; et si elle était tombée dans une étrange mobilité d'humeur ; tantôt gaie jusqu'à rire et crier follement sans cause apparente ; tantôt caressante avec sa mère et son frère jusqu'à les fatiguer d'une tendresse maladive; le plus souvent triste et morne jusqu'à rester des heures entières dans un coin sans vouloir répondre, sans regarder, comme si elle était insensible, il fallait chercher l'explication de sa conduite dans la crainte et la répulsion que lui avait inspirées madame Pigache.

D'ailleurs où la chercher autre part et comment? si madame Pigache n'était pas la cause, la seule cause de ces changements, où était-elle?

La jalousie? mais elle était jalouse avant que madame Pigache n'arrivât au Plessis; elle l'avait toujours été de tout, de tous et même avant que Julien ne fût né.

II

Il avait été décidé qu'Armande prendait la direction des enfants, et qu'une institutrice, donnée par madame Aiguebelle, viendrait de Paris seulement deux fois la semaine.

Elle les faisait donc travailler tous les jours exactement comme madame Pigache, suivant les règles et les heures adoptées par celle-ci.

Par là elle se trouva avec eux bien plus qu'autrefois et dans des conditions toutes différentes, non plus seulement pour les soigner et les cajoler, comme lorsqu'elle n'avait qu'à rire de leurs rires, mais pour les contraindre à ce que les enfants subissent le plus difficilement, la régularité dans l'ordre établi.

Aussi ne lui fallut-il pas longtemps de ces nouvelles habitudes, pour sentir que les espérances fondées sur le départ de madame Pigache ne se réaliseraient pas.

La bonne humeur de Victorine ne dura pas deux jours; sans que rien en donnât la raison, elle redevint promptement ce qu'elle avait été durant les derniers mois.

C'était surtout dans ses rapports avec Julien qu'elle était tout à fait étrange, et telle qu'on pouvait se demander si elle ne le haïssait pas. Bien des fois en la voyant bousculer son frère, repousser toutes ses avances, redire soigneusement en l'aggravant ce qui pouvait le faire gronder, Armande se posa cette terrible question, bien des fois elle crut à cette haine incompréhensible; mais bientôt Victorine revenait à lui, l'embrassait, le caressait, cherchait par tous les moyens à le faire rire, et paraissait aussi tendre qu'un instant auparavant elle avait été insensible.

Tout enfant, et dès qu'elle avait commencé à ouvrir les yeux, Victorine avait trouvé chacun empressé autour d'elle, son père, sa mère, son grand-père qui en avait fait une idole, et elle s'était habituée à voir ses caprices toujours acceptés et le plus souvent prévenus. Les enfants, qui apprécient très justement le degré de leur pouvoir sur ceux qui les aiment, savent très bien ce qu'ils peuvent tenter, comme ce qu'ils peuvent exiger. La naissance de Julien avait considérablement affaibli ce pouvoir, et elle avait été très surprise de voir qu'elle n'était pas seule à l'exercer. De là une jalousie qui, dans un caractère naturellement envieux, avait pris un monstrueux développement.

Jamais son frère n'avait demandé quelque chose sans qu'aussitôt elle ne tendît la main en criant : « Moi aussi. » Si on le caressait, si on l'emmenait promener, si on lui donnait ou lui apportait quoi que ce fût, toujours, aussi bien pour un rien que pour ce qui en valait la peine, elle intervenait avec son « moi aussi. » Julien se plaignait-il ? « Moi aussi, disait-elle, j'ai mal. » Cela était si bien passé en habitude et si frappant, que les domestiques en parlant d'elle ne l'appelaient jamais que mademoiselle « Moi aussi. » Rien, ni observations, ni moqueries n'avaient pu la guérir de cette personnalité exigeante et toujours inquiète.

Mais depuis quelques mois, d'elle-même et tout à coup, elle avait cessé de dire son éternel « moi aussi. » Seulement il était visible que c'était une contrainte qu'elle s'imposait, car si les lèvres ne le disaient, ses yeux comme autrefois le criaient à propos de tout. A table elle ne quittait pas Julien du regard, observant si on le servait mieux qu'elle n'avait été elle-même servie. Lorsque Martel ou Armande le prenaient dans leurs bras pour jouer avec lui, elle venait se poser auprès d'eux comme pour attendre son tour. Mais elle ne le réclamait plus bruyamment comme autrefois ; sans un mot, sans une observation, elle s'en allait dans un coin, et si en l'appelant ou en allant à elle, on la forçait à se retourner, on la trouvait les yeux gros, les lèvres serrées, luttant pour ne pas pleurer.

Sa mauvaise volonté dans presque tout ce qu'on exigeait d'elle lui attirait des punitions, qui devenaient d'autant plus fréquentes, qu'on se croyait obligé envers elle à une certaine sévérité. Jamais elle ne se révoltait contre ces punitions et le plus souvent elle les subissait avec une morne insensibilité ; mais quelquefois il arrivait que si c'était sa mère qui les lui imposât, après un premier moment de silence, elle s'élançait vers elle, se cramponnait à sa robe, l'embrassait, la serrait follement dans ses petits bras, et au milieu de sanglots, de larmes, criait : « Ne me punis plus, pardonne-moi, je t'aime bien, maman. » Puis c'étaient des caresses, des promesses. Et si Armande, la voyant attendrie, voulait la questionner, lui faire dire ce qu'elle avait, elle reprenait aussitôt son immobilité ; invariablement elle faisait la même réponse : « Je n'ai rien, je t'aime bien. »

Ces alternatives de tendresse et de dureté, de franchise involontaire et de dissimulation, mais surtout son caractère taciturne et fantasque, déroutaient les raisonnements aussi bien que les observations. Son attitude rêveuse

Il écoutait cette musique avec un évident plaisir. (p. 661.)

et triste, ses regards fixes qui paraissaient toujours chercher quelque chose, n'étaient pas d'une enfant de son âge. Qu'avait-elle? Pourquoi était-elle ainsi? Pour Armande elle était incompréhensible.

III

Pour les autres qui n'enduraient pas ce caractère avec la tendresse indulgente d'une mère, elle était insupportable.

Elle n'avait jamais été facile avec les domestiques, ayant eu avec eux, dès qu'elle avait pu commander, les exigences impatientes d'une enfant gâtée, elle était devenue dure et méprisante.

Et comme lorsqu'elle pouvait échapper à la surveillance de sa mère au moment où mangeaient les gens de la ferme, c'était pour venir s'établir dans la cuisine, elle ne trouvait que trop d'occasions pour leur dire des insolences ou leur jouer de mauvais tours. Avec raison les paysans regardent l'heure du repas comme leur appartenant, ils n'aiment pas qu'on soit près d'eux comme pour la leur mesurer, pas plus qu'ils ne supportent qu'on vienne en ce moment se mêler à leurs propos. Ils ne se gênaient donc pas pour la forcer à quitter la place; et leurs langues étant aussi lourdes que leurs mains, elle ne s'éloignait le plus souvent que pâle de dépit et tremblante de l'envie de se venger.

Méduline, Hutin et quelques autres avaient voulu la défendre ; elle avait si mal accueilli leur aide qu'ils s'étaient lassés et peu à peu l'avaient laissée avec tout le monde contre elle.

Marie-Ange, sa bonne, qui l'avait élevée, avait seule persisté quand même.

— Malicieuse qu'elle est, disait-elle, mais c'est de son âge, il ne faut pas lui en vouloir.

— C'est-il de son âge d'être toujours derrière nous quand elle nous voit seulement deux à causer et de nous arriver sournoisement sur le dos comme pour surprendre ce qu'on dit. Est-ce qu'on parle mal de son père ou de sa mère. Est-ce que c'est eux qui lui commandent de nous espionner? Non ; et son frère n'est pas comme elle.

— Ah! son frère, le bon chéri, est-ce qu'il pense à mal?

Cette manière de venir à son secours exaspérait Victorine; ainsi chacun l'abandonnait, lui préférait Julien, même Marie-Ange.

Dans une âme d'enfant qui ne raisonne que sous le coup de la sensation immédiate, de pareilles idées, une fois qu'elles se sont formées, germent vite et prennent un dangereux développement. Elle avait eu pour compagnon de ses premiers jours un grand chien de Terre-Neuve, et aussi loin que ses souvenirs remontaient, elle voyait Badaud auprès d'elle, esclave docile toujours prêt à ses caprices, elle l'avait attelé à sa première voiture dans son jardin de Chaillot et il avait nagé auprès d'elle dans les mers d'Italie. Mais Badaud devenu vieux, lourd et dormeur, ne voulait plus jouer; son caractère aussi avait vieilli; lorsque maintenant elle voulait le contraindre à quitter le tapis sur lequel il passait toutes ses journées, il grognait et sans mordre il montrait ses dents ébranlées ; pour Julien seul, moins turbulent et qui d'ailleurs ne le tourmentait jamais, il avait encore un petit frétillement de queue qui semblait dire : « Tu ne m'ennuies pas toi, mais laisse-moi tranquille.

Ainsi, gens, bêtes, tous les uns après les autres se retiraient d'elle, et précisément au moment où elle avait le plus besoin d'affection démonstrative ; car, par un contraste qui était son caractère même, elle passait sans transition de l'indifférence la plus morne à la tendresse la plus expansive. Successivement elle avait fait amitié avec chacun de ceux qui l'entouraient, non une amitié tiède et banale, comme on fait à trente ans, mais une amitié passionnée comme en font les enfants et qui ressemble si pleinement à l'amour avec toute sa foi, ses joies et ses douleurs. Il est vrai que cette amitié ne durait guère que quelques jours, rarement une semaine; mais pendant ces quelques jours c'était de sa part une véritable passion où elle mettait tout son cœur, puis tout à coup sans qu'on sût pourquoi, sans qu'il fût possible de lui faire dire ce qui l'avait blessée, elle revenait à l'indifférence.

Quoique le Plessis fût une ferme de production où tout était dirigé en vue d'obtenir des céréales, dont les fourrages se vendaient avantageusement sur les marchés de Paris, on y élevait cependant quelques cochons destinés à utiliser les débris de toutes sortes, qui sans eux eussent été perdus.

Buffon, qui n'a guère parlé de nos animaux domestiques que pour les empailler superbement dans une attitude noble et fausse, a déclaré que, de tous les quadrupèdes, le cochon était l'animal le plus brut, que toutes ses habitudes étaient grossières, tous ses goûts immondes, toutes ses sensations réduites à une gourmandise brutale. La phrase a de la grandeur et de l'harmonie, malheureusement elle n'a que cela Si Buffon, en étudiant les bois, avait pris la peine de les parcourir, il aurait vu que le cochon sauvage est de tous les quadrupèdes l'animal qui se rapproche le plus de l'homme par le sentiment de la famille, car il n'est pas rare de voir la laie accompagnée de ses portées de deux ou trois années successives, tout ce monde vivant en société, réuni par les liens de la parenté, ce qui ne se rencontre pas chez les autres bêtes. S'il avait quelquefois abaissé ses regards sur sa basse-cour, il aurait vu que le cochon domestique possède à un haut point l'esprit d'association, et que si l'on attaque un membre de sa bande, il prend aussitôt sa défense, soigne le blessé et poursuit l'assaillant. S'il avait quelquefois chassé, il aurait vu que le sanglier distingue très bien celui qui lui a envoyé une balle, se débarrasse des chiens, se précipite sur lui au lieu de fuir et l'éventre souvent d'un coup de défense, heureux de se venger avant de mourir. S'il avait interrogé le premier paysan venu ou le dernier de ces porchers, il aurait appris que les cochons aiment la propreté autant qu'aucun autre animal, et qu'ils ont pour leur loge des soins que les autres animaux n'ont pas dans leur étable. S'il s'était simplement renfermé dans son rôle de naturaliste, il aurait vu que cette brute possède un organe, le boutoir, qui, pour la délicatesse et la sûreté des perceptions, ne peut être comparé qu'à la trompe, ce merveilleux instrument qui a fait adorer l'éléphant comme un Dieu.

Parmi ceux qu'on engraissait à la ferme il y en avait un qui moins brute ou plus intelligent, comme on voudra, s'était élevé à la véritable conception des choses de la vie, et en conséquence ne s'éloignait guère de la porte de la cuisine; un beau jour Victorine le prit en affection et, comme elle le bourra de fruits et de salades, ce fut bientôt un sentiment partagé.

Il la connaissait, et quand elle arrivait, il accourait au-devant d'elle en agitant sa queue en tire-bouchon. Si elle le caressait, il se couchait voluptueusement à ses pieds et fixait sur elle ses petits yeux ardents qui se fermaient à demi.

Elle apporta dans ce nouveau caprice la passion qu'elle avait mise dans toutes ses amitiés. Tout le temps qu'elle avait de libre, elle venait le passer avec lui. Elle l'emmenait dans un coin de la cour, et ils restaient là tous deux des heures entières : lui se laissant nettoyer, tripoter, caresser comme l'eût fait le chien le plus docile, mais avec un sentiment plus vif de jouissance égoïste; elle lui parlant, lui contant ses chagrins dans un parler enfantin, comme elle l'eût fait à une poupée, le transformant aussi en un confident et un consolateur.

Dans l'amitié qu'il lui rendait il y avait une bonne part de gourmandise, car elle l'empâtait de tout ce qu'il y avait de bon; mais, si l'on peut analyser les sentiments d'un cochon, il y avait aussi plus que cela, car sa gourmandise satisfaite, il restait étalé auprès d'elle, ou bien il la suivait docilement selon ce qu'elle voulait.

Elle avait une petite musique nouvellement inventée qu'on lui avait rapportée de Paris; c'était une espèce de cornemuse formée d'une poche en caoutchouc qui était un réservoir d'air; à ce réservoir était adapté un tuyau percé de trois trous pour le gonfler; lorsqu'il était plein on promenait les doigts sur ces trous comme on l'eût fait sur une flûte; le vent en sortant formait des sons. Devenue assez habile sur ce singulier instrument, elle s'amusait durant des heures à en jouer pour son cochon; allongé près d'elle, les yeux demi-clos, grognonnant voluptueusement, il écoutait cette musique avec un évident plaisir, demeurant tranquille tout le temps qu'elle voulait bien le régaler.

S'il aimait la musique, le cochon aimait aussi la bourbe fraîche; et lorsqu'il venait de s'y vautrer, enfoncé jusqu'au groin, il n'était guère propre; Victorine portait souvent les traces odorantes de ces caresses, ce qui était pour elle une nouvelle occasion d'être grondée par sa mère, que cette intimité révoltait.

— S'il te faut une bête, lui disait elle en tâchant de la raisonner doucement, pourquoi ne prends-tu pas Badaud?

— Badaud ne m'aime plus.

— Ton cochon t'aime-t-il?

— Oui, et on ne l'aime pas.

Ainsi, c'était bien de jalousie que Victorine souffrait; elle croyait qu'on ne l'aimait plus, ni sa mère, ni personne, ni même le chien de la maison; mais que dire à une enfant qui vous écoute dans une attitude triste et résignée sans vouloir entendre? Comment la persuader qu'elle se trompe; fallait-il battre Julien pour convaincre sa sœur qu'elle était la préférée. Et d'ailleurs il n'y avait pas de préféré; Armande avait beau s'interroger elle-même, elle sentait qu'ils lui étaient également chers l'un et l'autre, son amour maternel était bien celui dont parle le poète; chacun en avait sa part, et tous l'avaient tout entier. Si Victorine était plus souvent punie que son frère, c'est que plus souvent elle le méritait.

Dans ces circonstances, punitions, observations, sévérité, douceur, rien ne fit. Plus on voulut la séparer de son cochon, plus elle fut empressée auprès de lui.

— Il y a un moyen bien simple de tout trancher, dit Martel, c'est de tuer le cochon, d'ailleurs son tour est venu. Seulement, pour ne pas la faire pleurer, on choisira un moment où elle ne sera pas là; précisément tu vas avec elle mardi à Paris, on le tuera mardi, le lendemain elle n'y pensera plus.

Le mardi, Victorine, en rentrant de Paris, voulut, comme à l'ordinaire, aller voir son bon ami, ainsi qu'elle l'appelait; mais le dîner était servi, elle dut, en descendant de voiture, se mettre à table.

Pendant qu'elle mangeait, Julien, qui était resté à la maison, la regardait avec des yeux malicieux.

Enfin, n'y tenant plus:

— Le trouves-tu bon, ton bon ami? dit-il.

— Julien! dit Armande.

Il était trop tard, elle avait regardé son assiette, et le boudin qu'elle était en train de manger l'avait fait comprendre.

Elle pâlit affreusement, puis brusquement, se tournant vers son frère, elle leva sur lui son couteau.

Mais, avant qu'elle eût pu l'en frapper, elle se renversa sur sa chaise, prise de convulsions et de vomissements.

Pendant plusieurs heures elle ne fit que pleurer dans une crise de fièvre qui la soulevait. Ce fut seulement au milieu de la nuit, qu'à bout de forces, elle s'endormit d'un sommeil agité et entrecoupé de sanglots.

Alors on comprit combien était grave et vraie cette amitié dont on s'était moqué.

IV

Quoique Martel s'en occupât peu directement, il s'en préoccupait beaucoup; mais il se gardait bien de faire part de ses craintes à Armande; lorsque celle-ci laissait voir son inquiétude, il tâchait de la rassurer.

C'était, ce ne pouvait être que la jalousie; et contre ce mal il n'y avait rien à faire qu'à maintenir une parfaite égalité entre le frère et la sœur.

Il est vrai que cette égalité était presque impossible, car autant Victorine était fantasque d'humeur, autant Julien était doux et gai, autant elle était rebelle, autant il était docile. De là naturellement une manière d'être avec eux qui n'était pas la même, et comme sans remonter à la cause le résultat matériel était là, ils voyaient pour l'une des punitions, pour l'autre des caresses.

Par lassitude de toujours gronder, par pitié maternelle aussi, Armande feignait souvent de ne pas voir ou d'ignorer bien des choses, mais Martel ne partageait pas cette faiblesse.

Sans aimer Victorine, comme Julien, d'un amour de père, il avait pour elle une très vive tendresse, il l'aimait surtout pour Armande. Et rendu attentif, précisément par cette tendresse, il était désolé de remarquer les mauvaises dispositions qui se manifestaient en elle; d'autant plus qu'elles lui semblaient un héritage paternel. Souvent, autrefois, au temps de sa liaison avec Maurice, réfléchissant au contraste de ce caractère d'une extrême mobilité qui allait de la bonté la plus grande à la dureté la plus révoltante, et qui dans la même heure trahissait des qualités excessives et des défauts monstrueux; il avait attribué l'envahissement de ces défauts à l'excessive faiblesse qu'avaient eue pour son enfance ceux qui l'avaient élevé, et il ne voulait pas que la même faiblesse produisît maintenant chez la fille les mêmes résultats. Pendant qu'il en était encore temps, il croyait que les germes de ces défauts devaient être sévèrement arrachés avant qu'ils eussent pris racine et sous leur foisonnement étouffé les qualités naissantes.

Une autre raison encore le décidait à une sage sévérité, capitale, celle-là, et qui devait être désormais sa règle et sa loi.

— Par notre situation, dit-il à Armande quand il sentit qu'elle penchait vers l'indulgence, nous sommes en quelque sorte condamnés à une vie exemplaire. Nous le sommes pour le monde et plus encore pour nos enfants. Il faut, s'ils viennent à apprendre la vérité lorsqu'ils commenceront à raisonner, que nous puissions paraître devant eux sans qu'ils aient un reproche à nous adresser, malgré les préjugés qui pèseront sur eux d'un terrible poids, j'ai confiance que si nous n'avons jamais donné prise au blâme, ils seront indulgents pour une fatalité que nous avons subie et que nous leur transmettrons. Cette responsabilité ne m'effraie pas ; je sais bien qu'elle sera lourde, car nous n'avons secours ni relais à demander, tout nous est obstacle : la loi, la religion, les convenances sociales ; cependant il ne me déplaît pas de la porter ; quand on est chargé on marche droit, on regarde à ses pieds et on ne fait point de faux pas. Pour toi, je la crains encore moins que pour moi. Voilà comment notre situation, si déplorable qu'elle soit, a cependant un bon côté ; mais nous ne sommes pas responsables de nous seuls, nous le sommes des enfants. A eux aussi le monde sera dur. Nous devons les armer pour qu'ils puissent supporter ses coups. Ils auront à se faire beaucoup pardonner, ils n'y arriveront que si personnellement ils sont irréprochables. Nous devons donc les élever en prévision de cet avenir, et c'est mal commencer que de leur passer leurs caprices.

Martel avait été élevé sévèrement, durement même, par un père qui avait pour principe que les enfants ne doivent jamais faire leur volonté, et il trouvait tout naturel d'appliquer aux autres les idées qui l'avaient fait honnête homme. Il n'eût eu que son fils, ils eussent été dans la position de tout le monde, il eût élevé Julien sans parti pris, très probablement au hasard de la tendresse paternelle. Mais il avait charge d'un enfant qui n'était pas le sien, qui montrait des dispositions inquiétantes qui, mal commencé, pouvait ressembler à son père ; il raisonnait, il s'imposait un système et s'y enfermait étroitement. Ce n'étaient pas les inspirations du cœur qui devaient diriger cette éducation, mais les règles précises d'une ligne inflexible tracée d'avance et rigoureusement suivie.

Victorine avait depuis quelque temps pris une habitude qui, plus que tout, contrariait singulièrement ce système, c'était de raconter des histoires dans lesquelles il n'y avait pas un mot de vrai. Comme beaucoup d'enfants qui ont l'imagination trop vive, elle inventait des fantaisies incroyables, extravagantes pour les personnes sensées, mais pour elle charmantes; ces fantaisies, elle les contait le plus sérieusement du monde, non précisément pour mentir, bien plutôt pour conter, se faire écouter, se rendre intéressante.

Sans démêler ces exigences d'une imagination impatiente et ces artifices d'une enfant qui veut attirer l'attention, précisément parce qu'elle se croit délaissée, Martel ne voyait que le fait, c'est-à-dire le mensonge, et comme il était la sincérité même, il s'en trouvait réellement blessé : cette fausseté était pour lui une cause d'iritation de tous les instants ; aussi ne cessait-il de recommander à Armande de la combattre.

Il s'était donné la règle de ne jamais intervenir d'une façon directe ; mais un jour la patience lui échappa.

Au dîner, Julien se mit à raconter qu'un grand oiseau s'était abattu sur les moutons de Hutin et avait voulu en emporter un.

— Tu l'as vu ? interrompit Armande.

— Non, c'est Victorine.

— Tu l'as vu ?

— Oui, dit Victorine sans hésitation, il avait des plumes dorées à la queue, un grand bec crochu; c'est Hutin qui l'a fait partir.

Et elle se mit à préciser par des détails particuliers, exactement comme un romancier qui veut donner la vérité à son récit.

— Hutin est précisément à la cuisine, dit Martel, qu'on le fasse venir.

Victorine ne montra pas le plus léger embarras.

— Vous avez vu un grand oiseau qui a voulu enlever un de vos moutons ? dit Martel à Hutin lorsque celui-ci fut arrivé.

— Notre maître se moque de moi.

— Non, c'est Victorine qui se moque de nous.

— Je n'ai pas dit que Hutin l'avait vu, interrompit Victorine, il l'a fait partir.

Dans un mouvement d'impatience et de colère, Martel tortilla si vivement sa serviette qu'on entendit la toile se déchirer; puis quand le berger fut sorti :

— Tu sais, dit-il à Victorine, que je ne te punis jamais.

— Oui, mais tu me fais punir par maman, répondit-elle sans baisser les yeux et d'une voix sèche.

Il s'arrêta un moment pour regarder Armande, mais aussitôt reprenant :

— Hé bien ! aujourd'hui je vais te punir moi-même, et tu verras que tu n'as pas à y gagner.

— Puisque tu n'es pas mon vrai papa, tu ne dois pas me punir, dit-elle d'un ton de défi, c'est à maman de me punir.

C'était la première fois qu'elle montrait pareille résistance. Armande

Elle poussa un cri déchirant, horrible, qui fit bondir Martel jusqu'à elle. (p. 672.)

H. MALOT. — VICTIMES D'AMOUR.

LIV. **84**

voulut intervenir; Martel, assez maître de lui pour sentir les dangers d'une discussion sur ce sujet, lui fit signe de garder le silence.

Et, sans répondre directement à l'interruption de Victorine, il reprit :

— Je vous avais promis à Julien et à toi deux poneys, Julien aura le sien, toi tu n'en auras pas, ou au moins tu ne l'auras que quand tu ne mentiras plus.

Ces poneys étaient depuis un mois le sujet continuel de la conversation des enfants, ils en rêvaient, et, toute la journée, ils faisaient des projets; Victorine surtout en était folle de joie.

En entendant cet arrêt, qu'elle savait devoir être rigoureusement tenu, elle ne dit rien, ne laissa pas couler une larme, pâlit seulement et tressaillit de tout son corps, puis, se tournant vers sa mère sans même regarder Martel, elle attacha sur elle ses deux yeux longuement, fixement, avec une indéfinissable expression de douleur et de révolte, qui, remuant jusqu'au cœur la pauvre mère, la laissa pour longtemps troublée et inquiète.

V

Depuis une huitaine Julien avait son poney, lorsqu'une après-midi Hutin le rapporta dans ses bras, à moitié évanoui; derrière marchait Victorine qui pleurait; il y avait à peu près trois heures que les deux enfants étaient sortis ensemble pour aller jouer dans un petit bouquet de bois qui joignait la ferme, et qu'on appelait le bois du Curé.

— Prevenez la maîtresse que le petit est malade, dit Hutin à la femme de chambre, qu'elle ne soit pas saisie.

Armande était dans l'atelier auprès de Martel, qui travaillait; elle ne fit qu'un bond pour venir au-devant de Hutin et lui prendre l'enfant.

— Qu'as-tu? lui demanda-t-elle.

— Mal au cœur, dit-il d'une voix confuse.

Elle le regarda; son attitude était hébétée, ses yeux étaient rouges, hagards, ses pupilles dilatées et immobiles.

— Mademoiselle Victorine m'a appelé, dit Hutin répondant à une muette interrogation de Martel, j'étais auprès du bois du Curé avec mes moutons, M. Julien sautait, puis se roulait à terre, on aurait dit qu'il ne voyait pas devant lui, car il se cognait aux arbres; je l'ai pris dans mes bras pour l'apporter.

— Nous jouions dans le bois, dit Victorine en s'avançant, tout à coup Julien s'est mis à rire et à danser, en disant qu'il avait mal au cœur, et puis il est tombé en disant qu'il ne pouvait pas se tenir debout, j'ai eu peur, j'ai appelé Hutin.

Armande voulut faire parler Julien, elle n'en put tirer que des paroles incohérentes; tout à coup il riait aux éclats, puis il tendait vivement les bras devant lui, comme pour saisir un objet qu'il aurait vu. Ses bras et ses mains étaient agités de mouvements nerveux; bientôt il retombait dans un accès de faiblesse.

— Allez vite à Villeneuve, dit Martel à Hutin, prenez File-au-Vent et le tilbury, crevez le cheval s'il le faut; avant une demi-heure, soyez revenu avec M. Boucherot.

La demi-heure n'était dépassée que de deux minutes quand on entendit le trot précipité du cheval. Pour le père et la mère, le médecin c'était la vie. Pendant cette demi-heure Julien avait eu plusieurs crises de délire, et il avait été pris de vomissements : on avait voulu renvoyer Victorine, elle n'avait pas voulu quitter la chambre, et elle était restée immobile dans un coin. A un moment Julien ayant eu un peu de calme, elle s'était approchée de sa mère :

— Maman..., avait-elle dit.

Mais Julien avait eu une nausée, et Armande l'avait repoussée pour soutenir la tête du pauvre petit.

M. Boucherot n'examina pas longtemps Julien.

— Votre berger m'a parlé de délire? demanda-t-il.

— C'est plutôt une gaieté folle que le délire; cependant il souffre, tout à l'heure en vomissant il chantait.

Il se fit montrer la cuvette.

— Ne vous effrayez pas, dit-il, il a vomi, il est sans doute sauvé; c'est un empoisonnement par la belladone : paupières dilatées, délire gai, deux symptômes certains; d'ailleurs nous retrouvons des débris de baies encore entière. Sa sœur était avec lui, m'a dit le berger, elle doit l'avoir vu en manger.

Et s'adressant à Victorine :

— Vous étiez avec votre frère dans le bois, il a dû manger des baies de belladone?

— Je ne sais pas, répondit-elle en le regardant fixement.

— Des petits fruits rougeâtres ou presque noirs, gros comme une petite cerise?

Elle resta un moment sans répondre, puis tout à coup comme si elle prenait sa résolution :

— Nous jouions au médecin, dit-elle, Julien était le malade, moi le médecin, il devait manger des petites cerises, il serait malade d'en avoir trop mangé, et je le soignerais.

— Voilà bien ce que je pensais.

— En as-tu mangé aussi? dit Armande avec anxiété.

— Moi, non, j'étais le médecin.

Pendant deux jours Julien donna les craintes les plus sérieuses. On alla à Paris chercher Carbonneau. Il rassura les parents, mais il fut moins affirmatif avec son jeune confrère; le cas était grave; la quantité de fruits absorbée avait été considérable; si on le sauvait, cet empoisonnement laisserait des traces profondes dans l'organisme.

— Ayez pleine confiance dans Boucherot, dit Carbonneau en repartant, c'est un garçon intelligent, plus capable que moi de bien soigner Julien dans cette circonstance, car il a fait des narcotiques une étude approfondie, et sa thèse sur ce sujet est très remarquable. Ce n'est pas un médecin de campagne, il avait une belle place à prendre à Paris, si sa timidité et son honnêteté le lui avaient permis; échoué à Villeneuve, il ne la prendra pas maintenant dans la pratique, mais il se la fera dans la science pure, soyez-en certains; trouver ce garçon-là à deux pas de chez soi, c'est pour vous un vrai bonheur.

Le soir du troisième jour Boucherot déclara que l'enfant était sauvé. Cette nuit-là on dormit au Plessis.

Le lendemain matin Martel était dans son atelier, au travail, lorsqu'il vit entrer Hutin.

— Il paraît que M. Julien n'est plus en danger? demanda celui-ci avec embarras.

— Je vous remercie, répondit Martel, surpris que son berger entrât ainsi, il est maintenant sauvé.

— Ah! tant mieux.

Et Hutin se tut, paraissant plus embarrassé encore, mais en même temps décidé à ne pas s'en aller. Martel vint à son aide :

— Vous avez quelque chose à me dire, n'est-ce pas?

— Vous, vous êtes un homme, vous m'avez trouvé prêt à faire un mauvais coup pour en finir, vous m'avez ramassé. Si je me sens tranquille sans avoir peur des gendarmes, des commissaires, des juges, de toute la boutique, si je vis, si je mange, si je dors sans avoir un couteau ouvert dans une poche, c'est à vous que je dois tout ça. C'est pour vous dire que je vous suis dévoué, à vous et à votre famille : je voudrais que vous en soyez bien sûr, mais je ne sais pas vous le conter.

— Je vous crois.

— Vrai, eh bien vous devez croire aussi que relativement à vous je ne voudrais pas mentir; je n'ai pas le droit de jurer, si je l'avais je vous ferais serment.

— Quel serment? interrompit Martel, ne comprenant rien à ces protestations d'un homme habituellement taciturne, et qui, depuis qu'il l'avait à son service, ne lui avait jamais dit tant de paroles.

— Le serment que ce que j'ai à vous dire, c'est vrai comme la vérité, et que si je vous le dis, c'est parce que là je vous aime, quoi ? et le petit monsieur Julien aussi.

Il s'arrêta encore un moment, comme pour reprendre courage.

— Voilà ! reprit-il d'une voix précipitée, c'est relativement à l'affaire de la belladone, cette mauvaise herbe dont il a mangé. Il y a huit jours j'étais encore autour du bois du Curé avec mes moutons. Voilà mademoiselle Victorine qui vient jouer au bois, c'est bien ; mais voilà qu'en passant devant elle, je vois qu'elle avait dans sa robe des fruits de cette belladone et qu'elle jouait avec. On n'aime pas beaucoup à lui parler, vous savez, parce qu'elle n'est pas toujours facile ; mais c'était pas le moment de faire le délicat, — Mademoiselle, que je lui dis, il faut jeter ça...

— Hé bien ? interrompit Martel avec une horrible angoisse.

— Faut jeter ça, parce que c'est du poison. — Non, qu'elle me dit, c'est comme des guignes. — C'est du poison que je vous dis, et quand j'étais petit, deux de mes camarades qui en avaient mangé devant moi sont morts. Elle lâcha sa robe. Voilà.

De la paume de sa main il s'essuya le front.

Martel était d'une pâleur livide, le cœur étreint, ne respirant pas. Durant plusieurs minutes il resta sans rien dire, comme si Hutin n'eût pas été là, devant lui, le regardant ; ce fut seulement quand celui-ci fit quelques pas pour s'en aller, qu'il secoua sa stupeur.

— Elle n'aura pas compris ce que vous lui expliquiez, dit-il avec hésitation.

— Ah ! sûrement, et puis les fruits étaient rouges il y a huit jours et noirs quand le petit monsieur en a mangé ; elle ne les aura pas reconnus parce qu'ils avaient mûri. C'est bien ce que je me disais.

Et il sortit.

Il n'avait pas tiré la porte que Martel courut derrière lui.

— Ne parlez à personne de ce que vous m'avez dit, c'est inutile.

— Oh ! sûrement, monsieur.

VI

La convalescence lente de Julien, avec des alternatives de mieux et de pire, exaspéra la jalousie de Victorine.

Armande, Martel, tout le monde dans la maison, ne parlait, ne s'occupait que de Julien ; et les inquiétudes, les craintes, le chagrin de sa mère venaient à chaque instant prouver combien tendrement il était aimé.

Cette jalousie avait cependant des intermitences.

Lorsqu'il était mal, elle disparaissait dans les effusions d'une tendresse passionnée; — Est-ce qu'il est bien malade? demandait-elle vingt fois par heure, il ne mourra point, n'est-ce pas? Si on le lui eût permis elle fut constamment restée auprès de lui.

Lorsqu'il était mieux, elle reparaissait; plus de tendresse, plus de caresse, une humeur morne, hargneuse.

— Maman, dit-elle un soir qu'elle était seule avec sa mère dans la chambre de Julien endormi, est-ce que si j'étais malade, tu aurais du chagrin aussi?

— Est-ce que quand tu as été malade dans notre petite chambre de la rue Montmorency, je n'avais pas de chagrin?

— Oui, mais j'étais toute seule, tu m'aimais toute seule.

— N'es-tu pas ma fille, comme il est mon fils?

— Oui, mais il est le fils de papa Martel; moi, mon papa a été méchant pour toi, et Marie-Ange dit qu'elle n'aurait jamais aimé l'enfant d'un homme qui l'aurait battue, c'était à Méduline qu'elle disait ça, pour son bâtard.

— Tu sais que je t'ai déjà recommandé de ne pas dire ce mot-là.

— Les gens le disent toujours, eux; maman, c'est donc bien honteux d'être bâtard?

— C'est un grand malheur.

— Parce que tout le monde se moque de vous, ils se moquent tous de Méduline et de son petit; maman, bâtard, c'est quand on n'est pas marié, n'est-ce pas?

Armande qui ne voulait pas continuer une conversation ainsi engagée, ne répondit pas.

— Mais, reprit Victorine, pourquoi donc qu'elle ne se marie pas, Méduline, et qu'elle a refusé Hutin?

— Je ne sais pas.

— Ça ne lui fait donc rien qu'on se moque d'elle et qu'on la méprise? Marie-Ange disait que si elle ne se mariait pas pour elle, elle devrait se marier pour son petit. Elle avait raison Marie-Ange, n'est-ce pas?

Armande se leva, et passa dans la chambre voisine, où elle resta quelques instants; quand elle revint, Victorine, qui n'avait pas quitté sa place, paraissait absorbée dans une douloureuse réflexion. Elle ne recommença point ses questions; mais tout à coup quittant sa chaise et venant à sa mère contre laquelle elle se serra :

— Oh! maman, dit-elle, comme je voudrais bien être malade.

Puis elle fondit en larmes.

Armande la prit dans ses bras et la berça doucement en l'embrassant, lui disant de douces paroles; paroles d'amour maternel qui n'ont pas de sens, mais qui pour le cœur de l'enfant sont le miel le plus délicieux, la musique la plus douce.

Sans cesser complètement, les accidents nerveux de Julien diminuèrent peu à peu d'intensité, mais ils laissèrent derrière eux des traces inquiétantes, pâli, amaigri, les yeux creusés, les lèvres décolorées, il se soutenait à peine.

La première fois qu'il descendit dans le jardin, Victorine voulut venir jouer avec lui.

— Non, dit Martel, tu le fatiguerais.

Et s'adressant à Armande :

— Il faudrait, dit-il, que Victorine ne restât jamais seule avec lui, tu sais comme elle est, elle l'entraînerait à quelque imprudence; c'est à nous maintenant de ne jamais le perdre des yeux; la leçon du bois du Curé, c'en est assez.

C'était un dimanche, les récoltes étaient rentrées depuis une huitaine déjà; il y avait un moment de relâche dans les travaux, et les gens de la ferme avaient mis leur dimanche à profit pour aller à la fête à Villeneuve; les domestiques étaient aussi tous partis; Armande et Martel restaient seuls à la maison.

Ils passèrent la plus grande partie de la journée auprès de Julien qui, à l'air libre, se trouva mieux; ce fut seulement quand le soleil commença à baisser qu'on le rentra. On n'avait pas revu Victorine; Armande en fit l'observation.

— Elle est sans doute dans la cour, dit Martel, d'ailleurs elle n'a pas pu sortir, les portes sont fermées.

Armande alla dans la cour, elle ne la trouva pas; elle fit le tour du jardin, parcourut toutes les allées, et ne la vit pas. Elle l'appela, personne ne répondit.

— Elle doit être dans sa chambre, dit Martel, je vais y monter.

Il redescendit, elle n'était pas dans sa chambre; elle n'était pas davantage dans la salle de travail, dans l'atelier, nulle part où on la chercha en l'appelant.

— C'est étrange, dit Armande, prise d'une vague inquiétude.

— Victorine! Victorine!

— Elle est fâchée, dit Martel, elle boude dans un coin et ne daigne pas répondre, je vais la trouver.

— Ne la gronde pas, elle pleure peut-être de ce que nous l'avons renvoyée.

Martel la chercha dans la cour, dans les greniers, reparcourut le jardin comme l'avait déjà parcouru Armande, explorant les taillis, les bosquets, ne laissant pas un coin derrière lui sans l'avoir visité.

L'inquiétude à son tour le prit : où pouvait-elle être?

Il revint dans la cour : au coin de l'écurie était un grand réservoir où l'on tirait l'eau d'avance pour qu'elle perdît de sa fraîcheur dans l'été. Instinctivement, en passant auprès, il se pencha par dessus pour voir dedans.

Armande, qui sortait d'une grange, vit son mouvement et le comprit :

— Ah! s'écria-t-elle, tu as peur aussi!

Elle courut au puits qui était au milieu de la cour.

A peine se fut-elle penchée par dessus la margelle, qu'elle poussa un cri déchirant, horrible, qui fit bondir Martel jusqu'à elle.

— Là, là, dit-elle, se penchant de nouveau.

Puis elle tomba affaissée, se tordant les mains.

Au fond du trou noir, sur l'eau qui miroitait, on apercevait une tache blanche, quelque chose comme un mouchoir ou un tablier d'enfant; en dehors du puits, au bas de la margelle, un soulier. Armande ne l'avait pas vu, mais il sauta aux yeux de Martel.

— Et personne, murmurait Armande, une échelle, mon Dieu !

— Du courage, dit Martel en la relevant, si tu as la force, on peut la sauver!

Elle se pencha en se cramponnant à la potence de fer, et d'une voix brisée :

— Victorine! Victorine! cria-t-elle.

Rien ne répondit que l'écho sourd.

— Peux-tu te soutenir, dit Martel, peux-tu faire un effort?

Elle se redressa.

— Oui, quel effort?

Tout en parlant, il avait tiré toute la corde et remonté un des seaux, une grosse voiture restée dans la cour était près du puits, il passa la corde autour du limon et lui fit faire un tour.

— Je vais me mettre sur le seau qui reste, dit-il, tu fileras doucement la corde.

— Tu veux descendre?

— Oui.

— Et remonter?

— Quelqu'un finira bien par arriver, il n'y a que trois ou quatre pieds d'eau, la descente est tout; pourras-tu retenir la corde?

Elle hésita un moment, une seconde.

— Oui.

— Allons!

Il enjamba la margelle et, posant ses pieds sur les bords du seau, il prit la corde à deux mains.

Ce qu'il fallait à sa douleur c'était la prière dans la solitude. (p. 677.)

H. MALOT. — VICTIMES D'AMOUR.

— Lâche, dit-il, et doucement.

Elle commença à filer la corde qui, serrée autour du limon et mouillée, glissait difficilement ; mais il arriva un endroit où elle était sèche, et elle glissa vite en ronflant.

— Tiens bon ! cria la voix de Martel.

S'arc-boutant contre le limon, se roidissant avec une énergie désespérée, Armande serra les mains, la peau fut emportée, mais elle n'était pas en état de sentir la douleur. L'effort fut suffisant : la corde s'arrêta.

— File ! cria Martel.

Elle recommença à lâcher la corde doucement, par petits coups.

On entendit un bruit dans l'eau, la corde ne roidit plus. Il était descendu.

Elle était penchée au dessus du puits, écoutant avec une épouvantable angoisse, lorsqu'elle se sentit tirée en arrière : elle se releva.

— Ah ! maman, dit Victorine, maman, tu m'aimes encore !

Sa fille, c'était sa fille qui était devant elle, et qui sortait d'une grange où, cachée, elle avait tout vu.

L'exaltation qui l'avait soutenue l'abandonna : elle s'affaissa comme sous un coup de foudre.

Au même moment, la grande porte de la cour roula sur ses gonds ; le charretier de garde rentrait pour donner aux chevaux le repas du soir.

CHAPITRE VIII

LA MÈRE

I

Il fut décidé que Victorine irait en pension.

— Elle est malheureuse, dit Martel, pourquoi, je n'en sais rien, et c'est inutilement que depuis deux mois j'en ai cherché la cause; imaginaire ou non, son mal existe et produit des conséquences funestes; la cause de ce mal est ici; l'éloigner sera donc commencer à la guérir. Il m'en coûte de te donner ce conseil; j'aurai voulu qu'elle grandit près de nous; précisément parce que je ne suis pas son père, j'aurais voulu être pour elle mieux qu'un père. Je m'y suis appliqué, je n'ai pas réussi. Aujourd'hui elle me hait. Est-ce pour la sévérité que j'ai dû lui montrer ces derniers temps? Je ne sais pas, car elle ne dit rien; mais ses regards, le ton de sa voix parlent pour elle. Quand elle n'adore pas follement Julien, elle le déteste. Quels sentiments aurait-elle pour toi dans quinze jours, un mois, un an, si elle demeurait près de nous? Pour moi, dans la crise présente, la pension est un remède; s'il n'est pas bon, nous en changerons; mais avant tout il faut l'essayer.

Armande n'osa pas faire d'objections à ces observations, dont elle sentait toute la justesse; seulement elle obtint que Victorine n'entrerait en pension qu'à Pâques, c'est-à-dire l'hiver une fois passé.

Cela lui donnait encore six ou sept mois. C'était l'expédient du débiteur qui veut gagner du temps : combien de choses pouvaient arriver pendant ces six mois.

II

Elle avait cru qu'elle se ferait à cette idée de séparation, et que peu à peu en raisonnant, elle s'y habituerait.

Ce fut le contraire qui arriva, elle s'y habitua d'autant moins qu'elle y pensa davantage.

Ce caractère jaloux, aigre et volontaire de Victorine, ses révoltes, sa dernière aventure, tout cela était la conséquence d'un état maladif : la mettre en pension parce que cet état devenait incommode à tous, c'était exactement comme si malade de corps on l'envoyait dans une maison de santé pour qu'elle y fût soignée, guérie peut-être, dans tous les cas gardée.

Au fond, c'était à cela qu'allait se borner son séjour à la pension, être gardée hors de la maison.

Ce qui l'avait changée, c'était, ce ne pouvait être qu'un sentiment excessif de jalousie : n'était-ce pas exaspérer ce sentiment au lieu de le soulager que la mettre hors la maison, quand son frère y restait. Elle n'aurait plus le chagrin de le voir caresser; mais quand elle se lèverait le matin avant le jour dans un dortoir glacial, elle penserait que Julien à cette même heure dormait encore chaudement, qu'il serait éveillé par un baiser de sa mère, et habillé doucement devant un bon feu; quand elle mangerait son pain sec en courant pour se réchauffer, elle penserait que Julien était attablé devant une tasse de chocolat sucré et des rôties beurrées; quand elle serait obligée de travailler dans une salle d'étude sous l'œil d'une sous-maîtresse hargneuse, elle penserait que Julien faisait librement ce qu'il voulait, dénichait des nids, galopait peut-être sur son poney à travers champs et dans les chemins fleuris; — alors les douleurs de l'imagination ne seraient-elles pas plus dures que celles de la réalité; l'on avait la preuve de ce que l'imagination pouvait faire sur elle.

Les considérations de Martel étaient justes pour lui, il n'était pas son père. Mais elle? qu'elle n'eût point eu un deuxième enfant, et il ne serait pas question d'éloigner le premier. Si l'un de ses enfants avait plus de droits que l'autre c'était Victorine; une fois déjà ils avaient été sacrifiés, mais au moins dans des conditions d'ignorance, qui étaient presque une excuse; maintenant cette excuse n'existait pas.

Ces pensées s'imposèrent à son esprit et ne la quittèrent plus.

En même temps les craintes que lui donnait la santé de Julien, au lieu de se calmer, augmentèrent, car le mieux qui s'était fait sentir n'avait pas continué : l'enfant était resté exactement au point où il se trouvait le premier jour de sa convalescence; d'une faiblesse extrême, indifférent à tout, il tombait fréquemment dans des accès de stupeur suivis de fièvre et de tremblements nerveux qui pouvaient faire craindre une rechute.

C'était plus qu'il n'en fallait pour abattre une mère qui eût été dans une situation calme, heureuse du présent, sûre de l'avenir, c'en était trop pour Armande vivant depuis le voyage de Londres dans un état de trouble intérieur, d'inquiétude morale, d'effroi et de découragement, que la tendresse de Martel, ses soins passionnés, leur amour, le bonheur de ses enfants avaient pu jusqu'à un certain point combattre, qu'ils n'avaient pu guérir.

Aussi toujours obsédée des mêmes pensées, n'ayant pas une espérance d'avenir pour Martel, pour Victorine, pour Julien, pour elle-même qui ne fût incertaine et menacée, en vint-elle à croire que la maladie de ses enfants était un châtiment. C'est parce qu'elle était coupable qu'elle était frappée en eux.

On va vite et loin sous la pression de ces idées ; et de toutes nos facultés c'est la conscience qui peut-être se laisse le plus facilement entraîner par l'imagination.

Si elle n'était pas dévote, son âme était religieuse. Élevée chrétiennement par une mère superstitieuse dans sa foi bretonne, c'était pour ne pas contrarier l'athéisme de son grand-père et plus tard l'indifférence de son mari, qu'elle avait abandonné les pratiques de la religion catholique, mais elle avait toujours subi l'influence de son éducation première, et au fond du cœur gardé les croyances de son enfance.

Malheureuse elle y revint désespérément. Dieu! Dieu seul pouvait être un refuge et une espérance.

III

Les églises dans les campagnes ne sont pas, comme à Paris, ouvertes toute la journée; elle le sont seulement le matin pour la messe, le midi et le soir pour l'Angélus; le curé garde une clef, et le maître d'école, chargé le plus souvent de sonner la cloche, garde l'autre.

Toutes les fois qu'Armande voulait aller à l'église elle était donc obligée d'envoyer demander la clef du curé.

En choisissant l'heure de la messe elle eût évité ce désagrément; mais ce n'était point la prière en commun, avec sa décence et ses distractions, qu'il fallait à sa douleur, c'était la prière dans la solitude, avec ses élans et ses défaillances où le cœur se livre et s'abandonne.

Quoique l'abbé Blavier ne fût guère habitué à voir Armande dans son église que les jours de fêtes carillonnées, cette dévotion subite ne le surprit pas trop; la maladie de Julien était une explication qui s'offrait suffisante et toute naturelle.

Depuis le départ de madame Pigache, les relations avec les propriétaires de la ferme avaient été pour lui pleines d'embarras. D'un côté il se croyait obligé de les rompre et de ne pas légitimer, par sa présence, une situation qu'il savait coupable : d'un autre il voulait les conserver, et pouvoir ainsi faire auprès d'Armande et même auprès de Martel, lorsque l'occasion s'en présenterait, des tentatives qui amèneraient un mariage. Avec les habitudes prises, contenter l'une et l'autre de ces exigences était presqu'impossible et ce qu'il avait trouvé de mieux, c'avait été sur deux invitations à dîner de n'en accepter qu'une, son refus condamnait le présent, son acceptation ménageait l'avenir.

Cette maladie et cette dévotion lui parurent être enfin l'occasion qu'il avait si laborieusement cherchée; car il ne s'était pas contenté de l'attendre, il avait tâché de la faire naître. Pour cela n'osant essayer une tentative directe, il avait pris des chemins détournés; il avait prêté à Armande, l'*Épouse chrétienne*, la *Mère religieuse*, la *Femme pieuse dans le mariage*, tous livres qui lui semblaient propres à éclairer une conscience coupable. A Martel il avait offert l'ouvrage du père Bridoux, *De l'ordre dans les sociétés par les vertus chrétiennes*. Malheureusement ces chemins ne l'avaient pas conduit au but espéré : Martel avait en riant refusé le livre du père Bridoux, et Armande, tout en acceptant l'*Épouse chrétienne* et la *Mère religieuse*, n'avait point paru touchée par leur lecture.

Mais cette maladie devait être bien plus efficace que tous les livres du monde, évidemment c'était un secours du ciel; déjà elle avait effrayé le cœur de la mère, c'était le moment d'agir sur son esprit et sa raison.

Aussi quoiqu'on ne lui demandât ni secours ni avis, crut-il qu'il était de son devoir d'intervenir.

Il choisit son jour et son heure, car ne se dissimulant pas les difficultés de cette conversion il voulait mettre toutes les circonstances à profit; ce jour-là Julien avait eu une rechute inquiétante et Armande sortait de l'église.

Il l'attendit au haut du village, à l'entrée du chemin qui conduit à la ferme.

— J'ai remis la clef chez vous, monsieur le curé, dit-elle quand il l'aborda.

— C'est une grande joie pour votre pasteur, dit-il en marchant près d'elle, de voir que maintenant vous vous en servez si souvent; comme pendant longtemps ça m'a été un grand chagrin de voir que vous ne vous en serviez jamais.

— Ah! monsieur le curé, j'expie aujourd'hui mon indifférence, mais quand on est heureuse on croit que le bonheur sera éternel; j'ai oublié Dieu dans mon bonheur égoïste, aujourd'hui c'est lui qui m'oublie, mon pauvre Julien a été repris de fièvre.

— Et vous venez de demander à Dieu de vous le guérir; mais demander sans rien donner soi-même, est-ce assez?

— J'ai donné ma prière.

— Ce n'est pas cela que je veux dire; ne croyez-vous pas lorsqu'on demande, que la première chose c'est de se rendre agréable à celui auquel on s'adresse. Et lorsque celui auquel on s'adresse est Dieu, la première chose n'est-elle pas de se soumettre à sa loi, de pratiquer ses commandements et de ne paraître devant lui que dans un état où il n'ait rien à vous reprocher.

Dans ces paroles entortillées elle ne vit que le blâme du prêtre condamnant un genre de vie qui n'était point conforme aux exigences de l'Église. Ce n'était pas la première fois qu'il abordait ce sujet, elle lui répondit ce qu'elle lui avait toujours répondu : qu'elle était une femme religieuse, non une femme pieuse ; que Martel, tout en étant le plus honnête homme du monde, n'était ni pieux ni religieux, que cependant il respectait en elle des sentiments qu'il ne partageait pas, mais à condition qu'ils n'iraient pas, dans leur manifestation extérieure, surtout dans leur pratique, au delà d'une certaine mesure ; que, dans ces conditions, elle trouvait que son premier devoir était à elle de respecter ses idées, comme lui respectait les siennes.

— J'ai déjà eu la douleur d'entendre cette réponse, interrompit l'abbé, et vous savez que j'ai toujours condamné ces erreurs funestes; le premier devoir d'une femme est de plaire au Seigneur. Aussi n'est-ce pas de cela que je parlais : de plusieurs maux c'est au plus grave qu'il faut aller d'abord; c'est par lui qu'il faut commencer la guérison, les autres ne sont souvent que les conséquences de celui-là.

Cette insistance surprit Armande.

Il reprit.

— Vous regardez la maladie de ce cher enfant, comme un châtiment. Vous croyez que Dieu a voulu vous avertir, vous vous jetez au pied de son autel, vous vous humiliez, et vous dites : Seigneur guérissez-le, je ne vous oublierai plus. N'êtes-vous donc coupable que de cet oubli ? N'est-il pas en vous, dans votre vie, quelque chose de bien plus grave encore dont vous ne vous repentez pas.

— Que voulez-vous dire? interrompit-elle stupéfaite.

— Je veux dire que vous pouvez tout sur le cœur de M. Martel, et que Dieu en vous frappant, vous avertit d'user de ce pouvoir pour faire cesser un état qui l'afflige ; n'admirez-vous pas sa bonté infinie et comme dans ses voies détournées ses desseins se font clairement voir : c'est par l'enfant qu'il touche la mère, c'est par l'enfant et la mère réunis qu'il veut éclairer le père jusque-là aveuglé par les vanités de l'esprit. Je ne sais pas quelles raisons ont pu jusqu'à ce jour, vous détourner de faire consacrer votre union par l'Église, quelles qu'elles soient peuvent-elles prévaloir contre les avertissements que vous avez reçus. Quand Dieu parle ne lui obéirez-vous pas? Épouse vous n'aurez plus à rougir, et c'est alors qu'en état de grâce vous pourrez lui adresser vos prières.

Il eût pu continuer longtemps : Armande ne l'entendait pas.

En marchant, ils avaient dépassé la maison habitée par les Pigache, longé les bâtiments de la ferme et ils étaient presqu'arrivés devant la grande porte ; pendant la dernière partie de son discours l'abbé avait été forcé de baisser la voix. Il s'arrêta.

— Vous voulez que je décide M. Martel? que peut-il, que puis-je moi-même? que peut l'Église pour une situation comme la nôtre?

— Mais la légitimer et faire cesser un scandale dont vous êtes la première à souffrir.

Elle le regarda en face, fixement ; tout à coup, prenant une résolution désespérée :

— Entrez, dit-elle, M. Martel est à la maison, vous lui répéterez ce que vous venez de me dire.

A cette proposition l'abbé fit un pas en arrière.

— Il vaudrait beaucoup mieux, essaya-t-il, qu'il fût préparé ; doucement vous pourrez l'amener à ce grand acte de réparation.

Et il allait s'engager dans des explications, lorsque Armande l'arrêta :

— Je vous en prie, entrez, répéta-t-elle.

Après tout, il s'était trop avancé pour reculer; puisqu'il avait parlé, il était de son devoir d'aller jusqu'au bout.

IV

Armande le précéda dans l'atelier.

— Voici monsieur le curé, dit-elle en s'adressant à Martel ; il semble connaître la vérité de notre situation, et comme il m'en parlait, je l'ai prié de vouloir bien venir s'en entretenir avec toi.

Et avant que Martel fût revenu de son étonnement, le curé de son embarras, elle sortit. Elle avait trop souffert depuis quelques minutes, pour assister à l'entretien qui allait s'engager.

Ce fut le curé qui, le premier, rompit le silence ; comme la plupart des gens timides, l'action commencée il trouvait en lui une certaine décision ; à brusquer, on a au moins l'avantage d'en finir plus vite.

— J'ai cru qu'il était de mon devoir de prêtre, dit-il, d'adresser quelques observations à madame Martel, sur... sur l'irrégularité de votre position. Tant que madame Martel a vécu hors de l'église, on peut admettre jusqu'à un certain point et en faisant la part des circonstances que j'ignore, on peut admettre que vous n'ayez point recouru aux sacrements de l'Église pour légitimer votre union, mais aujourd'hui?

Mon Dieu! dit l'abbé, lorsqu'il eût achevé de lire. (p. 683.)

H. MALOT. — VICTIMES D'AMOUR.

Le curé parlait de recourir aux sacrements de l'Église, de légitimer leur union, que savait-il donc?

— Pardon, monsieur le curé, dit-il en interrompant, bien que je vous écoute avec toute l'attention possible, je vous avoue que je ne vous comprends pas. Que peut l'Église pour nous?

— Bénir votre mariage.

— Maintenant?

— N'est-il pas toujours temps de réparer une faute; vous laisseriez-vous arrêter par une vaine honte?

— Voyons, monsieur le curé, je vous en prie, parlons avec toute la précision possible; soyez assez bon pour me dire ce que vous savez, tout ce que vous savez sur nous, et comment vous l'avez appris, car je vous le répète, je ne comprends absolument rien à votre démarche.

A son tour l'abbé Blavier eut un moment de suprise.

— Mon Dieu! dit-il avec une évidente anxiété, m'aurait-on trompé?

Sans répondre, Martel fit signe qu'il écoutait.

— Ce que je sais, reprit l'abbé, se réduit à bien peu de chose : une personne, animée des meilleures intentions, au moins j'en ai jugé ainsi, m'a dit que vous n'étiez pas mariés, et elle m'a prié de faire auprès de vous toutes les démarches nécessaires pour vous décider à faire consacrer par le sacrement du mariage une position coupable.

— Cette personne?

— Malheureusement je ne puis vous en dire davantage; cette personne qui, je vous le répète, m'a paru guidée par un vif intérêt pour vous, m'a demandé le secret, et je l'ai promis.

— Et là-dessus, sans rien de précis, sans preuves, alors même que les présomptions étaient pour nous, vous n'avez pas hésité à vous charger de cette mission; avant d'intervenir vous ne vous êtes pas demandé, quelle portée vos paroles pouvaient avoir sur une honnête femme.

— Il eût fallu pour cela, dit l'abbé en baissant les yeux, supposer chez la personne qui me mettait en avant une si grande noirceur d'âme, que cette pensée ne m'est pas venue : j'ai cru à l'intérêt, c'était plus naturel.

— Intérêt de curiosité, c'est possible, intérêt d'une autre sorte encore et plus coupable je peux bien l'admettre, car je crois connaître la personne dont vous voulez cacher le nom; c'est à ce mobile qu'on a obéi en vous trompant, non à d'autres.

— Est-ce possible?

Martel resta un moment sans répondre, paraissant suivre sa pensée intérieure.

— Monsieur le curé, reprit-il bientôt, il y a du vrai dans ce qu'on vous a dit; nous ne sommes pas mariés.

L'abbé respira.

— Nous ne sommes pas mariés légalement, c'est-à-dire aux yeux de la loi française, nous ne pouvons même l'être, et cela pour des raisons que je ne puis vous donner. Mais moralement, religieusement, aux yeux de l'Église, devant l'Église, par le ministère d'un de ses prêtres, nous l'avons été.

Il se leva, alla à son bureau, fouilla dans une liasse de pièces, et en tirant une feuille de papier.

— Voici un extrait des registres de la paroisse de San-Stefano, à Palerme dit-il, veuillez le lire.

L'abbé essaya de se défendre; Martel insista :

— Il faut que vous puissiez dire à la personne en qui vous avez eu confiance, que, de vos yeux vous avez lu cet acte qui a été fait conformément à la loi du pays où nous nous sommes mariés.

— Mon Dieu! dit l'abbé lorsqu'il eut achevé de lire, comment puis-je vous témoigner...

— Monsieur le curé, je ne suis pas prêtre, je ne sens donc pas comment j'aurais agi à votre place; seulement je déplore votre intervention dans cette affaire; cependant il y a un moyen sinon de réparer, au moins d'atténuer ce qui est fait, et ce moyen est en votre pouvoir; la personne...

— J'ai promis le secret.

— Je ne veux pas vous demander de le trahir. Cependant vous comprenez que maintenant il faut que je la connaisse; car dans le doute je puis soupçonner mes meilleurs amis, mes parents même. Hé bien, il me semble que vous pouvez lui demander de vous relever de votre promesse; si elle était de bonne foi, elle vous la rendra volontiers; si elle ne l'était pas, comme je le crois, elle vous la refusera; dans ce cas mes soupçons déjà presque fixés le seront tout à fait, et j'ai pour le présent comme pour l'avenir grand intérêt à cela. A l'avance je suis à peu près certain qu'elle refusera.

Après tout, cette proposition n'avait en soi rien de déraisonnable. L'abbé l'accepta. Il était assez malheureux de sa négociation pour avoir à cœur de la faire oublier, et il était assez indisposé contre madame Pigache pour ne pas tenir à la ménager.

V

— Ainsi, dit Armande lorsque Martel l'eut rejointe dans sa chambre, maintenant la vérité est publique, demain elle sera connue de nos gens, elle pourra l'être des enfants eux-mêmes.

A ces mots prononcés avec un accent navré, il vit que la moitié de sa tâche seulement était accomplie et que le plus difficile restait à faire.

Il s'assit près d'elle, et la prenant doucement dans son bras.

— Ni des enfants, ni de nos gens, ni maintenant, ni demain.

Et il raconta en détail ce qui venait de se passer, sans rien cacher, sans rien omettre.

— Je devais dire au curé que j'étais désolé de son intervention; en réalité elle est heureuse pour nous. A n'en pas douter c'est par madame Pigache qu'il a été averti et poussé. Je puis te l'avouer maintenant, il y a longtemps que je pensais qu'elle savait quelque chose; c'est parce que je craignais qu'elle en abusât que je l'ai tolérée si longtemps ici, que je lui ai payé ces dix mille francs que je ne lui devais pas, enfin que je l'ai envoyée à Fontaine-le-Roi en achetant encore sa discrétion au prix d'une association Je vois aujourd'hui que ce quelque chose qu'elle a si habilement exploité, se réduit à rien. La vérité, elle ne s'en doute pas, car alors elle n'eût point engagé le curé à nous marier. Furieux de la mauvaise affaire dans laquelle elle l'a jeté, le curé va avoir une explication avec elle; et de cette explication il résultera clairement pour madame Pigache qu'elle a mal entendu ce qu'elle a cru entendre et que nous sommes bien mariés, puisque l'acte existe. Ainsi elle va se trouver arrêtée net dans ses indiscrétions. Voilà les conséquences de l'ambassade de l'abbé Blavier, elles doivent te sauter aux yeux.

VI

Il avait cru qu'en lui démontrant que la vérité n'était pas connue, il lui rendrait sinon la sérénité dans le présent et la confiance dans l'avenir, au moins un certain calme.

Malgré la perspicacité passionnée avec laquelle il l'étudiait, il se trompait; elle était plus profondément atteinte qu'il ne le supposait : il avait rassuré sa pudeur d'honnête femme; il n'avait rien fait pour sa conscience; et c'était dans sa conscience qu'elle avait été atteinte par les paroles de l'abbé Blavier. Il ne tarda pas à s'en apercevoir.

Un matin elle entra dans son atelier, tenant à la main une lettre dont l'enveloppe n'était pas fermée.

— Voici une lettre, dit-elle, que j'écris à Mgr Hercoet; j'ai longtemps hésité si je te consulterais avant de l'écrire, mais je me serais si mal expliquée que tu n'aurais sans doute rien compris à ce que je voulais dire : maintenant voici la lettre; lis-là, si tu penses qu'il est mauvais de l'envoyer, qu'elle ne parte pas, je m'en remets pleinement à toi.

« Le Plessis, 4 octobre.

« Monseigneur,

« Il y a bien longtemps que je ne vous ai écrit, et cependant dans ma vie si heureuse, il est survenu un épouvantable malheur qui devait me faire recourir à votre amitié toujours bienveillante et aux conseils de votre piété.

« Vous vous souvenez sans doute des difficultés qui ont empêché notre mariage en France; légalement la mort de M. Berthauld n'avait pas été constatée, légalement on ne voulait pas l'admettre. La loi dans son exigence, qui nous paraissait alors monstrueuse, avait raison. M. Berthauld n'était pas mort : son suicide à Naples avait été une feinte.

« Il y a dix-huit mois, un de nos amis nous apprit qu'il était à Londres.

« Vous dire quel coup cette nouvelle nous porta m'est impossible, et ce que vous pourrez imaginer restera toujours au-dessous de l'horrible réalité : notre mariage rompu ; notre fils, un enfant naturel ; notre amour, un crime ; notre position, un mensonge pour les honnêtes gens, un remords pour nous, pour moi au moins, et encore la pensée incessante, qu'aujourd'hui, que demain, il pouvait revenir et nous séparer.

« De nous-mêmes devions-nous l'accomplir cette séparation? Mon second mariage, annulé par les circonstances, devait-il l'être par ma volonté? Mon devoir était-il d'abandonner l'homme que j'aime, de lui enlever en même temps son fils, ou si je ne l'enlevais pas, de le perdre moi-même? Je vous le confesse, en apprenant la vérité, cette idée ne m'est pas seulement venue.

« C'est plus tard. On dit que les malheurs marchent en troupe, se tenant par la main; si cela est vrai, il me semble que c'est Dieu alors qui les conduit pour nous éclairer ou nous punir.

« Victorine, que vous avez connue gentille et douce, a, depuis quelques mois, sans raisons apparentes, tellement changé que pour elle-même autant que pour nous, nous sommes forcés de l'éloigner, et d'essayer quelle influence la pension pourra avoir sur son humeur et son caractère.

« Julien, qui était superbe de force et de santé, s'est empoisonné avec des baies de belladone; nous l'avons à grand'peine sauvé, il est resté dans un état qui nous inspire les craintes les plus grandes.

« Ne sont-ce pas là de ces malheurs qui s'enchaînent pour frapper et avertir ; et quand dans mes prières je demande à Dieu de guérir mon fils et de rendre ma fille ce qu'elle était, suis-je bien digne de lui adresser ces prières ?

« C'est depuis cet enchaînement de calamités que je suis descendue dans ma conscience. C'est elle qui, à bout de forces, folle d'inquiétude et de tourments, vous demande aide et consolation.

« Mais en est-il pour moi, même dans notre religion qui a fait de si grands miracles ? Dieu si grand, si miséricordieux qu'il soit, peut-il donner l'espérance, à qui tout d'abord n'offre pas un repentir absolu.

« Et ce repentir est-il possible pour moi ? Souffrir, expier, acheter le bonheur de mes enfants et de celui que j'aime, par une vie de larmes ; oui, je le puis, suis prête. Mais ce repentir ?

« Voilà, mon père, pourquoi je tends vers vous mes mains. Vous voyez ma position dans toute son horreur, trouverez-vous des paroles de paix pour me la rendre moins lourde.

« J'écris à l'ami, le prêtre peut-il m'entendre ; puis-je lui demander de faire la lumière dans les ténèbres où je me débats désespérément. »

Martel s'arrêta et pliant la lettre :

— Ainsi, dit-il, rien n'allégera la fatalité qui pèse sur nous ; mais puisque tes tourments s'exaspèrent au lieu de s'adoucir, tu as bien fait d'écrire cette lettre, il faut l'envoyer telle qu'elle est.

Il la glissa dans l'enveloppe et ferma celle-ci.

— Si notre position était autre, je te verrais avec épouvante appeler un prêtre entre nous ; dans les circonstances présentes, je ne me sens pas la force de prendre la direction de ta conscience.

— Tu sais bien que tu n'as rien à craindre de lui.

— Je l'ai connu homme de cœur ; j'espère que les grandeurs ne l'ont pas changé. Cependant l'évêque est-il ce qu'était le curé de village ?

— Son amitié au moins est toujours la même.

— Ce n'est pas son amitié que tu veux, c'est sa sévérité, la plus dure et la plus implacable. Tu veux souffrir pour expier, voilà ce que tu demandes. Expier quoi ? Hé bien, qu'il te fasse souffrir, si cela peut t'arracher à ton désespoir qui n'est ni d'une femme aimée, ni d'une mère.

Il la regarda quelques instants avec une tendre pitié, puis reprenant :

— As-tu pensé qu'il pourrait bien n'être plus tel que nous l'avons connu ? Si en s'élevant et en vieillissant son cœur s'était endurci, son intelligence fermée ?

— Eh bien, que ma lettre ne parte pas ; c'est précisément pour que tu décides que je te l'ai remise.

— Il faut qu'elle parte, hélas ! Je me flattais que mon amour, j'espérais que les enfants adouciraient l'amertume de notre malheur. Mais il te faut des miracles, et je me sens incapable d'en faire. Adresse-toi donc à cette foi qui jusqu'à ce jour a fait ton désespoir. M. Hercoet t'aime, je ne peux croire qu'il veuille se placer entre nous ; s'il est toujours ton ami, il me semble qu'il sera mon soutien et non mon adversaire.

La réponse ne se fit pas attendre : elle était affectueuse et paternelle, mais elle marquait bien nettement la distinction entre le prêtre et l'ami ; l'ami répondait par des paroles de compassion, le prêtre avait besoin d'entendre et d'interroger avant de donner un conseil.

Il en coûtait à Armande d'entreprendre un voyage de trois jours dans l'état où était Julien. Cependant elle s'y décida.

Ils furent longs pour Martel ces trois jours, et son angoisse fut poignante lorsqu'il la vit descendre de wagon. Était-ce la fatigue de la route qui l'avait si terriblement pâlie et lui avait enfiévré les yeux?

— Eh bien? dit-il anxieusement.

— J'aurais mieux fait de ne pas entreprendre ce voyage; toi, toi seul.

Ils n'en dirent point davantage, mais c'en était bien assez.

— J'ai eu de mauvaises nouvelles de M. Tréfléan, reprit Armande lorsqu'elle eut interrogé Martel sur les enfants ; dans sa dernière campagne sur l'Amazone, il a souffert toutes les privations ; il est rentré à Rio-de-Janeiro dans un état de faiblesse extrême; l'empereur l'a nommé commandeur de son ordre et a mis à sa disposition un vapeur et autant d'hommes qu'il lui en faudrait, mais il dit à M Hercoet qu'il est trop sérieusement atteint et qu'il ne pourra pas mener à bonne fin son projet d'exploration. Il parle de nous très affectueusement, et envoie à Victorine un collier d'aigue-marine.

VII

Lorsqu'ils arrivèrent au Plessis on prévint Martel que M. Lataste était dans l'atelier et l'attendait.

— Si c'est une invitation.... dit Armande vivement.

— Eh bien?

— Elle hésita un moment :

— Eh bien, reçois-le tout seul, reprit-elle, je voudrais voir les enfants.

Évidemment ce n'était pas la conclusion de sa première pensée, et il ne comprit que trop ce qu'elle avait dit tout d'abord.

Lataste, qui était d'ordinaire l'homme le plus fleuri dans sa toilette et ses manières, se montra sombre et embarrassé :

— Mon cher ami, dit-il, j'ai bien des défauts et ne me fais pas illusion sur ce que je peux valoir ; mais j'ai une qualité à laquelle je tiens beaucoup : c'est la franchise. Est-ce vrai?

Martel fit un signe affirmatif, se demandant ce qu'allait amener ce singulier exorde.

— Eh bien, je viens à toi, poussé par cette franchise qui me fait peut-être commettre une sottise ; enfin, c'est toi qui seras juge. Es-tu marié?

Cette demande, formulée d'une façon si brutale, produisit sur Martel à peu près l'effet d'un coup de fusil qui lui serait brusquement parti dans le dos ; cependant il se remit aussitôt de ce moment de surprise.

— Avant de répondre à ta question, dit-il, fais-moi savoir, je te prie, pourquoi tu me la poses; c'est la moindre des choses n'est-ce pas?

— Mon cher ami, tu sais que ma femme a offert des cloches à notre clocher ; elle en est la marraine, et à cette occasion nous donnons une fête qui sera en même temps l'inauguration officielle de notre maison complètement terminée. Hier nous avons discuté notre liste d'invitation avec le parrain ; le parrain c'est Lassave. Arrivés à ton nom, Lassave me dit : « Êtes-vous sûr qu'ils soient mariés? » C'était très-drôle, tu comprends ; je me mets à rire, il insiste; je ne l'écoute pas et j'inscris ton nom avec celui de madame Martel. C'était devant ma femme que ça se passait. Lassave reste à dîner, et le soir, quand je le mets en voiture, il revient sur toi en m'affirmant que la chose est très grave ; qu'on dit, et qu'il y a tout lieu de le croire, que tu n'es pas marié ; que si nous t'invitons avec madame Martel cela fera scandale. Tu connais la nature de mes relations avec Lassave : quoique plus jeune que nous, il est notre ami intime, il nous a suivis partout, et c'est nous qui l'avons fait nommer ici. De sa part, je devais tout entendre sans me fâcher. D'ailleurs je ne me suis pas fait illusion sur la gravité de son observation ; si je me connais, je connais aussi notre position. Pour ce qui nous est arrivé à Bordeaux, par le bruit qu'on a fait autour de notre malheur, nous sommes obligés de n'avoir que des amis irréprochables aux yeux de la société, ou bien nous nous exposons à ce qu'on dise que nous recevons tout le monde parce que les honnêtes gens ne veulent pas venir chez nous; justement nous aurons des Bordelais qui ne manqueraient pas de colporter là-bas cette interprétation. Dans ces conditions, il m'a paru que je n'avais que deux moyens : ne pas t'inviter, ce qui était te faire une sottise, ou bien venir à toi te demander une explication, ce qui était peut être faire une bêtise. J'ai préféré la bêtise qui, en somme, n'engage que moi, et je suis venu.

De tous côtés, et successivement, le cercle dans lequel il se débattait se resserrait. Fallait-il lutter ou reculer? Ce fut la double question que Martel agita confusément pendant que Lataste achevait son récit. Lutter? contre qui? contre le monde, contre un être insaisissable? Dans quel but? de s'imposer et après de reculer; mais jusqu'où reculer? jusqu'à dire la vérité à tous ceux qui auraient le caprice de la demander, jusqu'à la crier par-dessus les toits? Cependant il fallait répondre.

— Mon cher Lataste, dit-il, si je n'avais pas été marié lorsque tu es venu nous inviter pour la première fois, je te l'aurais dit tout simplement.

— J'en étais bien sûr, s'écria Lataste sans le laisser continuer: alors tu

C'était pour les enfants un plaisir dont ils ne se lassaient pas. (p. 695.)

H. MALOT. — VICTIMES D'AMOUR.

LIV. 87

ne m'en veux pas et tu acceptes; c'est pour samedi, je vais adresser en forme une invitation à Madame ; fais-la prévenir, je t'en prie.

— Je ne t'en veux pas, je t'en donne ma parole ; mais je n'accepte pas.

— Comment !...

— Mon ami, on t'a dit que je n'étais pas marié ; je ne sais qui fait courir ce bruit, et je dois croire qu'il est très répandu puisqu'il est venu jusqu'à toi. Je ne veux pas être exposé chez toi à l'entendre, je ne veux pas surtout que ma femme y soit exposée.

— Mais personne ne s'avisera...

— Qu'en sais-tu ? Si quelqu'un en nous voyant dit: « Tiens, voilà Martel; il paraît qu'il n'est pas marié, » iras-tu affirmer le contraire ? ou bien mettras-tu sur tes invitations : « Nous aurons M. et madame Martel, qui sont bien véritablement mariés et non pas... etc. »

— Dès là que vous serez reçus, cela prouvera...

— Rien du tout.

Lataste voulut insister, Martel se renferma froidement dans cette réponse.

— Voyons, là, franchement, dit Lataste prêt à sortir ; j'ai donc fait une bêtise ?

— Mon brave Lataste, tu as une singulière façon de comprendre la franchise ; tu veux que ceux que tu interroges te répondent franchement et tu appelles ça être franc toi-même.

— Je voudrais ne pas t'avoir fâché, dit-il tristement, voilà ce que je voudrais.

— Alors, donne-moi ta main.

Il le reconduisit jusqu'à sa voiture, puis il rejoignit Armande.

— Lataste venait nous inviter au baptême de ses cloches ; j'ai refusé.

Son regard reconnaissant parla pour elle.

Ce lui fut un grand soulagement que de ne pas aller à cette fête, mais en même temps un tourment aussi : devait-elle lui faire rompre ainsi toutes ses relations ?

VIII

Au milieu de ses inquiétudes et de ses tourments, Martel avait eu l'énergie de mener à fin les douze toiles commandées par le prince de Coye; et c'était pendant qu'il tremblait pour la vie de Julien, qu'il souffrait de la souffrance d'Armande, qu'il avait trouvé l'inspiration et la concentration pour achever un grand plafond, *le Matin*, qui était le couronnement de son œuvre. A regarder cette vaste composition d'où se dégageait une sérénité robuste, on ne devinait guère les angoisses de l'esprit qui l'avait conçue, les agitations de la main qui l'avait exécutée.

Le prince était trop peu homme d'argent pour croire que l'argent paye tout ; les tableaux terminés, il voulut donner à Martel un témoignage marquant de sa satisfaction ; pendant tout le temps qu'avait duré le travail, il était fréquemment venu au Plessis, et des rapports presque intimes s'étaient établis entre eux.

Mon cher ami, lui dit-il avec une exquise bonne grâce qui doublait le prix de ses paroles, vos tableaux sont en place. Si j'étais le gouvernement je vous décorerais ; si j'étais l'Académie des Beaux-Arts je vous nommerais ; si j'étais critique je vous consacrerais un volume, mais je ne suis, hélas ! rien du tout. Cependant je veux faire quelque chose pour vous remercier ; ce que je peux. On aime assez à venir à Villiers, précisément sans doute parce que les occasions d'y venir sont assez rares. Je vais donner une petite fête pour l'ouverture de votre galerie et j'y inviterai ceux qui tiennent une place importante dans le monde artistique. Vous êtes, laissez-moi le dire, d'une négligence et d'une maladresse déplorables pour vous faire rendre justice, je veux m'en charger. D'aujourd'hui en quinze j'aurai réuni le tribunal le plus compétent qu'un artiste puisse souhaiter, et je ferai moi-même le rapport. Je compte donc sur vous et sur madame Martel à qui je voudrais bien, si cela est possible, adresser ma demande.

Martel connaissait assez le prince, ses habitudes et ses principes pour sentir tout le prix d'une invitation faite en ces termes. Elle le désola. Il ne pourrait donc jamais échapper au monde. Accepter, refuser ? A ces deux impossibilités son esprit se heurtait sans trouver une issue. Il prit son parti. Sous l'agitation incessante et continue de la même pensée, sa conscience d'ailleurs s'était troublée, il n'y voyait plus clair. A quel autre demander la clarté, si ce n'est à ce représentant du monde, le plus élevé et le plus pur.

Franchement, sans rien omettre, sans rien exagérer comme sans rien atténuer, il s'ouvrit à lui.

— Mon cher ami, dit le prince en lui tendant la main, s'il s'agissait d'un conseil à vous donner, je serais fort embarrassé, je l'avoue, mais comme il n'est question que de moi seul, je me sens à mon aise. Pour moi vous êtes le ménage le plus parfait, le plus honnête que je connaisse. C'est vous dire que je persiste dans mon invitation. Mais il y a plus, je crois que vous ne devez rien négliger pour décider madame Martel à accepter. Par ce que vous m'avez dit, je vois qu'elle s'exagère jusqu'à la souffrance les difficultés de sa situation. Pour elle, pour sa propre estime, pour sa conscience, il est bon qu'elle soit reçue la tête haute dans une maison respectable, par un homme qui jusqu'à un certain point domine le monde. Ce n'est pas le cas de faire ici de la fausse modestie, je crois que Villiers est cette maison, et puisque ma naissance et les circonstances m'ont donné une certaine position, il faut que cette position serve à protéger une honnête femme. Seulement, comme c'est sur elle surtout qu'il faut agir, je crois que vous devez la prévenir que je sais la vérité. Elle en souffrira tout d'abord, cela est certain, mais quand elle verra un homme à qui elle accorde quelqu'estime, lui témoigner publiquement le respect qu'elle mérite, cette souffrance ne sera rien dans l'apaisement qui se fera en elle. Fiez-vous en moi, je veux qu'elle sorte de Villiers, sinon heureuse, au moins calme et confiante. Préparez-la, je reviendrai demain lui faire mon invitation.

Mais toutes les raisons plus ou moins habiles étaient inutiles, elle en avait une elle-même, pour la décider, plus puissante que toutes celles qu'on pouvait lui donner.

Cette fête n'allait-elle pas être un jour de triomphe pour Martel? Elle voulut être près de lui.

IX

Lorsqu'elle descendit de l'appartement qui lui avait été réservé, et qu'elle arriva avec Martel à la porte du salon de réception, elle ne put se défendre d'un sentiment d'effroi. Elle avait à traverser ce vaste salon dans toute sa longueur, vide au milieu ; il lui sembla que tous les yeux se levaient sur elle. Le prince, qui était adossé à la cheminée faisant face à la porte, vint au-devant d'elle et lui offrit le bras, il la conduisit auprès d'une vieille femme poudrée, à l'air noble, malgré le rouge dont elle était horriblement peinte. C'était la duchesse de Nitrimière, célèbre sous la restauration par ses aventures et son esprit.

— Madame ma mère, je vous présente madame Martel, dit-il en faisant asseoir Armande auprès d'elle, je vous la confie, vous me remercierez de vous l'avoir fait connaître.

Ceci fut dit avec une extrême douceur de parole, puis il alla au-devant des invités qui arrivaient.

— Le prince va passer sa revue, nous pouvons la passer d'ici, dit la duchesse, ce sera moins ennuyeux et cela pourra peut-être vous être utile : il est toujours désagréable de parler de corde à un pendu ; et quoique mon petit-fils ne reçoive pas tout le monde, il se trouve tout de même des pendus dans le nombre. Tenez, cette jeune femme blonde qui entre en riant est la marquise de Firfol ; si vous lisez les chroniques des journaux prétendus élégants, vous la connaissez, et ses toilettes, et ses amants, et ses dettes, et ses mots; c'est la lionne de la coquetterie ou de la cocoterie, comme le disait mon petit-neveu de Vaubéril, ce grand garçon, avec une fleur blanche à sa boutonnière, qui s'est ruiné pour elle, a reçu un coup d'épée de son successeur, et l'adore toujours. Celle à qui elle tend la main est son amie intime, la comtesse d'Esterle, les deux font la paire, la brune et la blonde. Ah! voilà madame Hohenadel, la femme du banquier; elle ne ruine pas ceux qui l'aiment, c'est elle qui se ruine. On trouve ça plus grossier, moi non, et cette bourgeoise l'emporte, il me semble, sur les filles des preux.

De chacun de ceux qui entraient, la duchesse faisait ainsi le portrait, sans se soucier qu'on l'entendît.

— Est-ce donc là le monde? se demanda Armande en l'écoutant, ces femmes marchent la tête haute, le sourire sur les lèvres.

— Mon enfant, continua la duchesse, l'honneur et le devoir sont aujourd'hui dans la médiocrité : ça fait bien rire mes amis quand je dis ça, mais je le crois; il est vrai que je ne connais pas la médiocrité. Vous êtes sage, voyez-vous, de vivre dans l'obscurité; mon petit-fils m'a dit que vous étiez la meilleure des femmes et maintenant que je vous vois, je le crois.

Le salon s'était rempli ; et c'était par-dessus la tête des invités se détachant sur le paysage d'une tapisserie de Flandre, qu'on apercevait maintenant la statue de bronze de Boémond de Coye, le chef de la maison, qui prit Antioche avec Raymond de Toulouse et fut seigneur de Krac.

Il y avait peu de femmes; mais en moins d'une demi-heure Armande avait entendu les plus beaux noms de la naissance, de la fortune et du talent. Au milieu d'un groupe elle apercevait Martel, et parmi ceux qui l'entouraient elle reconnut des figures amies, Verdole le critique, et quelques artistes.

— Ah! voilà notre voisine, madame Lataste, dit la duchesse, et son ombre M. Lassave : c'est pour vous que le prince l'a invitée, il a pensé qu'il vous serait agréable de trouver dans ce monde une amie. Ah! mon Dieu, qu'elle sent l'argent; conseillez-lui donc de prendre votre faiseuse, vous vous habillez à merveille.

Lorsqu'on passa dans la galerie nouvellement décorée, le prince lui offrit le bras.

— Je veux que vous ne perdiez rien de son triomphe, dit-il.

Ce triomphe fut complet : pendant une heure, elle entendit les plus belles paroles, les plus douces comme les plus enivrantes qui puissent résonner dans un cœur sincèrement épris.

Ah! comme elle avait hâte d'être seule avec lui.

Malgré les instances du prince, elle avait voulu rentrer au Plessis le soir même et ne point passer la nuit loin de Julien.

Ils étaient à peine sortis du flot de lumière qui illuminait la cour d'honneur, qu'elle se jeta dans ses bras et le serra longuement.

La nuit était déjà éclairée des lueurs blanchissantes du matin. Ils firent la route sans parler, leurs cœurs étaient pleins; les mains dans les mains ils se comprenaient.

En arrivant ils furent rappelés à la réalité.

— Une lettre pour madame, dit Marie-Ange.

— Une bien terrible nouvelle, dit-elle après l'avoir lue; Mgr Hercoet m'écrit que notre pauvre M. de Tréfléan est mort à Rio-de-Janeiro. Il laisse la plus grande partie de sa fortune à Victorine.

Triste pour Armande, qui avait tendrement aimé M. de Tréfléan, cette nouvelle était bien plus terrible pour Martel.

A ce mot « il laisse sa fortune à Victorine » lui revint le souvenir des paroles de Favas : — « Berthauld ne sera à craindre que le jour où il aura un intérêt d'argent à se faire connaître comme chef de la communauté. »

Cette mort et ce testament n'allaient-ils pas donner naissance à cet intérêt?

Le rêve avait été bien court; l'espérance avait moins duré que l'aube matinale.

CHAPITRE IX.

LA FEMME

I

On était au printemps; le moment était arrivé pour Victorine d'entrer en pension, et Armande et Martel étaient allés à Villeneuve pour s'entendre définitivement avec les demoiselles Hochemolle.

Jusqu'au dernier jour Armande avait espéré garder Victorine auprès d'elle. Mais Martel avait persisté dans sa résolution.

— Si son caractère s'était amélioré, ce serait peut-être possible, mais il n'en est rien. Depuis qu'elle se sait riche elle est plus dure encore. Elle ne parle que de sa fortune. Je l'entendais l'autre jour bavarder avec Marie-Ange : toute sa préoccupation est de savoir si elle sera plus riche que Julien. Elle veut être marquise en se mariant, parce que Julien ne pourra jamais être marquis. Maintenant plus que jamais il faut donc que nous nous en séparions.

Il avait fallu se résigner.

Les enfants étaient restés seuls à la maison, et à peine leur mère était-elle partie que, trompant la surveillance de Marie-Ange, ils s'étaient échappés pour rejoindre Hutin, qui gardait ses moutons dans le champ joignant les bâtiments de la ferme.

Les agneaux, nés en février, commençaient à être forts, ils accompagnaient les mères au pâturage ; c'était pour les enfants un plaisir dont ils ne se lassaient pas, de jouer avec eux et de leur attacher des rubans au cou; ils ressemblaient ainsi à un grand tableau de la salle à manger, sur lequel on voyait des bergers en veste de satin, gardant des moutons roses dans des buissons bleus.

Hutin les laissait faire, et pourvu qu'ils n'épouvantassent pas les brebis, il s'amusait lui-même à cet amusement; assis au bord du chemin, ses chiens auprès de lui, il les regardait et souriait placidement.

Il y avait à peu près une heure qu'Armande et Martel avaient passé devant lui en voiture, lorsque dans le chemin du village il aperçut un étranger qui semblait se diriger vers la ferme.

C'était un homme qui paraissait avoir quarante ans à peu près; il était assez misérablement vêtu, son paletot était sali plutôt qu'usé, son pantalon gris faisait une large poche à l'endroit où le genou force, son chapeau était rougi et bossué; lorsqu'il approcha, Hutin remarqua que son teint était d'une pâleur plombée; sa barbe brune qu'il portait longue, commençait à blanchir par place.

— C'est ça la ferme de M. Martel? dit-il lorsqu'il fut arrivé devant le berger.

— Oui.

— On m'a dit dans le village qu'il n'était pas chez lui, ni madame non plus.

— C'est vrai, ils sont sortis.

Est-ce qu'ils vont revenir bientôt?

Hutin, qui avait été dix ans au bagne et qui pendant un an avait vécu au milieu des repris de justice et des forçats en rupture de ban, se connaissait en mauvaises figures; celle qu'il avait devant lui l'impressionna désagréablement; et quoiqu'on pût voir une certaine beauté dans les lignes principales, il y avait dans l'expression générale, dans les yeux surtout et dans la bouche, une insolence, une dureté qui mettaient mal à l'aise.

— Je suis le berger, dit Hutin, ce n'est pas à moi qu'ils content leurs affaires.

A cette réponse bourrue, l'étranger, qui avait posé assez durement ses demandes, changea de ton.

— Ne vous fâchez pas, mon brave, dit-il familièrement, sans qu'on vous rende de compte, vous pouviez bien savoir quand vos maîtres rentreraient.

— Je n'en sais rien, mais les gens de la maison doivent le savoir, si vous voulez y aller c'est tout droit, la première grande porte.

— Merci, vous pouvez tout aussi bien que les gens de la maison faire ce que j'ai à vous demander.

Son ancienne vie avait habitué Hutin à la défiance, et il était disposé à voir dans tous ceux qu'il ne connaissait pas des gens de police ou des huissiers, ce qui pour lui était tout un. Il croyait bien que son maître n'avait rien à démêler avec ces gens-là, mais après tout on ne pouvait pas savoir.

— C'est selon, dit-il sans s'engager.

— C'est bien simple, et ce que j'attends de vous ne vous donnera pas beaucoup de peine.

— Je ne crains pas la peine, les maîtres sont de braves gens qui savent la payer.

Hutin s'avançait pieds nus (p. 703.)

H. MALOT. — VICTIMES D'AMOUR.

— Cela ne vous compromettra pas non plus.
— Dites, qu'on voie.
— Voulez-vous remettre cette lettre à madame Martel en particulier, vous comprenez, en particulier.
— En cachette, quoi?
— Sans la montrer à personne, sans que personne vous voie.

Il réfléchit un moment.

— Cette lettre, dit-il avec hésitation, c'est le piéton de la poste qui remet les lettres.
— Oui; mais j'aime mieux qu'elle ne passe pas par la poste.
— Ça, c'est pas l'embarras, c'est pas trop sûr la poste, donnez-la.

Et il tendit la main pour prendre la lettre; dessus était une pièce de cinq francs. Il la repoussa.

— La lettre, oui; l'argent, non. Si madame est contente que je lui remette ce papier, elle me dira merci, si elle n'est pas contente, je ne veux pas avoir votre argent en poche.
— Hé bien, mon brave, je vous dis merci d'avance, puisque vous aimez mieux cette monnaie-là que la vraie; à votre choix.

A ce moment des cris joyeux retentirent au bout du champ; les enfants avaient noué avec une même faveur deux agneaux, et ils s'amusaient de les voir tirer en sens contraire.

— Voulez-vous bien les détacher, cria Hutin, ou je vais vous renvoyer à la maison! Mademoiselle Victorine, je le dirai à votre maman!
— C'est la fille de madame Martel? demanda l'étranger d'un ton qui parut singulier à Hutin.
— Oui, c'est la fille de son premier mari; elle nous fait assez enrager, on dit qu'elle ressemble à son père.
— Ah! et ce petit garçon?
— C'est le fils du maître.
— Merci.

Et quittant Hutin, il reprit la route du village : les enfants, qui s'étaient sauvés en entendant Hutin les gronder et qui commençaient à être fatigués de jouer avec les moutons, étaient assis au bord de la route sur le tronc d'un arbre renversé. Hutin vit l'étranger s'arrêter auprès d'eux et leur parler, mais il était trop loin pour entendre ce qu'ils disaient.

II

— Mon enfant, dit l'étranger à Victorine, savez-vous quand votre maman reviendra?

La politesse n'était pas la qualité dominante de Victorine et quand des gens qu'elle ne connaissait pas ou n'aimait pas l'interrogeaient, elle leur tournait souvent le dos avec mépris. Ce fut son premier mouvement en voyant cet inconnu se permettre de lui parler sans l'avoir saluée ; mais il y avait dans le regard qu'il attachait sur elle quelque chose de doux, dans sa parole une certaine tendresse qui l'arrêtèrent.

— Maman ne sera pas bien longtemps maintenant, dit-elle, une heure, deux heures peut-être.

— Elle n'est pas partie loin ?

— Non, à Villeneuve, avec papa Martel, voir la pension où je vais entrer.

— Ah ! vous allez en pension.

— Oui, papa Martel le veut, et maman n'ose pas dire non.

— Il est donc méchant pour vous, votre papa Martel ?

Elle ne répondit pas.

— Cela vous ennuie d'aller en pension, dit l'étranger quand il vit bien qu'elle ne voulait pas répondre.

— Non.

— Vous êtes donc malheureuse ici ?

Elle garda encore le silence.

Julien avait tout d'abord écouté cette conversation, puis comme elle ne l'amusait pas, il avait quitté l'arbre et il cueillait des primevères sur le talus du chemin.

— Si vous ne voulez pas aller en pension, il faut le demander à votre maman ; elle saura bien vous garder.

— Je ne tiens pas à rester, et puis maman fait ce que veut papa Martel et il veut que j'y aille. Est-ce que vous le connaissez, papa Martel ?

— Oui.

— Alors vous savez bien qu'il faut qu'on lui obéisse toujours.

— Il n'est pas votre papa.

— Non, mon premier papa est mort.

— Vous le rappelez-vous, votre premier papa ?

— Oui ; il faisait toujours pleurer maman ; depuis qu'il est mort, elle ne pleure plus.

— Cela vous a fait de la peine quand vous avez appris sa mort.

— Oui, et à maman aussi ; c'était dans notre petite chambre où il y avait un arbre devant la fenêtre et où maman travaillait toujours ; le domestique de papa Martel est venu apporter une lettre, maman l'a lue, et puis elle a fait : « Ah ! mon Dieu, mon Dieu ! » Je lui ai demandé ce qu'elle avait, elle m'a dit : « Ton pauvre père est mort, » et elle m'a pris dans ses bras ; j'ai pleuré aussi. Mais j'étais bête parce que j'étais petite ; c'est heureux qu'il soit mort, il prenait tout l'argent de maman, et s'il était encore vivant, nous serions toujours dans la misère. Et ce n'est pas amusant, la misère, on ne mange pas ce qu'on veut, et on va à pied.

— Qui vous a dit cela, que vous seriez malheureuse si votre papa vivait?

— Marie-Ange qui l'a bien connu, et tout le monde.

— Martel?

— Non, papa Martel dit que c'était un malheureux, et quand je fais mal, il dit que je lui ressemblerai ; mais ça ce n'est pas vrai, je ne ferai jamais pleurer maman; si elle n'avait pas d'argent, je lui en donnerais, car je suis riche, moi.

— On parle donc souvent de lui?

— Jamais, c'est défendu d'en parler devant maman.

— Pourquoi?

— Je ne sais pas; mais un jour que Marie-Ange en avait parlé, papa Martel le lui a défendu, il a même dit, si vous rappelez jamais le passé, il faudra nous séparer, votre maîtresse a été malheureuse avec ce misérable, laissez-la oublier. Il était très en colère, si en colère qu'il a cassé le vase bleu.

— Et votre maman, elle n'en parle donc jamais, elle?

— Non, jamais.

— Même à vous?

— Oh! si, à moi elle en parlait autrefois, elle me faisait toujours dire dans ma prière : « Mon Dieu, ayez pitié de mon pauvre père et pardonnez-lui. »

— Autrefois, mais maintenant?

— Maintenant elle ne me fait plus ajouter ça.

— Pourquoi?

— Ah! je ne sais pas, moi.

— Et depuis quand ne vous fait-elle plus dire cette prière?

— Il y a longtemps, un an, peut-être deux ans, oui, deux ans.

— Et vous, vous ne l'ajoutez pas de vous-même?

— Non.

— Vous n'avez donc pas gardé souvenir de votre père?

— Si, je m'en souviens; il avait la barbe noire bien douce, et des grands yeux, comme vous, mais plus beaux; il était toujours parti, il ne nous aimait pas.

— Qui vous a dit cette infamie?

— Ce n'est pas une infamie, c'est la vérité; s'il nous avait aimées, il ne nous aurait pas abandonnées; c'est sûr ça. Quand on aime les personnes, on reste avec. Papa Martel, qui aime bien maman, reste toujours à la maison ; et quand il sort tout le monde sort avec lui. Mais papa Martel n'a pas de maîtresse, lui, et mon premier papa en avait une, une gueuse qui nous a ruinés, dit Marie-Ange, et qui a fait manger du pain sec à maman.

Cette conversation eût pu se continuer longtemps encore, car Victorine était comme tous les enfants qui, lorsqu'ils ont rencontré un auditeur et un questionneur, bavarderaient toute la journée, racontant leur histoire, celle de leurs parents, celle de leurs amis. Mais Hutin, surpris de la voir se prolonger ainsi, descendit du champ vers la route, et en le voyant s'avancer, l'étranger interrompit ses questions.

— Vous n'attendez donc pas maman? demanda Victorine.

— Non, je reviendrai.

— Alors, adieu, monsieur.

— Voulez-vous m'embrasser? dit-il en s'avançant vers elle et en lui tendant les bras.

— Non, je n'embrasse pas les messieurs que je ne connais pas, et je ne vous connais pas, vous.

— Moi, je veux bien vous embrasser, dit Julien, survenant les mains pleines de primevères et se dressant sur ses petites jambes.

Mais il le repoussa, et en même temps recula de quelques pas.

— Pourquoi repoussez-vous mon frère, dit Victorine, vous êtes donc méchant? Viens, Julien.

Et elle lui tourna le dos.

— C'est un ami de papa Martel? dit-elle à Hutin, lorsqu'elle eut rejoint celui-ci.

— Je n'en sais rien.

— Il est tout drôle, il vous fait des questions, des questions; et puis, quand on lui répond, ça à l'air de lui faire de la peine.

III

Hutin était fort embarrassé de sa commission et il se demandait s'il devait s'en acquitter.

Cet étranger ne lui plaisait pas; ses manières, sa tournure, sa longue conversation avec Victorine; tout cela n'était pas clair. Que pouvait-il vouloir à madame Martel; pourquoi ne s'adressait-il pas franchement à elle; pourquoi ce mystère?

Enfin il avait promis de remettre la lettre, il devait la remettre; une lettre n'était pas une machine infernale, s'il ne l'avait pas prise un autre s'en serait chargé; il n'avait qu'une chose à faire, exécuter adroitement ce qui lui avait été recommandé.

Cela lui était assez difficile, car vivant presque constamment dehors, il restait quelquefois pendant plusieurs jours sans voir madame Martel.

Cependant le soir même comme il sortait de la cuisine où il était venu arranger sa lanterne; il se trouva face à face avec elle dans le vestibule de service. Elle était seule, les gens dînaient, et l'on entendait Martel qui jouait dans le jardin avec les enfants.

— Madame, dit-il, voilà une lettre qu'on m'a dit de vous remettre.

— Merci, Hutin.

Elle la prit et la mit négligemment dans sa poche.

— C'est qu'elle est peut-être bien pressée, dit-il.

— Hé bien! je vais la lire tout à l'heure.

— C'est qu'on m'a dit de la remettre à Madame toute seule.

Elle le regarda, surprise de cette insistance singulière.

— C'est pour ça que j'ai attendu jusqu'à ce soir.

Elle tenait un bougeoir à la main; elle le posa sur une table et ouvrit la lettre.

A peine avait-elle jeté les yeux dessus qu'elle poussa un cri étouffé. Hutin, qui s'en allait, se retourna. Elle était appuyée d'une main sur la table, et dans son autre main la lettre tremblait comme une feuille au bout d'une branche secouée par une bourrasque de novembre. Elle était si affreusement pâle, qu'il eut peur.

— Madame, dit-il en s'avançant, est-ce qu'il faut appeler?

— Non, n'appelez pas, allez-vous en.

Il fit quelques pas pour obéir. Elle le rappela.

— Quand vous a-t-on remis cette lettre? demanda-t-elle d'une voix saccadée et tremblante.

— Aujourd'hui, tantôt vers deux heures de relevée.

— Qui!

— Un monsieur de trente-huit à quarante ans; il porte toute sa barbe et de longs cheveux noirs; il se dandine un peu en marchant et rejette sa tête en arrière.

— De grands yeux, un signe brun sur la joue droite?

— Oui.

— Mon Dieu, dit-elle d'une voix basse... que vous a-t-il demandé?

— De remettre cette lettre à Madame quand elle serait seule, que c'était pour une affaire particulière.

— C'est bien. Ah! si monsieur me demande vous direz que je suis là, dans le chemin, à prendre l'air.

— Oui, madame.

Elle sortit. Elle était tête nue, en toilette d'appartement, elle ne se donna pas le temps de prendre un vêtement, ou tout au moins elle n'y pensa pas.

— C'était donc un rendez-vous, pensa Hutin.

Il fit quelques pas derrière elle et regarda par où elle allait, elle longeait le mur du jardin et suivait le chemin opposé au village ; au bout du mur elle tourna à droite et disparut.

— Elle prend le chemin des champs ; tonnerre de chien, je jurerais que ce gars-là a dans les mains de quoi la faire chanter. Avec une face comme ça c'est sûr. Et elle y va, elle n'a pas peur, faut-il qu'il la tienne !

Il resta un moment pensif ; puis tout à coup soufflant sa lanterne et retirant ses sabots qu'il prit à sa main, il suivit le chemin où Armande s'était engagée. Arrivé au bout du mur, il vit confusément dans la nuit une ombre, c'était elle.

Elle allait à grands pas droit devant elle sans se retourner ; de temps en temps on entendait le bruit d'un caillou qui roulait sous ses pieds. La nuit était sans lune, mais il faisait un beau clair d'étoiles, c'était une soirée d'avril chaude et parfumée. La plaine était déserte.

Une double rangée de pommiers tortueux comme ceux qu'on cultive dans l'Ile-de-France, jetait des ombres capricieuses dans le chemin. Protégé par ces ombres où se confondait la sienne, Hutin s'avançait pieds nus et suivait Armande à une prudente distance ; on ne rencontrait pas de croisée de route avant au moins cinq minutes, il était sûr de l'avoir devant lui. Pourvu qu'il fût à portée d'entendre sa voix si elle appelait à l'aide, cela suffisait à son dessein.

Il fut bientôt forcé de s'arrêter ; la rangée de pommiers ne se continuait pas ; et le chemin qui jusque-là avait été à moitié encaissé, courait maintenant à plat, à travers les champs parfaitement de niveau. Quelques pas de plus il arrivait à l'arbre du petit Ramona, ainsi nommé dans le pays parce qu'un petit ramoneur s'y était appuyé dans une journée d'hiver pour se mettre à l'abri d'une rafale de neige, et qu'il y était mort de froid. C'était là sans doute que le rendez-vous avait été fixé.

Il ne se trompait pas. Bientôt il entendit un bruit de voix qui lui arrivait confusément, assez distinct pour reconnaître que c'était un homme et une femme qui parlaient, mais trop faible à cause de la distance pour entendre ce qu'ils disaient.

La plaine étant entièrement découverte, il n'y avait pas moyen d'avancer plus loin, il quitta le chemin, où il était en vue, et se blottit dans une pièce de seigle déjà assez haut pour le cacher facilement.

IV

Lorsque Armande arriva au carrefour des chemins, elle aperçut une ombre qui se détachait de l'arbre et qui s'avançait au devant d'elle.

— C'est vous ? dit-elle d'une voix si basse qu'elle était à peine intelligible.

— Oui, il y a une heure que je vous attends, mais la nuit est belle.

— Je n'ai pas pu venir plus tôt; c'est tout à l'heure seulement qu'on m'a remis votre lettre.

— Je n'avais pas d'inquiétude, j'étais bien certain que vous viendriez. Ah çà, vous n'avez pas eu peur en recevant ma lettre, vous n'avez pas cru qu'elle était écrite par un revenant.

— Je savais que vous étiez vivant.

— Vraiment.

— On vous avait vu à Londres.

— Ce prétendu frère de Sepe, stupide bête que je suis, si je n'avais pas été gris comme un alderman je l'aurais reconnu. Dites donc, savez-vous que pour une femme qui avait la preuve que son mari était vivant, vous ne vous êtes guère occupée de lui : c'est léger ça.

— Vous étiez-vous occupé de moi.

— Oh! oh! si nous récriminons nous passerons la nuit au pied de cet arbre : et ce n'est pas pour ça que je suis venu.

— Au fait, que voulez-vous ? demanda-t-elle avec une résolution impatiente.

— Voilà qui est parler : j'aime ce courage ; mais il ne m'étonne pas, vous avez toujours été brave quand il le fallait. Ce que je veux est bien simple. Je suis votre mari.

Elle fit un geste pour interrompre.

— Je suis votre mari pour vous avoir épousée, après toutes les formalités remplies, devant M. le maire de Plaurach. Il n'y a pas de mari plus légal que moi; ceci est bien certain et vous ne pouvez pas le contester. Pour que je ne fusse pas votre mari, pour que vous ne fussiez pas ma femme, il faudrait que je fusse mort, et précisément je suis ressuscité. Vous avez pu croire que vous étiez veuve, cela est sûr; maintenant que je suis là devant vos yeux en chair et en os, plus en os qu'en chair, cependant, vous êtes forcée de reconnaître que c'était une erreur.

— A qui est-elle due cette erreur ?

— A moi, j'en conviens, mais j'avais mes raisons. Aujourd'hui ces raisons n'existent plus. Je rentre dans ma peau et dans mon nom. Et je viens vous réclamer.

Au pied même de l'arbre Hutin se dressa. (p. 709.)

H. MALOT. — VICTIMES D'AMOUR.

LIV. 89

— Vous, vous?

Et elle fit quelques pas en arrière.

— Voilà une surprise qui n'est pas flatteuse. Cependant en recevant les quelques mots où je vous priais de vous rendre ici, vous deviez bien prévoir un peu ce que je viens de vous dire, et vous ne me ferez jamais croire que vous aviez pensé qu'il était question de nous entretenir des étoiles et du printemps. Je vous ai demandé un rendez-vous secret, parce que, pour vous et pour moi, il me plaisait d'éviter le scandale. Mais j'ai le droit de faire ma réclamation hautement, ne l'oubliez pas.

Il dit cela d'un ton dur et impérieux qui la fit frissonner; combien elle était changée cette voix qu'elle avait entendue si douce; combien elle était effrayante cette parole sèche dans sa netteté et son cynisme. C'était là l'homme qu'elle avait aimé. L'obscurité l'empêchait de bien distinguer ses traits; mais elle ne le reconnaissait ni dans ses gestes, ni dans son attitude.

Il reprit :

— Vous connaissez maintenant mes intentions, j'espère que vous ne ferez pas de difficultés pour les suivre.

— Jamais! s'écria-t-elle désespérément.

— C'est là un grand mot; ne nous emportons pas, et parlons raisonnablement. Depuis que vous êtes ici, j'ai tâché de cacher mon émotion; mais en vous revoyant j'ai été ému, Armande, très ému. On n'a pas vécu comme nous avons vécu ensemble sans qu'il soit resté des souvenirs dans le cœur, et je suis surpris qu'ils n'aient point parlé chez vous comme ils ont parlé chez moi. Depuis que nous sommes séparés, ma vie n'a pas toujours été heureuse, je n'ai pas toujours mangé quand j'avais faim, je n'ai pas toujours dormi sous un toit, j'ai fait bien des choses, bien des métiers et j'en ai souffert. Pendant ce temps-là vous étiez vous heureuse et riche, et quand j'errais dans les rues de Saint-Gilles sans un paletot et sans une croûte, j'ai pensé bien souvent à vous. A cette vie là les passions s'usent et la raison vient. Elle est venue pour moi : je me suis dit que tout misérable que j'étais, sans un ami comme sans le sou, j'avais une femme et un enfant. Croyez-vous, Armande, que j'aie vécu sept ans sans penser à ma fille. Je suis rentré en France, et je suis venu à vous. Me voilà. A tout péché miséricorde. Vous avez des reproches à m'adresser, c'est vrai, je le confesse. Moi, votre mari, j'ai un compte sévère à vous demander. L'un et l'autre oublions. Pour vous aussi l'âge des passions doit être passé et la raison doit être venue. Vous avez été coupable.

C'était lui qui accusait! Elle était confondue et ne trouvait pas un mot à répondre.

— Ce que je vous propose, dit-il en continuant, ce n'est pas une vie d'amour, ce mot ne peut plus être prononcé entre nous; c'est une vie honnête et calme telle qu'elle convient à ceux qui ont été éprouvés comme nous. Nous avons des devoirs à remplir envers notre fille, il est temps d'y penser, s'il n'est déjà trop tard. Car je l'ai vue, ma fille, j'ai causé avec elle : j'ai appris qu'on l'avait élevée à mépriser son père. Ah! de toutes les souffrances qui m'attendaient ici, celle-là m'a été la plus cruelle. Vous me croyez peut-être tombé bien bas, mais quand j'ai entendu ma fille me dire : « Mon père était un misérable et c'est heureux qu'il soit mort, » pensez-vous que je n'ai rien ressenti là?

Il se frappa la poitrine; et pour la première fois depuis qu'il parlait, Armande reconnut son accent d'autrefois.

— Vous alliez la mettre en pension, paraît-il; je comprends, elle était gênante. Heureusement j'arrive à temps. Si plus tard elle a des reproches à adresser à son père, elle se souviendra au moins qu'il a su empêcher son exil. Autrefois vous aviez horreur des pensions, vous avez changé. Il est regrettable que ce changement arrive précisément au moment où Victorine se trouve riche.

Comme elle étendait la main pour repousser cette accusation.

— Oh! ce n'est pas vous que j'accuse, mais celui qui vous a inspiré cette idée.

— Ainsi vous savez que Victorine est riche?

— Parfaitement, car bien qu'éloigné de vous, je n'étais pas si étranger que vous pouviez le croire à ce qui vous touchait. Je sais que M. de Trefléan a par son testament laissé à Victorine une vingtaine de mille francs de rente, dont vous avez l'usufruit jusqu'à sa majorité. Je sais comme cela beaucoup d'autres choses encore. N'est-ce pas mon devoir et mon intérêt de tout savoir.

— Votre intérêt, oui, s'écria-t-elle avec véhémence, mais ne parlez pas de devoir. J'étais confondue tout à l'heure d'entendre ces mots dans votre bouche. Au nom de la morale et du devoir, vous m'accusiez, vous accusiez l'homme que j'aime; vous parliez de dignité, de raison, et je me demandais si c'était bien vous. Maintenant vous parlez d'intérêt, je vous retrouve. Que ne m'avez-vous dit plus tôt que vous vouliez l'usufruit de cette fortune, dont je ne profiterai point, comme vous le croyez, mais que je lui garderai pour doubler ce qui lui a été donné? Voilà l'idée qui m'a été inspirée par celui que vous accusiez, par celui qui depuis sept ans a pris soin de votre fille que vous abandonniez.

Il s'avança et lui posant la main sur l'épaule.

— Pas de reproches, dit-il, je ne suis pas d'humeur à les entendre; ici c'est à moi d'en faire, non d'en recevoir, ne l'oublions pas : vous avez fait des progrès depuis que nous nous sommes quittés.

A ce contact elle se sentit faiblir et trembler; elle recula.

— Donc, reprit-il, vous trouvez surprenant qu'alors que je n'ai rien et que je meurs de faim, il faut bien dire la vérité, vous trouvez surprenant que je veuille ma part de la fortune qui vous arrive. A qui d'ailleurs a-t-elle été donnée cette fortune, est-ce à la petite-fille de M. de Keïgomar ou à celle de madame Berthauld? Tout à l'heure je vous disais que j'avais réfléchi et que la vie m'avait durement enfoncé l'expérience dans le cœur, et c'était vrai. J'ai fait des folies, de mauvaises actions si vous le voulez, mais de tout cela je suis las et dégoûté. J'aspire, oui j'aspire à la tranquillité et à l'honnêteté. Avec vingt mille francs de rente, je peux trouver cette tranquillité et redevenir l'homme que j'étais il y a dix ans, l'artiste que j'aurais pu être. Ces vingt mille francs de rente, vous les avez, je suis votre mari, j'en veux ma part. Vous voyez que je suis franc. Parce que l'argent se mêle à mon devoir, vous ne pensez qu'à l'argent; il faut penser à tout.

Elle n'était plus au temps où de pareilles paroles pouvaient l'émouvoir; et en y recourant il était resté de sept années en arrière. Autrefois elle avait pu croire à la sincérité de ces regrets et de ces projets; pour les éprouver, pour le mettre à même de les réaliser, pour faire des tentatives qu'elle savait désespérées, elle s'était imposée une épouvantable vie. Aujourd'hui l'expérience était pour ces paroles, ce que la lumière du grand jour est pour les oripeaux de théâtre, elle leur donnait leur vraie valeur.

— Hé bien, dit-il, vous ne répondez pas ?

— Que puis-je répondre? Si je suis votre femme, ne suis-je pas aussi celle d'un autre?

— Sa maîtresse, ce qui n'est pas du tout la même chose ; aux yeux de la loi au moins.

— Vous auriez pu m'épargner cette injure; vous savez bien que je n'aurais jamais été la maîtresse de personne.

— Ah çà, de quel nom appelez-vous donc une femme qui aime un homme et qui en a un enfant? S'il n'est pas son mari, il est son amant peut-être.

— Il est mon mari; après votre mort supposée, mais que nous croyions vraie, nous nous sommes mariés en Italie; c'est à mon mari, à celui que j'aime, que je suis et serai fidèle.

Il resta un moment sans répondre, mais bientôt avec une ironie insolente :

— Ceci est bon pour la morale, dit-il, et j'avoue même que personnellement j'en suis heureux, quand on reprend sa femme, mieux vaut la reprendre dans ces conditions; au fond il n'en est ni plus ni moins, mais enfin les apparences sont sauvegardées. Je serai à la fois votre premier et votre troisième mari ; le second aura été un usurpateur, voilà tout. Ce que vous m'avez dit là, c'est votre conscience qui vous l'a inspiré, et je l'ai reconnue; mais franchement vous savez bien que ce mariage étranger est absolument nul, n'est-ce pas ; qu'il n'y en a qu'un qui est et peut être valable, le nôtre. Je vous l'ai dit et vous le répète, je suis votre mari et veux l'être.

— Mon Dieu ! dit-elle en se tordant les mains, n'aurez-vous donc pas pitié...

Il l'interrompit.

— Écoutez, je comprends que vous soyez bouleversée, et vos réponses me prouvent que vos idées se troublent. Vous ne sentez pas la force de ma situation ; je vous donne jusqu'à demain pour réfléchir et vous déterminer, seulement n'oubliez pas que la loi est pour moi, et que je peux vous faire prendre de force de cette maison — il montra la ferme aux fenêtres de laquelle brillaient quelques lumières — pour vous ramener dans la mienne. Si vous ne vous décidez pas de bonne volonté, je vous jure que je le ferai.

Elle écoutait tremblante.

— On doit être inquiet de votre absence, vous pouvez rentrer.

Elle était retombée sous la domination de cette dure parole ; elle fit quelques pas pour s'éloigner.

— Armande ! dit-il.

Elle revint.

— Il est regrettable que cette nuit soit sombre ; les années paraissent avoir passé sur vous sans vous atteindre ; j'aurais voulu vous voir. Demain ici à la même heure, et souvenez-vous que si vous n'êtes pas décidée, j'ai les moyens de vous contraindre.

Elle s'éloigna à grands pas du côté de la ferme ; il la regarda jusqu'à ce qu'elle eût disparu dans l'obscurité, puis il prit lui-même le chemin qui, à travers la plaine, conduit à Villeneuve.

Alors le seigle, immobile sous le calme de la nuit, s'agita avec des froissements ; et, au pied même de l'arbre, Hutin se dressa.

— Ah ! tu veux la faire chanter, dit-il entre ses dents, eh bien, à demain !

Et il se secoua comme un chien mouillé : il était ruisselant de rosée ; il avait dû faire une longue route dans le seigle en se traînant à plat-ventre.

V

— Où étais-tu donc ? demanda Martel à Armande lorsqu'elle rentra.

— Là, dans le chemin, je prenais l'air ; la soirée est belle, j'ai été jusqu'au village.

— Je t'ai cherchée partout, dans le jardin, dans la cour.
— J'avais dit à Hutin de te prévenir que j'étais dans le chemin.
— Hutin, je l'ai cherché aussi, je ne l'ai pas vu. Comme tu es pâle; tu auras eu froid ; tu ne devrais jamais sortir sans te couvrir la tête. Veux-tu que je demande du feu?
— Non, merci.
— Mais tu trembles.
— Il prit une brassée de sarments dans le coffre à bois, la jeta dans la cheminée et l'alluma.

Pendant qu'il était baissé, la tête dans les cendres, Armande faisait effort pour arrêter les palpitations de son cœur et se remettre un peu.
— Je ne sais pas ce que Victorine m'a conté, dit-il, tout en promenant le papier enflammé sous les sarments, elle a rencontré tantôt, pendant que nous étions à Villeneuve, un monsieur qui lui a fait toutes sortes de questions : elle dit qu'il n'est jamais venu ici.

Il se releva.
— Mais tu as les pieds tout mouillés, tu as marché dans la rosée; assieds-toi, donne-moi tes bottines que je les délace.

Il la fit asseoir presque de force en face le feu, et se mettant à genoux, il défit les lacets.

Puis continuant :
— Elle est toute stupéfaite de la curiosité de ce monsieur. J'ai cru un moment que c'était une histoire qu'elle me contait comme à l'ordinaire ; mais Julien dit que c'est vrai, que c'était un monsieur avec des grands cheveux et une grande barbe. Il paraît que Hutin aussi l'a vu, et même qu'il lui a parlé. C'est peut-être un fanatique, dit-il en riant; en voilà un triomphe : un amant des beaux-arts qui vient de Paris exprès pour avoir le plaisir de contempler le toit qui abrite ma gloire. Tu vois que les journaux servent à quelque chose. Veux-tu tes pantoufles?

Il sonna; Marie-Ange parut.
— Madame, dit-celle-ci, M. Julien vous demande : il fait le diable dans son lit, et ne veut pas dormir sans que vous l'ayez bordé.
— J'y vais.
— Es-tu réchauffée au moins?
— Oui, merci.

Il était temps qu'elle sortît : elle étouffait, elle avait besoin d'être seule, sa tête éclatait.

Quoique Martel ne se préoccupât que très-peu de ce monsieur qui questionnait tout le monde, il avait cependant la curiosité de savoir qui ce pouvait être. Et Armande montée à la chambre des enfants, il sortit pour aller interroger Hutin.

Précisément celui-ci venait de rentrer; il était en train d'emplir les râteliers de trèfle rouge.

— Quel est donc ce monsieur qui tantôt rôdait autour de la ferme ? demanda Martel.

— Dame, notre maître, je ne sais pas, je ne lui ai pas demandé son nom ; c'est un monsieur pas tout à fait si fort que vous avec des cheveux noirs et une grande barbe brune : c'est un monsieur qui a été un monsieur pour sûr, mais qui n'a plus l'air d'être un monsieur.

— Il vous a parlé?

— Oui.

Hutin s'arrêta.

— V'là du trèfle qui est bien humide, dit-il en détournant la conversation; il faudrait que Jacques ne le fauche que quand le soleil a lui.

— C'est bon, je le préviendrai, dit Martel, voyant qu'il ne voulait pas répondre et lui tournant le dos.

Mais il n'avait point fait quelques pas que Hutin le rappela.

— Notre maître?

— Hé bien!

— Notre maître, je ne suis pas une bonne tête, ça c'est sûr, mais le cœur n'est pas mauvais, allez. Ce que j'ai à vous dire, faut-il vous le dire, j'en sais rien et j'ai sue de me le demander; mais si je vous le dis, c'est parce que madame c'est le bon Dieu et qu'elle ne peut pas faire mal; si c'était une autre, je ne le dirais pas. Après tout si j'ai tort je m'en irai, mais il me semble que j'aurais plus tort si je ne vous le disais pas. Pour lors voilà que ce monsieur qui rôdait tantôt, me demande si je veux remettre une lettre à madame, en cachette. Ça ne m'allait pas, pourtant je la prends tout de même; je voudrais brûler la main qui l'a prise, — et il se donna un vigoureux coup de poing sur la main droite. — La lettre, je l'ai remise à madame, et voilà qu'elle a paru toute versibulée. Et puis voilà qu'elle a été à l'arbre du petit Ramona où le monsieur l'attendait. Ce qu'il lui a dit, ce qu'elle lui a répondu, je ne le sais pas. Mais en le quittant il lui a dit comme ça, d'une voix pas douce : « Demain ici à la même heure, et souvenez-vous que si vous n'êtes pas décidée, j'ai les moyens de vous contraindre. »

Hutin avait parlé les yeux baissés; quand il les releva sur Martel il le vit aussi affreusement livide qu'Armande au moment où elle avait ouvert la la lettre; il les rebaissa aussitôt.

Martel demeura assez longtemps immobile comme s'il était seul et n'avait rien entendu : puis d'une voix qui deux ou trois fois s'arrêta dans sa gorge:

— Hutin, dit-il, vous êtes un brave homme, je crois que vous nous êtes dévoué, je vous demande un service, ne parlez à personne de cette lettre, ne dites à personne que vous m'en avez parlé.

Lui ! c'était lui. Il n'eut pas un moment d'hésitation. Comme le disait Hutin, Armande ne pouvait pas faire mal, et le soupçon de la jalousie ne se présenta même pas à son esprit. L'émotion, la pâleur, le tremblement d'Armande étaient expliqués. C'était là qu'elle s'était mouillé les pieds. Mais pourquoi n'avait-elle pas dit franchement d'où elle venait ? Pourquoi ce silence, cette dissimulation ? Et elle devait le revoir le lendemain. Qu'espérait-elle donc, ou plutôt quel était son désespoir ? Avait-elle une résolution arrêtée, si oui, pourquoi ne la lui disait-elle pas franchement, si non, pourquoi ne le consultait-elle pas ? Le danger était assez grand pour qu'ils se réunissent ; étaient-ils donc séparés d'esprit et d'action ?

Il la retrouva dans la chambre de Julien, assise auprès de son lit.

La nuit fut épouvantable pour tous deux : ce fut la nuit de naufragés battus sur une misérable épave par le vent et la mer ; mais au moins les naufragés ont une dernière espérance, le jour qui leur montrera une voile ou la côte ; eux qu'avaient-ils à attendre du jour ?

Toutes les idées possibles et impossibles lui traversèrent l'esprit. S'il allait lui-même au rendez-vous ; s'il le tuait ; s'il faisait appel aux sentiments d'honneur qu'il avait autrefois trouvés en lui ; s'il lui offrait une somme considérable et une rente annuelle pour quitter la France.

Il la vit peu dans la journée ; elle l'évitait.

Cependant cette mortelle journée s'avança vers le soir, et l'espérance qu'il avait toujours eue, qu'elle viendrait se jeter dans ses bras, ne se réalisa pas.

Comme le soleil commençait à baisser, il la vit, de la grande fenêtre de son atelier, marchant fiévreusement dans le jardin. Elle suivait une allée droite de tilleuls, puis arrivée à un bout, elle revenait sur ses pas, et toujours ainsi. Assurément elle se croyait seule, et elle agitait sa résolution, bien certainement non encore arrêtée.

Caché derrière le rideau, il resta à la regarder pendant plus d'une heure. Sur sa figure on lisait les angoisses de sa préoccupation, dans ses gestes, son attitude, le mouvement de ses yeux et de ses lèvres, les résolutions qu'elle balançait sans pouvoir se fixer. Il la connaissait si bien qu'il devinait ce qui se passait en elle presque aussi clairement que si elle eût pensé tout haut et qu'il eût entendu ses paroles. Deux fois elle se dirigea vivement vers la maison pour venir à lui et demander son appui, et deux fois elle reprit lentement l'allée où elle marchait. Elle ne parlerait pas, cela était bien certain, elle irait au rendez-vous, cela était plus certain encore. Mais pourquoi ne parlerait-elle pas ? c'était ce qu'il ne pouvait deviner.

Les idées se heurtaient, se confondaient en elle, et bien certainement aussi quoique décidée à aller à ce rendez-vous, elle ne savait ni ce qu'elle y dirait, ni ce qu'elle y ferait.

L'homme était immobile, appuyé sur un bâton. (p. 717.)

Il avait cru qu'elle lui donnerait un prétexte pour sortir; l'heure venue elle se leva. Il s'était promis de ne rien dire, cependant il ne put retenir une parole.

— Où vas-tu?

— Je reviens tout à l'heure.

Son premier mouvement fut de s'élancer après elle. Mais arrivé à la porte il s'arrêta, et, après quelques secondes d'hésitation, il la ferma au verrou. Quoiqu'elle fît, il fallait qu'elle le fît librement.

Il s'assit, et s'enfonçant la tête entre ses mains, il se mit à compter tout haut, un, deux, trois; cela peut-être l'empêcherait de penser.

Si elle allait ne pas revenir, et partir avec lui! Cette angoisse fut la plus horrible et le fit défaillir.

Mais non, il avait foi. Elle l'aimait. Elle reviendrait. Elle lui dirait tout.

Il alla à la porte, tira le verrou et appela les enfants.

VI

La veille Armande était arrivée en retard, ce soir-là elle arriva la première.

Il y avait déjà un quart d'heure qu'elle attendait, se flattant presque que Maurice ne viendrait pas, lorsqu'elle entendit un bruit de pas dans le chemin; bientôt elle le vit paraître marchant doucement sans se presser et cinglant les épis de sa canne.

— Allons, dit-il, j'aime ça! de l'exactitude, c'est bon signe; je retrouve ma petite femme d'autrefois. On n'a pas été inquiet de l'absence d'hier soir; on n'est pas jaloux alors : tant mieux, tant mieux. La femme qui n'excite pas la jalousie, est celle qui n'a jamais donné prise au soupçon. Voilà qui me rassurerait pour l'avenir, si j'avais besoin de cette nouvelle assurance.

Elle tremblait la veille sous cette parole insolente; mais le premier moment de surprise et d'effroi était passé, elle ne se sentit plus que du dégoût en l'écoutant.

— Oh! si je pouvais, moi, retrouver l'homme d'autrefois, dit-elle?

— Eh bien! interrompit-il d'un ton tout différent, que feriez-vous ?

— Je le prierais d'interroger sa conscience, et quand il l'aurait fait en toute sincérité, je lui demanderais si je suis coupable. Et s'il me disait non, je lui demanderais si malgré tout je dois être punie, si mes enfants doivent l'être, si celui que j'aime doit l'être aussi.

Elle pensait à ceux qui étaient sa vie, et dans sa préoccupation passionnée elle en parlait à celui-là qui précisément devait être le plus mal disposé à l'entendre. Ces paroles lui avaient à peine échappé, qu'elle sentit sa faute.

— Quel malheur, dit-il en reprenant sa voix railleuse, que l'homme d'autrefois ne puisse pas vous entendre, vous lui diriez, j'en suis sûr, des choses extrêmement touchantes ; l'homme d'autrefois a gardé le souvenir de votre éloquence ; il se rappelle que vous avez la corde larmoyante, et que vous êtes sans rivale pour arracher une résolution. Mais, hélas ! l'homme d'autrefois n'existe plus. Le monde marche, l'âge aussi, on vieillit, on s'endurcit, on ne pleure plus. L'homme d'autrefois est mort, c'est celui qui s'est suicidé à Naples ; l'homme de maintenant vous parle et vous écoute. Qu'avez-vous décidé ?

— Rien.

— Alors nous causons d'inspiration ; ce sera plus long, mais qu'importe, nous avons le temps. Nous n'avons donc pas réfléchi ?

— Toute la nuit, toute la journée j'ai cherché ; avec quelle angoisse, Dieu le sait ! Mais à quoi me résoudre ? Puis-je abandonner mes enfants ?

— Et qui parle de les abandonner ; ai-je dit cela ? Je les prends ?

— Et Julien ?

— Ah ! il se nomme Julien ! Soit, hé bien je prends Julien aussi.

Elle fit un geste d'horreur.

— Oh ! mon Dieu ! s'écria-t-elle.

— Ah çà ! que veut dire cette indignation. Pendant que je voyage vous me donnez un fils. Je viens et je l'accepte. Et vous poussez des cris d'horreur. Quand vous devriez être à mes pieds à me remercier, vous me regardez comme un monstre.

Stupéfaite d'indignation et d'épouvante, elle le regardait sans trouver une parole : Julien, il voulait prendre Julien, et machinalement elle serrait ses bras sur sa poitrine comme s'il eût été là pendu à son sein, comme si elle eût pu le retenir.

— Sérieusement, dit-il, croyez-vous que, me décidant à vous reprendre malgré votre faute, je puisse permettre que le fils que vous avez eu d'un autre vive auprès de cet homme, proclamant ainsi hautement ma honte et la vôtre. Non, *Pater is es quem nuptiæ demonstrant* enseigne la loi : autrement dit, le mari d'une femme est le père de ses enfants. Or, comme je n'ai jamais cessé d'être votre mari, je suis le père de Julien.

Ces explications lui parurent tellement monstrueuses qu'elle n'en crut pas un mot. C'est une ruse pour m'effrayer, se dit-elle. Et au moment où il espérait qu'il l'avait vaincue, il fut tout surpris de la voir se relever.

— Seule je pourrais peut-être me sacrifier encore, dit-elle ; jamais mes enfants ne verront l'homme qui est capable de faire ce dont vous venez de me menacer.

— Allons, décidément, vous n'avez pas réfléchi, et c'est toujours l'inspiration qui parle. Je vous ai dit hier que si vous ne vous exécutiez pas de bonne volonté, j'avais la force pour vous contraindre. Vous ne savez donc pas que vous êtes entre mes mains, vous et votre amant, plus faibles que cette paille de seigle. Je puis entrer dans cette maison qui lui appartient et vous tuer tous deux ; je puis vous faire amener chez moi par les gendarmes ; je puis vous faire emprisonner l'un et l'autre ; je puis vous prendre vos enfants sans vous prendre vous-même, car je suis votre mari ; tant que je vivrai, Martel, malgré votre prétendu mariage, ne sera que votre amant ; il ne pourra rien pour vous défendre. Et c'est quand je peux tout cela, quand je viens à vous, vous proposant amicalement ce que j'ai le droit, — entendez bien ce mot : — le droit d'exiger, c'est dans ces conditions que vous me répondez par des injures ! Ces jours-là sont passés il y a longtemps. Quand rentrerez-vous chez moi ?

— Ah ! mieux vaut mourir.

— Je ne crois pas, et puisque nous réfléchissons ensemble, je vais vous dire pourquoi. Si vous mourez, vos enfants héritent de vous, et comme je suis leur père, c'est moi qui administre leur fortune. Avec vous pour me conseiller et me retenir, je peux devenir sage : mais seul ? C'est si vite mangé, une fortune. Allons, résignez-vous, croyez-moi. Tout ce que je vous ai dit, ce n'est pas pour vous épouvanter, mais seulement pour vous montrer qu'il est impossible de m'échapper. Je comprends qu'il vous en coûte. Vous l'aimez, et votre cœur saigne ; mais l'amour n'est pas éternel ; plus tard vous me remercierez d'avoir fait cesser cette situation honteuse.

Elle ne répondit pas. Il crut qu'elle était touchée.

Tout à coup elle se jeta à ses pieds :

— Maurice, s'écria-t-elle, au nom de votre mère qui m'aimait, au nom de votre fille, je vous en supplie, ayez pitié !

Il la releva.

— Ah ! pas de cela, dit-il, pas de cela, il faut obéir.

Et il se détourna pour cacher un frisson d'émotion qui le trahissait.

Elle lui saisit la main ; il la retira brutalement.

— Votre dernier mot ?

— Que la fatalité s'accomplisse.

— Hé bien, c'est vous qui l'aurez voulu ; vous verrez si j'ai parlé en l'air.

Sans se retourner, il s'éloigna du côté de Villeneuve.

VII

Il marchait assez lentement ; car, dans ces mauvais chemins qu'il ne connaissaient pas, il avait peine à se diriger ; souvent la terre s'éboulait sous ses pieds, et il glissait dans une ornière dont l'eau croupie lui sautait jusqu'à la figure.

Il y avait des nuages au ciel ; la nuit était moins belle que la veille ; elle ne s'éclairait que par instants, quand les nuages se déchiraient.

De la plaine il était descendu dans une cavée qu'on appelle dans le pays le Creux-des-Marnes, parce qu'elle conduit à une marnière autrefois en exploitation, maintenant abandonnée.

Au milieu du chemin, qui n'a que juste la voie d'une voiture et qui est encaissé entre deux berges gazonnées, il lui sembla dans l'obscurité apercevoir un homme debout, un paysan sans doute qui regagnait le village. Mais, en avançant, il vit qu'il se trompait ; l'homme ne marchait pas, il était immobile appuyé sur un bâton, et comme la lumière, tombant au caprice des nuages, l'éclairait par derrière, il dessinait sur le fond lumineux une haute silhouette noire.

Maurice n'était point peureux, il avait assez roulé par les chemins pour ne pas s'effrayer d'une rencontre la nuit ; il continua donc d'avancer. D'ailleurs, qu'avait-il à craindre dans ce pays où il n'était connu de personne. Un voleur ! Il se mit à rire en y pensant.

Lorsqu'il fut arrivé à quelques pas de l'homme, celui-ci ne se dérangea pas pour lui céder passage, mais, étendant vers lui son bras armé de son bâton :

— Je vous attendais, dit-il.

Instinctivement Maurice fit un bond en arrière ; quelque brave qu'on soit, cette manière de se présenter étonne au premier moment et frappe les nerfs ; mais il se remit aussitôt, et crut reconnaître cette voix.

— N'êtes-vous pas le berger à qui j'ai remis une lettre hier ? dit-il ?
— Oui, c'est moi.
— Hé bien, vous avez une singulière façon de réclamer le prix de vos commissions ; si vous travaillez comme ça, vous ne vous ferez pas une clientèle.
— Je ne vous réclame rien, je vous attends.
— Pourquoi faire ?
— Pour causer.
— Ah çà ! vous êtes un drôle de particulier, savez-vous ?
— Hé bien, et vous, vous êtes une fichue canaille.

Maurice recula d'abord de quelques pas ; il comprenait que cette rencontre n'était pas due au hasard, comme il avait pu le croire tout d'abord.

— Il ne faut pas reculer, dit Hutin, ou j'avance, et je cours bien, j'ai mes bottes. J'étais là-bas à l'arbre du petit Ramona : hier je n'ai rien entendu ; aujourd'hui, comme je m'étais caché d'avance aux premières places, j'ai tout entendu ; quand vous avez eu fini, j'ai pris par le raccourci à travers champs pour venir vous attendre ici ; j'ai choisi mon endroit ; des deux côtés, il n'y a pas moyen de se sauver, la pente est trop roide ; retourner en arrière, je vous attraperais ; me passer sur le corps il ne faudrait pas l'essayer ; oh! mais non.

Disant cela avec une assurance où il n'y avait pas la moindre fanfaronnade, il donna sur la terre un coup de bâton à assommer un bœuf.

Maurice se demanda, avec une certaine inquiétude, si ce grand diable d'homme n'était pas posté là pour l'assassiner. Au fait cela simplifiait tout. Mais il connaissait trop Martel et Armande pour s'arrêter à cette idée ; il retrouva bien vite son sang-froid.

— Hé bien, que me voulez-vous ? dit-il avec autorité.

— Je vous l'ai dit, causer. Voilà. Moi, qui vous parle, j'ai tué le garde du château de chez nous d'un coup de couteau. Je tendais des collets. Il m'est tombé dessus. On s'est manié, il avait son couteau de chasse, il a voulu s'en servir. Le coup a été donné. J'avais vingt-six ans. Cela m'a valu dix ans de Toulon. Je les ai faits. Quand je suis sorti, il fallait vivre ; j'ai vécu comme les autres. C'est vous dire que je suis un vieux fagot. Il y a deux ans, un soir, je suis arrivé ici. Je n'en pouvais plus. Depuis un an je crevais de faim, je cherchais un gendarme pour lui planter mon couteau dans le ventre et finir. M. Martel ne m'a pas mis à la porte, il m'a donné à manger, il m'a fait travailler ; il m'a obtenu de rester ici au lieu d'aller à ma résidence. Aujourd'hui je salue les gendarmes qui m'appellent par mon nom ; je travaille, je me sens honnête. C'est pour vous dire que j'ai pour lui l'amitié d'un chien, et que s'il me faisait signe, j'étranglerais un homme comme rien du tout.

— Décidément, pensa Maurice, Martel est plus fort que je ne croyais; voilà un chenapan qui est payé pour me supprimer.

Il regarda autour de lui ; mais, ainsi que l'avait dit Hutin, il n'y avait pas moyen de s'échapper. Quant au secours, il n'y en avait à attendre que du hasard ; on était loin du village, et dans la campagne on n'entendait pas le moindre bruit, ni une voix, ni un cri, ni le cahot d'une voiture.

— Quand je vous écoutais tout à l'heure avec Madame, continua Hutin, je me disais : voilà un gueux qui est plus canaille que je ne l'ai jamais été; et je cherchais un moyen pour vous administrer une bonne tripotée, quand voilà que tout à coup, vous avez dit que tant que vous seriez vivant, vous seriez leur maître. Ça, c'est votre jugement; c'est vous qui l'avez rendu.

Pour sûr que de M. Martel et de vous, il y en a un de trop sur la terre. Ça ne peut pas durer comme ça. Celui qui est de trop, c'est vous. Ce n'est pas moi qui le dis, c'est le sort. Alors, tout en vous écoutant, je me suis dit dans moi que ce n'était pas un crime de débarrasser le monde d'un brigand de votre espèce, que c'était comme qui dirait tuer un chien enragé. Car pour sûr que si on ne vous tue pas, vous les ferez mourir, eux, et les enfants aussi peut-être bien. Quand un homme a tué, on le tue après, je connais ça, je me le suis entendu expliquer aux assises, m'est avis pourtant qu'il vaudrait mieux le tuer avant. C'est pour ça que je vas vous tuer.

Hutin parlait difficilement, comme un homme qui cherche à exprimer des idées confuses, mais en même temps avec un calme effrayant. On sentait qu'il était aussi fermement convaincu de la nécessité et de la justice de son action, que le juge qui prononce un arrêt de mort.

— En venant ici, mon idée était de vous sauter dessus quand vous passeriez là au ru, et de vous saigner d'un coup de couteau. Mais ça c'est lâche, ce n'est pas mon affaire. Un homme vaut un homme : pour lors il va falloir voir lequel de nous deux vaut mieux que l'autre. Si c'est vous, vous n'aurez qu'à vous sauver en étranger d'où que vous n'auriez jamais dû revenir, et y rester, parce que si vous reparaissiez dans le pays, les curieux sont malins, ils pourraient bien vous pincer rapport à ma mort, et dame! ce serait la guillotine ou Cayenne. Alors, comme ça, les maîtres seront tranquilles. Si c'est moi, et j'ai idée que ça sera moi, je vous jetterai dans la marnière qui est là, avec quelques brouettées par-dessus; on vous croit déjà mort, ça sera vrai, voilà tout. Comme vous n'êtes pas du pays, ni vu ni connu, personne; voilà.

Maurice écoutait, bien plus préoccupé de trouver un moyen de se sauver, que de faire attention à ces singuliers raisonnements. Cependant ces dernières paroles le frappèrent; c'était peut-être son salut, car d'engager une lutte avec cet Hercule il ne fallait pas y songer : d'avance le résultat était sûr : en quelques secondes il serait écrasé, broyé. Dix années plus tôt il n'eût pas eu cette patience, et depuis longtemps déjà il serait tombé coûte que coûte sur celui qui lui barrait le chemin; mais l'âge du courage imprudent était passé; dans sa vie de bohémien, il avait appris la tactique des vieux loups qui rusent jusqu'à la fin et ne font tête aux chiens qu'à la dernière extrémité.

— Tout ça c'est bien combiné, dit-il, et ça promet de l'ouvrage assez propre; on reconnaît un vieux fagot.

— Mais oui, dit Hutin content de lui.

— Seulement il y a quelque chose d'oublié : c'est que le procureur impérial sait que je suis venu aujourd'hui ici demander à ma femme de rentrer près de moi. Si je disparais, on cherchera. Nous n'allons pas nous tuer sans laisser des traces, il y aura du sang de répandu.

— Non, je vais vous étrangler.

— Oui; mais moi je vais te saigner, et il montra un couteau-poignard qu'il tenait dans sa main; quand on aura trouvé la place où nous nous sommes battus, on ira tout droit à la marnière, ce n'est pas bien malin, on trouvera mon corps. On cherchera qui avait intérêt à ma mort, et il ne sera pas non plus bien difficile de trouver que c'est ma femme et son amant.

— Eh bien, et moi, je dirais que c'est moi.

— Toi tu n'auras eu intérêt à tuer un homme que tu ne connaissais pas, que si sa mort t'était payée; tu auras été l'instrument, eux les instigateurs; tu les entraîneras avec toi en cour d'assises comme tes complices. Toi, le récidiviste, tu seras guillotiné; eux en auront au moins pour vingt ans. Cela te va-t-il?

— Tonnerre! s'écria Hutin.

— Allons, laisse-moi passer.

— Oh! ne passez pas, je vous assomme.

— Tu n'as donc pas compris?

— Restez là, ne bougez pas.

Et, levant son bâton, il demeura immobile devant Maurice comme le chien en arrêt sur son gibier. Dans sa tête bouillonnait confusément ce qu'il avait imaginé et ce qu'il venait d'entendre. Quoique son intelligence ne fût pas bien vive, elle l'était encore assez pour comprendre tout de suite que son moyen, au lieu de sauver Armande et Martel comme il le voulait, pouvait les perdre. Fallait-il donc le laisser échapper, quand il n'avait qu'à faire tomber son gourdin pour les en débarrasser à jamais. Il haletait d'impatience et de colère. La lune qui se dégageait l'éclairait en pleine figure, et Maurice pouvait suivre sur son visage crispé le trouble de sa préoccupation. Patiemment il attendait, car maintenant il se sentait sauvé.

Enfin, Hutin abaissa son bras.

— Si vous faites le mort, dit-il, c'est comme si vous étiez vraiment mort. Il faut donc le faire et vous en aller d'ici. Si vous donnez signe de vie, si vous les tourmentez, je vas à vous, et, sans crier gare! je vous plante mon surin entre les épaules. Je m'arrangerai pour faire croire que je voulais vous voler; enfin, je trouverai bien quelque chose; comme ça ne sera pas ici, ça sera plus facile; si je ne trouve pas, il y a d'anciens camarades qui ont la main sûre, quoi. Voilà. Vous pouvez vous en aller.

Maurice ne se le fit pas dire deux fois; mais au moment où il passait à côté de Hutin, celui-ci lui posa la main si brutalement sur l'épaule qu'il le fit fléchir sur les jambes.

Notre maître, dépêchez-vous, dit Hutin d'une voix étouffée, on vient vous arrêter. (p. 726.)

— Voyons, là, dit Hutin, vous êtes bien certain, pas vrai, que je suis un homme à faire ce que je promets?

— Parfaitement; je vous crois homme d'honneur, répondit Maurice à qui l'insolence était revenue.

— Vous connaissez mon histoire, ça doit vous donner confiance; maintenant il faut que vous connaissiez ma force, ça vous fera rêver.

En disant cela il prit son bâton aux deux bouts : c'était une énorme trique en chêne de la grosseur à peu près de quatre doigts, et l'appuyant sur son genou, il la cassa net, sans effort, sans paraître raidir ses muscles :

— Voilà, dit-il, quand un couteau est emmanché au bout de ce bras-là, il entre bien.

— C'est très fort, dit Maurice; si je redeviens jamais saltimbanque, il y aura pour vous une place d'Hercule dans ma troupe.

VIII

Lorsque Armande rentra, elle rencontra Marie-Ange à la porte :
— Où est Monsieur? dit-elle.
— Dans l'atelier.
— Les enfants?
— Ils sont avec lui.
— Venez les prendre et couchez-les; je monterai tout à l'heure.

Les enfants jouaient dans un coin ; Martel, la tête plongée entre ses mains, était assis devant le feu; un tison avait roulé et lui fumait dans la figure sans qu'il s'en aperçût.

Au bruit de la porte, il se leva vivement et attacha sur Armande ses yeux brûlants d'angoisse.

Les enfants sortis, elle se jeta dans ses bras :
— Il est ici, dit-elle; je l'ai vu hier, je viens de le revoir.

Un frisson de bonheur lui courut dans les veines; il la serra fortement contre son cœur :
— Je le savais, dit-il.
— Eh bien?
— Je voulais que tu fusses libre.
— Il demande que je retourne près de lui : il veut les enfants.
— Les enfants!
— Oui, Julien; il dit que la loi le reconnaît comme le père de Julien.
— Oh! ça, je l'en défie!
— N'est-ce pas que c'est impossible? C'était pour m'effrayer. Il dit qu'il

peut entrer ici nous tuer tous deux, qu'il peut nous faire enlever par les gendarmes, nous faire emprisonner.

— Qu'as-tu répondu?

— Rien ; que pouvais-je répondre?

— Et alors?

— Il est parti en me faisant les plus terribles menaces.

— Tu ne lui as pas offert de l'argent?

— Oh!

— Crois-tu donc qu'il veuille autre chose? Il doit savoir que Victorine a hérité de M. de Tréfléan.

— Il le sait; il veut l'usufruit de sa fortune.

— Alors, rien n'est désespéré.

— Que veux-tu faire?

— Je n'en sais rien. J'irai demain à Paris voir Favas et nous aviserons. Ce n'est qu'une affaire d'argent; nous trouverons bien quelque chose.

Combien cette nuit fut différente de la précédente. Ils savaient que les dangers les plus terribles étaient suspendus sur eux, même la mort. Mais ils étaient deux maintenant, unis de cœur et de pensées.

CHAPITRE X

L'OMBRE

I

Le lendemain matin, Hutin se leva d'autant plus tôt qu'il s'était couché plus tard et qu'il avait mal dormi.

Il avait besoin de respirer en plein air. Il était mécontent de lui. Il avait peur de s'être laissé prendre à un piège : « Personne ne savait la présence de ce brigand-là au Plessis, pensait-il en gesticulant sur son lit, on ne prévient pas les gens quand on veut faire un mauvais coup; il m'aura mis dedans. Pendant que je le tenais, je n'aurais pas dû le laisser échapper. Où le retrouver maintenant? Aura-t-il assez peur pour se tenir tranquille? » Il s'accusait d'être un imbécile : « Le bras est bon, disait-il, mais le coco... » et il se donnait de grands coups de poing sur le crâne.

Quand il descendit, le crépuscule commençait à poindre; le ciel jaunissait du côté du levant; les coqs chantaient dans le poulailler, par les fenêtres de ventilation des étables et de la bergerie, on voyait sortir une buée blanche; dans les écuries, les chevaux, réveillés par le matin, s'ébrouaient en faisant résonner leurs stalles; sur les tas d'ordures, les pierrots matineux s'étaient déjà abattus, et ils picotaient en piaillant.

Il alla au puits, et se plongea la tête tout entière dans un seau d'eau; il avait besoin de se rafraîchir.

Tout à coup il lui sembla entendre des voix étouffées; il écouta; il entendit aussi des pas : on semblait marcher légèrement avec l'intention de ne pas faire de bruit. C'était dans le chemin devant la grande porte.

Il se tint lui-même immobile, assis sur la margelle du puits.

Bien certainement il ne se trompait pas; on marchait et on causait. A pareille heure, qu'est-ce que cela voulait dire. Ce n'étaient pas les gens du pays, il n'était pas encore l'heure; et puis les gens du pays ne prenaient pas de précautions pour se cacher.

Les bruits de pas se firent entendre en même temps du côté opposé, c'est-à-dire le long du mur sur la plaine; puis il sembla à Hutin qu'on grattait ce mur comme si on voulait l'escalader. Il quitta vivement le puits et se blottit sous une voiture, d'où il pouvait voir sans être vu.

Le jour était venu, et quoique le soleil ne fût pas encore levé, il faisait une de ces belles aurores d'avril plus lumineuses qu'un plein midi d'hiver.

A peine était-il sous sa voiture qu'une tête parut au-dessus du chaperon du mur, puis, se penchant vers la plaine :

— Personne de levé, dit-il, le commissaire peut frapper à la porte.

— On vient m'arrêter, pensa Hutin, le gueux m'aura dénoncé, il faudra voir.

L'homme qui avait regardé, se mit à califourchon sur le mur; il était vêtu d'un paletot gris et d'un pantalon vert à la hussarde; avec cela une vraie face de mouchard. Il se retourna, se suspendit des deux mains au larmier, se laissa glisser dans la cour, et rabotta le mur avec la pointe de ses bottes pour rendre sa descente moins rapide.

Il n'avait pas touché le sol que Hutin était sur lui.

Au même moment on frappa fortement à la grande porte.

En se sentant saisi l'homme se jeta vivement de côté, mais il n'eut pas le temps de se mettre en garde; de sa botte ferrée Hutin lui allongea sur la jambe un de ces formidables coups de pied qu'enseignent les professeurs de chausson, et qui cassent net l'os qu'ils rencontrent.

L'homme fit un mouvement en avant, mais il ne put se tenir et tomba en poussant un cri.

— Bon, *crible à la grive*, dit Hutin qui, en face de la police, était redevenu le forçat libéré, *si t'es de la rousse à l'arnache tu as toujours le fumeron cassé, le quart d'œil ne me tient pas!*

Et il s'élança par-dessus les brancards de la voiture, son dessein était de traverser la maison et de se sauver par-dessus les murs du jardin; une fois en plaine il aurait bien peu de chance si, dans les seigles et les colzas déjà hauts, on le découvrait. Pour cela il était obligé de contourner les étables et de passer devant la grande porte.

Lorsqu'il arriva en face de cette porte, il vit le maître charretier qui était en train de l'ouvrir.

— N'ouvre pas! cria-t-il.

Mais il était trop tard; la porte, à peine entre-bâillée, le commissaire de police de Villeneuve, ceint de son écharpe, et que d'ailleurs Hutin connaissait bien, se glissa dans la cour.

— Conduisez-moi à la chambre de M. Martel, dit-il au charretier, et au nom de la loi que personne ne bouge.

— C'est le maître qu'ils veulent arrêter! se dit Hutin, le gueux tient ses menaces.

Les mots formidables « au nom de la loi » ne produisirent pas sur lui le même effet que sur le charretier, qui restait stupide, regardait le commissaire, les agents et ne bougeait pas; il les avait déjà entendus plus d'une fois ces mots terribles; ils avaient perdu le pouvoir de le paralyser.

Il continua sa course, s'élança dans le passage qui faisait communiquer la cour avec le jardin, poussa les portes qui ordinairement restaient ouvertes, les barricada, et, arrivé dans le jardin, se mit à lancer une volée de cailloux dans une des persiennes de la chambre où couchait Martel.

Ce bombardement amena Martel immédiatement à la fenêtre.

— Notre maître, dépêchez-vous, dit Hutin d'une voix étouffée, on vient vous arrêter, ils sont en bas.

L'apparition de Hutin, sa disparition, la porte fermée au nez des agents, avaient jeté du désarroi parmi les gens de police.

— Je n'ai pas la clef de la maison des maîtres, dit le charretier, qui commençait à se remettre et à retrouver sa finesse de paysan pour ne compromettre personne, ni lui-même, ni ses maîtres.

— Comment entrer alors ?

— Dame, il faut frapper.

On frappa, on refrappa.

— Le tour est heureusement manqué, dit le commissaire à son principal agent.

Ce fut Martel lui-même qui vint ouvrir.

— M. Martel, dit le commissaire, j'ai commission rogatoire de M. le juge d'instruction pour constater que vous vivez maritalement avec la demoiselle Armande de Keïrgomar, épouse de M. Maurice Berthauld, compositeur de musique, demeurant à Londres, King-George-Street, résidant en ce moment à Paris, rue Lamartine, n° 9. Veuillez me conduire à votre chambre.

— C'est bien, monsieur, suivez-moi.

— Restez ici, dit le commissaire à son monde.

Dans l'escalier il s'arrêta, il avait dîné plusieurs fois au Plessis, et n'avait jamais eu que les meilleurs rapports avec Martel.

— Voilà une mission qui m'est bien pénible, dit-il, mais nous appartenons à la loi.

Armande était levée; elle se tenait au haut de l'escalier tremblante et confuse.

Martel courut à elle.

— N'aie pas peur, dit-il, ce n'est rien, une simple constatation.

Le commissaire la salua poliment; et s'adressant à Martel à voix basse :

— Si madame voulait bien ne pas nous accompagner, ma mission m'est

assez désagréable; il m'en coûterait d'avoir à blesser madame dans sa dignité.
— Nous revenons tout de suite, dit Martel.
Il ne fit qu'entrer dans la chambre.
— Deux oreillers, dit-il, merci, c'est assez.
Il ne promena même pas partout ce regard curieux et interrogateur qui appartient aux gens de police, et qu'ils gardent toujours, même chez leurs amis.

Lui, l'homme de loi, il était plus embarrassé, plus mal à l'aise que les coupables.
— Où puis-je dresser mon procès-verbal? demanda-t-il.
— Faut-il que madame y assiste?
— Vous le signerez?
— Parfaitement.
— Madame peut se retirer; je la prie d'agréer toutes mes excuses.

Quand le commissaire descendit, il trouva tout son monde en émoi; l'homme qui avait escaladé le mur était couché sur une botte de paille, et Hutin, placé entre deux agents, le regardait d'un air gouailleur.

L'explication ne fut pas longue à donner.
— C'est vous qui avez frappé cet homme? dit le commissaire au berger.
— Oui, j'ai vu un homme qui escaladait le mur, je l'ai pris pour un voleur, j'ai tombé dessus; il faut croire que j'ai tombé trop fort ou que ses os sont en verre; c'est une chance que je ne l'aie pas tué. Pourquoi qu'il n'avait pas un uniforme. Voilà ce que c'est que de n'être pas gendarme; les gendarmes, je les respecte. Mais un homme en paletot gris qui saute d'un mur dans une cour, à quatre heures du matin, si on ne l'assomme pas, il peut bien vous assommer.
— Laissez-le aller, dit le commissaire à ses agents.

Puis, quand il se fut éloigné.
— Fradin, dit-il au blessé, je vous avais prévenu que votre zèle vous jouerait un mauvais tour, vous ne m'avez pas écouté. Pourquoi n'êtes-vous pas resté en dehors, comme je vous l'avais recommandé?
— Le gredin savait bien qui j'étais, il m'a appelé *rousse à l'arnache.*
— Qui l'a entendu?
— Personne. Oh! ma jambe.
— Si vous voulez déposer une plainte; vous la déposerez, je ne vous le conseille pas cependant; enfin on verra.

Et s'adressant à Martel.
— Peut-on faire reporter le pauvre diable à Paris?
— C'est facile; on le mettra sur de la paille dans le char-à-bancs, avec des oreillers.

Le procès-verbal fut promptement dressé ; il était des plus simples, à toutes les questions Martel répondant affirmativement.

C'était un homme intelligent que ce commissaire, qui tâchait, quand il était bien disposé, et il l'était souvent, d'adoucir ce que ses fonctions avaient de pénible. Il approchait de la cinquantaine. Il avait fait de la police toute sa vie, et il avait une certaine expérience du monde.

— Si vous vouliez me permettre un conseil, dit-il, mais un conseil tout à fait en dehors de mes fonctions, ce serait de vous arranger avec ce M. Berthauld.

— Vous pensez ?

— Je crois que c'est du chantage. J'ai vu le personnage. Un chenapan, monsieur. Il avait demandé que vous et madame, fussiez immédiatement arrêtés ; la commission rogatoire pour le flagrant délit a été délivrée, elle ne pouvait pas ne pas l'être ; le mandat d'arrêt a été refusé. Cette manière de procéder indique une grande douleur ou des intentions peu honnêtes ; je ne crois pas à la douleur d'un homme qui fait le mort pendant huit ans et se réveille tout à coup sans qu'on sache pourquoi.

— Nous le savons, ce pourquoi ; sa fille a hérité de vingt mille francs de rente.

— Hé, hé, j'avais le doigt dessus alors. Est-ce qu'il vous a fait déjà des propositions ?

— Non.

— C'est qu'il y a déjà trois jours que je devais faire cette déplorable constatation, et il m'a retenu ; puis hier soir il m'a requis de nouveau ; j'ai pensé qu'il avait employé ces trois jours à vous tâter. Vous savez que la plainte du mari peut être toujours retirée ; je crois qu'il ne demande que ça, contre finance, bien entendu.

II

Il y avait une crainte qui, pour le moment, préoccupait cruellement Martel. Comment Armande allait-elle accepter cette divulgation de la vérité, qu'elle avait toujours tant redoutée ? Allait-elle oser reparaître devant les gens de la maison ? Comment allait-elle supporter leurs regards curieux ? Comment eux-mêmes allaient-ils se conduire envers elle ?

Il se dit que plus on attendrait, plus l'angoisse serait grande, grossie qu'elle serait, exaspérée par la réflexion et l'inquiétude ; et que, puisque la souffrance devait être endurée, mieux valait l'aborder tout de suite que la différer.

Le travail de la journée réunissait précisément ce matin-là à la ferme

— Le prix ?
— Vingt-cinq mille francs que voilà. (p. 736).

H. MALOT. — VICTIMES D'AMOUR.

LIV. 92

un certain nombre de femme du village ; on devait échardonner les blés.

Lorsqu'elles furent toutes arrivées et réunies dans la cour où elles s'entretenaient naturellement de l'événement du matin, il voulut qu'Armande descendît et se montrât avec lui.

Ce fut pour elle une poignante minute que celle où elle sentit tous ces yeux qui la regardaient ; peu à peu elle se remit ; sans doute il y avait une mortifiante curiosité dans ces yeux, mais on y sentait aussi un intérêt, une compassion qui lui firent du bien. Ce n'est pas pour ce genre de malheur que les paysans ont de la malveillance. Ah ! si au lieu d'un commissaire de police, ç'avait été un huissier, si on avait fait une saisie, combien elles eussent été plus moqueuses et plus insolentes.

Lorsqu'elle rentra dans la cuisine, Marie-Ange, plus libre avec elle que les autres domestiques s'approcha.

— Est-ce que c'est vrai, madame, que M. Maurice n'est pas mort ?
— Oui ma fille.
— Ah ! madame, pour sûr que c'est le diable.

Au moment où Martel allait partir pour Paris afin de consulter Favas, on lui apporta une lettre, elle était de Maurice et ne contenait que ces quelques mots :

« J'ai été menacé de mort cette nuit par votre berger ; si cette menace
« est mise à exécution vous serez mon assassin. Cet homme est à vous. Il
« ne peut être que votre instrument. S'il ne l'est pas, instruit comme vous
« l'êtes maintenant, vous seriez son complice. »

Précisément Hutin traversait la cour, encore tout fier de son coup de pied, qu'il avait déjà raconté dix fois. Il l'appela.

— Que signifie cette lettre ? lui demanda-t-il.

Hutin raconta franchement ce qui s'était passé.

— Mon pauvre garçon, lui dit Martel, je sens tout votre dévouement, mais vous m'auriez perdu, et vous vous seriez perdu vous-même.

— Ah ! monsieur, le cœur est bon, c'est la cervelle qui est mauvaise.

— Hé bien, quand vous voudrez faire quelque chose pour moi, venez m'en parler avant.

Il était désespéré de cette intervention malencontreuse ; mais pouvait-il malmener un pauvre diable qui avait risqué sa vie pour lui.

III

Favas était au Palais, Martel courut l'y rejoindre ; mais il plaidait, il fallait attendre.

C'était précisément un procès en séparation de corps, la femme demandait la séparation, Favas plaidait pour elle. Dans une précédente audience il avait fait l'histoire de sa cliente, il faisait maintenant celle du mari. Il portait, ce mari, un des beaux noms de la France, mais il avait eu une éducation plus que négligée ; et Favas était en train de démontrer qu'une honnête femme ne peut pas aimer un homme qui ne sait pas l'orthographe. Dans ce but, il lisait au tribunal toutes les lettres que ce pauvre garçon avait écrites à sa femme pendant la première année du mariage, et le tribunal, malgré sa gravité, souriait des lèvres, pendant que le public, qui était nombreux, se tenait les côtes. C'était un vaudeville, jamais Cassandre n'avait été aussi ridicule, aussi grotesque que ce malheureux mari.

— Est-ce donc là ce qui attend Armande ? se demanda Martel.

Il sortit, il n'y pouvait plus tenir ; jusque-là il n'avait vu dans son affaire que le côté sévère, celui de la justice, il n'avait pas songé aux plaidoiries.

Enfin Favas descendit dans la salle des Pas-Perdus ; il était entouré de ses jeunes confrères, qui le portaient presque en triomphe ; jamais on ne s'était tant amusé ; sous les voûtes sonores de la grande nef partaient encore des éclats de rire qui devaient bien étonner le vertueux Malesherbes.

— Les journaux seront drôles, dit un jeune stagiaire en passant à côté de Martel.

Favas allait disparaître, Martel courut après lui.

— Ah ! c'est vous, mon cher, je suis à vous ; rentrons ensemble si vous le voulez.

— Voilà un curieux chenapan, dit-il lorsque Martel lui eut tout raconté, pourtant il n'est pas le seul de son espèce ; ça devient un bon état d'être mari. Ainsi, il y a flagrant délit ?

— On ne peut le nier.

— Règle générale on peut tout nier, mais la question n'est pas là pour le moment. Puisqu'il a fait constater le flagrant délit, c'est qu'il veut une condamnation pour adultère avec emprisonnement pour vous, dommages-intérêts pour lui. Cela est aussi sûr que s'il nous avait fait part de ses projets. Dans ces conditions, trois voies nous sont ouvertes : avouer, nier, expliquer. Nier la chose, j'en conviens, est assez difficile ; cependant on peut citer des témoins, attaquer le procès-verbal du commissaire, le mettre en contradiction, etc., etc.

— Non, pas cela.

— Vous aimez mieux l'explication ; au fait, c'est plus habile et plus légal, nous avons les premières années du mariage de Berthauld, qui, racontées, expliquent bien des choses.

— Non, pas de cela non plus.

— Alors, vous ne voulez pas vous défendre.

— Je veux me défendre sans attaquer ; je vous ai entendu tout à l'heure raconter la première année de mariage de...

— Eh! mon cher, le cas n'est pas le même ; nous n'avions rien, il fallait bien trouver quelque chose, mais vous ?

— Moi je veux dire franchement la vérité entière : là est ma force, et, il me semble, ma dignité. Si je n'avais pas ma femme à défendre, je me renfermerais même strictement dans mon interrogatoire, je ne plaiderais pas ; mais je ne veux pas de prison pour elle, il faut la défendre.

— C'est là le difficile : la loi est formelle, le délit est constaté, cela dépend du tribunal ; il est bien rare que, dans l'espèce, les tribunaux n'appliquent pas la prison. A mon sens, l'emprisonnement de la femme sur la plainte du mari, comme l'emprisonnement de l'enfant sur la plainte du père, sont de malheureuses traditions du droit féodal, mais c'est la loi ; telle qu'elle est il faut la subir. Cependant il y aurait peut-être un moyen d'éluder cette loi : ce serait de ne pas y recourir. Certainement Berthauld n'a qu'un but de spéculation : tirer de vous une bonne somme, et reprendre sa femme pour administrer les vingt mille francs de rente de sa fille. Quel âge a-t-elle, sa fille ?

— Bientôt dix ans.

— Vingt mille francs par an, de dix ans à vingt et un ans, cela fait deux cent vingt mille francs, plus une dizaine de mille francs que vous pouvez être condamné à payer, cela fait deux cent trente mille francs qu'il pourrait avoir à dépenser, en reprenant sa femme et en vous faisant condamner. Mais sa fille peut se marier à seize ans ; alors il n'a que six années de revenu, c'est-à-dire cent mille francs. Nous pouvons faire prononcer la séparation de corps, nous réclamons la dot et les apports de la femme. Alors c'est lui qui est notre débiteur. Il aurait donc intérêt à transiger immédiatement si on lui offrait vingt-cinq mille francs tout de suite payés et une pension de deux mille quatre cents francs. Pouvez-vous faire cela ?

— Oui.

— Eh bien, il faut le lui faire proposer ; c'est révoltant, mais justement c'est par là que cela a toutes les chances de réussir.

— Et s'il n'accepte pas ?

— Il nous restera à nous défendre de notre mieux et à demander la séparation de corps, car on ne peut pas laisser une femme et des enfants à la discrétion d'un père de famille de cette espèce.

— Comment, des enfants ?

— Madame n'en a-t-elle pas deux ?

— Oui, mais le plus jeune est mon fils.

— Légalement il est le fils de Berthauld.

— Allons donc, c'est impossible, n'est-ce pas? il est mon fils, il est né quinze mois après la prétendue mort de Berthauld, il est inscrit comme mon fils à la mairie.

— Mon pauvre ami, il est le fils de Berthauld si celui-ci le réclame, car les enfants d'une femme mariée ont pour père le mari ; ceci est une règle de droit comme deux et deux font quatre est une règle d'arithmétique. Berthauld pourrait désavouer cet enfant comme né pendant son absence, personne ne peut contester qu'il est son fils.

— Alors nous sommes perdus ; il menace de nous l'enlever.

— Son fils, il sera son fils s'il le veut; mais vous l'enlever, c'est une autre affaire ; c'est précisément pour que cela n'arrive pas que nous allons demander la séparation de corps. Cependant il ne faut pas nous flatter d'avance du succès; il ne serait pas le premier enfant qui deviendrait, entre les mains du mari, un moyen de chantage. Si j'avais le temps je pourrais vous raconter là-dessus deux histoires aussi épouvantables l'une que l'autre. Aussi, tout cela réuni, doit-il nous décider de plus en plus à tenter la négociation dont je vous parlais tout à l'heure.

— Par qui la faire faire ?

— Moi je ne puis m'en charger, malgré tout le désir que j'ai de vous servir ; vous, c'est impossible. Il nous faut un homme sûr, ferme et adroit, et je crois que nous le trouverons dans un de vos voisins, M. Têtevuide, qui habite Villeneuve. C'était peut-être le meilleur avoué du tribunal ; il vit maintenant de ses rentes ; c'est mon ami, je crois qu'il voudra bien se charger de cette affaire qui, dans ses mains, aura toutes les chances. Je vais vous donner une lettre pour lui, en le priant de diriger la procédure s'il ne réussit pas auprès de Berthauld. Dites-lui bien tout, portez-lui les vingt-cinq mille francs et laissez-vous conduire.

Il écrivit cette lettre, et la lui remettant :

— Maintenant, un conseil encore ; de quoi se compose votre fortune ?

— De ma ferme et de valeurs.

— Eh bien, vendez votre ferme et tous vos meubles, soit à un fidéicommis, soit à un acquéreur sérieux si vous en trouvez un. Moins vous aurez de surface financière, moins vous offrirez de prise. Nous serons plus forts pour arracher une transaction quand nous pourrons dire : « Ça ou rien. » Vendez donc, non pas demain, mais aujourd'hui. Que tout soit terminé avant le jugement.

IV

Martel ne perdit pas une minute ; il revint de toute la vitesse de son cheval à Villeneuve chez M. Têtevuide. Il était en proie à cette trépidation de nerfs que ressentent les plus braves dans les batailles, mais plein d'énergie, résolu à tout pour protéger Armande et Julien. L'argent, il n'y pensait guère; il était prêt à sacrifier sa fortune.

C'était une santé déplorable qui avait forcé M. Têtevuide à quitter les affaires; par vocation, par plaisir il fût resté avoué toute sa vie. Mais l'air vicié des études, les mauvaises conditions hygiéniques dans lesquelles sont placés les gens de loi, l'avaient obligé à vendre sa charge, s'il voulait garder jusqu'à soixante ans le faible souffle que la nature avait mis dans son chétif individu. Retiré à Villeneuve, garçon sans enfants, comme il le disait de lui-même plaisamment, il passait les jours à cultiver son jardin, les soirées son violoncelle, et il se soutenait. A voir ce petit vieux, malingre, déjeté, voûté, vêtu de noir sali, cravaté de blanc roussi, ayant l'apparence d'un vieux moineau roulé par un orage, portant un nom presque ridicule, on ne se fût jamais douté qu'on avait devant soi une intelligence qui avait fait trembler toute une génération d'avocats, d'avoués, de gens de loi et d'affaire, une capacité reconnue et honorée. Têtevuide avait une qualité admirable chez un avoué, celle qui fait les bons chiens de chasse, les véritables agents de police, les grands capitaines, le flair, autrement dit la sûreté d'intuition : il faisait croire à la double vue; à la lecture d'une requête, il devinait sûrement les motifs vrais d'un plaideur : aussitôt son plan était bâti et sa défense organisée, non contre ce qu'on lui opposait aujourd'hui et qui souvent était une feinte ou une fausse attaque, mais contre ce qu'on lui opposerait demain, c'est-à-dire dans la lutte décisive. Dans cette bataille qu'on nomme un procès, l'avoué a un rôle auquel on ne rend pas assez justice, égaré qu'on est par le bruit que fait l'avocat; l'avocat se bat d'une façon telle qu'elle, c'est l'avoué qui organise la victoire. Pour ces organisations à longue échéance, Têtevuide avait un talent merveilleux. Avec trois lignes de l'écriture d'un homme, il ne le faisait pas pendre, mais il lui faisait perdre son procès.

— Monsieur, dit-il à Martel, je suis tout disposé à me mettre à votre disposition comme me le demande Favas; seulement, avant que j'écoute votre affaire, je vous prie de m'accorder une demi-heure. Dans une minute je vais me mettre à table; il m'est défendu de retarder et de troubler mon dîner. Si vous voulez me faire l'honneur d'assister à mon repas, nous causerons, après je serai à votre disposition.

Au même moment une sonnerie résonna dans la maison; avant qu'elle eût cessé, une servante vint annoncer que le dîner était servi.

— Vous voyez, continua Têtevuide, si ma vie est régulière; il y a des gens qui ont des réveils pour les réveiller, moi j'en ai un pour me faire manger à l'heure; pendant vingt ans j'ai eu les repas les plus fantastiques, heureux encore quand je mangeais, aujourd'hui je déjeune à dix heures et dîne à six; le monde croulerait que je n'avancerais pas ou ne retarderais pas mon repas. Je suis maintenant l'esclave de ma bête. Il paraît que la santé est à ce prix; franchement, c'est un peu cher.

Il causa joyeusement pendant la demi-heure consacrée à son dîner, mangeant avec un soin religieux, comme un homme qui accomplit un devoir; puis, quand la demie sonna, il se leva de table :

— Maintenant aux affaires, dit-il avec entrain, et vivons un peu : passons dans mon cabinet.

Pour la seconde fois de la journée Martel recommença son récit, long, exact, circonstancié. De temps en temps Têtevuide faisait un signe, sans interrompre. Quand Martel eut fini :

— Bon, dit-il, je me charge volontiers de votre affaire, parce que vous êtes un homme droit, honnête dans son passé et ses intentions; quand on ne donne plus de conseils qu'en amateur, on a bien le droit de choisir ses clients; votre réputation m'était bien connue, mais vous, je ne vous connaissais pas. Désormais, usez de moi. Où demeure notre homme?

— Rue Lamartine, n° 9.

— Je vais lui écrire, dit Têtevuide, en notant l'adresse sur son agenda, et lui donner rendez-vous ici pour après demain deux heures.

— S'il ne vient pas?

— Il viendra si sa curiosité et son intérêt sont excités; j'espère trouver le moyen de les exciter. Mais pour cela je ne vous promets pas le succès; je ne crois pas aussi sûrement que Favas à une transaction. Nous avons contre nous deux choses terribles : vous avez été amis, quelque bas qu'il puisse être tombé, il n'aura pas avec vous la liberté de bassesse qu'il aurait avec un étranger; vous avez un enfant, et entre ses mains, ce peut être une arme irrésistible; par votre ancienne amitié il est tenu, par votre enfant il vous tient dans votre tendresse, dans votre fortune, dans votre bonheur. Aussi est-il à craindre qu'il veuille obtenir d'abord le jugement; après il pourra toujours transiger, sa position ne sera que plus forte. Avez-vous les vingt-cinq mille francs?

— Les voici.

— Bon, toute notre espérance est là; on ne sait pas combien la vue de ces chiffons bleus trouble facilement une cervelle et affole une raison; qu'ils allument sa convoitise, nous le tenons. Revenez, si vous le voulez bien, après demain à cinq heures.

Têtevuide savait décidément exciter l'intérêt ou la curiosité de ceux à qui il écrivait; le surlendemain, à deux heures, Maurice se fit annoncer chez lui.

— Vous m'avez écrit, dit-il; comme j'avais précisément besoin aujourd'hui ici, j'ai fait d'une pierre deux coups.

Cette apparente indifférence était trop grossière pour tromper l'ancien avoué.

— Monsieur, dit-il, je suis le conseil de M. Martel, et en voyant la façon dont vous procédez envers lui, j'ai pensé que vous étiez sans le sou...

Maurice n'était plus au temps où une pareille parole l'eût soulevé d'indignation ; son épiderme n'était plus sensible à de pareils coups ; cependant celui-là était appliqué si raide, qu'il se leva.

— Monsieur !

— Que vous étiez sans le sou, continua Têtevuide qui parut ne pas entendre, et que vous ne seriez pas fâché de faire une bonne affaire. C'est pour vous proposer cette affaire que je vous ai écrit.

— Et vous avez cru ?

— Que votre plainte en adultère était une spéculation, mon Dieu, oui ; si je ne l'avais pas cru, vous auriez parfaitement le droit de me prendre pour un niais. Vous comprenez que dans les circonstances où cette plainte est déposée, après sept ou huit ans de silence, au moment où votre fille et votre femme font un héritage qui vous donnent un intérêt à administrer la communauté, il n'y a pas besoin d'être un grand clerc pour deviner le motif qui l'a dictée.

— Vous avez cru que j'accepterais votre affaire ?

— Il est impatient de savoir ce qu'on lui offre, pensa Têtevuide, nous le tenons. — Et tout haut. — J'ai cru que vous ne feriez pas le difficile, si le prix payé pour votre désistement vous paraissait suffisant ; que s'il vous paraissait inférieur à vos besoins ou à votre douleur d'époux outragé, on pourrait le discuter et finalement s'entendre. Ma mission est toute de conciliation, vous le voyez.

— Le prix ?

— Vingt-cinq mille francs que voilà.

Il prit la liasse de billets de banque dans son tiroir ; et la froissant entre ses mains, il s'amusa à lui faire produire ce frou-frou qui trouble une conscience, comme le frou-frou de la robe de soie que traîne la femme aimée, remue les sens d'un homme de vingt ans.

— Vingt-cinq mille francs une fois payés, et en plus une pension de deux mille quatre cents francs par an.

Tout en parlant, Têtevuide regardait son adversaire ; à l'indifférence que celui-ci avait affectée jusqu'à ce moment, succéda une ardeur qui alluma ses yeux.

— C'est tout ? dit-il.

— Ce n'est pas assez ?

— Ainsi, monsieur, s'écria Maurice avec emportement, vous croyez que je peux vendre ma femme et mes enfants. — Puis changeant brusquement

Il se leva pour la recevoir. (p. 743).

H. MALOT. — VICTIMES D'AMOUR.

de ton : — Une femme qui n'a pas trente ans et qui fait les confitures dans la perfection, deux enfants superbes, solides et sains, pour vingt-cinq mille francs; vous auriez le droit de me prendre pour un niais si je disais : tapez là. Nous parlons affaire, n'est-ce pas?

— Allons, se dit Têtevuide, le gaillard est bien ce que je croyais; l'attaque des billets de banque a manqué, la bataille est perdue.

— Si je voulais faire une spéculation comme vous le croyez, continua Maurice, vous devez convenir que le prix que vous m'offrez est ridicule. Ma fille a vingt mille francs de rente, dont je jouirai.

— Jusqu'à son mariage ou jusqu'à sa majorité.

— Mais alors, mon fils Julien aura la pension que lui fera M. Martel.

— Ta, ta, ta, vous allez, vous allez comme un homme d'imagination; je croyais que nous parlions affaire. Vous nous faites condamner pour adultère, c'est bien. Nous, nous obtenons la séparation de corps et la garde de nos enfants; c'est mieux. Alors où prenez-vous les rentes de votre fille et la pension de votre fils. Où prenez-vous la dot de votre femme qu'il vous faut restituer.

— Oh! restituer?

— Parfaitement; on ne peigne pas un diable qui n'a pas de cheveux; vous ne restituez rien, nous nous en moquons; mais de votre côté, vous ne touchez rien; pour un homme qui est dans la position dont je parlais tout à l'heure, c'est assez désagréable. Nos vingt-cinq mille francs ne sont donc pas si ridicules.

— Monsieur, dit Maurice en prenant son chapeau, j'ai jusqu'ici écouté vos honteuses propositions, parce qu'il me plaisait de savoir comment ma femme voulait se défendre. Ce sont là ses moyens, elle ne mérite aucune pitié. Elle ira en prison. Et puisque vous me menacez d'une séparation de corps, nous verrons s'il se trouvera un tribunal français pour laisser des enfants à une mère flétrie par une condamnation correctionnelle. Je suis sans le sou, c'est vrai; j'ai le désir de profiter d'un revenu donné à ma fille par un homme qui m'aimait, c'est vrai encore; mais entre ce revenu et l'argent que vous me proposez, il y a un abîme, un ruisseau, je ne m'y salirai pas.

Cela fut dit avec une dignité froide où l'on retrouvait un homme; malheureusement il ne sortit pas sur cette grande phrase qui avait presque surpris Têtevuide.

— Vous savez mon adresse, si vous avez d'autres propositions à me faire, vous voudrez bien prendre la peine de monter mes cinq étages.

V

Quand Martel arriva à son tour chez Têtevuide, il comprit tout de suite que la négociation avait échoué.

— Ce que je craignais s'est réalisé, dit Têtevuide, il compte sur votre fils pour obtenir mieux, et en plus, je lui crois contre vous un sentiment de haine qui nous gênera terriblement.

— Voici qui prouve, que, quant aux enfants, vous avez malheureusement raison, dit Martel en présentant un papier plié.

— Ah! une requête, il fallait nous attendre à ça, voyons un peu.

Il lut :

« A monsieur le président du tribunal, etc.

» M. Maurice Berthauld, etc., ayant M⁰ Blanchard pour avoué.

» A l'honneur de vous exposer que pendant qu'il était absent de France, la dame de Keïrgomar, son épouse, a formé avec un sieur Martel, artiste peintre, demeurant au Plessis, une liaison coupable; que depuis plusieurs années elle vit avec lui en état de concubinage, état connu de tout le monde et tellement affiché, que ladite dame se fait appeler madame Martel, et que mondit sieur Martel la présente comme sa femme.

» Que de son mariage avec son épouse, l'exposant a eu deux enfants, lesquels ont suivi leur mère auprès du sieur Martel.

» Que dans cette maison ils ont sans cesse sous les yeux des exemples pernicieux pour leur jeune âge, dont ils souffrent et dont souffre en même temps la morale publique. »

— Ta, ta, ta, la morale publique, dit Têtevuide en s'interrompant, il nous la donne bonne, Blanchard; mais continuons :

« Que pour faire accepter une pareille situation à des enfants, dont l'un est déjà assez grand pour raisonner, ladite dame n'a pas craint de se dire mariée en secondes noces; si bien que les enfants ont cru et dû croire leur père mort. A tel point que l'exposant ayant abordé il y a deux jours sa fille, et l'ayant interrogée sur son père, elle lui a répondu : que son père était mort et que c'était un grand bonheur, parce que sans cette mort ils seraient tous dans la misère. Que, malgré ces épouvantables paroles, ce père, ayant voulu embrasser son enfant, celle-ci s'y est refusée, en disant qu'elle n'embrassait par les messieurs qu'elle ne connaissait pas.

« Depuis son retour en France, l'exposant a fait deux démarches auprès de la dame son épouse pour l'engager à rentrer au domicile conjugal; démarches qui ont été repoussées.

« Dans ces conditions, il a déposé entre les mains de M. le procureur impérial une plainte en adultère contre ladite dame, et contre son complice mondit sieur Martel.

« Aujourd'hui, en considération de l'urgence, il a l'honneur de requérir qu'il vous plaise, attendu la gravité des faits exposés, dire et ordonner que ses enfants lui seront remis dans le plus bref délai, et, à cet effet, commettre les agents de la force publique qu'il appartiendra, pour ladite ordonnance être mise à exécution. »

— Hé bien, voilà qui est un peu fort, dit Têtevuide.

Il était tout joyeux; mais remarquant la figure bouleversée de Martel :

— Allons, mon cher monsieur, ne vous désolez pas; notre président est trop intelligent pour rendre une pareille ordonnance, qui n'est après tout qu'un épouvantail; nous allons introduire dès aujourd'hui notre demande en séparation, en requérant que les enfants soient laissés à notre garde. Quel âge a la fille?

— Bientôt dix ans.

— Il serait bon de la mettre dès demain dans un couvent ou une pension.

— C'était déjà notre intention.

— Alors c'est parfait; quant à votre fils je vous donne ma parole qu'il ne lui sera pas remis par mesure provisoire, peut-être ordonnera-t-on qu'il sera mis dans un collège.

— Nous l'enlever! s'écria-t-il avec une horrible angoisse.

— C'est là une mesure provisoire que la loi autorise.

— Mais il n'a pas six ans, il est malade, à peine convalescent d'une crise qui a failli le perdre; il a besoin des soins incessants de sa mère, il ne nous a jamais quittés.

— Ce sont là des considérations particulières très puissantes pour un homme, mais la loi n'a ni cœur ni entrailles; la loi est la loi. Dans l'espèce, un père...

Martel fit un mouvement.

— Persuadez-vous donc bien, continua Têtevuide, qu'aux yeux de la loi vous ne pouvez pas être le père de cet enfant; dans votre affaire, comme dans toutes les affaires du monde, il y a deux points, le fait et le droit; le fait, c'est que cet enfant est à vous, et qu'il ne peut être qu'à vous parce que le mari de sa mère était absent depuis plusieurs mois au moment de la conception; le droit, c'est que cet enfant ne peut pas être à vous parce que sa mère était mariée au moment où il est né, et parce que le mari de cette mère déclare qu'il est à lui. Or, si un mari peut, dans certaine circonstances, désavouer un enfant que sa femme lui donne; personne, entendez-vous bien, personne ne peut contredire ce mari, affirmant que l'enfant est à lui. Rien ne prévaut contre l'axiome : *Pater is justæ quem nuptiæ demonstrant.*

C'était la seconde fois que Martel s'entendait affirmer la même chose;

cependant, malgré la confiance qu'il avait en ceux qui parlaient ainsi, malgré leur espérance et leur autorité, tout en lui se révoltait contre cette idée, que la loi pouvait lui arracher son fils pour le donner à un autre.

— Cela vous paraît monstrueux ; si j'avais le temps de vous faire un cours de droit, je vous expliquerais par quelles raisons cela se légitime. Mais, peu vous importent les raisons, le fait seul vous touche ; eh bien, le fait est ainsi : légalement votre fils est le fils de Berthauld. Or, que peut répondre la loi à un homme qui se présente et qui dit : « Ma femme vit en concubinage avec un amant, j'ai déposé contre elle une plainte en adultère, le flagrant délit a été constaté, je demande que mes enfants ne restent pas plus longtemps confiés à sa garde et me soient remis. » La réponse, bien simple, est en réalité très sage : « Votre femme est coupable, cela paraît certain, il serait donc dangereux de lui laisser des enfants, que son exemple corrompt ; mais vous-même vous ne paraissez pas parfaitement digne d'être un modèle pour ces enfants, dont l'éducation vous préoccupe si vivement ; c'est pourquoi je ne les laisserai point à votre femme, pas plus que je ne vous les donnerai. » Madame a-t-elle son père ou sa mère ?

— Son père.

— Alors nous pouvons demander qu'il soit nommé *tuteur ad hoc*.

— Non, mille fois, j'aimerais autant Berthauld que M. de Keïrgomar.

— Qui est-ce ?

— Un brigand qui vaut son gendre, s'il n'est pire.

— Ceci complique notre situation ; le tribunal serait indisposé par une suspicion générale ; si nous demandons un tuteur *ad hoc* il pensera tout naturellement à l'ascendant ; il vaut donc mieux que nous ne parlions pas de tuteur, heureux si notre adversaire ne le propose pas lui-même, ou si le tribunal ne le nomme pas d'office. Le plus prudent dans cette conjoncture, c'est de faire envoyer l'enfant en pension. Sans doute, nous tâcherons qu'il reste près de sa mère ; mais bien certainement vous aimerez encore mieux le voir confié à un proviseur quelconque qu'à celui qui se prétend son père ; et c'est tout ce que nous pouvons espérer. Encore va-t-il falloir batailler et ne pas perdre de temps. N'oubliez pas que la règle est que les enfants doivent être confiés au père demandeur ou défendeur, et que c'est par exception qu'il en est autrement ordonné. Or, nous qui, par notre position d'épouse adultère, devons être mal vus par la loi, nous demandons la faveur de l'exception. Ah ! le gaillard a bien combiné son affaire ; en théorie c'est bien emmanché, maintenant il faut voir comment ça va aller dans l'application.

Il était tout rajeuni, cette remise en activité lui promettait des émotions ; l'horloge eût sonné pour ordonner le dîner qu'il n'eût pas entendu.

— Nous aussi, nous allons présenter une requête, et j'ose espérer que nous parlerons de la morale publique un peu plus adroitement que ce criquet de Blanchard.

Martel était anéanti.

— Allons donc, est-ce que deux mois de prison en expectative doivent vous abattre ainsi. Vous n'avez pas assassiné, que diable ; et pour le délit dont vous êtes coupable le monde est indulgent, la loi seule est dure ; ce qui, soit dit en passant, est un malheur ; la loi douce et la société justement sévère, cela ferait bien mieux le compte de la morale, la vraie, j'entends pas celle de notre adversaire.

— Ce n'est ni le monde ni la prison qui me préoccupent, c'est l'enfant.

— Hélas ! je vous l'ai dit, là est notre côté vulnérable. Si nous n'avions pas l'enfant ce serait trop facile avec un pareil drôle, et je ne me chargerais pas de votre affaire.

Puis, changeant de sujet.

— Avez-vous fait ce que Favas vous avait conseillé relativement à votre fortune ?

— Oui, le prince de Coye, toujours parfait d'obligeance, m'achète mes terres et ma maison, l'acte est signé d'hier.

— Maintenant vendez votre matériel de ferme ; je ne veux pas que le jour de l'exécution venu on trouve à tondre sur nous plus que sur un œuf. J'oubliais vos billets.

Il les prit dans son bureau, et les agitant :

— Est-il possible que le maladroit ait résisté à ce bruit-là ; je crois qu'il s'en mordra les doigts et qu'il n'est pas près d'entendre leur musique.

VI

Le papier timbré commença à pleuvoir ; ils restèrent d'abord à l'abri de cette mitraille, qui s'échangea d'avoué à avoué, mais ils durent bientôt donner de leur personne dans la bataille.

Il fallut comparaître devant le juge d'instruction.

Elle devait être entendue la première, qu'allait-elle dire ? qu'allait-on lui demander ?

— Dis les choses telles qu'elles se sont passées, telles qu'elles sont, lui conseilla Martel en la rassurant ; nous n'avons rien à cacher.

— Madame Berthauld ! appela le greffier.

Elle ne se leva pas.

— Madame Berthauld !

Depuis sept ans c'était la première fois que ce nom résonnait à son oreille; mais, hélas! c'était bien le sien; elle ne serait plus madame Martel, elle ne l'avait jamais été.

Elle entra.

Un monsieur cravaté de bleu, vêtu de noir, souriant, affable, se leva pour la recevoir.

Elle resta quelques minutes sans pouvoir se remettre malgré ses efforts, regardant fixement le parquet ciré.

Ce n'était point un juge d'instruction de la vieille école que M. Desminières, mais un homme poli avec tout le monde, aimable avec les femmes; jeune encore, grand, bien fait, au mieux avec les mères, plaisantant avec les filles, dansant au bal, jouant aux soirées, invité partout, il pratiquait dans une mesure si égale sa double profession de juge d'instruction et d'homme aimable, que ses rivaux l'accusaient de ne savoir se défaire à propos de l'une ou de l'autre, dans le monde d'être trop juge, au palais d'être trop mondain.

Le matin, en pensant qu'il devait interroger une femme qu'on disait très jolie, qui avait été fort remarquée à la fête donnée par le prince de Coye, il avait changé trois fois de cravate : jeune, jolie, accusée d'adultère, hé, hé.

Il s'efforça de la rassurer.

— Mon Dieu, madame, remettez-vous, je vous en prie, nous ne sommes pas des monstres.

Elle ne le voyait que trop, elle eût mieux aimé un vieux paperassier, sévère ou bourru, que ce jeune homme gracieux, dont le regard la gênait.

Il fit un signe à son greffier; celui-ci sachant ce que cela voulait dire, s'éloigna.

— Maintenant, madame, nous sommes seuls.

Ce n'était guère propre à la rassurer; mais il fut parfait; il l'écouta sans l'interrompre, lui posa seulement quelques questions indispensables avec une réserve pleine de délicatesse.

Puis il appela son greffier, et lui dicta l'interrogatoire. Ce n'était point un réaliste; dans sa bouche, la périphrase s'épanouissait décente et ornée; on sentait l'homme qui plus tard traduirait Tibulle en vers.

Martel avait tant entendu parler depuis quelques jours de code pénal, de code de procédure, de code d'instruction criminelle, d'inculpation, de prévention, d'accusation, de prison, d'amende et de dommages-intérêts, qu'il fut presque surpris d'être reçu en homme du monde.

L'interrogatoire fut plus précis, et les choses comme les faits retrouvèrent presque leurs noms. Lorsqu'il fut signé, on causa. M. Desminières avait des opinions en peinture et en musique; il préférait Ingres à Delacroix; Meyerbeer à Rossini; la musique de Weber le faisait pleurer.

— Ah çà! ce monsieur Berthauld est bien l'auteur, n'est-ce pas, d'un opéra tiré de Shakespeare, représenté, il y a huit ou dix ans, au milieu d'un feu d'artifice de réclame.

— C'est lui-même.

— J'en ai à cette époque beaucoup entendu parler; j'étais attaché au parquet; très lancé dans tous les mondes, je connaissais intimement une petite dame liée avec Lina Boirot, sa maîtresse. Il est bien sévère aujourd'hui, car, si alors sa femme eût demandé sa séparation, elle l'eût certainement obtenue. Il allait bien. Elle a fait un beau chemin depuis, cette Lina, elle a habité notre arrondissement.

Après avoir paru devant le juge d'instruction pour se défendre de l'accusation d'adultère, Armande dut paraître devant le président du tribunal pour demander sa séparation, la requête de Tétevuide ayant été répondue d'une ordonnance de comparution des parties, c'est-à-dire de la femme et du mari. Ce ne fut pas la côte la moins rude de son calvaire que cette entrevue.

Sa vieille amie, madame Aiguebelle, avait voulu l'accompagner pour qu'elle ne fût pas seule; et elles étaient toutes les deux dans la salle d'attente qui précédait le cabinet du président, lorsqu'elles virent Maurice entrer.

Il était convenablement vêtu; toute sa tenue disait qu'il voulait inspirer confiance. Il les salua sans embarras et sans que rien en lui trahît l'émotion.

C'était pourtant la première fois qu'il revoyait sa femme au grand jour. Pour elle, l'émotion la plus poignante la faisait trembler sur le banc où elle était assise, les battements de son cœur s'étaient arrêtés.

Madame Aiguebelle alla près de lui.

— Je suis heureux de vous rencontrer, lui dit-il, et d'apprendre que vous voyez toujours Armande.

— N'aurez-vous pas pitié d'elle?

— Je ne demande que cela; mes bras lui sont ouverts.

— Vous savez bien que c'est impossible.

— Il le faut.

— Ah! Berthauld, ce que vous faites là est indigne; vous seriez un montre, si...

Il lui tourna le dos.

Le mari et la femme entrèrent ensemble dans le cabinet du président.

Le président était le contraste vivant du juge d'instruction. Tout à l'ambition, il n'y avait pour lui ni homme ni femme, mais seulement des plaideurs; il poursuivait un but et ne s'en laissait distraire par rien; ce but, c'était d'arriver à Paris; tous les matins il lisait le *Moniteur* spécialement

Hutin était au nombre des témoins. (p. 749).

H. MALOT. — VICTIMES D'AMOUR.

pour les nominations; il connaissait les états de services et les protections de chacun, aussi bien que le chef du personnel à la chancellerie; la mort ou la mise à la retraite de l'un de ses confrères lui donnait la fièvre d'impatience, et il en voulait personnellement à ceux qu'on choisissait en dehors du ressort.

Sans se lever, il indiqua de la main deux fauteuils.

— La loi, dit-il d'une voix de tête, me donne la mission de tenter entre vous un rapprochement, car elle ne veut pas que deux époux puissent par une action irréfléchie et un accès de vivacité, s'engager dans une chose aussi grave, aussi terrible qu'une séparation de corps.

Et il continua cinq minutes sur ce ton, faisant les représentations qu'ils croyait propres à opérer ce rapprochement comme le demande la loi :

— Ce rapprochement est impossible, dit-elle.

— Pourquoi?

Elle ne répondit pas.

Il insista.

Elle répéta : « Impossible » et n'en dit pas davantage.

Il était peut-être digne à elle de ne pas accuser, mais c'était une maladresse; elle indisposa le président; Maurice sut en profiter :

— Monsieur le président doit voir, dit-il, que madame n'a pas sa liberté, et quoique nous paraissions sans conseils, elle apporte ici une réponse concertée d'avance, et dont elle ne veut pas sortir de peur de s'engager. C'est pour l'arracher à l'influence qui l'enchaîne que j'ai dû déposer une plainte en adultère.

— S'il en est ainsi, dit le président, ma mission est inutile; il ne vous reste qu'à suivre sur votre demande.

Les journées étaient tristes au Plessis : on ne parlait, on ne s'occupait que des deux procès; quand ils n'avaient pas à comparaître eux-mêmes personnellement, c'étaient les domestiques qui étaient cités comme témoins et qui racontaient ce qu'on leur avait demandé, les réponses qu'ils avaient faites.

Mais au-dessus du procès, au delà de l'heure présente, planait une pensée terrible et menaçante : quels que fussent les résultats des procès, c'en était fini de leurs jours heureux; il faudrait se séparer, leur vie serait brisée : ces quelques journées anxieuses qui leur restaient, étaient encore les plus belles qu'ils auraient désormais.

Cependant on en pouvait peu profiter; depuis le matin jusqu'au soir, Martel était chez l'avoué, chez Têtevuide, chez Favas. Son temps se passait sur le grand chemin.

Il avait entrepris une négociation qu'il avait à cœur, mais qui lui donnait le plus grand mal : c'était que les journaux ne rendissent pas compte des deux procès. La notoriété des noms en cause, la célébrité des avocats qui devaient plaider, lui opposaient de sérieux obstacles, bien qu'il eût des amis dans le journalisme parisien. Pour deux ou trois qui promirent formellement le silence, presque tous lui firent la même réponse : « Si personne n'en parle, nous n'en parlerons pas; mais s'il y en a un qui commence, nous serons bien forcés de le suivre; tout ce que nous pouvons faire c'est de ne pas commencer. » A obtenir que chacun ne commençât pas, il employa tous les moyens.

Au milieu de cette vie tourmentée, ils eurent une éclaircie.

Le président rendit une ordonnance relative aux enfants : Victorine demeurerait dans la pension des sœurs Hochemolle; Julien resterait à la garde de sa mère, vu son jeune âge et les soins dont il avait journellement besoin, ainsi qu'il était constaté par le rapport des médecins commis à cet effet.

Têtevuide avait tenu parole; mais, comme s'il craignait qu'on se laissât aller à l'espérance : « Ce n'est qu'une mesure provisoire, écrivit-il; elle pourrait être rétractée et modifiée suivant les cas, elle ne préjuge en rien le jugement; elle n'est rendue que pour quelques semaines, le jugement lui sera définitif. »

VII

Enfin arriva le jour du jugement.

L'audience devait ouvrir à dix heures; dès neuf heures et demie la salle était pleine à ne pas respirer. Les détails d'un procès en adultère qu'on disait plein de mystère et de romanesque, le nom d'un des accusés, celui de l'accusateur, la beauté de la femme, le talent des avocats, Favas pour les prévenus, Hacheray pour la partie civile, avaient mis la ville en révolution. Heureux d'avoir dans leurs murs ces deux célébrités du barreau parisien, les avocats, les avoués et les agréés avaient organisé un banquet qui leur serait offert à l'issue de l'audience. Aussi, depuis huit jours, n'était-il question que de l'affaire Martel. Le président avait été assiégé de demandes de places; la salle était vaste : on avait pu contenter presque toutes les demanderesses; jamais concert de la Société maternelle n'avait réuni une aussi nombreuse, une aussi belle assemblée; le concierge du palais avaient loué des chaises à l'église pour pouvoir caser tout le monde; les hommes marquants étaient entassés sur l'estrade derrière les fauteuils des juges et du procureur impérial; les dames étaient alignées dans le prétoire.

A dix heures moins deux ou trois minutes Martel fit son entrée; auprès de lui marchait un petit homme extrêmement blond : « Le prince de Coye, » dit un jeune avocat; derrière eux, Favas et Têtevuide. On ne vit pas paraître la prévenue. Son maintien était digne; il promena sur l'assistance un regard assuré, et reconnut quelques personnes de sa connaissance : Lassave, le sous-préfet, sur l'estrade; Lataste, auprès de lui; parmi les femmes, madame Lataste et madame Pigache, qui avait fait exprès vingt lieues; il fut heureux de ne pas apercevoir Pigache auprès d'elle.

Il parut généralement fort convenable à l'assistance féminine, et l'on s'accorda à trouver que ce devait être un fort agréable complice.

A dix heures l'audience fut ouverte, et le tribunal commença par expédier rapidement deux affaires sans importance; de pauvres diables qui, détenus, parurent sur le banc correctionnel encadrés des buffleteries jaunes des gendarmes.

Puis l'huissier appela la cause :

— Le ministère public contre : 1° Armande de Keïrgomar, épouse de Maurice Berthauld, et 2° Aristide Martel, artiste peintre, demeurant au Plessis. »

Martel répondit seul à l'appel de son nom; au grand désappointement du public, il fut constaté que Armande faisait défaut. Ce fut inutilement aussi qu'on chercha des yeux le mari, son avoué et son avocat étaient seuls présents.

Les conclusions prises, Favas se leva; ceux qui étaient au courant des formalités judiciaires eurent un moment d'inquiétude.

— Il va demander le huis clos, dit un avocat à sa voisine, jeune blonde des plus agréables.

— Vous me ferez rester tout de même.

— Mais....

— Je te dis que je le veux, ajouta-t-elle vivement en se penchant à son oreille.

Ce ne fut point le huis clos qu'il demanda, mais seulement, dans l'intérêt des enfants, que la faculté de reproduire les débats fût interdite aux journaux.

Le tribunal fit droit à ces conclusions et, ouï le ministère public qui ne s'y opposa pas, dit que : « Attendu qu'il était convenable qu'une trop grande publicité ne vînt pas aggraver cette affaire, vu l'article 17 de la loi des 17-23 février 1852, les journaux français ne pourraient pas en donner la reproduction. »

Martel avait pu gagner presque tous les journaux de Paris, mais le journal de la localité n'avait pas voulu se rendre, espérant être reproduit par tous les autres journaux de Paris et de la province, et c'était contre lui qu'était prise cette mesure.

On comptait sur l'interrogatoire, la curiosité fut trompée : en quelques mots Martel raconta comment, à Naples, on avait cru à la mort de Berthauld, et comment, y croyant eux-mêmes, ils s'étaient mariés en Sicile.

— Plus tard, vous avez su que vous étiez trompés ; vous avez fait exprès le voyage de Londres pour constater de vos yeux que Berthauld n'était pas mort, et vous avez cependant continué de vivre comme si votre mariage eût été valable.

Il ne lui convenait pas de parler devant ce monde de son amour et de l'amour d'Armande : il ne répondit pas.

— Vous ne répondez pas, le tribunal appréciera.

La liste des témoins n'était pas longue ; le procès-verbal de flagrant délit valant mieux que tous les témoignages du monde.

Hutin était au nombre des témoins ; sa déposition était des plus graves : elle portait sur la lettre qui lui avait été remise par Maurice et sur les menaces qu'il avait faites à celui-ci.

Jusque-là les avocats avaient gardé le silence, Hacheray se leva et pria le tribunal de poser quelques questions au témoin :

— Le témoin est forçat libéré ?

— Oui.

— Le témoin a été condamné à dix ans de travaux forcés pour avoir assassiné un garde qui a poussé le courage du devoir jusqu'à la témérité ?

— Un garde qui voulait me passer son couteau de chasse au travers du corps parce que je lui avais appliqué un coup de poing, oui ; mais j'ai payé, faut-il payer encore ?

— C'est de son propre mouvement et sans sollicitation que le témoin a attendu M. Berthauld dans un chemin creux, la nuit, et l'a menacé de l'assassiner.

On n'a pas été au bagne sans apprendre le Code pénal ?

— C'est-il le chemin creux ou bien la nuit qui disent que j'ai menacé M. Berthauld ?

— Si c'est sans sollicitation que le témoin a fait ces menaces, qu'il nie ; combien croyait-il que lui serait payée la mort de M. Berthauld ?

Cette déposition produisit un effet déplorable ; pour beaucoup il fut prouvé que Martel avait voulu se débarrasser d'un mari gênant, et que n'ayant pas le courage de l'attaquer en face, il avait tâché de le faire assassiner par son berger.

Heureusement celle du prince de Coye vint faire une utile diversion.

Ce fut au tour de Favas de demander que quelques questions fussent posées :

— On nous reproche d'avoir trompé le monde, d'avoir insulté à la dignité du mariage, en prenant la qualité d'époux légitime, alors que nous savions parfaitement ne pas l'être. Est-ce en cette qualité que nous avons sollicité l'honneur d'être reçu au château de Villiers.

Le prince raconta les choses telles qu'elles s'étaient passées, comment c'était lui qui avait voulu donner à M. Martel un témoignage de satisfaction et de reconnaissance; et comment celui-ci avait refusé.

— J'aurais cru me faire le complice d'une injustice flagrante en ne persistant pas dans mon invitation, continua-t-il, j'ai persisté et insisté.

— Vous vous seriez fait le complice de la loi, interrompit le président d'un ton sentencieux, comme s'il eût adressé une mercuriale à un jeune avocat.

— M. et madame Martel formaient, forment pour moi le ménage le plus honnête que je connaisse, et je regarde comme un honneur de les avoir reçus chez moi. Je m'entends mal aux choses de la loi, mais nous savons ce que c'est que l'honneur, et c'est l'honneur qui m'a dirigé dans cette circonstance. »

Il dit cela avec une dignité hautaine, en véritable fils des princes de Coye; puis il vint s'asseoir auprès de Martel.

C'était par les séparations de corps, les interdictions, les désaveux de paternité, les captations de testament que Hacheray s'était fait un nom et une réputation : c'était l'homme des guerres de famille; diffus dans l'exposition, embrouillé dans la discussion, il n'avait pas de rivaux dans l'injure; jamais un adversaire ne sortait de ses mains que ridicule ou déshonoré.

Pendant une heure Martel put se contenir, mais il y eut un moment où l'indignation le souleva; Hacheray faisait le portrait d'Armande, non pour l'avoir vue et entendue, « elle avait eu au moins la pudeur de ne pas se montrer » disait-il, mais tel qu'il ressortait des faits de la cause.

— C'est une infamie! s'écria Martel.

— Martel, asseyez-vous, dit le président.

— Je ne peux permettre....

— Respectez le tribunal et la liberté de la parole; c'est au tribunal seul qu'il appartient ici de savoir ce qu'on doit permettre ou ne pas permettre. Me Hacheray, veuillez continuer.

Le prince et Favas parvinrent à le faire asseoir; il lui semblait que s'il avait un pistolet entre les mains, il brûlerait la cervelle à cet homme.

— Vous répondrez, dit-il à Favas.

— Ah! je savais bien que vous y viendriez.

— Oui, tout; tout ce que vous voudrez.

— Messieurs, reprit Hacheray, je voulais vous faire connaître M. Martel, mais je n'ai plus rien à dire, il a parlé; vous voyez quel est cet homme qui emploie à son service des forçats libérés. Un grand artiste, je suis le premier à le proclamer; j'ai dans mon salon une toile signée de son nom, que j'admire tous les jours. Mais je ne suis pas ici pour faire de la critique d'art, c'est l'homme qui doit nous occuper.

Après cette plaidoirie, l'audience fut suspendue et l'on ouvrit les fenêtres pour respirer; personne ne quitta sa place, on voulait entendre Favas. Ceux qui se prétendaient bien informés avaient dit avant l'audience que la plaidoirie de Favas serait très courte, très modérée de ton, et qu'elle se bornerait à présenter la mort simulée du mari et son absence, comme excuse à l'adultère. Mais après les violences de Hacheray, on ne croyait plus à cette modération, sa plaidoirie avait produit son effet ordinaire, la guerre allait prendre un caractère implacable, le drapeau noir était arboré; chacun sentait d'instinct qu'il fallait des représailles.

— Messieurs, dit Favas, ce n'est pas pour nous défendre que je me lève, c'est pour accuser, car mon honorable adversaire, avec son habileté merveilleuse, a étrangement déplacé la question; je vous demande à la replacer sur son véritable terrain. On a fait des portraits, j'en veux faire un aussi; et pour procéder comme les romanciers avant d'entrer dans l'action, poser mon personnage.

Martel croyait bien connaître Maurice, c'était lui qui avait donné les éléments de ce portrait; sous la parole ardente et colorée de Favas, il le vit si étrangement grandi qu'il ne le retrouva plus tel qu'il était dans son esprit; c'était bien lui cependant, mais combien plus vivant, plus vrai, plus misérable qu'il ne l'avait jamais vu : par l'exactitude du détail, Favas le faisait toucher du doigt, par un mot à côté, il le faisait juger.

C'était avec un âpre plaisir qu'il suivait cette parole vengeresse et il oubliait presque qu'il était lui-même en cause, mais c'étaient de courts moments de calme; bientôt il était brusquement rappelé à la réalité, par les frémissements ou les rires de l'auditoire qui s'amusait maintenant de Maurice, comme quelques instants auparavant il s'était amusé de lui.

Et puis, il y avait un bruit qui sans cesse retentissait à son oreille, qui lui disait quelle était la valeur vraie de ses paroles. Dans la bibliothèque des avocats qui touchait à la salle d'audience, on dressait le couvert pour le banquet qui allait avoir lieu, et c'était un cliquetis joyeux de vaisselle et d'argenterie.

Le triomphe de Favas fut complet; sa péroraison s'acheva au milieu des applaudissements, les huissiers ne purent les réprimer que parmi les avocats, ils persistèrent parmi les femmes. C'était de l'enthousiasme; on eût acclamé Armande si elle eût été présente. Martel ne s'était jamais senti si honnête homme.

Le tribunal se retira pour délibérer.

On entoura Favas : Hacheray lui-même vint le féliciter.

— Ah! mon cher, vous nous avez joliment roulés; vous avez eu bien tort de faire interdire la reproduction des débats.

— C'est pour vous que je le regrette, jamais on n'a mieux tiré parti d'une mauvaise affaire.

— Tout cela n'empêche pas que le procès-verbal subsiste, dit Tête-vuide.

Martel l'avait oublié, ce terrible procès-verbal.

Au bout d'un quart d'heure, la sonnette retentit.

Un brouillard passa devant les yeux de Martel; ce ne fut que confusément qu'il entendit les considérants.

— Nous sommes perdus, dit Favas.

— Vu les articles 336, 337 et 338 du Code pénal, continua le président, condamne par défaut la dame Berthauld à deux mois d'emprisonnement, le sieur Martel à deux mois de la même peine et à cent francs d'amende; et statuant sur la demande de la partie civile, condamne mon dit sieur Martel à cinquante francs de dommages-intérêts envers mon dit sieur Berthauld.

Il partit aussi vite que son trotteur pouvait aller. (p. 756).

H. MALOT. — VICTIMES D'AMOUR.

CHAPITRE XI

ULTIMA RATIO

I

Le procès en séparation de corps se passait entre avoués et avocats ; Armande n'eut pas à comparaître en personne, elle en eût d'ailleurs été incapable ; malgré son énergie, ses forces l'eussent trahie ; il arrive un degré d'inquiétude et d'anxiété où la volonté perd sa puissance. L'enfant malade, la mère trouve le courage de lutter contre la mort, et jour par jour, heure par heure, minute par minute, de combattre en ne reculant que pied à pied ; le dernier souffle exhalé elle se colle sur la bouche du pauvre petit et veut encore faire passer en lui la vie qui est en elle. Mais là que pouvait-elle faire ? Quelle lutte entreprendre ? Il est des miracles contre la mort, mais contre la loi !

Cependant Martel s'efforçait de la rassurer. Il était impossible qu'on remît les enfants à Maurice tel que le tribunal le connaissait d'après la plaidoirie de Favas. L'ordonnance du président était un précédent en leur faveur. Le jugement lui-même, si terrible, devait leur donner de l'espoir ; c'était au minimum de la peine qu'ils avaient été condamnés ; les dommages-intérêts ridicules alloués à Maurice montraient que le tribunal voyait clair dans sa spéculation.

Mais comment l'eût-il persuadée, alors qu'il ne se persuadait pas lui-même.

Le jour du jugement, dans son impatience, il voulut venir au tribunal pour savoir plus tôt le résultat. Mais il n'y put pas rester.

— Je vais dans le jardin, dit-il à Têtevuide, aussitôt le jugement rendu voudrez-vous me prévenir ?

Autour du palais-de-justice s'étendait le jardin de la ville, mal soigné, presque abandonné, toujours désert. Pendant une heure il tourna sur lui-même dans une petite allée en charmille, marchant vite, allant, venant, tâchant d'user sa fièvre par le mouvement; puis, de guerre lasse, il s'assit sur un banc.

Il était là depuis quelques instants, lorsqu'il entendit un bruit de voix derrière lui, un homme et une jeune femme ; par goût, il n'était ni curieux ni indiscret; il ne prêta donc aucune attention à ce que disaient ses voisins. Cependant quelques mots le frappèrent malgré sa préoccupation. Se croyant seuls, ils parlaient librement.

— Avais-tu donc pensé que cela pouvait durer toujours ? disait l'homme.

— Est-ce que je pensais, je t'aimais; je me disais bien autrefois que tu m'abandonnerais peut-être un jour, mais quand le petit a été né, il me semblait...

— Je vais acheter une charge à Rambouillet, je ne peux pas t'emmener.

— Pourquoi, je ne te demande pas à être ta femme; nous serions comme ici, je travaillerais, tu verrais le petit.

— Ce n'est pas possible; je ne peux plus avoir une maîtresse ; si on découvrait que j'ai un enfant, ça serait du propre, ça me donnerait joliment des affaires.

— Pourquoi ne me dis-tu pas franchement que tu veux te marier.

— Hé bien, quand ce serait vrai, crois-tu que je peux payer ma charge sans une femme?

— Et le petit?

— Je t'enverrai cinquante francs tous les mois.

— Est-ce que je te demande de l'argent.

— Qu'est-ce que tu veux que je fasse? Voyons, dis-le toi-même.

Ainsi, pensa Martel en écoutant ces paroles sèches chez l'homme, navrées et douces dans la bouche de la jeune fille, voilà un homme qui pourrait élever son fils et qui l'abandonne sans un mot de tendresse ou de regret.

Et il se leva; dans l'état où il était, cet entretien lui faisait mal.

Enfin, au bout de l'allée, il vit paraître Têtevuide.

Il courut au-devant de lui, mais à mesure qu'il avançait, l'attitude de celui-ci n'annonçait rien de bon.

— Hé bien? dit-il, en parlant plutôt par un signe désespéré que par les lèvres.

— La séparation est prononcée.

— Les enfants ?

— Victorine restera en pension jusqu'à dix-huit ans.

— Julien, Julien.

— Il lui sera remis.

Dans sa longue carrière d'avoué, Têtevuide avait eu plus d'une fois de mauvaises nouvelles à annoncer à ses clients; il fut cependant effrayé de l'horrible pâleur de Martel.

— Il faut aller en appel, dit-il pour le rassurer, nous gagnerons devant la cour.

Martel fit un geste découragé.

— Enfin l'appel est suspensif; trois ou quatre mois pour que l'affaire vienne, nous aurons le temps d'aviser; et nous pouvons gagner.

Mais, ce dernier mot, il ne le dit pas avec conviction.

Et Armande qui à la maison attendait, il fallait lui porter cette nouvelle.

Il partit aussi vite que son trotteur, excité par la bride et le fouet, pouvait aller; dans des nuages de poussière les arbres de la route défilaient derrière lui. En traversant le Breuil, il faillit écraser un groupe d'enfants qui jouaient sur le pavé, et qui, surpris par l'allure de son cheval, n'eurent pas le temps de se ranger; bien que prudent d'ordinaire, il ne ralentit pas; vis-à-vis une auberge, deux charrettes étaient arrêtées et obstruaient la chaussée, il passa entre elles au risque d'accrocher et de tout briser.

Puis, cent mètres plus loin, il arrêta et mit au pas son cheval, blanc d'écume. Il allait arriver, déjà on apercevait les premiers arbres du Plessis. Que dire? Quoique depuis son départ il se posât cette question, il n'avait rien trouvé. Comment supporterait-elle ce coup? Julien enlevé, Julien remis à Maurice; si elle allait devenir folle.

Machinalement il arrêta tout à fait son cheval; quelqu'un qui l'eût vu eût pu croire qu'il était fou lui-même.

Tout à coup il abattit son fouet, lâcha tout à fait les rênes, et repartit : son parti était arrêté, cette course lui avait inspiré son projet.

Il n'eut rien à dire, Armande vit dans ses yeux, dans son attitude accablée, dans ses lèvres frémissantes, que tout était perdu.

Il la reçut dans ses bras.

— Du courage, dit-il, il ne le prendra pas.

— C'est donc Victorine, dit-elle.

Il lui rapporta le jugement.

— Mais alors demain, tout de suite peut-être, il peut venir nous l'enlever.

— Non, nous avons dix jours pour appeler, et pendant ces dix jours il ne peut rien entreprendre, puis trois mois encore s'écouleront avant que l'affaire soit décidée.

— Mais dans trois mois.

— Dans trois jours nous aurons quitté la France; nous serons à l'abri de toutes ses tentatives.

— Et Victorine?

— Victorine ou Julien, il faut choisir.

Il parlait en père, n'ayant pour unique préoccupation que son fils; mais elle, elle était la mère de Victorine aussi bien que de Julien.

— Que nous restions en France, dit-il en voyant qu'elle ne répondait pas, Victorine est toujours perdue pour toi, elle doit rester dans sa pension, tu ne peux que la visiter; dans trois mois, si nous ne réussissons pas, Julien nous sera enlevé. Et puis, rester en France, c'est vivre séparés. A l'étranger nous serons tous les trois ensemble.

— S'il nous poursuit, s'il nous rejoint, s'il recommence un nouveau procès?

— Crois-tu, s'écria-t-il, que je m'exile volontairement et que c'est sans douleur que je quitte cette maison, mes amis, le pays où je m'étais fait un nom. Je m'y résigne parce que je crois que c'est la seule ressource qui nous reste, parce que je t'aime et préfère ton amour à tout, parce que je veux garder mon fils. Où irons-nous? je n'en sais rien. Trouverons-nous un pays où nous serons à l'abri de ses poursuites? je n'en sais rien non plus. Mais nous serons ensemble et nous verrons bien. S'il faut nous cacher, nous nous cacherons, le monde est grand.

Que pouvait-elle répondre. Elle ne sentait que trop la justesse de ces craintes; ils n'avaient bien qu'un seul moyen d'échapper aux dangers qui les menaçaient et qui d'un jour à l'autre pouvaient s'abattre sur eux, — fuir.

— Tu comprends, dit-il, que si nous nous résignons à partir, il ne faut pas attendre. Dans huit jours, dans quelques semaines, nous pouvons être séparés, emprisonnés, car enfin la prison est là. Il faut donc partir tout de suite. Voilà ce que j'ai arrêté. Nous prendrons après demain le chemin de fer de l'Est, et pour ne pas éveiller les soupçons, si par hasard on nous observait, nous nous séparerons; tu partiras par la ligne de Mulhouse avec Julien, je partirai par celle de Strasbourg; à huit heures du matin tu seras à Bâle, je passerai la frontière à Kehl, et te rejoindrai à l'hôtel des Trois-Mages dans la journée, en faisant le tour par la Forêt-Noire. De Bâle, nous verrons où aller pour être en sûreté. Avec Julien, tu n'auras pas peur, n'est-ce pas?

Elle dit non, mais ce voyage l'épouvantait; si elle allait être arrêtée à la frontière; si on l'arrêtait lui-même; s'il ne la rejoignait pas.

Il la rassura; il avait un moyen, à Saint-Louis, de la faire passer pour la femme d'un employé de la Compagnie.

— Pour que personne ici ne soupçonne notre projet, nous ferons nos malles cette nuit; demain soir Hutin les chargera, j'ai confiance en lui; il partira vers deux heures du matin et les portera à la gare où nous les trouverons.

Tout cela était bien arrangé, bien disposé, sans doute; mais il y avait une idée qui la tourmentait autrement que tous ces détails matériels : Victorine. Partirait-elle sans l'embrasser.

Il prévint lui-même la demande qu'elle ne savait comment lui faire.

— Il est peut-être dangereux que tu voies Victorine, dit-il, mais quoi qu'il en puisse advenir, je ne veux pas que tu partes sans l'avoir embrassée. J'irai demain à Villeneuve; pendant que je serai chez M. Têtevuide tu pourras aller à la pension.

II

Elle n'était pas sortie du Plessis depuis sa condamnation; lorsqu'elle traversa les rues de Villeneuve, il lui sembla qu'on se mettait sur les portes pour la regarder.

En entrant dans le parloir de la pension, elle y trouva madame Lataste, qui était venue voir sa fille. Elle la salua, mais sans oser aller lui tendre la main comme à l'ordinaire. Madame Lataste lui rendit à peine son salut d'un petit mouvement de tête, et comme sa fille, habituée à embrasser Armande, se disposait à courir au-devant de celle-ci, elle la retint.

Et se levant aussitôt.

— Viens, Jeanne, dit-elle.

Puis elle passa devant Armande, comme devant une étrangère qui ne lui aurait jamais été présentée.

La pension des sœurs Hochemolle était l'ancien château du financier Bonnet, bâti luxueusement sous la régence; un parc superbe l'entourait par derrière et s'étendait jusqu'aux bois, devant était une vaste cour; les grandes récréations se prenaient dans le parc, les petites dans la cour.

Lorsque Armande arriva, c'était le moment de la petite récréation; les élèves jouaient dans la cour; deux pavillons flanquaient la porte d'entrée et se trouvaient ainsi prendre jour sur cette cour; l'un servait de loge de concierge, l'autre de parloir.

En regardant par une de ces fenêtres, Armande put voir Victorine, qu'on avait été chercher, se diriger vers le parloir; elle qui d'ordinaire courait follement lorsqu'on lui annonçait sa mère, s'avançait à petit pas sans se presser, comme à regret.

Elle lui avait apporté des gâteaux et toutes sortes de frandises, Victorine les reçut froidement,

— Ah! merci, dit-elle.

Puis, sans y toucher, elle posa le tout sur une table.

— Tu n'aimes donc plus les gâteaux?

— Je ne sais pas, on n'en mange pas ici.

— Il y a une galette de sarrasin que Marie-Ange a faite exprès pour toi, et Julien t'envoie les deux abricots de son abricotier.

— Ah! il est content Julien, il ne s'ennuie pas de moi.

— Il parle de toi tous les jours.

Armande était surprise de la fixité du regard de Victorine, qui au lieu de l'écouter ne quittait pas les fenêtres des yeux; en dehors de ces fenêtres se collaient continuellement des têtes de jeunes filles qui regardaient dans le parloir et s'en allaient ensuite.

Tout à coup Victorine quitta sa mère, défit les embrasses, laissa tomber les rideaux et les ferma.

— Pourquoi plisses-tu donc ces rideaux?

— Pour qu'on ne vienne pas nous regarder comme ça.

— Hé bien, qu'est-ce que ça fait?

Au lieu de répondre à cette question, Victorine se jeta dans les bras de sa mère, et l'embrassant à pleines lèvres :

— Oh! je t'en prie, dit-elle en pleurant, emmène-moi, maman, emmène-moi d'ici.

Armande était stupéfaite de ce brusque changement, de cette inexplicable tendresse après cette inexplicable froideur.

Elle lui rendit ses caresses, mais tout en croyant un peu que c'était là une de ces scènes apprêtées, comme elle en avait déjà tant joué.

— Tu t'ennuies? dit-elle.

— Emmène-moi, emmène-moi tout de suite, recommença Victorine, en sanglotant plus fort, je t'en prie, maman, emmène-moi.

Pendant plusieurs minutes elle ne fit que répéter ce même mot au milieu de sanglots et de soupirs.

Qu'avait-elle donc?

Hélas! que ne pouvait-elle l'emmener, car quoiqu'elle eût, que ce fût sérieux ou puéril, cette douleur était sincère, ces cris, ces sanglots n'étaient pas une comédie d'enfant.

Par de douces paroles, l'embrassant, la caressant, elle tâcha de la calmer.

— Voyons, pourquoi veux-tu que je t'emmène?

— Parce qu'on se moque de moi, parce qu'on a honte de moi, parce que tu vas aller en prison et que les enfants des gens qui vont en prison, on les méprise.

Armande avait été bien éprouvée, bien frappée; ce coup fut le plus atroce qu'elle eût encore reçu. Sa fille! C'était pour cela qu'elle était venue si lentement. C'était parce qu'elle rougissait d'elle, qu'elle avait fermé les rideaux. La pauvre enfant, elle-même était bafouée, méprisée par ses camarades. Et elle ne pouvait pas l'emmener.

— Marie Blanchard, continua Victorine, sans sentir ce qui se passait dans le cœur de sa mère, a eu la rougeole, et elle a été chez son père. Le premier jour qu'elle est revenue, on devait jouer à la dame, c'était moi qui faisais la dame et je recevais les visites. Mais voilà que Marie Blanchard qui dit qu'elle ne veut pas que je fasse la dame, que je l'ennuie avec mes manières, et que quand on a une mère qui va en prison, on ne fait pas sa fière. Là-dessus, moi, je lui flanque une gifle et lui dis que ce n'est pas vrai et que maman ne va pas en prison. Elle n'est pas brave, Marie Blanchard, elle a trois ans de plus que moi, elle ne m'a pas rendu ma claque; mais elle a expliqué que ce qu'elle avait dit c'était vrai, qu'elle le savait bien, parce que c'était son père qui était l'avoué de mon papa Berthauld, et que c'était lui qui avait fait condamner maman à la prison. J'ai répondu que ce n'était pas vrai, parce que mon papa Berthauld était mort. — Ah! oui, mort! qu'elle a dit, on t'a fait croire ça, petite gosse, parce que ta maman avait pris un autre mari qui n'était pas son mari. — Alors moi, comme je savais bien que ça c'était vrai, je n'ai pas répondu et j'ai pleuré. Et depuis ça, on ne veut plus jouer avec moi.

Armande avait écouté ce récit presque sans l'entendre, quoique chaque mot lui retentît dans le cœur; blessée dans sa dignité de mère, humiliée dans sa pudeur de femme, courbée sous ses coups répétés, anéantie.

— Vrai, dit-elle en relevant la tête, tu savais... Quoi?

— Que papa Martel n'était pas ton mari; que tu n'étais pas mariée, quand papa Martel me grondait et me punissait, je savais bien qu'il n'avait pas le droit de me punir.

Dans l'horrible douleur d'Armande surgit un mouvement d'indignation.

— Qui t'a dit cela! s'écria-t-elle.

— Oh! maman, tu me fais peur.

— Non, mon enfant, n'aie pas peur, parle, qui t'a dit ce que tu répétais là tout à l'heure; parle, je t'en prie.

— Hé bien, c'est madame Pigache; un jour que j'étais dans son jardin, elle se querellait avec mon cousin Pigache, et elle lui disait en faisant des grands bras : « Je suis sûre qu'elle n'est pas mariée, et leur Julien n'est « qu'un bâtard; » j'ai bien compris que c'était de toi qu'elle parlait, parce que mon cousin a dit en se donnant un coup de poing sur la tête : « Malé-« diction, si tu n'avais pas fait de moi une poule mouillée, j'irais tout de « suite m'en expliquer avec Martel pour te clore la bouche. » Alors elle a dit : « Toutes les explications que tu aurais la bêtise d'avaler n'empêche-« ront pas que j'aie entendu ce que j'ai entendu. »

Ainsi c'était là la cause du changement qui s'était fait dans Victorine. Maintenant elle comprenait tout, ses questions étranges, ses silences mornes, sa jalousie, toute cette vie inexplicable. La pauvre enfant, comme elle avait souffert.

Marie-Ange était collée contre la porte (p. 766).

H. MALOT. — VICTIMES D'AMOUR.

Elle la saisit vivement, et longtemps elle la serra dans ses bras.

— Ah! tu m'aimes bien, dit Victorine, emmène-moi.

Après tout, pourquoi ne l'emmènerait-elle pas, comme elle le demandait. Qu'allait-elle devenir, la chère petite, dans cette pension où chacun en faisait son jouet et sa risée, où elle n'avait pas une amie pour la défendre; où elle était méprisée, où elle serait pour toujours honnie. C'était pour que son caractère se modifiât qu'elle avait été mise en pension. Mais maintenant que la vérité était connue, ne devait-on pas lui être indulgent? Martel le comprendrait assurément.

L'emmener à l'étranger, être tous les quatre réunis; si c'était possible!

Elle réfléchit durant quelques instants. Est-ce que l'enlever à son père, c'était une faute? à ce père qui l'avait abandonnée, qui depuis son retour n'était pas venu la voir, qui ne la réclamait que pour profiter de sa fortune.

— Hé bien oui, dit-elle, je vais t'emmener; va t'habiller; pendant ce temps-là, je demanderai à mademoiselle Hochemolle la permission de te faire sortir.

Ce fut mademoiselle Hochemolle l'aînée, une vieille fille, grande, sèche, à lunettes, qui la reçut. Quand Armande était venue la première fois avec Martel, elle l'avait trouvée la plus aimable des vieilles filles, elle la trouva roide et réservée.

Elle lui exposa sa demande; elle désirerait emmener Victorine pour deux jours; elle la ramènerait le surlendemain.

— Madame, répondit mademoiselle Hochemolle, vous êtes la mère de l'enfant, cela est bien certain, c'est vous qui me l'avez confiée, mais au-dessus de votre autorité, il y en a une plus puissante, celle de la loi; c'est devant la loi maintenant que nous répondons de mademoiselle Berthauld, nous ne pouvons vous la confier. Il m'est pénible de vous faire cette réponse; mais vous devez la comprendre.

Observations, prières, tout fut inutile, mademoiselle Hochemolle s'enferma dans son devoir.

Victorine, habillée, attendait sa mère dans la cour.

— Mademoiselle Hochemolle ne veut pas te laisser sortir.

— Tu es ma maman, tu es la maîtresse; emmène-moi.

Elle se cramponna à la main de sa mère.

Mademoiselle Hochemolle, qui avait accompagné Armande, voulut faire intervenir son autorité.

— Vous, vous êtes très méchante, dit Victorine, c'est maman qui est maîtresse.

Armande essaya de lui faire comprendre qu'elle ne pouvait rien sans le consentement de mademoiselle Hochemolle, mais l'enfant ne comprit rien.

— C'est parce que tu aimes mieux Julien! cria-t-elle; maman, je t'en prie, je t'en prie!

La colère de Victorine était terrible; elle trépignait et ne lâchait pas la main de sa mère.

Mademoiselle Hochemolle fut obligée de lui faire ouvrir les doigts de force.

— Partez, madame, partez, dit-elle à Armande.

— Armande avait la tête perdue, le cœur déchiré.

Mademoiselle Hochemolle, qui avait mis Victorine dans les bras d'une sous-maîtresse taillée en gendarme, la poussait vers la porte.

— Vous reviendrez dans quelques jours, disait-elle, l'enfant sera plus calme.

Dans quelques jours; et le lendemain elle partait sans savoir si elle la reverrait jamais.

Insensiblement elle se trouva dans la rue; la porte se referma sur ses talons.

Par-dessus le mur elle entendit encore la voix de Victorine :

Maman! maman! criait l'enfant.

Elle se sauva en courant, les gens qui la virent passer disaient : « Voilà une folle! »

III

De tous les gens employés à la ferme, Hutin était celui qui inspirait le plus de confiance à Martel, pour emporter à Paris les bagages sans provoquer la curiosité et les soupçons; il était intelligent et adroit dans ces sortes de commissions; d'ailleurs il avait donné d'assez grandes preuves de son dévouement, pour qu'on pût se fier à lui. Puisqu'il fallait s'ouvrir à quelqu'un, mieux valait lui qu'un autre.

Martel lui expliqua ce qu'il fallait faire; charger les malles à minuit dans la carriole, les porter à Paris à la gare du chemin de fer de l'Est, les déposer à la consigne au nom de M. Grandin.

Hutin écouta attentivement, puis quand Martel eut fini de parler, il secoua la tête.

— Vous ne voulez pas aller à Paris?

— Ah! notre maître.

— Hé bien, pourquoi secouez-vous la tête?

— Parce que je vais vous dire. M'est avis, si je peux me permettre ça, que vous voulez filer avec Madame et M. Julien. Ça se comprend bien. Il y a longtemps que je me dis dans moi, comment que le maître ne s'en va pas, et reste là à les attendre. Quand on a le sac, on est bien partout, aussi bien là qu'ici ; pour sûr mieux en liberté dans le plus chien des pays, que dans la plus belle des prisons. Pour lors vous ne voulez pas qu'on voie emporter les malles, rapport aux gens qui pourraient jaser. Mais si je les charge à minuit, les charretiers se lèveront, les bonnes voudront savoir ce que la carriole fait dans la cour.

— Comment faire autrement ?

— Ah ! voilà ; si vous vouliez je partirais avec la carriole après souper pour aller à Villeneuve, j'y resterais à flâner, j'en repartirais sur le coup de onze heures, je reviendrais tout doucement, arrivé aux quatre chemins, j'attacherais la jument à un arbre, et je viendrais par la porte du jardin chercher les malles ; je ferais autant de voyages qu'il faudrait ; je les chargerais là-bas ; vous savez bien qu'on a les reins bons ; en retirant mes bottes je ne ferais pas de bruit. Comme ça, dans la maison personne ne se douterait de rien.

Cette combinaison était certainement préférable ; elle n'était dangereuse que si Hutin profitait de son séjour à Villeneuve pour donner avis de cette fuite ou pour en parler imprudemment ; mais Martel n'eut pas cette crainte.

— Soit, dit-il, faites ainsi.

Cependant Hutin ne bougea pas ; il tournait et retournait son vieux chapeau de paille entre ses mains avec embarras.

— Il y a encore quelque chose qui vous tourmente ? demanda Martel.

— Oui et rudement. Voulez-vous m'emmener avec vous. N'importe où vous serez vous aurez besoin d'un homme pour bêcher votre jardin. Prenez-moi. J'ai peur de rester ici tout seul. Vous étiez pour moi comme le père, quoi ! et il n'y avait pas de danger. Mais quand vous ne serez plus là, avec les autres qui me regarderont de travers.

Martel fut ému de ce cri que sa brutalité ne rendait que plus sincère ; mais ce que Hutin demandait était impossible ; il le lui fit comprendre.

— Bien que les terres et les récoltes soient vendues au prince de Coye, j'ai encore des intérêts ici ; vous les surveillerez.

— Moi ?

— Oui. J'ai confiance en vous.

— Oh ! notre maître.

— Vous en rendrez compte au notaire de Villeneuve ; dans quelques mois, si cela se peut, je vous écrirai de nous rejoindre. Je n'oublierai jamais que vous avez risqué votre vie pour nous.

Hutin n'avait pas le cœur précisément très tendre, cependant deux grosses larmes lui coulèrent sur les joues. Des intérêts d'argent à lui ! Il était donc redevenu un homme.

IV

La nécessité d'emballer elle-même tout ce qu'elle voulait emporter avait heureusement usé, dans un travail matériel, la fièvre et l'excitation nerveuse d'Armande.

Mais lorsque les malles eurent été enlevées par Hutin, il restait toute une journée entière avant de quitter le Plessis : elle fut mortelle à passer.

Ils n'avaient rien à faire, l'inquiétude les crispait, l'effroi toujours terrible de l'inconnu leur étreignait le cœur; et il fallait attendre dans cette maison qu'ils ne reverraient peut-être jamais. C'était la dernière journée qu'ils passaient dans cette maison où depuis sept années ils avaient passé tant d'heureux jours, où chaque meuble gardait un souvenir; maintenant il fallait la quitter, sans savoir où ils s'arrêteraient.

Autour d'eux, par un contraste cruel, tout était dans la ferme mouvement et gaieté : on rentrait les premiers foins; les faneurs allaient et venaient en chantant.

Le déjeuner fut rapide, seul, Julien, avec l'insouciance de son âge, mangea de bon appétit.

— Es-tu gourmande, dit-il à sa mère, tu ne manges pas pour mieux dîner à Paris; moi aussi j'y mangerai bien à Paris, parce que les restaurants c'est amusant.

La cuisinière vint demander ce qu'il fallait préparer pour le lendemain.

— Rien, dit Armande.

Mais sur un regard que Martel lui lança, elle ordonna cette journée du lendemain qui ne devait pas la voir au Plessis.

Ils voulurent se promener dans le jardin, lui dire un dernier adieu.

Il était dans tout l'éclat de la beauté de l'été commençant; les gazons, qui n'avaient pas encore été desséchés par les grandes chaleurs, étaient d'un vert velouté; dans les corbeilles s'épanouissaient toutes les fleurs de la saison; l'air était embaumé du parfum des roses et des œillets; et la brise détachait des grands arbres, des marronniers, des acacias, des cytises, un tourbillon de pétales qui voltigeaient en tournoyant; sur les pelouses, les plantes tropicales, les bananiers, les cannes de l'Inde, les papyrus, balançaient agités par le vent leurs grandes feuilles pittoresques.

Il fallait quitter tout cela; c'était le mot qui à chaque pas leur venait sur les lèvres, mais qu'ils ne disaient ni l'un ni l'autre.

Lorsqu'ils passèrent devant la serre, le jardinier les appela :

— Si Madame voulait voir le raisin, dans huit jours j'espère en servir; l'année sera précoce.

Dans huit jours!

Ils devaient partir du Plessis à trois heures, dîner à Paris, et prendre le train express de huit heures du soir.

Armande voulut aller voir deux femmes à qui elle donnait des secours, et qu'elle faisait vivre. Que deviendraient-elles quand elle ne serait plus là.

Il la laissa aller; ce serait toujours du temps de passé; par ce qu'il ressentait en lui, il comprenait combien le temps était lourd pour elle.

— Donne-leur peu, lui dit-il, dans quelques jours nous ferons parvenir à l'abbé Blavier, la pension que tu leur sers toutes les semaines. Si tu leur donnais trop, elles iraient bavarder, et l'on pourrait se demander ce que signifie cette générosité insolite. Tâchons de n'éveiller les soupçons en rien, quoique maintenant nous n'ayons plus rien à craindre, soyons prudents jusqu'à la fin.

V

Il était depuis une heure occupé à brûler des lettres et des papiers dont il ne voulait pas laisser de traces, lorsque Marie-Ange se précipita dans l'atelier.

— Monsieur, voilà M. Berthauld, il me suit.

Berthauld dans cette maison! venait-il accomplir les menaces qu'il avait faites? Ou venait-il proposer une transaction?

Il n'eut que le temps de se poser ces questions, sans les examiner; Maurice entra.

Il s'était levé; Maurice s'arrêta à la porte, et tous deux se regardèrent durant quelques secondes sans parler.

Ce fut Maurice qui le premier rompit le silence; Martel était trop ému, trop affolé de colère pour trouver un mot; à la vue de l'homme qui voulait lui prendre celle qu'il aimait, qui voulait lui enlever son fils, ce n'étaient pas des paroles qui lui venaient aux lèvres, c'étaient des tressaillements qui le poussaient vers lui et lui contractaient les poings.

— Je connais les habitudes de Marie-Ange, dit Maurice, vous permettez.

En même temps il ouvrit la porte par laquelle il était entré : Marie-Ange était collée contre : prise en flagrant délit, elle recula.

— Plus loin, dit Maurice, reculez jusqu'à la cuisine.

Martel trouva le temps de se remettre, mais il était loin du calme que montrait Maurice.

— Maintenant, dit celui-ci en refermant la porte, causons. Il est donc vrai que vous voulez partir.

Martel fit un geste bien plus de surprise que de négation.

— Vous ne voudriez pas dire non ; d'ailleurs ce serait inutile je ne vous croirais pas ; vos bagages ont été enlevés cette nuit ; je prévoyais si bien cette conclusion à toutes nos affaires que j'avais pris mes précautions ; si je n'étais pas ici, on veillait pour moi ; et on n'embarque pas tout un chargement de malles à minuit sans avoir des intentions de voyage. Hé bien, il ne me convient pas que vous partiez.

— Vous pouvez nous dénoncer à la police, cela vous complètera.

— Hé bien non, il ne me convient pas de vous dénoncer ; ce serait cependant ce que je devrais faire ; mais je suis las à la fin de cette guerre de procédure ; vidons nos affaires ensemble, face à face.

— Il est bien tard.

— Oui, n'est-ce pas, cela vous eût bien mieux arrangé tous les deux si en rentrant en France j'étais venu ici vous dire : « Tu m'as pris ma femme, battons-nous. » Non, car lors même que je vous aurais tué ma vengeance eût été trop bête. Aujourd'hui si je vous tue, vous mourrez en sachant que votre fils est entre mes mains. Si vous me tuez, vous serez séparés par la prison, et votre fils portera mon nom. J'aime mieux ça.

— Vous parlez de vengeance.

— Je n'en ai pas le droit peut-être. Je ne dis pas pour ces dernières années, vous m'avez cru mort c'est bien. Mais qui a profité de l'amitié pour m'enlever le cœur de celle qui m'aimait ; je la trompais, c'est possible, j'avais une maîtresse ; eh bien, après. C'était la jeunesse qui m'emportait. Quand la raison m'a tombé sur la tête, si j'avais retrouvé ma femme, mon enfant, qui peut dire si je ne me serais pas retrouvé moi-même. Vous m'accusez d'avoir fait le mort, d'être resté à l'étranger ; que serais-je venu faire en France ? Pour qu'on me montre au doigt, pour qu'on dise dans mon dos, c'est le mari de la femme de Martel.

— Je connais ces discours, dit Martel dédaigneusement, je les ai entendus il y a huit ans ; si c'est pour les répéter que vous venez ici, vous pouviez vous épargner ce voyage.

— Non, je viens pour du nouveau. En me voyant vous traduire en police correctionnelle, vous vous êtes dit : c'est bien, si nous sommes condamnés, nous nous sauverons à l'étranger, et comme par les chicanes de la séparation de corps, par les restitutions de dot et autres comptes, nous le tiendrons en notre pouvoir, pendant que nous nous promènerons en Italie, nous le ferons coffrer en France à Clichy. Ce n'était pas mal imaginé pour des gens qui n'entendent rien aux affaires ; mais vous vous étiez trompés en croyant que la police correctionnelle serait toute ma vengeance ; c'était tout simplement le premier acte ; nous sommes au second, et je viens vous demander si vous êtes prêt à vous battre. Si vous me tuez ce sera le dernier, si je vous tue, il y en aura un troisième puisque je tiens votre fils.

Martel s'avança vers lui, il était blême, ces menaces contre Julien, cette vengeance si cruellement calculée faisaient à la fin éclater sa fureur.

— Si je veux me battre! s'écria-t-il, oui, et je veux vous tuer. N'attendez pas de ma part générosité ou merci. Je vous jure, si le sort me favorise, de tirer sur vous comme sur une bête dangereuse.

— Hé bien cette franchise me met à l'aise, dit Maurice sans se déconcerter, je vous promets de vous rendre la pareille; aussi bien un de nous deux est de trop en ce monde, le sort dira lequel.

A ce moment la porte s'ouvrit violemment poussée, et Armande entra; d'un bond elle fut auprès de Martel.

— Oh! non, jamais! s'écria-t-elle, jamais!

Maurice fit un mouvement, mais presque aussitôt avec une ironie affectée.

— Avez-vous donc envoyé chercher Madame, dit-il, nous aurons bien du mal à nous entendre alors.

Il y eut un long moment de silence, terrible pour Armande.

— Ce n'est pas Armande, dit enfin Martel en la prenant par la main, qui me conseillera une lâcheté.

Elle le regarda durant quelques secondes et ne dit rien, mais sa main tremblait horriblement.

— Vous pouvez continuer, reprit Martel.

— Je n'ai plus rien à dire, c'est à nos témoins de régler le reste : que les vôtres s'entendent donc avec Liénard; il demeure maintenant rue de Lord Byron.

Il se dirigea vers la porte.

Martel sentit qu'Armande voulait s'élancer après lui, il la retint de la main et du regard.

— Ah! un mot encore, dit Maurice, je suis payé pour n'avoir pas confiance. Votre parole d'honneur que vous ne fuirez pas.

— Mettez un espion à ma porte si vous avez cette crainte.

Il sortit.

— Ah! je t'en conjure! s'écria-t-elle en serrant Martel dans ses bras.

— Ne veux-tu pas me soutenir.

— Mais si tu es tué, si tu le tues.

— Malgré toute l'envie que j'en avais, je n'ai pas été le provoquer, que puis-je maintenant. Veux-tu donc que je me déshonore.

Elle tomba affaissée; son cœur, sa tête éclataient.

Il abaissa lentement son arme (p. 772).

H. MALOT. — VICTIMES D'AMOUR.

VI

Le prince avait voulu être un des témoins de Martel, Gayot était l'autre; les témoins de Maurice étaient Liénard et un officier de cavalerie.

Ces messieurs avaient arrêté les conditions du duel. Il avait été décidé que la rencontre aurait lieu dans le bois de Vaubuisson. C'était le prince qui avait fait choisir ce bois, il lui appartenait, ce qui promettait qu'on ne serait pas dérangé par les gardes, et il avait l'avantage d'être à une courte distance du Plessis. Maurice et ses témoins devaient s'y rendre de Paris directement le samedi à dix heures; le carrefour de la Table avait été indiqué comme rendez-vous.

Pour ne pas laisser Armande dans les transes de l'attente, on lui avait dit que le duel n'aurait lieu que le lundi; Martel devait donc partir de chez lui le matin comme pour une course insignifiante, et retrouver le prince avec Gayot à l'entrée du bois dans le chemin du Plessis.

Mais cette combinaison était difficile à exécuter, car Armande, comme si elle eût eu de sinistres pressentiments, ne le laissait jamais seul : lorsqu'il sortait dans la plaine, elle sortait avec lui.

Le samedi, lorsqu'elle le vit disposé à partir, elle voulut savoir où il allait.

— A Villeneuve pour m'entendre avec Têtevuide sur le règlement de la communauté.

— Tu ne m'en avais point parlé hier.

— L'idée m'est venue cette nuit.

— Je vais aller avec toi jusqu'à l'entrée du pays, je garderai la voiture.

— Je vais à pied; la ponette est boiteuse et File-au-Vent n'en peut plus de ses voyages à Paris; dans deux heures je serai de retour.

Il disait cela si simplement et avec tant de calme qu'elle fut trompée.

Elle tint à l'accompagner un peu avec Julien.

Ah! comme il eût voulu les embrasser tous les deux au moment de les quitter. Les reverrait-il? Il n'osa pas; il eut peur de se trahir.

— Tu n'embrasse pas Julien? dit-elle.

Il prit l'enfant dans ses bras, et l'embrassa froidement des lèvres, mais comme il le serra sur son cœur.

Elle lui tendit la main, il la pressa à peine.

— A bientôt, dit-il en détournant la tête.

Et il s'éloigna à grands pas.

C'était le matin d'un beau jour, un de ces matins où l'on se sent heureux de vivre.

Il arriva le premier à l'entrée du bois. Bientôt il fut rejoint par le docteur

Boucherot qui avait été appelé; et quelques minutes après, le prince et Gayot parurent en voiture.

Comme le prince, après avoir serré la main de Martel, le regardait des pieds à la tête et laissait voir une certaine surprise.

— Mon costume vous étonne, dit-il.

— Je l'avoue.

Il portait un pantalon de toile blanche, un gilet pareil au pantalon et une redingote noire.

— Ce n'est guère une tenue de duel, mais il fallait tromper la pauvre femme; si je m'étais habillé ses soupçons seraient devenus des certitudes.

— Enfin en boutonnant bien la redingote nous cacherons les points de mire.

— Messieurs, dit Martel à Gayot et au docteur, voulez-vous me permettre de rester un peu en arrière avec le prince : j'ai quelques mots à lui dire.

— Que voulez-vous, mon ami, demanda M. de Coye.

— Un dernier service; si je suis tué...

— Est-ce qu'on marche à un duel avec de pareilles idées? vous avez la bonne cause, la fortune est avec vous.

— Enfin comme je peux être tué, il faut tout prévoir. Si je suis tué, voici mon testament.

Il lui donna une feuille de papier pliée tout simplement en quatre.

— Vous ne l'avez pas cacheté?

— Ce n'est pas la peine; vous pouvez d'autant mieux le lire que je vous fais mon légataire universel.

— Vous n'y pensez pas; votre femme, votre fils.

— C'est précisément à ma femme et à mon fils que je pense; comment leur laisser ce que je possède, n'est-elle pas la femme, n'est-il pas le fils de Berthauld? D'ailleurs, lors même que je le pourrais, Armande, menacée par cet homme, lui donnerait morceau par morceau ma petite fortune, pour sauver Julien. C'est donc à vous que je la laisse, pour que vous la leur rendiez un jour, que Berthauld ne puisse pas en voler un sou, c'est la seule recommandation que je vous adresse. Pour les moyens vous voudrez bien vous entendre avec Têtevuide.

Maurice et ses témoins venaient d'arriver au carrefour de la Table.

— Messieurs, dit le prince après les salutations, si vous voulez me suivre, je vous servirai de guide.

On prit un chemin de vide coupé d'ornières et de trous, après cinq minutes de marche sous bois, on arriva à une clairière qui semblait faite exprès pour un duel. Les charbonniers y avaient brûlé le bois d'une vente abattue l'hiver précédent; l'herbe seulement commençait à sortir de la terre noire de cendre; sur un espace de quinze cents à deux mille mètres il n'y avait pas un seul arbre, ni une seule cépée.

On choisit les pistolets apportés par le prince, et l'officier les chargea.

Les deux adversaires étaient extrêmement pâles, mais ils paraissaient l'un et l'autre également résolus. L'approche du combat n'avait point amolli le cœur de Martel, il était toujours, ainsi qu'il l'avait dit, décidé à tirer sur Maurice comme sur une bête malfaisante.

Maurice avait apporté une gourde d'eau, il se la versa sur les mains pour les rafraichir et enlever toutes traces de transpiration; par là on pouvait voir que lui aussi était décidé.

Les témoins étaient graves et émus; ils savaient que ce n'était point une lutte qui se terminerait par un déjeuner.

Le sort avait favorisé Martel, il devait tirer le premier.

Lorsqu'ils furent en face l'un de l'autre, il abaissa lentement son arme, et en même temps qu'on entendit le coup, on vit le pistolet de Maurice lui sauter des mains; il avait été atteint à la crosse par la balle.

On prit un de ceux apportés par Liénard.

Et l'on replaça les combattants.

Maurice tira, Martel chancela et porta la main à son côté.

— Blessé! s'écria le prince.

— Non, ou si je le suis, ce n'est rien.

En effet il se tenait droit, et il refusa de se laisser visiter par Boucherot. On rechargea les armes.

Le prince était auprès de Martel, il le vit pâlir.

— Hâtons-nous, lui dit Martel, je crois que je suis blessé.

Au même moment on lui apportait son pistolet, il le prit, mais il ne put se mettre en ligne; il s'appuya sur le prince, un flot de sang couvrit son pantalon.

Boucherot accourut.

La balle avait pénétré entre la hanche et la dernière côte.

VII

Armande avait été surprise des façons contraintes de Martel, ce n'était pas ainsi que d'ordinaire il la quittait. Pourquoi cette gêne? Pourquoi cette hâte à la quitter?

Dans une âme tourmentée comme la sienne, les soupçons grandissent rapidement.

Elle revint à la ferme.

— Est-ce que File-au-Vent est fatigué? demanda-t-elle au charretier.

— Fatigué! il irait à Paris et reviendrait en trois heures, faut-il l'atteler ?
— La ponette ne boite pas?
— Comme moi.
Il l'avait trompée.
Elle n'hésita pas une seconde; il se battait; c'était pour ne pas se trahir qu'il n'avait pas osé l'embrasser.
Où se battait-il? Où courir, où le chercher?
Elle resta livrée à toutes les tortures de l'attente, avec l'horrible certitude qu'à cette heure même le duel avait lieu.
Elle allait et venait par la maison ne sachant à quoi s'arrêter.
Il avait parlé de deux heures d'absence, il allait donc bientôt revenir; elle sortit; dans la plaine elle verrait au loin.
Elle reprit le chemin qu'elle avait parcouru avec lui quelques instants plus tôt. C'était par là sans doute qu'il reviendrait.
Mais s'il ne revenait pas?
A cette pensée les forces lui manquèrent; elle fut obligée de s'asseoir sur le bord du chemin.
Autour d'elle s'étalait une grande pièce de colza sur laquelle s'abattaient des troupes de corneilles.
Elle se dit que si les corneilles passant entre deux arbres qu'elle se fixa étaient en nombre pair, il reviendrait; que si elles étaient en nombre impair, il ne reviendrait pas.
Mais elle était tellement troublée qu'elle comptait mal; les corneilles volaient en bande, elle ne s'y reconnaissait pas.
Cependant dans son anxiété elle tenait à ce moyen de savoir. Une, deux, trois, quatre; elle en compta dix-huit; il reviendrait; mais une volait lourdement derrière, était-elle de la troupe? alors c'était dix-neuf.
C'était à perdre la raison.
Il lui sembla entendre une voiture ; mais à quoi bon? il était à pied.
Cependant une voiture avançait lentement; on entendait aussi un bruit de voix.
Les moissons déjà hautes qui l'entouraient l'empêchaient de voir au loin.
Elle marcha en avant.
Au détour du chemin, elle reconnut les chevaux du prince. Auprès de la voiture marchait le prince lui-même; de l'autre côté, le docteur Boucherot.
Elle s'élança avec une rapidité vertigineuse.
Il était étendu sur les coussins, la tête légèrement soulevée, les yeux fermés.
On arrêta les chevaux : elle escalada la voiture et le prit dans ses bras.

Il poussa un soupir de douleur, et ouvrant les yeux :
— Oh! ma chère Armande! dit-il.
Elle colla ses lèvres sur les siennes.
Sa face, pâle comme le linge qui l'enveloppait, se colora un peu.
— Je savais bien que je vivrais jusque-là.
Il attacha sur elle ses yeux hagards.
— Julien, dit-il.
Elle n'osait pas parler; elle le regardait.
Elle sentit sa main crispée se détendre et peser inerte dans la sienne.
Elle se pencha sur lui; son regard était immobile; sa bouche ouverte ne respirait plus.
Elle poussa un grand cri et s'évanouit.

CHAPITRE XII

JULIEN

I

A Madame Armande.

A La Bonneville (Orne).
Paris, 15 mars.

« Ma chère Armande, j'ai enfin des nouvelles de Julien, et je veux tout de suite vous les donner; elles ne sont pas telles que vous puissiez vous en réjouir, mais enfin elles vous sortiront néanmoins de votre incertitude.

« C'est par le plus grand des hasards que je les ai obtenues. Vous savez que je vais peu au théâtre; ce genre de plaisir n'a pour moi aucun attrait, et bien qu'il plaise aux esprits blasés qui demandent aux nerfs l'émotion factice que le cœur ne peut plus leur donner, je crois qu'on ne sort pas de là amélioré et que c'est aux dépens de la morale et de l'intelligence qu'on s'est amusé; pour moi l'intérêt ne survit pas à cette curiosité vaine que produit l'intrigue et que dissipe le dénoûment.

« Cependant pour faire plaisir à une de mes amies, je l'avais menée hier à la Porte-Saint-Martin; on y joue en ce moment une féerie, les *Contes de Perrault*, qui, depuis trois ou quatre mois, attire tout Paris, autant par le luxe des décorations que par le talent extraordinaire d'un enfant qui joue le rôle du Petit-Poucet.

« Je savais par tous les journaux, que cet enfant est une merveille d'intelligence et de gentillesse.

« Quelle ne fut pas ma surprise en voyant sortir de son lit, et se glisser sous l'escabelle de son père le bûcheron, un Petit-Poucet qui ressemblait d'une façon frappante à Julien : cheveux blonds comme les vôtres, yeux bleus, et ces fossettes aux joues qui le marquent à votre image.

« Nous étions dans une loge d'avant-scène, presque sur le théâtre, et je le voyais parfaitement.

« La ressemblance avec Julien était tellement frappante que je restai stupéfaite; j'attendais qu'il parlât pour juger de la voix, mais il regagna son lit sans rien dire. Ce fut seulement au tableau suivant, dans la forêt épaisse, qu'il prononça les premiers mots de son rôle : « Ne craignez point, « mes frères, je vous ramènerai bien au logis, suivez-moi seulement. »

« C'était bien sa voix. Je fus tellement étonnée que je ne savais que penser : c'était lui, bien certainement c'était lui; cependant le programme l'appelait Paul Cléry.

« A l'entr'acte, n'y pouvant plus tenir, je fis le tour par les derrières, et m'adressai au concierge du théâtre pour savoir où demeurait cet enfant. Il me dit qu'il ne savait pas son adresse, qu'il venait au théâtre tous les jours avec son père, que si j'avais besoin de voir celui-ci, je n'avais qu'à laisser un mot et revenir chercher la réponse.

« Je rentrai dans la salle pour réfléchir un peu, car écrire à un homme qu'on ne connaît pas pour lui demander si son fils est bien son fils, c'est assez insensé.

« Devant moi, j'aperçus à l'orchestre un des anciens collaborateurs à mon journal qui, maintenant, fait les théâtres dans une grande feuille quotidienne.

« Je lui fis signe que j'avais quelque chose à lui demander; il vint dans notre loge, et voulut commencer par me railler d'être au théâtre et d'avoir donné un démenti à mes principes; mais j'étais bien trop impatiente pour l'écouter. Je l'interrogeai sur ce petit Cléry. Il me dit que c'était un enfant charmant qui, pour la première fois, avait paru dans les *Contes de Perrault*, qu'il était doué des qualités les plus heureuses, et qu'il serait un jour un vrai comédien, si son père avait la sagesse de ne pas l'étioler. Je lui demandai quel homme c'était que ce père.

« — Comment, dit-il, vous ne le savez? Mais c'est un de vos anciens amis, c'est Berthauld.

« — Où demeure-t-il?

« — Vous aurez son adresse au théâtre.

« — On me l'a refusée tout à l'heure.

« — Voulez-vous que je vous l'obtienne, on ne me la refusera pas; d'ailleurs je l'aurais toujours auprès de la direction.

« A l'acte suivant, il m'apporta cette adresse : Berthauld demeurait rue des Marais-Saint-Martin, n° 97, sous le nom de Cléry.

« Le lendemain matin, vers dix heures, j'étais devant ce numéro 97 : une maison à allée, de chétive apparence.

« J'appris du concierge que M. Cléry n'était pas chez lui, mais qu'il y avait quelqu'un et que je pouvais monter, au quatrième, au fond du corridor; ne pas avoir peur de l'obscurité, il n'y avait pas de casse-cou.

« Je frappai, je sonnai assez longtemps sans qu'on me répondît, et

Il y a des danseuses qui jouent avec lui (p. 779).

cependant j'entendais du bruit de l'autre côté de la porte. Je recommençai à frapper. Enfin une voix cria :

« — Il n'y a personne, je suis tout seul.

« C'était bien la voix de Julien.

« — Ouvre donc, mon petit Julien, c'est moi, madame Aiguebelle.

« Les verrous furent promptement tirés et il me sauta dans les bras :

« — Ah! c'est maman qui vous envoie, n'est-ce pas; où est-elle, maman?

« Oui, ma chère Armande, le premier mot du pauvre mignon a été pour vous.

« Je lui expliquai comment je l'avais découvert, et lui dis que je venais pour le voir.

« — Je croyais que vous veniez me chercher pour rejoindre maman, dit-il avec tristesse; elle ne peut donc pas venir à Paris. Il dit, lui, qu'elle ne veut pas.

« — Qui lui? ton père?

« — Oh! il n'est pas mon père, je le sais bien; mon pauvre papa est mort; c'était lui mon père, il m'aimait et je l'aimais bien. N'est-ce pas que ce n'est point vrai que maman n'est pas riche pendant que nous sommes pauvres, et qu'elle ne vient pas parce qu'elle ne veut point partager son argent avec nous. Je lui ai dit moi, pourquoi elle ne venait pas, c'est parce qu'il est très méchant et qu'elle a peur. Et elle a joliment raison allez. Dites-moi où elle est, je me sauverai pour la rejoindre. »

« Je tâchai de lui expliquer que c'était impossible, mais il ne comprit rien à mes explications : comment faire accepter la loi, le Code et tout le reste à un enfant. Je détournai la conversation de mon mieux, en lui demandant s'il restait souvent seul ainsi à la maison.

« Très souvent; dans le commencement j'avais peur, surtout la nuit, maintenant je suis content, je fais ce que je veux.

« — Combien de temps vas-tu rester seul ?

« — Je ne sais pas, je crois bien jusqu'à ce soir, parce qu'il m'a donné hier de l'argent pour déjeuner.

« En effet, lorsque j'étais entrée j'avais vu dans la cheminée un petit fourneau de terre avec de la braise allumée, et dessus, du lait qui chauffait dans un poêlon en terre jaune.

« — C'est donc du lait que tu vas manger pour déjeuner?

« — Du café au lait, dit-il avec une satisfaction superbe, il y a longtemps que j'en avais envie; tous les jours deux sous de pain et deux sous de pâté d'Italie c'est ennuyeux ça; alors hier et avant-hier je n'ai mangé que du pain, ça m'a fait quatre sous d'économie, et avec les quatre sous qu'il m'a donnés hier soir, ça m'a fait huit sous; je voulais me payer du café au lait comme au Plessis ; j'ai eu pour deux sous de lait, pour un sou de café, pour un sou de sucre, et deux sous de pain, mais je n'ai pas pu avoir de beurre parce que la fruitière n'en donne que pour cinq sous, et je n'en avais que deux. Mais tant pis, dit-il résolûment, ça sera bon tout de même.

« — Tu vas venir déjeuner avec moi.

« — Oh ! non, s'il rentrait.

« Et je vis combien cette idée l'effrayait. Cependant je le décidai à s'habiller, en promettant de tout prendre sur moi. J'entrai chez la crémière qui lui avait vendu son lait ; c'était une brave femme ; je lui remis dix francs en lui recommandant de donner tous les matins à Julien un café au lait complet ; j'y retournerai dans huit jours, et il aura ainsi assuré le déjeuner qu'il aime tant.

« Au restaurant où je le conduisis, il ne voulut pas manger autre chose que du café au lait ; il refusa tout ce que je lui proposai ; cependant quand il eut fini, il me sembla qu'il avait envie de quelque chose ; des petits pots de fraises exposés sur le dressoir. Combien je fus heureuse de lui en voir croquer une pleine assiettée.

« Il a beaucoup grandi ; il paraît fort et bien portant, le changement le plus sensible qu'on puisse remarquer, c'est dans ses yeux ; ils n'ont point la charmante bêtise des enfants de son âge, mais quelque chose de réfléchi et de résolu qui montre qu'il a souffert. Au reste, pendant que je l'avais, j'ai eu la bonne idée de le conduire chez un photographe ; vous recevrez son portrait demain ou après-demain au plus tard.

« Il ne se plaint pas, mais il dit que les premiers mois ont été bien longs, qu'il s'ennuyait terriblement, et qu'il eût bien voulu avoir quelqu'un à qui parler dans la petite chambre où il demeurait et où il ne venait jamais personne.

« Maintenant il est content ; le théâtre l'amuse, il y a toujours des comédiennes, des danseuses, qui jouent avec lui, l'embrassent, et ça lui fait plaisir. Il va changer de théâtre quand la féerie aura épuisé son succès, et entrer au Palais-Royal pour jour les *Enfants terribles*, une pièce faite exprès pour lui.

« Je l'ai reconduit : Berthauld n'était pas encore rentré. Alors il a voulu vous écrire ; au milieu de tous ses récits, il avait sans cesse parlé de vous, et comme je lui avais dit que j'allais vous répéter tout ce que j'avais appris, il a voulu joindre sa lettre à la mienne. Vous la trouverez ci-incluse ; elle ne contient que quelques mots, car il sait encore à peine tenir sa plume, mais ces quelques mots sont de lui.

« J'ai hésité un moment si je vous ferais part de tout cela, effrayée d'avoir à vous apprendre que ce cher petit que vous aimez tant, que vous avez si tendrement élevé, était maintenant un pauvre enfant exploité par ce misérable qui s'en fait, m'a-t-on dit, un revenu assez considérable. Mais en réfléchissant que vous seriez au moins tirée de la cruelle incertitude qui vous désole, en pensant que vous me croiriez si je vous disais que malgré les fatigues qu'on lui impose et le métier qu'on lui fait faire, il est resté sain et fort, je me suis décidée à vous envoyer cette lettre.

« D'ailleurs j'ai une bonne parole à y joindre qui vous rendra, j'en suis certaine, l'espérance. En quittant Julien j'ai pris immédiatement le chemin de fer et me suis rendue chez M. Têtevuide, à qui j'ai fait part de ma découverte. Il s'en est montré très satisfait. Il m'a bien recommandé de ne pas vous tromper par un espoir qui malgré tout peut ne pas se réaliser; mais il se flatte, maintenant qu'il sait où Berthauld se cache, de lui tendre un hameçon auquel il se laissera prendre et qui vous rendra vos deux enfants. Je manque à la recommandation et me hâte de vous répéter ces paroles, qui, dans une bouche comme la sienne, ont une valeur sérieuse.

« Il a vu le prince tout dernièrement. Celui-ci est dans l'enthousiasme de votre dévouement; il ne parle que des services que vous avez rendus à La Bonneville, et qui vous y font révérer par tout le monde. Ce m'est une grande joie d'apprendre que vous avez trouvé dans le bien à faire une consolation à vos épreuves, et j'espère que Dieu permettra, qu'elles touchent à leur fin.

« Je n'ai pas besoin de vous dire que maintenant vous saurez régulièrement comment se porte Julien; je le verrai tous les huit jours, et ne manquerai pas de vous écrire.

« Vous pouvez là-dessus vous fier au dévouement de votre vieille amie,

« Flore Aiguebelle. »

II

Pendant six mois après le duel, Armande avait été entre la vie et la mort; vingt fois Boucherot avait désespéré d'elle, l'avait condamnée pour le lendemain, et déclaré que si, malgré tout, le corps résistait, la raison périrait, que si elle se relevait, elle serait idiote ou folle.

Cette crise terrible avait eu cependant cela de bon que la prostration et la faiblesse physique l'avaient empêchée de sentir d'autres douleurs. Elle délirait pendant l'enterrement de Martel. Et ce n'avait été que trois jours après l'enlèvement de Julien, qu'elle avait commencé à en avoir conscience.

Pour que cet enlèvement n'eût pas lieu, Têtevuide et le prince de Coye, qui se regardait désormais comme le tuteur de Julien, avaient tout mis en œuvre. Ils avaient échoué. — Par sa séparation, avait dit Maurice, ma femme m'enlève une fortune à laquelle je tenais beaucoup, je lui enlève, moi, de mon côté, ce qu'elle a de plus cher au monde, cet enfant. — Les vingt-cinq mille francs sont toujours là, avait dit Têtevuide. — Ce n'est pas vos vingt-cinq mille francs déjà refusés, ce n'est pas l'usufruit de la fortune de ma fille qui suffisent maintenant; il faut que ce petit monstre paye sa libération. — Pour cela jamais. — Vous y viendrez, j'ai le temps d'attendre.

Malgré l'arrêt de Boucherot, Armande n'avait point succombé; elle s'était relevée faible de corps, faible de raison, mais cependant ni folle ni idiote.

Aussitôt qu'elle avait eu quelques forces, elle avait voulu faire les deux mois de prison auxquels elle avait été condamnée, et c'avait été malgré elle qu'on avait obtenu qu'elle les ferait dans une maison de santé.

— C'est une pauvre femme, avait dit Têtevuide, qui a besoin de souffrir; si elle ne trouve pas à user sa douleur dans une œuvre de dévouement et de sacrifice, elle n'a pas deux ans à vivre.

Le prince avait été frappé de la portée de cette observation. Il possédait dans le département de l'Orne, à La Bonneville, un vaste établissement industriel, filature de lin et tissage mécanique, où étaient employés douze cents ouvriers. Il avait reçu dans un héritage cet établissement, organisé comme beaucoup d'autres exclusivement en vue du produit, et il projetait d'apporter au sort des ouvriers quelques-unes de ces améliorations matérielles et morales qui, en ces dernières années, ont été si heureusement réalisées à Mulhouse. C'était même ce qui l'avait décidé à ne pas vendre cet établissement, lui qui n'était nullement industriel et qui ne désirait pas augmenter sa fortune. En venant quelquefois à La Bonneville, il avait été surpris du grand nombre d'enfants qu'on rencontrait le matin et le soir vagabondant dans les chemins. Il en avait demandé la raison, on lui avait répondu que les ateliers ouvraient à six heures et que l'école ouvrait à huit, que les ateliers ne fermaient qu'à huit heures le soir et que l'école fermait à quatre. C'était donc pendant deux heures le matin et pendant quatre heures le soir que les enfants restaient livrés à eux-mêmes sans parents pour les recevoir ou les surveiller. Il avait pensé à commencer par là ses améliorations, et à ouvrir dans les dépendances mêmes de l'établissement une sorte d'asile où les parents amèneraient les enfants le matin en entrant à l'atelier, et où ils les reprendraient le soir à la sortie; on les conduirait à l'école et on irait les y chercher. Comme complément à cet asile, on établirait une crèche, où les mères pourraient allaiter les enfants aux heures de repas, et un hôpital pour les enfants malades.

Il fallait à la tête de ces diverses fondations une femme intelligente et dévouée; il avait proposé à Armande de s'en charger; elle avait accepté avec empressement, et en sortant de la maison de santé, elle était partie pour La Bonneville. Au bout d'un an, la mortalité des enfants qui, à son arrivée, était de 45 sur 100, était descendue à 16 ; l'amélioration morale, quoiqu'elle ne pût pas être constatée statistiquement, était plus grande encore.

III

Ce fut à La Bonneville qu'elle reçut la lettre de madame Aiguebelle ; depuis trois ans elle était sans nouvelles certaines de Julien. Têtevuide avait bien eu plusieurs fois des entrevues avec Maurice, mais sans avoir jamais pu apprendre où il demeurait et si Julien était vivant.

Elle résolut de partir pour Paris ; puisque madame Aiguebelle avait bien pu voir l'enfant, ce n'étaient pas des nouvelles tous les jours, ce n'étaient pas des lettres qui pouvaient satisfaire sa maternité.

Cependant, malgré sa hâte et son ardent désir, elle ne partit pas. Des ouvriers irlandais, nouvellement arrivés à La Bonneville, avaient apporté avec eux une épidémie de petite vérole confluente, et l'hôpital des enfants avait déjà dix malades. Les phénomènes d'invasion se manifestaient avec une effrayante intensité, et bien qu'elle eût, formés par elle, des aides pour la suppléer et même la remplacer, elle voulut rester au milieu de ceux qui avaient besoin de secours.

Pendant deux mois, la maladie fit d'affreux ravages, non seulement parmi les enfants, mais aussi parmi tous les ouvriers de l'usine et les habitants du village ; la panique devint générale, tous ceux qui pouvaient se sauver se sauvèrent ; des cinq femmes qu'elle avait sous ses ordres, deux moururent et trois s'enfuirent ; on ne trouvait plus de gardes, et l'on fut obligé de demander des sœurs de Saint-Vincent-de-Paul.

Pendant ces deux mois, elle ne quitta l'hôpital, où elle restait jour et nuit dans une atmosphère infecte, que pour courir dans les maisons où il y avait des secours à porter, des soins à organiser. C'était un miracle pour le monde, qu'avec sa constitution affaiblie, ses fatigues, ses chagrins, elle résistât au fléau ; elle-même, dans ses heures de veille auprès des malades, avait d'horribles angoisses ; si elle allait mourir sans avoir revu Julien ! En vingt-quatre heures, elle pouvait aller à Paris, le voir et revenir ; mais pendant ces vingt-quatre heures, combien pouvaient être attaqués et mourir. Elle resta.

Enfin la maladie entra dans une période de décroissance, mais comme cela arrive trop souvent, Armande après l'avoir impunément affrontée dans sa plus grande intensité, fut atteinte au moment où chacun commençait à espérer ; le jour où elle put se reposer, la fièvre la prit avec des vomissements et du délire, presque aussitôt l'éruption se déclara.

Ce fut une désolation générale, et le directeur de l'usine prit une mesure qui montra combien étaient vives les sympathies qu'elle s'était gagnées dans cette population peu tendre; trois fois par jour on afficha à la porte des ateliers le bulletin de sa santé. Malgré ses épreuves et ses douleurs elle n'avait pas perdu sa beauté; le médecin qui l'avait aidée dans cette épidémie et qui mieux que personne avait pu l'apprécier, ne voulut pas que, s'il parvenait à la guérir, elle fût défigurée; et il pratiqua sur elle l'excellente méthode de Bretonneau qui au moyen de la cautérisation de chaque pustule prévient les cicatrices apparentes.

Sa faiblesse même la sauva; et son impatience de courir à Paris hâta sa convalescence.

IV

La veille de son départ, elle vit entrer chez elle le directeur de l'usine qui était en même temps maire, le curé de La Bonneville et les deux contremaîtres de l'établissement.

— Madame, dit le maire, le conseil municipal et le bureau de bienfaisance ont pris ce matin chacun séparément une délibération que je suis chargé de vous faire connaître; elle a pour but de vous voter des remerciements et de vous témoigner la reconnaissance du village tout entier.

Madame Aiguebelle, prévenue, l'attendait à la descente du wagon.

Armande espérait tout de suite courir rue des Marais-Saint-Martin; mais madame Aiguebelle s'y opposa en expliquant qu'il y avait danger.

— Aujourd'hui, dit-elle, pour vous faire prendre le temps en patience, j'ai une proposition à vous faire que je regarde comme très importante. Jusqu'à présent quand vous êtes venue voir Victorine, vous n'avez pas voulu aller au Plessis, mais le moment est arrivé d'affronter ce que les souvenir ont de terrible pour vous; cette propriété reviendra un jour à Julien, plus vous attendrez pour y retourner, plus vous aurez à souffrir. Allons-y aujourd'hui.

Armande réfléchit un moment.

— Hé bien oui, allons-y, dit-elle, je verrai Victorine à Villeneuve.

— Nous irons exprès du Plessis, la correspondance du chemin de fer ne se fait plus maintenant par Villeneuve, mais par Noisy.

Ce fut avec un cruel serrement de cœur qu'elle approcha du Plessis, et traversa ces plaines qu'elle n'avait pas revues depuis si longtemps.

Elle descendit de voiture au milieu du village, et l'on se mit sur les portes pour la voir passer; elle marchait les yeux baissés, cependant elle sentait qu'on la saluait affectueusement.

Les cheminées fumaient et rien ne paraissait changé à la ferme.

Elle fut forcée de s'appuyer sur le bras de madame Aiguebelle.

De loin sous la grande porte elle reconnut Hutin; il accourut à leur rencontre; c'était bien lui, mais rajeuni, redressé, libre et à son aise. Elle lui en fit la remarque.

— Ah! notre maîtresse, Méduline veut bien de moi pour son homme, et ça éclaircit les yeux.

Comme autrefois la cour était pleine de volailles qui se sauvèrent en piaillant.

Marie-Ange, dans ses beaux atours de Plaurach, se tenait à la porte du vestibule, Armande l'embrassa et voulut se diriger vers la cuisine; mais Marie-Ange ouvrit la porte du salon.

— M. Têtevuide vous attend, dit-elle.

C'était non seulement Têtevuide qui l'attendait, mais auprès de lui Victorine et Julien.

Avant qu'elle pût pousser un cri, les enfants étaient dans ses bras.

Longtemps elle ne put que les embrasser en pleurant; ses lèvres ne pouvaient pas former les mots pressés qui lui montaient du cœur.

Enfin elle se remit un peu, et remarqua que Victorine était en grand deuil de laine.

— Oui, dit Têtevuide répondant à sa muette interrogation, je crois que j'allais arriver à vous rendre vos enfants, mais la Providence a bien heureusement simplifié mes combinaisons.

Et comme Victorine embrassait madame Aiguebelle.

— Sa mort a été digne de sa vie, dit-il à mi-voix, quand l'enfant ne sera pas là, je vous conterai tout.

Elle ne pouvait se lasser de les regarder et de les embrasser, comme ils étaient grandis.

La porte du salon s'ouvrit de nouveau, et le prince de Coye entra.

— Madame dit-il à Armande en lui tendant la main, je viens vous demander à dîner; voulez-vous me faire l'honneur et l'amitié de me recevoir?

— Ah! prince, dit Têtevuide, vous arrivez bien, il est six heures une minute, on peut se mettre à table sans attendre davantage.

V

Lorsqu'après le dîner les enfants se furent retirés, Têtevuide s'adossa à la cheminée une main dans la poche de son gilet, l'autre étendue devant lui dans la pose d'un homme qui va faire un discours.

Armande comprit que le moment était venu d'entendre le récit de cette

Ce fut quelque chose d'horrible, de bestial (p. 791).

H. MALOT. — VICTIMES D'AMOUR.

LIV. 99

mort que Têtevuide n'avait pu lui faire devant les enfants et que d'elle-même elle n'eût jamais osé demander.

Têtevuide vit son émotion.

— Je comprends, dit-il, le sentiment qui vous fait craindre d'entendre ce que j'ai à vous apprendre; mais je crois qu'il vaut mieux nous débarrasser tout de suite de ce sujet douloureux pour n'y plus revenir.

— Je le pense aussi, dit M. de Coye; le bonheur vous a fait aujourd'hui une cuirasse qui peut supporter tous les coups.

Sans intervenir directement, madame Aiguebelle leva les mains au ciel en signe d'approbation.

— Il y a quinze jours, continua Têtevuide, je reçus de notre homme la singulière lettre que voici :

« Je suis las de la guerre que nous nous faisons. Et vous? voulez-vous la paix?

« S'il vous plaît que nous en discutions les conditions, je vous prie de venir jusqu'à Andilly, dans la vallée de Montmorency, station d'Ermont, chez madame Boireau; tout le monde vous indiquera son chalet. Je vous demande pardon de ne pas me rendre moi-même chez vous, mais je suis assez sérieusement malade.

« Ne comptez pas pour cela qu'en attendant un peu vous seriez débarrassé de moi; je n'en suis pas là, et je crois que votre visite pourra être utile à ceux que vous protégez.

« Vous voudrez bien ne parler de moi à personne jusqu'au moment où nous nous serons vus, sans quoi toute négociation serait d'avance rompue. Vous saurez pourquoi je réclame ce silence absolu.

« Votre carte remise pour M. Yvoré, vous fera immédiatement recevoir par...

« Votre bien dévoué,
« M. B... »

J'ai pour habitude de ne me présenter jamais chez les gens que je ne connais pas, sans prendre auparavant quelques renseignements sur eux. Quelle était cette madame Boireau?

Pour aller d'Ermont à Andilly, je pris l'omnibus du chemin de fer, et quoique peu ingambe je montai à côté du cocher pour le faire causer. Un bon pourboire le disposa en ma faveur, et quand je lui demandai où je devais descendre pour aller chez madame Boireau, il me donna tous les renseignements désirables, mais seulement sur la position de la maison qui était adossée à la forêt et fort luxueuse à en croire son enthousiasme local; sur la maîtresse de la maison elle-même, il fut plus réservé, et cela avec les réticences d'un paysan qui ne veut pas se compromettre. Ce semblant de mystère rendait mon enquête de plus en plus nécessaire ; et puisque je ne pouvais rien apprendre par là, il fallait me tourner ailleurs.

La vie parisienne a si fort changé en ces dernières années, que les gens les moins bucoliques du monde ont été atteints de l'épidémie de la campagne ; c'était bien le diable si à Andilly, Margency ou les environs, il n'y avait pas un avoué ou un avocat en villégiature ; par lui j'aurais assurément sur madame Boireau tous les renseignements désirables. Il fallait donc tout d'abord trouver un de mes anciens confrères.

Précisément Tardenois, un de mes vieux camarades de Palais, habitait Andilly. Je me fis descendre à sa porte.

Armande écoutait ces détails avec une impatience douloureuse ; par un sentiment de délicatesse et de dignité, elle eût voulu que le nom de Maurice ne fût point accouplé à celui de cette femme ; et, bien que tous deux eussent eu sur sa vie une si fatale influence, elle souffrait et rougissait de ce rapprochement pour celui qui, malgré tout, était le père de Victorine ; mais Têtevuide n'était pas homme à se presser et, de plus, il avait l'habitude prise dans vingt ans de pratique d'être d'une rigoureuse exactitude pour toutes les circonstances qui peuvent préciser une affaire.

— Par Tardenois, reprit-il, je vis tout de suite quelle était cette dame Boireau.

— Nous la connaissons, interrompit madame Aiguebelle, qui sentait ce qui se passait dans le cœur d'Armande.

— Je le sais parbleu bien maintenant, continua Têtevuide, sans comprendre l'interruption ; mais alors je ne savais pas. Présentement, me dit Tardenois, madame Boireau est propriétaire de la plus belle villa de la vallée ; lorsqu'elle va au chemin de fer, ses chevaux et ses voitures font sensation ; elle reçoit toutes les semaines, non ses voisins, mais une société parisienne fort tapageuse ; elle est la bienfaitrice du pays, elle adopte les enfants et soulage bruyamment les infortunes apparentes ; elle paye toutes choses un quart ou moitié au-dessus de la valeur ; les paysans l'adorent et la méprisent ; nos femmes en sont jalouses, nos filles copient ses manières, nos fils tâchent de monter dans son compartiment où souvent ils se rencontrent avec leurs pères. Ce qu'elle était autrefois ? comédienne ; mais ce n'est pas dans cette profession qu'elle a amassé sa fortune ; c'est autrement. Les femmes de cette espèce, lorsqu'elles sont le plus favorisées, font ordinairement le tour du monde parisien ; et tout est fini pour elles, bien heureuses si dans ce voyage elles ont su faire leurs provisions pour la vieillesse ; madame Boireau a recommencé ce voyage trois fois, ce qui, paraît-il, est la preuve la plus éclatante d'une supériorité et d'une solidité merveilleuses. Voilà, mon cher, ce qu'est et ce qu'a été ma voisine.

Ainsi parla Tardenois en me laissant à la porte de madame Boireau.

Je demandai M. Yvoré et remis ma carte comme la lettre me le prescrivait; un quart d'heure après, je le vis entrer dans le salon où j'attendais.

Les précautions qu'il avait prises, en me disant qu'il n'était pas mourant, m'avaient disposé à le trouver dans un état déplorable. Je fus épouvanté par la réalité.

Maigre comme un squelette, la barbe grise, les cheveux presque tout blancs, voûté, le cou enfoncé dans ses épaules osseuses, les bras tremblants, les jambes vacillantes, tel il m'apparut : il n'y avait de vivant en lui que sa face décharnée, éclairée d'une rougeur singulière et ses yeux ardents qui lançaient des lueurs fiévreuses.

Il avait évidemment fait une toilette soignée pour me cacher autant que possible son état désespéré, qui devait me rendre exigeant dans nos conditions à traiter.

C'était lui qui demandait la paix, je n'avais rien à dire; à lui de s'expliquer, à moi de les voir venir.

— Eh bien! dit-il, vous triomphez, mais avouez que j'ai fait une belle défense; n'est-ce pas que vous comptiez me réduire plus facilement et plus tôt?

Il avait une sorte d'hésitation, de l'embarras dans la langue, quelque chose comme du bégaiement.

— Enfin, continua-t-il, je vous rends aujourd'hui le service de me déclarer vaincu, et j'espère que vous me saurez gré de mes bons procédés.

Il ne me convenait point d'accepter la discussion dans ces termes.

— Mon cher Monsieur, lui dis-je, vous avez perdu vos canons, votre armée, votre réserve, vous êtes acculé dans une impasse, si vous ne vous étiez pas rendu aujourd'hui, je vous écrasais demain; ainsi ne nous trompons pas sur la situation.

— Oui, je sais, dit-il, et j'avoue que vous m'auriez bientôt tenu, non pas demain, comme vous le croyez, mais un jour ou l'autre; seulement, c'est Julien que vous voulez, et vous ne l'auriez jamais eu.

Je fis un geste d'assurance.

— Jamais, continua-t-il; vous allez voir tout à l'heure pourquoi. Hé bien! c'est Julien que je viens vous proposer. J'offre beaucoup, je demande peu, l'affaire, il me semble, doit s'arranger.

— Que demandez-vous? Voilà d'abord ce qu'il faut savoir.

— Non, il faut, si vous voulez bien le permettre, il faut d'abord savoir quelle est ma situation, puis ensuite quelle est celle de Julien; vous verrez alors par où je suis fort et par où je suis faible. Privé de la fortune de ma fille par le jugement de séparation de corps, de celle de Julien par ce maudit testament en faveur du prince, j'ai engagé la lutte sans armes et sans provisions. Il a fallu m'en procurer. Pour vous amener à une transaction, j'ai employé tous les moyens. Je n'ai pas réussi; la fortune est dure aux malheureux, ce refrain est connu. Aujourd'hui je suis sous le coup d'une plainte pour usure et abus de confiance à la suite d'une fâcheuse spéculation, et si l'on savait que M. Yvoré n'est autre que Maurice Berthauld, cette chère madame Boireau qui me donne l'hospitalité aurait le désagrément de voir son perron sali par les bottes de messieurs les gendarmes. De plus, je suis assez sérieusement malade, si malade même, que, pour vous expliquer ma situation comme je le fais, je ne dis pas clairement, mais d'une façon à peu près intelligible, il faut que je l'aie tournée et retournée dix fois; ce serait une affaire nouvelle; vous n'y pourriez rien comprendre. Voilà mon faible; vous voyez que je suis franc.

— Cynique, eus-je envie d'interrompre, mais je me retins.

— Mon fort, continua-t-il, est beaucoup plus simple à exposer. J'ai Julien en mon pouvoir, je l'ai placé en lieu sûr; je ne vous le rendrai que si vous acceptez mes propositions; sinon vous ne le retrouverez jamais, même quand je viendrais à mourir; un enfant de son âge n'est pas bien difficile à escamoter, surtout avec les relations que j'ai à l'étranger, en Angleterre, en Italie, en Allemagne. Il est mon fils, et j'ai le droit, vous le savez, de lui faire donner son éducation où bon me semble, surtout lorsque j'agis pour le soustraire à l'influence d'une mère flétrie par la justice.

— Ah! monsieur Têtevuide? s'écria madame Aiguebelle.

— Ma chère dame, ce n'est pas moi qui parle, c'est lui, et par précaution contre des regrets superflus, il faut bien que je le montre tel que je l'ai vu; j'ai assez de mal à faire ce récit, croyez-le. Moi aussi, j'étais indigné lorsqu'il s'exprimait ainsi, mais je n'en laissai rien paraître. Voilà votre situation, lui dis-je, maintenant quelles sont vos conditions?

— Bien simples : moyennant quatre mille francs, on peut désintéresser celui qui me poursuit. Donc, premièrement, vous payerez ces quatre mille francs, vous ferez la plainte, et si des démarches sont nécessaires, vous vous en chargerez pour arrêter l'affaire; puisque vous êtes le conseil de ma femme, n'est-il pas juste que vous soyez le mien? Secondement, en échange de Julien que je vous livrerai, vous me donnerez quarante mille francs ; je connais l'enfant, et je vous affirme que s'il avait âge de raison, il donnerait cette somme avec plaisir pour rompre nos relations.

Je me levai.

— Hé bien! vous ne répondez rien à ma proposition?

— Je l'examinerai.

— C'est que la chose presse.

— Pour vous, pas pour nous. Quand il y avait urgence pour nous, vous preniez votre temps; chacun son tour. D'ailleurs, je ne peux rien vous dire avant d'avoir vu sur quoi repose cette plainte en abus de confiance.

Il me donna toutes les indications et quelques pièces qui pouvaient me guider et il insista vivement pour me revoir bientôt. Je promis de revenir sans préciser l'époque.

Comme je sortais du salon, un domestique vint me proposer de la part de madame Boireau une place dans sa voiture pour retourner à la station. Il me plaisait peu de me montrer aux côtés de cette petite dame ; cependant, comme je pouvais obtenir d'elle quelques renseignements utiles, j'acceptai.

Ce fut ainsi que j'appris que la maladie qui avait réduit Berthauld à ce triste état, était le *delirium tremens*. Il était arrivé un soir à Andilly, venant de Paris à pied sans souliers, dégoûtant de saleté et de misère ; en souvenir d'anciennes relations, plus encore par pitié et charité, elle l'avait reçu et l'avait fait soigner; on était obligé de prendre les plus grandes précautions et de le surveiller comme un enfant pour l'empêcher de boire, car une nouvelle attaque pouvait le tuer. Soit qu'elle ne voulût pas parler, soit qu'elle ne fût pas renseignée, je ne pus rien obtenir d'elle relativement à Julien; en échange, elle ne put, malgré ses instances assez adroites, rien obtenir de moi relativement à ce que nous ferions.

En arrivant à Paris, j'allais chez mon médecin lui demander une consultation sur le *delirium tremens*; ce que je lui dis de l'état du malade le fit conclure à la folie chronique et peut-être même à la mort comme terminaison fatale et prochaine.

Je m'occupai ensuite de l'abus de confiance; mais là-dessus si vous le voulez bien, je passerai rapidement; il s'agissait de vins qu'on livrait aux emprunteurs, lesquels vins revenaient aux prêteurs, dans un étrange mouvement de rotation qui rapportait à ceux-ci 3 pour 100; je me suis mis en mesure d'arrêter l'affaire quand je voudrais, afin de tenir notre homme, puis, huit jours après notre premier entretien, je retournai à Andilly.

C'était le matin; on ne me fit pas entrer comme la première fois dans le salon, mais dans un fumoir; j'insiste sur ce détail, parce que, vous le verrez tout à l'heure, il a son importance.

Ce fumoir était dans un désordre qui disait que la veille il y avait eu réception chez madame Boireau : des meubles renversés, des verres çà et là, des journaux chiffonnés sur le tapis et, malgré les fenêtres ouvertes, l'odeur écœurante des lendemains de fête, un singulier mélange de fumée de tabac et d'alcool.

— Croiriez-vous, me dit-il, en arrivant, que mon hôtesse ne m'a pas admis à la fête qu'elle donnait cette nuit! là-bas, de mon pavillon, j'entendais les voix de ses convives et j'apercevais la lueur des cigares, mais voilà tout. L'hospitalité est dure; vous m'apportez, n'est-ce pas? ce qu'il faut pour m'en affranchir.

Ces huit jours avaient augmenté encore son tremblement; ses membres étaient agités par des secousses convulsives.

— Voici ce que je vous apporte, lui dis-je. D'abord vous nous livrez Julien.

— Non, non; à vous de livrer le premier.

— Permettez; de votre parole ou de la mienne, laquelle est la meilleure?

— La mienne ne vaut rien; cela est vrai. Mais je ne sais pas ce que vaut la vôtre.

— Enfin, il en sera ainsi, ou rien de fait. Vous nous remettez Julien, j'arrête votre affaire, et vous partez pour Londres, où tous les premiers de chaque mois, vous touchez une pension de trois cents francs, chez un banquier que je vous indiquerai.

Il était assis; il se leva presque ferme et droit.

— Une rente, dit-il, quand je vous demande quarante mille francs; non. Si je n'ai plus que quelques mois à vivre, je les veux bons; j'en ai assez, à la fin, de toutes mes privations et de mes misères.

Il s'était avancé vers moi, les poings tendus, les yeux flamboyants; entre nous se trouvait un guéridon sur lequel était posée une cave à liqueurs. Il saisit un flacon, en versa le contenu dans un grand verre, et, avant que j'eusse pu me demander si je devais l'arrêter ou non et prendre ainsi le rôle de la Providence, en trois gorgées il le vida. Ce fut quelque chose d'horrible, de bestial.

— Ah ça? dit-il en reposant le flacon, vous ne me connaissez donc pas encore, que vous me marchandez; vous ne comprenez donc pas que j'ai l'enfant entre les mains et que je peux en faire ce que je veux, vous le rendre tel que je suis moi-même. Et je ne suis pas beau, hein. Quarante mille francs, allons, quarante mille francs. Il y en a beaucoup de flacons comme ça dans quarante mille francs; et du kirsh et du rhum, et du schiedam, et de l'eau-de-vie, et du whisky; des femmes aussi, vous croyez peut être, non, j'en ai assez.

Son tremblement lui revenait de plus en plus violent, ses yeux étaient hagards; évidemment il allait avoir une nouvelle attaque. Je sonnai.

— Vous sonnez; bonne idée. Nous allons faire venir Lina et la remercier, brave fille!

Le médecin m'avait prévenu que les attaques pouvaient être foudroyantes; cependant, je n'avais pas cru à une pareille rapidité dans la perte de la raison.

Heureusement un domestique ouvrit la porte; je l'avoue, j'étais peu rassuré.

Celui-ci vit tout de suite ce qui s'était passé; je le prévins que je restais chez M. Tardenois et que je reviendrais dans la journée.

Les nouvelles que je fis prendre furent mauvaises; son délire était furieux, le médecin était très inquiet.

Le soir madame Boireau me fit prier de passer chez elle; j'y allai, car j'étais fort tourmenté; s'il allait mourir sans nous renseigner sur Julien !

Je trouvai une femme dans une colère furieuse; elle me signifia que j'eusse à faire enlever M. Berthauld immédiatement. Je voulus lui représenter que c'était impossible dans l'état où il était, tout fut inutile. Je m'engageai à le faire transporter le lendemain à Paris dans une maison de santé.

Le lendemain il était mort, sans avoir retrouvé sa raison. Heureusement il y avait dans son portefeuille des lettres qui nous apprirent que Julien était chez un marchand de vin de Belleville. Le pauvre petit vous dira ce qu'il y faisait, comme il y était traité.

FIN

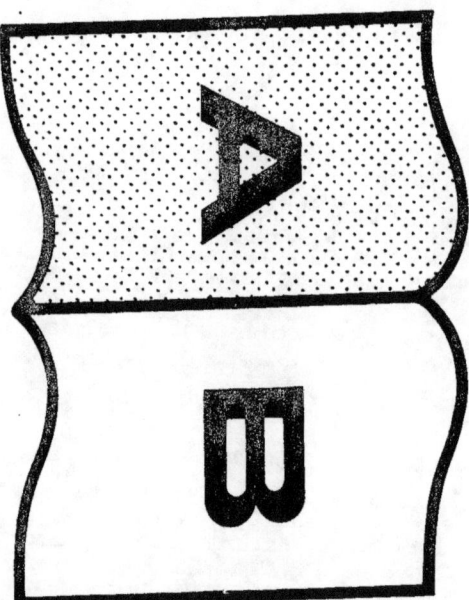

Contraste insuffisant
NF Z 43-120-14

www.ingramcontent.com/pod-product-compliance
Lightning Source LLC
Chambersburg PA
CBHW061730300426
44115CB00009B/1168